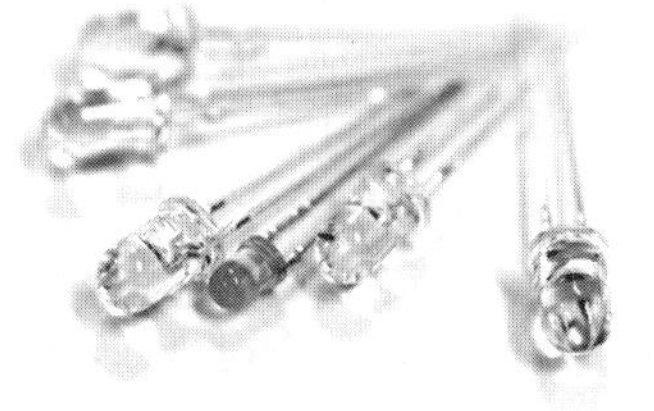

예술가와 디자이너를 위한 전자공학

PHYSICAL COMPUTING

피지컬 컴퓨팅

DAN O'SULLIVAN · TOM IGOE 저

서 동 수 역

지구문화사
JIGU PUBLISHING Co.

CENGAGE Learning™

저자소개

댄 오설리번Dan O'Sullivan은 뉴욕대학교(New York University, NYU) 티쉬 예술대학(Tisch School of the Arts) 인터액티브 텔레커뮤니케이션즈 프로그램(Interactive Telecommunications Program, ITP)의 교수이다. 그의 작업은 가상공간과 실제공간의 연결을 중심으로 한다. 가상공간 분야에서는 애플컴퓨터에서 퀵타임팀의 원년멤버로 일하면서 퀵타임 VR을 창시했다. 이후 "댄의 아파트", "YORB", "얼굴공간" 등의 인터액티브한 환경들을 제작했다. 그의 피지컬 인스톨레이션은 악기와 게임에서 심리학 실험에 이르기까지 다양한 영역에 걸쳐있다. 그의 작업들은 미국과 유럽의 여러 미술관에서 전시되었다. 댄은 뉴욕에서 아내와 딸과 함께 살고 있다.

톰 아이고Tom Igoe는 뉴욕대학교 티쉬 예술대학의 인터액티브 텔레커뮤니케이션즈 프로그램에 피지컬 컴퓨팅 전공교수로 있다. 그는 피지컬 컴퓨팅과 함께 네트워킹을 강의하면서 인터넷을 일상적인 행동들 안으로 보다 자연스럽게 끌어들일 수 있는 방법들을 연구하고 있다. 무대공연 전공 출신으로서 그의 작업은 라이브 퍼포먼스와 관련된 피지컬 인터액션과 공공장소를 위한 피지컬 인터액션을 중심으로 한다. 관현악단, 건축가, 무용가, 음악가, 사회운동가 등을 컨설팅하고 공동작업을 수행하고 있다. 언젠가는 원숭이들과도 함께 일해보고 싶다는 꿈을 가지고 있다.

역자소개

서동수는 서울대학교 공과대학 산업공학과를 졸업하고 같은 대학원에서 인간공학으로 석사학위를 받았다. 뉴욕대학교 티쉬 예술대학의 인터액티브 텔레커뮤니케이션즈 프로그램을 졸업하고 같은 과에서 리서치 펠로우로 일했다. 현재 홍익대학교 조형대학 디지털미디어디자인전공에서 교수로 재직중이며 피지컬 컴퓨팅과 미디어아트를 강의하고 있다.

Physical Computing: Sensing and Controlling the Physical World with Computers, 1st Edition
Dan O'Sullivan, Tom Igoe

This edition first published in 2008 jointly by
Cengage Learning Inc. and Jigu Publishing Co.

ISBN : 978 – 89 – 7006 – 440 – 6

Cengage Learning products are represented in Canada by Nelson Education, Ltd.

Printed in Korea
1 2 3 4 11 10 09 08

한국의 독자들에게...

뉴욕은 여러 나라의 문화가 어우러진 도시이다. 그러한 국제적인 다양함을 반영하고 있음은 뉴욕대학NYU의 자랑거리이기도 하다. 우리 학과에만도 보통 25개국 이상의 나라에서 학생들이 입학하는데, 한 나라에서는 보통 한두 명 정도의 학생들만 입학하고 있다. 하지만 최근 들어 유독 한 나라에서 재능있는 학생들이 넘치듯 들어오고 있어 우리를 기쁘게 해 주고 있다. 바로 한국이다.

일찍이 세종대왕의 시대에 한글을 발명했던 문화국가가 이제 디지털 미디어의 새로운 언어를 탐구하고 있다는 것은 놀라운 일이 아니다. 우리는 사람들이 서로 커뮤니케이션하는 방식이 다시금 급격한 변화를 겪고 있는 시대에 살고 있다. 가슴 설레는 시대가 아닐 수 없으며, 우리 학과에서 공부하고 있는 한국 학생들의 작업으로 미루어 감히 짐작해 본다면, 한국은 이 변혁에 있어 중요한 역할을 담당하게 될 국가임에 틀림없다.

컴퓨터 혁명은 더 이상 책상 위에서만 진행되는 역사가 아니다. 휴대전화, 게임기, 카메라, MP3 플레이어는 미디어와 전자통신을 우리의 모든 일상생활 속으로 끌어들이고 있다. 피지컬 컴퓨팅의 방법론으로 디지털 미디어를 탐구하는 작업은 앞으로 다가올 미디어의 모습을 상상할 수 있도록 우리들 사고의 폭을 넓혀 준다. 특히 피지컬 컴퓨팅은 커뮤니케이션이란 사람의 몸에서 시작해서 사람의 몸에서 끝난다는 점, 그리고 사람이란 사무실 책상 앞에 앉아서만 평생을 보내는 것이 아니라는 점을 일깨워 준다.

한국 학생들의 열정과 아이디어는 우리 학과의 성취에 크게 이바지해 왔다. 이 역동적인 변혁의 시대에 기여할 수 있는 혁신적인 사고를 가진 인재들을 배출함으로써 우리들이 한국에 작으나마 보답하였기를 바래본다. 특히 그의 훌륭한 작품에 전념할 시간을 나누어 이 책을 번역해 준 서동수 교수에게 크게 감사드린다. 이 책의 발간이 한국과 우리의 관계를 더 깊어지게 하는 계기가 되었으면 한다. 즐거운 공부가 되시기를 바라며,

댄 오설리번
톰 아이고

감사의 글

이 책은 여러 사람의 노력한 공동의 산물이다. 여기에는 비단 저자들 뿐만 아니라 우리들이 속해 있는 피지컬 컴퓨팅 공동체의 많은 사람들이 포함되어 있다. 이 책에 실은 내용들은 지난 10년 내지 12년 동안 우리들 자신과 우리의 친구들, 동료들, 그리고 학생들이 해 온 작업 가운데에서 가장 중요하다고 생각하는 내용들을 모은 것이다.

레드 번즈Red Burns는 피지컬 컴퓨팅의, 그리고 이 책의 대모代母이다. NYU 티쉬 예술대학(Tisch School of the Arts)의 인터액티브 텔레커뮤니케이션즈 프로그램(Interactive Telecommunications Program, 이하 ITP)을 설립한 이후 그녀는 처음부터 피지컬 컴퓨팅을 지지해 왔다. 그녀는 언제나 우리의 해괴한 요구들을 흔쾌히 지원해 주었으며, 피지컬 컴퓨팅이 열려 있는 주제로서 평소에 테크놀로지를 두려워하던 사람들의 것이 될 수 있도록 우리를 이끌었다. 피지컬 컴퓨팅이 단지 테크놀로지 애호가들뿐만 아니라 모든 이들을 위한 것이 될 수 있었던 것은 레드가 있었기 때문에 가능했다.

대부代父는 지오프 스미스Geoff Smith이다. 인터액션 디자인에서 마이크로컨트롤러와 전자공학과 소프트웨어에 이르기까지 그의 모든 생각들은 지난 여러 해 동안 우리에게 도움이 되었으며 영감을 주어 왔다. 그가 없었다면 우리는 이 책을 쓰지 못했을 것이다.

다니엘 로진Daniel Rozin은 우리 두 사람 모두에게 소중한 동료이자 조언자가 되어 주었다. 이 책에는 그의 아이디어들이 깊이 반영되어 있으며 우리의 작품과 연구와 강의에도 역시 그러하다.

때로는 비과학적이기도 한 ITP의 연구를 지원하기 위해서는 용기가 필요하다. 용감한 우리의 후원자들 가운데에는 NYNEX의 세르지오 카네티Sergio Canetti, 애플컴퓨터의 조이 마운트포드Joy Mountford와 마이크 밀스Mike Mills와 린다 스톤Linda Stone, 인터벌 리서치Interval Research의 조이 마운트포드(한번 더)와 밥 애덤스Bob Adams, USA 네트웍스와 옥시전Oxygen의 샬린 스미스Sharleen Smith, 인텔의 다나 플라우츠Dana Plautz, 마이크로소프트 리서치의 릴리 쳉Lili Cheng과 린다 스톤(역시 한번 더)이 있다.

ITP의 피지컬 컴퓨팅 교수진과 스탭들은 이 책이 모양을 갖추는 데 큰 역할들을 해 주었다. 게리 쇼버Gary Schober는 롤프 레벤바흐Rolf Levenbach와 함께 여러 해 동안 전자공학에 관한 많은 조언을 해 주었으며, ITP의 학생들을 위해 피지컬 컴퓨팅과 전문적인 전자공학을 연결하는 다리 역할을 해 주었다. 제프 페더센Jeff Feddersen, 토드 홀루벡Todd Holoubek, 그렉 샤카Greg Shakar, 그리고 마이클 럭 스나이더Michael Luck Schneider는 강사이자 리서치 펠로우로서 이 책을 계속 쓸 수 있도록 학생들과 우리들을 뒷받침해 주었으며 책에 실린 많은 예제들에 기여하였다. 조디 컬킨Jody Culkin, 신시아 로슨Cynthia Lawson, 젠 르윈Jen Lewin, 앤드루 밀모Andrew Milmoe, 카밀 노어먼트Camille Normant, 윌 피커링Will Pickering, 조 로즌Joe Rosen, 벤 루빈Ben Rubin, 조이 스타인Joey

Stein, 카밀 어터백Camille Utterback, 그리고 스티브 와이스Steve Weiss는 수백명의 학생들에게 이 책의 내용들을 강의하였다. 루크 뒤부아Luke Dubois, 댄 팔코프스키Dan Palkowski, 아미트 피타루Amit Pitaru, 에릭 싱어Eric Singer, 레오 빌래리얼Leo Villareal, 하이메 빌래리얼Jaime Villarreal 등 ITP의 여러 사람들은 자신의 전문분야와 관련하여 도움을 주었다. 제임스 투James Tu는 이상의 여러 분야에 걸쳐 도움을 주었으며 우리의 테크니컬 에디터가 되어주었다.

ITP의 모든 교수진과 스탭진이 있었기에 이 일이 가능했다. 팻 오하라Pat O'Hara, 마리안 프팃Marianne Petit, 그리고 존 톰슨John Thompson 교수는 피지컬 컴퓨팅 커리큘럼을 지지해 주었으며, 값진 조언들을 들려주었고, 우리가 그것을 키워 나갈 수 있도록 도와주었다. 조지 아구도George Agudow, 에드워드 고든Edward Gordon, 미도리 야수다Midori Yasuda, 로버트 라이언Robert Ryan, 낸시 루이스Nancy Lewis, 말론 에반스Marlon Evans, 벤 곤잘레스Ben Gonzalez, 질스 베르시어Gilles Bersier, 마이클 라이트Michael Wright 등의 스탭 멤버들은 여러 해 동안 우리와 학생들의 꿈에 즐거이 동참해 주었으며, 그 꿈들이 현실이 될 수 있도록 도와주었다.

MIT 미디어랩, The Royal College of Art, KTH, The Swedish Interactive Institute, The IVREA Interactive Design Institute, UCLA Design and Media Arts 등 자매지간과 같은 학교들의 작업들로부터도 도움을 받았다. 특히 벤 프라이Ben Fry와 케이시 리스Casey Reas는 이 책에 실린 그들의 프로세싱 프로그래밍 환경 예제들과 관련해 도움을 주었다.

ITP의 피지컬 컴퓨팅을 발전시켜 온 것은 그 누구보다도 바로 우리의 과목을 수강한 학생들이다. 많은 학생들이 이 책에 담긴 생각들에 기여했다(그들 스스로는 몰랐을 수도 있지만). 우리들은 여러 해 동안 수백명의 학생들로부터 배움을 얻었다. 보다 나은 책이 될 수 있도록 해 준 모두에게 감사드린다. 제이미 알렌Jamie Allen, 마크 아고Mark Argo, 제이슨 뱁콕Jason Babcock, 존 버그렌John Bergren, 조나 브루커-코헨Jonah Brucker-Cohen, 에릭 포먼Eric Forman, 사샤 해리스-크로닌Sasha Harris-Cronin, 다니엘 허쉬만Daniel Hirschmann, 라니아 호Rania Ho, 다니엘 하우Daniel Howe, 테추 콘도Tetsu Kondo, 타쿠로 리피트Takuro Lippitt, 카리 마틴Kari Martin, 댄 마이크셀Dan Mikesell, 목진요, 조쉬 니모이Josh Nimoy, 켄타로 오쿠다Kentaro Okuda, 빌리 테일러Billy Taylor, 마이클 샤론Michael Sharon, 아미 울프Ahmi Wolf, 스코트 월린스키Scott Wolynski, 그 밖에도 많은 사람들이 아이디어들을 직접 제공하고, 덧붙이고, 수정해 주었다.

톰슨 출판사의 편집자 스테이시 히퀘트Stacy Hiquet, 댄 포스터Dan Foster, 다니엘 포스터Danielle Foster, 킴 벤보우Kim Benbow, 마이클 타나마치Michael Tanamachi와 우리의 에이전트인 스튜디오 B의 로라 르윈Laura Lewin에게도 감사드린다. 특히, 어이없을 정도로 온갖 기술들을 총망라한 예제들을 다양한 플랫폼에서 테스트해야 했던 우리의 테크니컬 에디터 제임스 투에게, 그의 통찰력과 신랄한 피드백에 대해 특별한 감사를 드린다.

가족들의 도움과 인내와 영감이 없었다면 이 책은 결코 쓰여질 수 없었을 것이다. 케이트, 릴리, 테리, 그리고 우리의 부모님들과 형제자매들에게 감사와 사랑을 전한다.

이름을 빠트린 분들께 사과드리며, 그 소리없는 성원에 감사드린다.

옮기고 나서

NYU에 공부를 하러 갔을 당시를 생각하면 가장 먼저 떠오르는 것은, 매학기 가지던 작품전시회마다 플로어를 가득 메우던 해괴하고 기이하고 즐거운, 처음 보는 기계들이었다. 모두들 어깨가 맞닿을 정도로 들어차 와글와글 즐겁게 소란한 관중들 사이로, 움직임에 반응하는 곤봉을 엄숙한 표정으로 전시기간 내내 공중에서 돌리던 미국 남학생, 계란껍질 몇백개를 모아 그것으로 프로젝터 스크린을 만든 여학생, 소금으로 덮인 스크린에 손가락으로 글씨를 쓰면 소금들이 통통 튀도록 한 브라질 친구, 나무를 깎아 돌멩이들와 나란히 세워 자기만의 악기를 만들던 일본 친구, 이들이 모두 내 추억 안에는 그때 그대로 가득하다. 지금 생각해보면 그것이야말로 뉴욕의 한 모퉁이에서 자그맣게 이루어지던 유쾌하고, 멋있고, 그리고 무엇보다도 자연스럽기 그지없던 세계인의 축제였다. 그리고 그 중심에는 피지컬 컴퓨팅이 있었다.

테크놀로지에 관심을 가지고 여러 나라에서 모여든 화가, 조각가, 목수, 마술사, 건축가, 디자이너, 의사, 연극배우, 나이트클럽 DJ 들이었던 모두들 가운데 테크놀로지에 전문가라 할 수 있는 사람은 한 명도 없었지만, 다들 두려워하지 않고 열심히 공부하고 납땜하고 기판을 태워 먹어가며 우리는 모두 즐거웠다. 생각해 보면 다름아닌 기계라는 것을 매개로 우리들이 그렇게 밤을 새워 매진하고 눈을 반짝이며 토론하고 즐겁게 '놀았'음은 새삼 신기한 일이기도 하다. 그것은 우리에게 피지컬 컴퓨팅을 가르친 댄 오설리번과 톰 아이고가 이 책에서 설명되고 있듯이 예술가와 디자이너에게 더없이 적합한 방법으로 기술이라는 것을 편안히 소개해 주고 있었기 때문에 가능했을 것이다.

댄 오설리번은 키가 크고 쾌활하며 장난기 어린 눈빛 가득한, 마음이 너무너무 따뜻한 사람이다. 톰 아이고는 곱슬곱슬한 머리카락에 눈이 크고, 차분하게 학생들 고민을 들어주고 친절히 도와주던 자상한 선생님이다. 그들은 이 책에서 예술가와 디자이너에게는 얼핏 거리가 멀게만 느껴지는 전자공학 지식들을 매우 초보적인 내용부터 극히 실용적으로 쉽게 설명하고 있다. 비공학계열 사람들을 위한 기술서적이 거의 전무한 우리나라에 이 책은 꼭 소개되었으면 좋겠다는 생각으로 번역에 임하였다.

이 책은 원서 전체를 그대로 완역하였다. 소개되고 있는 여러 가지 소프트웨어들이 국내에는 아직 소개되지 않은 것들도 있으며, 반면에 부품을 구할 수 있는 경로는 온라인 상점이 중심이 되는 미국과는 달리 우리나라는 이를테면 서울의 용산 전자상가나 청계천 일대의 전자상가 등이 있어 오히려 훨씬 풍부하다. 이런 사항들을 어떻게 처리할까 고민도 하였으나, 책이 시간의 흐름에 관계없이 오랫동안 의미를 가질 수 있는 한 가지 방법은 오히려 원서를 그대로 옮겨 두는 것이라는 생각에 원서의 모든 부분을 그대로 옮겼다.

번역을 함에 있어 가능한한 문장이 알기 쉽고 뜻이 명료하게 되도록 하려고 노력하였다. 그리고 표현이 크게 낯설어지지 않는 범위 안에서 가능하면 한자어보다는 우리말을 사용하고자 노력하였다. 지나치지 않은 범위에서 영어의 기술용어들도 우리말로 옮기려 하였으며, 영어로 쓰는 편이 낫다고 판단되는 경우에는 우리말로 소리나는 대로 적고 공부에 도움이 되도록 영어를 병기하였다.

디지털 미디어는 모든 학문 분야 중에서 아마도 가장 빨리 변화하고 있는 분야 가운데 하나일 것이어서, 이 책에서 소개하고 있는 소프트웨어나 부품들도 앞으로 새로 개발될 더 편리한 환경들로 대체될 수 있을 것이다. 그러나 피지컬 컴퓨팅이라는 커다란 분야를 독창적인 시각으로 간단명료하고 명쾌하게 가름지어 갈래마다 차근차근 설명하고 있는 이 책은, 앞으로 기술환경이 어떻게 진보하든 피지컬 컴퓨팅을 공부하고자 하는 모든 사람들에게 기본적인 생각의 틀과 접근방법을 제공해 줄 것이라 믿어 의심치 않는다.

이 책은 중요한 책이다 라는 생각, 그리고 거기에 나의 지도교수가 쓴 책이라는 중압감이 더해져서 나름의 사명감을 가지고 번역에 임하였으며, 나로서는 할 수 있는 정성을 모두 기울여 본 작업이었다. 그러나 작업을 시작한 이후 너무나 오랜 시간이 흘러버린 지금에 와서는 소중한 기회를 만들어 주신 지구문화사 측에 너무나 송구스러운 마음이 들 뿐이다. 책이 나오기까지 가장 작은 부분에까지 세심히 신경을 써 주신 주병오 사장님을 비롯한 지구문화사의 모든 분들께 이 자리를 빌어 깊은 감사의 말씀을 전한다. 특히 이 번역을 가능하게 하고 무한한 인내와 응원으로 이 책의 산파가 되어준 주서영 편집팀장에게 각별한 감사를 드린다. 이 책의 출간을 기다려 온 나의 학생들을 비롯하여 기계와 전기로 즐겁고 아름다운 작업을 하고자 하는 모든 분들에게 이 책이 작으나마 도움이 된다면 옮긴 사람으로서 더 큰 기쁨은 없을 것이다.

2008년 3월

옮긴이 서 동 수

차 례

서론

Chapter 1 전기

Chapter 2 쇼핑하기

Chapter 3 회로 만들기

Chapter 4 마이크로컨트롤러

Chapter 5 프로그래밍

Chapter 6 4대 회로

차 례

Chapter 7 컴퓨터 간의 통신

Chapter 8 피지컬 인터액션 디자인, 또는 예의바른 대화의 기술

Chapter 9 움직임 감지하기

Chapter 10 움직임 만들기

Chapter 11 신체와 접촉하기

Chapter 12 디바이스 간의 여러 가지 통신

Chapter 13 소리와 빛 제어하기

차 례

Chapter 14 아주 많이 입력받기, 그리고 아주 많이 출력하기

부록 A 마이크로컨트롤러의 선택

부록 B 추천업체목록

부록 C 회로도에 사용되는 기호들

서론 Introduction

컴퓨터 혁명은 대부분의 사람들을 소외시킨 상태에서 이루어졌다는 것이 우리들의 생각이다. 스티브 잡스가 애플 컴퓨터를 설립하고 '남아 있는 사람들을 위한 컴퓨터computers for the rest of us'를 만들겠다고 선언한 것도 비슷한 맥락의 생각에서였을 것이다. 예술가, 교육자, 어린이 등 컴퓨터 전문가가 아닌 사람들도 컴퓨터를 활용할 수 있도록 하자는 것이 그의 아이디어였다. 애플이 도입한 시각적인 사용자 인터페이스(GUI)는 크게 성공하고 또 대대적으로 모방되어, 이제는 대부분의 퍼스널 컴퓨터에서 표준적 인터페이스가 되었다. 이 인터페이스 덕분에 모든 사람들이 컴퓨터를 사용할 수 있게 되었다.

이제 우리들에게 필요한 것은 '남아 있는 *나*를 위한 컴퓨터computers for the rest of *you*' 이다. 우리들 몸의 나머지 부분들, 그리고 우리들 세계의 나머지 부분들에 반응하는 컴퓨터가 필요한 것이다. GUI 기술은 우리에게 끌어다 놓기drag and drop를 할 수 있도록 해 주었다. 하지만 우리들이 트위스트를 추면서 괴성을 지른다 해도twist and shout 그것은 알아주지 않을 것이다. 폴더를 열고 프로그램을 시작하기는 쉬워졌을지 모르지만, 우리가 원하는 것은 실제의 문을 열어 주고 멈춰 있는 자동차에 시동을 걸 수 있는 컴퓨터인 것이다. 퍼스널 컴퓨터는 가만히 앉아 손가락만 움직이며 이성에 따라 정보를 입력하고 입력받는 사무실 환경에서 진화해 왔다. 하지만 이것이 우리들 삶의 전부는 아니며, 심지어 그 중에서 제일 멋진 부분도 아닐 것이다. 우리들 몸의 더 많은 부분과 소통하고 더 많은 장소에서 사용할 수 있으며, 정보 외에 물리적인 표현도 보여 줄 수 있는 컴퓨터를 생각해 볼 필요가 있다.

뉴욕대학교New York University의 티쉬 예술대학Tisch School of the Arts에서 피지컬 컴퓨팅을 10년 넘게 가르쳐 오면서, 우리들은 물질세계the physical와 가상세계the virtual 사이의 간극을 이어보고자 하는 다양한 배경의 사람들을 접해 왔다. 어쩌면 당신은 관객이 조각작품을 건드리는 부위에 따라 다른 소리나 영상이 재생되도록 하고 싶은 조각가일지도 모른다. 어쩌면 당신은 무릎을 굽힐 때마다 종소리가 울리도록 하고 싶은 무용가일지도 모른다. 어쩌면 당신은 어떤 길목을 지나는 사람들의 수효를 효과적으로 세어 보고 싶은 사회학자

일지도 모른다. 어쩌면 당신은 아이들이 책만 읽기보다는 스스로 해 봄으로써 무언가를 배울 수 있는 도구를 만들어 보고 싶은 교사일지도 모른다. 아니면 그저 날이 뜨거운 오후에는 창문의 블라인드가 저절로 내려지도록 하고 싶은 누군가라 해도 좋다. 당신이 현재 어떠한 배경과 기술적 경험을 가지고 있는지는 문제되지 않는다. 이 책은 실제의 물질 세계와 컴퓨터의 세계를 보다 흥미롭게 연결해 보고자 하는 당신을 돕기 위해 쓰여졌다.

우리들은 컴퓨터를 어떻게 보는가

컴퓨터를 그려 보라고 하면 사람들은 대부분 비슷한 것을 그린다. 스크린, 키보드, 그리고 마우스. "컴퓨터"라는 것을 생각할 때 우리에게 떠오르는 이미지란 대개 이런 것이다. 컴퓨팅의 가능성을 좀더 제대로 탐구하고자 한다면 컴퓨터에 대한 이러한 선입관에서 벗어나야만 한다. 말하자면 *컴퓨터*에 대해 생각하는 것이 아니라 *컴퓨팅*에 대해, 즉 컴퓨터가 하는 일에 대해 생각해야 하는 것이다. 컴퓨터의 물리적인 형태란 우리들이 컴퓨터로 무엇을 하기를 원하느냐에 따라 그에 적합하게 정해져야 할 터이다. 그렇다면 과연 컴퓨터는 어떤 일을 할 수 있는가?

일반적으로 들을 수 있는 대답 중 하나는, 컴퓨팅이란 사람의 사고思考와 같다는 것이다. 컴퓨터로 인간을 흉내내고 아마도 언젠가는 대체하려는 노력인 인공지능(Artificial Intelligence, AI)은 컴퓨터 사이언스의 초창기부터 지금까지 중요한 한 영역이 되어 오고 있다. 피지컬한 분야에서 AI에 해당하는 것이 로보틱스라 하겠다. 이 책에서 배우게 될 기술들은 로보틱스 책에 나오는 내용들과 매우 유사하지만, 그것으로 무엇을 하고자 하는가라는 점에 있어서는 차이가 있다. 로보틱스에서는 주로 로봇을 만드는데, 로봇이란 스스로의 생각에 따라 움직일 수 있는 인간의 능력을 흉내내려 하는 존재이다. 로봇에 대해 특별한 반감을 가지고 있는 것은 전혀 아니지만, 우리들은 가장 우수한 로봇이 가장 멍청한 사람보다도 훨씬 재미 없음을 발견한다(적어도 아직까지는 그렇다).

우리들의 접근은 지능증폭(Intelligence Amplification, IA)이라고 하는 컴퓨팅의 다른 영역에서 출발한다. 이 접근에서는 재미있는 아이디어의 발상은 인간에게 의존하며, 컴퓨터는 사람이 표현하고자 하는 바를 담고 전달하는 데에 사용하고자 한다. 사람의 창의성을 흉내내려 애쓰기보다는 그것을 지원하고 돕고자 하는 것이다. IA에서는 컴퓨터를 사람 간의 커뮤니케이션을 위한 미디어로 생각한다.

그러면 컴퓨팅은 미디어로서 우리에게 무엇을 제공해 주는가? 컴퓨팅은 사운드와 이미지를 저장할 수 있도록 해 주지만, 이는 자기테이프나 영화필름같은 이전의 미디어에서도 가능했던 일이다. 필름과 자기테이프에서 정보와 이미지는 매체 안에 기록된 물리적 위치에 따라 순차적으로 불러들여진다. 이 때 한 아이디어는 바로 앞에 위치한, 또는 바로 다음에 위치한 아이디어와만 연결될 수 있다. 이러한 이유에서 이들을 *선형적*linear *미디어*라 부른다.

컴퓨터는 선형성으로부터 벗어나는 것을 가능하게 한다. *랜덤하게 접근할 수 있는* random access *미디어*에서는 컴퓨터의 메모리에 있는 비순차적인 내용들을 서로 잇달아 있는 것처럼 불러낼 수 있기 때문이다. 즉 메모리에 저장되어 있는 어떤 아이디어든 다른 임의의 아이디어와 나란히 이어져 있는 것처럼 보이게 할 수 있는 것이다. 랜덤한 접근성을 네트워크 커뮤니케이션과 결합하면, 서로 다른 대륙에 흩어져 있는 정보와 이미지들을 마치 한 곳에 저장되어 있는 것처럼 나타낼 수도 있다. 순서를 재정렬하여 여러 가지 서로 다른 버젼을 만들기도 훨씬 용이해졌는데, 이는 컴퓨터의 복사해 붙여넣기copy and paste 기능을 사용해 본 사람이라면 누구든 이해할 수 있을 것이다.

컴퓨터는 아이디어를 구상하고 재정리하는 데 있어 시간과 공간의 장벽을 낮추어 준다. 결과적으로 컴퓨터는 사람의 머릿속에서 오가는 생각들이 서로 연결되면서 변화해 가는 양상을 보다 잘 반영해 주며, 모든 생각들이 서로 좀더 동등한 비중으로 공평하고 다양하게 연결될 수 있도록 한다.

시공의 장벽을 부수어 세계를 구원하려는 웅대한 목표까지는 없는 사람에게도, 컴퓨팅이 가능한 미디어computational media는 구체적인 도움들을 줄 수 있다. 컴퓨터가 없어도 버튼을 눌렀을 때 불이 켜지도록 할 수는 있다. 그러나 컴퓨터가 있으면 버튼과 전등 사이에 보다 복잡한 관계들을 형성할 수 있다. 이를테면 버튼을 몇 번이나 눌렀는지, 또는 얼마나 오랫동안 눌렀는지에 따라 불이 달리 켜지게 할 수 있다. 아니면 다른 방, 또는 다른 대륙에 있는 버튼들이 눌려지는 조합에 따라 달라지도록 할 수도 있다. 설정된 관계가 상황에 따라 실시간으로 달라지도록 할 수도 있다. 이를테면 낮에는 두 번 눌러야 불이 켜지지만 밤이 되면 한 번만 눌러도 불이 켜지도록 할 수 있는 것이다. 감지된 이벤트와 자신이 일으킬 이벤트 사이에 컴퓨터가 이와 같은 관계를 형성할 수 있도록 하려면 프로그램이라는 것을 작성해야 한다. IA적인 접근에서는 어떻게 하면 가장 재미있는 관계를 형성할 수 있는가라는 문제를 사람에게 맡기기 때문에, 피지컬 컴퓨팅에서 사용하는 프로그램은 비교적 간단해지는 것이 보통이다.

컴퓨터는 우리들을 어떻게 보는가

컴퓨터를 사람을 돕는 역할로 두고자 할 때(사람과 경쟁하는 역할이 아니라), 우리가 무엇을 도움받을지를 알기 위해서는 사람과 그 환경에 주목해 볼 필요가 있다. 과연 사람은 컴퓨터에게 어떻게 보이는 것일까? 사람들에게 이런 질문을 던진다면 아마도 '그런게 무슨 상관이람?' 하는 멍한 시선들만 되돌아오겠지만 말이다. 컴퓨터가 우리를 어떻게 생각하는지는 입출력 장치를 통해 나타난다. 대부분의 데스크탑 컴퓨터에서 이는 마우스, 키보드, 모니터, 스피커를 뜻한다. 이러한 컴퓨터에서 우리들은 아마 손가락 하나와 눈 하나, 그리고 귀가 둘 달린 하나의 손으로 보일 것이다(**그림 Ⅰ-1** 참조). 컴퓨터가 우리에게 다르게 반응하도록 하기 위해서는 먼저 그들이 우리를 다르게 바라보도록 해야 한다.

그림 Ⅰ-1 컴퓨터의 눈으로 바라본 사람

컴퓨터의 입력장치를 통해 바라본 사람은 불쌍한 족속이다. 커트 보네것Kurt Vonnegut의 <목성에서 온 괴물들The Sirens of Titan>에 나오는 트랄파마도리안Tralfamadorian이라는 괴물과 닮았는데, 우리 눈에는 괴상할 따름이다. 걷지도 못하고 춤도 못 추며 뛰어오를 줄도 모른다. 노래를 부르는 것은 고사하고 소리조차도 지르지 못한다. 크고 멋진 제스처를 취할 수도 없다. 그리고 오직 한 방향만 바라볼 수 있다.

새로운 형태를 가진 컴퓨터를 창조하기 전에, 컴퓨터에 새로운 형태가 필요한 이유가 먼저 분명하게 인식되어야겠다. 사람의 표현범위가 얼마나 넓은지를 한번 찬찬히 되돌아보자. 얼굴에 잠깐 스쳐지나가는 표정부터 숙련된 예술가의 정교한 표현까지 모두 말이다. 가만히 서 있는 동작 하나에서도 우리들은 수백가지의 미묘하고 무의식적인 움직임들을 통해 중요한 표현들을 힘들이지 않고 끊임없이 내보인다. 이와 같은 표현들은 순간적이어서 잠깐씩 나타났다 사라질 뿐이지만, 우리는 이러한 바디랭귀지를 통해 다른 사람의 내면 상태를 어렵잖게 읽어내는 놀라운 능력을 가지고 있다.

컴퓨터를 표현의 미디어로 사용하고자 한다면 먼저 컴퓨터와(더 바람직하게는, 컴퓨터를 통해) 대화하고자 하는 내용을 기술記述해 보아야겠다. 예를 들면, 인터넷 채팅룸에서는 말의 *내용*뿐만 아니라 말하는 사람의 자세를 통해 나타나는 표현의 *맥락*도 전달되어야 하는 것은 아닐까? 우리들 자신의 주변도 되돌아볼 필요가 있다. 우리의 삶은 컴퓨터 앞의 회전의자를 떠나서도 계속되지 않는가? 그렇다면 컴퓨터도 내가 의자에서 일어나는 동작을 감지할 수 있어야 하지 않을까? 사람들은 어떤 자리가 마음에 안 들면 그 곳을 떠남으로써 의사를 표시하지 않는가? 그렇다면 이럴 때에는 어떤 방식으로 그들의 의사를 기록하면 좋을까? 이러한 절차를 밟아가다 보면 컴퓨터의 새로운 피지컬한 가능성들을 발견할 수 있을 것이며, 나아가 인간의 피지컬한 가능성들도 재발견할 수 있을 것이다.

주요개념들

이 책에서 여러 번 되풀이해 나타날 주요 개념 몇 가지를 여기에서 간략히 소개해두는 것이 좋겠다. 피지컬 컴퓨팅은 피지컬한 실제 세계와 컴퓨터의 가상 세계가 서로 대화할 수 있도록 하는 것이다. *에너지의 변환*transduction, 즉 한 종류의 에너지를 다른 형태의 에너지로 전환하는 것이 이를 가능하게 한다. 우리가 해야 할 일은 우리의 프로젝트가 사용하는 물리적 에너지를 컴퓨터가 사용하는 전기 에너지로 바꾸어 주는 *트랜스듀서*transducer를 찾아 그 사용방법을 익히는 것이다. 이 과정에서 에너지가 흘러가는 방향을 *입력*과 *출력*으로 구분하여 파악해 보고 각 흐름을 개별적인 문제로 다루면 좀더 체계적으로 접근할 수 있어 도움이 된다. 에너지 흐름의 신호는 *디지털*과 *아날로그*로 나누어 볼 수 있는데, 이에 대해서는 차차 배우게 될 것이다. 흐름의 종류를 파악하는 것은 구성해야 할 인터액션을 명확히 하고 사용해야 할 트랜스듀서의 폭을 좁히는 데 도움을 준다. 흐름 안에서 이벤트들이 어떤 순서로 발생하는지를 파악하고 이들이 *직렬적*serial인지 *병렬적*parallel인지를 구분해 보면 인터액션을 어떻게 설계하는 것이 가장 좋을지를 알 수 있다.

■ 인터액션 : 입력, 출력, 그리고 처리

컴퓨터에 대해 말할 때 사람들은 흔히 컴퓨터는 인터액티브interactive해서 좋다고 말한다. "인터액티브하다"는 것은 뜻이 애매한 용어이며, 온갖 우스꽝스러운 용도로 오용되는 경우가 많다. 작가이자 게임 프로그래머인 크리스 크로포드Chris Crawford는 *인터액션*을

"둘 또는 그 이상의 존재들이 서로 듣고 생각하고 말하는 것을 반복하는 과정"이라고 훌륭하게 정의한 바 있다. 대부분의 피지컬 컴퓨팅 프로젝트는(그리고 일반적으로 대부분의 컴퓨터 어플리케이션은) 바로 이 정의에서처럼 듣기-생각하기-말하기의 세 단계로, 즉 컴퓨터 용어로 말하자면 입력-처리-출력의 세 단계로 나누어 볼 수 있다. 프로젝트를 이렇게 나누어보면 초점을 맞추어야 할 문제들이 분명하게 드러나게 되어, 이 책의 내용 가운데 상당한 부분을 건너뛸 수 있을 것이다. 인터액션을 설계할 때에는 좋은 대화에서처럼 사이클의 세 부분이 서로 만족스럽게 균형을 이루도록 해야 할 것이다. 이에 대해서는 8장 '피지컬 인터액션 디자인, 또는 예의바른 대화의 기술' 에서 다시 이야기하도록 하자.

입력

피지컬 컴퓨팅을 공부함에 있어 오로지 입력에만 관심을 갖는 사람들이 많다. 스크린이나 스피커를 통해 컴퓨터로 자신을 표현하는 능력에는 만족하지만 마우스와 키보드를 통한 입력에는 제약을 느끼는 것이다. 사물들을 움직이는 것 보다는 움직임을 감지하는 편이 요구되는 에너지가 작기 때문에, 일반적으로 입력이 출력보다 쉽다고 할 수 있다.

출력

가장 흥미로운 피지컬 컴퓨팅 프로젝트들은 세계를 그저 받아들이기만 하는 것이 아니라 그것을 직접 변화시킨다. 전기공학적electrical 지식(전자공학적electronic 지식이 아니라)과 기계에 관한 지식을 요하는 경우가 많기 때문에, 일반적으로 피지컬한 출력은 입력보다 힘들다고 할 수 있다. 빛과 소리, 그리고 움직임을 출력할 수 있는 디바이스들 중 매우 쉽게 사용할 수 있는 몇 가지를 이 책의 1부에서 다룰 것이다. 한편, 피지컬한 입력을 데스크탑 컴퓨터에 연결하면 훨씬 많은 일들을 쉽게 할 수 있게 된다. 데스크탑 컴퓨터는 사운드와 비디오의 출력에 관한 한 뛰어난 능력을 가지고 있기 때문이다. 2부에서는 출력 문제를 보다 심도있게 다루는데, 모터 등의 디바이스를 사용하여 물리적인 세계의 사물들을 움직이게 될 것이다.

처리

입력과 출력은 피지컬 컴퓨팅에 있어 피지컬한 부분이다. 피지컬 컴퓨팅의 세번째 부분은 컴퓨터로 입력을 읽어들이고 입력값의 변화에 따라 판단하여 출력을 내보내거나 다른 컴퓨터에 메시지를 보내는 것이다. 이를 위해 프로그래밍이 등장하게 된다.

■ 에너지 변환transduction

피지컬 컴퓨팅의 기반을 이루는 주된 개념 중 하나는 트랜스듀서transducer를 사용한 에너지의 변환, 즉 한 형태의 에너지를 다른 형태의 에너지로 바꾸는 것이다. 공기중의 음압音壓 변화를 전압의 변화로 바꾸어 주는 마이크는 트랜스듀서의 전형적인 예이다. 스피커는 같은 에너지를 반대 방향으로 바꾸어 준다. 트랜스듀서는 피지컬 컴퓨팅 시스템의 눈, 귀, 손, 다리, 그리고 입과 같은 존재들이다.

피지컬 컴퓨팅의 주된 과제는 빛, 열, 압력 등 여러 형태의 에너지를 컴퓨터가 이해할 수 있는 전기 에너지로 변환하는 것이다. 프로젝트에 알맞은 트랜스듀서를 쉽게 찾을 수 있는 경우도 있다. 하지만 때로는 사용할 줄 아는 트랜스듀서에 맞추어 인터액션을 꾸며야 하는 경우도 있다.

스위치나 가변저항 등의 입력 트랜스듀서(센서)들은 열, 빛, 움직임, 소리 같은 에너지들을 전기 에너지로 변환해 준다. 모터나 버저 등의 출력 트랜스듀서(작동기actuator)들은 전기 에너지를 사람의 신체가 느낄 수 있는 여러 형태의 에너지들로 변환해 준다.

디지털과 아날로그

어떤 과정에 대해 생각할 때에는, 그 일에서 나타날 수 있는 결과가 몇 가지나 되는지를 먼저 파악해 보자. 결과적인 상태가 연속적인 범위에 걸쳐 나타나는 경우도 있다. 반면에 결과가 두 가지 상태 중 어느 쪽인지에만 관심이 있는 경우도 있다. 두 상태만으로 충분한 경우를 *디지털*이라 한다. 나타날 수 있는 상태들의 연속적인 범위를 고려하는 경우를 *아날로그*라 한다. 이를테면 아침에 옷을 입을 때에는 더운지 추운지(디지털)만 전해 듣기 보다는 바깥 온도 자체(아날로그)를 알고 싶을 때가 많을 것이다[1]. 반면에 우산을 가져갈 것인지의 여부를 정할 때에는 비가 오는지 안 오는지만 알면 될 것이다(디지털). 비가 얼마나 많이 오는지(아날로그)는 상관없는 것이다. 컴퓨터는 두가지 상태만이 존재하는 이진법 시스템으로 되어 있기 때문에, 일반적으로 디지털 입출력이 아날로그 입출력보다 쉽다. 하지만 아날로그 입출력은 디지털보다 더 흥미롭고 재미있을 수 있다.

프로젝트를 말로 설명해 보면 요구되는 입출력이 아날로그인지 디지털인지를 알 수 있을 것이다. 입출력을 설명할 때 '...인지 아닌지' 라든가 '...하거나' 같은 말들을 사용하게 된다면 아마도 디지털 입출력에 해당하는 상황일 것이다. 반면에 '얼마나' 라든가 '더 강하게', '더 빨리', '밝게' 같은 말들을 사용하게 된다면 그것은 아날로그 입출력에 해당

1) 사실 아날로그와 디지털이 가장 정확한 용어는 아닐지도 모른다. 여러 가지 상태와 두 가지 상태, 또는 연속적과 이분법적이라는 용어가 더 나을지도 모른다. 그러나 우리들이 사용할 도구를 제작하는 사람들은 보통 디지털과 아날로그라는 용어를 사용하고 있다.

하는 상황일 것이다. 이를테면, 불을 *켜거나 끄는* 상황에는 디지털 출력이 적합할 것이다. 하지만 불을 *더 밝게*, 또는 *더 어둡게* 조절해야 하는 상황이라면 아날로그 출력이 필요할 것이다.

병렬과 직렬

디지털과 아날로그라는 개념을 사용하면 우리들이 무엇을 듣고(입력) 무엇을 말하고자 하는지(출력)가 명료해진다. 이와 마찬가지로, 우리가 어떻게 말하고 어떻게 듣고자 하는 것인지도 분명하게 정의되어야 한다. 아이디어를 제시함에 있어 우리는 때로는 단순히 분절된 덩어리들을 하나씩 늘어놓는 방법을 택한다. 예를 들어 한 악기로 하나의 간단한 멜로디를 연주하는 경우, 우리는 멜로디의 구조에 집중하게 되며 그것의 변화에 따라 감정을 느낀다. 반면에 여러 아이디어를 동시에 제시하여 그들이 서로 어울리도록 하는 경우도 있다. 예를 들면 교향곡의 힘은 여러 악기들이 서로 다른 화음을 동시에 연주하는 것을 듣는 경험에서 나오는 것이다. 악기 하나하나의 멜로디라인들이 모두 중요하지만, 그들이 모두 동시에 제시될 때 얻어지는 효과야말로 우리의 인상에 남는 경험이 된다.

어떠한 일들이 일어나는 순서에 대해 설명할 때, 그들이 순차적으로 차례를 두고 일어나는지 아니면 동시에 모두 함께 일어나는지를 구별해서 생각해 볼 수 있다. 우리는 일들이 한 번에 하나씩 일어나는 것을 *직렬적*serial이라 하고 여러 일이 동시에 일어나는 것을 *병렬적*parallel이라 부르고자 한다.

지금은 일들이 일어나는 순서를 설명하면서 이 용어들을 광의로 사용하고 있지만, 앞으로 보다 기술적인 측면들을 설명할 때에도 같은 용어들을 사용하게 될 것이다. 즉, 전기 에너지가 부품들을 따라 흘러가는 방식에도 직렬(하나씩 차례대로)과 병렬(여러 부품들을 동시에)이 있으며, 컴퓨터가 정보를 구성하는 비트들을 주고받는 방식에도 직렬(시리얼통신)과 병렬(패러랠통신)이 있다.

제작과정

피지컬 컴퓨팅은 그것에 대해 이야기만 하기보다는 실제로 만들어 봄으로써 가장 쉽게 이해할 수 있다. 그래서 이 책에서는 피지컬 컴퓨팅 프로젝트를 구현하기 위한 방법들을 주로 다룰 것이다. 이 절에서는 본론에서 접하게 될 기술적인 지식의 홍수 속에서 길잡이가 되어 줄 일반적인 가이드라인들을 소개한다. 자잘한 사항들 속에서 길을 잃을 때에는 이 내용들을 다시 읽으면서 프로젝트 전체를 조망해 보는 것이 좋겠다.

■ 프로젝트의 시작 : 무슨 일들이 일어나는가

피지컬 컴퓨팅 프로젝트의 첫 단계는 무슨 일들이 일어나기를 원하는지를 서술해 보는 것이다. 애초에 일반 언어로도 무슨 일들이 일어나는지를 설명하지 못한다면, 프로그램을 짜고 회로를 만들어서 그 일들이 실제로 일어나도록 하기란 어려울 것이다. 프로젝트를 경험하는 사람의 입장에서 프로젝트의 전체 환경을 서술해 보자. 그가 무엇을 보고 무엇을 듣고 무엇을 느끼는지, 또 그가 이들을 변화시키기 위해 무엇을 할 수 있는지를 서술해 보자. 서술은 관객의 경험이 펼쳐지는 과정을 따라 이루어져야 한다. 관객이 어떠한 행동을 할 때 어떠한 변화가 생기는지, 그리고 이러한 변화가 생길 때 관객은 무엇에 주목하게 되고 어떠한 행동을 취하게 되는지를 서술하자. 우리들이 제시하는 변화가 왜 관객의 관심을 끌게 되는지, 그리고 일련의 일들이 어떻게 연쇄됨으로써 관객의 흥미를 지속적으로 유지할 수 있는지를 서술하자. 서술한 내용은 프로젝트를 구현해 가면서 몇 번에 걸쳐 수정하게 될 것이므로 세부적인 사항은 더러 빠져 있어도 괜찮다. 하지만 구현하는 과정에서 이들을 채워 넣는 것을 잊고 지나가서는 안 되겠다.

서술은 *무슨 일들이 일어나는지*에 집중되어야 한다. 이 일들이 *어떤 방법을 통해 일어나는지*를 서술하는 것이 아니다. 사용되는 세부적인 기술이나 도구들에 대해 설명하지 않도록 하자. 이러한 세부사항들은 우리의 생각을 편향되게 하며 개념 자체를 망가뜨릴 수도 있다. 기술적인 문제들로 건너뛰는 학생들을 흔히 보게 되는데, 이들은 사용하기 힘든 특이한 센서의 사용법을 물으러 오고는 한다. 우리의 첫번째 질문은 언제나 "이것을 사용해서 무엇을 하려고 하는가?"이다. 기술적인 부분을 제외하고 무슨 일을 하고자 하는지만을 설명해 보면 더 간단한 방법을 찾을 수 있을 때가 많았다.

이를테면 파티에 오는 손님들을 멋지게 환영하고 싶다고 하자. 사람이 방 안에 들어서는 순간 커튼이 열리면서 환한 스포트라이트가 비추고 요란하게 박수소리가 들린다. 이 서술에는 어떤 기술들을 사용할 것인지에 대해 아무 언급이 없지만, 구현 계획을 세우기 위한 시작으로는 충분하다. 우리는 커튼과 스포트라이트와 박수소리가 필요하다는 것, 그리고 사람이 방에 들어오는 것을 감지할 수 있어야 한다는 것을 알 수 있다.

기술적인 내용을 배제한 상태에서 일반적인 말로 프로젝트를 서술하고 그 개념을 몇 차례 다듬어 보았다면, 이제 프로젝트를 입력과 출력, 그리고 처리의 단계로 나누어 보아야 한다. 앞서 든 예에서는 방 안에 들어서는 사람이 입력에 해당하고 스포트라이트와 박수소리가 출력에 해당하며, 사람이 들어왔는지의 여부를 판단하여 불을 켜고 소리를 내는 것이 처리에 해당하겠다.

다음으로는 입력과 출력이 디지털인지 또는 아날로그인지를 판별하고 적합한 트랜스듀서를 찾는다. 앞서 든 예에서 사람이 방 안에 *얼마나 깊이까지* 들어왔는지에 따라 박수소리의 크기가 달라지도록 하고 싶다면 아날로그 입출력이 필요할 것이다. 반면에 사람이 방 안에 있는지의 여부에 따라 박수소리가 단지 켜지고 꺼지도록 한다면 그것은 디지털 입출력에 해당할 것이다. **그림 I-2**의 카테고리에 맞추어 프로젝트를 서술해 보면 이 책을 읽을 때 관련된 부분들에 집중할 수 있을 것이다. 이 표에 따라서, 또는 비슷한 양식에 맞추어서 프로젝트의 입출력 요구사항을 정리해 보자.

디지털 입력	아날로그 입력	처리	디지털 출력	아날로그 출력

그림 I-2 피지컬컴퓨팅 프로젝트에서 해야 할 일들을 분류하자.

또, 일들이 일어나는 순서도 서술되어야 한다. 조명이 켜지는 것은 박수소리에 앞서서 일어나는가? 아니면 동시에 일어나는가? 전자의 경우라면 이들은 서로 *직렬적*인 일들이 되고, 후자의 경우라면 *병렬적*인 일들이 된다.

그림 I-3을 참고하여 프로젝트가 복잡한 정도를 가늠하고 해야 할 일들을 파악해 보자.

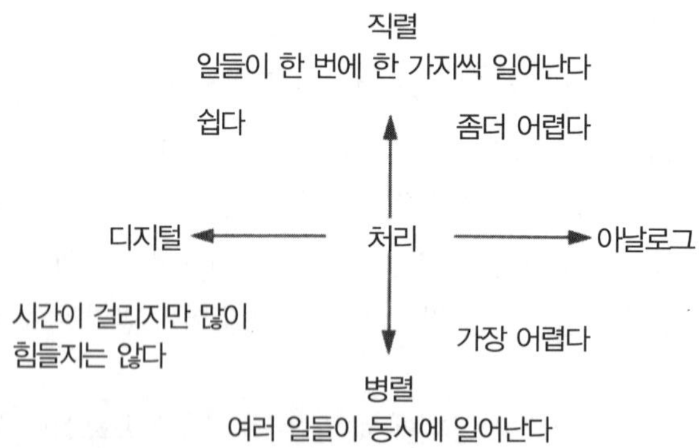

그림 I-3 프로젝트의 매핑. 아날로그와 디지털, 그리고 직렬과 병렬.

■ 얼마나 추상화할 것인가(또는 얼마나 번거롭고자 하는가)

기술적인 문제를 다룰 때에는 항상 "얼마나 추상화abstraction된 도구를 사용할 것인가?"라는 문제에 대해 전략적인 결정을 내려야 한다. 높은레벨 도구는 추상화 정도가 높아서 우리가 기술적인 세부사항들로부터 멀리 떨어져 있을 수 있도록 해 준다[2]. 그래서 이들은 사용하기가 쉽지만, 반면에 우리가 하고자 하는 일들을 다 해 주지 못하는 경우도 있다. 우리는 가장 높은 레벨에서 시작해서 필요할 경우 낮은레벨로 내려오는 방식으로 작업한다. 높은레벨 도구에서는 새로운 아이디어를 쉽게 시험해볼 수 있으며, 설령 잘 되지 않더라도 기술적으로나 감정적으로 너무 깊이 빠져들기 전에 그만둘 수 있다. 도구는 빠르게 발전하므로, 요즘에는 높은레벨 도구로도 원하는 일을 대부분 할 수 있게 되었다. 내일의 높은레벨 도구는 오늘의 낮은레벨 도구만큼 강력할 것이다.

하지만 실제에 있어서는 모든 것이 그렇게 간단하지만은 않다. 낮은레벨 도구에는 우리를 끌어들이는 나름대로의 유혹이 있는 것이다. 음식을 좋아하는 사람이라면 맛이야 어떻든 자신이 직접 재료를 다듬어서 요리해 보고 싶은 생각도 들게 마련이다. 그 과정 자체를 즐기기 때문이다. 낮은레벨로 작업할 때는 행여나 기술적인 허영심에 빠지지 않도록 경계해야겠다. 프로젝트의 목적과는 상관없이 시간만 걸리고 결과물도 만족스럽지 못할 수 있는 것이다. 내가 직접 만든 크림 브륄레라고 해서 손님들이 꼭 좋아하라는 법은 없다(처음 만들어 보는 것이라면 더욱 그렇다). 한편, 요리에 대해 뭔가 아는 사람이라면 즉석요리 재료들만 가지고 자신만의 멋진 작품을 만들기란 어려운 일이다. 매우 독특한 무언가를 만들고자 할 때는 이런저런 기존의 솔루션들을 찾아서 끼워맞추고 적당히 응용하는 것보다 스스로 만들어내는 편이 더 쉬울 수 있다는 것도 경험하게 될 것이다. 낮은 레벨에서 가능한 일들을 파악한 다음, 가장 높은 레벨에 머물면서 필요할 때마다 적절히 레벨을 오르내리면 가장 좋은 결과를 얻을 수 있을 것이다(**표 Ⅰ-1** 참조).

2) '높은레벨' 이 기술적으로 더 발전된 것을 뜻한다고 생각해 왔다면, 우리의 용어사용이 거꾸로 된 것처럼 느껴질 수도 있겠다. '낮은레벨' 이란 컴퓨터의 금속 부속품들과 사람 사이에 끼운 쿠션이 얇다는 것을 뜻한다고 생각하자. 이 쿠션은 얼마나 소중한 것인가.

표 I -1 추상화의 단계

소프트웨어	음식	마이크로컨트롤러
높은레벨("여러분 안녕!Hello World!" 출력하기)	높은레벨("안녕하십니까, 무엇을 주문하시겠읍니까?")	높은레벨("여러분 안녕!Hello World!" 출력하기)
MAX	음식 배달시키기	텔레오Teleo
링고/액션스크립트	전자렌지용 냉동음식	베이직스탬프2
프로세싱	라면류 인스턴트 식품	BX-24
자바	백화점 샌드위치 코너	베이직아톰 프로24
C	시장의 채소가게나 정육점	PIC
어셈블리	채소를 직접 키워서, 추수해서, 다듬기	SX
낮은레벨("1001001 0110110")	낮은레벨("헨리, 가서 닭 잡아라. 오늘 저녁은 고기파이다")	낮은레벨("1001001 0110110")

도구들

이 책에서는 여러 레벨의 예들을 들겠지만, 대개 중간레벨에서 높은레벨이 중심이 될 것이다. 우리는 실제 세계와 디지털 세계를 연결하기 위해 회로를 구성하고, 회로를 컴퓨터와 연결하고, 컴퓨터를 위한 소프트웨어를 작성하고, 그리고 컴퓨터들을 서로 통신하도록 하는 방법들을 공부할 것이다(**그림 I -4** 참조).

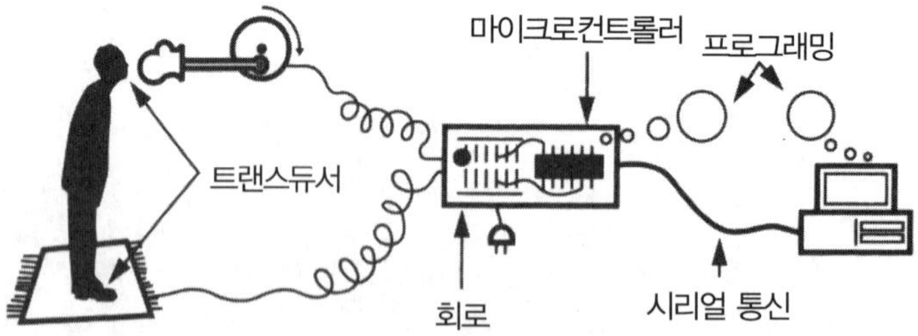

그림 I -4 피지컬 컴퓨팅 시스템의 구성

■ 회로

물질세계를 느끼고 제어하기 위한 트랜스듀서들을 컴퓨터와 연결하여 그 의미를 해석하기 위해서는 약간의 전자회로를 구성해야 한다. 처음 몇 챕터에서 제시할 기본적인 회로들을 활용하면 대부분의 트랜스듀서를 사용할 수 있다. 이 회로들은 제작이 매우 간단하다. 전선 몇 가닥으로 전자부품 한두개를 연결하기만 하면 된다.

전기라는 것이 어떻게 행동하는지에 대한 감이 있으면 더욱 좋기는 하겠지만, 가장 적은 노력으로 물질세계로부터 컴퓨터로 정보를 읽어들일 수 있도록 한다는 것이 우리의 기본 방침이다. 우리가 소개하는 회로들을 이해하는 데 필요한 기본적 사항들을 설명할 것이며, 보다 상세한 것은 외부 자료들을 통해 공부할 수 있도록 안내할 것이다. 어찌 보면 컴퓨터는 모든 회로의 어머니라 할 수 있어서, 소프트웨어를 통해 입력과 출력 사이의 관계를 다시 정교하게 제어할 수 있다. 전기에 대한 최소한의 지식만 있어도 할 수 있는 피지컬 컴퓨팅이 얼마든지 있는 것이다.

회로를 나타낼 때에는 전기부품들이 서로 어떻게 연결되어 있는지를 보여주는 *회로도*라는 다이어그램을 사용하는 것이 일반적이다. 회로도를 읽을 줄은 알아야 하지만, 회로도를 그리거나 회로를 설계할 줄은 몰라도 시작하는 데에는 지장이 없다.

다양한 트랜스듀서들을 사용하기 시작하면 에너지의 변환문제가 보다 중요해져서, 전기의 성질과 회로 제작에 대해 좀더 공부가 필요하게 된다. 특히 모터처럼 전력소모가 큰 출력장치들을 사용할 경우에는 더욱 그렇다.

■ 컴퓨터

'컴퓨팅' 이라는 말과 '피지컬' 이라는 말은 서로 모순되는 것처럼 들릴 것이다. 컴퓨터 테크놀로지의 대표적인 강점이 바로 물리적 세계의 시간과 공간을 초월한다는 데 있기 때문이다. 하지만 피지컬 컴퓨팅에서는, 사람이란 아직 99%는 원숭이여서 물리적 세계의 재미와 한계들을 즐겨 마지않는다는 점을 기꺼이 인정하고자 한다. 그래서 피지컬 컴퓨팅에서는 두 가지 모두를 원한다 : 즉 인간이 즐기는 감각적인 세상 안으로 컴퓨터가 들어와서 그것이 우리를 해방시켜 주기를 원하는 것이다. 이를 위해 우리는 여러 가지 컴퓨터들을 사용할 것이지만, 언제나 컴퓨터는 뒷전에 두고 오로지 사람들 사이의 경험에 집중하고자 한다.

마이크로컨트롤러

피지컬 컴퓨팅에서 주로 사용할 컴퓨터는 마이크로컨트롤러이다. 이것은 매우 작고 매우 간단한 컴퓨터로서, 크게 세 가지 일을 해 준다 : 즉 센서로부터 정보를 받아들이고, 기본적 모터 등의 장치들을 제어해 물리적 움직임을 만들어내며, 컴퓨터와 다른 장치들로 정보를 보낸다. 이들은 실제 세계와 컴퓨팅 세계를 이어주는 통로와도 같은 역할을 한다. 복잡한 전자장치의 핵심에는 흔히 마이크로컨트롤러가 있는 경우가 많다. 따라서 마이크로컨트롤러가 어떻게 동작하는지를 이해하면 지금 가지고 있는 전자 장비들을 새로운 시각에서 이해할 수도 있을 것이다.

그림 I-5 이 책에서 설명하는 4개의 마이크로컨트롤러.
많은 피지컬 컴퓨팅 프로젝트의 중심에 이 작은 컴퓨터들이 있다.

마이크로컨트롤러는 작고 값이 싸다. 그래서 수풀 속이나 운동화 안처럼 전혀 새로운 장소들에 컴퓨터를 붙박이로 설치하는 프로젝트라든가, 개별적으로 움직이는 작은 장치들이 여럿 모여서 커다란 전체를 이루는 방식의 프로젝트들도 할 수 있다.

마이크로컨트롤러는 세탁기에서 전등 스위치에 이르기까지 어디에서든 찾아볼 수 있다. 마이크로컨트롤러의 가격이 낮아지고 사용이 편리해진 것도 이렇듯 널리 마이크로컨트롤러를 사용하게 된 덕분이다.

멀티미디어 컴퓨터

어찌 보면 멀티미디어 컴퓨터는(데스크탑 컴퓨터와 랩탑 컴퓨터) 피지컬 컴퓨팅과는 대립

되는 존재일 것이다. 이 컴퓨터들은 사용자가 손가락과 손을 제외하고는 대체로 움직임이 없으며, 눈과 귀를 한 곳에 집중하고 있음을 전제한다. 이 컴퓨터들은 멀티미디어를 출력할 수 있는 능력은 가지고 있을지 모르지만 입력에 있어서는 그렇지 못하다. 우리의 주된 목적 중 하나는 사람들이 컴퓨터를 생각할 때 책상 위에 놓인 베이지색 플라스틱 상자가 아닌 어떤 것을 떠올리고, 또 컴퓨터와의 인터액션을 생각할 때 타이핑과 클릭이 아닌 무언가를 상상할 수 있도록 하는 것이다.

컴퓨터의 개념을 멀티미디어 컴퓨터 너머로 확장하려는 이러한 우리들의 노력은, 이들이 매우 편리하다는 점에서 문제에 부딪힌다. 특히 사운드와 그래픽을 재생하고 카메라와 마이크로 행동을 감지하는 일에 있어 더욱 그러하다. 많은 프로젝트들은 흥미로운 입출력을 할 수 있는 마이크로컨트롤러의 능력과 멀티미디어를 출력할 수 있는 멀티미디어 컴퓨터의 능력을 결합시킨다. 이는 다른 한편으로 생각하면, 사운드나 비디오 등의 멀티미디어가 필요하지 않은 프로젝트라면 복잡하고 돈이 드는 멀티미디어 컴퓨터를 굳이 사용할 필요가 없다는 뜻이기도 하다.

멀티미디어 컴퓨터와의 연결은 이 책이 여타 로보틱스에 관한 책들과 구분되는 점들 가운데 하나이다. 로보틱스에 관한 책들은 마이크로컨트롤러로 모든 일을 처리하려는 경향이 있다. 우리는 그것이 사람과의 커뮤니케이션에, 또는 사람과 사람간의 커뮤니케이션에 도움이 된다면, 출력에 있어 멀티미디어 컴퓨터가 가지는 강점들을 그리 쉽게 포기할 생각은 없다. 또, 이상적으로는 작고 휴대용이어야 하지만 빠른 시간 내에 작은 사이즈로 만들어내기 어려운 프로젝트의 프로토타입을 제작하는 데에도 멀티미디어 컴퓨터는 매우 유용하다. 미래지향적인 프로젝트를 데모하는 경우라 해도, "커튼 뒤에 있는 그 커다란 컴퓨터에는 신경 쓰지 말아주세요"라고 말하면 그만 아닌가.

그 밖의 컴퓨터들

멀티미디어 컴퓨터와 마이크로컨트롤러 이외에도 여러가지 컴퓨터들이 존재한다. 예를 들면 노트북 컴퓨터, 타블렛 컴퓨터, 싱글보드 컴퓨터, 팜탑palmtop 컴퓨터, 휴대전화 등이 모두 피지컬한 프로젝트에 훌륭하게 사용될 수 있는 컴퓨터들이다. 이들 플랫폼은 대부분 운영체제와 개발환경이 멀티미디어 컴퓨터와 크게 다르지 않으므로, 마이크로컨트롤러와 멀티미디어 컴퓨터의 연결에 관한 이 책의 설명이 이들 플랫폼을 사용하는 경우에도 도움이 될 것이다.

■ 프로그래밍

프로그래밍을 배워 보려고 했다가 실패한 독자들이라면 이 시점에서 어디론가 도망가고 싶겠지만, 사실 피지컬 컴퓨팅은 컴퓨터 프로그래밍을 공부하기에 매우 적합한 환경이다. 비트와 바이트를 비롯한 프로그래밍의 추상적인 개념들이 스위치처럼 손에 만져지는 존재로 나타난다. 뿐만 아니라 마이크로컨트롤러용 프로그램은 보통 매우 짧고 간단하다. 마이크로컨트롤러가 하는 일이라는 것이 몇 가지 되지 않기 때문이다. 센서를 읽고, 장치들을 켜고 끄며, 다른 컴퓨터에 메시지를 보낸다. 코딩은 몇 줄로 끝나는 경우가 많은데, 그나마도 다른 사람들이 작성해 놓은 것에서 빌려와 목적에 맞게 다듬으면 된다.

선택할 수 있는 언어와 마이크로컨트롤러가 다양하지만, 우리의 마이크로컨트롤러 프로그래밍 샘플코드들은 가장 사용하기 편리한 언어 중 하나인 베이직으로 작성했다. 마이크로컨트롤러를 프로그램하기 위해서는 멀티미디어 컴퓨터에서 타이핑한 코드를 마이크로컨트롤러로 다운로드하는 과정이 필요하다. 5장 '프로그래밍' 은 프로그래밍 경험이 거의 없는 사람들을 염두에 두고 쓰여졌다. 경험있는 프로그래머라면 예제들만 대충 훑어봐도 문법을 익힐 수 있을 것이다.

반면에 멀티미디어 컴퓨터 프로그래밍은 매우 커다란 주제이다. 방대한 내용을 책 한 권으로 모두 다룰 수 없으므로, 이 책에서는 컴퓨터로 기본적인 정보를 주고받는 방법에만 촛점을 맞추고자 한다. 만일 디렉터 링고, Max/MSP, 프로세싱, 또는 자바를 경험해 보았다면, 마이크로컨트롤러와 멀티미디어 컴퓨터간의 통신을 이들 언어로 설명할 것이니 더할 나위 없이 잘 되었다. 마이크로컨트롤러와의 통신 이외에도 프로젝트의 필요에 따라 멀티미디어 컴퓨터를 프로그램해야 하겠지만, 그 필요란 것이 너무 다양하여 이 책 한 권으로는 설명하기 힘들다. 만일 프로그래밍이라는 것 자체를 처음 접해 본다면, 멀티미디어 프로그래밍 환경 하나를 선택해서 공부해야 할 것이다. 앞에서 말한 환경들을 추천한다. 마이크로컨트롤러에서 멀티미디어 컴퓨터로 정보를 읽어들이는 예제들도 이들 환경에서 설명할 것이다.

■ 컴퓨터간의 통신

네트워크를 떠나서는 컴퓨터에 관해 별로 할 이야기가 없는 시대가 되었다. 인터넷을 통해 메시지를 보내기까지는 않는다 하더라도, 타입이 다른 두 가지 로컬 컴퓨터끼리 통신해야 하는 경우는 있을 수 있다. 예를 들면 마이크로컨트롤러는 스위치들의 상태를 체크하기에는 좋지만 멀티미디어 작업에는 적합하지 않다. 따라서 멀티미디어 컴퓨터로 메시지를 보내어 사운드나 비디오를 재생하도록 하는 편이 좋겠다. 컴퓨터간의 통신에는 여러 가지 방법이 있다. 우리는 *시리얼 통신*이라는 방법을 소개하고자 한다. 가장 적은 작업으로 가장 다양한 일을 할 수 있는 방법이다. 이의 보다 특화된 버젼들인 미디와 인터넷 프로토콜 등에 대해서도 다룰 것이다.

컨셉을 잊지 말자

프로젝트의 아이디어에서 시작하여 그것을 구현하기 위해 필요한 기술들로 거슬러 올라가 보자는 것이 이 책의 입장이다. 프로젝트의 컨셉concept으로부터 그것을 구현하기까지의 여정이 일사천리 한 방향으로만 이루어지는 경우는 거의 없다. 구현 과정에서 기술들을 익힘에 따라 새로운 것들을 알게 되고 컨셉도 달라지기 마련이다. 도구들에 어느 정도 익숙해지고 나면, 꼭 아이디어가 먼저이고 구현이 나중이라기보다 프로젝트를 만들어 나가는 과정에서 아이디어들이 생길 때도 많다. 하지만 기술들을 처음 접할 때에는 길을 잃기가 쉽다.

피지컬 컴퓨팅으로 가는 길에는 두 가지 커다란 함정이 있다. 상대적으로 가벼운 첫번째 함정은 기술의 유혹이다. 새로 익힌 기술에 흥분한 나머지 자잘하고 불필요한 기술적 문제를 파고들거나, 프로젝트에 이상한 곁가지들을 붙이기 시작하는 것이다. 사실, 기술적인 집착으로 프로젝트가 미묘하고도 새로운 변화를 얻는 경우와 그저 혼자만의 넋두리로 끝나버리는 경우를 구별하기란 쉽지 않다. 장차 관객이 될 사람에게 보여주고 의견을 들어보면서 프로젝트를 진행하는 것이 좋다. 만일 어떤 기술적인 변화를 주었는데 관객이 그로 인해 프로젝트가 나아졌다고 느끼지 못한다면, 꼭 이렇게 바꿀 필요가 있을까라는 문제를 다시 한 번 생각해 보는 것이 좋겠다.

두 번째 함정은 어떤 문제를 해결하려고 오랫동안 제자리를 맴돌다가 그 한 부분 때문에 프로젝트 전체를 포기해 버리는 것이다. 때로는 기술적인 문제를 다른 길로 돌아서 피해가는 것도 기술이다. 잘하면 프로젝트가 난관에서 빠져나와 기운차게 나아갈 수 있다. 하지만 잘못하면 프로젝트 전체가 보기 흉한 절충안에 머물러 버리기도 한다.

아이디어를 구현함에 있어 길을 벗어나지 않도록 해 주는 방법으로 네 가지가 있다. 첫째, 작업 일지를 쓰자. 떠오르는 아이디어들을 적고, 마주치는 문제점과 의문점들, 그리고 찾아낸 해결 방법들을 기록하자. 기술적인 문제와 개념적인 문제에 부딪혀도 포기하지 않고 우리가 원래 어디로 가고 있었는지를 기억할 수 있을 것이다. 사실은, 당신이 아직 기술적인 면에 눈을 뜨지 못하고 순진무구한 지금이야말로 가장 중요한 글을 남길 수 있는 기회이다(당신이 다행히도 아직 기술로 더럽혀지지 않았다면 말이지만). 무엇이 당신을 이 길로 이끌었는가? 상세한 구현 과정을 자주 떠나서 전체적인 아이디어를 조망하는 것이 바람직한 진행이다. 그러니 굳이 프로젝트를 진행할 의욕을 잃을 때까지 기다리지 말고, 일지를 자주 들여다 보도록 하자. 일지를 인터넷 블로그로 만들어서 다른 사람들도 도움을 얻을 수 있도록 하면 더더욱 좋다.

둘째, 높은 레벨에서 빠른 속도로 작업하자. 미리 만들어져 있는 기술적 솔루션이 있다면 기회가 있을 때마다 사용하도록 하자. 적어도 테스트 용도에는 꼭 이들을 사용하도록 하자. 전체 컨셉에 확신이 서기 전에는 세부적인 무엇을 완벽하게 하느라고 시간을 무한정 낭비하지 말자. 어떤 것을 구현하는 데 시간을 들이면 들일수록 우리들 자신이 그만큼 빠져들게 되므로, 그것이 프로젝트에서 차지하는 진정한 가치를 객관적으로 평가하기는 점점 어려워진다.

셋째, 계획을 세우느라 둔해지지 말자. 점장이가 아닌 다음에야 뭐든 일단 해 보고 어떻게 되는지를 보는 편이 낫다. 첫번째 방법이 잘 되지 않는다면 다른 방법으로 해 보면 된다. 다른 방법들을 시도해 볼 때마다 당신의 프로젝트에서 어떤 점이 좋고 어떤 점이 좋지 않은지를 알게 될 것이다. 또, 초기 단계에서는 어떤 한 솔루션을 편애하지 않는 편이 나중에 장애물에 부딪혔을 때 둘러가는 방법을 찾거나 아예 다른 솔루션으로 바꾸는 데에도 유리하다.

넷째, 다른 사람들과 공동으로 작업하자. 사람이란 자기 자신을 설명하다 보면 정직해지게 된다. 특히 자신과 다르게 생각하는 사람들에게 설명할 때 더 그렇다. 모든 것을 백 번도 넘게 검토해 보았지만 무엇이 잘못되었는지를 알 수 없을 때는 다른 사람이 새로운 눈으로 보아 주는 것이 최선의 방법이 된다.

마지막으로, 샤워를 자주 하고, 프로젝트의 여러 부분을 동시에 진행하도록 하자. 해결책이란 지금 지켜보고 있는 곳이 아니라 그 언저리에서 나타나는 경우가 많으니, 자주 휴식을 취하고 일을 바꾸어 가며 하는 것은 도움이 된다.

1부 기초편

The Basics

1부에서는 피지컬 컴퓨팅의 기반을 이루는 주요한 기술적 개념들을 설명하고, 이 개념들을 설명하기 위해 사용되는 용어들을 정의하며, 실제 사례를 통해 이 개념들을 예시할 것이다. 전자공학의 좀더 발전된 내용들은 당장은 필요하지 않으므로 배제하고, 기본적인 피지컬 컴퓨팅 프로젝트를 하는 데 필요한 내용들만을 간략히 다루려 노력하였다. 내용을 차례대로 읽어 가면 여러 종류의 피지컬 컴퓨팅 프로젝트들을 시작할 수 있는 기초를 갖출 수 있을 것이다.

만일 프로젝트를 시작하고 싶어 조바심이 난다면, 곧장 6장으로 건너뛰어 하고자 하는 프로젝트에 필요한 트랜스듀서와 회로와 프로그램에 대해 알아볼 수도 있겠다. 이렇게 하면 아마도 해답보다는 질문들이 더 많이 생기겠지만, 이에 대해서는 내용을 다시 훑어가면서 빈 곳들을 채우면 되겠다.

Chapter 01

전기 Electricity

1. 에너지의 변환 : 전기에 관한 기본 지식들

에너지의 변환transduction, 즉 한 종류의 에너지를 다른 형태의 에너지로 전환하는 것은 피지컬 컴퓨팅에 있어서 중요한 개념이다. 높은 수준에서 볼 때, 우리들이 하는 일은 관람자의 의도를 실제의 움직임으로 변환하는 것이다.

낮은 수준에서 보면, 우리들이 하는 일은 관람자의 물리적 에너지를 전기적인 에너지로 변환하여 컴퓨터가 감지할 수 있도록 하는 것이다. 반대로 우리는 컴퓨터의 출력인 전기적 에너지를 움직임, 빛, 열 등 다른 형태의 에너지로 변환하기도 한다. 이 모든 변환에 있어 중심에 있는 것은 전기 에너지이다. 그러니, 무엇이든 일이 되려면 먼저 전기라는 것이 어떻게 작동하는지를 이해해야 하겠다.

모든 전기-전자 장비들은 전자들이 높은 전기 에너지 상태에서 낮은 전기 에너지 상태로 이동하려고 하는 성질을 이용한다. 양의 성질을 띠는 단자(높은 에너지 상태, 또는 *파워power*)와 음의 성질을 띠는 단자(낮은 에너지 상태, 또는 *그라운드ground*)를 마련하고 전자들이 흐를 수 있는 *도체conductor*를 제공하면 전자들은 파워에서 그라운드로 흐르게 된다. 이런 흐름의 가운데에 여러 가지 전기장치들을 놓아 두어 전자들로 하여금 우리가 원하는 일들을 하도록 하는 것이다.

전기 에너지는 그라운드로 가는 경로들 중 저항이 가장 작은 길을 따른다. 좋은 도체일수록 전자들이 흐르기에 더 쉽다. 가장 전기적 에너지가 낮은 지점은 지구 그 자체다. 이 때문에 '그라운드'라는 용어를 사용하는 것이다. 어느 정도의 전기적 에너지를 축적하면 전자들은 즉시 어떤 도체를 통해서든, 이를테면 공기를 통해서도 흐르게 된다. 번개는 구름 속에 축적된 전기 에너지가 대기를 통해 땅으로 흐르는 것에 다름아니다.

*회로circuit*란 그것을 따라 한 바퀴를 돌 수 있도록 닫혀 있는 구성으로서 그 안에 전기 에너지의 원천(예 : 건전지)과 부하(예 : 전구)를 가지고 있는 것을 말한다. **그림 1-1**은 간단한 회로를 나타낸 것이다. 전기 에너지는 건전지의 양(陽)의 성질을 띠는 단자로부터 전선

을 통해 전구로 흘러가고, 다시 전구에서 건전지의 음(陰)의 성질을 띠는 단자로 흘러간다. 전구는 에너지의 흐름에 저항하며, 이 과정에서 전기 에너지를 열과 빛으로 바꾼다. 잘 디자인된 회로에서는 모든 전기 에너지가 전구나 히터 등의 장치를 통해 다른 형태의 에너지로 전환된다. **그림 1-1**의 예에서는 건전지가 내부의 화학물질들이 가진 화학 에너지를 전기 에너지로 바꾸고, 전구는 이 전기 에너지를 다시 빛 에너지와 열 에너지로 바꾸고 있다.

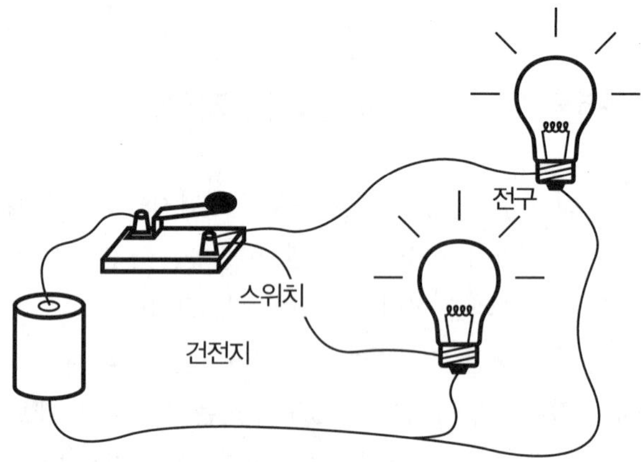

그림 1-1 간단한 전기회로(건전지, 전구, 스위치)

하지만 우리들이 관심있는 것은 인간의 행위를 다른 형태의 에너지로 전환하기 위해 전기 에너지를 이용하는 것이다. 이제 위의 회로에 스위치를 추가하여 이러한 일이 일어날 수 있도록 해보자. *스위치switch*는 회로를 중간에서 끊어 전자들이 더 이상 흐를 수 없도록 한 것이다. 우리가 스위치를 닫으면 회로의 끊긴 곳이 이어져서 전자들이 다시 흘러갈 수 있게 된다.

모든 전자부품들은 저마다의 전기적 특성을 가진다. 건전지가 제공할 수 있는 전기 에너지에는 어떤 한도가 있고, 전구가 저항할 수 있는 전기 에너지에도 나름의 한도가 있다. 만일 전기 에너지가 충분히 제공되지 않는다면 전구 안의 도선이 가열되지 못해 빛이 나지 않을 것이다. 만일 지나치게 높은 전기 에너지가 제공된다면 전구 안의 도선들이 녹아버려 회로는 끊어지고 말 것이다[1].

이러한 일을 방지하려면 전구가 빛을 내기 위해 어느 정도의 에너지를 필요로 하며 녹아 버리기 전까지 어느 정도의 에너지를 받아들일 수 있는지, 그리고 건전지는 어느 정도의 에너지를 제공할 수 있는지를 알아야 할 것이다.

1) 처음에는 작은 직류DC 전압을 사용해 작업할 것이다. 그러니 부품들이 뜨거워지는 데 대해 너무 신경쓰지 않아도 된다. 나중에 교류AC 전압을 사용하게 되더라도 퓨즈가 있으니, 집에 불이 난다든가 하는 일은 없을 것이다.

어떤 회로에든 빠지지 않는 세 가지 기본적인 전기적 특성이 있다. 회로 안의 두 지점(이를테면 파워와 그라운드 사이) 사이에 존재하는 상대적인 전기 에너지의 크기를 *전압 voltage*이라고 한다. 전압의 측정단위는 *볼트 volt*이다. 회로 안의 한 지점을 지나는 전기 에너지의 양을 *전류 current*라고 한다. 전류의 측정단위는 *암페어 ampere*이다. 회로 안의 부품이 전류의 흐름에 저항하는 정도를 그 부품의 *저항 resistance*이라고 한다. 저항의 측정단위는 옴*ohm*이다. 전압과 전류, 그리고 저항은 모두 서로 연관되어 있고, 한 회로 안에서 서로 영향을 미친다(다음 페이지의 박스 참고).

전기 부품들은 전류의 흐름에 저항하며, 이 과정에서 전기 에너지를 다른 형태의 에너지로 변환시킨다. 회로 안에 저항이 충분하지 않은 회로가 바로 *악명높은 쇼트 서킷*으로서, 이는 무슨 수를 써서라도 피해야 한다. 앞서 말했듯이 회로는 닫혀 있는 흐름이므로, 건전지에서 나오는 모든 에너지는 부하의 저항을 통해 어떤 형식으로든 소진되어야 한다. 만일 회로가 에너지를 충분히 소모해 버리지 않는다면, 남은 에너지는 건전지로 되돌아가 열을 내게 하고, 결과적으로는 건전지를 터뜨려 버릴 것이다. 언제든 전기 부품에서 열이 날 때는 그 부품이 지금 전기 에너지를 받고 있다고 생각하면 된다. 대부분의 전기 부품들은 어느 정도의 과부하는 감당할 수 있도록 되어 있다. 즉 적정 전압이나 전류에서 조금 넘치는 정도를 받아도 괜찮도록 되어 있다. 그러나 만일 어떤 부품이 평소보다 지나치게 뜨겁거나 타는 듯한 냄새가 난다면, 그 부품은 너무 과한 전기 에너지를 받고 있는 것이며, 어딘가 문제가 있는 것이다.

전류와 전압을 곱한 것을 *전력 electrical power* 또는 *와트 watt*라 한다. 측정 단위는 *와트*이다. 공식은 아주 간단하다. *전력=전압×전류* (마찬가지로, 전류=전력/전압, 그리고 전압=전력/전류이다). 예를 들어 120와트의 전구는 120볼트에서 1암페어를 필요로 하게 된다[2].

회로에 공급하는 전력은 그 회로가 얼마만한 일을 할 수 있는지를 결정하게 된다. 더 많은 일을 하려면 더 큰 전력이 필요하다. 이를테면 무거운 것을 들어 올리기 위해 모터를 돌리려면 LED 같이 작은 불빛을 켤 때보다 더 큰 전력이 필요할 것이다.

앞으로 옴의 법칙이 필요한 경우가 한 번도 없을 수도 있지만, 적어도 부하에 적합한 파워 서플라이를 선택할 수는 있어야 한다. 전기부품을 구입할 때는 부품의 포장이나 설명서를 보고 그 부품이 얼마만한 전압을 받고 얼마만한 전류를 필요로 하는지를 알아두어야 한다. 어떤 설명서에는 볼트와 와트만 적혀 있는 경우도 있다. 이런 경우에는 앞의 공식을 이용해서 필요한 전류량을 계산하면 된다(암페어=와트/볼트). 회로가 필요로 하는

2) 미국의 일반 가정용 전기는 120볼트에서 15암페어를 공급한다.

전류량 이상을 공급하는 것은 상관없다. 어차피 부하는 자신이 필요로 하는 만큼만을 사용할 것이다. 하지만 전압에 있어서는 부품이 원하는 정격전압을 가능한 한 정확히 맞추어 주도록 해야 한다.

전압, 전류, 저항은 서로 어떻게 관련되어 있나

부하의 저항과 파워 서플라이의 에너지 사이에 적절히 밸런스를 맞추어 무시무시한 쇼트 서킷을 피하기 위한 한 가지 방법은, 우리들이 소개하는 회로들만 사용하는 것이다. 하지만 스스로 회로를 구성해 보고자 하는 독자들, 또는 그저 호기심이 많은 독자들을 위해 소개하면, 세 가지 전기적 성질들의 관계를 설명해주는 다음과 같은 방정식이 있다: *전압=전류×저항* (마찬가지로, 전류=전압/저항, 그리고 저항=전압/전류). 이것이 옴의 법칙이다. 비유를 통해 이해하는 것이 더 쉽다. 호스를 흐르는 물은 회로를 흐르는 전자와도 같다. 수도꼭지를 틀어 물이 더 많이 흐르도록하는 것은 회로를 흐르는 전류량을 늘이는 것과도 같다.

호스의 직경은 물의 흐름, 즉 전류에 저항을 주며, 얼마만큼의 물이 흐를 수 있는지를 결정하게 된다. 물이 흐르는 속도는 전압에 해당한다. 이제 호스의 끝에 엄지손가락을 가져다 댄다면 물이 흐르는 통로의 직경이 줄어들게 된다. 다르게 말하면 저항이 커지게 되는 것이다. 하지만 전류는(즉 흐르는 물의 양) 변화하지 않으므로, 같은 양의 물이 빠져 나가기 위해서는 물이 흐르는 속도, 즉 전압이 그만큼 커져야 한다. 만일 그렇게 될 수 없다면 호스는 터져 버리게 되는데, 이는 쇼트 서킷에서 퓨즈가 녹아 버리는 것과 같은 것이다. 물이 호스를 타고 흘러가는 방식을 변화시키더라도 흘러나가는 물의 전체 양은 동일하지만, 통로 안에서 물의 움직임은 달라지게 된다(즉 물이 더 빨리 흐르게 된다).

2. 전기회로와 전자회로

우리는 이미 사람의 행위를 감지할 수 있는 첫번째 센서를 사용해 보았다. 앞서 만든 회로에서 사용한 스위치야 말로 가장 간단한 형태의 센서인 것이다. 현재로서는 이 스위치가 전구를 켜고 끄는 일을 할 수 있을 뿐이다. 하지만 시간을 두고 관찰한다면 스위치를 켜고 끄는 패턴을 통해 어떤 의미를 전달할 수도 있을 것이다. 이렇게 할 때 우리는 어떠한 메시지나 신호를 전달하기 위해 전기 에너지를 사용하게 되는 것이다. 우리는 이를 *전기회로*와 *전자회로*를 구분짓는 기준으로 삼기로 한다. 즉, 전자회로란 정보를 전달하기 위한 전기회로의 한 부분집합을 일컫는 말이라고 생각하기로 하자.

일반적으로 전자 회로는 많은 전기적 파워를 필요로 하지 않는다고 말할 수 있다. LED나 *트랜지스터transistor* (전기적으로 제어 가능한 스위치와도 같은 전기 부품. 뒤에서 더 자세히 다룰 것이다)와 같은 작은 부품들을 켜서 사람의 두뇌나 다른 컴퓨터에 메시지를 전달할 수 있을 정도의 파워면 충분한 것이다. 반면에 전기 에너지를 사용해서 모터를 돌리는 등의 물리적인 일을 하려면 훨씬 큰 전기적 파워가 필요하다. 이러한 이유에서, 앞으로의 프로젝트에서 입력 부분에 들어가는 부품들은 일반적으로 출력 부분에 사용되는 부품들보다 작은 파워만을 필요로 하게 된다. 입력을 받을 때 우리는 세계에 단지 귀를 기울이고자 한다. 출력을 할 때 우리는 세계에 개입해 그것을 바꾸어 놓으려 하는 것이다.

전기적 파워가 공급되는 방식에는 크게 직류와 교류의 두 가지가 있다. *직류*(direct current, DC) 파워 서플라이는 전류가 흐르는 전선 한 가닥과 그라운드를 제공하는 다른 전선 한 가닥의 두 가닥으로 구성되며, 이들간의 전압은 언제나 플러스 전선의 전압이 더 높은 상태로 일정하게 유지된다. *교류*(alternating current, AC) 서플라이에서는 이 두 전선 간의 전압이 계속 번갈아 바뀐다. 아주 긴 전선으로 전기 에너지를 공급하는 데에는 교류를 사용하는 것이 훨씬 편리한데, 이러한 이유에서 발전소에서 제공하는 전기는 교류로 되어 있다.

일반적으로 전기 소켓을 통해 공급되는 전력이 미국에서는 120볼트AC이며 유럽과 아시아에서는 220볼트AC이다. 그러나 전자 부품들은 대개 직류에서, 그것도 훨씬 낮은 전압인 5볼트 근방에서 작동한다. 그리고 이들은 대개 매우 적은 양의 전류만을 필요로 한다(우리가 만들게 될 대부분의 회로는 1암페어 이하에서 작동하게 될 것이다). 따라서 우리들은 교류-직류 변환장치와 트랜스를 사용하여 교류를 직류로 바꾸어 사용하게 된다. 대부분의 전자장치들은 커다란 파워 서플라이를 가지고 있어서 이들이 120/220볼트 교류를 5~12 볼트의 직류로 바꾸어 준다.

건전지는 일반적인 전자회로를 구동하는 데 알맞을 정도의 직류 전원을 제공해 준다. 9볼트 건전지는 많은 피지컬 컴퓨팅 프로젝트를 위한 이상적인 파워 서플라이가 되어 준다. 하지만 프로젝트를 아직 만들어 가고 있는 단계에서는 건전지를 사용하는 것을 권하고 싶지 않다. 건전지의 파워가 소진되어 생기는 문제들까지 신경써가며 작업할 필요는 없으니까 말이다.

3. 전기는 어떻게 흘러가는가

모든 회로를 구성하는 데 있어 유용한 전기 에너지의 두 가지 기본적인 원리가 있다. 이 원리들은 회로가 어떻게 움직이는지를 이해하는 데 도움을 줄 것이다. 또 제대로 동작하지 않는 회로의 문제를 해결하고, 저 무서운 쇼트 서킷을 예방하는 데에도 도움을 줄 것이다.

그라운드로 가는 경로들 가운데 전기는 언제나 가장 저항이 적은 경로를 선호한다.

즉, 전기가 선택할 수 있는 두 갈래 길이 있을 경우, 전기는 저항이 적은 길을 선택한다는 것이다. 다르게 말하면, 만일 파워와 그라운드를 전선(전선에는 저항이 거의 없다)으로 연결한다면, 전기는 회로의 다른 부분들은 무시하고 그 지름길을 통해 흐를 것이라는 뜻이다. 이것이 바로 그 무시무시한 쇼트 서킷이 되는 것이다.

회로 안의 모든 전기 에너지는 소진되어야 한다.

즉 회로에 공급된 모든 에너지는 회로 안의 부품들에 의해 완전히 사용되어야 한다는 것이다. 남는 에너지가 있다면 그것은 열로 변환되어 부품들이 뜨거워지게 된다. 만일 에너지가 너무 과하게 많다면, 부품들은 과열되다가 결국 동작을 멈춰버릴 것이다. 이것은 무시무시한 쇼트 서킷보다 아주 조금 덜 위험한 형태에 불과하다. 당신이 죽지 않는 대신 당신의 부품들이 죽어버리는 것이다.

이 두 가지 원리를 이해하기 위해 **그림 1-1**을 다시 한번 보기로 하자. 전기가 흘러갈 수 있는 길은 하나뿐이다. 건전지의 플러스 단자에서 스위치를 지나 전구를 통해 그라운드로 가는 것이다. 존재하는 길이 이것 하나뿐이기 때문에 모든 전기가 이 길을 따른다. 이 회로에서 전기 에너지를 소비하는 유일한 부하인 전구는 모든 전기적 에너지를 소비해야 한다. 이 회로에서 건전지, 스위치, 그리고 전구는 서로 *직렬*$_{series}$로 연결되어 있다. 이는 그들이 전기적으로 같은 경로 위에 있다는 의미이다. 부품들이 직렬로 연결되어 있을 경우, 전류는 모든 부품에서 모두 같으나, 전압은 부품을 지날 때마다 그 부품이 사용하는 만큼씩 낮아지게 된다.

이제 다른 회로를 생각해 보자. **그림 1-2**의 회로에서는 전구를 하나 더 연결하였다. 두 번째 전구가 더 작다. 이 전구는 큰 전구보다 전기소모량이 작으며, 제공하는 저항도 더 작다.

작은 전구가 더 저항이 작은 경로를 제공하므로, 전류의 일부는 작은 전구를 통해 흐르고 전류의 일부는 큰 전구를 통해 흐르게 된다. 따라서 두 전구는 각자가 회로에 혼자 연결되어 있을 때보다 약간씩 어두워지게 된다. 이 두 전구는 서로 *병렬*$_{parallel}$로 연결되어 있다. 이는 그들이 전기적으로 서로 다른 경로 위에 있다는 의미이다. 부품들이 병렬로 연결되어 있을 경우, 전류는 두 부품의 저항에 따라 갈라지게 된다. 저항이 큰 부품일수

그림 1-2 병렬로 연결된 두 개의 전구

록 더 작은 전류를 흘리게 된다. 그러나 두 부품의 양단에 걸리는 전압은 동일하다.

회로를 하나만 더 생각해 보자. 이번에는 **그림 1-3**과 같이 아무 부하도 달려 있지 않은 전선 한 가닥을 전구들과 병렬로 놓아 보았다. 전선은 거의 아무런 저항도 가지지 않으므로, 거의 모든 전류가 이를 통해 흐르게 된다. 이것이 바로 악명높은 쇼트 서킷이다.

앞으로 우리는 회로들을 만들면서 부품들을 서로 직렬로 연결하기도 하고 병렬로 연결하기도 할 것이며, 모든 에너지가 어떻게 소진되는지도 알게 될 것이다.

처음에는 최소한의 요소들만 들어간 회로들을 만들게 될 것이다. 이를 위해서는 가장 기초적인 부품들의 원리만 알고 있으면 된다. 이제까지 설명한 내용들만 가지고도 이 정도는 충분히 할 수 있다. 3장 '회로 만들기'와 더 발전된 주제들을 다루는 후반부에서는 전기적인 관계들에 대해 좀 더 깊이 설명할 것이다. 이제 전기가 어떻게 움직이는지의 원리를 알았으니, 쇼핑하러 갈 시간이다.

그림 1-3 병렬로 연결된 두 개의 전구, 그리고 악몽의 쇼트 서킷

Chapter 02

쇼핑하기 Shopping

이전부터 전기 공작이나 기계 공작을 해 왔다면 별문제겠지만, 그렇지 않다면 필요한 전자부품과 공구들을 쇼핑해야 할 것이다. 구입해야 할 물품의 목록을 이 장의 끝부분에 실어 두었다. 여러 부품들 중 한 가지를 골라 추천한 경우도 있고(대개 제일 값싼 것이다), 하나를 선택할 수 있도록 여러 부품을 동시에 추천한 경우도 있다. 이 장에서는 이들의 용도와 종류를 설명하여 구입하는 데에 도움을 주고자 한다. 이들을 사용하는 구체적인 방법에 대해서는 뒤에서 차츰 설명하게 될 것이다.

여기 있는 모든 부품들은 인터넷을 통해서, 또는 카탈로그를 보고 전화로 주문해서 구입할 수 있는 것들이다. 인터넷 쇼핑몰 중에서는 제임코Jameco Electronics와 디지키Digi-Key Corporation를 추천한다. 제임코는 웹사이트에서 부품들의 사진을 볼 수 있어 편리하다. 반면에 디지키는 좀 더 많은 부품과 재료들을 가지고 있다. 앞으로도 다른 업체들을 많이 소개하게 될 것이다. 부록 A에 이들을 모두 망라했다.

만일 부품이 배달될 때까지 기다릴 수 없거나 구입하기 전에 직접 눈으로 보고 확인하고 싶다면, 이들 대부분은 라디오 색Radio Shack 등의 동네 전기상회에서 구입할 수 있다. 라디오 색이 최근에는 취미로 전자공작을 하는 사람들을 위한 시장에서 멀어지고 있고, 판매원들이 사실 이런 것에 대한 지식이 충분하다고 하기도 어려우므로, 가장 좋은 방법은 그들의 전자부품 코너를 스스로 알아서 이용할 수 있는 능력을 갖추는 것이다. 아마도 주변에서 피지컬 컴퓨팅 재료들을 구할 수 있는 당신만의 노하우도 조금씩 생길 것이고, 길을 가다가도 쓸만한 것이 버려져 있는 것을 보면 멈춰서게 될지도 모르며, 라디오 색에서 만나는 사람들에게 커피라도 한 잔하지 않겠느냐고 묻게 될지도 모른다.

다음은 작업을 시작하기 위해 처음에 필요한 것들이다. 부품번호가 명시된 쇼핑 목록은 이 장의 끝부분에 실었다.

1. 브레드보드 Breadboard

*브레드보드*는 앞으로 우리들이 만들 모든 회로의 기반이 되어줄 것이다. 이 보드는 실험용 보드 또는 프로토타입 보드라고 불리기도 한다. 브레드보드는 회로 안의 부품들을 고정시키고 서로 연결해주는 역할을 한다. 부품의 다리와 전선들을 꽂기 알맞을 정도의 구멍들이 나 있어서, 여기에 부품들을 쉽게 끼우고 뽑아 낼 수 있도록 되어 있다. 무언가를 고쳐야 한다면 그저 잡아서 뽑아 내면 된다. 납땜할 필요를 없애줌으로써 아주 많은 시간을 절약할 수 있도록 해주는 것이다.

꾸미려는 회로가 간단할 것이 분명하다면 작은 3인치짜리 제품을 선택할 수도 있겠다. 하지만 앞으로 하게 될지 모르는 더 큰 프로젝트들을 생각한다면 표준적인 6인치 제품을 장만하는 편이 좋겠다. 보통 브레드보드는 파워와 그라운드를 연결하기 위한 긴 라인을 양쪽에 가지고 있다. 양쪽에 긴 라인이 각각 두 개씩 있는 제품이 어느 쪽에서든 파워와 그라운드를 얻을 수 있기 때문에 사용하기에 훨씬 편리하다. 이 라인들을 *버스 라인bus rows*이라 부르기도 한다. 자그만 전자들이 타고 가는 기분좋은 대중교통수단쯤으로 생각하면 되겠다. 파워와 그라운드를 연결하기 위한 나사 달린 터미널들이 있는 커다란 제품들도 보게 될 터인데, 추가로 부담해야 하는 금액만큼의 효용은 없을지도 모른다.

2. 마이크로컨트롤러 Microcontrollers

마이크로컨트롤러는 우리가 하는 대부분의 프로젝트에서 중심되는 부품이며 이 책에서 다루는 내용의 핵심을 이룬다. 마이크로컨트롤러에는 여러 가지 레벨의 제품들이 있다. 처음에는 베이직 스탬프, BX-24, 베이직 아톰 프로24 같은 중간 레벨의 마이크로컨트롤러로 시작할 것을 권한다. 이 책에서 소개하는 대부분의 샘플은 이 컨트롤러들을 염두에 두고 쓰여졌다. 필요와 경험에 맞추어 더 높은 레벨과 더 낮은 레벨의 마이크로컨트롤러를 사용할 수도 있다. 선택하는 데 도움이 되도록 이들 각각의 장점과 단점을 간단히 설명하겠다(더 상세한 내용은 부록A를 참조하라).

마이크로컨트롤러가 제공하는 기능들 (중요한 것부터 순서대로)

어떤 마이크로컨트롤러를 선택할지를 결정하기 위해서는 몇 가지 사항들을 고려해야 한다. 몇몇 제품을 추천하겠지만 최종 선택은 여러분 스스로 해야 할 것이다. 다음 사항들을 참고하여 각자의 취향과 능력에 맞게 선택하면 되겠다.

■ 프로그래밍 환경

우리의 시간과 정신건강이 무엇보다 소중하다는 점을 생각한다면, 얼마나 간편하게 프로그래밍 할 수 있는가 라는 점이야말로 제일 먼저 고려해야 할 사항일 것이다. 낮은 레벨 프로그래밍 언어에 따르는 불편함들과 프로그램을 칩 안에 옮겨 심기까지의 많은 절차들이 전문가에게는 별것 아닐 수도 있다. 그러나 처음 시작하는 사람은 하찮은 문제 하나로 며칠 동안 프로젝트의 진행이 완전히 막혀버리기도 한다. 단지 몇 가지 절차가 추가될 뿐이라지만, 프로그램하고 디버깅하는 것을 여러 번 되풀이하다 보면 완전히 녹초가 되어버릴 수도 있는 것이다.

마이크로컨트롤러를 프로그램하는 데는 어떤 프로그래밍 언어가 사용되는가? 여기에 소개하는 마이크로컨트롤러들은 모두 각 제품을 위해 특화된 베이직 언어로 프로그램할 수 있다. 이 가운데 BasicX 베이직(BX-24용)은 다른 베이직 언어들보다 더 복잡하며, 경우에 따라서는 더 강력하다고도 할 수 있다. 한편 PIC 마이크로컨트롤러는 어렵지만 강력한 낮은 레벨 언어인 C로도 프로그램할 수 있다. 이 책의 모든 내용은 뒤에서 소개할 베이직 언어 가운데 어떤 것으로든 구현할 수 있다. 하지만 이미 C에 익숙해져 있다면 PIC과 C를 사용해서 작업하는 것을 고려해 볼 수도 있겠다. 또, 만일 마이크로소프트의 비주얼 베이직에 익숙하다면 BasicX 베이직이 매우 친근하게 느껴질 수도 있을 것이다.

마이크로컨트롤러를 프로그램하는 데에 추가적인 하드웨어가 필요한가? 우리들이 소개하는 마이크로컨트롤러 중 PIC만이 추가적인 하드웨어 프로그래머를 필요로 한다.

칩이 회로 안에 놓여 있는 상태에서 프로그램을 고칠 수 있는가? 우리들이 소개하는 모든 마이크로컨트롤러에서 이렇게 할 수 있다. 단지 PIC에서는 이것이 조금 불편하다.

NOTE

우리들이 소개하는 모든 마이크로컨트롤러는 주로 윈도우 기반의 PC에서 프로그램되었다. 마이크로컨트롤러를 매킨토시에 연결하여 사용하는 데에는 문제가 없지만, 그것을 매킨토시에서 *프로그램*하는 것은 제한되어 있다. 프로그래밍 작업은 굳이 좋은 사양의 컴퓨터를 필요로 하지 않는다. 그래서 많은 매킨토시 사용자들이 한물간 사양의 중고 PC를 싼 값에 구해 마이크로컨트롤러 프로그래밍용으로 사용한다.

■ 아날로그 입력

마이크로컨트롤러가 아날로그-디지털 변환을 통해 아날로그 전압을 읽어들일 수 있는가? 변환기가 있다면, 몇 개나 있는가? 우리들이 추천하는 마이크로컨트롤러 중 베이직스탬프2만이 아날로그 입력 기능을 안 가지고 있다. 하지만, 센서가 가변저항이라면 편법을 사용해서 값을 읽어들일 수 있다. 베이직 아톰 프로 24에는 아날로그 입력 단자가 네 개뿐이다. BX-24와 PIC18F452에는 8개씩이 있다.

■ 디지털 입력 및 출력

마이크로컨트롤러에 디지털 입출력을 할 수 있는 핀이 몇 개나 있는가? 우리들이 추천하는 제품들 중 PIC18F452에는 입출력 핀이 33개 있고, 나머지 제품들에는 모두 16개씩이 있다.

■ 아날로그 출력

마이크로컨트롤러에 펄스 길이 변조(6장 "4대 회로 : 회로도, 프로그램, 그리고 부품들"에서 설명할 것이다)만을 위해 특화된 하드웨어가 있어, 프로그램의 다른 부분과 관계없이 연속적인 아날로그 출력을 내보낼 수 있는가? 우리들이 추천하는 제품들 중 PIC18F452만이 이러한 기능을 온전히 가지고 있다. 하지만 BX-24와 베이직 아톰 프로 24도 이와 매우 유사한 일을 해준다.

■ 실행속도

마이크로컨트롤러는 1초에 얼마나 많은 명령을 수행할 수 있는가? 프로그램은 베이직스탬프2에서처럼 인터프리트 방식으로 수행되는가, 또는 다른 제품들에서처럼 컴파일을 거치는 방식으로 수행되는가? 1초에 정확히 몇 개의 명령어가 실행되는지 보다는, PIC이 가장 빠르고 베이직 아톰 프로 24가 그 다음이며, BX-24가 3등이고 베이직스탬프2가 가장 느리다는 정도를 알아두면 될 것 같다. 이 책에서 설명하고 있는 일들을 하는 데는 이들 제품 모두가 충분히, 즉 사람이 느낄 수 있는 수준보다 빠르다.

속도문제에 있어 확인해 보아야 할 또 한 가지는 제공하는 시리얼 통신의 최대 보레이트baud rate이다. 만일 특정 보레이트에서 동작하는 장비와 통신하려고 한다면(예를 들어 미디 장비는 31,250bps의 속도로 통신한다) 마이크로프로세서가 그 속도의 통신을 지원하는지를 확인해 보아야 한다.

■ 가격

마이크로프로세서의 가격은 어느 정도인가? 프로그램 개발환경을 구성하는 데는 어느 정도의 돈이 드는가? 추천하는 마이크로프로세서 가운데 PIC85F452가 가장 저렴하다(다른 제품들의 1/4정도의 가격이다). 하지만 개발환경을 갖추는 데는 가장 많은 돈이 든다(다른 제품들은 돈이 들지 않는다). 따라서 PIC의 경우, 여러 프로젝트를 통해 여러 개의 PIC을 사용해야만 개발환경을 갖추느라 투자한 돈이 아깝지 않을 것이다. 다르게 생각하면, 프로젝트가 스무 남은 개를 넘어서기 시작하면 PIC으로 작업하는 것이 경제적으로 이득일 것이다.

■ 메모리 용량

마이크로프로세서의 메모리 용량은 얼마만큼 큰 프로그램을 돌릴 수 있는지에 영향을 준다. 이 책에서 사용하는 네 가지 마이크로컨트롤러는 메모리 측면에서는 모두 보통 수준으로 대동소이하며, 대개 큰 문제가 되지 않는다.

■ 전력소비

마이크로컨트롤러의 전력소비량은 어느 정도인가? 건전지로도 동작할 수 있는가? 얼마나 오랫동안? 우리가 추천하는 제품들 중에는 PIC이 가장 전력소모가 적다. 하지만 모터나 사운드 장비 등 다른 부품들을 사용하기 시작하면 결국 그 차이란 미미한 것이 된다.

높은 레벨 마이크로컨트롤러 모듈

예 : 메이킹씽즈Making Things의 텔레오시스템Teleo System, 인퓨전시스템즈Infusion Systems의 아이큐브I-Cubed, 일렉트로보스Electrovoce의 미디툴즈MIDITools와 이지오Ezio 등

박스에 들어 있는 완제품 형태의 제품들을 선택할 수도 있다. 이러한 제품들은 디지털 입출력, 아날로그 입출력, 시리얼 통신 등 피지컬 컴퓨팅에서 가장 많이 사용하는 기능들을 제공해 주는 것은 물론, 아예 전선과 전자부품들을 다룰 필요도 없도록 해준다. 파워 케이블과 시리얼 포트부터 스위치, 포텐시오미터, 모터에 이르기까지 모든 것을 간단한 커넥터로 연결할 수 있도록 되어 있다. 이들은 낮은 레벨 제품들보다 훨씬 비싸지만, 하고자 하는 일이 분명하고 간단할 경우에는 많은 시간을 절약해 주기도 한다. 하지만 이 레벨에서 처음 시작하는 것은 추천하고 싶지 않다. 전기를 사용하는 작업을 뭔가 조금이라도 해 보고자 한다면 중간 레벨 마이크로컨트롤러를 배워야만 한다. 어려운 정도는 그

렇게 큰 차이가 나지 않지만, 할 수 있는 프로젝트의 다양성과 경비절감 효과는 매우 클 수 있다. 높은 레벨 제품을 사용할 경우 앞으로 우리들이 소개할 예제들은 지나치게 상세한 내용이 되겠지만, 그 바탕이 되는 주된 개념들은 동일하게 적용할 수 있을 것이다.

중간 레벨 마이크로컨트롤러 모듈

예 : 패러랙스Parallax의 베이직스탬프2Basic Stamp2, 넷미디어NetMedia의 BX-24, 베이직 마이크로Basic Micro의 베이직 아톰 프로 24Basic Atom Pro24

패러랙스의 베이직스탬프와 그 후속제품인 베이직스탬프2는 처음으로 등장한 저렴한 가격의 중간 레벨 마이크로컨트롤러들 가운데 하나이다. 이후 다른 업체들이 기능, 속도, 메모리 등이 보강된 제품들을 선보여 왔다. 베이직스탬프2가 매우 널리 인기를 끌었기 때문에, 후속 제품들은 이 제품과 호환성을 갖추기 위해 핀 배치를 그대로 따른 경우가 많다. 베이직스탬프2를 위해 디자인된 회로들은 경쟁사들의 제품에서도 대개 동작한다. 앞으로 이러한 제품들을 '스탬프 류' 제품이라고 부르기로 한다.

이 레벨의 제품들은 내부에 낮은 레벨 마이크로컨트롤러를 가지고 있으며, 자전거에 비유하면 넘어지지 않도록 양쪽에 작은 보조 바퀴들을 가지고 있는 연습용 자전거라 할 수 있다. 이들 제품은 낮은 레벨 마이크로컨트롤러를 구동하기 위한 배선들을 갖추고 있기 때문에 낮은 레벨 마이크로컨트롤러보다 값이 비싸다. 이들 제품은 낮은 레벨 프로세서들에 비해 수행속도가 느린 경우가 많은데, 이는 이들의 프로그래밍 언어가 계산의 효율성보다는 사용의 편리성을 중심으로 설계되어 있기 때문이다. 중간 레벨 제품을 프로그램하기 위한 소프트웨어는 간단하며 흔히 무료로 다운로드 받을 수 있다. 베이직 등의 친숙한 언어로 몇 번이고 되풀이해서 프로그램할 수 있으며 피드백도 금방금방 주어진다.

중간 레벨 모듈을 만드는 회사들은 개발환경도 함께 판매하는데, 이는 대개 CD에 들어 있는 프로그래밍 소프트웨어와 매뉴얼로 되어 있다. 인쇄된 매뉴얼이 보기에는 훨씬 좋지만, 사실 두 가지 모두 무료로 다운로드 받을 수 있는 경우가 많다. 캐리어보드나 데모보드 같은 액세서리들은 이들 제품을 마치 높은 레벨 제품처럼 보이도록 해 준다. 경제적으로 여유가 있고 시간적으로 급하다면 별문제겠지만, 보통 이러한 액세서리들이 해주는 일이란 고작해야 약간의 배선 수고를 덜어 주는 정도인데, 사실 이 정도의 배선은 스스로 할 수 있도록 배워 두는 편이 좋다. 캐리어보드와 매뉴얼을 포함할 경우, 중간 레벨 모듈의 가격은 대개 100달러 정도이다. 모듈만 따로 구입한다면 50달러 또는 그보다 더 낮은 가격에 구입할 수 있다. 후자의 방식을 추천하고 싶다.

낮은 레벨 솔루션

예 : PIC칩, SX칩, 아트멜Atmel(AVR)칩

높은 레벨과 중간 레벨 모듈의 핵심에 있는 것은 역시 마이크로프로세서이다. 모듈에 필요한 배선과 구성을 스스로 만들면 직접 이들을 가지고 작업할 수도 있다. 이에 필요한 내용들을 공부하는 데에는 지금까지 설명한 세 가지 접근 방법 중 가장 수고가 많이 들며, 처음에 지출해야 하는 비용도 제일 많다. 장점은 일단 필요한 기술들을 익히고 필요한 것들을 구입하고 나면 프로세서의 가격이 훨씬 저렴하다는 것이다(칩 하나에 1달러밖에 안 하는 경우도 있다).

이 책에서는 낮은 레벨에서 작업하기 위한 기초적인 지식들을 다룰 것이며 사용예를 보일 것이다. 하지만 처음 시작하는 경우라면 이 레벨을 권하고 싶지는 않다. 프로세서를 직접 사용하기 위해서는 중간 레벨 칩을 사용할 때와는 달리 그것을 단지 켜는 데만도 상당한 회로를 구성해야 하며, 그것을 잘 동작하게 하기 위해서는 전기라는 것에 대해 좀 더 깊은 이해를 가져야 한다. 또 이들을 프로그램하기 위해서는 데스크탑 컴퓨터와 프로세서를 연결하는 추가의 하드웨어 장비도 필요하다.

쉽게 사용할 수 있는 언어, 이를테면 베이직(숙련된 프로그래머들에게는 C가 더 편리할 텐데, 이것으로 작업할 수도 있다) 같은 것으로 작성한 프로그램을 칩이 이해할 수 있는 명령들로 바꾸어주는 컴파일러 제품들이 나와 있다. 하지만 하나의 소프트웨어에서 모든 기능들이 제공되지는 않는다. 프로그램을 짜서 이를 프로세서에 옮겨 심기 위해서는 몇 가지 소프트웨어들을 같이 사용해야 한다. 공짜로 사용할 수 있는 프로그래밍 도구들이 있기는 하지만, 기능이 좀 더 나은 것들은 공짜가 아니다. 우리들이 추천하는 제품의 가격은 250달러 정도이다. 100달러짜리 제품부터 1000달러가 넘는 제품까지 다양한 가격의 제품들이 있다.

멀티미디어 컴퓨터에서 작성된 프로그램을 낮은 레벨 프로세서로 옮기는 데에는 칩 프로그래머라는 하드웨어 장비가 추가로 필요하다. 가격대는 7달러에서 300달러 사이 정도이다. 60달러 정도면 좋은 것을 구할 수 있다. 대부분의 칩 프로그래머들은 프로세서를 회로에서 뽑아 내어야만 프로그램할 수 있다. 하지만 특수한 케이블을 사용해서 칩을 회로 안에 둔 채로 프로그래밍in-circuit programming 할 수 있는 기능을 제공하는 제품들도 있다. 이렇게 할 수 있다면 편리하다.

3. 일반적 부품들

일반적으로 사용되는 몇몇 부품들과 그 기호를 소개한다. 이들은 대부분의 회로에서 사용하게 된다. 다음 장에서는 회로도를 보면서 회로를 구성하게 되는데, 이렇게 하려면 이들 부품의 기호를 알아 두어야 한다(기호일람 전체를 보려면 부록 C를 참조하라).

■ 스위치

스위치는 전기의 흐름을 잇거나 끊는 역할을 한다. **그림 2-1**에 있는 것과 같은 간단한 스위치들은 방향구분 없는 두 개의 단자를 가진다. 이들은 스위치 내부의 두 접점에 연결되어 있는데, 이 접점들은 스위치를 켜고 끌 때 서로 붙거나 떨어지게 된다. 스위치들은 대개 금속단자를 움직여 주는 그저 기계적인 장치에 불과하지만, 꽤 재미있는 녀석들도 있다. 이를테면 자석 스위치 같은 것은 내부에 나무 이파리처럼 얇은 금속판 두 장을 가지고 있어서 자석이 스위치 근처에 오면 이들이 서로 맞닿아 전류를 통해 주도록 되어 있다. 볼 스위치ball switch나 틸트 스위치tilt switch는 스위치를 기울이면 금속 공이 두 단자와 닿도록 되어 있다.

그림 2-1 스위치의 기호와 여러 가지 스위치들

스위치는 연결할 수 있는 최대 전압과 전류에 따라 등급이 정해진다. 일반적으로 스위치는 최대 허용 전압과 전류 이하라면 어디에든 사용할 수 있다. 이를테면 120볼트로 등급매겨진 스위치는 5볼트 회로에서 문제없이 동작할 것이다.

마이크로컨트롤러에 대한 입력으로 사용한다면 매우 작은 전류만을 흘리게 될 것이므로, 금속으로 된 무언가를 서로 붙었다 떨어졌다 하도록 할 수만 있다면 어떻게든 자유롭게 구성을 해서 자기만의 스위치를 만들어 사용해도 아무 문제가 없다.

시중에는 매우 다양한 종류의 스위치들이 나와 있다. 공구박스 안에 언제나 스위치 몇 개는 가지고 있는 것이 여러모로 편리하다. 스위치의 특성을 설명할 때 사용하는 용어 몇 가지를 알아 두자.

스위치는 *평소에 열려 있는*$_{normally\ open}$(N.O.) 타입이 있고 *평소에 닫혀 있는*$_{normally\ closed}$(N.C.) 타입이 있다. 평소에 열려 있는 스위치들은 동작시킬 때에만 전류가 통한다. 반면에 평소에 닫혀 있는 스위치들은 동작시키지 않을 때에만 전류가 통한다.

스위치에는 *일시작동*$_{momentary}$ 타입이 있고 *토글*$_{toggle}$ 타입이 있다. 일시작동 스위치들은(이를테면 푸시버튼 스위치들은) 스프링이 달려 있어 손을 떼면 제자리로 돌아온다. 토글 스위치들은 마지막으로 세팅한 상태로 계속 남아있는다. 리모트컨트롤의 버튼들과 키보드의 키들이 일시작동 스위치이며, 가정용 전등의 스위치들은 토글 스위치이다.

우리들 같은 경우는 일시작동 스위치 몇 개와 토글 스위치 몇 개 정도는 언제나 쓸 수 있도록 준비해 두고 있다.

■ 저항

저항$_{resistor}$은 전기에게 해야 할 일을 준다. 전기 에너지를 열로 바꾸어 주는 것이다. 이렇게 함으로써 저항은 저 무서운 쇼트 서킷을 방지해 준다. 저항은 두 개의 단자를 가지는데, 이들은 극성 구분(플러스 방향과 마이너스 방향)이 없으므로 어느 단자를 어느 쪽에 연결하든 상관이 없다(**그림 2-2** 참조).

그림 2-2 저항의 기호와 몇몇 저항들

저항의 측정단위는 옴ohm으로서, 이는 해당 부품이 회로에 얼마만한 저항을 주게 되는지를 나타낸다. 또 저항에는 받아들일 수 있는 최대 전력을 나타내는 와트값이 정해져 있다. 저항의 값은 저항의 기호 바로 옆에 적는다. 실제 저항의 값은 다음 방법들을 통해 알 수 있다.

1. 포장에 쓰여진 값을 읽는다
2. 저항값을 나타내는 표를 보고 줄무늬를 해독한다(부록 C 참조)
3. 멀티미터로 값을 측정한다

우리가 만들게 되는 대부분의 회로는 매우 작은 전력만을 저항에 흘리므로, 낮은 전력 등급(1/4와트나 1/8와트 정도)의 저항이면 충분하다.

우리는 여러 가지 값의 저항을 필요로 하게 된다. 대부분의 전자회로에서는 1/4와트나 1/8와트 저항이면 충분하다. 이 책에서는 220옴, 1000옴(1K옴), 10K옴, 그리고 22K옴을 가장 많이 사용할 것이다. 구입할 때 딸려온 봉투에 담아서 저항을 보관하면 줄무늬 띠의 색을 보고 값 읽는 법을 굳이 익히지 않아도 되겠다. 그래도 표가 필요할 때에는 부록 C를 보면 된다.

■ 가변저항

*가변저항*varible resistor은 전기의 흐름에 저항하는 정도를 달리할 수 있는 부품이다.

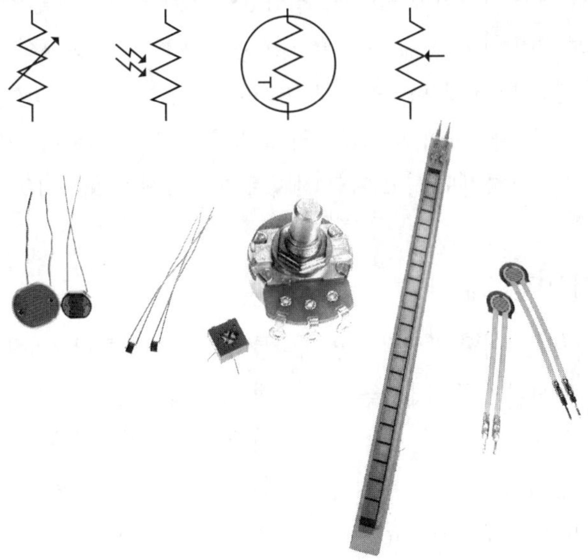

그림 2-3 가변저항들.
그림 왼쪽부터 오른쪽으로 일반적인 가변저항, 포토셀, 써미스터,
포텐시오미터의 기호. 사진 왼쪽부터 오른쪽으로 포토셀, 써미스터, 포텐시오미터,
플렉스 센서, 힘 감지 저항force-sensitive resistor(FSR).

그림 2-3에 여러 가지 가변저항을 보였다. 나중에 다루겠지만, 이들은 흔히 아날로그 입력에 사용된다. *써미스터*thermistor는 열의 변화를 저항의 변화로 바꾸어 준다. *포토셀*photocell은 *포토레지스터*photoresistor라 불리기도 하는데, 빛의 밝기에 따라 저항값이 변화한다. *힘 감지 저항*force-sensitive resistor은 가해지는 힘에 반응한다. *플렉스 센서*flex sensor는 굽혀지는 각도에 따라 저항값이 변화한다. 이런 것들이 모두 가변저항이다. 고정저항처럼 이들도 모두 극성이 없는(어떤 방향으로 연결해도 관계 없는) 두 개의 단자를 가진다.

가변저항 가운데 가장 흔한 것은 *포텐시오미터*potentiometer이다. 줄여서 pot이라고도 한다. 모든 볼륨 다이얼에는 바로 이 부품이 달려 있다. 포텐시오미터는 단자가 세 개 있다는 점이 다른 가변저항들과 다르다. 포텐시오미터를 뜯어보면 가운데 단자가 둥근 금속테를 따라 돌아가는 금속 침에 연결되어 있음을 볼 수 있다. 양쪽의 두 단자는 금속테의 양 끝단에 연결되어 있다. 금속 침이 한쪽 끝단에 가까이 갈수록 금속 침과 그쪽 단자 사이의 저항은 작아지게 되고, 반대로 다른 쪽 끝단과의 저항은 커지게 된다. 만일 회로도의 포텐시오미터에 두 개의 단자만이 표시되어 있다면, 하나는 가운데 단자를 사용하고 두번째는 나머지 단자들 중 아무 것이나 택해서 쓰면 된다.

가변저항은 피지컬 컴퓨팅 프로젝트에서 아주 재미있게 사용할 수 있는 부품이다. 그러니 재미있어 보이는 가변저항이라면 무엇이든 구입해 두는 편이 좋겠다. 제일 흔한 가변저항인 포텐시오미터 정도는 물론 가지고 있어야겠다. 0~10K옴까지 변화하는 1/2와트 포텐시오미터이면 충분하다. 저항값이 오디오용으로 변화하는 것audio taper 보다는 선형적으로 변화하는 것linear taper을 구하는 편이 좋다. 선형적으로 변화하는 것이 값의 변화가 균일한 반면, 오디오용으로 변화하는 것은 소리의 크기를 조절하는 용도로 만들어졌기 때문에 저항값이 로그함수의 모양을 따라 변화한다. 포토셀(빛에 반응하는 저항)과 써미스터는 구하기도 쉽고 여러 가지로 재미있게 응용하기도 쉽다.

■ 커패시터capacitor

*커패시터*는 어떻게 생각하면 저금통장과도 비슷하다. 세월이 좋아 전기가 흘러들어올 때면 커패시터는 전하를 축적한다. 전류가 끊기면 커패시터는 축적된 전하를 남김없이 내보내게 된다. 은행과 마찬가지로, 커패시터에 전하가 채워지고 또 방출되는 데에는 시간이 걸린다. 은행과 다른 점은 이 시간차를 우리가 유용하게 사용할 수 있다는 점이다. 이를테면 커패시터는 전류가 순간적으로 끊겼을 때 그동안 축적되어 있던 전하를 내보내 줌으로써 비정상적인 전기의 흐름을 평평하게 순화해 주는 역할을 할 수 있다. 전류가 순간적으로 높이 튈 때도 넘치는 전하를 축적해 줌으로써 역시 같은 기능을 해 준다.

커패시터는 얼마만한 전하를 축적할 수 있는지에 따라 등급이 매겨지는데, 이를 *커패시턴스*capacitance 또는 전기 용량이라고 한다. 커패시턴스의 측정 단위는 패럿(farad, F)이다. 패럿은 사실 아주 큰 전하량이기 때문에, 우리들이 사용할 대부분의 커패시터는 마이크로패럿(mF 또는 μF)이나 피코패럿(pF) 또는 나노패럿(nF) 단위로 나타난다.

모든 커패시터는 다리를 두 개 가진다. 극성이 없어 어느 다리를 어디에 연결하든 상관없는 커패시터들도 있다. **그림 2-4**에 극성이 있는 것과 없는 것 등 여러 가지 커패시터를 나타내었다. 극성이 있는 커패시터의 경우, 겉면에 +와 − 기호가 인쇄되어 있을 것이다. +다리를 높은 전압에 연결하고 −다리를 낮은 전압에 연결해야 한다.

커패시터에는 여러 가지 형태가 있으며 여러 가지 재료로 만들어지지만(세라믹, 탄탈, 전해 등) 하는 일은 대개 같다. 탄탈 커패시터와 전해 커패시터는 더 고급이며 오래 사용할 수 있다. 회로도를 주의 깊게 살펴보고 만일 극성이 있는 커패시터를 요구한다면 그러한 제품을 사용해주도록 하자. 이 책에서 가장 많이 사용하는 것은 22pF, 0.01 μF, 0.1 μF의 세라믹 또는 전해 커패시터와 1 μF, 10 μF의 전해 커패시터들이다.

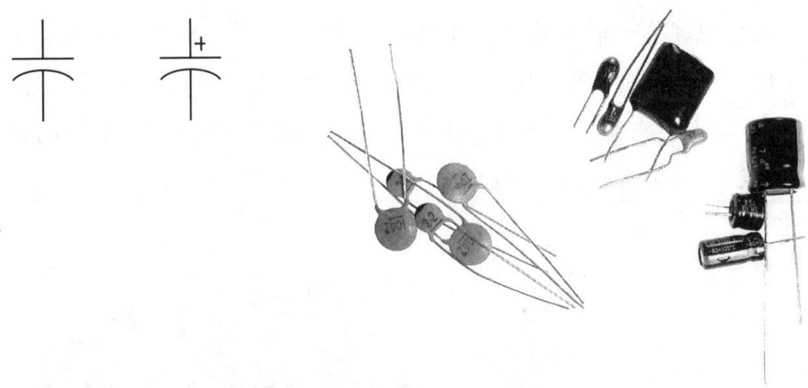

그림 2-4 커패시터의 기호(극성 없는 것과 극성 있는 것)**와 실물사진**(왼쪽부터 오른쪽으로 세라믹, 탄탈, 전해 커패시터)

■ 다이오드diode

*다이오드*는 일방통행 도로와도 같다. 다이오드는 전기를 한 방향으로만 흘린다. 그러니 당연히 다이오드는 극성을 가지는 제품이며, 회로 안에서 연결할 때는 꼭 정해진 방향으로 연결해야 한다. **그림 2-5**는 두 가지 종류의 다이오드를 보여준다. 오른쪽에 있는 튼튼해 보이는 녀석들이 더 큰 전류를 흘릴 수 있다. 두 다리는 각각 캐소우드cathode(−)와 애노우드anode(+)라고 부른다. 구입할 때 담겨온 봉투나 제품 자체의 겉표면을 잘 살펴보고 두 다리를 구분할 수 있어야 한다. 캐소우드쪽 끝에는 띠를 둘러 표식이 되어 있다.

이 띠무늬를 향해 전류가 흘러가도록 연결해야 한다. 띠무늬가 없는 쪽 다리에서 띠무늬쪽 다리를 향해서는 전류가 흘러가겠지만, 그 반대로는 전류를 흘리려고 해도 흐르지 않는다.

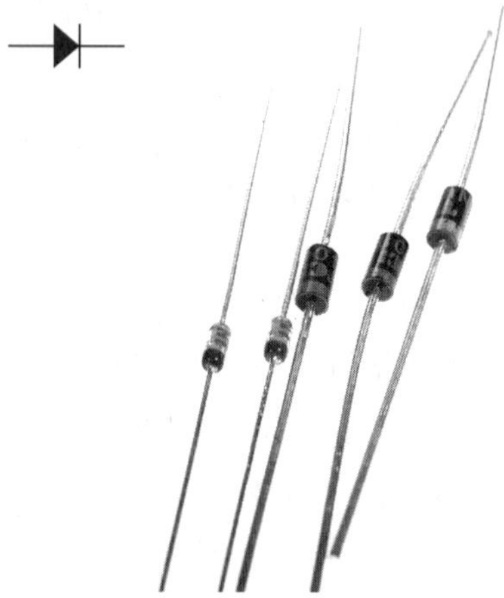

그림 2-5 다이오드의 기호와 범용 다이오드의 사진

이 책에서는 두 가지 종류의 다이오드를 사용할 것이다. **그림 2-5**에 있는 1N4002 등의 범용 다이오드와 불빛을 내는 다이오드가 그것이다. LED(Light-Emitting Diode)는 다이오드로서 기능하는 동시에 불빛을 발한다. **그림 2-6**은 여러 색상의 LED들을 보여준다. 짧은 다리가 캐소우드(−)이고 긴 다리가 애노우드(+)이다.

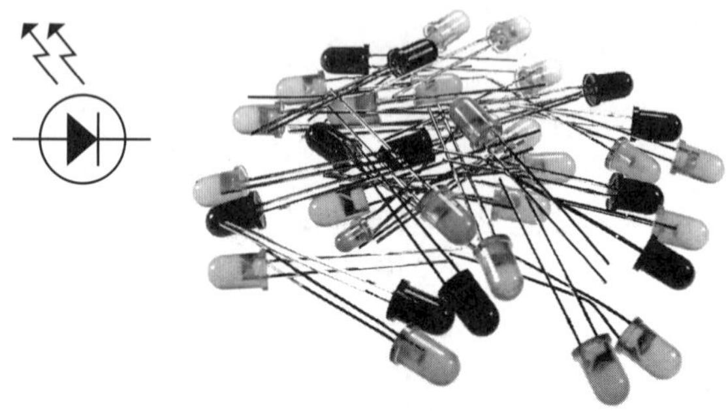

그림 2-6 LED의 기호와 실물사진

LED는 그것을 켜는 데 아주 작은 전력만을 필요로 하기 때문에 마이크로컨트롤러의 출력으로 가장 흔히 사용되는 부품이다. 마이크로컨트롤러를 위해 만들게 될 최초의 프로그램이 바로 LED를 켜는 것이다. 값싼 LED들은 그리 밝지는 않지만, 눈으로 보고 켜져 있음을 아는 데에는 지장이 없다. 이들은 상대적으로 적은 전력 소모량에 비해 밝은 빛을 내 주므로 신호등이나 옥외용 비디오 디스플레이 등 여러 용도에 사용된다. 사람 눈에는 보이지 않지만 무선통신에는 요긴하게 사용되는 적외선을 내주는 LED들도 있다. 이들은 대부분의 리모트컨트롤에서 핵심 부품으로 사용된다. 모든 프로젝트에 아주 밝은 고휘도 LED를 쓰고 싶은 마음도 들겠지만 가격이 문제될 수 있다. 신호를 나타낼 필요가 있을 때마다 쓸 수 있도록 공구박스 안에 값싼 LED를 언제나 한 줌 정도는 가지고 다니는 것이 좋다. 마이크로컨트롤러용으로는 대개 5볼트 또는 그 이하에서 20mA 이거나 작동전압이 2.5볼트에서 5볼트 사이 정도인 LED이면 된다. 깜박이도록 설계된 LED는 피하도록 하자.

01 CHAPTER 02 03 04 05 06 07 08 09 10 11 12 13 14

■ 트랜지스터와 릴레이

*트랜지스터transistor*와 *릴레이relay*는 스위치의 용도로 사용되는 부품들이다. 일반 스위치는 사람의 손으로 켜지만 이들은 마이크로컨트롤러가 보내는 전기 신호에 의해 켜진다. 더 큰 스위치를 동작시키기 위한 작은 스위치들이라고 생각하면 되겠다. 작은 스위치(트랜지스터의 경우는 베이스, 릴레이의 경우는 코일)에 작은 전류를 흘려주면 이것이 큰 스위치를 작동시켜 큰 전류를 흘려 보내게 된다. 사실 트랜지스터는 이보다 더 많은 일들을 할 수 있지만 우선 전기적인 스위치로 사용하는 것부터 시작하기로 하자. 트랜지스터에 대해서는 나중에 더 자세히 설명하겠다.

이 책에서 사용할 트랜지스터는 두 종류이다. 하나는 아주 흔한 2N2222 트랜지스터이다. 2부에서 발전된 내용을 다룰 때는 큰 전류를 필요로 하는 부품을 켜고 끄기 위해 TIP120 달링턴Darlington 트랜지스터를 사용하게 될 것이다. 이것은 뒤에 설명할 5볼트 전압 레귤레이터와 아주 똑같이 생겼지만 하는 일은 아주 다르니 서로 혼동하지 않도록 주의해야 한다. 일반적으로 트랜지스터에는 종류를 나타내는 표시가 되어 있다. 한편 세 개의 다리가 각각 무엇무엇인지를 구별하기 위해 겉포장도 잘 보관해 두도록 하자. **그림 2-7**은 왼편에 이 책에서 사용할 두 가지 트랜지스터를, 그리고 오른편에 가장 흔히 볼 수 있는 릴레이들을 보여준다.

그림 2-7 트랜지스터와 릴레이의 기호와 사진

처음 시작하기에 가장 좋은 릴레이는 5볼트 리드reed 릴레이이다. 5볼트에서 20mA(코일전력)로 켤 수 있으므로, 전형적인 마이크로컨트롤러의 출력에 꼭 알맞다. 이들은 120볼트 0.5A의 부하, 이를테면 60와트 전구 같은 것을 동작시킬 수 있다. 보통 리드 릴레이들은 브레드보드에 겨우 꽂을 수 있을 만한 사이즈의 작은 튜브처럼 생겼다. 디지키Digi-Key에서는 브레드보드에 보다 쉽게 꽂을 수 있는 일반적인 칩 형태의 리드 릴레이를 취급하기도 한다. 부품번호는 이 장 끝에 목록화되어 있다. 더 큰 부하를 켜고 끌 수 있는 릴레이들도 보게 될 터인데, 이들은 켜지기 위해 필요한 전력(코일 전력)이 커서 마이크로컨트롤러의 출력만으로는 켜지지 않으므로 부가적인 회로를 만들어 주어야 하는 경우가 많다. 무접점 릴레이solid state relay는 보통 마이크로컨트롤러로 바로 제어할 수 있으며 아주 큰 부하도 켜고 끌 수 있으므로 매우 사용하기 편리하다. 하지만 기계식 릴레이보다 가격이 훨씬 비싼 것이 흠이다.

4. 전선

전선은 부품들을 서로 연결하기 위한 것으로써, 여러 가지 종류와 규격의 제품들이 있지만 사용원리는 퍽 간단하다. 즉 전선이 굵을수록 더 큰 전류를 흘릴 수 있다는 것만 기억하면 된다. 우리들은 미국 전선 규격(American Wire Gauge, AWG) 시스템을 사용한다. 이 시스템에서는 숫자가 클수록 전선의 굵기가 가늘어진다. 숫자는 전선의 굵기가 1인치의 몇 분의 일인가를 나타낸다. 이를테면 22게이지 전선은 직경이 1/22인치이다. 대부분의 가정용 배선은 12 또는 14 게이지의 전선을 사용한다. 하지만 우리가 이 정도로 큰 전류를 사용하는 경우는 거의 없다. 우리는 대부분의 경우에 22게이지의 전선을 사용할 것이다.

그림 2-8 여러 가지 전선

전선에는 크게 단선solid core과 연선stranded의 두 종류가 있다. **그림 2-8**에서 이 두 종류의 전선을 볼 수 있다. 단선이 더 뻣뻣하여 브레드보드에 잘 꽂히므로 회로를 만드는 용도로 사용하기에 좋다(뒤에서 더 자세히 다룬다). 우리들이 가장 많이 사용할 전선은 훅업 전선hook-up wire이라 부르기도 하는 22게이지 단선이다. 전선을 자르고 피복을 벗기는 것이 귀찮다면 여러 가지 길이로 전선을 잘라 피복을 다듬어 놓은 점퍼jumper전선 키트를 구입해서 사용할 수도 있다.

단선 훅업 전선은 여러 가닥을 길게 늘어뜨리면 뻣뻣해서 거추장스러워진다. 연선은 피복 안에 가는 전선 여러 가닥이 들어찬 형태로 되어 있어 유연하므로 전선이 길어질 경우에 사용하기 편리하다. 띠선ribbon cable이나 전화선처럼 한 피복 안에 전선 여러 가닥이 들어 있는 제품들도 있다. 하지만 연선은 너무 흘렁흘렁해서 브레드보드에 꽂아 쓰기에는 적합하지 않다. 연선을 브레드보드에 사용하려면 *헤더header*라고 불리는 단단한 다리를 납땜해서 붙여 써야 할 것이다(뒤에 나올 도구 섹션을 참고하라).

5. 파워 서플라이

그림 2-9 전형적인 DC 파워 서플라이

이 책에서 소개하는 모든 회로는 AC(벽에 있는 전기 콘센트와 같은)가 아니라 DC(건전지와 같은) 파워를 사용할 것이다. 모든 프로젝트에 9볼트 건전지를 사용할 수도 있다. 하지만 이는 작업 도중에 건전지가 다 닳아 버리지나 않을까하고 신경쓸 일만 한 가지 늘이게 된다. AC/DC 컨버터를 사용하는 편이 훨씬 낫겠다. **그림 2-9**에 있는 것과 같은, 옛날에 쓰던 가전제품에 딸려온 '어댑터'가 서랍 안 어딘가에 하나쯤 있음직도 하다.

DC 파워 서플라이를 사용할 때 알아두어야 할 중요한 두 가지 숫자가 있다. 파워 서플라이가 제공하는 전압과 전류량이 그것이다. 이 책에서 소개하는 프로젝트의 대부분은

+5볼트에서 동작하도록 되어 있다. 하지만 우리는 8볼트에서 15볼트 사이의 전압을 제공해 주는 파워 서플라이를 사용하도록 하자. 대부분의 마이크로컨트롤러들이 높은 전압을 5볼트로 바꾸어 주는 전원조절장치를 내장하고 있기 때문이다. 파워 서플라이의 전류량은 크면 클수록 좋다. 대부분의 프로젝트는 300mA 정도의 전류이면 동작한다. 하지만 나중에 모터처럼 움직이는 부품이나 열을 내는 부품들을 사용하기 시작하면 더 큰 전류를 필요로 하게 될 것이다. 1암페어(1000mA)를 제공할 수 있는 파워 서플라이를 구하는 것이 가장 좋겠다.

6. 파워 커넥터

그림 2-10 동축同軸 파워 커넥터

작업을 빨리 시작하고 싶어 안달이 난다면, 파워 서플라이의 커넥터 부분을 잘라 버리고 그 전선들을 직접 브레드보드에 연결할 수도 있겠다. 하지만 파워 서플라이의 전원이 꽂혀 있는 상태에서는 절대로 이렇게 해서는 안 된다. 자칫하다가는 스파크가 나고 쇼트서킷이 되어 버리기 십상인데, 이럴 경우 파워 서플라이가 고장 나서 다시는 사용할 수 없게 되어 버린다.

파워 서플라이를 두고두고 사용하기 위해서는 꽂았다 뽑았다 할 수 있는 커넥터를 이용하는 것이 좋겠다. 이동성이 있어야 하는 프로젝트를 위해서는 9볼트 건전지에 쉽게 구할 수 있는 똑딱단추 커넥터를 달아서 사용하면 좋을 것이다. 하지만 이 커넥터는 거꾸로 붙이는 실수를 하기가 쉬운데, 그래서야 물론 좋을 리가 없다. 동축coxial 커넥터를 사용하는 편이 안전하다. 이때 암수 커넥터의 직경이 서로 맞아야 한다. 안쪽 직경이 2.1mm이고 바깥 직경이 5.5mm인 제품이면 대부분의 AC/DC 어댑터에 잘 맞을 것이다. **그림 2-10**처럼 생겼다.

7. 전압 레귤레이터voltage regulator

그림 2-11 전압 레귤레이터

전압 레귤레이터는 변화하는 영역의 전압을 어떤 특정한 전압으로 변환시켜 주는 부품이다. AC/DC 파워 컨버터에서 나오는 8~15볼트의 전압을 우리가 프로젝트에서 사용하는 5볼트로 바꾸는 데에 이 부품을 사용하게 된다. 스탬프 류의 모듈들은 내장된 전압 레귤레이터를 가지고 있지만 대개 싸구려 제품을 사용하는 경우가 많다. 내장된 전압 레귤레이터가 고장날 때를 대비해서 별도의 전압 레귤레이터를 두는 것을 추천한다. 우리들은 **그림 2-11**에 있는 7805 전압 레귤레이터를 사용할 것이다.

8. RC 서보모터

그림 2-12 RC 서보모터

RC 서보모터(줄여서 서보모터라고 한다)는 마이크로컨트롤러를 사용해 쉽게 제어할 수 있으며 여러 가지 움직임을 만드는 데 폭넓게 활용될 수 있는 부품이다. 라디오 섁은 서보모터를 취급하지 않지만, 그 밖의 대부분의 취미공작 전문점과 인터넷 상점에서 구입할 수 있다. 커다란 서보모터는 우리들이 사용하는 파워 서플라이가 감당 못할 만큼의 전력을 소모할 수도 있다. 하지만 상점에 있는 서보모터들 중 제일 싼 것을 구입하면 별문제 없이 사용할 수 있을 것이다. 하비코Hobbico의 cs-61은 비교적 저렴한 가격으로 쉽게 구할 수 있는 작은 범용 서보모터이다. **그림 2-12**에 있는 하이텍hitec의 HS-300도 기능은 동일하다. 서보모터를 여러 개 사용하기 시작하면, 별도의 파워 서플라이와 서보모터 전용 컨트롤러를 사용하는 것도 고려해 봐야 할 것이다.

9. 시리얼 커넥터

그림 2-13 DB9 시리얼 커넥터

그림 2-13에 있는 것과 같은 시리얼 커넥터는 시리얼 케이블을 브레드보드에 연결할 수 있도록 해준다. 우리는 뒷편에 납땜할 수 있는 단자가 달려 있는 DB9 암컷 커넥터를 사용할 것이다. 마이크로컨트롤러에 프로그램을 다운로드 할 때, 또 마이크로컨트롤러와 멀티미디어 컴퓨터 간에 통신을 할 때에 이 커넥터를 사용하게 된다. 그러니 커넥터 두 개를 가지고 있는 편이 편리하다.

10. 시리얼 케이블

시리얼 케이블은 마이크로컨트롤러와 멀티미디어 컴퓨터 간의 통신에 사용된다. 마이크로컨트롤러에 새로운 프로그램을 다운로드 할 때도 사용하고, 마이크로컨트롤러의 프로그램과 멀티미디어 컴퓨터의 프로그램이 서로 메시지를 주고받을 때에도 사용한다. **그림 2-14**에 있는 것과 같이 DB9 수컷에서 DB9 암컷으로 가는 케이블을 구하면 된다. 널모뎀null modem용 케이블을 구해서는 안 된다. 널모뎀용 케이블은 중요한 두 선이 케이블 중간에서 엇갈려져 있다. 케이블 하나면 프로그래밍에도 쓰고 통신에도 쓸 수 있지만, 각각의 용도로 두 개의 케이블을 구입하는 것도 괜찮은 생각이다.

그림 2-14 DB9 커넥터가 달린 시리얼 케이블

11. 클록 크리스탈

낮은 레벨 프로세서를 위한 시계 역할을 해주는 부품이다. 중간 레벨이 아닌 낮은 레벨 프로세서를 사용할 사람에게만 필요하다. BX-24, 베이직스탬프, 베이직 아톰 24 등을 사용할 계획이라면 신경쓰지 않아도 된다. 클록 크리스탈에는 여러 가지 속도의 제품들이 있는데, 우리가 사용할 프로세서들은 4MHz 제품으로 시작하는 것이 적당하다.

12. 헤더

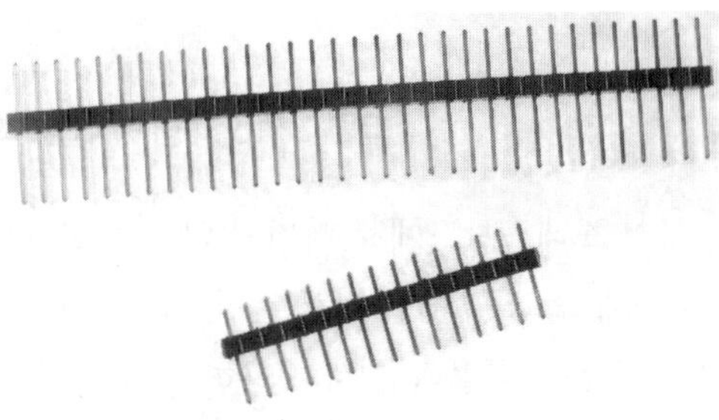

그림 2-15 헤더

헤더header는 금속으로 된 작은 핀으로서, 부품들을 브레드보드에 단단하고 안전하게 연결할 수 있도록 부품들의 다리에 납땜해 붙여서 사용하는 부품이다. 보통 **그림 2-15**처럼 생겼다. 0.1인치 간격으로 줄줄이 붙은 형태로 되어 있으며 필요에 맞게 쉽게 잘라서 쓸 수 있다. 헤더는 많이 사용하게 될 것이며 값도 싸니 처음에 적어도 100개 정도 구입해 두는 것이 좋다. 라디오 색에서는 취급하지 않는다. 뻣뻣한 전선으로 자작해 쓸 수도 있다.

13. 프로젝트 박스

브레드보드의 안락한 보금자리 같은 곳이다. 이론상으로는 프로젝트를 마치고 나면 회로를 박스 안에 넣어 바깥 세상으로부터 안전하게 보호하는 것이 원칙이다. 사실 개발하는 동안에도 긴 전선들은 상자에 고정시켜서 실수로 브레드보드에서 뽑혀 나가는 일이 없도록 해두는 것이 좋다. 주변에 뒹굴고 있는 상자 어느 것이든 상관없지만, 프로젝트용으로 나와 있는 제품들이 구멍을 뚫기 쉬운 재질로 되어 있으며 가격도 비싸지 않다. 보통 상자의 뚜껑 부분에 브레드보드를 붙이는 편이 다루기에 좋다. 브레드보드 사방으로 적당히 여유가 있고 위쪽으로도 몇 인치 정도의 공간이 있는 정도 크기의 상자를 사용하는 것이 좋다.

14. 케이블 타이tie

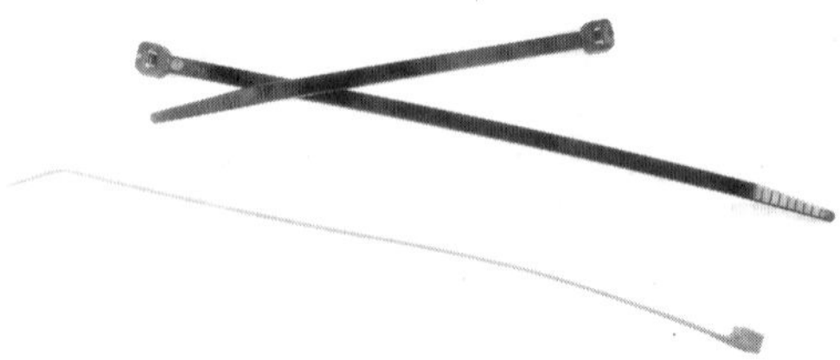

그림 2-16 여러 케이블 타이

전선들을 묶어 브레드보드에서 빠지지 않도록 하는 데 요긴하게 사용할 수 있는 부품이다. 한번 사용해 보고 나면 없어서는 안 될 정도로 늘 사용하게 된다. 우리는 **그림 2-16**에 있는 것과 같은 제품을 언제나 사용하고 있다.

15. USB 시리얼 어댑터

그림 2-17 USB 시리얼 어댑터

우리가 사용할 마이크로컨트롤러들은 시리얼 통신으로 멀티미디어 컴퓨터와 통신한다. 사용하고자 하는 컴퓨터가 만일 USB 포트만 가지고 있다면 USB 시리얼 어댑터가 필요하다. USB도 시리얼 통신 프로토콜의 하나이기는 하지만 우리들이 사용하고자 하는 시리얼 통신 방식보다 훨씬 복잡하게 되어 있다.

새로 나온 노트북 컴퓨터들, 그리고 애플 컴퓨터는 USB만 있고 예전에 사용하던 9핀 RS-232 시리얼 포트는 없는 경우가 많다. 사용할 컴퓨터의 뒷면을 보고 9핀짜리 커넥터가 있는지를 확인해 보자. 보통 010101 또는 'COM1'으로 표시되어 있다. 이것이 9핀 시리얼 포트이다. 만일 이것이 없다면, 여기에 소개하는 것과 같은 어댑터가 필요하다.

윈도우즈 기반의 PC에서는 어떤 USB 시리얼 어댑터이든지 잘 작동할 것이다. 매킨토시 사용자라면 사용할 컴퓨터에 맞는 드라이버 소프트웨어를 지원하는 제품을 선택해야 한다. 우리는 키스팬Keyspan의 USA19HS라는 제품을 추천한다. 이 제품은 OSX 10.3까지 어떤 매킨토시 OS와도 호환이 가능하며, PC에서 사용하는 것과 같은 DB9 스타일의 커넥터를 가지고 있다.[1] PC에서도 물론 사용가능하다. **그림 2-17**에 있는 것이 이 제품이다.

1) 앞에서도 언급했지만, 마이크로컨트롤러를 매킨토시에서 프로그램하는 경우는 드물다. 하지만 USB 시리얼 어댑터는 프로그램할 때 뿐만 아니라 우리가 만든 소프트웨어와 통신을 할 때도 사용하게 되는데, 이때 이 소프트웨어를 매킨토시에서 동작시키는 경우는 흔하다. 따라서 어댑터를 구입할 때는 PC와 매킨토시에서 모두 동작하는 것을 선택하는 편이 좋겠다.

16. 공구들

전자공작을 하는 데에 꼭 필요한 공구들은 몇 가지 되지 않는다. 어떤 취미에서든 그렇겠지만, 장비 욕심이 나서 당장 그다지 필요하지 않은 것들까지 이것저것 사들이고 싶어질지도 모른다. 쇼핑 욕구는 차차 풀어 가도록 하고, 지금 단계에서는 다음과 같은 필수품들로 만족하도록 하자. 그러는 편이 가계부도 고마워하지 않을까.

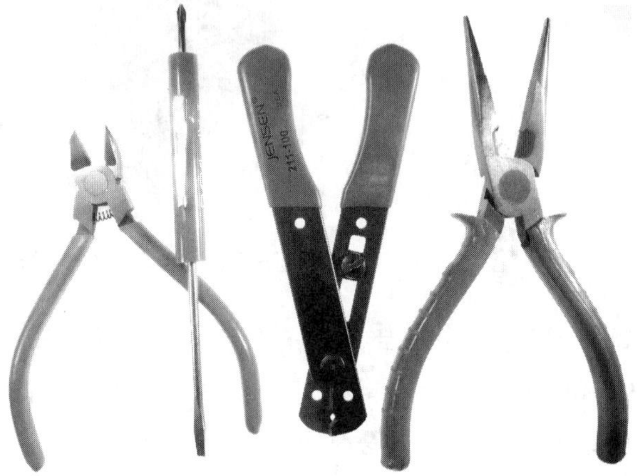

그림 2-18 늘 사용하게 될 공구들.
왼쪽부터 오른쪽으로 니퍼, 스크루드라이버,
와이어스트리퍼, 롱노우즈 플라이어.

■ 납땜인두

브레드보드를 사용한다 하더라도 납땜인두는 꼭 하나 있어야 한다. 인두용 스탠드와 스펀지도 있어야 한다. 인두는 매우 뜨거워지기 때문에 안전하게 내려놓을 스탠드가 있어야 화재의 염려를 던다. 스펀지는 인두 끝의 팁 부분을 깨끗하게 닦아내기 위해 사용하는데, 이렇게 해야 납땜이 훨씬 빠르고 안정적으로 된다. 세밀한 납땜작업에 편리하도록 끝부분이 가늘고 뾰족한 팁이 달려 있는 납땜인두를 선택하자. 32분의 1인치 팁이면 적당할 것이다.

■ 땜납

22AWG나 그보다 더 가는 제품으로 로진$_{rosin}$ 심이 들어 있는 것을 선택하도록 하자. 땜납은 전선과 동일한 방식으로 번호가 매겨지므로 번호가 높을수록 가늘어진다.

22AWG보다 굵은 것은 전자작업에는 좀 불편하다. 가능하면 무연 땜납을 사용하는 것이 건강에 좋다.

■ 롱노우즈 플라이어

브레드보드는 복잡해지기 마련이어서, 집고자 하는 전선이나 부품을 다른 부분을 헝클어뜨리지 않고 손가락으로 잡으려면 불편할 때가 많다. 롱노우즈 플라이어는 이럴 때에 꼭 필요한 공구이다.

■ 와이어 스트리퍼

와이어 스트리퍼에는 여러 종류가 있다. 이들의 용도는 전선 내부의 금속선을 손상시키지 않으면서 플라스틱 피복을 벗겨내는 것이다. AWG 22의 흑업 전선에 사용할 수만 있다면 어떤 것이든 마음에 드는 것으로 선택하면 된다.

■ 니퍼

롱노우즈 플라이어와 와이어 스트리퍼에 이미 전선을 자를 수 있는 날이 달려 있는 경우가 많지만, 전선을 깨끗하게 잘라내기 위해서는 별도의 니퍼를 가지고 있는 편이 유용하다.

■ 미니 바이스 또는 납땜용 집게스탠드

그림 2-19 미니 바이스(왼쪽)**와 납땜용 집게스탠드**(오른쪽)

납땜에 있어서 가장 곤란한 점은 동시에 네 가지 물건을 손에 잡아야 한다는 점이다. 즉 납땜하려고 하는 두 개의 부품(또는 전선)과 땜납, 그리고 납땜인두가 그것이다. 불행하게도 우리에게는 손이 둘 밖에 없다. 이때 바이스 하나, 또는 클램프 두 개를 세 번째 손처럼 사용하면 도움이 된다. 발판 부분에 클램프나 진공 흡반이 있어 테이블에 고정시킬 수 있도록 되어 있는 바이스들도 있지만, 납땜하는 데 사용하는 바이스는 그렇게까지 강력할 필요는 없으며, 테이블 위에 흔들림 없이 있어줄 수 있는 정도이면 된다. 아니면 납땜용 집게스탠드third hands를 사용할 수도 있다. 이는 자유로이 회전하는 베어링 끝에 달린 악어클립에 납땜할 두 부품을 물릴 수 있는 제품이다. 바이스보다 여러 가지 용도로 사용할 수 있지만 더 세밀한 제품이라고 할 수 있다. 만일 자금에 여유가 있다면 **그림 2-19**처럼 이들 둘 다 가지고 있는 편이 괜찮다.

■ 작은 스크루드라이버

세밀한 작업을 위한 십자 및 일자 드라이버는 언제나 매우 유용하다.

■ 드릴과 드릴 날

핸드드릴은 하나 가지고 있으면 자주 사용하게 된다. 흔히 사용하는 드릴 날은 7/64", 1/8", 5/16", 1/4"이다.

■ 멀티미터

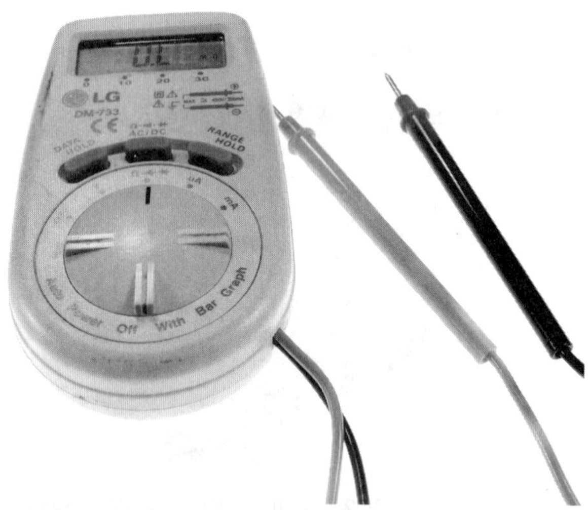

그림 2-20 간단한 멀티미터

멀티미터는 부품이나 회로의 여러 가지 전기적 성질들을 테스트해 보기 위해 사용하는 도구이다. 회로를 만들 때 사용하게 되는 가장 중요한 디버깅 도구 중 하나라고 할 수 있다. 멀티미터를 구입할 때는 반드시 전압과 저항, 그리고 연결여부continuity를 측정할 수 있는 제품을 선택하도록 하자. 많은 제품들이 이들 외에도 여러 가지를 측정해 주지만, 가장 자주 사용하는 기능은 이들이다. **그림 2-20**에 있는 멀티미터는 간단한 제품이지만, 이 정도의 제품이면 이 책에서 하는 모든 일들을 하기에 충분하다. 구입하기 전에 멀티미터에 대해 좀 더 알고 싶다면, 멀티미터의 용도에 대해 3장 '회로 만들기'에서 좀 더 설명하고 있으니 이를 참조하면 되겠다.

■ 핫글루건Hot Glue Gun

그림 2-21에 있는 것과 같은 핫글루건은 피지컬 컴퓨팅에서 참으로 여러 가지 용도로 요긴하게 사용된다. 핫글루는 전선 간의 절연체 역할을 해줄 때가 많으며, 온 우주의 무엇이든지 서로 못 붙일 것이 없다.

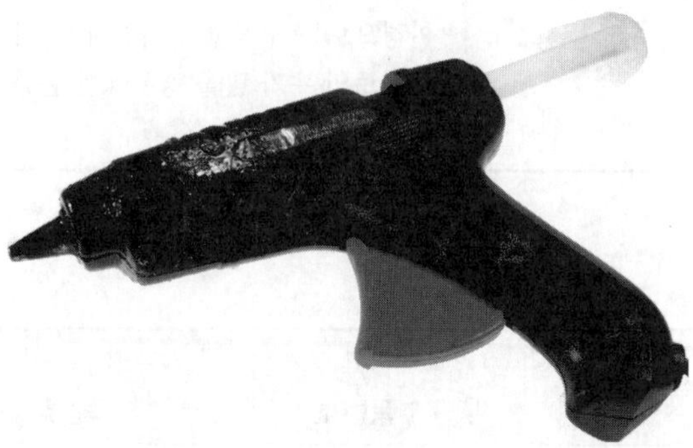

그림 2-21 핫글루건

■ 공구상자

커다랗고 묵직한 금속 공구박스까지는 아니더라도, 모든 것을 담아놓을 수 있는 무언가가 있다는 것은 편리한 일이다. 낚시용 가방은 부품들을 넣어둘 수 있는 작은 상자들이 있어 편리하다. 하지만 터퍼웨어 상자나 구두상자 정도로도 충분하다.

17. 쇼핑목록

마이크로컨트롤러

항목	설명	제조사 URL
패러랙스 베이직스탬프2	중간 레벨 마이크로컨트롤러 중 가장 역사가 오랜 제품. 매우 널리 쓰이지만, 다른 제품에 비해 빠져 있는 기능들도 있음.	http://www.parallax.com
넷미디어 BX-24	중간 레벨 마이크로컨트롤러. 프로그램 환경과 개발언어가 약간 더 복잡하지만, 여러 가지 우수한 기능들을 제공하기도 한다.	http://www.basicx.com
베이직 마이크로 베이직 아톰 프로 24	중간 레벨 마이크로컨트롤러 시장에 새롭게 등장한 제품. 프로그래밍 환경이 간편하며 몇 가지 유용한 신기능들을 제공한다.	http://www.basicmicro.com
마이크로칩 PIC18F452	낮은 레벨 마이크로컨트롤러. 처음 시작하는 환경으로는 추천하기 어렵지만, 작업하는 프로젝트의 수가 많을 경우에는 훌륭한 환경이 되어준다.	http://www.microchip.com

부품

중요도	항목	제임코 부품번호	라디오 색 부품번호	설명
1	브레드보드	20722 (버스 행이 한 쪽에 2개씩 있다)	276-174 (버스 행이 한 쪽에 1개씩 있다)	6인치
1	DC 파워 서플라이	170245 (12V, 1000mA)	273-1667 (3~12V, 800mA)	5~9V DC, 700~1500mA
2	파워 서플라이 커넥터	159610	274-1577	2.1mm×5.5mm 수컷
2	5V DC 전압 레귤레이터(7805)	51262	276-1770A	7805 레귤레이터에는 7805A, 7805T, 78HCT05 등 여러 종류가 있다. 우리가 사용하는 데에는 이 중 어느 것이든 상관이 없다.
2	LED, 초록색	34761	해당없음	
1	LED, 빨강색	94511	276-307	

부품 (계속)

중요도	항목	제임코 부품번호	라디오 색 부품번호	설명
2	LED, 노랑색	34825	276-351	
1	220Ω 저항, 1/4 와트	30470	271-1313	
1	1KΩ 저항, 1/4 와트	29663	271-1321	
1	10KΩ 저항, 1/4 와트	29911	271-1335	
1	22KΩ 저항, 1/4 와트	30453	271-1128	
1	커패시터, 0.1μF	15270	272-1053	
1	커패시터, 1μF	94160	272-1434	
2	커패시터, 10μF	29891	272-1025 (극성 있음)	
1	스위치	187805 (레버 스위치)	275-017 (롤러 스위치)	상점에서 구입했거나 자작한 어떤 스위치든 상관없다.
1	스위치	164081	980-0820	또 다른 스위치의 일종 : 자석 스위치.
1	스위치	106112	275-1549	또 다른 스위치의 일종 : 푸쉬 버튼 스위치.
1	스위치	106067	275-324	또 다른 스위치의 일종 : 토글 스위치.
1	포텐시오미터	29081	271-1715	다른 가변저항들도 그렇지만, 특히 여러 모로 유용하니 언제든 갖추고 있는 것이 좋다.
1	가변저항 : 포토셀	120299	276-1657	0~100K 사이에 있는 제품이면 된다.
	플렉스센서, 10~100K	150551		
	써미스터, 10~100K	207036	271-0110	
1	서보모터, Hobbico cs-61	157067		
1	시리얼 케이블, 9핀	208581	260-0117	널모뎀 시리얼 케이블을 구하지 않도록 주의하자. 한 쪽에는 암컷, 다른 쪽에는 수컷 어댑터가 달린 것을 선택하도록 하자.

부품 (계속)

중요도	항목	제임코 부품번호	라디오 섁 부품번호	설명
1	9핀 D-sub 커넥터 암컷	15771	276-1538	앞의 시리얼 케이블과 맞아야 한다.
1	USB-시리얼 어댑터	Keyspan USA 19HS	26-183	컴퓨터에 시리얼 포트가 없다면, 이러한 어댑터가 있어야 한다. 우리가 사용해 본 제품들 중에는 여기 소개한 Keyspan (http://www.keyspan.com)의 USA-19HS가 가장 좋았다. 매킨토시와 윈도우즈에서 모두 사용할 수 있다. 옆에 소개한 라디오 섁 제품은 윈도우즈에서만 동작하고 매킨토시는 지원하지 않는다.
2	트랜지스터-TIP 120 달링턴	32993	276-2068	
1	NPN 트랜지스터, 2N2222	38236	276-2009	
1	릴레이	디지키 306-1034-ND[2]	275-232	120V AC 리드reed 릴레이, 또는 솔리드 스테이트 릴레이
1	클록 크리스탈, 4Mhz	14592		PIC을 사용하는 경우에만 해당된다. PIC 마이크로프로세서를 구동하는 클록이다.
2	헤더	103376		10~20개가 한 줄로 되어 있다.
2	프로젝트 박스	18905	270-1809	프로젝트 기판을 안에 담는다.
2	스탠드오프standoff	133604	276-195	기판을 박스에 고정시킬 때 쓴다.
2	스탠드오프용 나사, 크기 #4-40, 1/2"	106809	276-195	

2) 해당 부품이 제임코에 없을 때는 디지키Digi-Key의 부품번호를 실었다. 두 회사 모두 우리가 자주 이용하는 업체들이다. 한 곳에 찾는 부품이 없으면 다른 곳을 찾고는 한다.

공구

항목	제임코 부품번호	라디오 섁 부품번호	설명
납땜인두	146595	64-2802 또는 64-2184	이를테면 Weller의 WLC100 같은 모델이 괜찮다. 우리는 스탠드가 있는 모델을 선호하지만, 당신 취향에 맞기만 한다면 어떤 것이든 상관없다. 팁 부분이 가는 것을 선택하도록 하자.
땜납	141794 디지키 KE1351-ND(제임코에는 무연납이 없다)	640-0013	되도록이면 무연납을 사용하자.
멀티미터	220812	22-810	여러 제품들이 나와 있다. 전압, 저항, 그리고 연결여부를 측정할 수 있는 값싼 것 하나면 충분하다.
전선, 22AWG	검정 : 36791 파랑 : 36767 초록 : 36821 빨강 : 36855 노랑 : 36919	빨강 : 278-1215, 종합세트 : 276-173	단선 훅업 와이어. 여러 가지 색을 갖추어 두자.
니들 노우즈 플라이어	35473	64-2803/A	이 라디오 섁 키트에는 납땜인두, 플라이어, 니퍼, 스크루드라이버 등이 모두 들어 있어 유용할 듯 하여 소개한다. 아니면 가까운 철물점 어디서든 이러한 공구들은 구할 수 있을 것이다.
와이어 스트리퍼	159290	64-2803/A	22~30AWG 전선을 벗길 수 있어야 한다.
니퍼	161411	64-2803/A	작은 것이면 된다.
미니 바이스	127167		납땜할 때 부품들을 고정시키는 한 가지 방법
납땜용 집게 스탠드	26690		납땜할 때 부품들을 고정시키는 또 다른 방법
미니 스크루드라이버 세트	127271	64-2803	일반 철물점에서도 구할 수 있을 것이다.
드릴과 드릴 날, 7/64", 1/8", 5/16", 1/4"			나무나 플라스틱, 또는 얇은 금속을 다룰 때 가장 많이 사용하게 되는 사이즈다. 대부분의 철물점에서 하나에 1달러 이하의 가격으로 구할 수 있을 것이다.
핫글루건	72696, 78633		
공구상자			
케이블 타이	145701	278-1720	
전기테이프		64-2375	
악어클립	107422	278-1157	

18. 준비 되었습니까?

공구와 부품들을 모두 구했다면, 반드시 이들을 먼저 정리해 두도록 하자. 전자부품들은 비슷비슷하게 생긴 것이 흔해서 이름표를 달아 두지 않으면 구분하기 힘들 때가 많다. 부품에는 언제나 이름표를 붙인다는 생각을 갖고, 부품을 담는 상자나 통에는 꼭 이름표를 붙여 두도록 하자. 구입한 것들을 모두 당장 뜯어서 작업을 시작하고 싶겠지만, 처음에 조금만 정리해 두면 나중에 큰 수고를 덜 수 있다. 여러 저항값들이 섞여 있는 무더기에서 무심코 집어들었다가 잘못된 저항을 사용하게 된다면 그거야말로 상당히 짜증나는 일이 될 것이다.

부품들을 모두 정리했다면, 이제 작업을 시작할 준비가 된 것이다. 나중에 발전된 기법들을 다룰 때 부품들을 좀 더 소개하게 되겠지만, 앞으로도 일반적인 물품들을 보충할 때는 언제나 이 장을 참조하도록 하자.

Chapter 03

회로 만들기

부품들이 준비되었으면, 이제 이들을 연결하여 회로를 만들 수 있다. 우선 트랜스듀서의 신호를 마이크로컨트롤러에 전달하는 데 필요한 최소한의 구성만 갖춘 간단한 회로들을 다룰 것이다. 신호가 일단 마이크로컨트롤러에 전달되고 나면, 예전 같으면 회로를 꾸며 해결해야 했던 많은 논리적인 처리들을 소프트웨어를 통해 할 수 있게 된다. 이 장에서는 이러한 회로들을 구성하는 데 필요한 방법과 도구들을 소개한다.

이러한 내용을 공부하는 가장 좋은 방법은, 직접 해 보는 것이다. 그러니 예제들을 따라해 보는 방식으로 설명하도록 하겠다.

1. 회로도

우리는 다른 사람들이 개발해 놓은 회로들을 이용함으로써 피지컬 컴퓨팅의 높은 경지에 훌쩍 올라설 수도 있다. 하지만 이렇게 하기 위해서는 우선 회로도를 읽는 법을 배워야 한다.

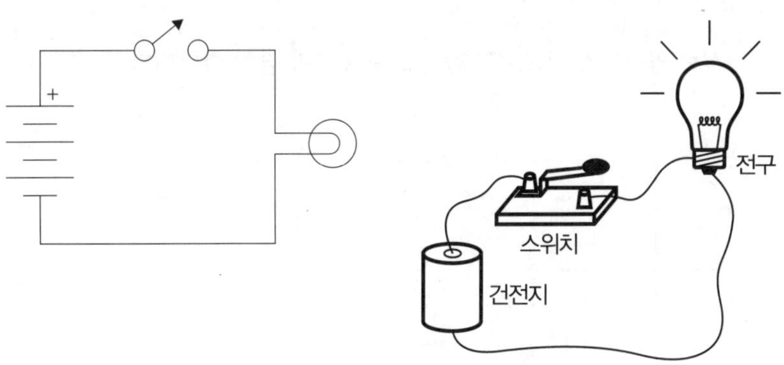

그림 3-1 회로도, 그리고 회로의 스케치

그림 3-1은 실제 회로를 스케치한 것과 다이어그램으로 나타낸 회로도를 비교해 보여준다. 회로도는 스케치보다 추상적이어서 각 부품에 대해 꼭 필요한 정보만을 전달해 준다. 회로도 읽는 법을 배우는 첫번째 단계는 기호를 익히는 것이다. 이미 2장 '쇼핑하기'에서 가장 기본적인 부품의 기호들을 배웠다. 이제 이들 부품을 서로 연결하는 방식에 대한 기호들, 그리고 파워와 그라운드의 기호를 익히도록 하자. 부록 C에 여러 가지 기호들의 일람표를 실었다.

2. 연결선 기호

부품들을 연결하는 연결선을 나타낼 때 다음 기호들을 사용한다.

*서로 연결된 전선들*은 **그림 3-2**와 같이 나타낸다.

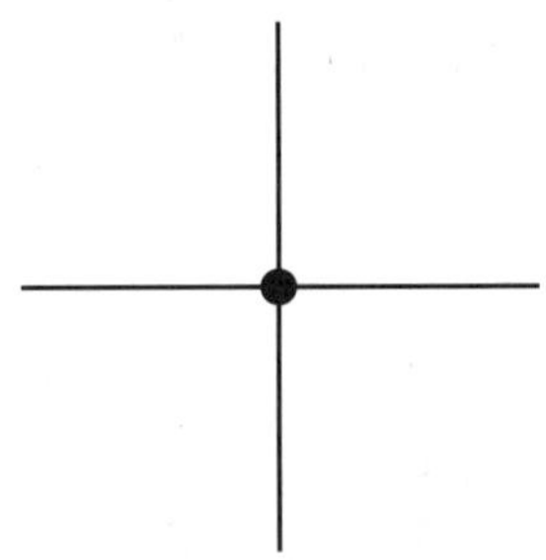

그림 3-2 서로 연결된 전선들의 회로도 기호

선들이 겹치는 부분에 점이 찍혀 있는 것은 두 선을 물리적으로 연결해야 한다는 뜻이다. 이러한 부분을 *연결점junction*이라고 부른다.

*서로 연결되지 않은 전선들*은 **그림 3-3**과 같이 나타낸다.

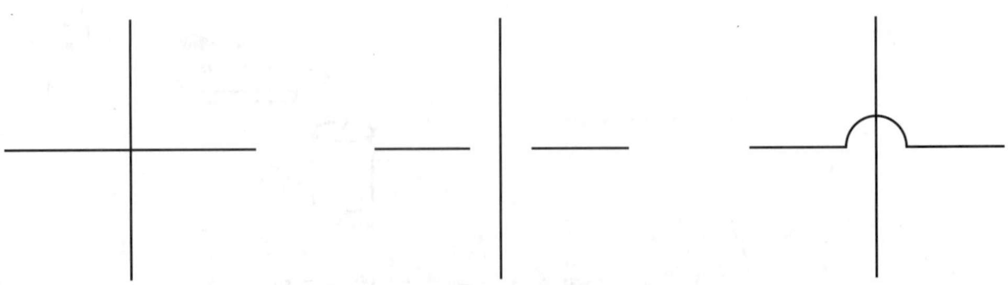

그림 3-3 서로 연결되지 않은 전선들의 회로도 기호

세 방식 모두 널리 사용된다. 이 책에서는 주로 제일 왼쪽의 방식을 사용한다. 두 전선이 서로 건너뛰도록 표시되어 있거나 또는 교차하는 부분에 점이 찍혀 있지 않다면 이는 두 선이 서로 연결되지 않는다는 뜻이다. 회로도를 보기 좋게 펼쳐서 그리다 보니 우연히 겹치게 되었을 뿐인 것이다.

3. 파워 기호

회로도에서 파워를 나타내는 데에는 몇 가지 방식이 있을 수 있다. 이를테면 DC파워 어댑터를 사용하는 회로도 있고, 건전지를 사용하는 회로도 있으며, AC를 사용하는 회로도 있는 것이다. **그림 3-4**에 이들 세 가지 파워의 기호를 나타냈다.

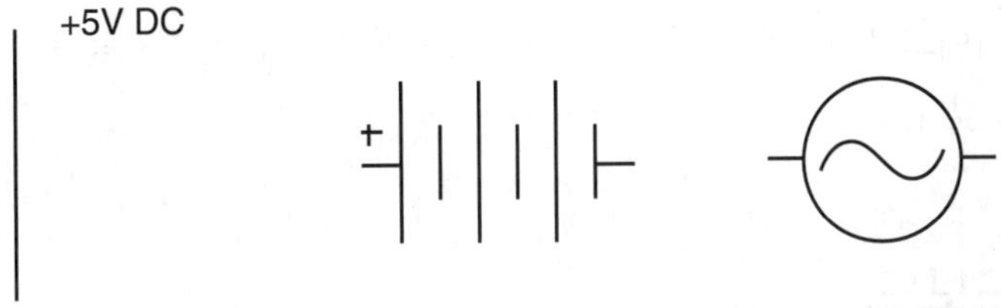

그림 3-4 파워 서플라이의 기호들.
왼쪽부터 오른쪽으로 일반 DC 파워(여기에서는 +5볼트), 건전지, AC 파워.

파워는 종류별로 고유의 기호를 가진다. 파워 서플라이의 플러스 극은 **그림 3-4**에 있는 것과 같은 기호들로 나타낸다. IC칩의 핀 다이어그램에서는 많은 경우에 이를 'V_{cc}'나 'V_{dd}'로 표시하고 있다. 이 책에서는 이들이 거의 언제나 +5볼트를 뜻하게 된다(가끔 예외적으로 더 높은 전압을 사용할 때도 있지만). 이따금 두 개의 파워 서플라이를 사용하는 회로들도 있는데, 이럴 경우에는 각각의 전압을 반드시 명기해 주어야 한다.

그림 3-5 그라운드의 회로도 기호

파워가 명시되어 있지 않은 회로도란 생각할 수 없는데, 그라운드도 마찬가지다. 그라운드의 기호로는 **그림 3-5**의 두 가지가 가장 흔히 사용된다. 두 개의 파워 서플라이를 사용하는 회로들도 마이너스 극은 서로 이어 공통의 그라운드를 가지는 경우가 많다.

4. 회로도 찾기

다음 장부터는 다양한 피지컬 컴퓨팅 프로젝트의 기초가 될 수 있는 여러 가지 회로들을 소개하고 설명할 것이다. 이 회로들만 적절히 활용하고 응용해도 대부분의 프로젝트를 구현할 수 있을 것이라 생각한다. 사용하고자 하는 디바이스가 우리의 회로와 잘 연동되지 않을 때는 매뉴얼이나 응용설명서에서 적절한 회로를 찾을 수 있는 경우가 많다.

또한 인터넷에는 취미로 마이크로컨트롤러를 사용해서 공작하는 사람들과 전문가들이 개발한 센서나 모터 회로들이 무수히 많다. 거짓말 탐지기나 불빛으로 동작하는 오르간 등 이미 완성되어 있는 프로젝트의 회로도나 조립 키트를 사용하고 싶은 마음이 들지도 모른다.

하지만 이러한 회로들은 신호를 원하는 곳으로 보내고, 변환하고, 논리적 처리를 하는데 필요한 많은 회로들을 포함하고 있어 우리의 필요에 비해 지나치게 복잡한 경우가 많다. 마이크로컨트롤러의 능력을 활용하도록 디자인된 회로들을 가려내어 사용할 것을 권하고 싶다.

5. 브레드보드

회로를 만드는 가장 빠른 방법은 브레드보드를 사용하는 것이지만, 익숙해지기 전에는 혼란스럽게 느껴질 수도 있다. 구멍들이 서로 연결되어 있는 곳과 연결되어 있지 않은 곳을 잘 이해하는 것이 중요하다.

구멍들이 서로 연결되어 있는 방식은 제품마다 다르다. 긴 라인이 한 쪽에 하나씩만 있는 제품도 있고 여럿 있는 제품도 있다. 우리는 여러 가로줄들이 가운데에서 대칭되어 둘로 나뉘어 있고 양 쪽에 버스라인bus rows이라 부르는 긴 라인이 하나 또는 둘 있는 기본적인 모델을 중심으로 설명하고자 한다.

그림 3-6에 버스라인이 둘 있는 브레드보드를 나타내었다. 양쪽 끝에 구멍들이 길게 늘어선 세로 라인이 두 개씩 있다. 색이 있는 선이 같이 그어져 있는 경우도 있다. 이 라인의 구멍들은 판 내부에서 금속띠로 모두 서로 연결되어 있다. 이 길다란 라인들은 회로에서 가장 많이 연결되는 두 가지, 즉 5볼트와 그라운드를 위해 사용하는 것이 일반적이다.

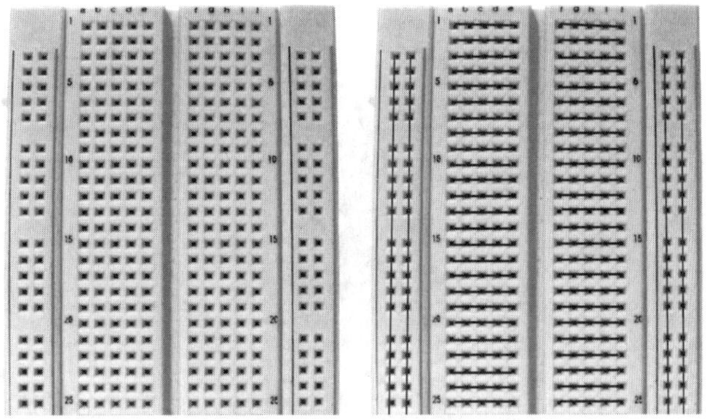

그림 3-6 브레드보드.
구멍 위에 그어진 선들은 판 아래에서 구멍들이 서로 연결된 방식을 나타낸다.

짧은 행들은 판 내부에서 가운데를 중심으로 둘로 나뉘어 있다. 한 행의 구멍들은 판 내부에서 금속띠로 모두 서로 연결되어 있다. 따라서 어떤 행을 통해서든 부품들을 서로 연결할 수 있는 것이다.

가로 행들이 가운데에서 둘로 나뉘어 있는 것은 마이크로프로세서와 같은 *집적회로 칩* *integrated circuit chips*을 꽂을 수 있도록 하기 위한 것이다. IC칩들은 일반적으로 핀들이 두 열로 늘어서 있고 여기에 다른 부품들을 연결하도록 되어 있다. 브레드보드는 가운데에서 나뉘어 있으므로 이 두 열의 핀들을 서로 분리하여 각각의 핀에 부품들을 연결할 수 있도록 해 준다.

주의

브레드보드에 부품을 꽂거나 뽑을 때에는 언제나 전원이 꺼져 있는지를 먼저 확인해야 한다. 잘못해서 순간적으로라도 두 전선이 닿아 쇼트 서킷이 되면 부품들이 망가져 버릴 위험이 있다. 나중에 AC전원이나 큰 DC전원을 사용하게 되면 당신 자신이 크게 감전될 위험도 있다.

6. 마이크로컨트롤러는 어디에 꽂아야 할까?

나사 달린 터미널들이 있어 그곳에 부품들을 연결하도록 되어 있는 박스 형태의 마이크로컨트롤러들도 있다. 하지만 브레드보드나 인쇄기판printed circuit board에 꽂을 수 있게끔 **그림 3-7**처럼 칩 형태로 되어 있는 마이크로컨트롤러가 대부분이다.

그림 3-7 브레드보드에 마이크로컨트롤러를 꽂은 모습

캐리어보드carrier board, 데모보드, 활용보드 등으로 불리는 일종의 기성품 브레드보드들도 있다. 이러한 보드들은 파워 연결부나 프로그래밍 연결부를 만드는 수고를 덜어 준다. 하지만 몇 가지 실험만 해보고 말 것이 아니라면, 결국은 일반 브레드보드가 필요하게 된다. 데모보드 류들은 선택하지 않는 편이 좋겠다. 칩만 구입해서 나머지는 우리 손으로 우리만의 브레드보드를 꾸미도록 하자.

마이크로컨트롤러의 핀들을 브레드보드에 꽂아 넣자. 칩은 판이 가운데에서 둘로 갈려진 부분 위에 걸쳐야 한다. 이렇게 해야만 핀들이 서로 연결되지 않고 낱낱이 떨어져 있을 수 있다. 칩의 윗부분에는 둥근 홈이 있거나, 또는 첫번째 핀이나 구멍에 네모난 금속판으로 표시가 되어 있다.

칩은 판의 윗쪽에 배치하는 것이 가장 좋다. 보통 아랫쪽 핀들이 대부분의 일을 하기 때문에, 그 근방에 브레드보드 영토를 확보해 두는 것이 좋기 때문이다. 핀들이 구멍에 제대로 꽂혀 있는지, 잘못해서 구부러져 칩 아래 접혀 있지나 않은지 등을 살펴보도록 하자. 칩을 다시 뽑을 때는 납작한 스크루드라이버를 사용해서 양쪽에서 조심스럽게 들어내듯이 뽑도록 하자. 핀들은 휘어지기 쉬우며, 굽히다 보면 금세 부러져 버린다.

7. 회로도를 보고 회로 꾸미기

모든 회로도는 부품들이 물리적으로 서로 어떻게 연결되어야 하는지를 알려준다. 회로도에 연결점이 있다면 실제로 모든 부품들이 그 점에 연결되도록 배선되어야 한다. 가장 흔한 오류는, 회로도를 마치 만들어진 회로가 어떻게 보여야 하는지를 나타내는 지도처럼 생각하는 것이다. 회로도는 부품들이 전기적으로 서로 어떻게 연결되는지를 나타내는 것이다. 실제의 회로에서 부품들이 공간적으로 어떻게 배치되는가 하는 것은 회로도에서 부품들이 그려진 위치와 다를 수도 있지만, 그들 간의 연결만은 맞아떨어져야 한다. 한 부품이 다음 부품과 연결되는 점들을 따라가면서 그들이 회로도에 표시된 연결과 일치하는지를 확인해야 한다. 서로 연결된 전선과 연결되지 않은 전선의 표시에도 주의한다. 서로 연결되지 않는 전선들을 연결하는 것은 또 다른 흔한 오류이며, 이는 곧 쇼트 서킷을 낳는다.

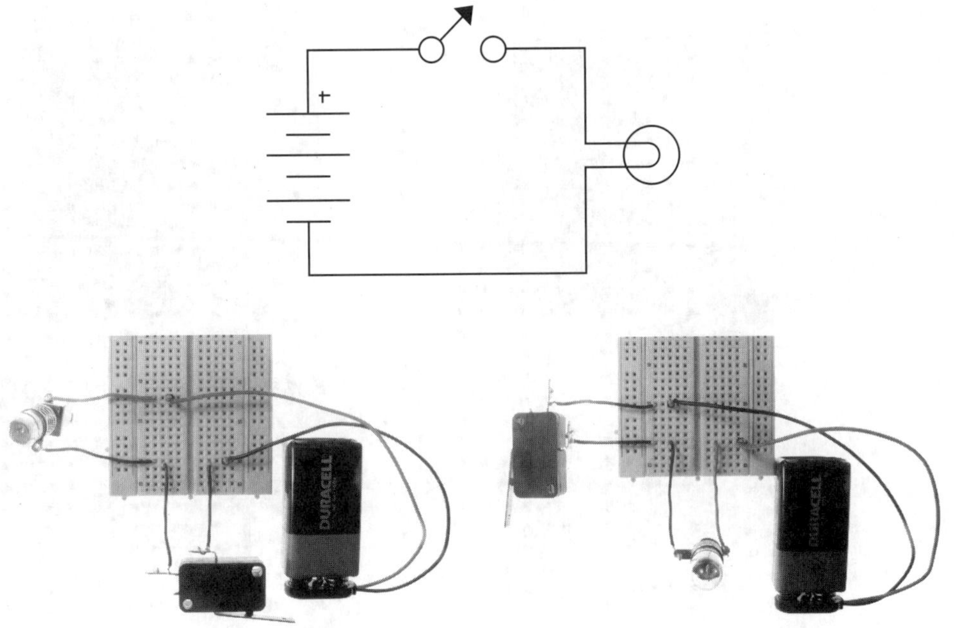

그림 3-8 회로도 하나에 대한 전기적으로 동일한 두 가지 구성

그림 3-8에 있는 간단한 회로도와 실제의 회로들은 서로 같다. 두 구성의 배열이 서로 매우 다르지만 같은 회로도를 따름에 주목하자. 각 구성에서 부품들의 위치는 서로 다르지만 그들 간의 연결은 동일하다. 예를 들기 위해, 뒤에서 소개하겠지만 우리들의 첫번째 디지털 출력 회로가 될 **그림 3-9**의 회로를 미리 보도록 하자.

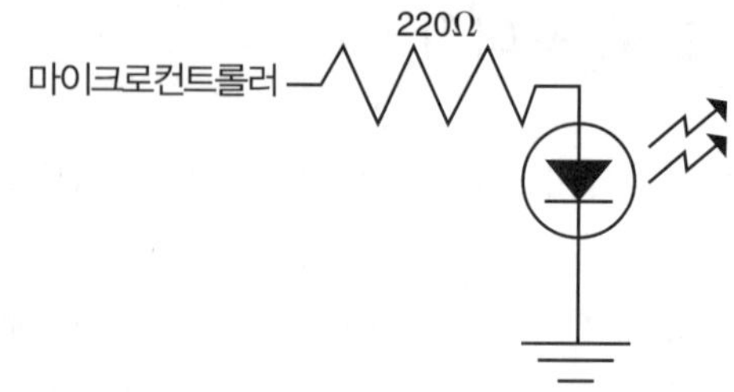

그림 3-9 디지털 출력을 위한 회로도

걱정할 것 없다. 이 회로에 대해서는 뒤에서 다시 설명할 것이다. 지금은 회로도를 보고 브레드보드 위에 회로를 꾸미는 연습만 해 보기로 하자. **그림 3-10**을 보지 말고, 스스로 **그림 3-9**의 회로를 만들 수 있는지 한번 해 보도록 하자.

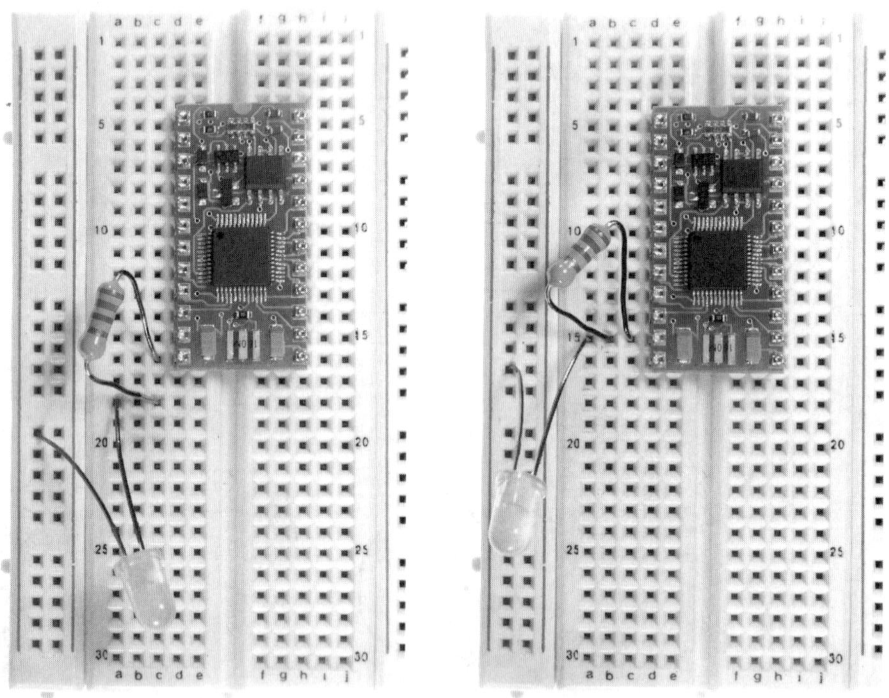

그림 3-10 디지털 출력을 위한 회로의 올바른 구성(왼쪽)과 틀린 구성(오른쪽)

LED의 다리 하나를 그라운드에 연결하고 나머지 하나는 저항을 거쳐서 마이크로컨트롤러의 핀들 중 하나에 연결한다. 브레드보드의 내부 연결에 대해 맞게 이해했다면, 오른쪽 그림에서는 저항을 연결한 방식이 뭔가 잘못되었음을 알 수 있어야 한다. 두 다리가 같은 줄에 꽂혀 있으니, 저항은 자기 자신에게 연결되어 있는 셈이다. 전기는 저항이 가장 작은 경로를 따라 흐른다는 성질을 생각해 보면, 이렇게 연결할 경우에 저항은 있으나 마나하며, 만일 LED가 자체적으로 충분한 저항을 제공하지 않는다면 쇼트 서킷의 위험마저 있음을 알 수 있을 것이다. 이렇게 해서는 안 되며, 저항의 한쪽 다리를 마이크로컨트롤러의 출력 핀이 있는 줄에 꽂은 다음에는 부품들을 서로 직렬로 차례차례 연결해 나가야 한다. 비어 있는 줄 가운데 어느 곳에든 저항의 나머지 한 다리를 꽂고, 같은 줄에 LED의 긴 다리를 연결한다. 마지막으로 LED의 짧은 다리를 브레드보드의 양 끝에 있는 길다란 라인들 중 하나에 연결한다(이 줄을 그라운드로 사용한다). LED는 다이오드이므로 한쪽 방향으로만, 즉 긴 다리(애노우드)에서 짧은 다리(캐소우드) 방향으로만 전기를 통한다는 점을 기억하자.

8. 멀티미터 사용하기

멀티미터는 회로 안에서 전기가 어떻게 흘러가고 있는지를 마치 엑스레이처럼 들여다볼 수 있도록 해준다. 어느 두 지점 간의 전압이나 어떤 한 지점을 통과하는 전류량이 생각하는 바와 같은지를 멀티미터로 확인해 봄으로써 회로를 디버깅할 수 있다. 오실로스코프oscilloscope를 사용하면 이러한 전기량들이 시간에 따라 변화하는 것을 볼 수 있지만, 이는 매우 비싼 장비이며 처음 시작하는 단계에서는 필요하지도 않다. 멀티미터는 저항이나 커패시터 같은 부품들의 전기적 성질을 측정하는 용도로도 사용할 수 있다. 부품에 컬러 띠가 그려져 있거나 수치값이 쓰여져 있기는 하지만, 부품의 용량을 알아보는 가장 확실한 방법은 멀티미터로 직접 측정해 보는 것이다.

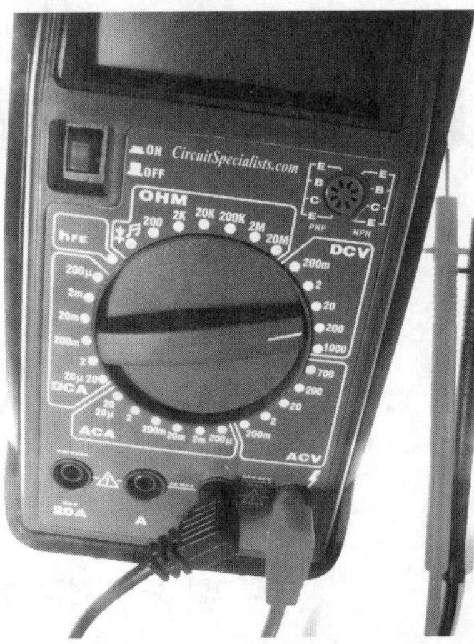

그림 3-11 디지털 멀티미터

멀티미터에는 몇 가지 종류가 있다. *아날로그 멀티미터*는 다이얼을 따라 돌아가는 바늘이 있어 측정값을 가리켜 준다. 아날로그 방식이 더 정밀하다고 말할 수 있지만, **그림 3-11**에 있는 것과 같은 디지털 방식이 LCD 스크린에 측정값을 바로 나타내 주므로 값을 읽기는 더 쉽다. *디지털 멀티미터*에도 일반형과 자동형의 두 가지 종류가 있다. *자동형 멀티미터*는 측정하는 사람이 예상한 것보다 부품의 수치가 높거나 낮을 경우에도 자동으로 범위를 맞추어 준다. 일반형 멀티미터는 측정 항목마다 여러 단계로 범위가 매겨져 있다. 측정하는 사람은 이들 범위 가운데 적당하다고 생각하는 곳에 계기를 맞추어 놓고 측정해 본 후, 만일 제대로 측정되지 않으면 범위를 바꾸어 다시 측정해야 한다. 자동형이 더 비싸지만, 더 편리하다고 할 수 있다. 측정항목을 나타내는 아이콘들은 애석하게도 통일되어 있지 않아 제조회사마다 제각각이다.

전압은 혈압과도 같은 것이다. 의사들은 환자가 어떤 병이 있어서 왔든지 간에 제일 먼저 혈압을 측정해 본다. 마찬가지로, 우리들도 회로의 문제가 무엇이라고 생각되든 일단 파워와 그라운드 사이의 전압은 확인해 보고 나서 시작하도록 하자. 전압은 회로를 온전한 상태로 두고 전원도 넣은 상태에서 측정한다. DC전압(주로 점선 위에 실선을 그은 기호로 나타낸다)과 AC전압(주로 물결무늬로 나타낸다)을 구별해 사용해야 한다. 회로 안의 두 점 사이의 전압을 측정하기 위해서는(가장 많이 측정하는 것은 파워와 그라운드 사이이다) 검은 침을 회로의 그라운드에 대고 빨간 침을 전압을 읽고자 하는 점에 댄다. 지금 **그림 3-12**에 있는 것처럼 멀티미터의 빨간 침을 구입한 파워 서플라이의 한 쪽에 대고 검은 침을 나머지 한쪽에 대어 보자.

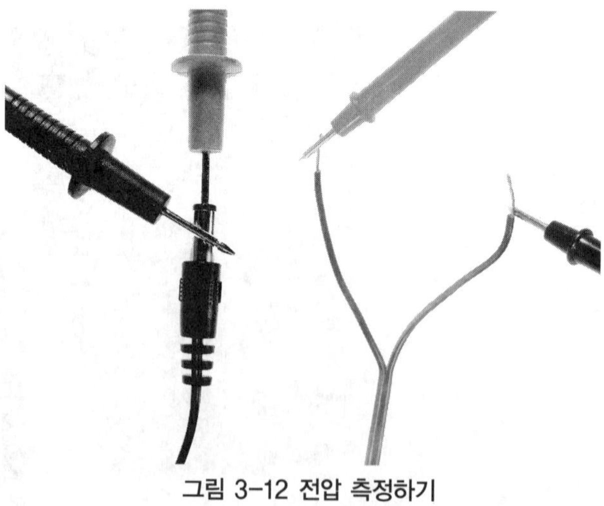

그림 3-12 전압 측정하기

멀티미터에는 아마 '12.3V' (이 정도면 대충 12볼트라고 부를 수 있다) 정도의 값이 찍힐 것이다. 아날로그 멀티미터를 가지고 있다면 (눈금이 0~24까지 있는 경우) 눈금이 절반 정도 올라갈 것이다. 만일 마이너스 값이 찍힌다면 플러스 침과 마이너스 침을 거꾸로 연결했을 것이다. 플러스와 마이너스를 거꾸로 연결하더라도 멀티미터에는 해롭지 않다. 사실 파워 서플라이의 어느 선이 파워이고 어느 선이 그라운드인지를 알아내기 위해 이렇게 해 보는 경우가 많다. 이것을 회로의 *극성polarity*이라고 한다. 많은 부품들이(특히 마이크로컨트롤러가 그러한데) 극성을 거꾸로 연결하는 데 대해 멀티미터만큼 너그럽지 않을 수도 있다는 점에 주의하자. 마이크로컨트롤러의 파워와 그라운드를 거꾸로 연결하면 망가져 버릴 확률이 높다. 그러니 회로 안에 마이크로컨트롤러를 꽂기 전에, 먼저 멀티미터를 사용해 전원 연결이 제대로 되었는지를 확인하도록 하자!

연결여부continuity 검사는 우리가 연결되어 있다고 생각하는 것들이 실제로 연결되어 있는지를 알아볼 수 있도록 해준다. 연결 여부를 소리로 들려주는 멀티미터들이 많이 있는데, 이 기능이 있으면 연결되었을 때 신호음이 나므로 멀티미터의 값을 읽느라 회로에서 눈을 떼지 않아도 된다. 연결 검사는 대개 다이오드 검사와 같은 방법으로 한다. 멀티미터의 두 침을 마주치면 삐 하는 소리가 나야 한다. 연결 검사에서는 두 침을 구별없이 사용해도 된다. 스위치를 테스트하기 위해서는, **그림 3-13**에서처럼 스위치의 두 다리를 짚은 후 스위치를 켰을 때에 서로 연결되는지를 확인하고(삐 하는 소리가 날 것이다), 또 스위치를 껐을 때에 서로 떨어지는지를 확인하면 된다.

멀티미터에서 자주 사용하게 되는 기능들은 정해져 있다. 고정저항 또는 가변저항의 *저항*은 옴ohm을 측정하도록 맞추어 두고(보통 Ω기호가 찍혀 있다) 측정하면 된다. 스위치의 어느 다리를 사용하면 되는지를 알기 위해서는 *연결 여부 검사*, 또는 *다이오드 검사*에 맞추어 두고 (팔분음표나 물결무늬, 또는 다이오드 기호로 표시되어 있다) 확인하면 된다. 다이오드의 방향을 확인할 때도 다이오드 검사를 사용하면 된다. 이러한 검사들을 할 때는 부품을 회로에서 뽑아내서 그 핀을 멀티미터의 침으로 짚어야 한다. 멀티미터를 저항 측정에 맞추어 저항을 몇 개 측정하고 그 값이 생각하는 값과 맞는지를 확인해 보자. 멀티미터를 다이오드 검사에 맞추고 다이오드를 측정해 보자. 다이오드의 방향을 바꾸어 측정해서 결과가 어떻게 달라지는지를 확인해 보자.

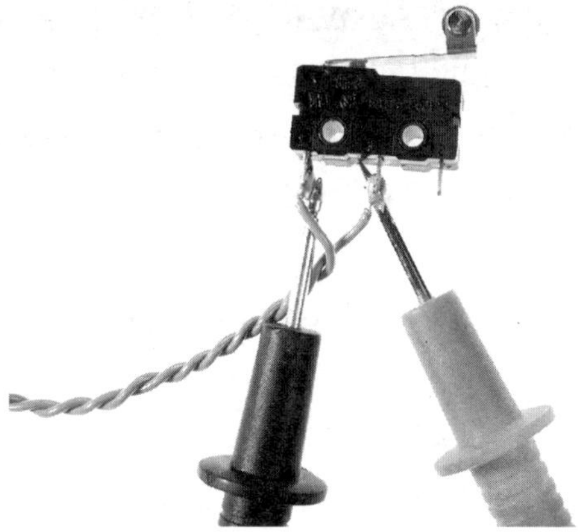

그림 3-13 연결 여부 검사로 스위치 확인하기

9. 납땜하기

가능한 한 간단한 방법으로 빠른 시간 안에 프로토타입을 만든다고 하는 우리의 원칙으로 볼 때, 납땜이란 두 부품을 서로 연결할 수 있는 다른 방법이 없을 때에만 하는 것이다. 우리들이 브레드보드를 총애하는 것도 이러한 이유에서다. 하지만 언젠가는 브레드보드에 꽂을 수 없는 부품과 전선들도 만나기 마련이며, 스위치나 센서에 달려 있는 전선들처럼 브레드보드에서 멀리 떨어져 있을 수밖에 없는 부품들의 경우에도 납땜하는 것만이 방법이 될 것이다. 또 프로젝트의 디자인이 만족스럽다는 생각이 들 때, 이를 좀 더 튼튼하게 만들기 위해 *인쇄기판*(Printed Circuit Board, PCB)으로 옮겨서 모든 부품을 서로 납땜해 연결하고 싶은 경우도 있다.

납땜에서 가장 곤란한 부분은 동시에 네 가지를 안정적으로 잡고 있어야 한다는 점이다. 즉 납땜되는 두 부품과 땜납, 그리고 납땜 인두가 그것이다. 납땜되는 부품들을 잡아두는 데에 작은 바이스나 클램프(납땜용 집게스탠드)를 사용하면 **그림 3-14**처럼 두 손으로 자유롭게 땜납과 인두를 잡을 수 있어 편리하다.

납땜을 시작하기 전에는 우선 인두가 뜨거워질 때까지 기다리고, 인두의 팁을 축축한 스펀지에 가볍게 닦아낸 후에, 땜납을 인두 끝에 살짝 가져다 대어 팁 부분을 코팅하도록 하자. 그렇다고 납이 덩이져 맺힐 정도로 해서는 안 된다. 납이 덩이지게 되면 쇠로 된 깡통의 가장자리 같은 곳에 인두를 가볍게 툭 쳐서 떨어 버리자. 팁 부분이 깨끗하고 고르게 코팅되어 있도록 해야 한다. 이렇게 하는 것을 인두를 *티닝**tinning*한다고 하는데, 이는 납땜할 때에 납이 더 부드럽게 흐르도록 해 준다.

납땜의 제 1원칙은, 땜납에 열을 가하는 것이 아니라 납땜될 연결부위에 열을 가한다는 것이다. 즉 인두를 직접 땜납에 가져다 대지 않는다는 것이다. 납땜하려는 두 부품의 금속단자를 먼저 서로 맞대어 놓고 다른 방향에서 땜납을 가져다 대어, 부품 접합부분의 열이 땜납에 전해져서 녹도록 한다. 이렇게 하면 납이 접합되는 부분의 모든 빈틈을 채우면서 흐르게 되고, 또 모든 것이 같은 속도로 식게 된다.

아마도 납에 직접 인두를 가져다 대어서 녹인 후에 접합될 부분에 떨어뜨리고 싶은 생각이 들 것이다. 이렇게 해도 겉보기에는 괜찮은 납땜을 얻을 수 있고, 사실 오랫동안 별 일 없이 괜찮을 수도 있다(프로젝트를 드디어 다른 사람들에게 보여 주려고 하는 바로 그 순간까지는 말이다). 이런 납땜은 땜납과 접합되는 부분이 서로 다른 속도로 가열되었기 때문에 결국 약할 수밖에 없다. 이런 납땜은 꼭 가장 절묘한 시점에서 떨어져 버리게 마련이다.

인두의 팁 부분이 깨끗하지 않으면 납땜의 제 1원칙을 지키기 어렵다. 인두의 열이 접합부분에 잘 전달되지 않아서 납이 녹기가지 시간이 오래 걸리며, 초조해져서 인두를 바로 납에 가져다 대게 된다. 이래서는 안 된다. 자주 팁 끝을 닦고 또 티닝하도록 하자. 더 튼튼한 납땜을 할 수 있으며, 인두 팁의 수명도 훨씬 길어지게 된다.

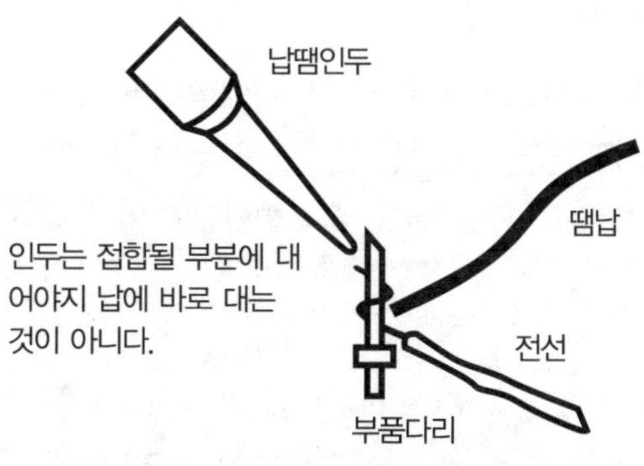

그림 3-14 납땜을 위한 부품들의 배치

땜납을 너무 과하게 사용하지 않도록 주의하자. 납땜한 부분이 커지다 보면 다른 부분과 맞닿아서 저 두려운 쇼트 서킷이 되기 쉽다.

말할 필요도 없겠지만, 뜨거운 인두를 내려놓을 때와 집어들 때는 항상 조심해야 한다. 땜납에서 피어오르는 연기도 조심해야 할 사항 중 하나다. 납 성분을 포함하고 있는 땜납들도 있기 때문이다. 환기가 잘 되도록 해놓고 작업하자. 환풍기로 연기를 창문으로 내보내 연기가 코로 들어가지 않도록 하자. 연기를 계속 들이마시면 납 성분이 뇌세포를 파괴해서 점점 바보가 될지도 모른다. 작업을 마치면 인두를 꼭 꺼두는 것을 잊지 말자.

납땜되어 있는 것을 떼어 내는 것도 가능하다. 납을 공기의 힘으로 빨아들이거나(납땜 흡입기가 필요하다) 천에 스며들게 하여 닦아내면 된다(납 흡입 리본solder wick이 필요하다).

처음 시작하기 위해 필요한 부품들 중 납땜해야 하는 것이 두 가지 있다. 이것이 우리들의 첫 번째 납땜 과제가 될 것이다. 우선 파워 커넥터에 전선들을 납땜해야 한다. 그리고 시리얼 커넥터에 헤더를 납땜해야 한다. '납땜 실습 : 시리얼 커넥터 납땜하기' 에서 시리얼 커넥터를 어떻게 납땜하면 되는지를 설명하였다.

10. 브레드보드에 전원 연결하기

브레드보드에 전원을 연결하는 방법으로 몇 가지를 소개하겠다. 어떤 방법을 사용하든, 우선 사용하고자 하는 파워 서플라이의 플러스 극과 마이너스 극을 찾을 수 있어야 한다. 이에 대해서는 앞 절의 '멀티미터 사용하기' 에서 설명한 바 있다. 어느 단자가 플러스이고 어느 단자가 마이너스인지를 찾은 후 금방 보고 알 수 있도록 각 단자에 테이프나 펜으로 표시해 두도록 하자. 일단 극성 표시를 했으면 브레드보드에 연결하기 전에 파워 서플라이를 콘센트에서 다시 뽑아 두도록 하자.

■ 대충대충 연결하기

이제 커넥터를 AC/DC 파워 서플라이에 연결한 후에 커넥터의 두 전선을 브레드보드에 꽂으면 브레드보드에 전원을 공급할 수 있다. 하지만 더 안전하게 하기 위해서는 **그림 3-15**처럼 전선의 끝에 헤더를 납땜해 붙이는 것이 좋겠다.

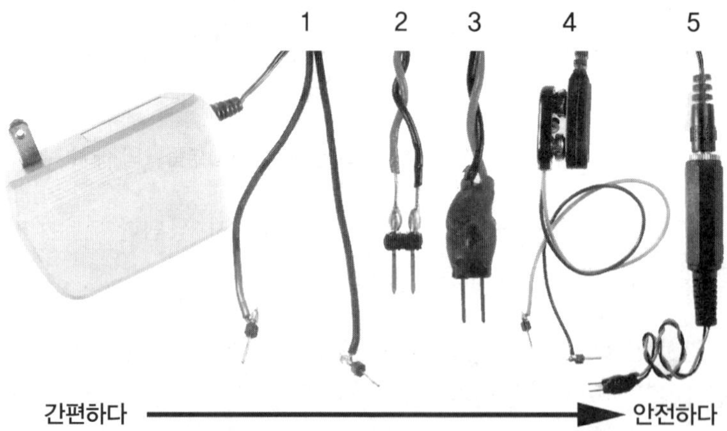

그림 3-15 브레드보드에 전원을 공급하기 위한 방법들.
DC 파워 커넥터의 전선에 헤더를 하나하나 납땜하는 것(1)은 가장 간편하지만 동시에 가장 어설픈 방법이다. 붙어 있는 두 개의 헤더에 납땜하는 방법이 더 안전하다(2). 연결부분이 절연되도록 한다면 더 좋을 것이다(3). 건전지 단자를 사용하는 것은 더욱 좋다(4). 동축 파워 커넥터를 사용하는 방법이 가장 안전하고 편리하다(5).

헤더를 절연시키기 위해서는 **그림 3-15**의 가운데 그림에서처럼 핫글루를 덮어씌워 주는 것이 좋겠다.

납땜 실습 : 시리얼 커넥터 납땜하기

마이크로컨트롤러를 프로그램하려면 브레드보드에 꽂을 수 있는 시리얼 커넥터가 필요한데, 이를 만들기 위해서는 납땜이 필요하다. 그러니 아마도 납땜 연습을 하기에 이보다 더 좋은 경우는 없을 것이다. 처음 한 번만 해보고 나면 그 다음부터는 쉽다.

우리가 사용하는 시리얼 커넥터의 뒷면에는 아홉 개의 납땜 단자가 있다. 이중 네 단자에 헤더를 납땜하도록 하자. 우리가 사용할 단자는 2, 3, 4, 5번이다. 하지만 숫자가 작아 읽기 어려우니, **그림 3-16**과 실물을 잘 비교해 가면서 작업하도록 하자.

모두 단단히 물려 있도록 해야 한다. 납땜인두를 너무 오래 대고 있으면 헤더의 플라스틱 부분이 녹으면서 핀이 헐거워져서 빠져버릴 수 있기 때문이다. 인두 끝을 납으로 코팅한 후에 인두는 단자의 위쪽에, 납은 아래쪽에(납땜단자가 핀과 만나는 곳에) 가져다 댄다. 납이 너무 많아지지 않도록 주의하자. 만일 납땜한 부분이 서로 닿는다면 납이 너무 많은 것이다. 다 되었으면 멀티미터로 각 헤더와 그것이 연결되는 구멍이 서로 연결되어 있는지를 확인해 보자. 헤더 각각이 서로 떨어져 있는지도 확인해 본다. 헤더들이 서로 붙어 있어서는 안 된다. 각

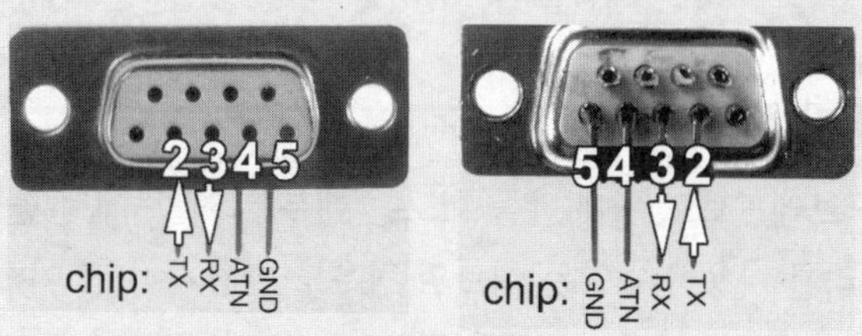

그림 3-16 시리얼 커넥터의 앞면과 뒷면

먼저 헤더 한 줄에서 네 개짜리 한 토막을 잘라내고 바이스나 납땜용 집게스탠드를 사용해서 헤더의 핀들이 커넥터의 납땜 터미널과 나란히 되도록 놓는다. 헤더의 핀 네 개가 동시에 헤더는 해당 구멍에만 연결되어야 한다.

시리얼 커넥터를 만들고 나면 이제 납땜하는 법을 익혔을 뿐만 아니라 마이크로컨트롤러로 작업할 준비도 갖춘 셈이 된다.

■ 제대로 연결하기

파워 서플라이를 회로에서 온전하게 떼어 다른 프로젝트에서도 계속 사용할 수 있는, 좀 더 제대로 된 파워 커넥터를 하나 만들어 두는 편이 좋다. 제일 간단한 커넥터는 **그림 3-15**에 있는 것과 같은 9볼트 건전지용 단자이다(왼쪽에서 네 번째에 있다). 건전지용 단자는 9볼트 건전지에 사용하기에는 안성맞춤이지만 일반 파워 어댑터에 사용하기에는 그다지 좋지 않다. 특히 극성을 거꾸로 연결하는 실수를 하게 되기 십상인데, 이럴 경우 전압 레귤레이터가 타 버리고 만다.

이보다는 **그림 3-15**의 오른쪽 끝에 있는 것과 같은 동축 커넥터를 사용하는 편이 좋겠다. '납땜 연습 : 파워 커넥터 만들기' 에서 상세한 방법을 설명했다.

■ 전압 레귤레이터Voltage Regulators

이 절에서는 브레드보드 양쪽에 있는 길다란 라인들에 5볼트 파워와 그라운드를 공급하기 위해 전압 레귤레이터를 사용한다. 한쪽에는 파워가 있고 다른쪽에는 그라운드가 있는 브레드보드들도 있지만, 양쪽에 파워와 그라운드가 모두 있는 것이 사용하기에 더 편리하다. 여기에서는 두 가지 타입 모두에 대해 설명하겠지만, 앞으로는 양쪽에 파워와 그라운드가 모두 있는 제품을 사용할 것이다.

내장형 전압 레귤레이터

우리가 브레드보드 위에 만들 회로는 대부분 5볼트에서 동작하도록 되어 있다. 마이크로컨트롤러를 사용하지 않는 회로의 경우도 마찬가지다. 이렇게 5볼트가 워낙 많이 사용되다 보니, 대부분의 높은 레벨 또는 중간 레벨 마이크로컨트롤러에는(베이직 스탬프, BX-24, 베이직 아톰 프로24 등) 5볼트 전압 레귤레이터가 내장되어 있다. 이 장치가 어떤 전압이든 DC 5볼트로 바꾸어 주기 때문에, 전압을 제공하는 데 좀 더 융통성이 생긴다(8~15볼트를 사용할 수 있다). 이제 이 5볼트와 그라운드를 브레드보드의 양쪽 긴 라인에 공급해 주기로 하자.

납땜 연습 : 파워 커넥터 만들기

동축coaxial 파워 커넥터는 대부분의 DC 파워 서플라이와 잘 맞는다. 안쪽 심지 부분이 파워에, 그리고 바깥쪽 둘레 부분이 그라운드에 연결되어 있는 경우가 많다. 앞에서 멀티미터를 공부하면서 전압을 측정할 때 아마 경험해 보았을 것이다. 빨간 침을 커넥터 안에 넣고 검은 침을 밖에 대었을 때 플러스의 값이 읽혔다면 바로 심지 부분이 파워에 연결되어 있는 것이다. 이 연습에서는 이렇게 안쪽이 플러스로 되어 있는 파워 서플라이에 연결하기 위한 커넥터를 만든다는 가정하에 설명하겠다.

동축 파워 커넥터는 돌려 뺄 수 있는 플라스틱 커버를 가지고 있는데, 이것을 풀어내면 커넥터의 알맹이 부분이 드러난다. 구멍이 나 있는 두 개의 단자가 보일 것이다. 멀티미터를 연에 연결된 단자에 검은 전선을 각각 사용하도록 하자. 바이스나 납땜용 집게스탠드를 사용해서 전선과 커넥터를 고정시킨다. 구부린 전선을 롱노우즈 플라이어로 꼭 집어서 단자에 단단히 고정되도록 한다. 이제 납땜할 준비가 되었다. 인두 끝을 납으로 살짝 코팅한 후 단자에 가져다 댄다. 가능한 한 구멍에 가까이 대도록 하자. 다른 쪽에서 땜납을 가져다 댄다. 납이 녹아 구멍과 전선을 둘러싸고 둥그렇게 접합이 되면 납과 인두를 떼고 식힌다(15초에서 30초 정도면 충분하다). 다른쪽 단자에도 마찬가지 방법으로 작업한다. 다 되었을 때 전선이 단자 위에서 흔들흔들 놀지 않아야 한다. 만일 그렇다면 단단하게 될 때까지 다시 납땜해야 한다. 작업을 마치면 **그림 3-17**과 같이 된다.

그림 3-17 파워 커넥터 납땜하기

결 여부 검사 모드(또는 다이오드 검사 모드)에 놓고 침 하나를 커넥터의 안쪽 심지에 대고 다른 하나는 구멍 뚫린 단자 중 하나에 대어 보자. 만일 서로 연결되어 있다면, 이 단자가 안쪽 심지에 연결되어 있으며 다른 단자가 바깥쪽 둘레에 연결되어 있음을 알 수 있다. 둘레 부분과 나머지 단자를 확인해서 확인해 보자. 이제 심지 부분에 파워를 연결하고 둘레 부분에 그라운드를 연결해 보자.

전선들을 먼저 플라스틱 커버의 구멍 안으로 넣어두는 것을 잊지 말자. 납땜을 하고 나면 집어넣을 수 없으니 말이다. 빨간색 전선과 검은색 전선 한 가닥씩을 6~8인치 정도의 길이로 자른다. 전선의 양쪽을 1/2인치 정도씩 벗기고 한 가닥씩 단자의 구멍에 넣어 구부린다. 심지 부분에 연결된 단자에 빨간 전선을, 둘레 부분

빨간색 전선의 한쪽 끝과 가운데 심지 부분이 서로 연결되어 있는지 확인해 본다. 연결되어 있다면, 납땜이 잘 된 것이다! 검은색 전선과 둘레 부분도 마찬가지로 확인해 본다. 이제 플라스틱 커버를 다시 돌려 씌우도록 하자. 전선을 꼬아 두 전선을 하나로 묶어 두면 서로 엉키지 않아 편리하다.

이제 전선의 다른 편 끝에 **그림 3-15**의 세 번째 그림에서처럼 헤더를 납땜하고 핫글루로 절연시키자. 완성이다! 파워 서플라이에 연결하고 파워 서플라이를 콘센트에 꽂은 다음에 헤더 핀들 간의 전압을 측정해 보자. 빨간 침을 빨간 전선의 헤더에 대고 검은 침을 검은 전선의 헤더에 대었을 때 플러스 값이 읽히면 제대로 된 것이다.

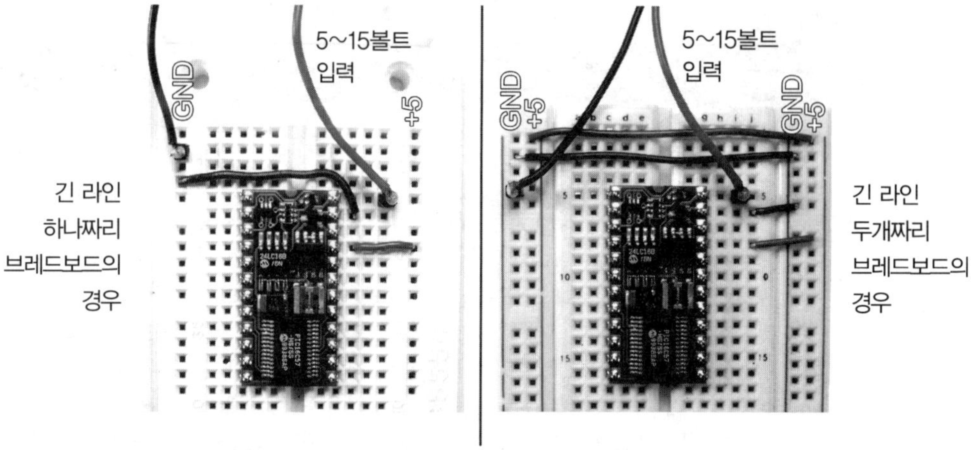

그림 3-18 내장된 전압 레귤레이터를 가진 마이크로컨트롤러에 DC 파워 서플라이 연결하기

가장 간단한 방법은 **그림 3-18**에 있는 것처럼 마이크로컨트롤러에 내장되어 있는 전압 레귤레이터를 사용하는 것이다. 파워 서플라이(5~15볼트)의 플러스 극을 오른쪽 맨 위의 핀에 연결하고 그라운드를 그 아래 핀에 연결한다. 이렇게 연결하면 오른쪽 위로부터 네 번째 핀에서 균일한 5볼트가 나오게 된다. 이 5볼트에 대한 그라운드는 파워 서플라이에서 나오는 그라운드와 동일하다. 앞으로 회로를 꾸미는 데 사용할 수 있도록, 전선을 이어서 그라운드와 5볼트를 양 옆의 긴 라인에 연결하도록 하자.

마이크로컨트롤러에 내장되어 있는 전압 레귤레이터는 잠깐만 극성을 거꾸로 연결하거나 쇼트 서킷이 발생해도 쉽게 타 버린다. 이런 일이 발생할 경우, 외부 전압 레귤레이터를 연결하면 마이크로컨트롤러를 되살릴 수 있을 때가 많다. 더 좋은 방법은 아예 처음부터 별도의 전압 레귤레이터를 연결해서 사용하는 것이다.

7805 5볼트 레귤레이터

그림 3-19 7805 5볼트 전압 레귤레이터

낮은 레벨 칩(이를테면 PIC)을 사용할 경우에는, 또는 당신도 우리처럼 스탬프류 마이크로컨트롤러에 내장된 전압 레귤레이터를 못 미더워 한다면, 전원공급을 위한 회로를 따로 구성해 주어야 한다. 7805 레귤레이터는 특정 범위 안에서 움직이는 전압을(8~15볼트 DC) 5볼트 DC로 변환시켜 준다. 5볼트에서 거의 1000 밀리암페어(1암페어)까지 전류를 공급해 줄 수 있다. 단, 7805에 전원을 공급해 주는 파워 서플라이의 용량이 그 이상이 되어야 함은 물론이다.

레귤레이터의 핀에는 정면(레이블이 쓰여 있는 면)에서 바라보았을 때 **그림 3-19**와 같이 왼쪽부터 오른쪽으로 번호가 붙어 있다. 1번 핀은 입력 핀으로서 8~15볼트 파워 서플라이의 파워 선에 연결하면 된다. 2번 핀은 그라운드로서 파워 서플라이의 그라운드에 연결하면 되고, 이를 또한 회로의 그라운드로 사용하면 된다(레귤레이터의 금속 머리 부분도 역시 그라운드이다. 나중에 멀티미터의 침으로 짚을 그라운드가 필요할 때 요긴하게 사용할 수 있다). 3번 핀은 출력 핀으로서 5볼트를 내보내준다. 이 핀을 회로의 5볼트 파워로 연결해 사용하면 된다.

7805 5볼트 레귤레이터를 **그림 3-20**처럼 앞면(레이블이 인쇄되어 있는 쪽)이 왼쪽을 향하도록 하여 브레드보드의 제일 위쪽 세 칸에 꽂는다. 이렇게 하면 전압 레귤레이터의 입력 핀이 브레드보드의 첫째 줄에, 그라운드가 둘째 줄에, 그리고 출력 핀이 셋째 줄에 각각 해당하게 된다. 먼저 레귤레이터의 출력을 브레드보드의 긴 라인에 연결하자. 빨강색 전선을 레귤레이터의 세 번째 핀(출력 핀)에서 브레드보드의 5볼트 파워 라인으로 연결한다. 그리고 검정색 전선을 레귤레이터의 그라운드(가운데) 핀에서 브레드보드의 그라운드 라인으로 연결한다. 다음에는 레귤레이터로 들어가는 입력을 연결하자. 파워 커넥터(앞에서 납땜했던)의 검정색(그라운드) 전선을 레귤레이터의 그라운드(가운데) 핀에 공통으로 연결한다. 그라운드 핀은 입력과 출력에서 공통으로 사용하게 된다. 그리고 파워 커넥터의 빨강색(파워) 전선을 레귤레이터의 1번 핀(입력 핀)이 꽂혀 있는 줄에 연결한다.

모두 잘 연결했다고 생각되면, 파워 커넥터를 DC 파워 서플라이에 연결하고 파워 서플라이를 콘센트에 꽂는다. 멀티미터를 DC 전압 측정 모드로 놓은 다음, 길다란 빨간 라인과 파란 라인에 전선을 연결하고 그 금속 부분에 침을 대어보자. 제대로 연결했다면 5볼트가 읽혀야 한다. 잘못 연결했다면 아마도 레귤레이터가 뜨거워지고 연기가 피어오를 것이다. 전압 레귤레이터에 부하를 많이 걸어서 사용하면 어느 정도 뜨거워지는 것은 정상이다. 이 열을 방출하기 위해 윗부분에 금속 방열판이 달려 있는 것이다. 저 괴로운 쇼트 서킷이 생기게 되면 레귤레이터는 손을 데일 정도로 뜨거워지기도 한다. 이럴 때는 식을 때까지 기다렸다가 내던져 버리고, 새 레귤레이터를 가지고 작업하도록 하자.

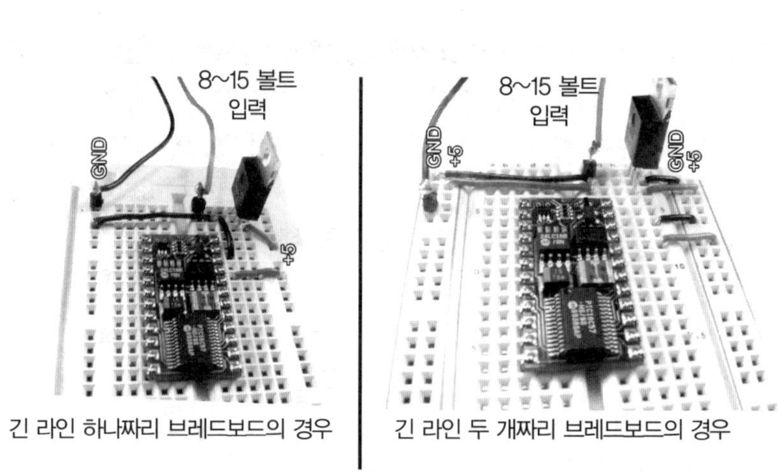

그림 3-20 7805 전압 레귤레이터로 스탬프류의 마이크로컨트롤러에 전원 공급하기

양쪽 끝의 긴 라인들은 회로 안의 여러 부품들을 파워나 그라운드에 연결하는 데 사용할 것이다. 이제부터는 이 라인들을 각각 파워 라인(5볼트에 연결된 라인)과 그라운드 라인(그라운드에 연결된 라인)이라고 부르기로 한다.

모든 것을 맞게 했다면, 지금 당신의 마이크로프로세서는 동작하고 있는 중이다. 만일 프로그램이 심기어 있다면(BX-24는 프로그램이 들어 있는 상태로 판매된다) LED가 깜빡이는 것이 보일 것이다. 프로그램이 되어 있지 않은 경우에는, 깜빡이는 LED를 보기까지 아직 해야 할 일들이 좀 더 남아 있다.

11. 단정하게

회로를 단정하게 정리하는 습관을 기르면 디버깅이 훨씬 쉬워진다. 부품의 다리는 되도록 짧게 하여 브레드보드 위쪽으로 올라오는 부분이 없도록 하자. 노출된 전선들이 서로 맞닿지 않도록 주의하자. 브레드보드에서 쇼트 서킷이 발생하는 가장 큰 원인이 이것이다. 되도록이면 전선의 색을 일관되게 사용하도록 하자. 이를테면 그라운드는 검정색, 파워는 빨강색, 그리고 데이터는 노랑색이나 하얀색, 또는 파랑색 이런 식으로 말이다. 파워 커넥터는 (그리고 앞으로 브레드보드 바깥으로 나가게 될 모든 전선들에 대해서도 마찬가지이다) 케이블 타이로 브레드보드상의 어딘가 고정된 곳에 붙들어 매도록 하자. 전원을 꽂고 뽑는 동안 파워 코드는 자기도 모르게 잡아당겨지기 마련인데, 이러한 *잡아당김 방지장치**strain relief*가 있으면 회로가 망가지는 것을 방지해 준다. **그림 3-21**은 좋은 배선방법과 좋지 못한 배선방법의 예를 보여준다.

브레드보드 위에 이상과 같은 회로를 만들었으면 다시 해체하지 말고 그대로 두도록 한다. 다음 장에서 계속 사용할 것이다.

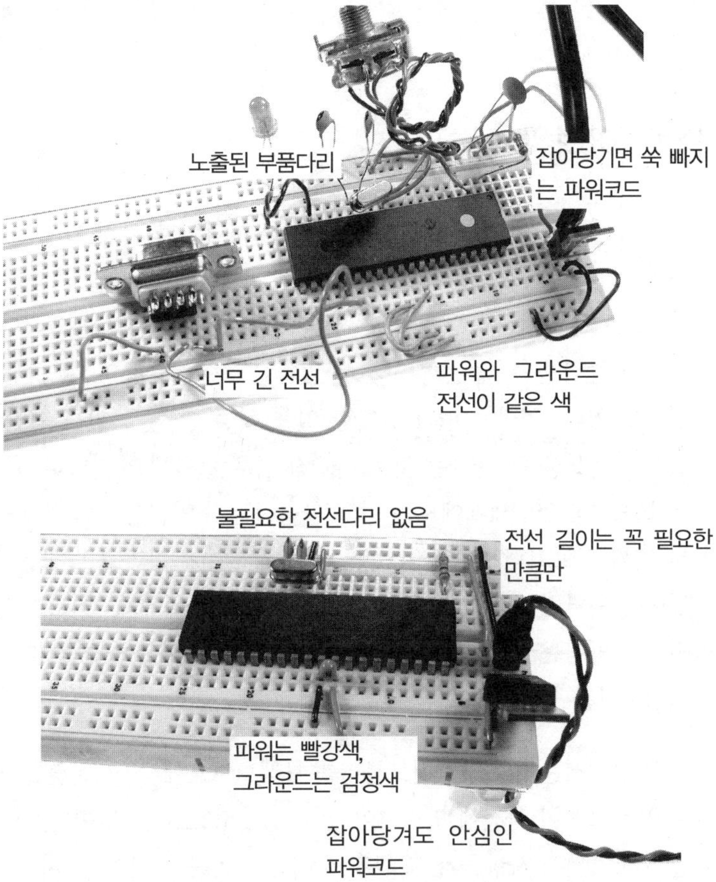

그림 3-21 엉성한 배선과(위) **단정한 배선**(아래).
아래쪽에 있는 브레드보드처럼 되도록 노력하자.

Chapter 04

마이크로컨트롤러

1. 시작이 어려워

여러 가지 컴퓨터 시스템을 사용해 본 사람이나 여러 가지 프로그래밍 언어를 배워본 사람이라면 누구든 컴퓨터에게 무언가를 처음으로 시킬 때가 가장 힘들다고 말할 것이다. 별로 논리적이지 못해 암기해야만 하는 개발 과정을 익혀야 할 때가 많은데, 이 과정에서 종잡을 수 없는 갖가지 파일들을 종잡을 수 없는 여기저기에 놓아두어야 하는 경우도 있다. 일단 무언가 간단한 일을 해낼 수 있을 만큼 환경에 익숙해지고 나면, 세밀한 부분들을 해 나가는 것은 비교적 쉬우며 훨씬 재미나다.

소프트웨어의 세계에서는 어느 환경이든지 거기에 익숙해졌음을 테스트해 보기 위한 첫 번째 프로그램으로 "여러분 안녕!Hello World!"이라고 말하는 프로그램을 만들어 보는 것이 전통처럼 되어 있다. 마이크로컨트롤러 세계에서 "여러분 안녕" 메시지에 해당하는 것은 깜박이는 LED이다. 마이크로컨트롤러로 LED 하나를 깜박이도록 할 수 있다면 거기서부터는 쉽다.

앞 장에서는 마이크로컨트롤러를 브레드보드에 꽂고 전원을 연결했다. LED를 깜박이는 프로그램이 사전에 입력되어 있는 경우도 있었을 것이다. 이 장에서는 마이크로컨트롤러의 기본적 사항들과 그 환경에 대해 알아볼 것이며, 마지막에는 스스로 LED를 깜박이도록 해 보는 것으로 끝맺을 것이다. 이렇게 해 보고 나면 대부분의 사람들이 매우 큰 만족감을 느낀다. 같은 일을 몇 가지 서로 다른 마이크로프로세서에 대해 되풀이해 설명하겠다. 사용하고자 하는 마이크로프로세서가 아닌 부분들은 건너뛰어도 된다. 이는 앞으로도 계속 마찬가지다.

2. 마이크로컨트롤러는 어떤 역할을 하나?

지금까지 우리들이 만들어 본 **그림 4-1**의 간단한 회로는 인터액션의 여지가 별로 없다. 입력으로는 스위치가 하나 있을 뿐이고 출력으로는 전구가 하나 있을 뿐이다.

여기에서의 인터액션이란 한 줄짜리 농담과도 같다 : 스위치를 누르면 불이 켜진다. 깜짝 놀랄 일 같은 것은 없다(전구가 불량이 아니라는 것을 가정한다면). 마이크로컨트롤러라는 컴퓨터를 도입하게 되면 인터액션의 가능성이 다양해진다.

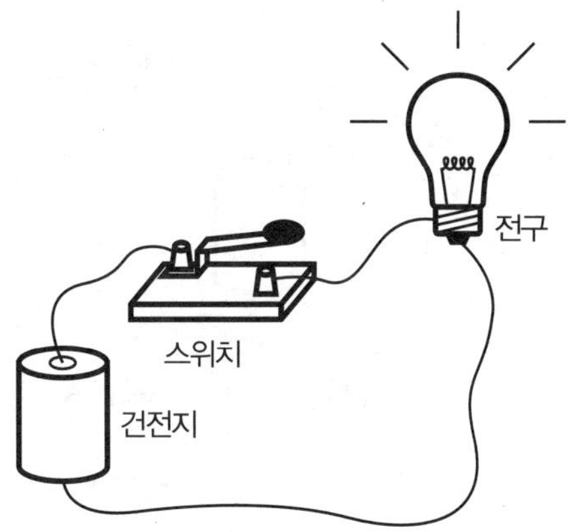

그림 4-1 간단한 회로

■ 입력

그림 4-2에 있는 것처럼 위의 회로에서 부하 부분을 마이크로컨트롤러로 바꾸면, 이를테면 사용자가 스위치를 몇 번이나 눌렀는지를 세어 볼 수 있다.

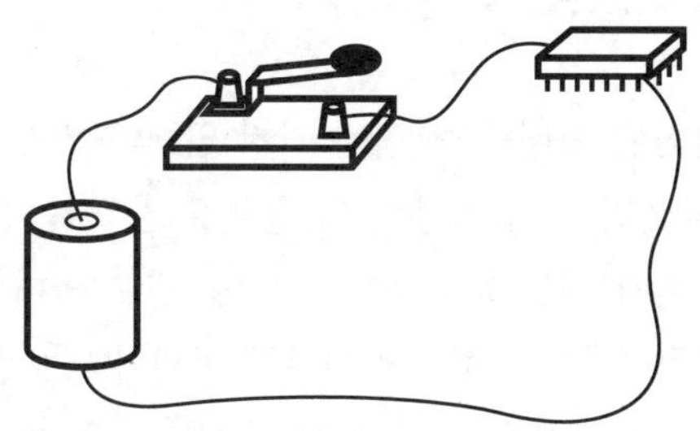

그림 4-2 마이크로컨트롤러로 입력 읽어들이기

아니면 여러 스위치를 연결하고 마이크로컨트롤러로 하여금 이들의 상태를 숫자조합 자물쇠처럼 종합적으로 판단하도록 할 수도 있다. 또는 가전제품의 사용자 인터페이스에서 흔히 볼 수 있듯이 한 스위치의 의미를 상황에 따라 다르게 해석할 수도 있다. 사람이 스위치를 누르고 있는지의 여부뿐만이 아니라 얼마나 오래, 또는 얼마나 세게 누르고 있는지에 관심을 가져 볼 수도 있다.

■ 출력

위 회로에서 스위치를 마이크로컨트롤러로 바꾸면 부하가 어떤 때에 켜지도록 할 것인지를 소프트웨어 명령어들을 사용해서 정할 수 있다(**그림 4-3**).

그림 4-3 마이크로컨트롤러로 출력 제어하기

또 여러 기구들을 동시에 켜거나 차례차례 순서대로 켤 수도 있다. 하나의 기구를 일정 시간만큼만 켜거나 서서히 켜지게 할 수도 있다. 예를 들면 전구 한 줄을 한 번에 모두 켤 수도 있고 차례로 깜박이게 할 수도 있으며, 하나하나의 밝기를 조절할 수도 있고, 전체적으로 밝기를 조절할 수도 있는 것이다.

3. 입력을 출력으로 연결하기

가장 발전된 형태로는, 여러 가지 입력에 의해 여러 가지 출력이 나타나도록 할 수도 있다. 이를테면 방 안에 누군가 들어오면 도둑 경보기 스위치에서 마이크로컨트롤러로 신호가 전해지도록 할 수 있다. 신호를 받으면 마이크로컨트롤러는 경보음을 울리고, 경찰서에 전화를 걸고, 경고 라이트를 번쩍거리게 할 수 있다. 만일 이것이 너무 진부하게 느껴진다면, 들어온 사람이 춤을 추며 방 안을 세 바퀴 돌지 않으면 라이트가 번쩍이면서 경찰서에 전화가 가도록 마이크로컨트롤러를 프로그램할 수도 있다. 이 정도면 심심하다고는 할 수 없겠다.

4. 마이크로컨트롤러의 핀 배치

마이크로컨트롤러의 사용설명서를 보면 각각의 핀이 하는 역할이 설명된 다이어그램과 표가 있을 것이다. 모든 부품의 설명서에는 이와 같은 도표가 있게 마련인데, 이를 *핀 다이어그램*이라고 하기도 한다. 이 다이어그램은 너무나 자주 보게 되기 때문에, 우리는 보통 복사를 해서 벽에 붙여 둔다. 모든 마이크로컨트롤러에는 파워와 그라운드에 연결되는 핀과 프로그래밍에 사용되는 핀, 그리고 입출력에 사용되는 일반 핀들이 있다. 특별한 기능의 핀들이 더 있는 마이크로컨트롤러들도 있는데, 이들 중의 몇 가지에 대해서는 나중에 더 설명할 것이다. 마이크로컨트롤러에 따라서는 입/출력 핀들이 몇 가지 서로 다른 기능들을 행할 수 있는 경우도 있다. 이럴 경우에는 소프트웨어를 사용해서 어떤 기능을 행할지를 정해주게 된다. 제일 기본적인 기능은 디지털 입/출력이다. 대부분의 핀들이 디지털 입/출력을 할 수 있다. 어떤 핀들은 이에 덧붙여 아날로그 입력도 받아들일 수 있다. 각 핀들의 기능은 핀 다이어그램에 명시되어 있고, 사용설명서에 좀 더 자세하게 설명되어 있게 마련이다.

NOTE

이 책에서 다루는 스탬프류 마이크로컨트롤러로는 넷미디어NetMedia의 BX-24, 패러랙스Parallax의 베이직스탬프2Basic Stamp2, 그리고 베이직마이크로 Basic Micro의 베이직 아톰 프로 24Basic Atom Pro24가 있다. 이들의 핀 배열은 모두 이들의 원형 모델인 베이직스탬프2와 동일하다. 마이크로칩Microchip의 PIC18F452도 사용할 것인데, 이의 핀 배열은 완전히 다르다.

그림 4-4와 **4-5**는 전형적인 스탬프류 프로세서의 핀 다이어그램과 PIC18F452의 핀 다이어그램을 간략하게 보여준다.

이러한 표준적인 형태(DIP 패키지라 불리우는, 두 줄의 핀으로 된 구성)의 칩에서는 언제나 왼쪽 맨 위의 핀부터 시작해서 U자 형태로 칩을 돌아가면서 번호가 매겨진다. 모든 스탬프류 칩에는 핀이 24개 있다. PIC에는 핀 개수가 서로 다른 여러 제품이 존재한다. 18F452는 핀을 40개 가진 PIC중 전형적인 것이다.

스탬프류 칩에서는 왼쪽의 처음 4개 핀은 칩을 프로그램 하는 데 사용하고, 오른쪽의 처음 4개 핀은 칩에 파워를 제공하고 초기화하는 데 사용하며, 아래쪽의 16개 핀들은 일반 입/출력용으로 사용한다. 베이직스탬프2와 BX-24, 그리고 베이직 아톰 프로 24의 배치가 모두 이와 같다. 세 제품의 입/출력 핀들은 모두 디지털 방식의 입/출력으로 기능한다. 특별한 핀들은 이외에도 부가적인 기능을 가지고 있는데, 그 기능은 제품마다 다르다.

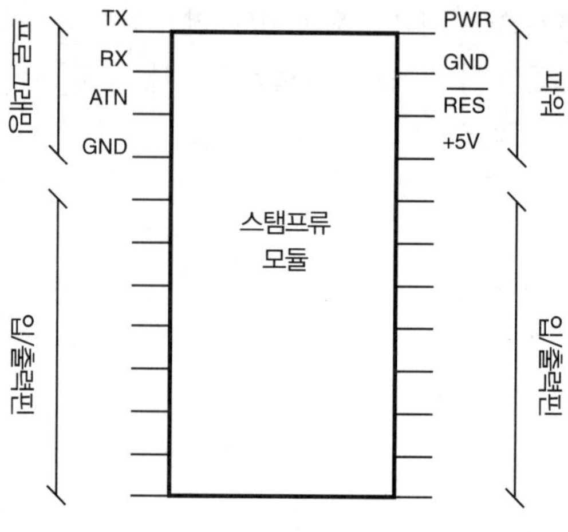

그림 4-4 스탬프류 칩의 기본적 핀 다이어그램

PIC에서는 파워와 그라운드 핀이 칩의 중간쯤에 있고 입출력 핀들은 그 둘레에 배치되어 있다. 입출력 핀들 중 어떤 것들은 칩을 프로그램하는 용도로도 사용된다. 또, 클록으로 사용되는 외부의 크리스탈과 연결하기 위한 CLKIN 핀과 CLKOUT 핀도 있다. 스탬프류 칩들에는 클록이 내장되어 있다.

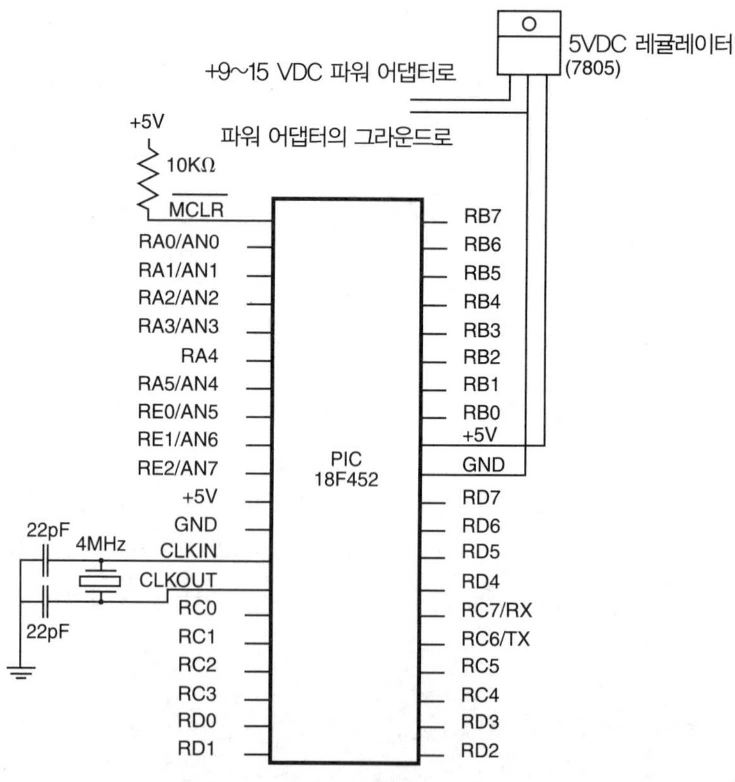

그림 4-5 PIC 18F452칩의 기본적 핀 다이어그램

5. 낮은 레벨 마이크로컨트롤러의 외부 클록

모든 마이크로컨트롤러는 일정한 템포에 맞춰 동작하기 위해 전압의 펄스를 필요로 한다. 스탬프류 제품을 사용하고 있다면 이 절은 그대로 지나쳐도 좋다. 스탬프류 제품에는 클록이 내장되어 있기 때문이다. 이러한 클록들은 보통 1초에 몇백만 번 정도 펄스를 일으켜 준다. PIC과 같은 낮은 레벨 칩을 사용함에 있어 불편한 것 중 하나는 별도의 클록을 구성해서 제공해 주어야 한다는 점이다. 크리스탈을 붙여서 클록으로 사용할 수도 있고, 칩에 내장되어 있는 저항/커패시터 회로를 사용할 수도 있다. 그러나 내장되어 있는 저항/커패시터(R/C) 회로는 그다지 정확하다고 할 수 없어 추천하고 싶지 않다. 별도의 크리스탈을 사용하는 방식을 권하고 싶다.

크리스탈은 전원이 연결되었을 때 일정한 속도로 펄스를 내도록 만들어져 있다. 두 개의 다리를 가지고 있는데, 방향성 같은 것은 없다. PIC의 CLKIN과 CLKOUT 핀에 연결하고 22pF의 커패시터를 통해 그라운드에 이어 주면 크리스탈은 고유한 진동수에 따라 진동하면서 PIC에 대한 클록으로 작용하게 된다. **그림 4-6**은 PIC을 위한 클록 회로를 보여준다.

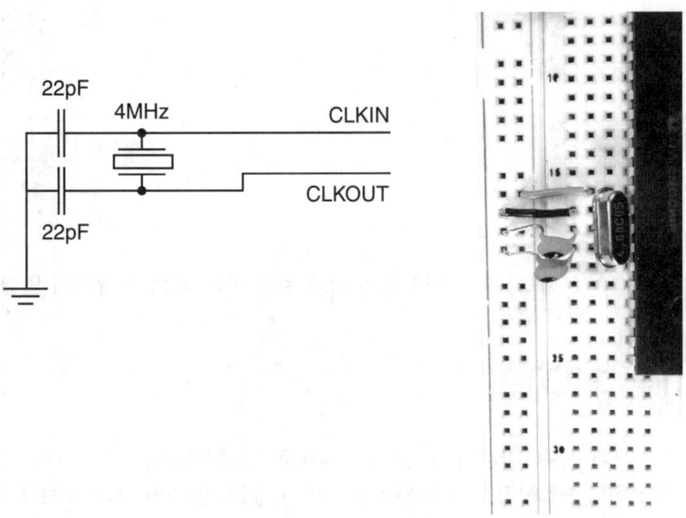

그림 4-6 PIC 18F452를 위한 클록 회로

6. 마이크로컨트롤러를 사용한 첫번째 회로

마이크로컨트롤러 프로그래밍에 들어가기 전에 우선 출력을 위한 우리들의 첫 번째 회로를 구성해 두어야겠다. 마이크로프로세서의 핀들 중 하나에 LED를 연결한다. 앞 장에서 예제로 설명했던 회로가 바로 이것이었으니 이미 이렇게 연결해 두었을 수도 있겠다. 이 회로에 대해서는 나중에 6장 '4대 회로 : 회로도, 프로그램, 그리고 부품들'에서 디지털 출력을 설명할 때 한 번 더 이야기하게 된다. 잠깐 복습해 보자면, 먼저 220옴 저항을 마이크로프로세서의 왼쪽 맨 아래 핀과 같은 줄에 연결한다. 저항의 다른 다리를 빈 줄 가운데 하나에 꽂고 LED의 플러스극(보통 더 긴 다리다)을 같은 줄에 꽂는다. 그리고 LED의 마이너스극(보통 더 짧은 다리다)을 그라운드에 연결한다. 이렇게 하면 **그림 4-7**처럼 된다.

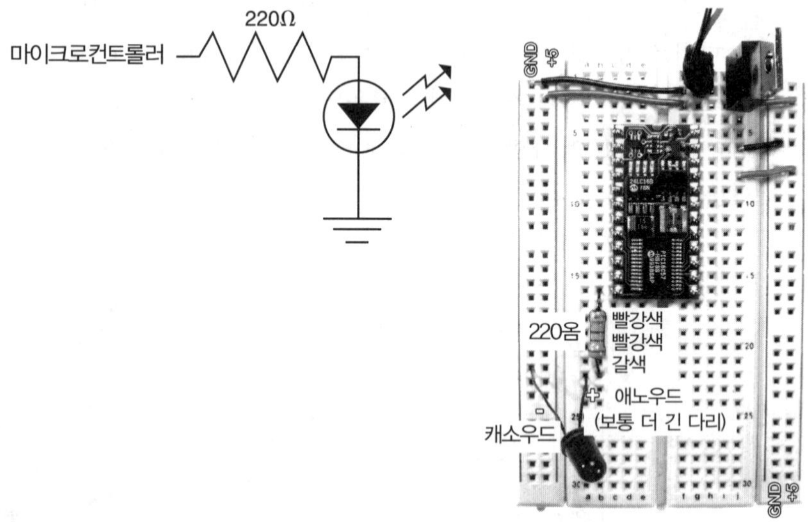

그림 4-7 디지털 출력을 위해 마이크로컨트롤러에 연결한 LED

NOTE

이 LED 회로에 어떤 핀을 사용했는지를 꼭 기억해 두어야 한다. 핀에 붙은 번호에는 두 가지가 있다. 하나는 칩에 있는 모든 핀에 돌아가면서 붙인 일련번호이다. 이보다 중요한 것은 소프트웨어가 입/출력 핀을 가리키는 데 사용하는 번호들이다. 프로그래밍을 위해 제조사들이 핀에 번호를 매기는 방식은 서로 조금씩 다르다. 번호는 보통 0부터 시작하는 경우가 많은데, 여기에 익숙해지려면 시간이 좀 걸린다. **그림 4-8**에서 위의 회로를 구성할 때 사용한 핀에 x표를 해서 표시해 두도록 하자. 베이직스탬프2에서는 일련번호 5번에서 20번까지가 입/출력 핀인데, 이를 왼쪽 위에서부터 차례로 0~15번 핀이라 부른다. BX-24에서는 같은 핀들을 일련번호와 동일하게 5~20번 핀이라 부른다. 베이직 아톰 프로 24에서는 이를 0~15번 핀, 또는 P0~P15라 부른다.

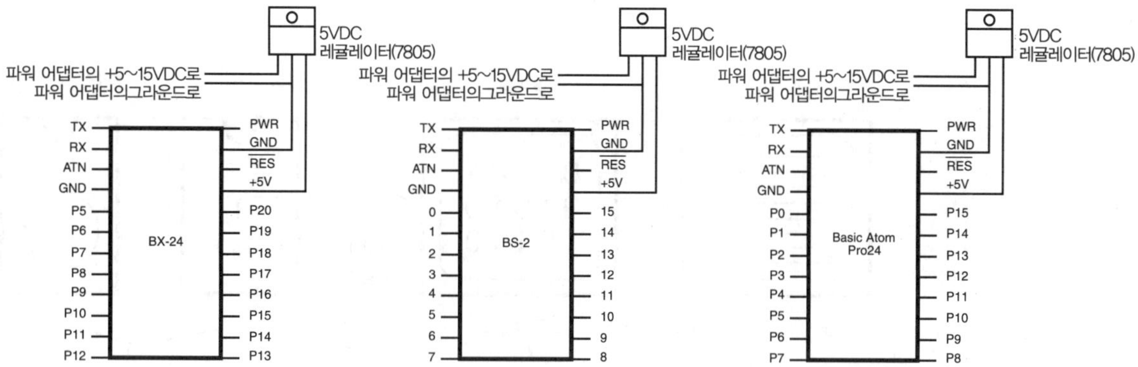

그림 4-8 BX-24, 베이직스탬프2, 그리고 베이직 아톰 프로 24의 핀 다이어그램

7. 칩에 프로그램을 심자

우리가 사용하는 마이크로컨트롤러들은 몇 번이고 프로그램할 수 있다. 그러나 모든 마이크로프로세서들이 이런 것은 아니다. 꼭 한 번만 프로그램할 수 있도록 되어 있는 제품들도 있는데, 이런 제품들은 한 번 프로그램하고 나면 언제까지나 그 프로그램만 수행하도록 고정된다. 한 번만 프로그램할 수 있는 칩들이 가격이 훨씬 저렴하지만 이는 개발이 모두 끝난 후 대량생산을 할 때에 사용하며, 새로운 기기를 개발하거나 작품 하나로만 존재하는 프로젝트를 만들 때는 사용하지 않는다.

마이크로컨트롤러 안에 프로그램을 심는 데에는 제품마다 다른 방식이 존재하지만, 어느 경우에나 다음 두 요소는 공통적으로 사용된다. 즉 멀티미디어 컴퓨터와 마이크로프로세서를 연결하기 위한 하드웨어와, 멀티미디어 컴퓨터에서 프로그램을 작성하고 컴파일하여 마이크로프로세서에 다운로드하기 위한 일련의 소프트웨어가 그것이다. 일련의 소프트웨어라고 하는 데에는 프로그램을 작성할 수 있도록 해주는 텍스트 에디터와 텍스트 파일을 마이크로프로세서가 읽어들이고 이해할 수 있는 바이너리 파일로 바꾸어 주는 컴파일러, 그리고 만들어진 바이너리 파일을 마이크로프로세서로 다운로드하기 위한 다운로드 프로그램이 속하게 된다. 이외에 마이크로프로세서가 동작하고 있는 상태에서 그와 정보를 주고받기 위한 디버깅 소프트웨어도 포함되어 있는 경우가 많다.

칩에 프로그램을 내려 심을 때마다 이전에 기록되어 있던 프로그램은 칩의 메모리로부터 지워지고 새로운 프로그램이 그 자리에 들어앉게 된다. 프로그램을 내려 심는 것이 완료되면 다운로드 프로그램은 마이크로프로세서에 심어 놓은 프로그램이 구동되도록 한다. **그림 4-9**는 우리가 작성한 프로그램이 칩에서 실행되기까지의 과정을 보여준다.

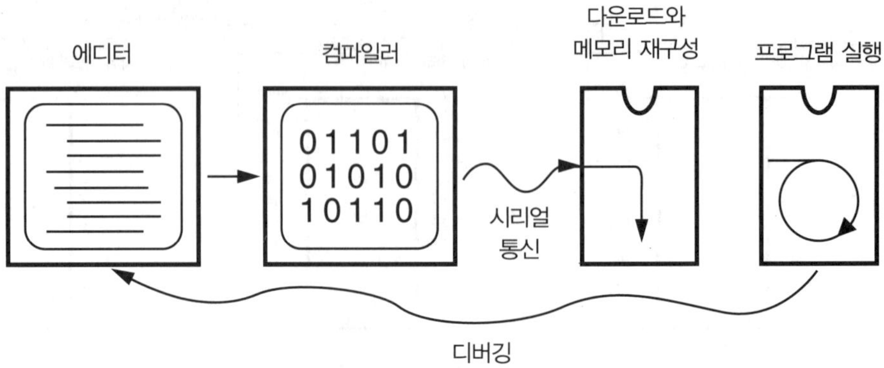

그림 4-9 프로그램을 작성하고 컴파일하고 다운로드하기

프로그램을 마이크로프로세서로 옮기는 것은 한 방향으로만 진행되는 과정이다. 칩에 들어 있는 프로그램을 멀티미디어 컴퓨터로 옮겨서 사람이 읽을 수 있는 형태로 바꾸는 일은 되지 않는다. 그러니 멀티미디어 컴퓨터에서 프로그램을 작성하고 나면 이 텍스트 파일을 잘 보관하도록 주의해야 한다. 우리가 작성한 프로그램을 저장해주는 유일한 파일이 이것뿐이니까 말이다.

NOTE

이 책에서 다루는 마이크로프로세서들을 프로그램하기 위한 소프트웨어들은 모두 윈도우즈 기반의 PC에서 동작한다(베이직스탬프2를 위한 매킨토시 기반의 프로그래밍 환경이 꼭 한가지 있다). 하지만 일단 컴퓨터를 프로그램하고 나면 그와 통신하는 것은 매킨토시 컴퓨터에서도 가능하다. 버추얼 Virtual PC로 프로그래밍 소프트웨어들을 구동하면 매킨토시에서도 모든 마이크로컨트롤러들을 프로그램할 수 있기는 하다. 하지만 이렇게 하려면 몇 가지 기술적 문제들을 해결해야 한다. 프로그래밍 환경을 구성하는 것은 그렇게 고사양의 컴퓨터를 필요로 하지 않는다. 그래서 많은 매킨토시 사용자들은 그냥 중고 컴퓨터 가게나 e베이에서 오래된 PC를 한 대 구해서 마이크로컨트롤러 프로그램용으로 사용하는 것을 선호하기도 한다.

8. 스탬프류 칩 프로그램하기

스탬프류 칩에서는 에디터, 컴파일러, 다운로드 프로그램, 그리고 디버거가 하나의 어플리케이션으로 통합되어 있으며 이를 제조사의 웹사이트에서 무료로 다운로드 받을 수 있도록 되어 있다. 이들 제품은 사용하기 쉬운 프로그래밍 언어인 베이직을 사용한다(사실 스탬프류 칩 세 가지의 베이직이 각기 조금씩 다르기는 하다). 3장에서 설명한 시리얼 커넥터를 만들어서 PC의 시리얼 포트에 일반 시리얼 케이블로 연결하면 된다.

NOTE

사용하는 시리얼 케이블이 널모뎀용이 아니라 일반용이어야 함에 주의하자.

■ 스탬프류 칩의 프로그래밍 하드웨어

스탬프류 칩들은 처음 4개 핀이 멀티미디어 컴퓨터의 RS-232 시리얼 포트와 연결되는 시리얼 포트로 되어 있다. 3장에서 만든 시리얼 커넥터를 다음 **그림 4-10**과 같이 이 4개의 핀에 연결한다.

그림 4-10 스탬프류 칩에 시리얼 케이블 연결하기

스탬프류 칩은 시리얼 케이블로 멀티미디어 컴퓨터의 시리얼 포트와 연결된다. 컴퓨터 뒷면에서 1010101이라 표시된 9핀짜리 수컷 커넥터(DB9)를 찾자. 101011이 아니다. 아주 오래된 컴퓨터라면 핀이 25개 달려 있을 수도 있다. 최근에는 USB 시리얼 포트만 달려 있는 컴퓨터들이 많다(매킨토시이든 PC이든). 이럴 경우에는 USB를 RS-232로 바꾸어 주는 어댑터를 따로 구입해야 할 것이다.

■ 스탬프류 칩의 프로그래밍 소프트웨어

이 절에서는 코드를 어디에서 작성하는지를 설명한다. 코드를 어떻게 작성하는지에 대해서는 다음 장에서 설명하겠다. 만일 우리가 권한 대로 개발환경 전체가 아니라 칩만을 구입했다면, 제조사의 웹사이트에 가서 프로그래밍 소프트웨어와 매뉴얼을 다운로드해야 한다. 부록 B에 우리가 사용하는 제품들의 제조사 웹사이트 주소가 있다. 앞으로의 설명은 이 어플리케이션들을 설치해서 실행하고 있는 상태임을 전제로 한다. 동일한 프로그램을 세 가지 환경에서 만들어 볼 것이다. 12번 핀(왼쪽 맨 아래 핀)에 연결된 LED를 0.5초마다 한 번씩 깜박거리게 하는 프로그램을 만들어 보고자 한다.

다음과 같이 타이핑해 넣자. 이 내용에 대해서는 5장 '프로그래밍'에서 좀 더 자세히 설명하겠다. 칩으로 하여금 우리가 눈으로 볼 수 있는 무언가를 하도록 하는 최소한의 코드이다. 베이직스탬프2를 사용하고 있다면 pBasic이라는 베이직 언어를 사용하게 될 것이다. 베이직 아톰 프로 24에서는 mBasic을, 그리고 BX-24에서는 BX BASIC을 각각 사용하게 된다.

PBASIC
MBasic

```
Main:
    High 7
    Pause 50
    Low 7
    Pause 500
Goto main
```

BX-Basic

```
Sub Main()
    Do
        Call putPin(12, 1)
        Call delay(0.5)
        Call putPin(12, 0)
        Call delay(0.5)
    Loop
End sub
```

시리얼 커넥터와 시리얼 케이블로 칩을 PC의 COM1 시리얼 포트에 연결하고 전원을 연결한다. 이제 프로그래밍 환경을 열고 시작해 보자.

베이직스탬프의 프로그래밍 환경에서는 프로그램을 타이핑한 후에 툴바에서 BS-2 스탬프 모드 아이콘을 클릭해서 사용하고 있는 베이직스탬프의 버전을 선택해 주어야 한다. 그리고 역시 툴바에서 프로그래밍 언어의 버전을 나타내는 아이콘을 클릭하여 pBasic 버전 2.5를 선택한다. 이제 Program 버튼을 클릭한다. **그림 4-11**이 프로그래밍 환경을 보여준다. 어플리케이션은 우리가 작성한 프로그램을 컴파일하여 마이크로컨트롤러로 보낸다. 시리얼 케이블을 떼어 내면 프로그램이 동작하기 시작한다.

프로그램을 저장하면 베이직스탬프 어플리케이션은 타이핑한 베이직 명령어들을 담고 있는 텍스트파일 하나를 만들어준다. 이것이 또한 칩에 다운로드되는 파일이기도 하다. 컴파일은 마이크로프로세서 안에서 실행이 될 때 그와 동시에 이루어진다.

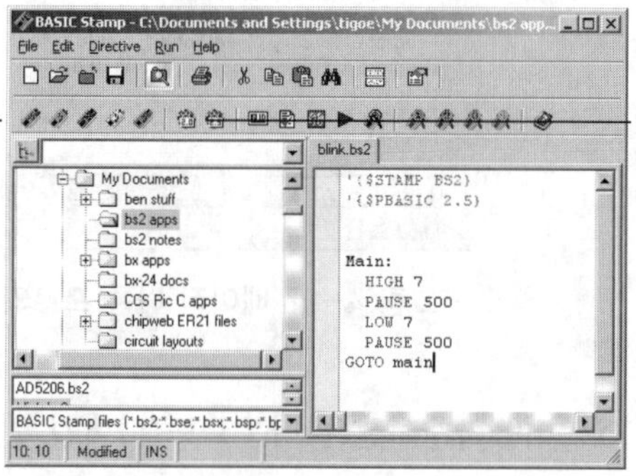

그림 4-11 베이직스탬프의 프로그래밍 환경

베이직 아톰 프로의 환경은 베이직스탬프의 그것과 비슷하다. 단지 칩과 프로그래밍 언어의 버전을 지정해 줄 필요가 없다는 점만 다르다. **그림 4-12**는 베이직 아톰의 통합 개발 환경(IDE, Integrated Development Environment)을 보여준다. 새로운 프로그램을 시작하려면 다른 일반 텍스트 에디터에서와 마찬가지로 툴바에서 New 아이콘을 클릭하거나 File 메뉴에서 New를 선택하면 된다. 코드 입력을 마친 후 Program 버튼을 클릭하면 프로그램이 컴파일되어 다운로드된다. 시리얼 케이블을 떼어 내면 프로그램이 동작하기 시작한다.

프로그램을 저장하면 베이직 아톰 프로 어플리케이션은 타이핑한 베이직 명령어들을 담고 있는 텍스트파일 하나와 칩에 다운로드될 기계어 코드를 담고 있는 바이너리 파일 하나(.bin이라는 확장자가 붙어있다), 이렇게 두 개의 파일을 만들어 준다.

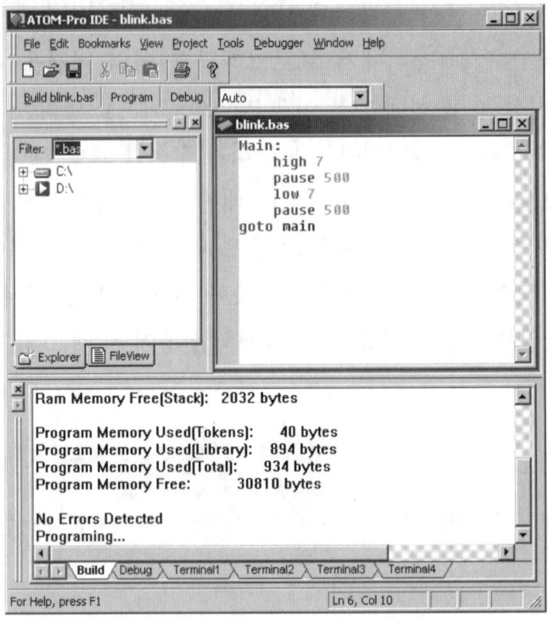

그림 4-12 베이직 아톰 프로의 프로그래밍 환경

베이직X용 어플리케이션은 다운로드/디버깅 윈도우와 에디터 윈도우의 두 부분으로 되어 있다. **그림 4-13**은 에디터 윈도우를 보여준다. 처음 프로그램을 열면 다운로드/디버깅 윈도우만 열린다. Open Editor 아이콘을 클릭해야 에디터 윈도우가 열리게 된다. 이 윈도우가 열린 상태에서 New Project 버튼을 클릭하면 새로운 프로젝트를 시작할 수 있다. 프로젝트와 모듈에 같은 이름을 주는 것이 편리하다. 개발환경이 자동으로 생성하는 이름은 지워버리고 새로 이름을 정해 넣도록 하자. Compile and Run 버튼을 클릭하면 프로그램이 실행된다. 어플리케이션이 프로그램을 컴파일하고 칩에 다운로드한 뒤에 작동시킨다.

프로그램을 저장한 디렉토리를 살펴보면 BX 프로그래밍 환경이 한 프로그램에 대해 몇 개의 파일을 그룹지어 하나의 프로젝트로 생성하는 것을 볼 수 있다. 이 파일들은 모두 프로젝트와 동일한 이름으로 시작하지만 확장자들이 서로 다르다. .bas 확장자의 파일이 우리가 작성한 프로그램의 텍스트를 담고 있으며, .bxb 확장자의 파일은 칩에 다운로드되는 바이너리 파일이다.

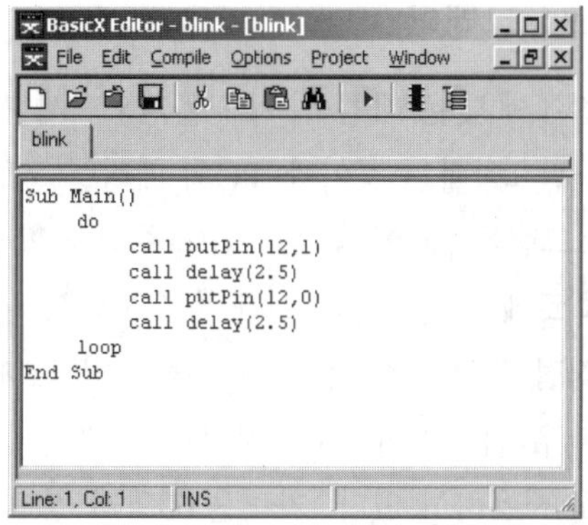

그림 4-13 베이직X의 프로그래밍 환경(에디터 윈도우)

9. 낮은 레벨 칩의 프로그래밍

PIC 등의 낮은 레벨 프로세서를 사용해서 프로그램하고자 한다면 LED를 깜박이게 하기 위해 해야 할 일들이 좀 더 늘어난다. 우선 기존의 회로에 추가해야 할 부품들이 생긴다. 그리고 프로그램을 칩에 옮기는 데에도 추가적인 하드웨어가 필요하다. 또 프로그램을 작성하고 컴파일하고 다운로드 하는 데에도 몇 가지 소프트웨어들을 설치하고 환경설정을 해야 한다. 이 중에는 무료로 얻을 수 있는 소프트웨어도 있고 그렇지 않은 것도 있다.

앞서도 설명했듯이 낮은 레벨 프로세서로 작업하는 데에는 단점들이 있지만, 또 그에 상응하는 빠른 실행속도와 저렴한 비용이라는 장점도 있다. PIC의 가격은 스탬프류 칩들의 1/3에서 1/10 정도에 불과하므로, 개발환경을 마련하는 데 드는 비용 부담은 칩의 가격이 매우 저렴하다는 것으로 상쇄될 수 있다. 완전히 초보자일 경우에는 낮은 레벨 작업을 권하고 싶지 않다. 하지만 전자회로와 프로그래밍에 사전지식이 있는 사람들, 그리고 중간 레벨 칩을 경험해본 후에 좀 더 발전된 것을 원하는 사람들을 위해 낮은 레벨 칩에 대해 설명하기로 한다.

PIC을 사용하고 있다면 우선 브레드보드 위에 이 장 첫머리에서 설명했던 추가적인 클록 회로를 구성해 두고 있어야 한다. 또한 프로세서의 MCLR 핀에 10킬로옴(kΩ) 저항을 연결하고 나머지 한 다리를 +5V로 이어야 한다. 이제 프로그래밍을 시작해 보자.

■ 하드웨어 프로그래머

중간 레벨 칩에서 낮은 레벨 칩으로 옮겨오면서 가장 큰 변화는 하드웨어 프로그래머가 추가적으로 필요하다는 것이다. PC의 패러렐 포트나 시리얼 포트에 연결해 사용하는 이 장비는 프로그램을 PIC에 옮겨서 심어 주는 역할을 한다. 몇 가지 제품이 시중에 나와 있다. PIC을 회로에서 뽑아 프로그래머에 물려서 사용하는 제품들도 있고, PIC이 꽂혀 있는 회로에 직접 연결할 수 있는 제품들도 있다. 가격도 7달러부터 100달러 이상까지 천차만별이다. 우리는 마이크로엔지니어링 랩스microEngineering Labs의 에픽 플러스EPIC Plus라는 제품을 사용하고 있다. 가격은 60달러 정도이며 PC의 패러렐(프린터) 포트에 연결하도록 되어 있는 제품이다. 같은 제품으로 시리얼 포트에 연결할 수 있도록 되어 있는 버전도 있는데 가격은 좀 더 비싸다. 부록A에 하드웨어 프로그래머에 대한 추가적 설명과 함께 추천 제품들의 목록을 실었다.

■ 낮은 레벨 칩의 프로그래밍 소프트웨어 환경

낮은 레벨 마이크로프로세서를 프로그래밍하기 위해서는 앞서 설명한 것처럼 텍스트 에디터, 컴파일러, 다운로드 프로그램의 세 가지 소프트웨어가 필요하다. 프로그래밍을 위해 특별히 디자인된 에디터들도 있는데, 이들은 읽기 쉽도록 프로그램의 형태를 다듬어 주는 기능과 자동으로 컴파일러를 실행하고 다운로드 프로그램을 열어주는 기능 등을 제공해 준다.

우리들은 이 책에서 에디터는 마이크로코드 스튜디오 라이트MicroCode Studio Lite를, 컴파일러는 픽베이직 프로PicBasic Pro를, 그리고 다운로드 프로그램으로는 에픽 플러스를 사용할 것이다. 마이크로칩에서 만든 MPASMWIN이라는 이상한 이름의 컴파일러도 보조적으로 필요하다. 이는 http://www.microchip.com에서 무료로 다운로드 받을 수 있다(http://www.melabs.com에도 같은 곳으로 가는 링크가 있다). MPASMWIN은 픽베이직 프로가 부분적으로 컴파일한 코드를 받아서 PIC에 다운로드할 수 있는 최종적인 형태의 바이너리 파일로 만들어 준다.

이들 가운데 마이크로코드 스튜디오만이 무료이다(http://www.mecanique.co.uk에서 구할 수 있다). 픽베이직 프로는 마이크로엔지니어링 랩스에서 구입할 수 있다. 에픽 플러스 소프트웨어는 에픽 플러스 프로그래머를 구입하면 딸려 온다.

앞으로의 예제들에서는 마이크로코드 스튜디오와 픽베이직 프로, 그리고 에픽 플러스 소프트웨어를 설치하고 설정을 마쳤다는 가정 하에 설명한다. 마이크로엔지니어링 랩스에서는 픽베이직 프로와 연동해 사용할 수 있는 또 다른 에디터로 코드 디자이너 라이트

CodeDesigner Lite라는 것도 배포하는데, 이것은 사용하지 않아도 된다. 픽베이직 프로와 에픽 소프트웨어를 먼저 설치하고 나면, 마이크로코드 스튜디오는 설치될 때에 이들을 자동으로 찾아 각각 프로그래머와 다운로드 프로그램으로 기억해 둔다.

스탬프류 프로세서들에서 만들었던 깜박이는 LED 예제를 PIC에서도 만들어 보기로 하자. **그림 4-14**의 회로도를 따라 220옴 저항을 PIC의 왼쪽 맨 아래 핀(PIC 18F452의 경우 20번 핀, 즉 RD1)에 연결하고 이를 다시 브레드보드의 빈 줄에 연결하자. LED의 긴 다리를 같은 줄에 연결하고 짧은 다리를 그라운드에 연결한다. 이렇게 하면 **그림 4-14**와 같이 된다.

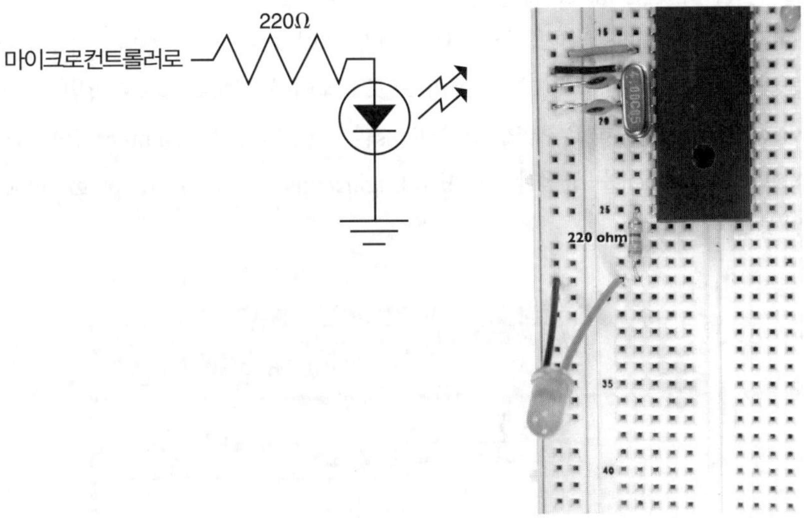

그림 4-14 PIC 18F452의 RD1 핀에 LED와 저항을 연결한 모습

다음이 우리들이 사용할 코드이다. 베이직스탬프와 베이직 아톰에서 사용했던 코드와 매우 비슷하다는 것을 알 수 있을 것이다. 베이직 아톰의 mBasic과 픽베이직 프로는 모두 베이직스탬프의 pBasic에 기반을 두고 있다.

```
Main:
   High portd.1
   Pause 500
   Low Portd.1
   Pause 500
Goto main
```

에픽 플러스 프로그래머를 PC의 패러랠 포트에 연결하고 전원을 넣는다. 그리고 마이크로코드 스튜디오를 열어서 위의 코드를 입력해 넣자. **그림 4-15**는 마이크로코드 스튜디오 에디터의 모습을 보여준다. Compile and Program 버튼을 클릭하면 마이크로코드 스튜디오가 픽베이직 프로와 MPASMWIN를 불러서 프로그램을 컴파일해 준다. BX-24에서 베이직X 소프트웨어가 그랬던 것처럼, 컴파일러는 이름은 같지만 확장자가 서로 다른 몇 가지 파일을 생성해 준다. .bas 확장자의 파일이 우리가 입력한 텍스트를 담고 있고 .hex 확장자의 파일은 칩으로 다운로드되는 파일이다.

마이크로코드 스튜디오가 MPASMWIN이나 에픽 프로그래밍 소프트웨어를 찾지 못한다면, 찾을 수 있도록 설정을 맞춰 주어야 한다. View 메뉴를 클릭하고 PicBasic Options를 선택한다. Assembler 탭을 선택하고 Microchip MPASM 확인박스를 확인한다. 그리고 Find Automatically 버튼을 클릭한다. 이제 마이크로코드 스튜디오가 MPASMWIN 어셈블러를 찾을 수 있을 것이다. 에픽 프로그래머를 찾도록 하는 방법도 이와 비슷하다. View 메뉴를 클릭하고 PicBasic Options를 선택한다. Programmer 탭을 선택하고 Add a New Programmer를 선택한다. MicroEngineering Labs의 EPIC programmer를 지정하면 완성이다.

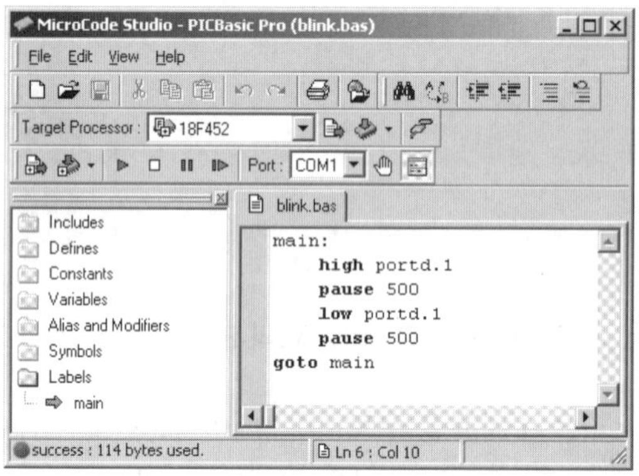

그림 4-15 마이크로코드 스튜디오

컴파일이 끝나면 마이크로코드 스튜디오는 다운로드를 할 수 있도록 에픽 플러스 소프트웨어를 열어 준다. 다운로드의 나머지 과정을 마치는 것은 우리들 몫이다.

먼저 **그림 4-16**처럼 40핀 ZIF 어댑터를 에픽 프로그래머에 연결한다.

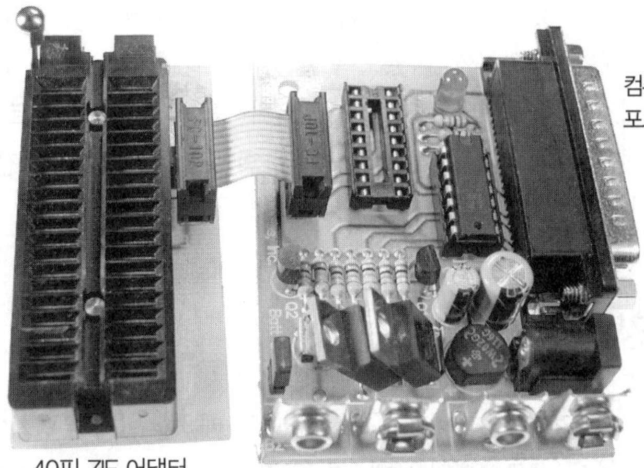

그림 4-16 에픽 프로그래머

그리고 위쪽이 레버 옆에 가도록 해서 PIC을 소켓에 꽂는다. 레버를 눌러서 PIC이 소켓에 고정되도록 한다.

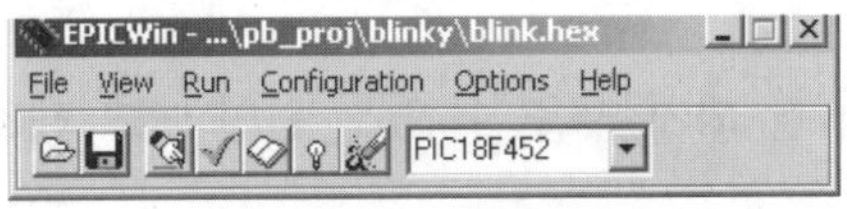

그림 4-17 에픽 플러스

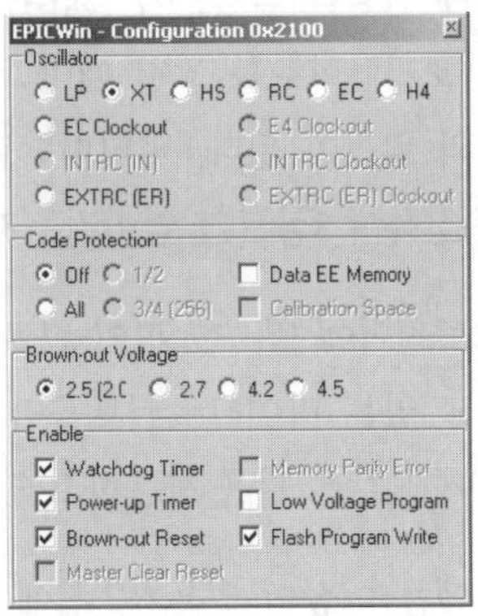

그림 4-18 에픽 플러스의 환경설정 윈도우

그림 4-17은 에픽 플러스의 메인 윈도우를 보여준다. EPIC 소프트웨어의 View 메뉴를 클릭하고 Configuration을 선택하자. 이 메뉴(**그림 4-18** 참조)는 사용하는 클록 크리스탈

의 종류가 무엇이며 내부 타이머들 중 어느 것은 켜고 어느 것은 끌 것인지 등 PIC의 여러 가지 특성을 설정할 수 있도록 한다. 본 예제를 위해서는 클록만 XT로 맞추고 나머지는 손대지 않아도 된다. 이제 Program 버튼을 클릭하면 소프트웨어가 우리의 프로그램을 PIC으로 다운로드해 준다. PIC을 다시 회로에 옮겨 꽂은 후 전원을 넣으면 LED가 깜박거려야 한다.

10. 디버깅

프로그래밍을 하거나 전자 회로를 만들 때, 한 번에 무언가가 작동하는 일 같은 것은 절대로 없다. 프로그래밍을 배운다는 것은 사실 디버깅하는 방법을 배운다는 것과 같다. 먼저 어떤 부분이 지금 동작하지 않는 것인지를 생각해 본다. 그리고 이를 확인해 보기 위해 의심 가는 부분을 제대로 동작할 것이 분명한 다른 것으로 바꾸어 본다. 동작하지 않는 것을 고칠 때에는 전체 시스템에서 반드시 한 번에 한 가지씩만 바꾸어 보도록 하자. 바꾸어 봐도 작동하지 않는다면 회로를 원래대로 돌려놓고 다시 다른 부분을 바꾸어 본다. 이렇게 체계적으로 해 나가야만 문제도 해결할 수 있고, 문제가 해결되었을 때 어떤 부분이 잘못되어서 동작하지 않았던 것인지도 알 수 있다.

앞의 예제가 잘 되지 않을 수 있는 원인과 그 해결방법을 몇 가지 들어보면 다음과 같다.

▶ *회로에 전원을 넣었는가?* 회로에 파워와 그라운드가 들어와 있는지를 확인해 보자. 회로를 고칠 때마다 전원을 뽑기 때문에, 이것이 가장 흔한 실수의 원인이 된다. 멀티미터로 칩의 파워와 그라운드 핀 사이의 전압을 측정하여 5볼트가 얻어지는지를 확인해 보자.

▶ *소프트웨어에 명시한 핀이 회로에서 사용하고 있는 핀과 일치하는가?* 사용하고 있는 마이크로컨트롤러의 핀 다이어그램을 보면서 회로와 소프트웨어가 같은 핀을 사용하고 있는지를 확인해 보자.

▶ *LED에는 이상이 없는가?* 칩에 연결되어 있는 저항의 다리를 뽑아 직접 5볼트에 연결해 보자. 만일 이렇게 했을 때 LED가 켜지지 않는다면 다른 LED로 바꾸어 보자.

▶ *저항은 적정한 규격의 것인가?* 새로 바꾼 LED도 역시 켜지지 않는다면,

저항을 뽑아 내어 멀티미터를 옴에 맞추고 그 값을 재어 보자. 만일 그 값이 220옴이 아니라면 맞는 것으로 교체하자.

- *회로는 맞는 시리얼 포트에 연결되어 있는가?* 만일 컴퓨터에 하나 이상의 시리얼 포트가 있다면 시리얼 케이블을 다른 포트에 잘못 연결했을 수도 있다. 맞는 포트를 사용하고 있는지를 확인해 보자.
- *소프트웨어는 맞는 시리얼 포트를 사용하도록 설정되어 있는가?* 모든 개발환경에는 시리얼 포트를 설정하기 위한 메뉴가 있다. 베이직스탬프 환경에서는 Directive 메뉴의 Port에 있다. 베이직 아톰 환경에서는 Tools 메뉴의 Preferences 아래 General 탭에 있다. 베이직X 환경에서는 디버거 윈도우의 I/O Ports 메뉴에 있다. I/O Ports 메뉴에서 Download Port를 선택하면 된다. 에픽플러스 소프트웨어에서는 File 메뉴에서 EPIC Port를 선택하면 된다. 선택된 포트가 시리얼 케이블 또는 패러랠 케이블이 실제로 연결되어 있는 포트가 맞는지를 확인해 보자.
- *시리얼 포트를 먼저 사용하고 있는 다른 어플리케이션이 있지는 않은가?* 프로그래밍 환경이 시리얼 포트를 열지 못한다면 그것은 아마도 다른 어플리케이션이 먼저 시리얼 포트를 사용하고 있기 때문일 것이다. 시리얼 포트로 데이터를 업데이트하는 PDA를 사용하고 있다면 어쩌면 그것 때문일 수도 있다. PDA용 소프트웨어를 종료하거나 다른 포트를 지정해 주면 문제가 해결될 것이다.

이 모든 것을 해도 문제가 해결되지 않는다면, 이제 확실하다고 믿어 왔던 것들을 의심해 보아야겠다. 가장 해결되지 않는 문제의 답은 흔히 가장 믿고 있는 곳에 숨어 있게 마련이다. 전원공급에는 문제가 없다고 확신한다 하더라도, 확인해 보라. 시리얼 케이블은 분명히 잘 연결되어 있다고 생각하더라도, 확인해 보라. 칩은 분명히 잘 꽂혀 있다고 생각되더라도, 확인해 보라. 추측하지 말고 불분명한 것을 줄여 가면 갈수록 디버깅을 잘 하게 된다. 이러한 기법은 앞으로도 계속 사용하게 된다. 그러니 체계적으로 생각하는 습관과 가정하지 않는 습관을 지금 가져 두는 것이 나중에 마음에 상처를 입지 않는 방법이다.

모든 것이 잘 되어 LED를 깜박거릴 수 있게 되면, 비트와 아톰을 모두 호령할 수 있는 당신 자신의 새로운 능력에 감명받게 될 것이다. 이 시점에서는 환호성을 지르며 한바탕 껑충껑충 뛰어 줘야 된다!

Chapter 05

프로그래밍

마이크로컨트롤러의 효용은 입력과 출력 사이를 이어 주는 소프트웨어적인 처리를 해 주는 데 있다. 앞 장에서는 소프트웨어 프로그램을 마이크로컨트롤러에 심어 넣는 방법을 알아보았다. 이제 하고자 하는 프로젝트에 알맞는 프로그램을 만드는 법을 배워야 한다. 이 장은 처음 시작하는 프로그래머들을 염두에 두고 씌어졌다. 먼저 프로그래밍 언어에 관한 일반적 사항들을 공부하고, 다음으로 마이크로컨트롤러를 프로그램하는 데 따르는 특별한 사항들을 공부하게 될 것이다. 프로그래밍에 이미 경험이 있다면 이 장은 통과하고 다른 장에 소개되어 있는 예제들을 보면서 사용하려는 마이크로컨트롤러의 문법을 익혀 나가도 상관이 없다.

1. 기쁜 소식들

컴퓨터 프로그래밍에 전혀 경험이 없다면, 마이크로컨트롤러를 위한 프로그래밍이 데스크탑 컴퓨터를 위한 프로그래밍보다 훨씬 간단하다는 사실이 기쁜 소식이 될 수 있을 것이다. 또, 어떤 프로그램에서든 프로그래머들이 사용하는 주요 도구는 반복, if, 변수, 루틴이라는 네 가지밖에는 없다는 사실도 안심이 될 것이다. 프로그래밍의 나머지 모든 방법들은 대부분 이 네 가지를 잘 엮어 짠 것에 다름 아니라 할 수 있다.

사실 당신이 하고자 하는 대부분의 일들은 이 책에 소개되어 있는 프로그램들을 조금씩만 변형하면 모두 할 수 있을 것이다. 스스로 프로그램을 짤 수 있게 되기 전까지는 책에서 설명하는 예제 프로그램들을 복사하고 가져다 붙이면서 이용하면 된다. 외국에 떨어져서 당장 살아가기 위해 필요하면 새로운 외국어라도 쉽게 배울 수 있는 것처럼, 구상한 프로젝트를 만들기 위해 필요하다면 프로그래밍의 개념이라는 것들도 쉽게 배울 수 있다는 것을 알게 될 것이다.

2. 흐름 제어하기 : 컴퓨터는 어떻게 프로그램을 읽어들이는가

마이크로컨트롤러는 프로그램을 우리가 작성한 순서 그대로 위에서부터 아래로 차례차례 '읽어' 들이면서 더 이상 실행할 명령이 없을 때까지 한 줄 한 줄 실행해 나간다. 프로그램이 원래 알고 있는 말들도 있고(이를 *키워드* 또는 *예약어*$_{\textit{reserved words}}$라 부르기도 한다), 그 뜻을 프로그래머가 정해 주는 말들도 있다. Goto나 Gosub과 같은 키워드들은 컴퓨터에게 프로그램의 어느 지점으로 건너뛰어 갈 것을 명령한다. 그 지점으로 가서 컴퓨터는 원래 있던 자리로 돌아가라거나 또 다른 지점으로 건너뛰라는 명령을 만날 때까지 다시 계속해서 읽어 내려간다. 프로그램의 마지막 부분에 도달하면 컴퓨터는 실행을 멈춘다.[1]

주의

앞으로 예제를 작성할 때는 네 가지 형태의 베이직 언어를 모두 사용할 것이다. 처음에는 이때문에 예제들이 실제보다 더 어려워 보일지도 모른다. 차차 사용하고자 하는 언어로 되어 있는 부분만 바로 참조할 수 있게 되면 알아보기가 쉬워질 것이다. 이 언어들간의 차이란 대개 사소한 문법적인 것에 불과하며, 본문의 주된 설명은 네 언어에 공통적으로 적용될 수 있다. 이러한 접근 방식은 앞으로 지금 이 프로세서들보다 더 빠르고 값싼 새로운 경쟁 제품들이 등장했을 때에도 여전히 유용하리라고 생각한다. 참고할 예제를 인터넷에서 찾을 때에도 마찬가지로서, 다른 마이크로컨트롤러를 위한 코드라도 당신이 사용하고자 하는 제품에 맞게끔 변용할 수 있을 것이다.

BX-베이직은 다른 언어들과 좀 많이 달라서 때로 예외적인 부분을 짚어 설명하게 될 터인데, BX-24를 사용하지 않는다면 이런 부분들은 지나쳐 버리면 된다.

다음 표는 우리가 사용할 베이직 언어들이 서로 어떻게 연관되어 있는지를 보여준다.

마이크로컨트롤러를 위한 베이직 언어들

마이크로컨트롤러	언어명	관련언어
베이직스탬프2	P베이직	P베이직(원조)
베이직아톰	M베이직	P베이직
PIC	픽베이직 프로	P베이직
BX-24	BX-베이직	비주얼베이직

1) 이렇게 보통 한 파일 안에 모든 코드가 들어 있어 따라가기 쉽다는 점에서 마이크로컨트롤러는 프로그래밍을 공부하기에 최적의 환경일 수 있다. 오브젝트 중심의 언어와 여러 가지 이벤트 핸들러들을 가지는 언어에서는 코드가 여러 곳으로 분산되기 마련이다. 이러한 방법은 복잡한 프로젝트에서는 유리하지만, 처음 프로그램을 시작하는 사람들이 프로그램의 흐름을 따라가면서 이해하기에는 어렵다.

프로그램은 일반 글쓰기와 비슷한 방법으로 구조화되어 있다. 즉, 한 번에 하나씩 이해할 수 있도록 부분부분으로 나누어져 있는 것이다. 우리가 쓰는 글들이 문장과 문단으로 나누어져 있는 것처럼 프로그램 역시 문장과 블록으로 나누어져 있다. 어떤 블록에 자주 돌아오게 될 경우에는 그 블록에 이름을 붙여 두기도 한다. 이러한 블록을 *루틴routine*이라고 부른다.

3. 반복 Loops

우리들이 작성할 프로그램은 *메인 루틴main routine*이라고 불리는 한 블록의 코드만으로 이루어질 때가 많다. 그런데 메인 루틴의 끝에 다다랐을 때 프로그램이 멈추도록 하고 싶은 경우는 많지 않다. 우리들이 멈추라고 하기 전까지는 계속 반복되도록 하고 싶은 경우가 대부분이다. 프로그램이 계속 수행되도록 하려면 그것을 루프loop에 넣으면 된다. "루틴의 끝에 도달하면 처음으로 돌아가 다시 되풀이하라."라고 명령하는 것이다. 메인 루프는 프로그램에 있어 심장의 박동과도 같다. 메인 루프는 또한 *이벤트 루프*라고 부르기도 한다.

우리들이 사용하고자 하는 베이직 언어들로 메인루프를 구성하면 각각 다음과 같이 된다.

PBASIC **MBasic** **PicBasic Pro**

```
Main:
    문장1
    문장2
Goto main
```

BX-Basic

```
Sub main()
    Do
        문장1
        문장2
    Loop
End sub
```

P베이직, M베이직, 그리고 픽베이직 프로에서는 레이블을 붙이는 단순한 방법으로 루틴을 만든다. 프로그래밍 환경이 미리 알고 있는 단어만 아니라면 어떤 명칭이든 레이블

로 사용할 수 있다. 프로그램에 이름을 타이핑해 넣고 뒤에 콜론을 붙여주기만 하면 루틴을 위한 레이블로 사용할 수 있는 것이다. 레이블은 루틴에 이름을 부여한다는 것 말고는 실질적으로는 어떤 일도 하지 않는다. 프로그램의 흐름을 특정 레이블로 향하도록 하는 명령어(키워드의 일종이다)는 Goto이다. 위 코드에서 문장 1과 문장 2는 마이크로컨트롤러가 켜져 있는 한 언제까지나 거듭 반복되어 실행된다. 마이크로컨트롤러에 전원만 제대로 공급된다면, 우리의 프로그램은 우리들 자신보다 거뜬히 더 오래 살아갈 것이다.

BX-베이직에서는 방식이 조금 다르다. 모든 루틴은 Sub 라는 키워드 뒤에 이름을 적고 괄호 한 쌍을 붙여 시작하며(이에 대해서는 뒤에서 더 자세히 설명할 것이다) 끝나는 부분에는 End sub 라고 적도록 되어 있다. 루프는 Do 라는 명령어로 시작하고 Loop 라는 키워드로 마치도록 되어 있다.

01 02 03 04 CHAPTER 05 06 07 08 09 10 11 12 13 14

4. If 문 If Statements

If 문은 *조건문*이라고도 부르는데, 프로그램이 실행되는 동안 생길 수 있는 여러 가지 조건에 맞추어 판단을 내릴 때에 사용한다. 어떤 조건이 참이라고 판정되면 컴퓨터는 조건문 이하의 문장들을 수행한다. 만일 참이 아니라고 판정되면 그 문장들을 건너뛴다.

가장 많이 사용되는 if 문의 형태는 다음과 같다.

PBASIC / MBasic / PicBasic Pro

```
If In6 = 1 then
    문장1
Endif
문장2
```

BX-Basic

```
If getPin(6) = 1 then
    문장1
End if
문장2
```

위 코드는 마이크로컨트롤러로 한 입력 핀의 상태를 확인하기 위한 것이다(이렇게 하는 방법에 대해서는 뒤에서 더 설명하겠다). 만일 그 핀에 연결된 센서가 활성화되어 있다면 문장1이 실행된다. 그렇지 않다면 컴퓨터는 문장 1은 통과하고 문장 2와 그 이하의 문장들을 실행해 나가게 된다.

If 문을 쓸 때에는 if 라는 키워드 뒤에 평가해야 하는 조건을 적은 후(위의 코드에서는 In6=1이 이에 해당한다) then 이라는 키워드를 붙인다. 그 다음에 조건이 만족될 경우에 수행하고자 하는 문장들을 적고 나서 End if 라는 키워드로 마치면 된다. P베이직과 M베이직, 그리고 픽베이직 프로에서는 end if 를 한데 붙여 endif 로 쓴다는 점에 주의하자. BX-베이직에서는 그렇지 않다.

버전 2.5 이전에서는 P베이직에서 if 문을 쓰기가 좀 불편하게 되어 있었다. endif 라는 것이 없었기 때문이다. 그래서 수행하고자 하는 명령어들을 루틴으로 만들어 if 문이 그 루틴으로 가도록 지정해 주어야 했다. 새로운 버전에서는 수행하고자 하는 문장들을 if 문에 바로 이어서 쓸 수 있게 되었다. 새로운 방식이 훨씬 낫다. 인터넷에서 찾아볼 수 있는 코드나 설명들은 옛날 방식으로 되어 있는 것들도 있을 것이다. 우리의 코드는 모두 P베이직 2.5로 되어 있으므로, 모든 프로그램의 첫머리에 언제나 다음 문장을 넣어 주어야 한다.

```
'{ $PBASIC 2.5]
```

5. 변수 Variables

컴퓨터의 메모리를 변화무쌍하게 활용할 수 있다는 점은 컴퓨팅 능력을 가진 미디어computational media가 전통적인 미디어와 결정적으로 차별화되는 부분이다. *변수*는 정보를 저장하고 계산하기 위해 사용되는 컴퓨터 메모리 안의 장소이다. 사용자가 버튼을 눌렀는지의 여부, 버튼을 누른 횟수, 컴퓨터가 불빛을 깜박거린 횟수, 버튼이 눌린 후 경과한 시간 등 프로그램에 필요한 기록들을 남기는 데 변수를 사용한다.

컴퓨터 메모리는 이름을 붙일 수 있는 수많은 빈 커피 잔들과도 같다. 변수는 우리가 기억하고 싶은 것을 커피 잔 안에 담은 후에 그 이름을 레이블에 적어서 붙일 수 있도록 해준다. 우리가 만드는 if 문과 반복문들은 레이블을 보고 필요한 커피 잔을 찾은 후, 그 안에 들어 있는 내용을 보고 그에 따라 적절한 행동을 취하게 된다. 이것이 그렇게도 강력한 힘을 발휘할 수 있는 것은 커피 잔 안에 무엇을 저장할 수 있는 능력에 있다기보다는 그 내용을 얼마든지 쉽게 '변화'시킬 수 있다는 데 있다. 이러한 이유에서 이들을 '저장수' 라 부르지 않고 '변수' 라고 부르는 것이다.

베이직에서는 변수를 사용하기에 앞서 먼저 거기에 이름을 주어야 한다. 일반적으로 이러한 일은 프로그램의 제일 첫머리나 루틴의 시작 부분에서 한다. 이렇게 하는 것을 '변수를 선언declare 한다' 라고 한다.

변수에 이름을 붙일 때는 그 변수가 기억하려는 내용을 잘 나타내줄 수 있는 이름을 선택하도록 하자. 이렇게 하면 코드를 읽기가 훨씬 쉬워진다. 우리는 변수를 예약어들과 쉽게 구별할 수 있도록 변수 이름의 끝에 'Var'라는 말을 덧붙이기도 한다. 변수의 이름은 마음 내키는 대로 어떻게든 지어도 되는데, 다만 숫자로 시작해서는 안 되고 이름 안에 공백이 있어서도 안 되며, 키워드여서도 안 된다. 만일 변수명으로 사용할 수 없는 이름을 사용했다면 프로그램을 실행할 때 컴파일러가 알려준다.

변수에 값을 저장하기 위해서는 다음과 같이 등호의 왼쪽에 변수 이름을 쓰고 오른쪽에 기억하고자 하는 값을 적어 주면 된다.

```
DateVar = 12
ticketValueVar = 250
FareVar = 125
```

매크로미디어 디렉터MX의 링고나 플래시MX의 액션스크립트 같이 높은 레벨의 언어에서는 텍스트 스트링, 정수, 소수 등 어떤 종류의 정보이든 하나의 변수에 담을 수 있다. 저장된 데이터가 어떤 종류인지는 변수가 사용된 맥락을 보아 자동으로 판단되며, 메모리 양도 필요에 맞게 늘여 가면서 할당된다. 마이크로컨트롤러 시스템에서는 이처럼 발달된 기능들은 제공되지 않으며 메모리 양도 제한적이다. 그래서 변수를 선언할 때 변수에 저장되는 데이터를 어떻게 해석할 것인지, 그리고 변수를 저장하는 데 얼마만한 메모리 공간이 필요한지를 명시해 주어야 한다. 변수를 선언하는 방법은 다음과 같다.

PBASIC / MBasic / PicBasic Pro

```
SensorVar var byte
TicketVar var byte
BiggerVar var word
```

BX-Basic

```
Dim sensorVar as byte
Dim ticketVar as byte
Dim biggerVar as integer
```

변수의 크기와 그것이 해석되는 방식을 변수의 *데이터 타입data type*이라고 부르는데, 이는 보통 얼마나 큰 숫자를 기억하려고 하는지에 따라 결정된다. 이를테면 두 가지 상태(0또는 1) 중 어느 쪽인지만을 기억하고자 한다면 이는 가장 작은 메모리 단위인 *비트bit* 하나에 담길 수 있다. 0에서 255 사이의 숫자를 기억하기 위해서는 8비트의 메모리가 필요한데, 이를 *바이트*byte라고 한다. 한 바이트 안의 여덟 개 비트 하나하나를 **그림 5-1**에서처럼 스위치로 생각해 보면, 스위치들을 세팅하는 방법에 따라 여러 숫자들을 나타낼 수 있음을 이해할 수 있을 것이다.

그림 5-1 피지컬한 메모리 한 바이트

스위치의 한 쪽은 0을, 다른 쪽은 1을 각각 저장한다. 스위치가 8개 있으면 스위치를 늘어놓는 방법에는 2^8가지, 즉 256가지의 가능한 조합이 있게 된다. 이렇게 해서 한 바이트에 0부터 255까지의 숫자를 기록할 수 있는 것이다.

기록하는 값이 소수점 있는 숫자나 음수라면 이보다 더 큰 메모리가 필요해진다. 우리들은 전문가가 아니므로, 프로그램에서 메모리가 부족해지는 일은 별로 생기지 않는다.[2] 그러니 확신이 서지 않을 때는 큰 데이터 타입을 사용하는 편이 안전하다.

앞으로 우리는 마이크로컨트롤러에 내장된 함수들을 이용하게 되는데, 이를 위해서는 변수의 종류를 잘 이해하고 있어야 한다. 내장 함수에 파라미터로서 변수를 제공하거나 반대로 내장 함수가 돌려주는 값을 변수에 저장하는 경우가 많은데, 이때 내장 함수들이 원하는 형태로 변수의 종류를 맞춰 주어야 한다. 예를 들어 베이직스탬프의 rctime 함수는 워드 크기의 변수를 기대하고 BX의 Pulseout() 함수는 싱글이라는 종류의 변수를 기대한다.[3] 설명서에서 함수에 대한 설명을 할 때 보통 제일 먼저 알려주는 것이 그 함수가 기대하는 변수의 종류가 무엇인가 하는 것이다. 때로는 하나의 변수를 두 함수에 사용해야 하는데 두 함수가 기대하는 변수의 종류가 다른 경우도 있다. 이럴 때는 종류변환 함수를 사용해서 변수의 종류를 바꾸어 주어야 한다.

베이직 언어마다 데이터 타입이 서로 다르고, 또 같은 타입에 대해서도 일컫는 용어가 일정치 않다. 언어별로 데이터 타입과 사용하는 메모리 크기, 그리고 저장할 수 있는 숫자의 범위를 오른쪽 표에 나열했다.

---

2) 예를 들어 BX-24의 경우 바이트 크기의 메모리를 400개 저장할 수 있으니, 아마 충분히 쓰고도 남을 것이다.

3) 싱글이란 1차 정밀도의 부동소수점floating point 숫자를 말하는데, 이는 소수점 뒤로 여섯 자리까지 소수 부분을 가질 수 있는 숫자이다. 부동소수점 숫자란 명칭은 숫자 안에서 소수점이 떠 다닌다는 것을 의미하는 것이다.

P베이직

타입	비트 수	값의 범위
비트Bit	1	1 또는 0
니브Nib	4	0~15
바이트Byte	8	0~255
워드Word	16	0~65535

M베이직

타입	비트 수	값의 범위
비트Bit	1	1 또는 0
니브Nib	4	0~15
바이트Byte	8	0~255
S바이트SByte	8	−127~+128
워드Word	16	0~65535
S워드SWord	16	−32767~+32768

픽베이직 프로

타입	비트 수	값의 범위
비트Bit	1	1 또는 0
바이트Byte	8	0~255
워드Word	16	0~65535

BX-베이직

타입	비트 수	값의 범위
불린Boolean	8	True 또는 False
바이트Byte	8	0~255
인티저Integer	16	−32768~32767
롱Long	32	−2,147,483,648~2,147,483,647
싱글Single	32	−3.402823E+38~3.402823E+38
스트링String	때마다 다름	0~64 바이트

음수나 소수를 표현할 수 없는 마이크로컨트롤러들도 있다. 그러니 마이크로컨트롤러를 선택할 때는 음수나 소수가 필요한지도 고려해 보아야 한다. 음수를 표현하는 경우에는 수의 부호를 나타내는 데에 한 비트가 사용된다. 예를 들어 M베이직에서는 음수를 나타낼 수 있는 데이터 타입을 S워드와 S바이트라고 부르는데, 이때 S는 '부호있는signed' 숫자임을 나타내는 것이다. 한편 우리가 다루는 환경 가운데 BX베이직만이 싱글 타입이

라는 것을 두어 소수를 표현해 준다.

루틴에서 변수를 사용하는 예를 들면 다음과 같다.

PBASIC
MBasic
PicBasic Pro

```
ticketsSubmitted var byte
ticketSensor var byte

main:
    If (ticketSensor = 1) then
    ticketsSubmitted = ticketsSubmitted + 1
    Endif
    If (ticketsSubmitted = 3) then
        Gosub OpenGate
        TicketsSubmitted = 0
    Endif
Goto main
```

BX-Basic

```
Dim ticketsSubmitted as byte
Dim ticketSensor as byte

Sub main()
Do
    If (ticketSensor = 1) then
        ticketsSubmitted = ticketsSubmitted + 1
    End If
    If (ticketsSubmitted = 3) then
        Call OpenGate()
        TicketsSubmitted = 0
    End if
    Loop
End sub
```

이 예제는 기차에 탑승하기 위해 필요한 세 장의 티켓을 가지고 있는지를 검사하기 위한 것이다. ticketSensor라는 변수는 티켓 소지 여부를 확인하는 센서의 상태를 기록하기 위한 것이며, ticketsSubmitted라는 변수는 티켓을 몇 장이나 냈는지를 헤아리기 위한 것이다. 원래 있던 ticketsSubmitted값에 1을 더해 주어야 한다는 점(ticketsSubmitted= ticketsSubmitted +1), 그리고 일단 탑승한 후에는 ticketsSubmitted를 0으로 되돌려 놓아야 한다는 점에 주의하자. 기차의 운임을 변경하고 싶다면 구입해야 하는 티켓의 수효를 달리해 주면 되는데, 이를 위해서는 3이라는 상수로 고정되어 있는 티켓의 수효를 변수로 바꾸어 주면 될 것이다.

6. 내장된 루틴 : 서브루틴과 함수

모든 프로그래밍 언어는 가장 기본적인 일들을 수행하기 위한 내장 루틴들을 가지고 있다. 이러한 내장 루틴을 얼마나 많이 그리고 얼마나 다양하게 가지고 있는가 하는 것은 마이크로컨트롤러의 주된 광고 포인트이기도 하다. 이를테면 입력 핀의 상태를 확인하고 출력 핀의 상태를 설정하는 것은 모든 마이크로컨트롤러들이 제공해주는 기능이다. BX-베이직에는 이를 위한 루틴으로 putPin( )과 getPin( )이 있다. P베이직과 M베이직, 그리고 픽베이직 프로도 모두 동일한 일을 해주는 루틴들을 가지고 있다. 대부분의 루틴은 필요한 파라미터들을 루틴의 이름 뒤에 컴마로 구분해가며 적도록 되어 있다. 예를 들어 6번 핀에 전압을 걸어 주기 위해서는 putPin( )을 부르게 되는데, 이때 핀의 번호와 원하는 핀의 상태를 다음과 같이 명시해 주어야 하는 것이다.

PBASIC / MBasic

```
high 6
```

PicBasic Pro

```
high portb.0
```

BX-Basic

```
call putPin(6, 1)
```

위와 같이 하면 원하는 핀에서 5볼트가 출력되도록 할 수 있다. 다음과 같이 하면 그 핀의 전압을 0볼트로 바꾸게 된다.

PBASIC / MBasic

```
low 6
```

PicBasic Pro

```
low portb.0
```

BX-Basic

```
call putPin(6, 0)
```

BX-베이직에서는 모든 루틴 앞에 call 이라는 말이 붙는다는 것을 유념하자.

상수 Constants

프로그래밍 언어에는 변수 외에도 상수라는 것이 있는데, 이는 프로그램이 실행되는 동안 한 번도 변화하지 않는 변수를 말한다. 이는 프로그램 안에서 여러 번 되풀이되어 사용되는 숫자들에 이름을 주는 용도로 사용하게 된다. 처음에 상수가 정의되는 부분만 한 번 바꾸어 주면 프로그램 안에서 그 상수가 적용되는 모든 부분들을 한 번에 바꿀 수 있다. 이러한 방법을 사용하면 하나의 코드를 여러 어플리케이션에서 다시 활용하기가 쉬워진다.

예를 들어 6장 '4대 회로 : 회로도, 프로그램, 그리고 부품들'에는 서보모터를 구동하기 위한 예제가 있다. 서보모터에는 최소 펄스길이와 최대 펄스길이라는 것이 정해져 있는데, 이는 하나의 모터안에서는 변화하는 값이 아니다. 그러나 서보모터를 제조하는 회사마다는 조금씩 다를 수 있다. 이 값들을 상수로 지정해 두면 다른 회사의 서보모터를 구입하더라도 프로그램 안에서 값들이 나오는 곳마다 일일이 바꾸어 줄 필요 없이 한 번만 바꾸어 주면 된다.

상수라는 것은 변화하지 않기 때문에, 프로그램을 시작하면서 상수를 선언할 때는 그 값도 같이 정해 주면 된다. P베이직, M베이직, 그리고 픽베이직 프로 모두 상수는 프로그램이 시작할 때 다음과 같은 방법으로 선언한다.

```
MinPulse con 100
```

프로그램에서 이를 사용할 때는 변수와 마찬가지로 다음과 같이 하면 된다.

```
PulseWidth = minPulse + angleVar
```

BX-베이직에서는 다음과 같이 상수의 타입도 역시 선언해 주어야 한다.

```
Const minPulse as single = 0.001
```

상수는 굳이 사용하지 않아도 괜찮지만 알아두면 프로그램을 짤 때 편리하며, 다른 사람들이 작성한 프로그램들을 보다 보면 만나게 될 것이다.

명령을 수행하기만 하고 정보를 돌려주지는 않는 루틴과 함수는 *명령어*$_{command}$라고 부르기도 한다. 값을 돌려주는 루틴은 *함수*$_{function}$라고 부른다.

5번 핀의 상태를 확인하여 pinStateVar라는 바이트 변수에 그 상태를 저장하고 싶다면 다음과 같이 하면 된다.

PBASIC / **MBasic**

```
input 5
pinStateVar = in5
```

PicBasic Pro

```
input portb.1
pinStateVar = portb.1
```

BX-Basic

```
pinStateVar = getPin(5)
```

NOTE

P베이직과 M베이직, 그리고 픽베이직 프로에서는 어떤 핀의 상태를 확인하고자 한다면 먼저 그 핀을 입력 핀으로 선언해 두어야 한다. 위의 예제에서 input이라는 명령어가 하는 역할이 이것이다.

함수에서 값을 돌려 받을 때 가장 많이 사용하는 방법은, 위에서 본 것처럼 함수를 변수에 대입하는 것이다(pinStateVar=getPin(5)). 마이크로컨트롤러로부터 정보를 돌려받기 위해 언제나 함수를 사용해야 하는 것은 아니다. 예를 들면 앞서 보인 P베이직과 M베이직 코드에서 in5는 사실 함수가 아니라 언제나 5번 핀의 상태를 나타내주도록 되어 있는 내장된 변수이다.

변수에 값을 넣는 데 이와 다른 방법을 사용하는 함수들도 있다. 즉, 값을 받고자 하는 변수의 이름을 함수에 대한 입력값으로 넣어주는 방법도 있다. 예를 들어 다음 예제에서 rctime이라는 명령어는 결과값을 sensorVar라는 변수에 넣어 줄 것이다.

PBASIC / MBasic

```
sensorVar var word
rctime 5, 1, sensorVar
```

PicBasic Pro

```
sensorVar var word
rctime portb.1, 1, sensorVar
```

BX-Basic

```
dim sensorVar as integer
sensorVar = Rctime(5,1)
```

어떤 마이크로컨트롤러에든 많은 명령어들이 있다. 마이크로컨트롤러의 매뉴얼에서 명령어 라이브러리는 우리들이 자주 찾아보는 부분이 될 것이다. 4장에서 LED를 깜박이게 할 때에 사용했던 명령어들을 매뉴얼에서 찾아보자. 이밖에 다른 명령어들도 대충 훑어보면서 당신의 마이크로컨트롤러가 어떤 일들을 할 수 있는지에 대해 감을 가져 보자. 한 루틴이 어떤 일을 하는지를 파악한 다음에는, 그 루틴에 어떤 파라미터들을 제공해 주어야 하며 그 파라미터들이 어떤 데이터 타입이어야 하는지도 주의깊게 보아야 한다. 함수의 경우에는(즉, 값을 돌려주는 루틴일 경우에는) 그것이 돌려주는 값의 데이터 타입도 명시되어 있을 것이다. 루틴이 원하는 파라미터의 데이터 타입에 맞추어서 변수를 선언해 주도록 하자.

7. 루틴을 만들어 보자

어떤 한 덩어리의 코드를 여러 번 반복해서 사용하게 될 때가 있다. 이때 프로그램의 여기저기에 같은 문장들을 여러 번 적지 않고, 이를 루틴으로 한 번 만들어 두고 필요할 때에 그 루틴을 부르는 방식으로 프로그램할 수 있다. 이러한 루틴을 *서브루틴subroutine*이라고 한다. 이러한 방법을 사용하면 훨씬 잘 짜여진 코드를 쓸 수 있으며 코드를 수정하기도 쉬워진다. 프로그램이 몇 줄밖에 되지 않고 별달리 구성이나 추후 관리에 신경을 쓸 필요도 없어서 서브루틴을 사용하지 않는 경우도 있다. 하지만 아무리 간단한 프로그램이라고 해도 보통 한두 개 정도의 서브루틴은 등장하게 마련이다.

변수에서와 마찬가지로, 우리들이 만드는 루틴에도 숫자로 시작하거나 중간에 공백을 넣지만 않는다면 어떤 이름이든 자유롭게 붙일 수 있다. 하지만 역시 변수에서와 마찬가지로, 서브루틴에도 그것이 무엇을 하는 서브루틴인지를 알 수 있도록 해주는 이름을 붙이는 편이 좋다. 우리는 이미 main, 또는 sub main( )이라고 이름 붙인 루틴을 만들어 본 바 있다.

P베이직과 M베이직, 그리고 픽베이직 프로에서는 레이블 이름과 콜론으로 루틴을 나타낸다. 서브루틴을 부를 때는 gosub이라는 키워드 다음에 서브루틴의 레이블을 적으면 된다. 서브루틴의 맨 끝에는 return이라는 키워드를 붙여 준다. 프로세서는 rerurn 키워드를 만나면 그 루틴을 호출한 gosub 명령어의 바로 다음 줄로 돌아간다.

가령 아주 예의 바른 프로그램을 하나 작성한다고 하자. 그러면 사람들에게 감사하기 위한 서브루틴이 필요하겠다.

PBASIC

MBasic

PicBasic Pro

```
Main:
    If (사람들이 내 얼굴에 재채기를 하면) then
        gosub 고마워요 루틴
    EndIf
    If (사람들이 나를 걷어차면) then
        gosub 고마워요 루틴
    Endif
    If (사람들이 우리 집에 불을 지르면) then
        gosub 고마워요 루틴
    endif
Goto main
```

```
고마워요 루틴:
    High 0 '감사 표시등을 켠다
    Pause 1000
    Low 0 '감사 표시등을 끈다
    Pause 1000
Return
```

앞서 설명하였듯이, BX-베이직에서는 루틴의 시작은 sub와 그 루틴의 이름으로, 루틴의 끝은 end sub라는 말로 각각 알리게 되어 있다. 루틴 안의 코드들을 실행하려면 내장 루틴에서와 마찬가지로 그 루틴의 이름을 부르면 된다.

BX-Basic

```
Sub main()
    Do
        If (사람들이 내 얼굴에 재채기를 하면) then
            Call 고마워요 루틴 ()
        End If
        If (사람들이 나를 걷어차면) then
            Call 고마워요 루틴 ()
        End if
        If (사람들이 우리 집에 불을 지르면) then
            Call 고마워요 루틴 ()
        end if
    Loop
End sub

Sub 고마워요 루틴 ()
    Call PutPin(5,1) '감사 표시등을 켠다
    Call Delay (1.0)
    Call PutPin(5,0) '감사 표시등을 끈다
    Call Delay (1.0)
End sub
```

메인 루틴의 어디에서든 '고마워요 루틴'을 부르면 그 루틴이 실행되고, 실행이 완료되면 자신을 부른 문장의 바로 다음으로 돌아간다. 여기서 정말 멋진 점은, 감사하는 방법을 조금이라도 바꾸고 싶을 때는 언제든 꼭 한 군데만 고쳐 주면 된다는 것이다.

8. 발전된 루프 : While-Wend와 For-Next

지금까지는 언제까지나 무한히 반복되는 루프 한 가지만을 살펴보았다. 이러한 루프는 *무한 루프infinite loop* 또는 *이벤트 루프event loop*라고 부른다. 마이크로컨트롤러가 끊임없이 살펴보아야 하는 일들(이를테면 버튼이 눌려졌는지의 여부 살펴보기)은 메인루프 안에 두어야 한다. 마이크로컨트롤러가 끊임없이 제어해야 하는 일들(이를테면 LED 깜박이기)도 마찬가지다.

PBASIC / MBasic / PicBasic Pro

```
main:
    ' 끊임없이 반복해야 하는 일들
Goto main
```

BX-Basic

```
Sub main()
    Do
    ' 끊임없이 반복해야 하는 일들
    Loop
End sub
```

사실 간단한 프로그램에서는 이 루프 하나만으로 충분한 경우가 많다. 하지만 for-next나 while-wend, 또는 do-while 같이 좀 더 짧은 루프들을 사용하면 코딩이 한결 쉬워진다.

■ While-Wend 또는 Do-While

어떤 조건이 만족되는 동안만 루프를 반복시키고 싶을 때가 있다. 이를테면 어떤 버튼이 눌려 있는 동안에만 어떤 일이 수행되도록 하고 싶은 경우가 이에 해당한다. 이럴 때에는 while-wend나 do-while을 사용해서 해당 스위치가 연결된 핀에 5볼트가 걸려서 참이라는 논리 값이 들어오는 동안에만 일련의 동작이 반복되도록 하면 된다. 예를 들면 다음과 같다.

MBasic

```
Input 5

While in5 = 0
    High 1
    Pause 250
    Low 1
    Pause 250
wend
```

PicBasic Pro

```
Input portb.5

While portb.5= 0
   High portb.0
   Pause 250
   Low portb.0
   Pause 250
wend
```

BX-Basic

```
Do while getPin(5) = 0
   Call PutPin(6,1)
   Call delay(0.25)
   Call putPin(6,0)
   Call delay(0.25)
Loop
```

만일 while 문이 참이 아니면 프로그램은 루프 다음의 문장으로 건너뛰게 된다. 만일 루프 다음에 더 이상 문장이 없으면 프로그램은 거기서 멈춘다.

NOTE

P베이직에는 while-wend가 없다. 하지만 if-then문 두 개와 레이블 하나를 사용해서 다음과 같이 대체할 수 있다.

PBASIC

```
Input 5
WendLabel:
if in5 = 0 then
   High 1
   Pause 250
   Low 1
   Pause 250
Endif
If in5 = 0 then wendLabel
```

■ For−Next

For−next 루프는 어떤 일을 특정 횟수만큼만 반복하고 싶을 때에 사용한다. 예를 들어 스탬프류의 컨트롤러에서 16개의 출력 핀을 사용한다고 하자. 이들 핀 각각에 4장에서와 같은 방법으로 LED를 하나씩 달았다고 하자. 이제 하나의 LED를 켜고 나서 잠깐씩 멈춰 가면서 모든 LED들을 차례로 켜 나가고 싶다면, 다음처럼 LED마다 코드를 한 줄씩 써 나가면 될 것이다.

PBASIC / MBasic

```
High 0
Pause 1000
High 1
Pause 1000
High 2
Pause 1000 ····
```

BX-Basic

```
Call putPin(5, 1)
Call delay(1.0)
Call putPin(6, 1)
Call delay(1.0)
Call putPin(7, 1)
Call delay(1.0) ····
```

LED가 3개일 경우에는 별 문제 없겠지만, LED가 16개 있다면 코드가 좀 지저분해지기 시작한다. 다른 방법으로, 번호가 낮은 핀부터 높은 핀 쪽으로 세어 나가면서 변수를 사용해서 현재의 핀 번호를 기억하는 방법을 사용해 보자. For−next 루프가 바로 이런 형태의 반복에 적합한 루프이다. For−next 루프의 문법은 우리들이 사용하는 모든 베이직 언어에서 동일하다. 즉, 다음과 같다.

```
' 프로그램의 첫머리에 yourVariable 변수와 그 데이터 타입을 선언한다

For yourVariable = 초기값 to 종료값
    문장1
    문장2
Next
```

PBASIC
MBasic

```
counterVar var byte
For counterVar = 0 to 15
   High counterVar
   Pause 1000
Next
```

PicBasic Pro

```
' 픽베이직 프로에서는 for-next 루프에서 핀 이름을 변수로 사용할 수 없다.
' 따라서 약간 편법을 사용해야 한다.
' 본 예제에서는 DECODE 함수(DCD)를 사용하여 PORTB의 8개 핀들을(RB0~RB7) 켜도록
했다.
' DCD의 자세한 사항에 대해서는 픽베이직 프로의 매뉴얼을 참조하라.
counterVar var byte
' PORTB의 모든 핀들을 출력 핀으로 설정한다.
TRISB = %000000000
For counterVar = 0 to 7
    PORTB = DCD counterVar
    Pause 1000
Next
```

BX-Basic

```
Dim counterVar as byte
For counterVar = 0 to 15
   ' 핀 번호가 5부터 시작하므로 카운터 변수에 5를 더한다.
   Call putPin(counterVar + 5, 1)
   Call delay(1.0)
Next
```

프로세서가 for 문을 만나면 해당 변수를(이 예제에서는 counterVar) 초기값(이 예제에서는 0)으로 놓고 루프 안의 문장들을 실행한다. Next문을 만나면 변수에 1을 더하고 다시 for 문으로 돌아간다. 보이지는 않지만 루프의 마지막에 counterVar=counterVar+1이라 적혀 있는 것과도 같이 행동하는 것이다. counterVar가 종료값(이 예제에서는 15)보다 작거나 같으면 문장들을 다시 실행한다. counterVar가 종료값보다 커지면 next문 다음의 문장으로 건너가서 프로그램의 나머지 부분들을 계속해서 실행한다. CounterVar는 변수이므로, for-next 루프에서 사용하기 전에 먼저 선언해 주어야 한다.

NOTE

BX-베이직에서는 루프에서 카운터로 사용하는 변수를 루프가 속해 있는 서브루틴 안에서 선언해 주어야 한다.

똑같은 일을 수행하지만, 훨씬 타이핑할 양이 적어졌다! For-next 루프를 사용하면 어떤 일을 차례차례 확인하거나 변화시켜 나가는 데 편리하기 때문에 우리는 코드를 작성할 때 이를 자주 사용한다.

9. 슈도코드

이 책에 있는 코드들을 따라가기는 쉽지만 텅 빈 화면을 마주하고 직접 자기만의 코드를 써 보려고 하면 막막해질 수도 있다. *슈도코드pseudocode*를 사용하면 아이디어를 코드로 옮기기가 좀 쉬워진다. 먼저 컴퓨터가 해 주었으면 하는 일들을 단계별로 나누어 평범한 말로 적어 본다. 이것을 *알고리듬algorithm*이라고 한다. 앞에서 변수를 커피 잔으로 생각할 수 있다고 하였는데, 알고리듬은 숫자라고 하는 것을 마치 커피 잔들 사이를 이리저리 옮겨다니는 공깃돌처럼 물질적인 대상으로 생각할 수 있도록 해 준다[4].

다음으로는 이렇게 일반 언어로 쓰여진 알고리듬을 좀 더 형식을 갖추어서 다시 쓰는데, 이를 슈도코드라 한다. 슈도코드는 일반언어로 설명한 과정들을 프로그램의 구조를 갖추어 다시 기술하는 것인데, 이때 어느 특정 프로그래밍 언어의 용어들을 사용하지는 않는다. 프로그래밍의 흐름에 익숙해지고 나면 일반언어로 기술한 것이 슈도코드와 거의 동일해지게 된다.

때로는 일반언어가 프로그래밍을 하는 데 아주 좋은 힌트를 주기도 한다. 만일 '각각', '모두', '빠짐없이', '언제나'와 같은 말들을 사용하게 된다면 아마도 반복이 필요한 경우일 것이다. '만일', 또는 '....할 때' 같은 말들이 나온다면 if가 필요하다는 것을 쉽게 알 수 있다. '저장', '기록', '기억', 또는 '상태를 보면서' 같은 말들이 나오면 변수가 필요하겠구나 라는 생각을 해볼 수 있다. 사실 처음에는 변수가 어떨 때 필요한지를 알기가

4) 피지컬 컴퓨팅은 프로그램의 동작과정을 자연히 물리적으로 생각하도록 하기 때문에 프로그래밍의 개념을 익히는 데 좋은 공부가 된다.

쉽지 않다. 거꾸로 해보는 편이 좋겠다. 루프와 if문들을 적은 후에 루프 안에서 변화하는 숫자가 어떤 것이 있는지를 살펴보면, 그것이 변수가 되어야 할 부분이다. 아예 처음에 말로 쓸 때부터 '만일', '각각에 대해', '달라지는' 처럼 알아보기 쉬운 말들을 사용해보는 것도 나쁘지 않은 방법이다. 이를테면 다음과 같이 할 수 있다.

일반 언어 :
모든 승객은 지하철 개찰구를 지날 때마다 교통카드를 찍어야 한다. 만일 카드에 충분한 금액이 남아 있으면 해당 요금만큼 카드의 금액이 빠지고 개찰구가 열린다.

슈도코드 :

```
승객을 확인한다 :
        교통카드를 읽는다
        만일 카드의 잔액이 요금보다 크다면
            카드의 잔액에서 요금만큼을 뺀다
            "어서오세요." 불빛을 세 번 깜박인다
            승객이 지나갈 수 있도록 개찰구를 연다
다음 승객을 확인한다
```

이 예제의 경우, 반복이 필요하고(계속해서 다음 승객을 확인한다) 센서를 읽어들여야 하며(교통카드를 읽는다) if문이 필요하다(잔액이 요금을 내기에 충분한지를 확인한다)는 것을 알 수 있을 것이다. 요금이 얼마인지를 변수로 기록하면 필요할 때 요금을 변경할 수 있을 것이다. 이를테면 통근시간에는 요금을 좀 더 올려 받는다든지 하는 식으로 말이다. 또는 승객의 카드에 남은 잔액을 기록하는 변수를 도입해 볼 수도 있겠다. "어서오세요." 불빛을 세 번 깜박이게 하는 데에는 for-next 루프를 사용할 수 있을 것이다. 개찰구를 열기 위해서는 세부적으로 몇 단계가 더 필요할지도 모르는데, 이를 별도의 루틴으로 만들면 프로그램의 다른 곳에서도 불러내 사용하도록 할 수 있을 것이다(이를테면 역무원이 필요에 따라 수동으로 개찰구를 열어야 하는 경우).

슈도코드에 따라 작전계획을 세웠으면, 이제 사용하고자 하는 마이크로컨트롤러에 맞는 실제 코드를 쓸 때가 되었다. 슈도코드를 한 줄 한 줄 마이크로컨트롤러의 명령어로 바꾸어 가면 되는 경우도 있고, 슈도코드 한 부분을 실제 코드로 옮기는 데 여러 줄의 명령어들이 필요한 경우도 있다.

어떤 코드가 *언제* 실행되느냐 하는 것은 그 코드가 프로그램 안에서 *어디에* 있느냐에 달려 있다는 점을 기억해 두는 것이 좋겠다. 예를 들어 프로그램이 *시작할 때* 한 번만 실행되기를 원하는 일들은 메인 루프에 들어가기 전에 써 주어야 한다. 계속해서 *반복*시키고 싶은 일들은 메인 루프 안이나 메인 루프가 호출하는 서브루틴 안에 두어야 한다. *때때로* 일어나는 일들은 메인 루프 안에 있는 if문 안에 두어야 한다.

처음부터 세련되고 깔끔하게 프로그램하려고 애쓰지는 말자. 변수나 반복문을 사용하면 한 줄로 끝날 것을 if문으로 쓰느라고 몇 페이지가 걸리는 일이 있을지도 모른다. 처음에는 길어지더라도 우선 써 보면서 내용을 이해한 다음에, 변수를 적절히 사용하거나 반복문을 이용해서 간단하게 줄일 수 있는 방법은 없을지를 생각해 보면 된다. 마이크로컨트롤러용 프로그램은 원래 짧고 간단하기 마련이므로 별로 최적화할 여지가 없을 수도 있다.

10. 코멘트comments

이론상으로는, 베이직 코드는 우리들이 일상적으로 사용하는 언어와 비슷하므로 누구든 읽고 이해할 수 있어야 한다. 실제로는 그렇지 않다. 때로는 말로 된 설명을 코드 안에 넣어서 어떤 부분이 무엇을 위한 코드인지 설명하거나 앞으로 루틴을 더 만들어 넣어야 할 곳을 표시해 두고 싶을 때가 있다. 이럴 경우에는 홑따옴표를 붙이고 코멘트를 시작하면 된다. 베이직은 홑따옴표 뒤에 오는 말들은 코멘트라 간주하고 무시한다.

코멘트는 프로그램을 짜면서 생각나는 일들을 마치 소리내어 말하는 것처럼 기록해 둘 수 있도록 해 준다. 다음 예제를 보자.

```
' 이 줄은 코멘트임. 다음 줄에서 메인 루프가 시작된다.
Do
   If ticketValueVar > 0 then ' 승객이 지불할 요금을 확인한다
      Call takeFare()
   End if
Loop
```

또한 코멘트는 프로그램에서 디버깅해야 할 부분만을 남기는 용도로도 유용하게 사용된다. 때로는 코드의 어떤 부분에 잘못이 없는지를 확인해 보기 위해 그 부분만을 살려 두고 코드의 나머지를 모두 지워 보고 싶을 경우가 생긴다. 이럴 때 코멘트를 사용하면

다시 필요하게 될지도 모르는 코드들을 아주 지워 버리지는 않으면서도 테스트를 해 볼 수 있다.

프로그램을 작성할 때는 시작 단계에서부터 코멘트를 하도록 하고, 또 자주 하도록 하자. 코멘트는 다른 사람들에게 코드를 보여주어야 하는 경우에 더욱 중요해지지만, 혼자서 일하는 경우에도 역시 중요하다. 베이직 코드를 짜다 보면 이게 무엇하는 코드였더라 하고 스스로 얼마나 쉽게 잊어버리게 되는지, 아마 놀랄 것이다.

11. 디버깅

슈도코드는 프로그램을 작성하기 위한 계획을 세우는 데 도움을 주지만, 실제로 동작하는 코드를 쓰는 과정에서 금세 변형되어 버리는 경우가 많다. 최종 프로그램이 슈도코드의 논리를 그대로 따르는 경우는 별로 없다. 우리는 우리들에게 아주 마땅해 보이는 논리가 마이크로컨트롤러에게는 왜 그렇지 못한가 하는 것을 밝혀 내기 위해 많은 시간을 소비하게 될 것이다. 우선 어느 부분이 잘못되었는지에 대한 가설을 세워야겠다. 우리가 컨트롤할 수 없는 것들은 의심하지 말자. 이를테면 마이크로컨트롤러의 컴파일러에서 버그를 찾아내려 한다든가 하지는 말자.

가장 큰 문제는, 컴퓨터의 딱딱한 사고방식을 따라가기가 쉽지 않다는 것이다. 마이크로컨트롤러의 생각을 엿볼 수 있도록 대부분의 프로그래밍 언어들은 디버그 명령어를 제공한다. 이 명령어는 프로세서로 하여금 프로그래밍 환경의 윈도우에 메시지를 보내어서 프로그래머가 이를 눈으로 볼 수 있도록 한다.

디버그 명령을 이용해서 하고 싶은 일들 중 가장 간단한 것은 어떤 문장이 실행되고 있는지의 여부를 확인해 보는 일일 것이다. 프로그램에 if문, for-next 루프, 서브루틴 등이 여럿 등장하게 되면 프로그램이 어떻게 흘러가고 있는지를 파악하기가 어려워질 수 있다. 실행되지 않는 것처럼 보이는 문장의 바로 앞이나 바로 뒤에 디버그를 놓아 보자. 만일 그 문장이 실행되고 있다면 디버그 명령에 의해 화면에 메시지가 찍힐 것이다. 실행이 안 되고 있다면 메시지가 찍히지 않을 것이다.

디버그 명령은 현재 어떤 변수의 값이 얼마인지를 알아보는 데에도 사용될 수 있다. 이를테면 마이크로컨트롤러가 어떤 센서로부터 들어오는 값을 변수에 넣고 있을 때 그 값의 범위가 어느 정도인지를 알고 싶다고 하자. 이런 경우에는 센서에서 값을 읽어들이는 부분 바로 뒤에 디버그를 놓고 센서에 전해지는 피지컬한 자극을 변화시켜 보면 센서의 값이 어떻게 변화하는지를 볼 수 있다. 또는 열 번 실행되도록 짠 for-next 루프가 다섯 번밖에 실행되지 않고 있다고 하자. 이럴 때는 마이크로컨트롤러가 루프의 카운터로 사용하고 있는 변수의 값을 찍어보면 어디서 틀려지는지를 알 수 있다. 컴퓨터로 보내는 모든 메시지는 문자열 형식이어야 한다. 그래서 때로는 숫자 형식의 변수값을 문자열 형식으로 바꿔주어야 하는 경우도 생긴다.

디버그 명령을 쓰는 방식은 베이직 언어마다 조금씩 다르다.

PBASIC

```
Debug "hello world", 10, 13
Debug "start of routine", 10, 13
' 먼저 변수를 선언해 주어야 함을 잊지 말자!
Debug "fareVar = ", DEC fareVar, 10, 13
```

NOTE

BS-2의 경우, 프로그래밍 케이블이 연결되어 있는 상태에서는 프로그램이 실행되지 않을 때도 있다. 이는 칩이 디버그 모드로 놓여 있기 때문이다. 디버그 문을 하나 넣은 다음에 다시 컴파일하거나, 케이블을 뽑고 다시 실행해 보면 동작할 것이다.

MBasic

```
Debug [ "hello world", 10, 13]
Debug [ "start of routine", 10, 13]
' 먼저 변수를 선언해 주어야 함을 잊지 말자!
Debug [ "fareVar = ", DEC fareVar, 10, 13]
```

NOTE

M베이직에서는 칩을 디버그 모드에 두어야 디버그 문을 사용할 수 있다. 이를 위해서는, 코드를 쓴 다음에 툴바에서 Debug 버튼을 클릭하면 된다. 그 다음에 디버거 메뉴에서 Run을 선택하면 코드가 실행되면서 화면 아래쪽의 디버그 창에 디버그 메시지들이 나타나게 된다. 디버깅을 마치고 나면 툴바에서 Program 버튼을 클릭해서 칩을 프로그램하고, 브레드보드에서 프로그래밍 케이블을 뽑으면 프로그램이 실행된다.

PicBasic Pro

```
' 픽베이직 프로에서는 프로그램의 첫머리에 다음과 같이 써서
' 디버깅에 사용할 핀을 지정하고 디버그 메시지를 송신하는 보레이트를 지정해 주어야 한다.
INCLUDE "modedefs.bas"
DEFINE DEBUG_REG PORTC
DEFINE DEBUG_BIT 6
DEFINE DEBUG_BAUD 9600
DEFINE DEBUG_MODE 1

' 이 두 문장이 실제로 실행될 디버그 문이다.
Debug "hello world", 10, 13
Debug "beginning of main routine", 10, 13
' 먼저 변수를 선언해 주어야 함을 잊지 말자!
Debug "fareVar = ", DEC fareVar, 10, 13
```

BX-Basic

```
Debug.print "Hello world"
Debug.print "Start of routine"
' 먼저 변수를 선언해 주어야 함을 잊지 말자!
Debug.print "fareVar = " ; cstr(fareVar)
```

P베이직과 M베이직, 그리고 픽베이직 프로에서 두 값을 한 줄에 나타내려면 그들을 컴마로 분리하면 된다. fareVar 앞에 있는 DEC는 fareVar를 우리들이 읽을 수 있는 십진수 형태로 출력하기 위한 것이다. 숫자 10과 13은 컴퓨터에게 커서를 다음 줄로 넘기라고 말해 주는 특수 코드이다. 즉 옛날 타자기에서 타이핑될 지점을 새로운 줄의 맨 앞자리로 맞추는 것과 같은 역할을 한다.

BX-베이직에서는 여러 값을 한 줄에 나타내는 데 세미콜론을 사용한다. 그리고 줄을 바꾸어서 맨 앞자리로 가기 위한 코드는 필요치 않다. cstr() 함수는 다른 베이직 언어의 DEC와 유사한 역할을 한다. 즉, fareVar 변수의 값을 우리들이 읽을 수 있도록 십진수로 나타내 준다.

디버그 문은 프로그램이 어디에서 어디로 흘러가고 있는지를 잘 알 수 없을 때에 유용하게 사용할 수 있다. 이윽고 프로그램이 잘 실행되게 되면, 이들을 코멘트시켜 실행되지 않도록 하는 것을 잊지 말자. 디버그가 실행되고 있으면 마이크로컨트롤러의 실행속도가 느려지기 때문이다.

01 02 03 04 CHAPTER 05 06 07 08 09 10 11 12 13 14

12. 좋은 디버깅 습관을 기르자

디버그 문을 잘 활용하는 것 이외에도(일단 프로그램이 잘 돌아가게 되고 나면 빼 주어야 하지만) 디버깅을 잘 할 수 있는 요령으로 다음과 같은 것들이 있다.

- ▶ *프로그램은 작게 짜자.* 디바이스가 제대로 동작하는지를 테스트할 때에는, 한두 줄짜리 프로그램을 새로 쓰는 것이 기존의 프로그램에 그 한두 줄을 덧붙이는 것보다 더 간편할 때가 많다. 설령 복잡한 프로그램을 만들게 되더라도, 그것이 잘 동작하지 않을 경우를 위한 테스트용으로 짧은 프로그램들도 남겨두는 편이 좋겠다. 마이크로컨트롤러에 큰 프로그램 대신 작은 프로그램을 옮겨 심어 테스트해 보는 것은 잠깐이지만, 그로 인해 절약되는 시간은 엄청난 것이다.

- ▶ *버전 관리를 잘하자.* 프로그램에서 무언가를 바꿀 때마다 새로운 버전으로 저장하도록 하자. 고쳐 나간 이력을 가지고 있으면 무엇이 달라졌는지를 추적하기가 쉽다. 각 버전의 맨 위에 이번 버전에서 달라진 점이 무엇인지를 코멘트로 적어 두도록 하자.

- ▶ *프로그램 안에 내가 모르는 문장은 없어야 한다.* 프로그램이 너무 복잡해져서 어떻게 돌아가고 있는 것인지 모를 지경이 되면, 한 줄 한 줄 읽고 코멘트를 달아 가면서 생각을 정리해 보도록 하자. 이는 우리들 자신이 쓴 문장 하나하나를 빠짐없이 이해할 수 있도록 해 주며, 이렇게 하다 보면 어떤 문장이나 어떤 루틴이 잘못되어 있구나 하고 깨닫게 될 때가 많다.

- ▶ *모든 변수에 주목하자.* 의심스러운 변수 하나만 보지 말고, 모든 변수들의 값을 다 디버깅해 보도록 하자. 때로는 생각지도 못한 곳에 문제가 있을 수도 있는데, 모든 변수값들을 확인하다 보면 문제의 소재가 밝혀지기도 한다.

PIC에서 디버깅을 하기 위한 연결

픽베이직 프로에서는 디버그 메시지를 보낼 입/출력 포트와 핀 번호, 그리고 보레이트를 프로그램의 머리부분에서 정의해 주어야 한다. 앞서의 예제에서 나왔던 DEFINE문장을 사용해서 이들을 정의하게 된다. 또한 **그림 5-2**에서처럼 시리얼 커넥터를 디버그 핀에 연결해 주어야 한다.

닫고, 파일 메뉴에서 '속성'을 선택하자. 속성 대화상자의 연결 드롭다운 메뉴에서 COM 포트를 선택하고 다시 '설정'을 선택한다. 통신속도 9600bps, 데이터 비트 8, 패리티 없음, 스톱비트 1, 그리고 플로우 컨트롤 없음으로 설정하자. 이것이 앞으로 우리들이 모든 디버그와 시리얼 통신 예제에서 사용할 설정이다. 설정을 마쳤으

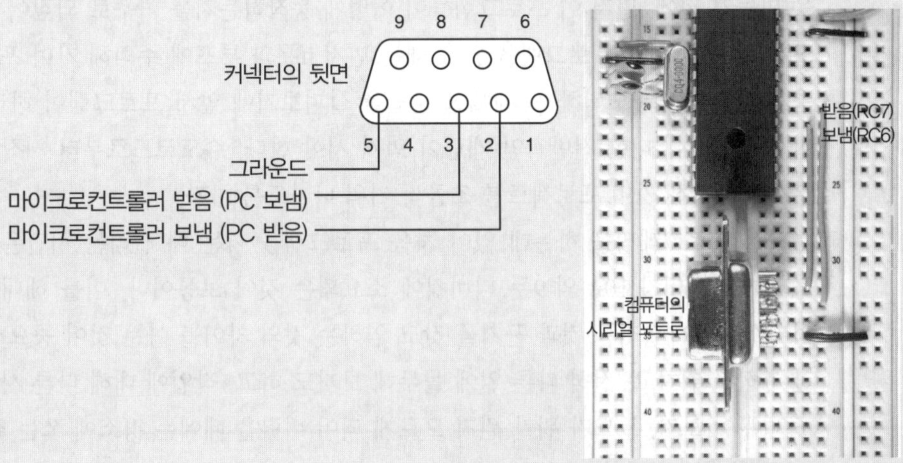

그림 5-2 PIC에서의 시리얼 출력 연결

이렇게 배선한 다음, 시리얼 커넥터를 PC의 COM 포트 중 하나에 연결한다. 이제 디버그 문장을 읽어들일 수 있는 프로그램이 필요하다. 우리들은 보통 하이퍼터미널을 사용한다. 이는 윈도우XP의 경우 시작-보조프로그램-통신-하이퍼터미널의 순서로 선택하면 열린다. 아니면 시작-실행에서 hypertrm이라 쳐서 실행시킬 수도 있다.

하이퍼터미널을 실행하면, 파일을 만들라고 요청한다. 만일 처음 실행하는 경우라면 통신 설정을 위한 대화상자가 열린다. 이 대화상자는

면 이 설정을 파일로 저장해 두어 다음부터는 이 파일만 열면 되도록 하자. 이제 시리얼 포트를 열기 위해서는 호출 버튼(수화기가 놓여진 전화기 아이콘)을 클릭하면 된다. 시리얼 포트를 닫을 때는 연결 끊기 버튼(수화기가 들어 올려진 전화기 아이콘)을 클릭하면 된다.

하이퍼터미널 설정을 마치고 시리얼 포트를 연 후 PIC의 시리얼 포트를 PC에서 사용하고자 하는 시리얼 포트에 연결하면, PIC 프로그램에 있는 모든 디버그 문이 하이퍼터미널에 나타나게 된다.

13. 나쁜 소식들

모든 일이 그렇듯이, 어떻게 하면 프로그래밍을 잘 할 수 있는가 하는 것은 누구도 당신에게 가르쳐 줄 수 없다. 스스로 많이 해 보는 수밖에는 없다. 하지만 프로그래밍을 잘 한다는 것이 무엇인지를 이해할 수 있는 단계에 이르도록 우리가 여러분을 도와줄 수는 있을 것이다.

앞으로 여러 장에 걸쳐 여러 가지 프로그램들과 조금만 수정하면 다른 프로그램에 넣어 쓸 수 있는 다양한 서브루틴들을 소개할 것이다. 이 예제들과 인터넷에서 찾아볼 수 있는 많은 다른 프로그램들은 공부하는 데 있어 가장 좋은 교재가 된다. 스스로 프로그램을 만들기 전에, 먼저 이 프로그램들이 어떻게 동작하는지를 거꾸로 되짚어 가며 이해하도록 해보자. 이들 프로그램을 읽을 때는 먼저 if문과 루프에 주의해 가며 프로그램의 흐름을 파악하도록 노력하자. 세세한 문법을 살펴보기에 앞서 프로그램이 하려고 하는 일이 무엇인지에 대한 전반적인 개념이 먼저 서야 한다. 슈도코드로부터 시작해서 부분부분을 테스트해 가며 프로젝트를 조금씩 키워 나가도록 하자.

사실 프로그래밍을 하는데 있어 처음 프로그램을 짜는 데 걸리는 시간은 10분의 1에 불과하며 나머지 10분의 9는 디버깅에 소요되는 것이 보통이다. 이를 해내기 위해서는 억지스럽게 매달리는 것과 끈기를 갖고 임하는 것의 차이를 아는 것이 중요하다. 중간중간 휴식도 취하고, 전혀 다른 일에 몰두해 보기도 하고, 작업에 대해 다른 사람들과 대화도 나누어 보자. 코드가 뭐가 뭔지 모르게 되어 버렸을 때에는 평소에 쓰는 말로 적어 보는 첫 단계부터 다시 시작해 보는 것도 좋겠다. 문제에 부닥칠 때면, 전체 프로젝트에 있어 이 문제의 해결이 얼마나 중요한지를 반드시 생각해 보는 습관을 기르자. 해결할 가치가 없는 문제는 버리고 지나칠 줄도 알아야 한다. 프로그래밍에 대한 이러한 공부는, 현재 프로그램되어 있거나 앞으로 프로그램될 수 있는 일상생활의 모든 디바이스들에 대한 이해를 높여 주며 그것을 다룰 수 있는 능력을 길러 준다는 점에서, 가치로운 것이다.

Chapter 06

4대 회로 : 회로도, 프로그램, 그리고 부품들

이제 프로그래밍의 기본을 익혔으니, 피지컬한 것들과 컴퓨팅의 만남에 대해 이야기할 수 있게 되었다. 서론에서 설명했듯이 피지컬 컴퓨팅의 요점 중 하나는 *에너지의 변환* *transduction*, 즉 한 종류의 에너지를 다른 형태의 에너지로 전환하는 것이다. 입력으로 어떠한 에너지를 감지하려고 하는지, 그리고 출력으로 어떠한 에너지를 만들어 내고자 하는지를 파악하고 나면 어떤 부품을 사용해야 할지가 결정된다. 어떤 부품을 사용할 것인지를 선택하는 것이 피지컬 컴퓨팅 프로젝트를 디자인하고 구현하는 데 있어 가장 어려운 일이 될 때가 많다.

이 장에서는 서론에서 논의했던 분류에 따라 부품들을 설명한다. 즉 입력(움직임을 감지한다)과 출력(움직임을 만들어 낸다)이 그것이다. 이 두 가지는 각각 다시 아날로그와 디지털의 두 가지 분류로 나누어진다. 디지털 방식의 제어와 감지에는 두 가지 가능성밖에는 없다. 켜져 있거나 꺼져 있거나, 안에 있거나 밖에 있거나, 위이거나 아래이거나, 왼쪽이거나 오른쪽이거나 등이다. 아날로그에서는 가능성의 범위가 주어진다. 이를테면 깜깜하다–어둑어둑하다–밝다–눈부시다 처럼. 또는, 멀다–가깝다–더 가깝다– "저리 좀 떨어지라구!"

이 장에서는 디지털 입력, 디지털 출력, 아날로그 입력, 그리고 아날로그 출력을 위한 부품과 회로도와 프로그램을 소개할 것이다. 우리들은 이것을 '4대 회로' 라고 부른다. 피지컬 컴퓨팅의 거의 모든 프로젝트는 이들 중 어느 하나에 해당하게 되며, 이제부터 설명할 부품, 회로도, 그리고 프로그램들을 활용해서 만들어지게 된다.

1. 디지털 입력 Digital Input

에너지 변환의 가장 간단한 형태가 디지털 입력이다. 디지털 입력에서는 켜져 있음과 꺼져 있음의 두 가지 상태만이 존재한다. 가장 간단한 형태의 디지털 입력은 서로 닿으면 회로를 이어 주고 서로 떨어지면 회로를 끊어 주는 도체 두 개로 구성된다. 스위치가 이의 대표적인 예이다.

■ 부품 : 스위치

고양이가 방석에 올라앉아 있는지 그렇지 않은지의 여부를 알고 싶다고 하자. 방석 아래에 작은 스위치를 두고, 고양이의 무게로 스위치가 눌리면 회로가 닫히도록 하면 될 것이다. 이렇게 간단한 것을 에너지 전환이라고 하면 너무 거창해 보일지도 모르겠으나, 이는 고양이의 몸무게가 갖는 운동 에너지를 회로의 전기 에너지로 전환한 경우에 해당한다.

다음 용어들을 알아두면 스위치를 선택할 때에 도움이 된다.

스위치가 *평소에 열려 있다*normally open는 말은 스위치가 눌려 있지 않을 때면 스위치의 접점이 서로 떨어져 있어 회로가 열려 있다는 뜻이다. 가장 직관적으로 이해할 수 있는 스위치가 이 방식의 스위치이다. 스위치가 *평소에 닫혀 있다*normally closed는 말은 스위치를 누르고 있지 않은 상태에서 접점이 맞닿아 있어 회로가 닫혀 있다는 뜻이다.

*일시작동*momentary 스위치는 스프링이 달려 있어 손을 떼면 제자리로 돌아오도록 되어 있는 스위치이다. 냉장고가 열렸을 때 불이 켜지도록 하기 위한 스위치 같은 것이 대개 일시작동 스위치이다. *토글*toggle 스위치에는 스프링이 없으며 마지막 세팅한 상태로 계속 남아 있는다. 가정용 전등의 스위치들이 대부분 토글 스위치이다.

스위치는 내부의 *접점*pole 수가 정해져 있다. 하나의 접점은 두 개의 전선을 연결해 준다(또는 떨어뜨린다). 즉, 접점 하나가 하나의 회로를 여닫을 수 있는 것이다. 예를 들어 스테레오 스피커에서는 스피커 두 개를 동시에 여닫아야 하므로 접점 두 개짜리 스위치가 필요할 것이다. 스위치의 *연결*throw이란 그 스위치에 회로를 닫아 주는 포지션이 몇 개나 있는가 하는 것을 말한다. 예를 들어 연결 두 개짜리 스위치는 사실상 가운데 포지션(스위치가 열려 있는 상태), 왼쪽 포지션, 그리고 오른쪽 포지션과 같이 포지션을 세 자리 가지게 된다.

접점과 연결이 몇 개씩인지를 약자로 줄여서 흔히 SPST(Single-Pole, Single-Throw. 가장 기본적이며 가장 많이 사용되는 방식), DPDT(Double-Pole, Double-Throw), SPDT(Single-Pole, Double-Throw) 등으로 표시한다. 이 장에서는 제일 간단한 접점 하나-연결 하나(SPST)의 스위치를 다루기로 한다. **그림 6-1**은 DPDT의 나이프 스위치이다.

그림 6-1 접점 둘, 연결 둘의 스위치

일반적으로 스위치의 등급은 최대로 얼마만한 전압과 전류를 연결할 수 있는지에 따라 매겨진다. 이를테면 일반 가정용 전등의 스위치는 250볼트 AC에서 15~20암페어의 전류까지 연결할 수 있는 등급이 되어야 한다. 정해진 암페어 등급보다 작은 전류는 언제나 마음놓고 연결해도 된다. 이를테면 앞서 말한 가정용 스위치를 마이크로컨트롤러에 사용해도 상관없다는 것이다. 이렇게 연결하면 고작 5볼트 DC에 몇 밀리암페어의 전류밖에는 흐르지 않겠지만 말이다.

사용자에게 스위치를 제시하고 이를 손으로 누르게 하려는 목적이라면 일반 전기상회에 가서 전등용 스위치나 초인종용 스위치를 구하면 된다. 라디오 섁과 부록 B에 실은 여러 인터넷 웹사이트들도 여러 가지 일반적 스위치를 취급한다. 합프 컨트롤즈Happ Controls(http://www.happcontrols.com)처럼 전자오락실용 오락 기계를 취급하는 업체에 가면 정말 재미있는 스위치들을 구할 수도 있다.

사용자로 하여금 스위치가 있는지 알지 못하는 상태에서 스위치를 누르도록 하고 싶을 경우도 있다. 이를테면 방석 위의 고양이의 경우, 고양이에게 앞발로 스위치를 눌러 달라고 요구하는 것은 무리일 것이다. 방석에 올라앉는 고양이의 평소 행동에 따라 자연스럽게 스위치가 켜지도록 구성해야 하겠다. 이와 같은 경우에는 사용자가 평소의 행동을 하는 과정에서 자연히 스위치가 작동될 수 있도록 스위치를 구성해 놓아야 한다. 이렇게 하기 위해서는 스위치를 사용자들이 만지게 될 어떤 오브젝트의 형태로 만들어 주어야 한다.

스위치란 본질적으로 두 조각의 금속이 서로 닿았다 떨어졌다 하는 구성에 불과하다. 어떻게든 두 단자가 사용자의 행동에 따라 붙었다 떨어졌다 하도록 할 수만 있다면 스위치를 구성한 셈이 되는 것이다. 이를테면 구멍이 듬성듬성 뚫린 스펀지를 얇게 자르고 이를 두장의 금속판 사이에 샌드위치하듯 끼우고 나서 각 금속판에 전선을 붙이면 스위치가 된다. 누군가가 금속판 위에 올라서면 스펀지가 눌리면서 두 금속판이 스펀지 사이사이의 구멍들을 통해 닿게 될 것이다.

마이크로컨트롤러에 사용할 스위치를 만들 때는 스위치에 흐르게 되는 전압과 전류의 양이 매우 미미하므로 사용자가 배선의 벗겨진 부분을 건드리게 되더라도 별반 위험하지는 않다. 하지만 스위치를 만들 때는 언제나 스위치를 작동시키는 사람이 전류가 흐르는 배선에 직접 노출되는 위험이 없도록 배려하는 습관을 가져야 하겠다.

스위치를 직접 만드는 것도 좋지만, 이밖에도 알아두면 좋을 재미있는 스위치들이 참 많다. **그림 6-2**에 몇 가지를 보였다.

그림 6-2 여러 가지 스위치

- *풋 foot 스위치.* 사람이 발로 힘껏 밟아도 될 만큼 튼튼하게 만들어져 있는 스위치이다. 토글 스위치도 있고 일시작동 스위치도 있다. 카탈로그 판매회사인 H&R(미국전화 215-788-5583)이 여러 가지 좋은 풋 스위치를 취급한다.

▶ *테이프tape 스위치와 매트mat 스위치.* 앞서 언급한, 고양이를 위한 방석 스위치와 비슷하다. 깔개 안에 얇은 쿠션을 넣고 그 속에 금속단자들을 넣어 둔 것이다. 방범이나 보안 업체들은 대부분 이런 스위치를 취급한다. http://www.tapeswitch. com에서도 구할 수 있다.

▶ *롤러roller 스위치.* 살짝만 건드려도 닫히게 되어 있는 일시작동 스위치이다. 스위치를 누르는 힘의 마찰을 줄일 수 있도록 스위치의 끝부분에 바퀴나 공이 달려 있다. 이 스위치는 문이 닫혔는지를 확인하거나, 상자 뚜껑이 닫혔는지를 확인하거나, 표면 위를 미끌어져 가는 물체를 확인하는 등의 용도로 사용하면 좋다. 라디오 섁이나 인터넷의 온라인 상점 어디서든 구할 수 있다.

▶ *헤어 트리거hair trigger 스위치와 휘스커whisker 스위치.* 롤러 스위치와 비슷한 일시작동 스위치인데 더 예민하다는 점만 다르다. 보통 가운데에 심지가 들어 있는 스프링 형태로 되어 있다. 스프링이 움직이면 심지를 건드려서 회로가 닫히게 된다. 아주 살짝만 건드려도 감지할 수 있다. 솔라보틱스 Solarbotics(http://www. solarbotics.com)는 아주 예민한 휘스커 스위치를 취급한다.

▶ *수은 스위치와 틸트tilt 스위치.* 향한 방향에 따라 닫히기도 하고 열리기도 하는 스위치들이다. 스위치 안에는 한쪽 끝에 금속 단자들이 달려 있는 유리관이 있고 그 안에 수은이 한 방울 들어 있다. 수은은 액체이지만 좋은 전도체이기도 하다. 수은이 단자가 있는 쪽으로 흘러가면 수은이 두 단자 사이로 전류를 흘림으로써 스위치가 닫힌다. 관이 반대쪽으로 기울어지면 스위치가 열린다. 수은은 독성이 매우 강한 물질이므로 이러한 스위치는 점점 줄어드는 추세이다. 관 안에 수은 대신에 볼 베어링이 들어 있는 비슷한 스위치가 더 안전하여 널리 사용되고 있다.

▶ *자석 스위치.* 자석이 가까이 오면 닫히도록 되어 있는 스위치이다. 안에 매우 얇은 금속판이 두 장 들어 있어 이것이 자석에 의해 끌어당겨지도록 되어 있다. 이는 값싼 방범용 경보장치에 흔히 사용되는데, 움직이는 물체로 스위치를 작동시키려고 하는 경우에 편리하다. 물체 안에 자석만 있으면 구동할 수 있으므로 전선 등으로 인해 거추장스러워질 염려가 없다. 라디오 섁에서도 구할 수 있는데, 이곳에서는 이를 리드reed 스위치라고 부른다.

■ 디지털 입력을 위한 회로구성

마이크로컨트롤러로 디지털 입력을 받기 위해서는 다음 세 가지 연결이 필요하다. 즉 스위치의 한쪽 단자와 파워의 연결, 스위치의 나머지 단자와 마이크로컨트롤러의 연결, 그리고 그라운드로의 연결이 그것이다. 이 연결이 **그림 6-3**에 나타나 있는데, 이를 살펴보면 스위치가 닫히면 마이크로컨트롤러의 입력 핀이 +5볼트에 연결되며, 스위치가 열리면 연결이 끊어진다는 것을 알 수 있다. 그러면 저항은 왜 필요한 것일까?

마이크로컨트롤러의 핀을 입력 모드에 놓으면, 그 핀은 자신에게 전압이 걸리기를 기다리고 있게 된다. 스위치가 5볼트에 연결되면 핀에 전압이 얼마만큼 걸려 있는지가 분명하므로 그 핀에 대한 마이크로컨트롤러의 입력값은 하이$_{high}$가 된다. 하지만 핀이 5볼트에 연결되어 있지 않을 경우에도 일상생활 속에서 우연하게 발생하는 전압들, 이를테면 정전기나 라디오 방송의 전파 등이 그 핀에 영향을 미칠 수가 있다. 입력핀을 저항을 통해 그라운드에 연결해 주면 이러한 원하지 않는 전압요소들이 입력으로 읽히지 않고 그라운드로 떨어지도록 할 수 있다.

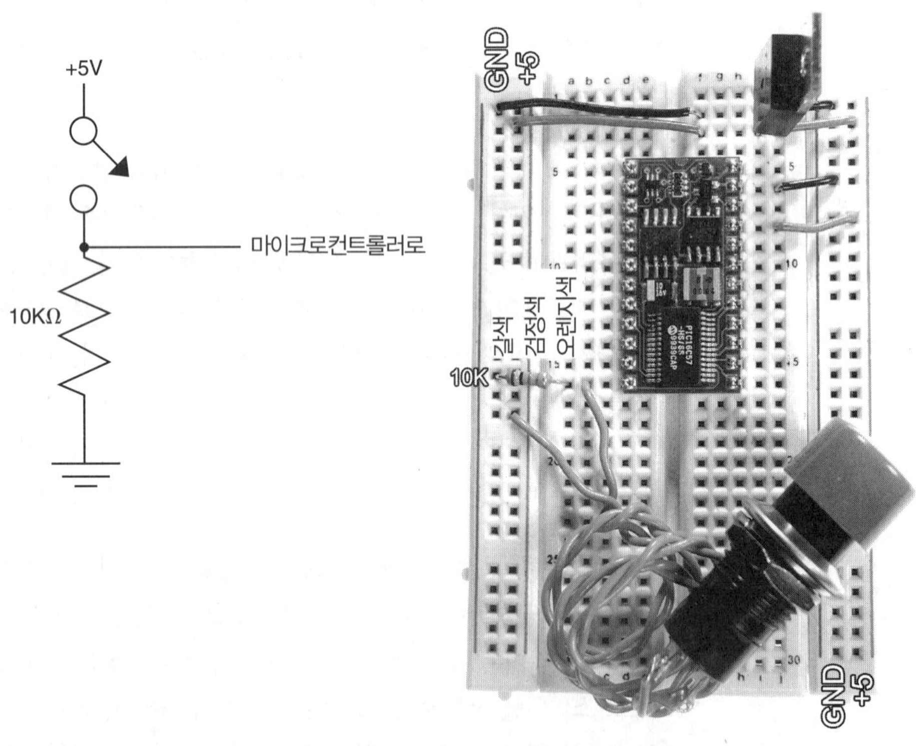

그림 6-3 마이크로컨트롤러로 디지털 입력을 받아들이기 위한 회로

거기까지는 이해가 된다고 하더라도, 왜 일반 전선으로 연결하지 않고 저항을 사용해야 하는가 라는 의문이 들 수 있을 것이다. 잊지 말자. 전류는 그라운드로 가는 경로 중 가장 저항이 작은 것을 따라 흐른다. 스위치와 핀을 그라운드에 전선으로 바로 연결하면 스위치가 닫혔을 때에 이 전선을 통하는 것이 가장 저항이 적은 경로가 되며, 그것도 쇼트 서킷이 되어 버린다. 우리는 스위치가 닫혔을 때에 전류가 가장 선호하는 경로가 마이크로컨트롤러 쪽으로 가도록 구성해야 한다. 스위치가 열려 있을 때는 저항만이 유일한 경로이므로 전류는 이를 통해 흐르게 된다.

■ 프로그래밍

마이크로컨트롤러로 스위치의 상태를 읽어들이기 위한 슈도코드를 적어 보면 다음과 같이 된다.

```
핀을 입력 모드로 놓는다
루프
    핀이 0볼트인지 5볼트인지를 확인한다
    if 핀이 5볼트이면
        하고자 하는 일들을 여기에 적는다
    if의 끝
루프의 끝
```

마이크로컨트롤러의 입/출력 핀은 입력으로도 사용될 수 있고 출력으로도 사용될 수 있기 때문에, 입력 핀으로 사용하기 위해서는 먼저 핀을 입력 모드로 설정해 주어야 한다. 마이크로프로세서에 따라서는 핀의 값을 읽어들이는 명령어를 수행하면 해당 핀을 자동적으로 입력 핀으로 설정해 주기도 한다. 그렇지 않은 경우에는 입력 핀으로 설정해 주기 위한 명령어를 먼저 실행해 주어야 한다. P베이직, M베이직, 그리고 픽베이직 프로에서는 input 명령어를 사용하는 것이 가장 간단한 방법이다. BX-베이직에서는 핀의 값을 읽어들이기 위해 getPin() 명령어를 사용하는데, 이 명령어는 자동으로 핀을 입력 모드로 만들어 준다.

마이크로컨트롤러가 입력 핀을 확인할 때 내부적으로 일어나는 일은 그 핀에 걸려 있는 전압을 측정하는 것이다. 마이크로컨트롤러는 전압이 걸려 있지 않은 상태(0볼트)와 전압이 완전히 걸려 있는 상태(5볼트)를 구별할 수 있지만, 그 사이의 전압들은 구별하지 않는다.[1] 소프트웨어는 이들 전압을 참과 거짓, 즉 1과 0으로 나타낸다. 5볼트가 들어오

1) 사실 마이크로컨트롤러의 디지털 입력은 0볼트와 5볼트 사이에 있는 한 기준점threshold을 중심으로 0과 1로 나뉘어지게 된다. 이 기준점의 위치는 프로세서마다 다르지만, 대개 0볼트와 5볼트의 중간쯤에 있다고 생각하면 된다.

고 있으면 1(참)이다. 0볼트이면 0(거짓)이다. 다음 예제는 디지털 입력을 읽어 그 값을 계속해서 출력하기 위한 프로그램이다.

PBASIC **MBasic**

```
' X라는 변수를 선언한다
X var byte
' 7번 핀을 입력 핀으로 설정한다
Input 7
Main:
    ' 7번 핀의 값을 읽어 변수 X에 넣는다
    X = in7
    ' P베이직에서는 아래 문장에서 [ ] 가 필요 없다
    Debug [ "X = ", DEC X, 10, 13]
Goto main
```

PicBasic Pro

```
' 픽베이직 프로에서는 프로그램의 시작부분에
' 디버깅에 사용하는 핀을 지정하고 그 보레이트를 설정하기 위하여
' 다음 문장들을 적어 주어야 한다
INCLUDE "modedefs.bas"
DEFINE DEBUG_REG PORTC
DEFINE DEBUG_BIT 6
DEFINE DEBUG_BAUD 9600
DEFINE DEBUG_MODE 1

' X라는 변수를 선언한다
X var byte
' B0 핀을 입력 핀으로 설정한다
Input portb.0
Main:
    ' B0 핀의 값을 읽어 변수 X에 넣는다
    X = portB.0
    Debug "X = ", DEC X, 10, 13
Goto main
```

NOTE

PIC 18F452에서는 RA0~RA5 핀과 RE0~RE2 핀을 디지털 입력 핀으로 사용하려고 하면 잘 되지 않을 수도 있다. 이는 이 핀들이 처음에 아날로그 입력 핀으로 설정되어 있기 때문이다(아날로그 입력에 대해서는 뒤에서 다시 설명한다). 이 핀들을 디지털 입력으로 설정하기 위해서는 프로그램의 시작 부분에 다음과 같이 써 주면 된다.

```
ADCON1 = %10000110
TRISA = %11111111
TRISE = %00000111
```

이렇게 하면 PORTA와 PORTE의 핀들을 디지털 입력으로 설정하게 된다.

01 02 03 04 05 CHAPTER 06 07 08 09 10 11 12 13 14

BX-Basic

```
'X라는 변수를 선언한다
dim x as byte

sub main()
    do
        'getPin 명령어는 입/출력 모드를 설정하는 동시에 핀의 값을 읽어 변수 X에 넣어
        준다
        X = getPin(12)
        Debug.print "X = "; cstr(X)
    Loop
End sub
```

어떤 핀을 입력으로 사용한다고 한 번 설정하고 나면 그 핀은 언제까지나 그렇게 있으므로, input 명령은 자꾸 반복해서 쓸 필요가 없다. 그러니 이 명령은 메인루프 밖에 놓도록 하자. 여러 핀의 입출력 모드를 한 번에 설정하는 방법과 여러 입력핀의 값을 한 번에 읽어들이는 방법들이 있지만 이는 14장 '아주 많이 입력받기, 그리고 아주 많이 출력하기' 에서 배우기로 하자.

위의 프로그램을 실행해 보면, 스위치를 누르고 있으면 계속해서 X=1이 찍히고 손을 떼고 있으면 계속해서 X=0이 찍히는 것을 볼 수 있다. 이는 마이크로컨트롤러에게 어떤 판단을 시키지 않고 스위치의 상태를 그저 알리게끔만 했기 때문이다. 이제 디지털 입력의 상태를 읽어들이고 나서 그에 따라 어떤 일을 할 것인지를 정해 주어야겠다. 마이크로컨트롤러로 하여금 다른 핀을 통해 바로 무언가를 나타내도록 할 수도 있겠다. LED를 켠

다든지 해서 말이다. 하지만 만일 스위치가 눌렸을 때에 무언가가 켜지도록 하는 것이 우리들이 원하는 전부라면, 이 정도는 사실 마이크로컨트롤러가 없어도 할 수 있다.

마이크로컨트롤러의 능력은 프로그래머에게 좀 더 복잡한 선택들을 할 수 있도록 해준다는 데 있다. if문을 사용해서 여러 스위치들 가운데 몇몇 정해진 것들이 눌려 있을 때만 무언가가 켜지도록 할 수도 있고, 여러 스위치들이 정해진 순서대로 눌려야만 켜지도록 할 수도 있다. 반응이 지속되는 시간을 조정할 수도 있고, 반응이 일어나기까지 걸리는 시간을 조정할 수도 있다. 또 스위치가 눌렸을 때 다른 디바이스에 메시지가 보내지도록 할 수도 있다. 마이크로컨트롤러를 사용하면 하나의 입력에 대해 좀 더 복잡한 반응들을 보여줄 수 있고, 또 하나의 입력으로부터 좀 더 다양한 메시지들을 읽어들일 수 있는 것이다.

다음 예제에서는 세 개의 스위치가 마이크로컨트롤러에 연결되어 있다. 그리고 디지털 출력(다음 절에서 설명한다)을 할 수 있도록 LED 몇 개가 다른 핀에 연결되어 있다. 만일 세 스위치 가운데 하나라도 떨어져 있으면 8번 핀에 연결된 LED가 켜진다. 만일 세 스위치가 모두 눌려 있으면 7번 핀에 연결된 LED가 두 번 깜박거린다.

PBASIC

MBasic

```
' 핀들을 입력 모드로 설정한다
input 2
input 4
input 6
MyLoop:
    ' "떨어져 있음" LED를 끈다
    low 8
    ' 모든 스위치들이 눌려 있으면 "떨어져 있음" LED를 끄고
    ' 다른 LED를  깜박이기 위한 문장들을 시작한다
    if in2 = 1 and in4 =1 and in6 = 1 then
        ' 깜박이는 LED를 켜고 "떨어져 있음" LED를 끈다
        High 7
        Low 8
        Pause 100
        ' LED를 깜박인다
        Low 7
        Pause 100
        High 7
        Pause 100
        Low 7
    Else
```

```
        ' 스위치들 중 하나라도 떨어져 있으면 "떨어져 있음" LED를 켠다
LED:
        High 8
        ' 깜박이는 LED를 끈다
        Low 7
    Endif
Goto MyLoop
```

PicBasic Pro

```
' 핀들을 입력 모드로 설정한다
input portB.0
input portB.1
input portB.2

MyLoop:
    ' "떨어져 있음" LED를 끈다
    Low portC.1
    ' 모든 스위치들이 눌려 있으면 "떨어져 있음" LED를 끄고
    ' 다른 LED를 깜박이기 위한 문장들을 시작한다
    if portb.0 = 1 and portb.1 =1 and portb.2 = 1 then
        ' 깜박이는 LED를 켜고 "떨어져 있음" LED를 끈다
        High portC.2
        Low portc.1
        Pause 100
        ' LED를 깜박인다
        Low portC.2
        Pause 100
        High portC.2
        Pause 100
        Low portC.2
    else
        ' 스위치들 중 하나라도 떨어져 있으면 "떨어져 있음" LED를 켠다
        High portC.1
        ' 깜박이는 LED를 끈다
        Low portC.2
    endif
Goto MyLoop
```

BX-Basic

```
'putPin() 명령이 자동으로 설정해 줄 것이므로, 입력핀을 미리 설정할 필요가 없다
Sub main()
    do
        '"떨어져 있음" LED를 끈다
        call putPin (11,0)

        '모든 스위치들이 눌려 있으면 "떨어져 있음" LED를 끄고
        '다른 LED를 깜박이기 위한 문장들을 시작한다
        if (getPin(14) = 1) and (getPin(16) = 1) and
        (getPin(18) = 1) then
            '깜박이는 LED를 켜고 "떨어져 있음" LED를 끈다
            call putPin(12,1)
            call putPin(11,0)
            call delay(0.1)

            'LED를 깜박인다
            call putPin(12,0)
            call delay(0.1)
            call putPin(12,1)
            call delay(0.1)
            call putPin(12,0)
        else
            '스위치들 중 하나라도 떨어져 있으면 "떨어져 있음" LED를 켠다
            call putPin(11, 1)
            '깜박이는 LED를 끈다
            all putPin(12, 0)
        end if
    loop
End Sub
```

2. 디지털 출력 Digital Output

디지털 출력에 사용될 수 있는 부품의 종류는 무수히 많다. 켜지거나 꺼질 수 있는 것이라면 무엇이든, 이를테면 선풍기나 라디오, 심지어는 자동차까지 모든 것이 디지털 출력에 사용될 수 있다. 이들 출력 디바이스를 마이크로컨트롤러에 연결interface함에 있어 중요한 과제는 마이크로컨트롤러 출력 핀의 5볼트 10~20mA 출력으로 이들 디바이스를 어떻게 켜고 끌 수 있도록 하느냐 하는 것이다.

■ 부품들 Transducers

가장 간단한 디지털 출력 장치는 마이크로컨트롤러에 직접 연결할 수 있는 것들이다. 이미 4장에서 LED를 사용해 본 바 있다. LED는 매우 간단히 켤 수 있기 때문에 피지컬 컴퓨팅에 있어 약방의 감초처럼 자주 사용되는 존재다. 무언가가 작동하고 있는지 아닌지를 나타내 주는 데 이것만큼 편리한 도구도 없다. 이런 용도로, 또 디버깅에 사용하기 위해서라도, LED는 언제나 한줌 정도는 가지고 있는 것이 좋다. 심지어 BX-24는 자체적으로 LED를 두 개 내장하고 있기까지 하다. 이들 내장된 LED를 보기 위해 다음 코드를 실행시켜 보기로 하자.

BX-Basic

```
Sub main()
    do
        Call putPin(25, 0)
        Call putPin(26,1)
        Call delay(0.2)
        Call putPin(25, 1)
        Call putPin(26,0)
        Call delay(0.2)
    Loop
End sub
```

BX-24에 장착된 LED들은 핀이 로우low가 되었을 때 켜지고 하이high가 되었을 때 꺼진다는 점에 주의하자. 왜 그런지 알 수 있다면 보너스 점수를 주겠다. (힌트 : LED의 연결 방향을 거꾸로 하여, LED와 저항을 그라운드가 아니라 5볼트에 연결한다면 어떻게 될까?)

흔히 보는 일반 LED 이외에도 여러 가지 재미있는 LED들이 많다. 고휘도 LED(일반적으로 1000 밀리칸델라 이상을 말한다. 칸델라candela는 밝기의 단위)에는 여러 가지 색상이 있는

데, 최대한 밝게 켜면 그 불빛으로 책을 읽을 수 있을 만큼 밝다. 빨간색과 노란색이 보통 제일 저렴하며, 초록색, 파란색, 하얀색 순으로 비싸진다. LED는 디지털 출력으로도 사용될 수 있지만 아날로그 출력으로 밝기를 조절해 가며 켤 수도 있다. 이에 대해서는 뒤에서 다루기로 하자.

LED 이외에도, 5볼트 또는 그 이하에서 10~20mA 또는 그 이하의 전류로 켜지는 피에조 버저piezo buzzer는 모두 마이크로컨트롤러에 직접 연결할 수 있다. 버저의 나머지 한쪽 다리를 그라운드에 연결한 후 버저에 연결된 핀을 하이로 하면 버저가 울린다.

모터와 솔레노이드에서 전구와 커피 그라인더에 이르기까지, 이 밖의 대부분의 디지털 출력 디바이스들은 마이크로컨트롤러의 출력이 제공할 수 있는 것보다 더 큰 전압과 전류를 필요로 한다. 이들 디바이스를 사용하기 위해서는 중간에 한 단계가 더 필요하다. 큰 전류를 소모하는 디바이스를 컨트롤하기 위해 가장 많이 사용되는 부품은 릴레이와 트랜지스터의 두 가지이다. 트랜지스터와 릴레이를 통한 디지털 출력 방식을 사용하게 되면 켜지고 꺼질 수 있는 디바이스라면 그 무엇이든 컨트롤할 수 있으므로, 그 종류가 너무 많아 여기에 다 나열할 수 없다.

릴레이는 기본적으로 전자적으로 켜고 끌 수 있는 스위치에 다름 아니다. 일반 스위치로 컨트롤할 수 있는 것이라면 무엇이든 동일하게 컨트롤할 수 있다. 여기에는 DC 파워와 AC 파워, 그리고 오디오, 비디오 및 데이터 신호가 포함된다. 우리들은 그동안 CD 플레이어, 무선조종 자동차, 말하는 테디베어 인형, 음식 믹서기 등 많은 기계의 스위치 부분만을 릴레이로 바꾸어서 마이크로컨트롤러에 성공적으로 연결한 사례들을 보아 왔다.

트랜지스터는 빠르고 값이 저렴하지만 DC 부하만을 다룰 수 있다. DC 모터는 트랜지스터로 다루기에 매우 용이하며, 회전운동을 만들어 내는 데 사용할 수 있다(이에 대해서는 10장 '움직임 만들기'에서 더 자세히 다룬다). 솔레노이드solenoid는 직선운동을 만들어 내는 데 사용할 수 있다(역시 10장에서 다룬다). 팬fan은 사실 모터가 응용된 것에 지나지 않는데, 공기를 움직이거나 온도를 조절하는 데 유용하다. 백열전구는 빛과 열을 내며, LED보다 밝기 조절이 부드럽게 이루어진다. 펠티에Peltier 연결은 냉각효과를 만들어 낼 수 있으며 히터는 반대 작용을 한다.

켜고 끌 수 있는 디바이스들을 계속 나열하는 것보다는, 이들 대부분을 사용하는 데 있어 연결고리 역할을 하는 릴레이와 트랜지스터에 대해 좀 더 깊이 설명하고자 한다.

■ 릴레이 Relay

릴레이는 손으로 누르는 대신 전자석을 통해서 켜고 끄는 스위치이다. 릴레이에는 전자석 릴레이와 무접점 릴레이solid state relay의 두 가지 종류가 있다.

*전자석 릴레이*는 전기에너지를 사용해서 기계식 스위치를 켜도록 한 장치이다. 마이크로컨트롤러가 전자석에 전류를 흘리면 전자석은 릴레이 안에 있는 두 단자 사이를 연결하는 도체를 끌어당기게 된다. 전자석에 의해 움직이는 이 두 단자는 다시 켜고자 하는 디바이스를 움직이기에 충분한 전력을 제공하는 별도의 한 회로에 연결되는데, 이를 *부하회로*$_{load\ circuit}$라고 한다. 이때 도체가 단자에 부딛히는 소리를 실제로 귀로 들을 수 있다. **그림 6-4**가 이를 그림으로 보여준다. 전자석 릴레이 가운데 어떤 것들은 스위치의 접점에 사용되는 도체가 얇은 금속 이파리처럼 생겼다고 해서 *리드*$_{reed}$ *릴레이*라고 부르기도 한다.

01
02
03
04
05
CHAPTER 06
07
08
09
10
11
12
13
14

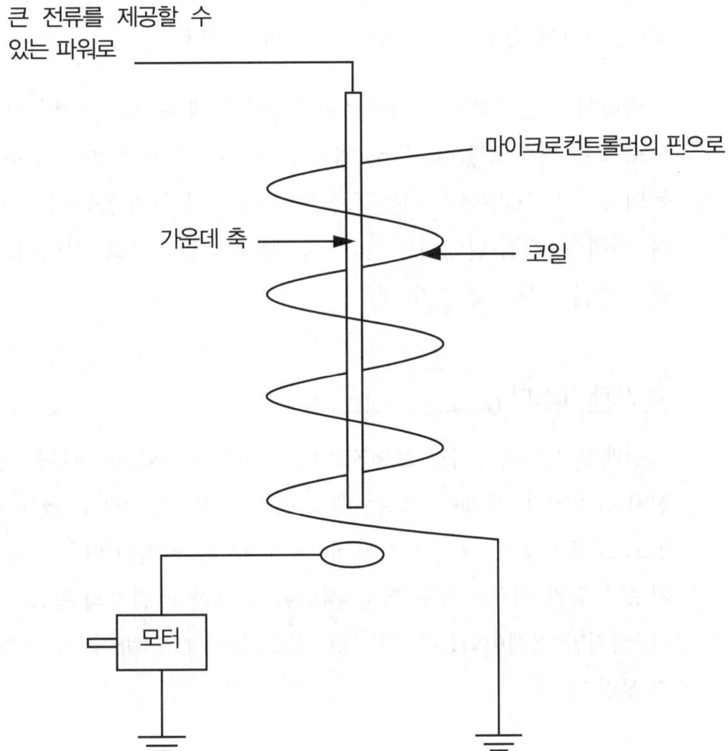

그림 6-4 전자석 릴레이

*무접점 릴레이*는 전자석 릴레이와 작동 방식이 비슷하지만, 내부에 움직이는 부분이 없다. 따라서 전자석 릴레이보다 동작이 조금 빠르다. 그리고 가격도 더 비싸다.

릴레이는 '코일'이라 부르는 전자석 부분을 켜는 데 필요한 전류와 전압, 그리고 부하회로에 연결할 수 있는 최대 전류와 전압, 이렇게 두 가지에 의해 등급이 매겨진다. 마이크로컨트롤러로 디바이스를 컨트롤하는 데 릴레이를 사용하기 위해서는 우선 마이크로컨트롤러의 디지털 출력(5볼트, 10~20mA)으로 켜질 수 있는 코일을 가진 릴레이를 찾아야 한다. 5볼트 리드 릴레이, 그리고 대부분의 무접점 릴레이는 마이크로컨트롤러의 출력으로 켜질 수 있을 것이다. 마이크로컨트롤러가 켤 수 있는 코일을 가진 릴레이를 찾았으면, 다음으로는 사용하고자 하는 디바이스의 부하를 그 릴레이가 견딜 수 있는지를 확인해 본다. 릴레이의 용량은 볼트와 암페어로 나타내어져 있을 테지만, 부하는 와트 단위로 적혀 있을 수도 있다. 이런 경우에는 3장에서 배웠던 와트=볼트×암페어 공식을 활용할 수 있겠다. 예를 들면, 리드 릴레이의 부하회로는 대개 120볼트 0.5암페어까지 연결할 수 있어, 60와트 전구를 연결하는 데 문제가 없다.

릴레이의 전자석이 마이크로컨트롤러가 낼 수 있는 출력보다 더 큰 전류나 전압을 필요로 하는 경우도 있다. 특히 매우 큰 전류를 필요로 하는 부하를 연결할 수 있는 릴레이들의 경우가 그러한데, 이는 접점을 이어 주기 위해 움직이는 도체의 크기가 크기 때문이다. 한편, 무접점 릴레이는 움직이는 부분이 없으므로, 상대적으로 작은 전압과 전류로도 큰 부하를 작동시킬 수 있다.[2)]

■ 트랜지스터 Transistor

릴레이와 마찬가지로 트랜지스터도 작은 전류로 큰 전류를 컨트롤할 수 있도록 해주는 전자 장치이다. 트랜지스터는 매우 여러 가지 일을 할 수 있는 부품으로서 다양한 종류가 있고 그 활용법도 여러 가지인데, 여기에서는 일일이 다루지 않겠다. 우리는 이들을 릴레이보다 훨씬 빠르면서도 더욱 저렴한 전자적 스위치의 용도로만 국한해 사용하려고 한다. 하지만 릴레이와는 달리, 트랜지스터는 DC 디바이스만을 다룰 수 있다. 교류는 다루지 못한다.

트랜지스터에는 여러 가지 종류가 있는데 크게 *양극bipolar 트랜지스터*와 *단극 트랜지스터*(Field-Effect Transistors, FET)의 두 가지로 나누어 볼 수 있다. 우리의 용도에는 양극 트랜지스터이면 충분하므로 이것만을 다루게 될 것이다. 트랜지스터들이 공통적으로 갖는 특성들이 있다. 트랜지스터에는 다리가 세 개 있으며 각각 *베이스base*, *콜렉터collector*,

---

2) 마이크로컨트롤러와 부하의 양쪽을 모두 만족시키는 릴레이를 찾을 수 없다면, 부하를 만족시키는 릴레이를 찾은 다음, 이 릴레이 앞에 또 하나의 중간단계로서 트랜지스터 회로를 구성하여, 이 트랜지스터 회로가 릴레이를 켜도록 한다.

이미터emitter라고 부른다(FET 트랜지스터에서는 이들을 각각 게이트gate, 소스source, 드레인drain이라고 부른다). 트랜지스터의 베이스에 작은 전압과 전류를 걸어 주면 콜렉터에서 이미터로 큰 전류가 흘러갈 수 있게 된다. 이런 의미에서 트랜지스터는 증폭기amplifier로 작용한다고 할 수 있다.

양극 트랜지스터에는 다시 두 종류가 있다. NPN 트랜지스터와 PNP 트랜지스터가 그것이다. 스위치에 관한 용어를 이용해 설명하자면 NPN 타입은 평소에 열려 있는 스위치에, PNP 타입은 평소에 닫혀 있는 스위치에 각각 해당한다. 우리는 NPN 트랜지스터를 사용할 것인데, 그중에서도 특히 매우 튼튼하게 만들어져 있는 달링턴Darlington 트랜지스터라는 종류를 이용할 것이다. 이 트랜지스터는 큰 전류를 사용하는 부하를 연결할 수 있도록 디자인되어 있다.

트랜지스터를 구입하면 그 포장지를 버리지 말고 보관해 두도록 하자. 어느 다리가 베이스이고 어느 다리가 콜렉터이고 어느 다리가 이미터인지를 알려주는 설명이 되어 있을 것이기 때문이다. 만일 설명되어 있지 않다면 인터넷에서 그 트랜지스터의 데이터 시트data sheet를 찾아 보아야 한다. 이렇게 하는 데는 http://www.findchips.com 사이트를 추천한다. 전자 부품의 부품번호를 입력하면 데이터 시트와 함께 구입처를 알려준다. 이 곳이 아니더라도, 어느 검색엔진에든지 부품번호를 넣고 검색해 보면 보통 상위 몇 개 링크 안에서 데이터 시트를 찾을 수 있을 것이다.

■ 디지털 출력을 위한 회로구성

어떤 디바이스를 켜고 끄기 위해서는 일반적으로 파워 서플라이와 그 디바이스를 연결하는 두 가닥의 전선 중 하나를 끊고 그 자리에 마이크로컨트롤러나 릴레이, 또는 트랜지스터를 연결하면 된다. 대개 디바이스의 파워 케이블 중에 한 가닥을 자르게 된다. 만일 테디베어나 무선조종 자동차처럼 원래 있는 제품을 뜯어 고치는 경우라면, 기존에 설치되어 있는 스위치가 이미 회로를 적절히 끊고 끼어들어가 있을 테니 이것을 떼어 내고 대체하기만 하면 된다. 마이크로컨트롤러, 릴레이, 트랜지스터 중 어느 것을 사용할지는 보통 사용하고자 하는 디바이스가 얼마만한 전류와 전압을 필요로 하는가에 따라 결정하게 된다.

가장 간단한 디지털 출력 회로는 앞 장에서 이미 보았듯이 디바이스로 가는 파워 부분을 마이크로컨트롤러로 직접 대체한 것이다. LED를 켤 때 사용했던 **그림 6-5**의 회로가 바로 이것이다.

01
02
03
04
05
CHAPTER 06
07
08
09
10
11
12
13
14

그림 6-5 가장 간단한 디지털 출력 회로와 그 회로도 : LED 하나 켜기

이 회로에서 LED와 저항 대신에 버저를 붙이면 출력을 하이로 했을 때 소리가 날 것이다. 버저 외에도 5볼트 10~20mA에서 작동하는 디바이스라면 무엇이든 마찬가지로 동작한다. 그렇지 않은 모든 디바이스에는 트랜지스터나 릴레이를 사용해야 한다.

건전지로 동작하는(DC) 작은 디바이스들은 트랜지스터로 잘 동작할 것이다. 예를 들면 DC 모터는 달링턴 트랜지스터로 잘 컨트롤될 수 있다. **그림 6-6**의 회로와 같이 하면 된다.

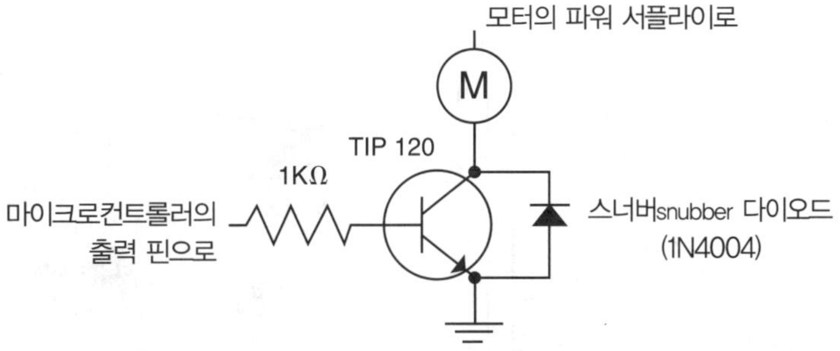

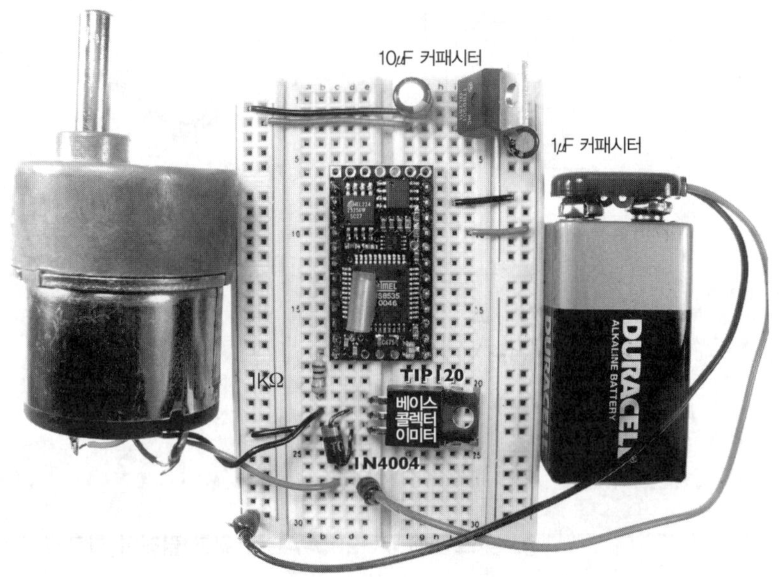

그림 6-6 트랜지스터를 사용해서 마이크로컨트롤러로 DC모터 제어하기.
이 회로에서는 커패시터라는 부품을 사용하고 있는데,
이에 대해서는 뒤에 나오는 디커플링 커패시터에 관한 박스 설명을 참고할 것.

모터를 위한 파워 서플라이의 그라운드와 마이크로컨트롤러의 그라운드를 하나로 합쳐 주어야 함에 주의하자. 이렇게 하지 않으면 회로가 작동하지 않는다. 모터 옆의 다이오드는 *역전압blowback voltage* 현상에 대처하기 위한 것이다. 모터를 회전시키면 모터에 가해지고 있는 파워와 방향이 반대인 전류가 모터 내부의 감겨져 있는 전선에 만들어지게 된다. 모터에 붙은 다이오드는 이 역전류가 회로의 나머지 부분에 영향을 미치지 못하도록 막아 준다. 이에 대해서는 10장에서 모터를 공부할 때 좀 더 자세히 설명하도록 하겠다.

벽에 있는 콘센트에 연결되는, AC전류를 사용하는 디바이스를 컨트롤하고자 할 때는 릴레이를 사용하는 것이 가장 간단하다. 릴레이는 AC와 DC 파워를 모두 연결할 수 있음은 물론이고 심지어는 비디오와 오디오 신호도 연결할 수 있다. **그림 6-7**의 회로와 같이 하면 된다.

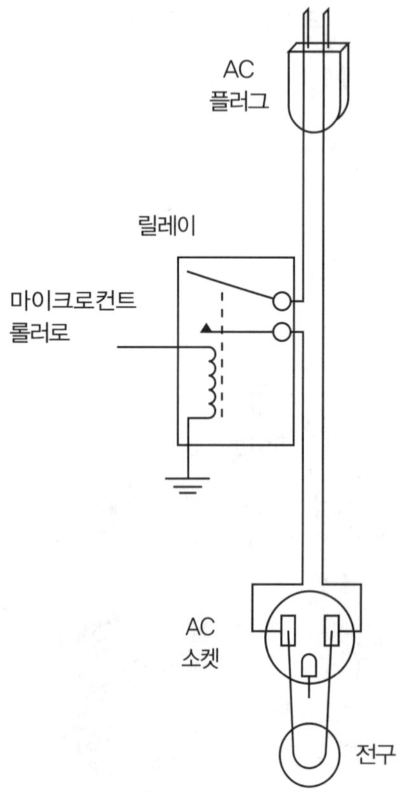

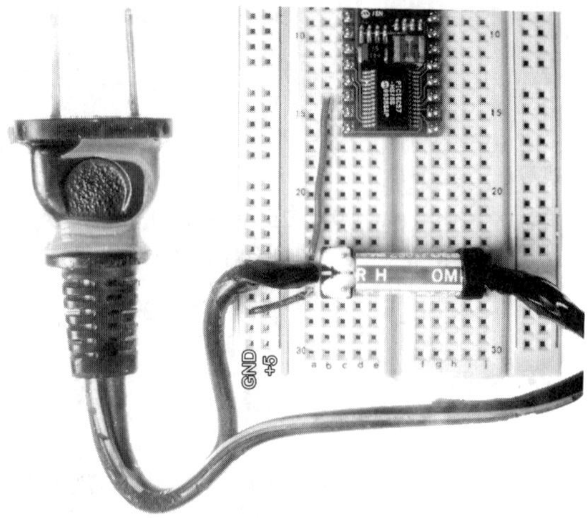

그림 6-7 120V AC를 위한 릴레이 회로

NOTE

이 회로를 사용하면 AC 전압을 다룰 수 있게 된다. 이 전압은 마이크로컨트롤러는 물론이고 당신 자신에게도 치명적일 수 있다.

AC 전원을 꽂기 전에 먼저 회로의 DC 부분이 확실히 잘 되어 있는지를 확인하도록 하자. AC 전원을 꽂기 전에 릴레이의 스위치 부분의 저항을 멀티미터로 확인해 보도록 하자(무접점 릴레이의 경우에는 연결여부 검사가 되지 않는다). AC 전원은 릴레이의 스위치 부분에 있는 두 단자에만 연결되고 회로의 나머지 어떠한 부분과도 맞닿지 않도록 해야 함을 명심하자. 전원을 넣기 전에 AC와 연결되는 모든 부분은 고무 테이프나 전기 테이프로 절연시키도록 하자. 우리가 하는 일은 AC 케이블의 두 가닥 중에 한 가닥만을 잘라 릴레이에 연결하는 것이다. AC회로를 연결할 때에는 머리가 맑은 상태에서 해야 한다. AC 케이블은 단단히 연결하여 작업하는 도중 전원이 들어와 있는 상태에서 빠지는 일이 없도록 해야 한다. AC를 위한 회로에서는 마이크로컨트롤러의 그라운드와 AC의 그라운드를 연결하는 일 같은 것은 하지 않는다. 가능하면 전원을 넣기 전에 전기를 전문적으로 다루는 사람에게 한 번 검토해 봐 달라고 부탁하는 것이 좋다.

■ 프로그래밍

디지털 출력을 위한 프로그래밍은 매우 간단하며, 이미 LED 켜기를 통해 경험해 본 바 있다. 디바이스에 연결한 출력 핀을 하이로 하면 디바이스가 켜지고, 로우로 하면 꺼진다. 디바이스를 $\frac{1}{3}$초마다 켜고 끄기 위한 간단한 프로그램을 만들어 보면 다음과 같다. 이 프로그램으로 먼저 LED를 제어하는 데 성공하고 나면 트랜지스터나 릴레이를 사용해서 모터 등 좀 더 재미있는 디바이스에도 응용해 보자.

PBASIC **MBasic**

```
main:
    ' 디바이스를 켠다
    High 0
    ' 1/3초를 기다린다
    pause 300
    ' 디바이스를 끈다
    Low 0
    ' 1/3초를 기다린다
    pause 300
Goto main
```

PicBasic Pro

```
main:
    ' 디바이스를 켠다
    High portb.1
    ' 1/3초를 기다린다
    pause 300
    ' 디바이스를 끈다
    low portb.1
    ' 1/3초를 기다린다
    pause 300
Goto main
```

BX-Basic

```
Sub main()
    do
        ' 디바이스를 켠다
        Call putPin(5,1)
        ' 1/3초를 기다린다
        Call delay(0.3)
        ' 디바이스를 끈다
        Call putPin(5,0)
        ' 1/3초를 기다린다
        Call delay(0.3)
Loop
End sub
```

3. 아날로그 입력 Analog Input

사람의 행동에 대해 디지털 입력이 줄 수 있는 것보다 더 많은 정보를 원한다면 아날로그 입력이 필요하다. 이를테면 양탄자 위의 고양이 예를 다시 생각해 보자. 그 고양이가 얼마나 뚱뚱한 고양이인지를 알고 싶다고 하자. 이를 알기 위해서는 양탄자에 가해지는 무게를 측정할 수 있는 방법이 필요하다. 힘 감지 저항force-sensing resistor(아래에서 설명한다) 등의 아날로그 센서를 사용하면 고양이의 몸무게로 인한 힘이 존재하는지의 여부뿐만이 아니라 그 힘의 크기까지도 측정할 수 있다.

■ 부품들

아날로그 입력을 읽어들이는 데 사용할 수 있는 부품에는 몇 가지 종류가 있다. 간단히 사용할 수 있는 부품이 있는가 하면 상당히 복잡한 회로를 구성해 주어야만 사용할 수 있는 것들도 있다. 이 장에서는 간단한 것들만을 다루기로 한다. 가변저항이 여기에 해당한다.

가변저항 Variable resistors

아날로그 입력을 위해 가장 흔히 사용되는 부품이 가변저항이다. *가변저항*은 기계 에너지, 빛 에너지, 열 에너지 등 여러 가지 에너지의 변화를 저항의 변화로 바꾸어 나타내 준다. 가장 흔히 볼 수 있는 가변저항은 *포텐시오미터potentiometer*이다. 미국에서는 이를 줄여서 팟pot이라고 부르기도 한다. 포텐시오미터는 일상생활 속의 많은 제품에서 볼 수 있다. 오디오의 볼륨 다이얼은 저항을 달리함으로써 스피커에 전달되는 신호의 강도를 조절하기 위한 포텐시오미터이다. 포텐시오미터는 손으로 무언가의 양을 조절하고자 하는 경우에는 매우 적합하지만, 피지컬 컴퓨팅에서는 언제나 이런 상황만이 필요한 것은

유도부하와 저항부하

마이크로컨트롤러로 제어할 수 있는 디바이스는 크게 유도부하inductive loads와 저항부하resistive loads의 두 가지로 나누어 볼 수 있다.

*유도부하*란 전선에 전류가 흐르게끔 유도하는 방식으로 작동하는 디바이스들을 일컫는데, 유도하는 방식에는 다른 전선에 흐르고 있는 전류를 사용하는 방법과 전선을 자기장 안에서 움직이는 방법이 있다. 모터와 솔레노이드가 유도부하의 예이다. 유도부하에서는 역전압blowback voltage이 생긴다. 역전압의 영향을 제거해 주기 위해서는 **그림 6-6**처럼 부하와 병렬이 되도록, 또는 부하를 제어하는 트랜지스터와 병렬이 되도록 다이오드를 붙여 주어야 한다. 이에 대해서는 10장에서 좀 더 자세히 다룰 것이다. *저항부하*는 전류에 저항하여 이를 다른 형태의 에너지로 변환시키는 방식으로 작동하는 디바이스들을 말한다. 전구나 히터 같은 것이 저항부하이다. 저항부하는 역전압을 생성하지 않으므로 안전을 위한 다이오드 같은 것이 필요치 않다. 만일 어떤 디바이스가 어떤 식으로든 움직임을 만들어 낸다면, 그 디바이스는 유도부하일 것이라고 생각하면 대충 맞다.

아니다. 다행히 포텐시오미터 외에도 여러 가지 가변저항들이 존재한다.

*써미스터*thermistor는 온도에 따라 저항값이 변화하는 가변저항이다. *포토셀*photocell은 빛의 강도에 따라 저항이 변화한다. *힘 감지 저항*(Force-Sensing Resistor, FSR)은 센서에 가해지는 힘의 크기에 따라 저항이 달라진다. *플렉스*flex *센서*는 얼마나 굽어져 있느냐에 따라 저항이 달라진다.

때로는 우리들이 목적하는 바에 꼭 맞아 떨어지는 센서가 있을 수도 있다. 예를 들어 사용자가 손가락을 얼마나 구부리고 있는지를 알고 싶다면 플렉스 센서가 딱 알맞을 것이고, 사용자가 공을 얼마나 세게 움켜쥐고 있는지를 알고 싶다면 힘 감지 저항이 제격일 것이다. 하지만 때로는 알고자 하는 정보가 우리들의 센서가 감지하는 에너지를 변화시킬 수 있게끔 상황을 잘 만들어 주어야 하는 경우도 있다. 이를테면 써미스터를 사용해서 사용자가 얼마나 세게 입김을 불고 있는지를 알아낼 수도 있을 것이며(사람의 입김은 온도를 변화시키니까), 포토셀을 사용해서 어떤 물체가 센서로부터 얼마나 떨어져 있는지를 알아볼 수도 있을 것이다(물체가 광원과 포토셀 사이에 놓이도록 하면 물체가 포토셀에 가까워질수록 빛을 더 많이 가리게 될 테니까).

마이크로컨트롤러는 본질적으로 이진수의 세계에 속하므로, 높은 전압과 낮은 전압의 두 가지만을 읽어들일 수 있다. 변화하는 전압 값을 읽어들이기 위해서는 특별한 조치가 필요하다. 많은 마이크로컨트롤러들이 아날로그-디지털 변환기를 내장하고 있다. *아날로그-디지털 변환기*analog-to-digital converter는 변화하는 전압값을 읽은 후 이를 디지털 수치로 변환하여 마이크로컨트롤러의 메모리에 저장시켜 준다. 아날로그-디지털 변환기가 없는 마이크로컨트롤러들도 있다. PIC의 일부 모델들과 BS-2가 그러하다. 이러한 마이크로컨트롤러에서는 저항-커패시터 회로를 사용해서 아날로그-디지털 변환기를 모사하는 방법을 사용하면 된다.

가변전압 아날로그 입력 센서

유용하게 사용할 수 있는 아날로그 센서들 가운데에는 앞서 말한 간단한 센서들보다 좀 더 복잡한 것들도 있다. 이들은 흔히 5볼트 DC에서 동작하도록 되어있어 마이크로컨트롤러와 연결하기에 편리하다. 이들 복잡한 아날로그 센서들은 정해진 전압(이를테면 5볼트)을 걸어 주면 작동하는데, 대개 변화하는 전압값을 출력해 주는 경우가 많다. 예를 들어 샤프 적외선 거리감지센서(Sharp GP2D12)는 5볼트 DC를 걸어 주면 동작하는데, 센서 앞에 있는 물체의 거리에 따라 0~5볼트 사이에서 변화하는 전압을 내보내 준다. GP2D12는 10~80cm 범위 안의 물체를 인식할 수 있다. 같은 종류의 센서로 다른 측정범위를 가지는 제품들도 나와 있다. 이들에 대해서는 9장 '움직임 감지하기' 에서 더 자세히 다룰 것이다.

마이크로컨트롤러의 아날로그-디지털 변환기가 알 수 있는 0~5볼트 범위가 아닌 다른 범위의 전압을 내보내는 디바이스들도 많다. 예를 들어 마이크는 변화하는 전압을 생성해 주지만 그 변화하는 정도는 백만 분의 몇 볼트 수준에 불과하다. 마이크와 같이 그 전압 출력이 백만 분의 1볼트 단위로 변화하는 디바이스를 사용하려면, 센서의 신호를 마이크로컨트롤러가 읽을 수 있는 수준으로 증폭시켜 주는 회로를 구성해 주어야 한다. 마이크의 경우에는 마이크를 오디오용 앰프에 연결하면 그 신호를 마이크로컨트롤러가 읽을 수 있는 수준으로 쉽게 증폭할 수 있다. 이에 대해서는 13장 '소리와 빛 제어하기' 에서 자세히 다루기로 하자.

■ 아날로그 입력을 위한 회로구성

마이크로컨트롤러로 아날로그 입력을 받아들이기 위한 회로에는 기본적으로 두 가지가 있다. 전압 나눔 회로voltage divider와 저항-커패시터(Resistor-Capacitor, RC) 회로가 그것이다. 전압 나눔 회로는 아날로그-디지털 변환기가 있는 마이크로컨트롤러에서만 사용할 수 있다. R-C 회로는 우리들이 다루는 모든 마이크로컨트롤러에서 사용할 수 있다.

전압 나눔 회로

아날로그-디지털 변환을 제공하는 마이크로컨트롤러라고 하더라도, 이러한 변환 기능을 행할 수 있는 핀은 몇 개로 한정되어 있다. 따라서 전압 나눔 회로에 대해 알아보기 전에 먼저 사용하고 있는 마이크로컨트롤러에서 아날로그-디지털 변환을 할 수 있는 핀이 어느 핀들인지를 알아 두어야겠다. 베이직 아톰 프로24에서는 0~4번 핀이다. BX-24에서는 13~20번 핀이다. PIC 18F452에서는 RA0~RA3, RA5, RE0~RE2 핀들이다. BS-2에는 아날로그-디지털 변환을 할 수 있는 핀이 없다.

가변저항에 전류를 걸어 놓고 가변저항을 지나온 전압을 측정해 보면 전류에 얼마만한 저항이 걸려 있는지를 알 수 있다. **그림 6-8**에서는 가변저항(이 예제에서는 플렉스 센서)을 +5볼트로부터 마이크로컨트롤러의 핀으로 연결하고, 다시 고정저항 하나를 그 핀에서 그라운드로 연결했다. 고정저항은 가변저항의 변동범위 내에 속하기만 하면 어느 것이든지 사용 가능하다. 예를 들어 가변저항의 변동범위가 10K~100K일 때 10K의 고정저항을 사용할 수 있다.

이러한 회로를 *전압 나눔 회로*라고 부르는데, 이유는 가변저항과 고정저항이 전압값을 둘로 나누어 주기 때문이다. 가변저항은 변동하는 전압 값을 마이크로컨트롤러에 전달해 준다. 고정저항은 그라운드로 통하는 길을 제공하는 역할을 한다. 두 저항이 만나는 지점(즉, 마이크로컨트롤러의 핀)의 전압은 두 저항값의 크기에 비례하여 달라지게 된다. 예를 들어 만일 두 저항의 값이 같다면 핀에 걸리는 전압은 전체 전압의 꼭 절반, 즉 2.5볼트가 될 것이다.

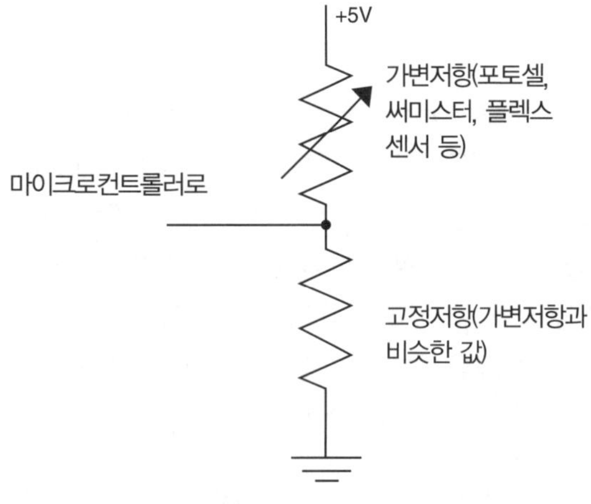

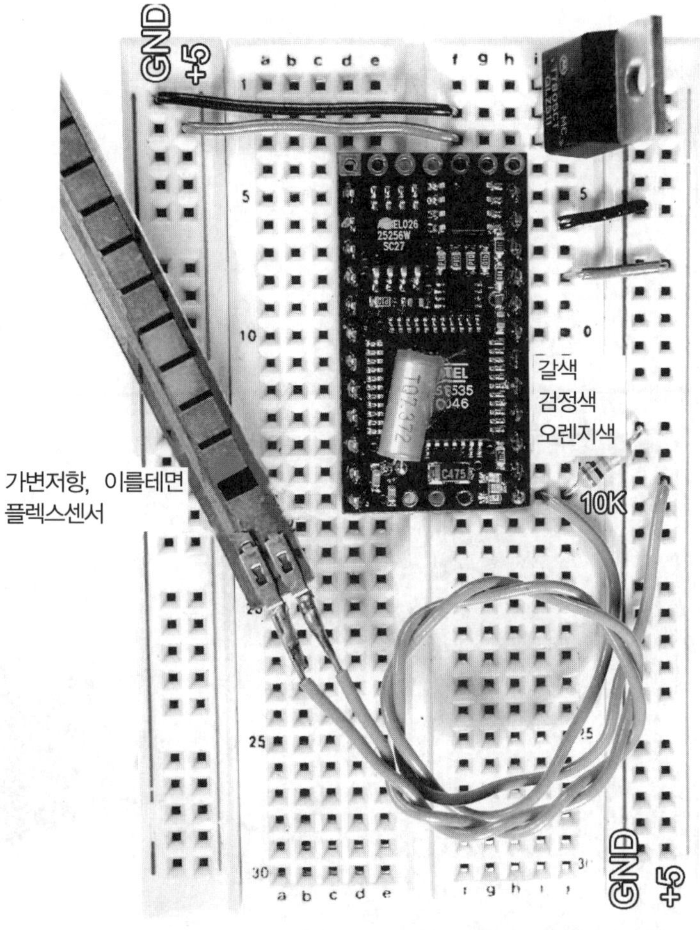

그림 6-8 아날로그 입력. 플렉스 센서를 사용한 경우.

그림 6-9의 회로에서는 앞의 회로와 달리 저항 두 개 대신에 포텐시오미터 하나를 사용했다. 포텐시오미터를 뜯어보면 가운데에 꽂힌 핀 하나가 저항이 있는 물질로 만들어진 둥근 띠 하나를 문지르고 지나가게 되어 있는 것을 볼 수 있다. 따라서 포텐시오미터의 양쪽 두 다리에 걸리는 저항은 완전히 상보적$_{\text{complementary}}$인 관계, 즉 한쪽이 줄어들면 꼭 그만큼 다른 쪽이 늘어나게 되는 관계가 된다. 따라서 포텐시오미터는 전압 나눔 회로에 필요한 두 개의 저항을 한번에 대체하기에 이상적인 부품이 된다. 포텐시오미터의 한쪽 다리를 그라운드에 연결하고 다른 한쪽은 5볼트에 연결한 후, 가운데 다리를 마이크로컨트롤러의 아날로그-디지털 변환 핀에 연결해 주면 된다. 측정되는 값의 범위는 0부터 해당 변환기가 제공하는 최대값 사이이다.

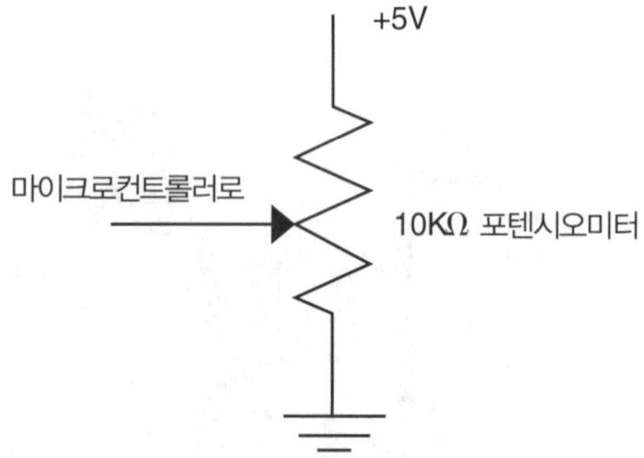

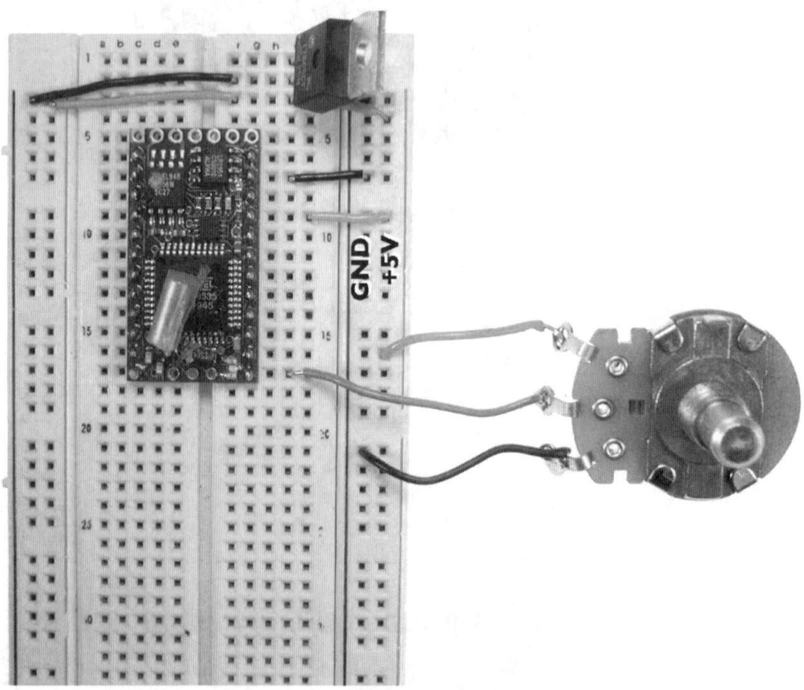

그림 6-9 아날로그 입력. 포텐시오미터를 사용하는 경우.

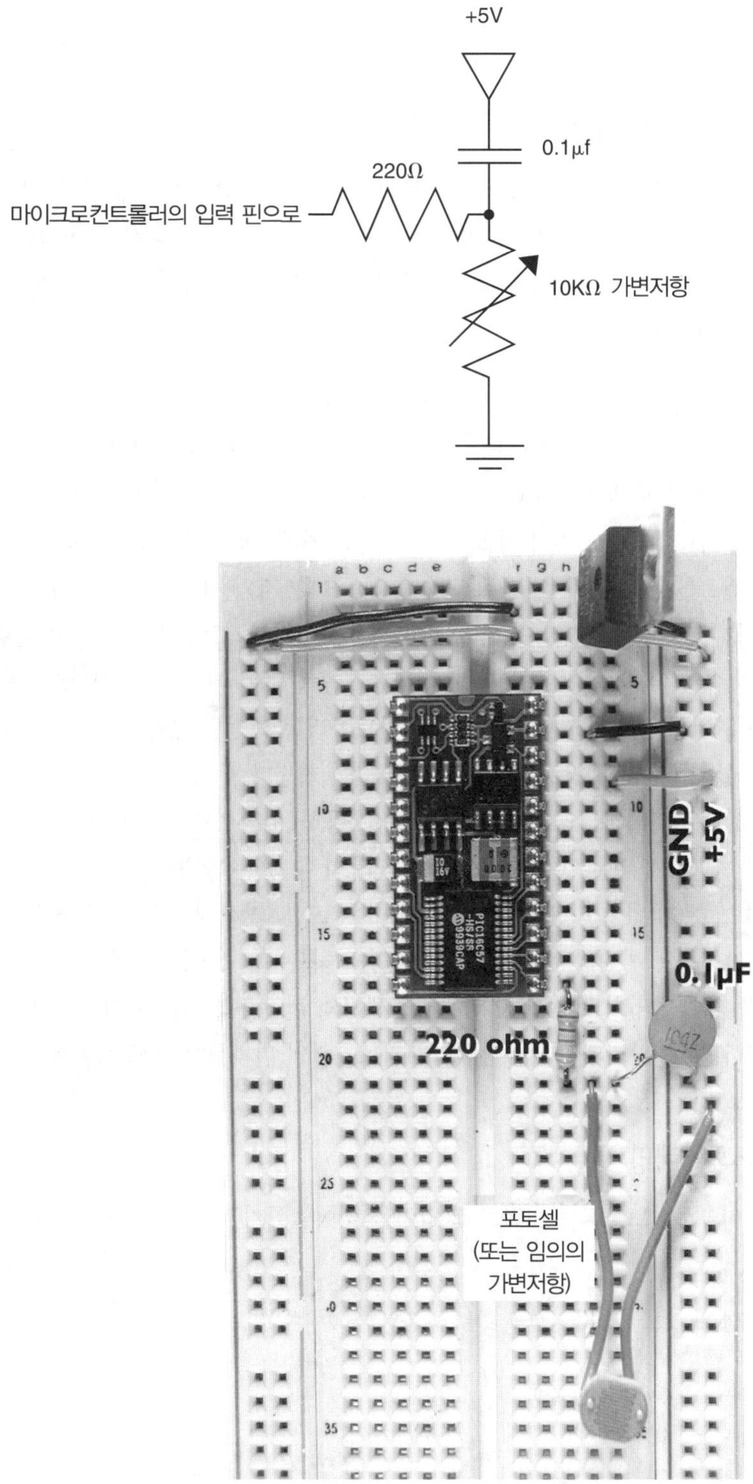

그림 6-10 아날로그 입력. 저항-커패시터 회로를 사용한 경우.

이 회로를 만든 후 마이크로컨트롤러 핀과 그라운드 사이에 멀티미터를 대어 보면 변화하는 전압값이 측정되는 것을 볼 수 있을 것이다.

저항–커패시터 회로

사용하는 마이크로컨트롤러에 아날로그–디지털 변환기가 없거나, 또는 있더라도 그 갯수가 필요에 비해 부족하다면, 커패시터를 사용해서 변화하는 전압을 측정하기 위한 회로를 구성할 수 있다. 이때 rctime이라는 명령어를 사용하게 된다. 이를 위한 회로구성은 **그림 6–10**과 같다.

rctime 명령어를 사용하면 내부적으로는 다음과 같은 일이 일어난다. 커패시터라는 부품은 전기가 공급되면 전하를 축적했다가 전기 공급이 중단되면 이를 방출한다. 먼저 입력 핀을 하이로 놓자. 이렇게 하면 커패시터로부터 모든 전하가 방출된다(양쪽 다리가 모두 하이이므로). 이제 입력 핀을 로우로 하면 커패시터에 전하가 축적되기 시작한다. 마이크로컨트롤러는 커패시터가 완전히 충전될 때까지의 시간을 측정한다. 충전되는 데 걸리는 시간은 백만 분의 몇 초에 불과하지만 마이크로컨트롤러는 이렇게 짧은 시간도 측정해 낼 수 있다. 가변저항의 저항이 클수록 충전되는 데 걸리는 시간이 길어진다. 커패시터가 완전히 충전되고 나면 마이크로컨트롤러는 측정한 값을 돌려준다. 가변저항의 저항값이 클수록 rctime 명령어가 돌려주는 값이 커진다.

rctime은 아날로그–디지털 변환기를 사용하는 경우보다 다소 느리지만, 아날로그–디지털 변환기가 없는 경우에 유용하게 사용할 수 있는 방법이 된다. 대부분의 가변저항 센서에 별 문제 없이 적용될 수 있을 것이다. 또한, 앞서 언급한 샤프 적외선 거리감지센서처럼 0~5볼트 범위의 아날로그 전압을 출력하는 센서들에도 사용할 수 있다. 이 경우에는 저항–커패시터 회로에서 저항을 떼고 센서의 전압출력 핀을 마이크로컨트롤러 핀에 직접 연결하면 된다. 커패시터는 마이크로컨트롤러의 핀과 그라운드 사이에 남겨 두어야 한다.

■ 프로그래밍

마이크로컨트롤러로 아날로그 입력을 읽어들이기 위한 프로그램의 슈도코드는 다음과 같다.

```
읽어들일 아날로그 수치를 저장할 수 있는 크기의 변수를 만든다.
루프
    아날로그 수치를 읽어들인다
    읽어들인 값을 출력한다
루프의 끝
```

아날로그-디지털 변환기

아날로그-디지털 변환기로 값을 읽어들이기 위한 코드는 다음과 같다.

NOTE

BS-2에는 아날로그-디지털 변환기가 없으므로 P베이직 코드는 작성하지 않았다.

MBasic

```
' 베이직 아톰 프로24에는 0~3번 핀까지 4개의 아날로그-디지털 변환 핀이 있다.
' 이 예제에서는 0번 핀을 사용한다.

ADCVar var word
OutputVar var byte
Main:
    ' 0번 핀의 아날로그-디지털 변환값을 읽는다
    ADIN 0, ADCVar
    ' 읽어들인 값을 디버그 한다
    debug [ "ADCVar: ", DEC ADCVar, 10,13]
goto main
```

NOTE

PIC에서 아날로그-디지털 변환기를 사용하기 위해서는 먼저 몇 가지 특별한 함수 레지스터들을 설정해 주어야 한다.

PicBasic Pro

```
' 디버그 핀의 포트를 설정한다
DEFINE DEBUG_REG PORTC
' 디버그 핀의 비트를 설정한다
DEFINE DEBUG_BIT 6
' 디버그의 보레이트를 설정한다
DEFINE DEBUG_BAUD 9600
' 디버그 모드를 설정한다. 0=true, 1=inverted.
```

```
DEFINE DEBUG_MODE 1

'ADCIN을 위한 파라미터들을 설정한다.
DEFINE ADC_BITS 10 '결과값을 저장할 비트의 갯수를 설정한다
DEFINE ADC_CLOCK 3 '클록의 종류를 설정한다 (3=rc)
DEFINE ADC_SAMPLEUS 20 '샘플링 타임을 마이크로세컨드 단위로 설정한다

'결과값을 저장할 변수를 선언한다
ADCVar var word

TRISA = %11111111 'PORTA를 모두 입력 핀으로 설정한다
ADCON1 = %10000010 'PORTA를 아날로그로 설정하고 결과값을 오른쪽 정렬하도록 한다
Pause 500 '0.5초 기다린다

main:
    '아날로그-디지털 변환기의 0번 채널을 읽어들인다
    adcin 0, ADCVar
    '읽어들인 값을 디버그 한다 (13은 키보드의 리턴에 해당한다)
    debug "ADCVar: ", DEC ADCVar, 13, 10
GoTo main
```

BX-Basic

```
'BX-24에는 13~20번 핀까지 8개의 아날로그 입력 핀이 있다.
'이 예제에서는 13번 핀을 사용한다.

'결과값을 저장할 변수를 선언한다
dim ADCVar as integer

Sub main()
    call delay(0.5) '프로그램을 시작하기 전에 0.5초 기다린다

    do
        ADCvar = getADC(13)
        debug.print "ADCVar = " ; cstr(ADCVar)
        loop

end sub
```

RCTime

BS-2에는 아날로그-디지털 변환기가 없으므로 아날로그 입력을 받기 위해서는 rctime 명령을 사용해야 한다. 사실 우리들이 사용하는 마이크로컨트롤러들은 모두

rctime 명령어를 가지고 있으므로, 어떤 마이크로컨트롤러에서든 이 명령어를 사용할 수 있다. 예제 코드를 작성해 보면 다음과 같다.

PBASIC

```
' RCTime은 아날로그-디지털 변환기를 사용하지 않으므로 어떤 핀에서든 사용할 수 있다.
' 이 예제에서는 0번 핀을 사용한다.

' 결과값을 저장할 변수를 설정한다
RCVar var word

Main:
    ' 커패시터를 방전시키기 위해 0번 핀을 하이로 한다
    high 0
    ' 커패시터가 확실히 방전되도록 1밀리세컨드를 기다린다
    pause 1
    ' 재충전되기까지의 시간을 측정한다
    rctime 0,1,RCVar
    ' 결과값을 디버그한다
    debug "RCVar: ", DEC RCVar, 10, 13
goto main
```

MBasic

```
' RCTime은 아날로그-디지털 변환기를 사용하지 않으므로 어떤 핀에서든 사용할 수 있다.
' 이 예제에서는 0번 핀을 사용한다.

' 결과값을 저장할 변수를 설정한다
RCVar var word

Main:
    ' 커패시터를 방전시키기 위해 0번 핀을 하이로 한다
    high 0
    ' 커패시터가 확실히 방전되도록 1밀리세컨드를 기다린다
    pause 1
    ' 재충전되기까지의 시간을 측정한다
    rctime 0,0,RCVar
    ' 결과값을 디버그한다
    debug [ "RCVar: ", DEC RCVar, 10, 13]
goto main
```

PicBasic Pro

```
' RCTime은 아날로그-디지털 변환기를 사용하지 않으므로 어떤 핀에서든 사용할 수 있다.
' 이 예제에서는 B0핀을 사용한다.

' 디버그 핀의 포트를 설정한다
DEFINE DEBUG_REG PORTB
' 디버그 핀의 비트를 설정한다
DEFINE DEBUG_BIT 6
' 디버그의 보레이트를 설정한다
DEFINE DEBUG_BAUD 9600
' 디버그 모드를 설정한다. 0=true, 1=inverted.
DEFINE DEBUG_MODE 1

' 결과값을 저장할 변수를 설정한다
RCVar var word

Main:
    ' 커패시터를 방전시키기 위해 B0  핀을 하이로 한다
    high portB.0
    ' 커패시터가 확실히 방전되도록 1밀리세컨드를 기다린다
    pause 1
    ' 재충전되기까지의 시간을 측정한다
    Rctime portB.0,1,RCVar
    ' 결과값을 디버그한다
    debug "RCVar: ", DEC RCVar, 10, 13
goto main
```

BX-Basic

```
' RCTime은 아날로그-디지털 변환기를 사용하지 않으므로 어떤 핀에서든 사용할 수 있다.
' 이 예제에서는 5번 핀을 사용한다.

' 결과값을 저장할 변수를 설정한다
dim RCVar as integer

sub main()
    do
        ' 커패시터를 방전시키기 위해 5번 핀을 하이로 한다
        call putPin(5, 1)
        ' 커패시터가 확실히 방전되도록 1밀리세컨드를 기다린다
        call delay(0.001)
        ' 재충전되기까지의 시간을 측정한다
        RCVar = Rctime(5,1)
        ' 결과값을 디버그한다
        debug.print "RCVar: "; cstr(RCVar)
    loop
end sub
```

■ 입력을 위해 펄스길이변조 사용하기

아날로그 입력을 받아들이는 또 다른 방법으로 *펄스길이변조*(PulseWidth Modulation, 이하 PWM)가 있는데 이 방법도 널리 사용된다. 아날로그-디지털 변환기에서는 전압의 크기로부터 아날로그 수치를 얻었지만, PWM에서는 디지털 전압펄스의 길이로부터 아날로그 수치를 얻는다. PWM은 아날로그 출력에서 디바이스들을 구동하는 데 주로 사용되는 방법이지만 아날로그 입력을 위해서도 사용될 수 있다.

우리가 사용하는 마이크로컨트롤러들은 모두 펄스길이변조 신호를 출력하는 디바이스로부터 아날로그 수치를 읽어들일 수 있는 명령어를 가지고 있다. BX-24에는 PulseIn이라는 명령어가 있다. P베이직, M베이직, 그리고 픽베이직 프로에는 Pulsin이라는 명령어가 있다. 이러한 명령어를 내리면 마이크로컨트롤러는 해당 핀이 하이에서 로우로, 또는 로우에서 하이로 변할 때까지 기다린 후, 그 핀이 다시 다른 상태로 바뀔 때까지의 시간을 측정한다. 측정의 결과는 펄스의 길이 형태로 얻어지는데, 이것이 센서가 측정한 에너지의 양을 나타내게 된다.

PWM 기법은 트랜스듀서와 직접 연결해 사용하는 경우는 드물고, 좀 더 복잡한 센서 모듈로부터 값을 통신해 받기 위한 프로토콜로서 사용하는 경우가 대부분이다. 적외선 센서와 가속도 센서로부터 값을 받아들이기 위해 PWM을 사용하는 것이 좋은 예이다. 이에 대해서는 9장 '움직임 감지하기' 에서 다루도록 하겠다.

4. 아날로그 출력 Analog Output

때로는 어떤 디바이스를 단순히 켜고 끄는 것 이상의 제어를 하고 싶은 경우가 있다. 이를테면 마이크로컨트롤러로 불을 그저 켜고 끄는 것이 아니라 그 밝기를 조절하고 싶은 경우도 있으며, 커튼을 반쯤만 열도록 하고 싶은 경우도 있고, 소리의 높낮이를 조절하고 싶은 경우도 있을 것이다. 이런 경우에는 아날로그 출력을 위한 기술들이 필요하게 된다.

디지털 출력에서 보았듯이 마이크로컨트롤러의 출력은 매우 작아서, 이것으로 직접 제어할 수 있는 디바이스는 LED와 피에조 버저 등 전류소모가 작은 것들에 한정된다. 아날로그 출력에서는 이에 덧붙여 서보모터라는 매우 유용한 디바이스를 사용할 수 있다. 이 모터를 구동하는 데 필요한 전력을 마이크로컨트롤러가 직접 제공할 수는 없지만, 이를 제어하는 것은 입출력 핀의 출력만으로도 가능하다. 앞서 설명한 PWM 기법을 사용해서 서보모터를 제어하게 된다. 이외의 디바이스들을 사용하기 위해서는, 디지털 출력에서 릴레이나 트랜지스터를 사용했던 것과 마찬가지로 마이크로컨트롤러와 출력 디바이스 사이에 추가적인 부품과 회로들이 필요하게 된다. 아날로그 출력을 제어하기 위해서는 조명용 디머dimmer, 신디사이저, 모터 컨트롤러 등 마이크로컨트롤러를 자체적으로 내장하고 있는 다른 디바이스들을 사용하게 되는 경우가 많다. 이 경우에는 시리얼 통신을 사용해서 디바이스와 정보를 주고받아야 한다. 이에 대해서는 7장 '컴퓨터 간의 통신' 과 12장 '디바이스 간의 여러 가지 통신' 에서 다룰 것이다.

■ 펄스길이변조를 출력으로 사용하기

마이크로컨트롤러는 하이 전압(우리의 경우 5볼트)과 로우 전압(우리의 경우 0볼트)만을 출력할 수 있을 뿐이고 그 사이의 전압들은 출력하지 못한다. 그래서 여러가지 전압을 출력하기 위해서는 펄스길이변조를 사용해서 아날로그 전압을 '흉내' 내어야 한다.

펄스의 길이라고 하는 것은 대개 몇 마이크로세컨드microsecond에서 기껏해야 몇 밀리세컨드millisecond 정도의 매우 짧은 시간에 불과하다. 이미지가 빠른 속도로 번쩍이면 우리 눈에 움직이는 것처럼 느껴지는 것과 마찬가지로(영화는 1초에 24프레임의 정지된 이미지들이 움직임을 만들어 내는 것이다), 깜박거리는 LED를 볼 때 우리의 의식은 어두운 시점과 밝은 시점 사이를 채워 LED가 흐릿하게 켜진 것처럼 보이게 한다. 이러한 방식으로 만들어지는 전압의 평균값을 *슈도-아날로그 전압pseudo-analog voltage*이라 부르기도 한다.

그림 6-11의 그래프에서는 핀이 하이로 되어 있는 시간과 로우로 되어 있는 시간이 동일하도록 펄스를 주고 있다. 핀이 하이로 되어 있는 시간이(이를 펄스의 길이pulsewidth라 한다) 로우 상태의 핀이 하이가 되었다가 다시 로우로 돌아가는 데 걸리는 전체 시간의 절반 정도가 된다. 이 두 시간의 비율을 듀티 사이클duty cycle이라고 한다. 이 예의 경우, 듀티 사이클은 50%이고 평균전압은 전체 전압의 절반 정도가 된다.

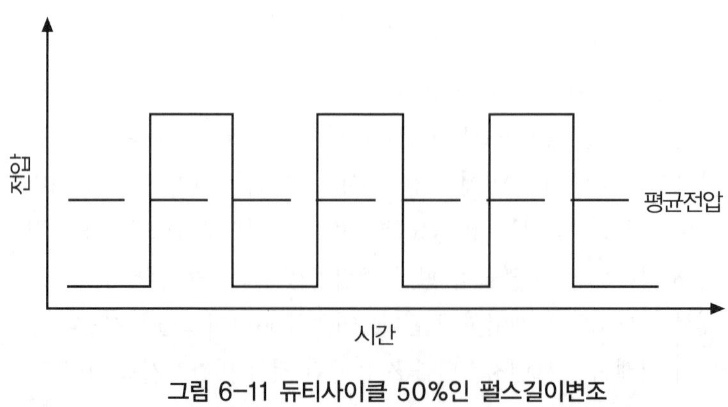

그림 6-11 듀티사이클 50%인 펄스길이변조

펄스의 길이를 짧게 하여 듀티사이클을 50%보다 낮추면 슈도-아날로그 전압값이 작아지게 된다(**그림 6-12** 참조).

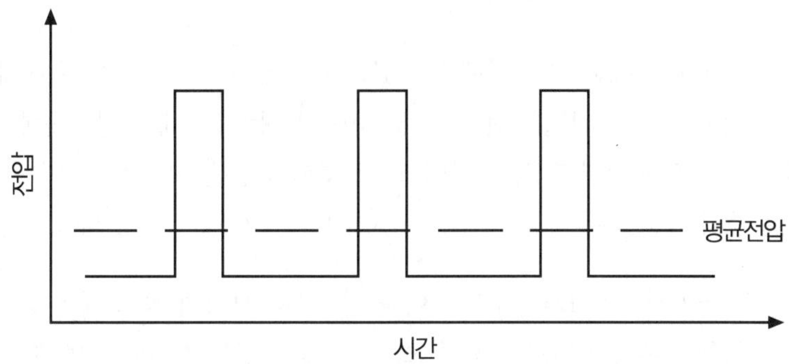

그림 6-12 듀티 사이클 20%인 펄스길이변조

Pulsout이 아날로그 출력의 핵심 명령어이다. P베이직, M베이직, 그리고 픽베이직 프로에서는 다음과 같이 쓴다.

```
Pulsout pin, time
```

▶ *Pin*은 펄스를 내보낼 출력 핀을 나타낸다.

▶ *Time*은 펄스의 길이를 나타낸다. 펄스의 길이를 나타내는 단위는 BS-2에서는 2마이크로세컨드이고 베이직 아톰 프로24에서는 1마이크로세컨드이다. PIC에서는 사용하는 클록의 속도에 따라 다른데, 4MHz 클록에서는 10마이크로세컨드이고 20MHz 클록에서는 2마이크로세컨드이다.

BX-24에서는 pulseOut 명령어가 이와 동일한 일을 하는데, 쓰는 방법은 약간 다르다.

```
Call pulseOut(pin, time, state)
```

▶ *Pin*(바이트 변수)은 펄스를 내보낼 출력 핀을 나타낸다.

▶ *Time*(싱글 변수)은 펄스 하나의 길이를 시간으로 나타낸다. 단위는 1.085 마이크로세컨드이다.

▶ *State*(바이트 변수)는 핀이 어떤 상태에서 펄스를 낼 것인지를 나타낸다. state가 1이면 핀은 기본적으로 로우 상태에 있다가 펄스를 낼 때 하이로 뛰게 된다. state가 0이면 핀은 기본적으로 하이 상태에 있다가 펄스를 낼 때 로우로 떨어지게 된다.

Pulsout(또는 Pulseout)이 실행되고 있는 동안에는 다른 일들이 수행되지 않는다. 마이크로컨트롤러는 펄스의 길이만큼 출력 핀에 펄스를 내보내는 일만을 한다. 따라서 펄스 길이를 아주 길게 주면 그 동안 마이크로프로세서가 센서를 읽어들이거나 출력장비를 제어하는 등의 다른 모든 작동을 멈추는 것이 느껴지게 될 수도 있다.

다음 절에서는 LED의 밝기 제어와 일반 DC 모터의 속도 제어를 통해 아날로그 출력에 필요한 기본적인 회로 구성과 프로그램을 설명할 것이다. 이어서 스피커의 톤을 제어하는 방법과 서보모터의 위치(속도가 아니다)를 제어하는 방법에 대해서도 설명하겠다. 이를 위한 회로와 프로그램들은 상당히 전문적인 것이므로 각각 따로 설명하겠다.

■ LED의 밝기 조절

PWM이 동작하는 것을 눈으로 확인하는 가장 간단한 방법은 펄스를 보내고 있는 핀에 LED를 연결하는 것이다. 회로는 앞서 디지털 출력에서 LED를 켤 때에 사용했던 것과 동일하게 구성하면 된다.

이 예제는 PWM이 어떤 것인지 개념을 알아본다는 생각으로 해 보는 것이 좋겠다. 프로젝트에 실제로 사용하기에는 두 가지 이유에서 만족스럽지 못하다. 즉, 눈으로 보아 깜박임을 느낄 수 있으며, 그리 재미있지도 못한 것이다. 첫번째 문제를 해결하기 위해서는 추가적인 회로를 덧붙이면 된다. 두번째 문제를 위해서는 트랜지스터를 사용해서 LED 대신 모터를 연결해 보기로 하자.

일반 LED는 전압의 변화에 매우 즉각적으로 반응한다. 펄스 길이가 길어지면 LED의 밝기가 달라지는 것이 아니라 실제로 켜졌다 꺼졌다 하는 실체가 눈에 보이게 되어 버린다. 우리의 눈은 웬만큼 빠르지 않은 상태변화라면 감지해 낼 수 있는 것이다. 로우패스 필터low-pass filter를 사용하면 이 현상을 어느 정도 부드럽게 해줄 수 있다.

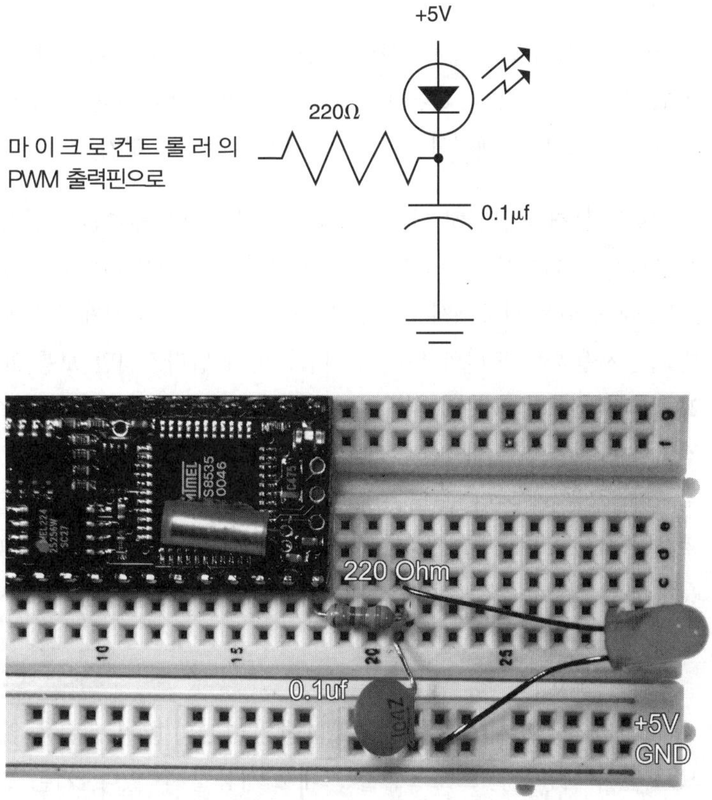

그림 6-13 LED를 위한 완충회로(로우패스 필터)

*완충 회로*smoothing circuit 또는 *로우패스 필터 회로*는 커패시터와 저항을 사용하여 펄스들을 뭉뚱그리는 효과를 내 줌으로써 LED가 꺼져 있는 상태가 눈에 덜 띄도록 해준다(**그림 6-13** 참조). 펄스가 나가고 있는 동안 커패시터가 전하를 축적했다가 펄스가 꺼져 있는 동안 방전시켜 주는 것이다.

이 회로가 모든 펄스를 부드럽게 만들어 줄 수 있는 것은 아니다. 이 회로가 '로우패스 필터'라고 불리는 것은 이 회로가 특정 주파수 이하의 느린 펄스는 완화시키지 않고 그대로 통과시키고 그 주파수 이상의 빠른 펄스에 대해 슈도-아날로그 전압으로 평균내주는 작용을 하기 때문이다. 필터가 적용되는 주파수의 범위는 저항값과 커패시터 값의 비율에 따라 정해진다. 이를 계산하는 공식은 이 책에서 다루기에는 지나치게 복잡하므로 소개하지 않겠다. LED의 밝기를 조절하고 싶은 경우에는 우선 10 μF 커패시터와 220 저항으로 시작해서 다른 값들을 테스트해 보며 어떤 것이 가장 알맞은지를 찾아가도록 하자.

■ DC 모터의 속도 제어

PWM을 디지털 출력에서처럼 트랜지스터와 함께 사용하면 LED의 밝기 제어는 물론이고 큰 전류를 필요로 하는 디바이스들을 제어하는 데에도 사용할 수 있다. 여기에서는 DC 모터의 속도를 제어하는 데 이를 사용해 보도록 하자.

회로는 모터를 완전히 켜고 끌 때 사용했던 **그림 6-6**의 트랜지스터 회로를 그대로 사용하지만, 여기에서는 마이크로컨트롤러의 출력 핀을 하이와 로우로 만드는 것이 아니라 pulseout 명령을 사용해서 1초에 몇 천번씩 켜지고 꺼지게 하고자 한다. pulseout 명령의 빈도는 사용하는 모터와 트랜지스터에 따라 달라지지만 보통 200 마이크로세컨드에서 20 밀리세컨드 정도부터 시작해 보면 된다. 트랜지스터의 베이스 핀에 슈도-아날로그 전압을 가해 주면 이에 따라 모터에 전달되는 전류량이 달라지게 되어 결국 모터의 회전 속도가 달라지게 된다. 모터는 그 속도를 올리고 내리는 데 어느 정도의 시간이 필요하므로 본질적으로 속도변화가 부드럽게 이루어지게끔 되어 있으며, 따라서 별도의 완충회로를 사용할 필요가 없을 것이다. 이에 대해서는 10장에서 좀 더 자세히 다루도록 하겠다.

프로그래밍

DC모터의 속도제어를 위한 프로그램은 LED의 밝기 조절을 위한 그것과 거의 동일하므로 앞서 사용했던 프로그램을 그대로 사용할 수 있다. 기본 흐름을 슈도코드로 적으면 다음과 같다.

```
루프
    ' 펄스가 켜져 있는 시간과 꺼져 있는 시간의 비율이 슈도-아날로그 전압의 크기를 결정한다.
    모터 또는 LED로 가는 펄스를 켠다.
    펄스를 끈다. 루프의 끝.
```

LED의 밝기를 조절하기 위한, 또는 모터의 속도를 제어하기 위한 프로그램을 작성해 보면 다음과 같다. 펄스를 만들어 내기 위한 수치가 마이크로컨트롤러마다 다른 것을 볼 수 있을 것이다. 슈도-아날로그 전압은 전압이 켜져 있는 시간과 꺼져 있는 시간(즉 펄스가 나가는 시간과 프로그램이 멈추어 있는 시간)의 비율에 따라 결정된다는 것을 기억하자. 펄스가 나가는 시간과 프로그램이 멈추어 있는 시간을 달리해 가면서 그 결과가 어떻게 나타나는지를 살펴보자.

PBASIC **MBasic**

```
' LED는 7번 핀에 연결되어 있다
period VAR Word
OUTPUT 7

main:
   FOR period = 10 TO 10000 STEP 10
      ' BS-2에서 pulsout 1은 2마이크로세컨드에 해당한다
      ' 아톰에서 pulsout 1은 0.5마이크로세컨드에 해당한다
      PULSOUT 7, period
      PAUSE 1
   NEXT
GOTO main
```

PicBasic Pro

```
' LED는 RC3 핀에 연결되어 있다
period var byte
output portc.3

main:
   for period = 0 to 255
      ' LED에 펄스를 보낸다 (pulsout 1은 2마이크로세컨드에 해당한다)
      pulsout portc.3, period
      ' 마이크로세컨드 단위로 프로그램을 멈추어야 한다
      ' 펄스가 나가는 시간이 짧아질수록 프로그램이 멈추어 있는 시간은 길어진다
      ' 밀리세컨드 단위가 아니라 마이크로세컨드 단위로 프로그램을 멈추기 위해 pauseus
      를 사용한다
      pauseus 2*(255 - period)
   next
goto main
```

BX-Basic

```
' LED는 12번 핀에 연결되어 있다
dim period as single

Sub Main()
   'pulseout() 명령의 시간흐름을 나타내는 파라미터가 싱글 타입이므로 for-next 루
   프를 사용할 수 없다
   do
      if period < 0.01 then
         period = period + 0.0001
      else
```

```
            period = 0.0001
        end if
        call pulseout(12, period, 1)
        call delay(0.01 - period)
    loop
End Sub
```

프로그램이 위와 같이 펄스 출력을 내보내는 일만을 할 경우에는 이러한 방식이 잘 작동한다. 그러나 입력을 읽어들이거나 다른 출력을 제어하기 위한 코드들이 더 들어가면 펄스 출력이 고르게 되지 않는 경우도 보게 될 것이다. 펄스길이변조를 위해서는 위의 방법 외에 다른 명령어들도 있으며 이들을 사용해 볼 수도 있다. M베이직과 픽베이직 프로에는 PWM이라는 명령어가 있으며 BX-24에는 PutDAC()과 DACPin()이라는 명령어가 있다. 이 명령어들을 사용하면 한 번의 명령으로 여러 개의 펄스를 내보낼 수 있으며 펄스의 듀티 사이클을 설정해 줄 수도 있다. 이 밖에도 BS-2를 제외한 모든 마이크로컨트롤러들은 끊임없이 이어지는 *하드웨어 PWM* 신호를 내보낼 수 있는 하드웨어를 내장하고 있다. 더 자세한 내용은 M베이직과 픽베이직 프로의 HPWM 명령어와 BX-24의 멀티태스킹 명령어들을 참조하라.

■ 소리내기

마이크로컨트롤러의 출력은 작은 스피커를 간신히 울릴 수 있을 정도의 파워가 된다. 카네기홀의 무대에서 이러한 디바이스가 연주하는 것을 듣게 될 날은 없겠지만, 사용자 인터페이스에 사용하기 위한 도구로서는 유용하다. 이 역시 디지털 펄스 신호를 이용해 아날로그 신호를 만들어 내는 또하나의 사례에 해당하겠다.

회로구성

스피커의 연결은 **그림 6-14**와 같이 하면 된다.

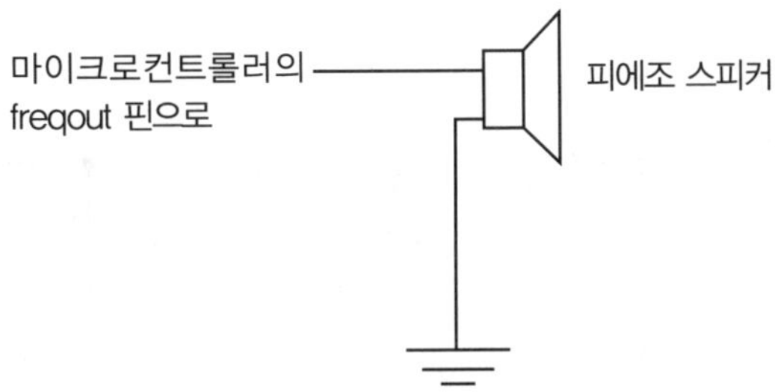

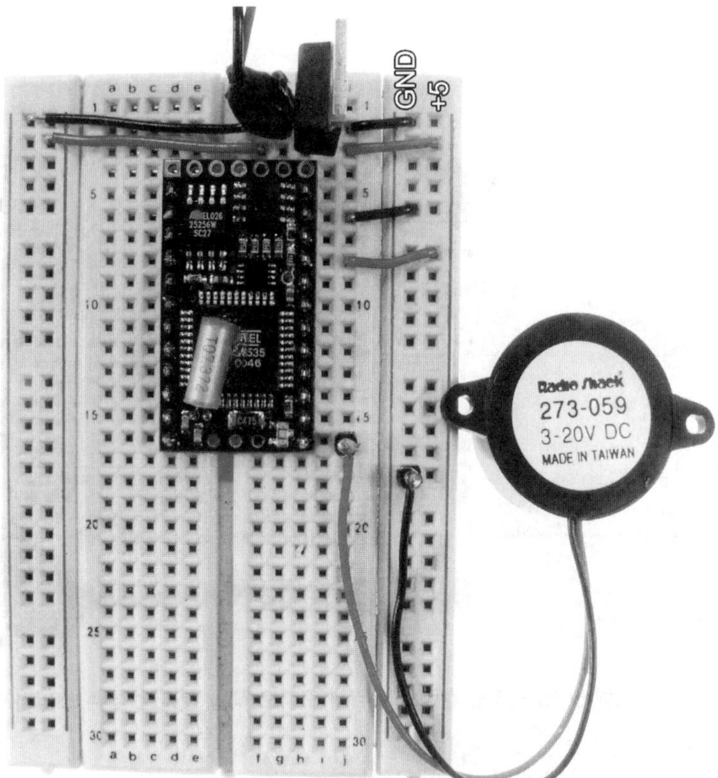

그림 6-14 아날로그 출력에 스피커 연결하기

마이크로컨트롤러를 통해 나오는 음은 증폭되어 있지 않으므로 잘 들리지 않을 수도 있다. 더 나은 소리를 듣기 위해서는 마이크로컨트롤러를 오디오 잭에 연결하고 이를 다시 앰프에 연결하면 된다. **그림 6-15**는 이를 위한 회로를 보여 준다.

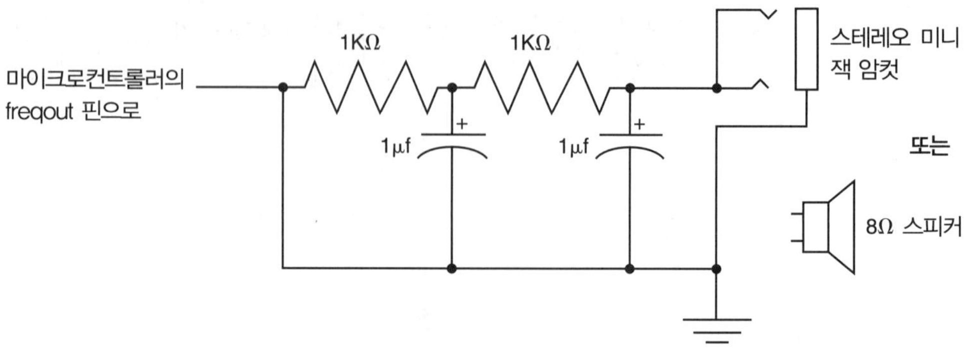

그림 6-15 소리를 출력하기 위해 오디오 잭을 연결한 경우. 스피커에도 같은 회로를 적용할 수 있다.

프로그래밍

우리가 사용하는 마이크로컨트롤러들에는 freqout이라는 명령어가 있다. 이 명령어는 입출력 핀을 통해 음을 낼 수 있도록 해준다. 해당 핀에 스피커나 앰프를 연결하면 소리를 들을 수 있다. p베이직, m베이직, 그리고 픽베이직 프로의 경우에 문법은 다음과 같다.

```
Freqout pin, duration, Freq1, Freq2
```

BX-24에서는 문법이 다르지만 파라미터는 같다.

```
Call FreqOut(Pin, Freq1, Freq2, Duration)
```

- *Pin*은 음을 출력할 핀을 나타내는 바이트 변수이다.
- *Freq1*과 *Freq2*는 들려주고자 하는 음의 높이를 나타낸다. 단위는 1초당 진동수, 즉 헤르쯔(Hz)이다. 사람이 들을 수 있는 주파수의 범위는 20~20,000Hz이다. 따라서 정수 변수를 사용하면(32,767까지 나타낼 수 있다) 사람의 가청 주파수 범위보다 높은 음까지도 만들어 낼 수 있다. 두 음을 동시에 낼 수도 있다. 한 음만을 내고자 한다면 두 주파수 파라미터의 값을 같게 지정하거나 두번째 파라미터를 첫번째 파라미터의 두 배로 지정하면 된다. p베이직, m베이직, 그리고 픽베이직 프로에서는 이들 파라미터를 나타내는 데 밀리세컨드 단위를 사용하며 워드 크기의 변수에 저장한다. BX-베이직에서는 정수 변수를 사용한다.
- *Duration*은 음이 지속되는 시간을 나타낸다. p베이직, m베이직, 그리고 픽베이직 프로에서는 밀리세컨드 단위를 사용하며 워드 크기의 변수에 저장한다. BX-베이직에서는 싱글 타입 변수를 사용한다. Duration의 범위는 1밀리세컨드부터 2.56초까지이다. 음이 나가고 있는 duration 동안 프로그램은 다른 일은 모두 멈추게 된다.

freqout을 위한 프로그래밍은 매우 간단하다. 위에서 설명한 대로 freqout 명령어를 부르기만 하면 된다. 여기에서는 아날로그 입력값을 받아 음의 높낮이를 변화시키는 예를 들고자 한다.

이 예에서는 어레이array라는 새로운 변수 구조를 사용한다. *어레이*는 쉽게 말해 번호 붙은 방을 여러 개 가진 변수와도 같은 것이다. 어레이가 편리한 것은 방의 번호만 있으면 거기에 들어 있는 값을 꺼낼 수 있다는 점에 있다. 예를 들어, myList라는 바이트 어레이에 다섯 개의 바이트들을 나란히 저장했다고 하자. 이들 중 두번째 바이트를 보기 위해서는 다음과 같이 하면 된다.

```
SecondByte=myList(1)
```

혼란스러운지? 바이트 변수는 0부터 255까지의 값을 저장할 수 있다고 했던 것을 기억하는가? 변수의 값이 0부터 시작하는 것과 마찬가지로, 대부분의 프로그래밍 언어에서 어레이의 첨자는 0부터 시작한다. 그래서 어레이의 첫번째 값은 myList(0)이 된다. 우리들이 사용하는 베이직 중 BX-베이직만이 0이 아닌 숫자로 어레이를 시작하는 것을 허용한다. 우리는 숫자가 언제나 1부터 시작하는 데 익숙해져 있으므로 어레이를 사용할 때에는 주의가 필요하다. 어레이 안에서 한 원소를 지정하는 데 변수를 사용할 수도 있다. 이를테면 다음과 같이 할 수 있다.

```
myList (원소의 번호를 나타내는 변수)
```

이처럼 사용하면 어레이는 막강한 힘을 가진 슈퍼 변수와도 같아진다. 어레이란 원소들에 숫자를 매겨서 줄줄이 엮은 것이므로 흔히 for-next 루프와 함께 사용한다. for-next 루프는 변수값을 자동으로 하나씩 늘여 가면서 어떠한 일을 반복해서 수행해 준다. 변수와 마찬가지로 어레이에도 타입과 크기가 있으며, 사용 전에 선언해 주어야 하는 것도 마찬가지다. 다음 예제를 통해 좀 더 자세히 알아보자.

PBASIC
MBasic

```
' 워드 변수 10개를 가지는 어레이를 선언한다
pitch var word(10)

' 다른 변수들을 선언한다
note var byte

' pitch 어레이의 10개 원소들은 서양 음계 가운데 10개 음을 나타낸다.
' BS-2는 12음 모두를 나타내기에 메모리가 부족하다.
pitch(0) = 262 ' 가온 C
pitch(1) = 277 ' C#
pitch(2) = 294 ' D
pitch(3) = 311 ' D#
pitch(4) = 330 ' E
pitch(5) = 349 ' F
pitch(6) = 370 ' F#
pitch(7) = 392 ' G
pitch(8) = 415 ' G#
pitch(9) = 440 ' A

main:
   For note = 0 to 9
      freqout 7, 1000, pitch(note), pitch(note)
   next
goto main
```

PicBasic Pro

```
' 워드 변수 12개를 가지는 어레이를 선언한다
pitch var word(12)

' 다른 변수들을 선언한다
note var byte
thisNote var word

'pitch 어레이의 12개 원소들은 서양 음계의 12개 음을 나타낸다
pitch(0) = 262 '가온 C
pitch(1) = 277 'C#
pitch(2) = 294 'D
pitch(3) = 311 'D#
pitch(4) = 330 'E
pitch(5) = 349 'F
pitch(6) = 370 'F#
pitch(7) = 392 'G
pitch(8) = 415 'G#
pitch(9) = 440 'A
pitch(10) = 466 'A#
pitch(11) = 494 'B

main:
    For note = 0 to 11
        'pitch의 값을 일반 워드 변수에 넣는다
        thisNote = pitch(note)
        '음을 소리낸다
        freqout portc.4, 1000, thisNote, thisNote
    next
goto main
```

BX-Basic

```
' 인티저 변수 12개를 가지는 어레이를 선언한다
dim pitch (0 to 11) as integer

Sub Main()
    'for-next 루프의 카운터로서 note라는 변수를 사용할 것이므로
    ' 이 변수는 메인 서브루틴 안에서 선언되어야 한다
    dim note as byte

    'pitch 어레이의 12개 원소들은 서양 음계의 12개 음을 나타낸다
```

```
        pitch(0) = 262 '가온C
        pitch(1) = 277 'C#
        pitch(2) = 294 'D
        pitch(3) = 311 'D#
        pitch(4) = 330 'E
        pitch(5) = 349 'F
        pitch(6) = 370 'F#
        pitch(7) = 392 'G
        pitch(8) = 415 'G#
        pitch(9) = 440 'A
        pitch(10) = 466 'A#
        pitch(11) = 494 'B

        do
           For note = 0 to 11
              call freqout(13, pitch(note), pitch(note), 300)
           next
        loop
    End Sub
```

freqout 명령어를 사용할 때에는 몇 가지 주의할 점이 있다.

첫째, freqout 명령이 실행되고 있는 동안에는 다른 일이 아무 것도 진행되지 않는다는 점에 주의하자. 다시 말해, 만일 freqout 명령이 1초 동안 실행되도록 하였으면 그 1초 동안 마이크로컨트롤러는 자신에게 연결되어 있는 센서들을 전혀 읽어들이지 않으리라는 것이다. 한편 소리를 내는 시간이 짧아질수록 소리는 듣기에 안 좋아지게 마련이다. 그러므로 소리의 질과 센서반응의 즉각성 사이에서 적절한 균형을 찾도록 해야 할 것이다.

둘째, 음악을 연주하고자 하는 경우에는 연주하고자 하는 음의 높이에 해당하는 주파수를 내주어야 한다는 점을 알아두자.

■ RC 서보모터 Servo Motors

아날로그 출력으로 할 수 있는 가장 재미있는 일은 아마도 무언가의 움직임을 제어하는 일일 것이다. 일반 DC 모터의 경우에는 켤 것인지 또는 끌 것인지의 여부를 지정하고 회전 속도를 제어할 수 있었지만, 그 회전 방향이나 위치를 제어하고자 하면 추가적인 부품들이 필요하며 많은 수고가 따르게 된다. RC 서보모터는 모터의 위치를 제어하는 데 필요한 부품들을 내장해 갖추고 있다. 서보모터 안에는 많은 기어들과 포텐시오미터, 그리고 그에 딸린 회로들이 장치되어 그 위치를 180도 범위 안에서 매우 빠르고 정확하게 제어할 수 있도록 해준다. RC 서보모터는 마이크로컨트롤러에 사용되는 +5볼트 파워 서플라이를 공유할 수 있다는 점을 감안하면 꽤 힘이 센 편이다. 기본적으로 원운동을 하는 모터이지만 기계부속을 덧붙이면 직선운동을 하도록 꾸밀 수도 있다. 이 모터는 주로 무선조종 비행기나 보트를 조정하는 용도로 사용되지만, 우리에게는 피지컬 컴퓨팅에서 무엇이든 움직여야 할 때에 그 크기가 크지만 않다면 제일 먼저 생각할 수 있는 부품이 바로 이것이다.

01
02
03
04
05
CHAPTER 06
07
08
09
10
11
12
13
14

그림 6-16 RC 서보모터

회로구성

RC 서보모터는 제어하기가 매우 쉽다. 서보모터에는 전선이 3개 있다. 파워(+4~6볼트, 150~200mA), 그라운드, 그리고 제어 신호가 그것이다. 파워 전선은 1A 이상의 전류를 공급할 수 있는 5볼트 파워에 연결하면 된다. 5볼트라고 해서 마이크로컨트롤러의 출력 핀에 연결해서는 안 된다. 파워가 부족하다. 마이크로컨트롤러에 사용하는 파워가 4~6볼트 범위 안에 있으며 200mA의 전류를 공급할 수만 있다면 거기에 연결해서 공유해도 괜찮다. 단, 그 파워가 마이크로컨트롤러에 이르기 전에 먼저 서보모터에 연결되도록 하자. 만일 서보모터를 위해 별도의 파워 서플라이를 사용해야 한다면 두 파워 서플라이의 그라운드를 하나로 이어 주도록 하자. 마지막으로 제어 신호를 위한 전선을 마이크로컨트롤러의 핀에 연결한다.

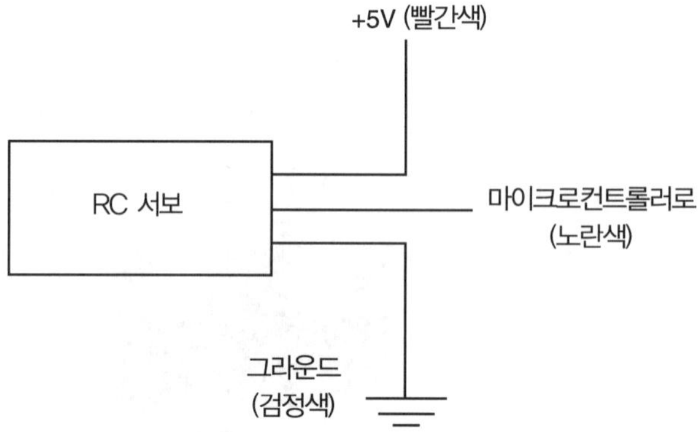

그림 6-17 마이크로컨트롤러와 서보모터의 연결

프로그래밍

마이크로컨트롤러는 모터의 제어선에 연결된 핀으로 펄스를 보내어서 이를 통해 모터의 각도를 제어한다. 서보모터는 1에서 2 밀리세컨드(ms) 길이의 5볼트 펄스를 1초에 50회(20ms마다 한 번 꼴이다) 정도 받을 때에 움직이도록 만들어져 있다. 이때 펄스의 길이가 모터의 각도를 결정하게 된다. 모터에 따라 조금씩 차이는 있지만 대부분 1ms 펄스를 받으면 한 쪽 끝으로 가고, 1.5ms 펄스를 받으면 가운데로 가며, 2ms 펄스를 받으면 다른 쪽 끝으로 간다. 모터를 움직이지 않고 그저 한 위치에 멈추어 있도록 하고 싶은 경우에도 펄스를 20ms마다 계속해서 보내 주어야 한다. 서보모터마다 최소 펄스 길이와 최대 펄스 길이에 몇 마이크로세컨드씩 차이가 있다는 것을 알게 될 것이다. 새로운 서보모터를 구하게 되면 아래와 같은 간단한 프로그램으로 그 범위를 알아보고 펄스 길이를 필요에 맞게 보정하는 것이 좋겠다. 슈도코드가 다음과 같다.

```
모터를 1도 움직이는 데 필요한 펄스의 길이를 설정한다
모터의 한 쪽 끝에 해당하는 최소 펄스의 길이를 설정한다
루프 :
    0~180 사이에서 반복한다
    현재의 위치에 해당하는 펄스 길이를 계산한다
    계산된 펄스를 서보모터에 보낸다
    서보모터에 다음 펄스를 보낼 시점까지 기다린다
루프의 끝
```

그리고 코드는 다음과 같다. 마이크로프로세서마다 pulsout의 최소 펄스의 길이 값이 다르다 보니 코드가 조금씩 달라졌다. minAngle과 maxAngle 상수값을 달리하면서 서보모터의 운동범위가 어떻게 달라지는지를 확인해 보도록 하자.

PBASIC

```
' 서보모터는 7번 핀에 연결되어 있다

angleVar var word

' 최소 펄스길이와 최대 펄스길이를 나타내는 상수를 설정한다
minAngle con 250
maxAngle con 1250

' 펄스 간의 휴지休止시간을 나타내는 상수를 설정한다
refreshPeriod con 20
```

디커플링 커패시터 : 전압 레귤레이터 안정시키기

서보모터도 다른 모터와 마찬가지로 유도부하(이 장 앞부분의 "유도부하와 저항부하"를 참조하라)이며, 따라서 그 역전압이 전압 레귤레이터에 해를 줄 수 있다. 이 문제를 최소화할 수 있는 한 가지 방법은 레귤레이터의 두 파워와 그라운드 사이에 각각 커패시터를 두는 것이다. 이러한 커패시터를 *디커플링decoupling 커패시터*라고 한다. 이는 모터가 움직이기 시작할 때, 또 움직이다가 멈출 때 전압이 아래위로 튀는 것을 어느 정도 부드럽게 다듬어 준다. +5볼트 출력과 그라운드 사이에 1 μF을, 입력 전압과 그라운드 사이에 10 μF을 각각 달아 주도록 하자. **그림 6-18**처럼 하면 된다.

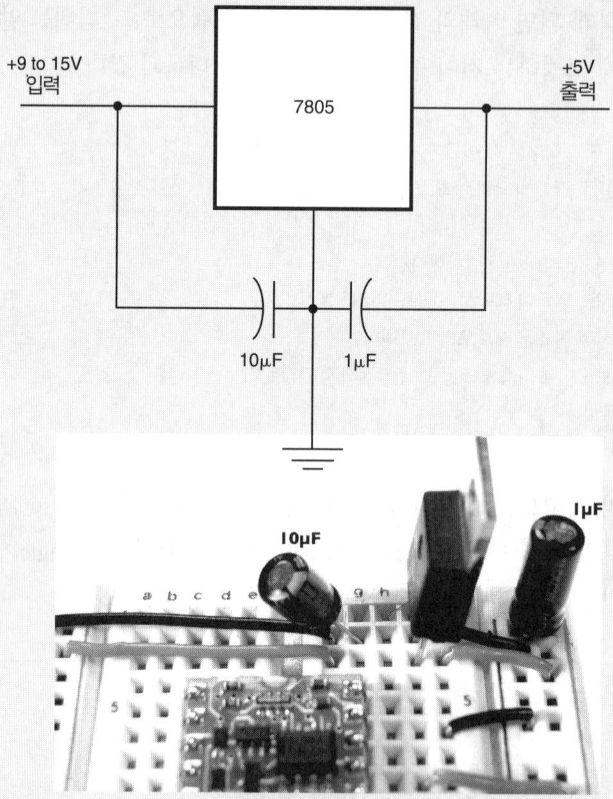

그림 6-18 7805 전압 레귤레이터에 디커플링 커패시터 붙이기

사실 7805 전압 레귤레이터의 설명서에는 이와 같은 디커플링 커패시터를 언제나 사용하라고 되어 있다. 우리는 여러 해 동안 디커플링 커패시터 없이 마이크로컨트롤러를 사용해 왔지만 별 문제는 없었다. 하지만 사용해서 나쁠 것은 하나도 없고, 특히 모터나 솔레노이드 같은 유도부하를 사용하는 프로젝트의 경우에는 프로젝트가 제대로 동작하는 데 도움을 줄 수도 있다(이에 대해서는 9장에서 더 설명하겠다).

```
' 펄스 길이의 초기값을 설정한다
angleVar = minAngle

main:
    ' 출력핀을 로우로 설정하여, 펄스를 내보낼 때에 하이가 될 수 있도록 한다
    Low 7
    ' 펄스를 내보낸다
    PulsOut 7, angleVar
    ' 필요한 만큼 멈춘다
    pause refreshPeriod

    ' 다음 각도를 계산한다
    if angleVar > maxAngle Then
        angleVar = minAngle
    else
        angleVar = angleVar + 1
    endif
GoTo main
```

MBasic

```
' 서보모터는 7번 핀에 연결되어 있다

angleVar var word

' 최소 펄스 길이와 최대 펄스 길이를 나타내는 상수를 설정한다
minAngle con 1200
maxAngle con 5000

' 펄스 간의 휴지시간을 나타내는 상수를 설정한다
refreshPeriod con 20

' 펄스 길이의 초기값을 설정한다
angleVar = minAngle

main:
    ' 출력 핀을 로우로 설정하여, 펄스를 내보낼 때에 하이가 될 수 있도록 한다
    Low 7
    ' 펄스를 내보낸다
    PulsOut 7, angleVar
    ' 필요한 만큼 멈춘다
    pause refreshPeriod
```

```
    ' 다음 각도를 계산한다
    if angleVar > maxAngle Then
        angleVar = minAngle
    else
        angleVar = angleVar + 1
    endif
GoTo main
```

PicBasic Pro

```
' 서보모터는 C3  핀에 연결되어 있다

' 4MHz가 아닌 크리스탈을 사용하고 있다면 pulsout의 펄스 길이가 달라진다.
' 20MHz  크리스탈에서는 pulsout의 속도가 다섯 배 빨라진다.
' 따라서, 20MHz  크리스탈을 사용하고 있다면  아래 코드의 펄스 길이에 5를 곱해 주어야 한다.

DEFINE OSC 4
angleVar VAR word

' 최소 펄스길이와 최대 펄스 길이를 나타내는 상수를 설정한다
minAngle con 50
maxAngle con 250

' 펄스 간의 휴지시간을 나타내는 상수를 설정한다
refreshPeriod con 20

' 펄스 길이의 초기값을 설정한다
angleVar = minAngle

main:
    ' 출력 핀을 로우로 설정하여, 펄스를 내보낼 때에 하이가 될 수 있도록 한다
    Low portc.3
    ' 펄스를 내보낸다
    PulsOut portc.3, angleVar
    ' 필요한 만큼 멈춘다
    pause refreshPeriod

    ' 다음 각도를 계산한다
    if angleVar > maxAngle Then
        angleVar = minAngle
    else
        angleVar = angleVar + 1
    endif
GoTo main
```

BX-Basic

```
' 서보모터는 12번 핀에 연결되어 있다

Const minPulse as single = 0.0006 ' 최소 펄스 길이
Const maxPulse as single = 0.0023 ' 최대 펄스 길이
Const refreshPeriod as single = 0.02 ' 펄스 간의 휴지시간

dim pulseWidth as single ' 펄스 길이를 나타내는 변수

Sub main()
    pulseWidth = minPulse
    do
        ' 펄스를 내보낸다
        call pulseOut(12, pulseWidth, 1)

        ' 다음 펄스의 길이를 계산한다
        if pulseWidth <= maxPulse then
            pulseWidth = pulseWidth + 0.00001
        else
            pulseWidth = minPulse
        end if

        ' 다음 펄스를 내보내기 전에 20ms를 기다린다
        call delay(refreshPeriod)
    loop
End Sub
```


5. 아날로그 입력을 받아서 아날로그로 출력하기 : 한 범위를 다른 범위에 대응시키기

아날로그 입력을 받아서 이에 대응하는 아날로그 출력을 내보내기 위해서는 입력과 출력 각각의 범위를 알아야만 이들을 서로 대응시키는 함수를 만들어 줄 수 있다. 대응함수를 만들기 위해서는 곱하기만 몇 번 하면 되는 경우도 있고, 좀 더 복잡한 과정이 필요한 경우도 있다.

아날로그 입력이란 결국 예측하기 힘든 범위에 걸치는 숫자들을 돌려주게 마련이다. 이 범위에 영향을 미치는 요인은 사용하는 센서의 제조회사에서부터 저항과 커패시터의

크기, 마이크로컨트롤러의 성능, 심지어는 현재 시각이 몇 시인지에 이르기까지 여러 가지가 있다. 입력되어 들어오는 수치들을 이용하기 위해서는 출력 디바이스가 필요로 하는 출력의 범위를 파악하여 입력의 범위를 그에 맞게 대응시켜 주어야 한다. 대개는 간단한 산수로 해결될 수 있다. 입력과 출력의 범위를 파악하는 것이 첫번째 과제다.

아날로그 입력 센서의 범위를 파악하기 위해서는 앞에서 아날로그 입력을 설명하면서 보였던, 입력된 센서값을 디버그문으로 출력해 내는 간단한 프로그램이 필요하다.

센서의 가능한 모든 영역에 걸치도록 신경쓰면서 센서를 조정해 보자. 이 프로젝트가 놓인 환경에 앞으로 생길 수 있는 여러 일들을 세심히 고려하자. 예를 들어 포토셀의 경우라면 낮에는 밤보다 창을 통해 더 많은 빛이 비쳐들 것이다. 들어오는 숫자들을 보면서 최대값과 최소값을 추정해 보자.

출력의 범위는 우선 함수가 취할 수 있는 파라미터값의 범위에 따라 결정되게 마련이다. 예를 들면 freqout 명령어에는 20~20,000 사이의 값을 주는 것이 적당할 것이다. 한편 시리얼 통신으로 숫자를 주고받을 때에는 0~255 범위 안에 머물려고 노력하는 경우가 많다. 한번에 한 바이트씩 데이터를 보내는 것이 편리하기 때문이다.

때로는 이보다 좁은 범위의 수치를 요구하는 디바이스들도 있다. 이를테면 어떤 서보모터를 위한 출력 범위를 파악하기 위해서는 1ms와 2ms라는 표준점에서 시작하여 펄스 길이를 조금씩 바꾸어 가면서 모터가 더이상 움직이지 않을 때까지 여러 번 시행착오를 반복해 보아야 하겠다. 서보모터는 범위 밖의 펄스를 받으면 보통 한쪽 끝으로 가서 덜커덕거리거나 떨 때가 많다. 떨림이 없어질 때까지 범위의 한계값을 조금씩 줄여 주자.

센서의 입력 범위와 필요한 출력의 범위를 알았으면 보통 간단한 공식을 사용해서 이들을 서로 대응시킬 수 있다. 예를 들어 센서의 범위가 500~1500인데 출력은 0~500이 되어야 한다면, 입력값에서 500을 빼서 2로 나누면 될 것이다.

바로 이러한 것이 *대응함수**scaling function* 또는 *범위함수* *ranging function*라고 불리우는 함수를 만드는 과정이다. 이제 좀 더 복잡한 경우를 생각해 보고 일반적인 공식으로 확장해 보자. 입력 센서는 가변저항이고 출력 디바이스는 서보모터인 경우를 생각해 보자. 입력값의 범위는 30~500이라고 하자. 이제 두 범위를 나란히 놓았을 때 다음처럼 서로 꼭 맞게 대응하도록 하고 싶다고 하자.

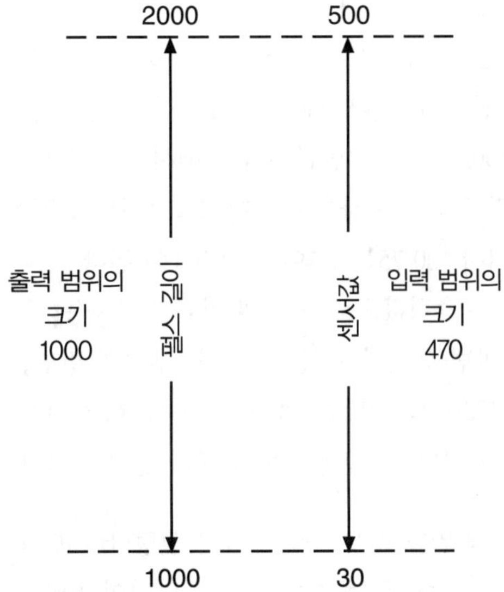

따라서 다음과 같아야 함을 알 수 있다.

$$\frac{(\text{펄스의 길이} - \text{펄스 길이의 최소값})}{\text{펄스 길이의 범위}} = \frac{(\text{센서값} - \text{센서의 최소값})}{\text{센서값의 범위}}$$

이 식으로부터 펄스의 길이를 얻어내기 위해 먼저 양 변에 펄스 길이의 범위를 곱해 주자.

$$(\text{펄스의 길이} - \text{펄스 길이의 최소값}) = \frac{(\text{센서값} - \text{센서의 최소값}) \times \text{펄스 길이의 범위}}{\text{센서값의 범위}}$$

그리고 양 변에 펄스 길이의 최소값을 더해 주면 다음과 같이 된다.

$$\text{펄스의 길이} = \frac{(\text{센서값} - \text{센서의 최소값}) \times \text{펄스길이의 범위}}{\text{센서값의 범위}} + \text{펄스 길이의 최소값}$$

다 되었다. 먼저번 예제보다 다소 복잡해 보이지만, 좀 더 일반화되었을 뿐 실은 같은 것이다.

마이크로컨트롤러에서 계산을 할 때는 주의해야 할 점들이 몇 가지 있다. 대부분의 마이크로컨트롤러들은 나눗셈에서 정수부분만을 처리할 수 있다. 따라서 올림과 버림에 따른 문제가 생길 수 있다. 예를 들어 출력의 범위가 1~100이고 입력의 범위가 1~75라면 입력값에 100/75, 즉 1.3만큼씩을 곱해서 출력에 맞춰 주고 싶을 것이다. 하지만 BX-24를 제외하면 우리들이 사용하는 마이크로컨트롤러들은 정수만을 처리할 수 있는데, 이러한 시스템에서 100/75는 1.3이 아니라 1이 된다.

대안으로는 출력값으로 1~75의 범위만을 사용하는 방법이나 입력값에 13을 곱해 10으로 나누는 방법을 생각해 볼 수 있다. 후자의 방법을 택할 경우에는 255보다 큰 숫자를 다루게 되므로(이를테면 75×13=975가 된다. 이를 10으로 나누면 97.5가 되는데, 실제로는 정수부분만을 취하므로 97을 얻게 된다) 워드나 인티저 크기의 변수를 사용해야 할 것이다.

입력값의 범위를 매우 조심스럽게 설정한다고 하더라도, 때로는 설정한 범위를 벗어나는 이상치가 들어오는 경우가 있게 마련이다(입력값의 범위가 아날로그-디지털 변환기가 제공할 수 있는 전체 측정 범위와 일치하는 경우는 예외이다). 입력 범위를 설정하고 나면, if문이나 min/max 명령어를 사용하여 이 범위 밖으로 떨어지는 값이 발생하지 않도록 잘라 주어야 한다. 이렇게 하지 않으면 255보다 크거나 0보다 작은 값이 들어올 때 바이트 크기의 변수가 혼란스러워하는 것을 보게 될 것이다. 변수의 값이 한 바퀴를 돌아서 배정되므로 256은 0으로, 그리고 257은 1로 나타나게 된다. 마찬가지로 −1은 255, −2는 254가 된다. 만일 앞서의 계산에 바이트 변수를 사용했다면 75×13은 207이 되었을 것이다! 왜 그럴까? 975는 (3×256)+207이기 때문이다. 바이트 변수는 네 바퀴를 돌은 후 207에서 멈추게 된다.

숫자를 줄이기 위해 나누기를 하면 정밀도가 떨어지게 된다. 때로는 이것이 이상한 입력값들을 평균내어 무마하는 효과를 줄 때도 있지만, 대개는 어플리케이션의 동작이 둔해지게만 할 뿐이다. 한편, 범위를 키우기 위해 곱하기를 한다고 해서 정밀도가 높아지는 것은 아니라는 점에도 주의해야겠다. 가능하면 범위를 늘이고 줄이는 일은 덜 할수록 좋다. 꼭 필요한 경우에는 정확하게 계산한 범위함수를 통해 범위가 서로 매끈하게 대응되도록 노력해야 한다.

앞에서 소개한 입력회로들을 구성할 때 적절한 부품들을 선택하면 범위 계산이 간단해지도록 할 수 있다. 예를 들면, rctime 함수를 사용할 때는 작은 커패시터와 작은 저항을 사용하는 편이 좋다. 커패시터가 충전되고 방전되는 데 걸리는 시간이 짧아져서 결과적으로 읽히는 수치값이 작아지게 된다. 이제 소개할 P베이직과 M베이직 예제에는 사용할 저항과 커패시터의 값이 명시되어 있다. 다른 값을 갖는 부품들을 사용해서 결과가 어떻게 달라지는지를 살펴보자. 가변저항과 아날로그-디지털 변환기를 사용하고 있다면, 이 회로에 들어가는 고정저항의 값을 바꾸어 보자. 이제 소개할 픽베이직 프로와 BX 베이직 예제에서는 고정저항의 값을 바꾸었더니 다루기에 훨씬 편리한 값들이 얻어졌다.

이 예제는 범위함수를 사용하는 전형적인 예를 보여 준다. 입력은 플렉스센서이며 출력은 서보모터이다. 플렉스센서를 센서의 변형 범위 안에서 구부리면 서보모터가 모터의 이동 범위 안에서 움직인다. 플렉스센서를 위한 회로에 사용되는 부품들을 바꾸어 주면 입력되는 센서값의 범위를 조정할 수 있다는 것은 알고 있을 것이다. 반면에 서보모터의 범위는 고정된 것이다. 먼저 아날로그 입력을 통해 플렉스센서의 값을 읽은 다음, 다루기 편리한 범위가 얻어질 때까지 여러 가지로 저항과 커패시터의 값을 바꾸어 보자. 그 다음에 공식을 적용한다. 슈도코드는 다음과 같다.

```
루프:
    센서값을 읽는다
    센서값을 서보모터의 범위에 맞추어 변환한다
    서보모터에 펄스를 보낸다
루프의 끝
```

실제 코드는 다음과 같다.

PBASIC

```
' 이 예제는 아날로그 입력 (플렉스센서) 에 0번 핀을 사용한다.
' 서보모터는 2번 핀에 있다.

' 센서의 최소값과 최대값을 나타내는 상수를 설정한다.
' 이 값들은 실험을 통해 알아내야 할 것이다.
' 이 예제에서는 50~100K 범위의 플렉스센서에 0.01 커패시터와 10Ω 저항을 사용했다.
minSensorReading CON 5
maxSensorReading CON 130
' 범위를 나타내기 위한 변수
sensorRange VAR Word
SensorRange = maxSensorReading - minSensorReading

' 펄스 길이의 최소값과 최대값을 나타내는 상수를 설정한다
minAngle CON 250
maxAngle CON 1250
' 범위를 나타내기 위한 변수
angleRange var word
```

```
angleRange = maxAngle - minAngle

'펄스 간의 휴지休止시간을 나타내는 상수를 설정한다
refreshPeriod CON 20

RCVar VAR Word '센서값
scalerVar VAR Word '범위를 맞추기 위한 계수
angleVar VAR Word '서보모터의 펄스 길이
pause 500 '0.5초 기다린다

Main:
   HIGH 0
   PAUSE 1
   RCTIME 0,1,RCVar
   '이 지점에서 디버그를 통해 센서값을 확인해 보는 것이 좋겠다.
   'DEBUG "RCVar: ", DEC RCVar, 10, 13

   '범위함수를 적용하는 부분이다
   scalerVar = (angleRange / sensorRange)
   angleVar = (RCVar - minSensorReading) * scalerVar
   AngleVar = angleVar + minAngle

   '이 지점에서 디버그를 통해 각도값을 확인해 보는 것이 좋겠다.
   'DEBUG "AngleVar: ", DEC angleVar, 10,13

   'min과 max를 사용해서 범위 밖의 값이 들어오는 경우를 잘라 낸다
   IF angleVar > maxAngle THEN
      angleVar = maxAngle
   ENDIF
   IF angleVar < minAngle THEN
      angleVar = minAngle
   ENDIF

   '서보모터에 펄스를 보낸다
   LOW 0
   PULSOUT 2, angleVar
   '20ms 기다린다
   PAUSE refreshPeriod
GOTO main
```

MBasic

```
' 이 예제는 아날로그 입력 (플렉스센서) 에 0번 핀을 사용한다.
' 서보모터는 2번 핀에 있다.

' 센서의 최소값과 최대값을 나타내는 상수를 설정한다.
' 이 값들은 실험을 통해 알아내어야 할 것이다.
' 이 예제에서는 50~100K 범위의 플렉스센서에 0.01 커패시터와 10Ω 저항을 사용했다.
minSensorReading CON 5
maxSensorReading CON 130
' 범위를 나타내기 위한 변수
sensorRange VAR Word
SensorRange = maxSensorReading - minSensorReading

' 펄스길이의 최소값과 최대값을 나타내는 상수를 설정한다
minAngle CON 1200
maxAngle CON 5000
' 범위를 나타내기 위한 변수
angleRange var word
angleRange = maxAngle - minAngle

' 펄스 간의 휴지休止시간을 나타내는 상수를 설정한다
refreshPeriod CON 20

RCVar VAR Word ' 센서값
scalerVar VAR Word ' 범위를 맞추기 위한 계수
angleVar VAR Word ' 서보모터의 펄스 길이
pause 500 ' 0.5초 기다린다

Main:
    HIGH 0
    PAUSE 1
    RCTIME 0,0,RCVar
    ' 이 지점에서 디버그를 통해 센서값을 확인해 보는 것이 좋겠다.
    ' DEBUG "RCVar:", DEC RCVar, 10, 13

    ' 범위함수를 적용하는 부분이다
    scalerVar = (angleRange / sensorRange)
    angleVar = (RCVar - minSensorReading) * scalerVar
    AngleVar = angleVar + minAngle

    ' 이 지점에서 디버그를 통해 각도값을 확인해 보는 것이 좋겠다.
```

```
    'DEBUG "AngleVar: ", DEC angleVar, 10,13

    'min과 max를 사용해서 범위 밖의 값이 들어오는 경우를 잘라 낸다
    IF angleVar > maxAngle THEN
       angleVar = maxAngle
    ENDIF
    IF angleVar < minAngle THEN
       angleVar = minAngle
    ENDIF

    '서보모터에 펄스를 보낸다
    LOW 0
    PULSOUT 2, angleVar
    '20ms 기다린다
    PAUSE refreshPeriod
GOTO main
```

PicBasic Pro

```
'서보모터는 RC3 핀에 있다
'센서는 RA0 핀에 있다
DEFINE OSC 4

'디버그 핀의 포트를 설정한다
DEFINE DEBUG_REG PORTC
'디버그 핀의 비트를 설정한다
DEFINE DEBUG_BIT 6
'디버그의 보레이트를 설정한다
DEFINE DEBUG_BAUD 9600
'디버그 모드를 설정한다. 0=true, 1=inverted.
DEFINE DEBUG_MODE 1

'ADCIN을 위한 파라미터들을 설정한다.
DEFINE ADC_BITS 10 '결과값을 저장할 비트의 갯수를 설정한다
DEFINE ADC_CLOCK 3 '클록의 종류를 설정한다 (3=rc)
DEFINE ADC_SAMPLEUS 20 '샘플링 타임을 마이크로세컨드 단위로 설정한다

ADCVar var word '센서값
angleVar var word '서보모터의 펄스 길이
scalerVar var word '범위를 맞추기 위한 계수
```

```
'센서의 최소값과 최대값을 나타내는 상수를 설정한다.
'이 값들은 실험을 통해 알아내야 할 것이다.
'아날로그 입력을 통해 센서의 값을 읽은 후 다루기 편리한 범위가 얻어질 때까지 저항의 값을 바꾸어 보자.
'이 예제에서는 50~100K 범위의 플렉스센서에 1KΩ 저항을 사용했다.
minSensorReading con 5
maxSensorReading con 110

'범위를 나타내기 위한 변수
SensorRange var word
SensorRange = maxSensorreading - minSensorReading

'펄스길이의 최소값과 최대값을 나타내는 상수를 설정한다.
'서보모터만을 연결하여 이 범위가 적당한지를 확인해 본다.
minAngle con 50
maxAngle con 250
'범위를 나타내기 위한 변수
angleRange var word
angleRange = maxAngle - minAngle

'펄스 간의 휴지休止시간을 나타내는 상수를 설정한다
refreshPeriod con 20

TRISA = %11111111 'PORTA를 모두 입력핀으로 설정한다
ADCON1 = %10000010 'PORTA를 아날로그로 설정하고 결과값을 오른쪽 정렬하도록 한다
Pause 500 '0.5초 기다린다

main:
    '아날로그-디지털 변환기의 0번 채널을 읽어들인다
    adcin 0, ADCVar
    '이 지점에서 디버그를 통해 센서값을 확인해 보는 것이 좋겠다.
    'debug "ADCVar: ", DEC ADCVar, 13,10

    '범위함수를 적용하는 부분이다

    angleVar = ((ADCVar - minSensorReading)* angleRange)
    angleVar = angleVar / sensorRange
    angleVar = AngleVar + minAngle
    '이 지점에서 디버그를 통해 각도값을 확인해 보는 것이 좋겠다.
    'debug "AngleVar", DEC angleVar, 13, 10
```

```
    'max와 min을 사용해서 범위 밖의 값이 들어오는 경우를 잘라 낸다
    if angleVar > maxAngle then
       angleVar = maxAngle
    endif
    if angleVar < minAngle then
       angleVar = minAngle
    endif

    '서보모터에 펄스를 보낸다

    Low portc.3
    PulsOut portc.3, angleVar

    '다음 펄스를 보내기 전에 20ms 기다린다
    pause refreshPeriod
GoTo main
```

BX-Basic

```
'이 예제는 아날로그 입력에 13번 핀을 사용한다.
'서보모터는 12번 핀에 있다.

'센서의 최소값과 최대값을 나타내는 상수를 설정한다.
'이 값들은 실험을 통해 알아내어야 할 것이다.
'아날로그 입력을 통해 센서의 값을 읽은 후 다루기 편리한 범위가 얻어질 때까지 저항의 값을 바꾸어
보자.
'이 예제에서는 50~100K 범위의 플렉스센서에 1KΩ 저항을 사용했다.

Const minSensorReading as integer = 5
Const maxSensorReading as integer = 110
'최소값에서 최대값까지의 범위를 나타내기 위한 변수
Dim sensorRange as integer

'펄스길이의 최소값과 최대값을 나타내는 상수를 설정한다.
'서보모터만을 연결하여 이 범위가 적당한지를 확인해 본다.
Const minAngle as single = 0.0006
Const maxAngle as single = 0.0023
'최소값에서 최대값까지의 범위를 나타내기 위한 변수
Dim angleRange as single

Const refreshPeriod as single = 0.02 '펄스 간의 휴지休止시간
```

```
dim angleVar as single '서보모터의 펄스 길이
dim ScalerVar as single '범위를 맞추기 위한 계수
dim ADCVar as integer '센서값

Sub main()
    '상수들로부터 각도의 범위와 센서값의 범위를 계산한다
    angleRange = maxAngle - minAngle
    sensorRange = maxSensorReading - minSensorReading

    call delay(0.5) '0.5초 멈추었다가 프로그램을 시작한다
    do
        ADCvar = getADC(13)
        '이 지점에서 디버그를 통해 센서값을 확인해 보는 것이 좋겠다.
        'debug.print "ADCVar = " ; cstr(ADCVar)

        '범위함수를 적용하는 부분이다
        scalerVar = angleRange/csng(sensorRange)
        angleVar = csng(ADCVar - minSensorReading) * scalerVar
        + minAngle

        '이 지점에서 디버그를 통해 각도값을 확인해 보는 것이 좋겠다.
        'debug.print "AngleVar = " ; cstr(angleVar)

        'max와 min을 사용해서 범위 밖의 값이 들어오는 경우를 잘라낸다
        if angleVar > maxAngle then
            angleVar = maxAngle
        end if
        if angleVar < minAngle then
            angleVar = minAngle
        end if

        '서보모터에 펄스를 보낸다
        call pulseOut(12, angleVar, 1)

        '다음 펄스를 보내기 전에 20ms 기다린다
        call delay(refreshPeriod)
    loop
End Sub
```

6. 결론

아날로그 입력 또는 출력은 여러 가지 형태로 거의 모든 피지컬 컴퓨팅 프로젝트에 등장하게 마련이다. 먼저 프로젝트에 어떠한 입력과 출력이 필요한지 생각해 본 다음, 그 입력과 출력이 아날로그인지 디지털인지를 구분해 본다. 우선 입력과 출력이 각각 독자적으로 잘 동작하도록 한 다음에 범위함수를 사용하여 서로가 잘 대응되도록 하나로 통합한다. 범위함수를 만들고 나면 그것을 별도의 작은 프로그램으로 보관해 두었다가 디버깅에 활용하고, 또 큰 프로그램을 짜면서 필요할 때마다 복사해 넣어서 사용하도록 하자.

Chapter 07

컴퓨터 간의 통신

피지컬 컴퓨팅 프로젝트에 있어 하나의 마이크로컨트롤러가 전체를 관장하도록 할 수도 있지만, 그보다는 두 개 이상의 컴퓨터를 사용해서 각 컴퓨터가 프로젝트의 부분부분을 전문적으로 담당하도록 하는 것이 더 일반적이다. 피지컬 컴퓨팅 시스템에 있어 가장 흔한 구성은 마이크로컨트롤러가 센서를 읽어서 그 값을 멀티미디어 컴퓨터로 보내는 것이다. 멀티미디어 컴퓨터는 이 값에 따라 비디오의 재생방법을 바꾸거나 재생되는 음의 높낮이를 조절하는 등 멀티미디어를 통한 반응을 한다. 이와 반대방향의 구성도 많이 사용된다. 예를 들면 멀티미디어 컴퓨터가 마우스의 위치를 마이크로컨트롤러에 보내면 마이크로컨트롤러가 그 값을 받아서 모터의 위치를 조정하는 것이다. 또, 마이크로프로세서가 비디오 믹서, 오디오 믹서, 서보모터 컨트롤러 보드, 미디 신디사이저 등 전문적인 디바이스들을 제어하는 경우도 있다. 어느 경우에든 컴퓨터가 다른 컴퓨터와 서로 이야기를 해야 할 때에 가장 흔히 사용되는 방법은(그리고 대체로 가장 쉬운 방법은) *시리얼 통신*을 이용하는 것이다.

시리얼 통신에서는 컴퓨터들이 길다란 디지털 펄스를 계속해서 주고받게 된다. 이를 위해서는 펄스를 실어 보내는 물리적인 연결방법에 대해 공통으로 정한 바가 있어야 한다. 또 전송속도, 전압, 펄스를 끊어 읽는 방법 등에 관한 규약도 필요하다. 이처럼 두 디바이스가 정보를 주고받기 위해 정한 파라미터들의 모음을 *프로토콜*$_{protocol}$이라 한다. 시리얼 통신을 위한 프로토콜에는 여러 가지가 있으며 각기 적합한 분야가 다르다.

시리얼 통신에서 가장 많이 사용되는 프로토콜 중의 하나는 *RS-232*이다. USB(Universal Serial Bus. 좀 더 복잡하기는 하지만 역시 시리얼 프로토콜의 일종이다)가 나오기 이전까지는 퍼스널 컴퓨터가 모뎀이나 프린터 등의 주변기기와 통신을 할 때 보통 RS-232를 사용했기 때문에 대부분의 멀티미디어 컴퓨터는 RS-232 시리얼 포트를 가지고 있다. RS-232 시리얼 포트가 없는 컴퓨터도 USB-시리얼 어댑터를 사용하면 RS-232 통신을 할 수 있다.

마이크로컨트롤러들끼리 직접 통신을 하는 데 사용되는 *TTL 시리얼*이라는 프로토콜도 있다. RS-232와 TTL은 매우 비슷하여(뒷부분의 '전기적 규약'을 참조하라), 마이크로컨트롤러와 멀티미디어 컴퓨터 간의 통신이 비교적 쉽게 이루어질 수 있게끔 되어 있다. 이 장에서는 이러한 연결을 통해 마이크로컨트롤러에 연결된 센서로 멀티미디어 장비를 제어하거나 또는 그 반대의 일을 하기 위해 필요한 모든 것을 다루고자 한다.

멀티미디어 컴퓨터 외에도 여러 가지 장비들을 마이크로컨트롤러와 연결할 수 있다. 이를테면 비디오 제어장치, 사운드 신디사이저, 비디오 카메라, DVD 플레이어, 멀리 떨어진 곳에 있는 멀티미디어 컴퓨터, 또 다른 IC 칩 등이 있을 수 있다. 이러한 일을 하는 데 사용할 수 있는 프로토콜에도 여러 가지가 있다. 이를테면 미디(MIDI), DMX-512, X10, USB, RS-485, UDP/IP, TCP/IP 등이 있다. 이 책의 2부에서 이들 통신 중에 몇 가지를 다룰 것이다. 지금으로서는 다른 어느 프로토콜보다도 RS-232와 TTL 프로토콜을 공부하는 것이 컴퓨터들 간의 통신을 익혀서 활용하는 데 가장 쉽고 빠른 방법이다.

1. 물리적 규약 Physical Agreement

시리얼 통신을 하기 위해서는 먼저 컴퓨터들이 물리적으로 서로 연결되어야겠다. 이를 위한 가장 간편한 방법은 앞서 컴퓨터를 프로그램할 때에 사용했던 9핀 시리얼 케이블과 3장에서 만들었던 시리얼 커넥터를 사용하는 것이다.

NOTE

혹시 무선통신도 가능할까?

12장 '디바이스간의 여러 가지 통신'에서 컴퓨터 간의 무선통신 방법에 대해 설명할 것이다. 하지만, 반드시 먼저 유선통신으로 모든 것이 잘 동작하는 것을 확인한 다음에 무선통신으로 옮겨갈 것을 권한다. 유선통신을 통해 다른 부분은 모두 문제 없다는 것을 알고 있어야 무선통신의 문제를 해결하기가 쉬워진다.

마이크로컨트롤러를 프로그램하기 위해 멀티미디어 컴퓨터와 연결할 때 멀티미디어 컴퓨터의 시리얼 포트를 사용했었다. 컴퓨터에 시리얼 포트가 없다면 USB-시리얼 어댑터를 이용했을 것이다. 둘 중 어느 방법을 사용했든, 마이크로컨트롤러가 멀티미디어 컴퓨터와 연결되는 부분이 어떻게 생겼는지는 알게 되었을 것이다. 컴퓨터에 시리얼 포트가 두 개 있다면, 시리얼 케이블과 시리얼 커넥터를 한 벌 더 구해서 포트 하나는 계속 프로그래밍 용으로 사용하고, 나머지 포트를 시리얼 통신용으로 사용할 수도 있다.

NOTE

매킨토시 사용자들이여, 드디어 고대하던 순간이 왔노라. 마이크로컨트롤러를 프로그램하는 것은 윈도우즈 환경에서만 가능하지만, 마이크로컨트롤러와 시리얼 통신을 하는 것은 비단 윈도우즈 PC 뿐만 아니라 매킨토시와 리눅스에서도 가능하며, 그밖에도 시리얼 포트만 있다면 어떤 멀티미디어 컴퓨터에서든 가능하다. 1999년 이전에 나온 매킨토시가 아니라면 시리얼-USB 어댑터(키스팬 Keyspan의 USA19HS를 추천한다)가 있어야 한다는 점이 좀 그렇지만, 이것만 갖추고 나면 여러분의 매킨토시와 마이크로컨트롤러는 바로 신나는 대화를 시작할 수 있다.

시리얼 케이블에는 전선도 많고 핀도 많은 것처럼 보이지만, 우리들은 이들 중에 세 개만을 사용할 것이다. 펄스를 보내기 위한 전선 하나, 펄스를 받기 위한 전선 하나, 그리고 상대방의 데이터 전압을 읽을 때 기준이 될 공통의 그라운드를 위한 전선 하나가 그것이다. 시리얼 통신이 이루어지기 위해 가장 먼저 필요한 일은 어느 핀이 어떤 일을 한다는 것에 대한 약속일 것이다. **그림 7-1**이 DB-9 시리얼 포트의 핀 배치도이다.

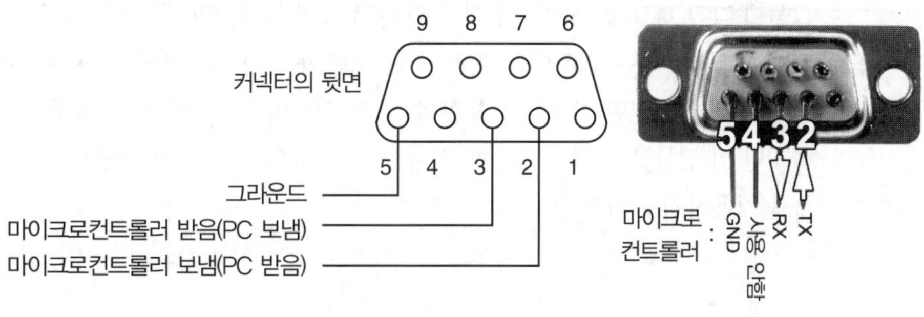

그림 7-1 DB-9 시리얼 커넥터와 시리얼 통신을 위한 핀 번호

앞서 만든 **그림 7-1**의 시리얼 커넥터에서 사용하지 않은 4번 핀은 프로그래밍을 할 때 프로그래밍 환경이 마이크로컨트롤러의 주의를 끌기 위한 목적으로 사용할 뿐이다. 이 장에서 우리들이 하고자 하는 일과는 관계가 없다. 하지만 이 핀이 있어도 스탬프류 칩을 프로그램할 때에 사용했던 시리얼 커넥터를 시리얼 통신에 그대로 사용하는 데는 아무 지장이 없다.

다음으로 할 일은 마이크로컨트롤러의 입출력 핀들 중 어느 것을 시리얼 통신에 사용할지를 정하는 것이다. 스탬프류 마이크로컨트롤러의 다이어그램을 보면서, 왼쪽 윗부분의 TX, RX, GND 라고 쓰여 있는 핀들을 사용하고 싶다는 생각이 들지도 모르겠다. 이들은 각각 *송신transmit*과 *수신receive*, 그리고 *그라운드ground*를 나타낸다. 이들은 시리얼 포트이며 이미 RS-232 프로토콜로 통신을 할 수 있는 준비를 갖추고 있지만, 칩을 프로그래밍할 때 사용하기 위해 이 포트는 사용하지 않고 남겨 두는 편이 좋다. 우리는 아무 입출력핀이든 택해 소프트웨어로 RX핀(마이크로컨트롤러가 데이터를 받는다)이나 TX핀(마이크로컨트롤러가 데이터를 보낸다)으로 지정하면 된다. 그라운드 선은 브레드보드의 그라운드 라인에 연결해 주면 된다.

RX와 TX로 어떤 핀들을 지정했는지를 적어 두도록 하자. 시리얼 통신을 위한 소프트웨어를 짤 때에 필요하게 될 것이다. 이 단계에서 가장 많이 발생하는 실수는 마이크로컨트롤러의 TX핀을 멀티미디어 컴퓨터의 TX핀에, 그리고 다시 RX핀을 RX핀에 연결하는 것이다. 이렇게 하면 제대로 된 대화가 이루어지기 어렵다. 마이크로컨트롤러의 TX핀은 멀티미디어 컴퓨터의 RX핀에 연결되어야 하고, 나머지 핀도 마찬가지 방식으로 연결되어야 한다.

PIC을 비롯한 낮은 레벨 마이크로컨트롤러의 핀 다이어그램에도 RX와 TX라 표시된 입출력 핀들이 있을 수 있다. 이는 그 칩이 시리얼 수신부와 송신부를 내장하고 있으며 그들이 각각 해당 핀에 연결되어 있다는 것을 뜻한다. PIC을 낮은 레벨의 어셈블리 언어로 프로그래밍하는 경우에는 이들이 큰 도움이 된다. 우리들처럼 픽베이직 프로를 사용하는 경우에는 어떤 핀이든 사용할 수 있으므로 이들이 그다지 큰 도움이 되지는 않는다. 하지만 이 핀들을 그대로 사용해서 나쁠 것은 없으므로, 우리는 앞으로의 예제에서 이 핀들을 사용하기로 하겠다.

2. 시간적 규약 Timing Agreement

다음으로는 펄스의 타이밍에 관한 약속이 필요하다. 어떤 시리얼 프로토콜을 사용하든 이러한 규약은 필요하다. 펄스가 얼마만한 속도로 보내지는가에 대한 약속이 정해져 있어야 펄스를 헤아려 나갈 수 있는 것이다. 우리들이 하려는 통신은 *비동기asynchronous 시리얼 통신*이다. 비동기 시리얼 통신에서는 양쪽 디바이스가 모두 타이밍을 위한 클록을 가진다.[1] 신호를 보내는 쪽이 정해진 속도로 데이터를 펄스에 실어보내면 신호를 받는 쪽 역시 같은 속도로 데이터를 읽어들인다. 여기에서 펄스의 속도를 *전송률*data rate 또는 *보레이트*baud rate라고 한다. 1초당 9600 펄스의 전송률을 주로 사용한다. 보통 8개의 펄스를 하나로 묶는다. 이는 1000분의 1초마다 8개의 펄스 한 그룹(이를 바이트라 부르기도 한다)을 송신할 수 있다는 것을 뜻하는데, 이는 인간의 감지능력을 넘어서는 속도이다.

3. 전기적 규약 Electrical Agreement

물리적인 연결을 마치고 나면 이제 서로 주고받을 펄스의 전압수준에 대한 약속을 정해야 한다. 앞에서 설명했듯이, 우리들이 사용하는 대부분의 마이크로컨트롤러는 5볼트와 0볼트로 펄스가 만들어지는 TTL 프로토콜을 사용한다. 그러나 RS-232는 -12볼트와 12볼트를 사용한다. 좋은 소식은, 이제까지 우리들이 보아온 모든 멀티미디어 컴퓨터들이 TTL 전압 레벨도 알아들어 준다는 것이다. 하지만 마이크로컨트롤러에게는 RS-232 포트에서 들어오는 전압이 견디기 벅찰 수 있다. 이럴 경우에는 멀티미디어 컴퓨터의 TX와 마이크로컨트롤러의 RX 사이에 22KΩ 저항을 하나 두어야 한다. 하지만 이 책에서 다루는 마이크로컨트롤러들은 이렇게 하지 않아도 큰 문제없이 작동하기는 한다.

펄스의 전압수준을 정한 다음에는 *전압논리*logic에 대한 약속을 또 정해야 한다. 역inverted *논리*에서는 플러스 펄스가 0, 즉 거짓을 나타낸다. *정상*true *논리*에서는 플러스 펄스가 1, 즉 참을 나타낸다. 이 점에서도 RS-232와 TTL은 다르다. RS-232는 -12볼트가 참을 나타내고 12볼트가 거짓을 나타내는 역논리를 사용한다. TTL은 5볼트가 참이고 0볼트가 거짓인 정상논리를 사용한다. 하지만 사용할 논리를 마이크로컨트롤러의 시리얼 통신 명령어로 선택할 수 있는 경우가 대부분이기 때문에, 실제로는 이러한 논리의 차이가 문제가 될 경우는 거의 없다.

좀 더 세부적인 몇몇 사항들이 남아 있다. 메시지의 앞이나 뒤에 부가적인 펄스(이를 *시작 비트*start bits 또는 *정지 비트*stop bits라고 한다)를 보낼 것인지 말 것인지, 여덟 펄스마다 한 펄스를 패리티 오류를 확인하는 데 사용할 것인지 사용하지 않을 것인지, 그리고 여덟 개의 펄스들을 보낼 때에 큰 값을 먼저 보낼 것인지 작은 값을 먼저 보낼 것인지와 같은 사

1) *동기*synchronous *시리얼 통신*은 데이터의 전송 속도를 설정하기 위한 펄스를 보내기 위해 전선을 한 가닥 더 사용한다. 동기 시리얼 통신은 다른 IC칩과의 통신에서 많이 사용된다. 동기 시리얼 통신에서는 전체적인 제어를 담당하는 디바이스만이 클록을 가진다. 이에 대해서는 12장 '디바이스간의 여러 가지 통신' 에서 다룰 것이다.

항들을 결정해야 한다. 가장 많이 사용되는 설정은 1초당 9600비트, 8 데이터 비트, 1 정지 비트, 패리티 사용 안함이다. 우리도 이를 디폴트 설정으로 사용하기로 하자. 디폴트가 아닌 설정을 사용하는 경우에도 디폴트에서 달라지는 부분은 1초에 9600비트라는 전송속도 정도일 때가 많다.

4. 패키지의 크기

마지막으로, 줄줄이 이어지는 펄스들을 어떻게 해석할지에 대한 약속이 있어야 한다. 여덟 펄스씩 한 그룹(한 바이트)으로 묶어서 해석하는 경우, 보낼 수 있는 숫자는 0부터 255까지이다. 컴퓨터에 데이터를 저장하는 데 있어 바이트는 표준적인 단위이므로 앞으로 자주 보게 될 것이다. 바이트의 개념에 대해 다시 정리해 보고자 한다면 5장의 '변수' 부분을 참조하면 되겠다.

시리얼 데이터는 한 디바이스에서 다른 디바이스로 한 바이트씩 차곡차곡 전해지게 된다. 디바이스(컴퓨터가 되었든 마이크로컨트롤러가 되었든)가 이 바이트들을 어떻게 해석할 것인가 하는 것은 프로그래머가 결정할 일이다. 메시지의 시작은 어디이고 끝은 어디인지, 그리고 그 중간의 바이트들을 어떻게 처리할 것인지 등의 사항들 말이다.

만일 변수 하나만 보내면 되고(이를테면 아날로그 센서에서 읽어들인 값) 그 값이 255보다 작다면, 이는 한 바이트 안에 담길 수 있는 정보라는 것을 알 수 있을 것이다. 이러한 메시지는 다루기 쉽다. 같은 메시지를 계속해서 보내고 또 보내면서 컴퓨터가 아무 때나 값을 집어서 읽도록 하면 된다. 이보다 많은 것을 보내야 한다면(사실 이런 경우가 대부분이다) 조금 복잡해진다. 메시지가 어디서 시작해서 어디서 끝나는지를 받는쪽 컴퓨터가 알 수 있어야 하는 것이다.

시리얼 통신을 하는 디바이스들이 하는 일은 여러 가지이며 그것을 위해 사용하는 코드도 서로 다르다. 만일 어떤 디바이스가 시리얼 통신으로 제어 가능하다면, 이를테면 시리얼 통신으로 제어 가능한 테이프 데크나 레이저 디스크 플레이어가 있다면, 어떤 메시지를 어떤 전송속도로 보내 주어야 하는지가 그 매뉴얼에 설명되어 있을 것이다.

5. 숫자가 좋을까 문자가 좋을까 : 아스키 코드 사용하기

컴퓨터는 펄스 한 그룹을 받아 그것이 어떤 값을 나타낸 것인지를 해석하고, 이를 다시

5장의 '변수' 절에서 설명한 바와 같이 일련의 0과 1이라는 형태로 저장한다. 기계들 간의 통신에서는 여기까지만으로 족하다. 하지만 최종적으로 기계가 사람과 의사소통해야 하는 단계에서는, 각 바이트들이 나타내는 값을 숫자가 아닌 문자로 나타내야 할 때가 많다. 이때 비트와 바이트를 사람이 읽을 수 있는 문자로 바꾸기 위한 방법이 필요하다.

다행히도 문자(알파벳, 숫자, 구두점)마다 0~255 사이의 값 하나씩을 부여한 아스키ASCII 코드라는 표준화된 시스템이 있다.[2] 이를테면 대문자 A의 아스키 값은 65이다. 이 표는 많은 컴퓨터 매뉴얼의 색인에서 찾아볼 수 있고 인터넷에도 숱하게 많다. **표 7-1**에 이를 옮겨 보았다.

표 7-1 아스키 표

0	NUL	16	DLE	32	SP	48	0	64	@	80	P	96	`	112	p
1	SOH	17	DC1	33	!	49	1	65	A	81	Q	97	a	113	q
2	STX	18	DC2	34	"	50	2	66	B	82	R	98	b	114	r
3	ETX	19	DC3	35	#	51	3	67	C	83	S	99	c	115	s
4	EOT	20	DC4	36	$	52	4	68	D	84	T	100	d	116	t
5	ENQ	21	NAK	37	%	53	5	69	E	85	U	101	e	117	u
6	ACK	22	SYN	38	&	54	6	70	F	86	V	102	f	118	v
7	BEL	23	ETB	39	'	55	7	71	G	87	W	103	g	119	w
8	BS	24	CAN	40	(	56	8	72	H	88	X	104	h	120	x
9	HT	25	EM	41	)	57	9	73	I	89	Y	105	i	121	y
10	LF	26	SUB	42	*	58	:	74	J	90	Z	106	j	122	z
11	VT	27	ESC	43	+	59	;	75	K	91	[	107	k	123	?
12	FF	28	FS	44	,	60	<	76	L	92	?	108	l	124	|
13	CR	29	GS	45	-	61	=	77	M	93	]	109	m	125	?
14	SO	30	RS	46	.	62	>	78	N	94	^	110	n	126	~
15	SI	31	US	47	/	63	?	79	O	95	_	111	o	127	DEL

2) 아스키(ASCII, American Standard Code for Information Interchange)는 많은 디바이스에서 시리얼 프로토콜의 일부로 사용되고 있다. 이름에서 알 수 있듯이 아스키는 주로 영어의 알파벳을 표현하기 위한 것이다. 한 바이트로 모든 기호를 나타낼 수 있어 편리하나 그만큼 제한도 있다. 라틴(영어) 알파벳보다 자모의 수효가 많은 언어는 아스키로 나타낼 수 없다. 이러한 언어에서는 한 문자를 나타내는 데 한 바이트 이상이 필요하다. 이러한 언어를 나타내는 데는 보통 아스키를 확장한 유니코드Unicode가 사용된다.

컴퓨터 사이에 숫자를 주고받는 방법에는 두 가지가 있기 때문에 때로는 혼란스러울 수도 있다. 예를 들어 센서로 읽어들인 값이 12였을 때, 이를 전달하기 위해 12라는 값을 갖는 바이트 하나를 보낼 수 있다. 아스키 등으로 코드화되지 않았다는 의미에서 이러한 바이트를 *값 자체*raw value라고 부르기도 한다. 또는 아스키 코드화한 문자열 두 바이트 '1'과 '2', 즉 '12'를 보낼 수도 있다. 두 방법 중 어떤 것을 선택해도 좋다. 중요한 것은 이 데이터를 받을 때에도 같은 방법으로 해석하는 것이다. 만일 값을 아스키 문자열로 만들어서 보내어 놓고('12') 읽을 때는 센서값 자체로 해석한다면, 49와 50이라는 센서값 두 개가 들어왔다고 잘못 생각하게 될 지도 모른다. 사실 이들은 각각 '1'과 '2'를 나타내는 아스키 코드인데 말이다.

일반적으로 값을 그 자체로 보내는 것이 문자열로 바꾸어 보내는 것보다 효율적이다. 0~255사이의 숫자라면 무엇이든 바이트 하나로 나타낼 수 있다. 반면에 값을 문자열로 바꾸어 보낼 때에는 그 값의 자릿수만큼의 바이트가 필요해진다. 이를테면 '2'를 나타내는 데는 한 바이트면 되지만, '22'를 나타내기 위해서는 두 바이트, 그리고 '222'를 나타내기 위해서는 세 바이트가 필요하게 되는 것이다. 하지만 표준 보레이트(9600, 또는 1000분의 1초에 한 글자)에서 숫자 몇 개 가지고는 이러한 효율성의 차이를 느낄 수 없다.

아스키 코드표의 처음 32개는 *제어문자*control characters여서 텍스트 문자로 해석했을 때 화면에 나타나지 않는데, 이것이 또 다른 혼란의 원인이 될 수도 있다. 이 안 보이는 문자들 중 '캐리지 리턴carriage return'(아스키 13)이나 '라인 피드line feed'(아스키 10) 같은 것들은 워드 프로세서에서 접해본 적이 있을 것이다. 이들 중 어떤 것들은, 예를 들어 '벨'(아스

16진수의 표기법

0~255 범위의 숫자를 보내는 또 다른 방법이 있다. 16진수로 바꾸어 보내는 것이다. 16진법에는 16개의 숫자가 있다. 십진법의 숫자 10개는 그대로 사용한다(0~9). 그리고 나머지 숫자들은 A에서 F까지의 문자를 사용해서 나타낸다. 십육진수를 사용하면 십진수에서 세 바이트가 필요할 숫자를 두 바이트면 나타낼 수 있다. 예를 들어 십진수 14는 십육진수에서 문자 E로 나타난다. 십진수 156은 십육진수로 9C이다(16이 9번, 그리고 1이 12개. 십육진수에서 12는 C로 나타난다). 0~255 범위의 숫자를 아스키 코드로 전송하려면 십진수에서는 문자 세 개가 필요했지만(0에서 255까지) 십육진수로 나타내면 문자 두 개면 된다(0에서 FF까지). 찰스 펫촐드Charles Petzold의 훌륭한 책 "CODE(하드웨어와 소프트웨어)(이태용 옮김, 정보문화사, 2001)"를 보면 십육진법을 비롯해 컴퓨터 프로그래밍에서 사용되는 여러 가지 계산법이 잘 설명되어 있다.

키 7) 같은 것은 옛날 텔레타이프 시절의 유산으로 남아 있는 것이다. 텍스트 문자만을 해석할 수 있는 환경에 이러한 문자들을 보내면(아래의 '터미널 소프트웨어로 확인하기'를 참조하라) 아무 것도 나타나지 않거나 또는 읽을 수 없는 이상한 기호들(네모, 웃는 얼굴 등등의 그림문자들)만 잔뜩 나타날 수도 있다.

6. 마이크로컨트롤러를 위한 소프트웨어

무엇보다 먼저, 바이트 하나를 보내고 받을 수 있어야 한다. 이를 위한 명령어와 그 문법은 마이크로컨트롤러마다 다르고 멀티미디어 컴퓨터의 프로그래밍 환경에 따라서도 다르다. 하지만 기본적인 흐름은 같은데, 이를 아래에 슈도코드로 나타내었다. 먼저 시리얼 통신을 보내는 방법에 대해 알아보고 그 다음에 시리얼 통신을 받는 방법에 대해 알아보기로 하자.

7. 마이크로컨트롤러로 시리얼 출력 보내기

기본적 흐름을 슈도코드로 나타내면 다음과 같다.

```
들어올 시리얼 데이터를 저장할 장소를 설정한다
내보낼 시리얼 데이터를 저장할 장소를 설정한다
시리얼 TX와 RX에 사용할 입출력 핀을 정의한다
보레이트 등의 시리얼 프로토콜 파라미터를 설정한다
시리얼 포트를 연다

루프 :
센서를 읽는다
     데이터를 보낸다
루프의 끝
```

NOTE

BX-베이직은 나머지 베이직들과 프로그래밍 절차가 상당히 다르다. 먼저 p베이직, m베이직, 그리고 픽베이직 프로의 시리얼 출력에 대해 설명하고 난 다음에 다시 BX-베이직에 대해 설명하도록 하겠다.

앞으로 시리얼 통신에 관한 예제에서는 언제나 같은 핀들을 사용하고자 한다. 이때 같은 핀에 대해 스탬프류 칩들이 이름붙이는 방식이 서로 다르다는 점에 주의하자. **그림 7-2**는 칩에 시리얼 커넥터를 연결하는 방법을 보여 준다.

시리얼 통신 예제에서 사용할 핀 배치

마이크로컨트롤러	TX	RX
베이직스탬프2	6	7
베이직 아톰 프로24	6	7
PIC	portC.6	portC.7
BX-24	11	12

그림 7-2 스탬프류 칩과 PIC 18F452에 시리얼 커넥터를 연결하는 방법

■ P베이직, M베이직, 픽베이직 프로

P베이직, M베이직, 그리고 픽베이직 프로에서는 serin과 serout이라는 명령어로 시리얼 통신의 대부분을 설정하게 된다. 들어오는 데이터를 저장하기 위한 장소로는 변수를 하나 선언하면 된다. 내보낼 데이터를 저장하기 위해서는 또 다른 변수를 선언하거나, 아니면 값 자체를 그대로 내보내면 된다. 입출력 핀, 보레이트, 시리얼 프로토콜은 데이터를 받거나 보낼 때마다 한 명령어 안에서 설정한다. 아래의 예제와 같이 하면 'Hello World' 라는 메시지가 시리얼 포트로 끝없이 출력된다.

PBASIC

```
Main:
   Serout 6, 16468, [ "Hello World!", 10, 13]
Goto main
```

MBasic

```
Main:
   Serout 6, N9600, [ "Hello World!", 10, 13]
Goto main
```

PicBasic Pro

```
Main:
   Serout2 portC.6, 16468, [ "Hello World!", 10, 13]
Goto main
```

NOTE

PIC 사용자 여러분 : 픽베이직 프로에는 시리얼 입력과 출력을 위한 명령어가 여러 가지 있다. 우리들은 serout2와 serin2를 사용한다. 여러 가지를 사용해 보았는데, 이들이 p베이직 코드와 가장 호환이 잘 되고 또 가장 안정적이다. 우리들이 일반적인 맥락에서 serin과 serout이라고 설명할 때에도 실제 코드에서는 serin2와 serout2를 사용해 주기 바란다.

serout 명령어는(PIC에서는 serout2) 파라미터를 세 개 가진다. 입출력 핀, 시리얼 통신 설정, 그리고 보내고자 하는 데이터가 그것이다. 16468이라는 숫자가 시리얼 통신의 설정을 나타내는 파라미터이다. M베이직에서는 컴파일러가 정의하는 상수가 이 숫자와 같은 역할을 해준다. 이 값은 시리얼 프로토콜을 9600 보레이트, 8 데이터 비트, 1 정지비트, 패리티 사용 안함, 역로직으로 설정해 준다. 어떻게 해서 이 숫자가 그러한 설정을 나타내게 되는지에 대해서는 사용하고 있는 마이크로컨트롤러의 매뉴얼을 참조하라.

serout 명령어 항목을 보면 이에 대한 상세한 설명을 비롯하여 시리얼 통신에서 흔히 사용되는 설정들에 대한 부가적인 설명이 있을 것이다.

보내어질 데이터 자체는 각괄호 안에 적는다. 여러 항목이 있을 때에는 쉼표로 구분해 가며 적는다. 텍스트 메시지를 따옴표 안에 적으면 마이크로컨트롤러는 각 글자의 아스키 코드값을 보내어 준다. 위 예제에서는 느낌표를 포함해서 글자 하나마다 한 바이트씩, 그리고 따옴표 뒤에 따라오는 숫자 두 개까지 해서 모두 14 바이트가 보내어진다. 이 숫자들은 따옴표 안에 있지 않으므로, 마지막 두 바이트는 10과 13이라는 값 자체를 나타내는 바이트들이 보내어진다. **표 7-1**의 아스키 표를 참조하면 10은 라인 피드를 나타내고 13은 캐리지 리턴을 나타낸다는 것을 알 수 있다.

센서에서 들어오는 값을 보내고 싶을 때는, 들어오는 그 값을 변수에 넣으면 된다.

PBASIC

```
' TX는 6번 핀에, 스위치는 0번 핀에 연결함
switchVar var byte
input 0

Main:
   SwitchVar = in0
   Serout 6, 16468, [ "Hello World!", DEC switchVar, 10, 13]
Goto main
```

MBasic

```
' TX는 6번 핀에, 스위치는 0번 핀에 연결함
switchVar var byte
input 0
Main:
   SwitchVar = in0
   Serout 6, N9600, [ "Hello World!", DEC switchVar, 10, 13]
Goto main
```

PicBasic Pro

```
' TX는 C6 핀에, 스위치는 B0 핀에 연결함
switchVar var byte
input portb.0

Main:
   SwitchVar = portb.0
   Serout2 portC.6, 16468, [ "Hello World!", DEC switchVar,
   10, 13]
Goto main
```

serout 명령어에서 switchVar 변수 앞에 있는 DEC은, 변수가 가지고 있는 값을(스위치에서 들어오는 값이므로 0이거나 1일 것이다) 그 자체로 보내는 것이 아니라, 그 값을 나타내는 아스키 코드('0' 이나 '1')로 변환하여 보내도록 하기 위한 것이다. 만일 스위치가 눌려 있을 경우에만 메시지가 보내어지도록 하고 싶다면 다음과 같이 하면 된다.

PBASIC

```
' TX는 6번 핀에, 스위치는 0번 핀에 연결함
switchVar var byte
input 0
Main:
    SwitchVar = in0
    If switchVar = 1 then
        Serout 6, 16468, [ "Hello World!", DEC switchVar, 10,
        13]
    endif
Goto main
```

MBasic

```
' TX는 6번 핀에, 스위치는 0번 핀에 연결함
switchVar var byte
input 0

Main:
    SwitchVar = in0
    If switchVar = 1 then
        Serout 6, N9600, [ "Hello World!", DEC switchVar, 10, 13]
    endif
Goto main
```

PicBasic Pro

```
' TX는 C6 핀에, 스위치는 B0 핀에 연결함

switchVar var byte
input portb.0

Main:
    SwitchVar = portb.0
    If switchVar = 1 then
        Serout2 portC.6, 16468, [ "Hello World!", DEC
        switchVar, 10, 13]
    endif
Goto main
```

■ BX-베이직

BX-24의 시리얼 명령어는 다른 마이크로컨트롤러에 비해 약간 복잡하다. 받은 데이터와 보내고자 하는 데이터를 단순히 변수에 저장하는 것이 아니라 *큐*queue라는 자료구조에 저장하도록 되어 있다. 큐는 6장에서 설명했던 어레이와 매우 비슷하다. 또 BX-베이직에서는 시리얼 통신을 위한 설정들을 데이터를 보내는 명령어 안에서 하는 것이 아니라 다른 곳에서 따로 하도록 되어 있다. 이는 메인 루프를 시작하기 전에 써 주어야 할 코드가 더 늘어난다는 것을 뜻한다.

이러한 일들이 필요한 이유는 BX-베이직의 시리얼 통신이 *버퍼*buffer를 가지기 때문이다. 이는 프로그램이 복잡해질 경우에도 다른 일들을 처리하면서 시리얼 통신으로 데이터를 주고받을 수 있음을 뜻한다. 이 책에서 소개하는 다른 마이크로컨트롤러 환경에서는 이런 일이 되지 않는다.

큐는 입력 버퍼와 출력 버퍼를 위해 각각 하나씩, 총 두 개가 존재한다. 이들이 어떻게 동작하는지를 이해하려면 대롱 안을 줄지어 굴러가는 공들을 상상해 보면 된다. 즉, 줄지어 선 바이트 가운데 가장 앞에 선 바이트가 다른 쪽 끝으로 제일 먼저 빠져 나가게 되는 것이다. 어떤 순서에 따라 바이트들을 내보내면 다른 쪽 끝에서도 역시 마찬가지 순서로 바이트들을 받게 된다. 이를 *선입선출*first-in, first-out이라고 하며, 흔히 줄여서 FIFO라고 한다. 모든 멀티미디어 컴퓨터들은 시리얼 포트를 사용할 때에도 운영체계operating system가 계속 동작하게 하기 위해 FIFO 버퍼를 가지고 있다. BX-베이직의 큐는 FIFO 버퍼를 위해 할당된 어레이이다.

큐 안에 있는 바이트들의 순서를 기억하기 위해 BX-베이직은 큐마다 일정량의 바이트를(정확하게는 9개) 필요로 한다. 따라서 큐를 정의할 때는, 어레이를 만들되 그 크기가 필요한 바이트 수보다 9만큼 크도록 배정해 주어야 한다. 1바이트짜리 큐를 얻기 위해서는 10바이트 크기의 어레이를 만들어야 하는 것이다.

먼저 입력 큐와 출력 큐로 사용하기 위한 두 개의 어레이를 정의한다. 아래 예제에서는 입력 큐에 10바이트, 출력 큐에 40 바이트를 배정했다(큐는 각각 1바이트와 31바이트 크기이다). 원한다면 더 길게 할 수도 있지만, 이 정도 길이가 다루기 좋다는 것을 알게 될 것이다.

버퍼를 설정하고 나면 시리얼 통신에 사용할 핀들을 지정하고 통신의 파라미터들을 설정한다. BX에서는 defineCom3() 이라는 명령으로 시리얼 포트를 정의한다. 이 명령어는 RX핀, TX핀, 그리고 시리얼 모드라는 세 개의 파라미터를 가진다. 시리얼 모드는 시작 비트, 정지 비트, 패리티 설정, 그리고 사용할 논리를 정의하지만 전송속도는 설정하지 않는다. 전송속도는 openCom()이라는 명령으로 시리얼 포트를 실제로 열 때에 같이 설정하게 된다.

openCom() 명령은 네 개의 파라미터를 가진다. 첫째는 열고자 하는 시리얼 포트이다. BX에는 시리얼 포트가 두 개 있는데, 어떤 이유에서인지 COM1과 COM3이라 부른다. COM1은 1번과 2번 핀을 사용하도록 정해져 있는데, 이 포트를 사용하는 경우는 거의 없다. 자세한 것은 12장의 미디에 관한 부분을 참조하라. 두번째 파라미터는 전송 속도이다. 세번째와 네번째 파라미터는 각각 입력 버퍼와 출력 버퍼에 사용할 큐를 지정한다.

시리얼 통신으로 데이터를 보내기 위해 사용하는 명령어에는 putQueue()와 putQueueStr()의 두 가지가 있다. 먼저 putQueueStr()을 사용해 보자. putQueueStr() 명령어는 두 개의 파라미터를 가진다. 문자열을 저장할 큐와 보내고자 하는 문자열이 그것이다. 'Hello World!' 예제를 만들어 보면 다음과 같이 된다.

BX-Basic

```
' TX를 11번 핀에 연결한다

Dim InputVar(1 To 10) As Byte
Dim OutputVar(1 To 40) As Byte
Dim outputString as String

Sub main()
   ' 어레이를 큐로 지정한다
   Call openQueue(InputVar, 10)
   Call openQueue(OutputVar, 40)

   ' TX와 RX 핀을 지정하고 시리얼 통신의 파라미터들을 정의한다
   ' (전송 속도는 제외)
   Call defineCom3(12, 11, bx1000_1000)

   ' 9600 보레이트로 데이터를 주고받기 위한 시리얼 포트를 연다
   Call openCom(3, 9600, InputVar, OutputVar)

   ' 보낼 메시지를 만든다
   OutputString = "Hello World!" & chr(10) & chr(13)

   do
      ' 보낼 문자열을 출력 큐에 넣는다
      Call putQueueStr(outputVar, outputString)
   Loop
End sub
```

숫자 변수를 보내는 방법도 이와 비슷하지만 putQueueStr() 대신에 putQueue() 명령어를 사용하는 것이 차이점이다. putQueue() 명령어는 세 개의 파라미터를 가진다. 큐와 큐에 넣을 변수, 그리고 그 변수의 크기가 그것이다. 이 예제에서 switchVar는 바이트 변수이고 10과 13역시 한 바이트 안에 들어갈 수 있는 값들이며 한 번에 한 바이트씩 보내진다는 점을 눈여겨 보자.

NOTE

putQueue() 함수에는 '3' 이나 3 같은 값들을 직접 줄 수 없다. 보내고자 하는 데이터는 putQueue() 함수에 사용하기 전에 먼저 변수 안에 넣어 두어야 한다.

BX-Basic

```
' TX를 11번 핀에 연결한다

Dim InputVar(1 To 10) As Byte
Dim OutputVar(1 To 40) As Byte
Dim switchVar as byte

Sub main()
    ' 어레이를 큐로 지정한다
    Call openQueue(InputVar, 10)
    Call openQueue(OutputVar, 40)

    ' TX와 RX 핀을 지정하고 시리얼 통신의 파라미터들을 정의한다(전송속도는 제외)
    Call defineCom3(12, 11, bx1000_1000)

    ' 9600 보레이트로 데이터를 주고받기 위한 시리얼 포트를 연다
    Call openCom(3, 9600, InputVar, OutputVar)

    ' 보낼 메시지를 만든다

    do
        switchVar = getPin(12) + 48
        ' 시리얼 포트로 메시지를 내보낸다
        call putQueue(OutputBuffer, switchVar, 1)
        switchVar = 10
```

```
            call putQueue(OutputBuffer, switchVar, 1)
            switchVar = 13
            call putQueue(OutputBuffer, switchVar, 1)
        Loop
    End sub
```

TIP

switchVar를 보내기 전에 48을 더한 이유는 무엇일까? 이는 한 자리 숫자를 그 아스키 코드로 간편하게 변환하기 위한 편법이다. getPin() 명령어는 0 또는 1을 돌려준다는 사실을 기억하고 있을 것이다. 이 값을 터미널 프로그램으로 보내고자 하는 것인데, 터미널 프로그램들은 모든 수치를 아스키 코드로 생각하고 받아들인다(이에 대해서는 뒤에서 좀 더 자세히 설명할 것이다). 따라서 만일 0이나 1이라는 값 자체를 보내면 이들은 앞 절 '숫자가 좋을까 문자가 좋을까 : 아스키 코드 사용하기'에서 설명했듯이 화면에 나타나지 않는 제어문자가 되어 버릴 것이다. 그러니 0과 1이라는 글자가 화면에 나타나도록 하려면 그 글자들에 해당하는 아스키 코드값을 보내 주어야 한다.

글자 0의 아스키값은 48이며 글자 1의 아스키값은 49이다. 따라서 getPin()에서 읽어들인 값에 48을 더하면 0과 1의 글자에 해당하는 아스키값을 얻게 된다. 이렇게 하는 또 다른 이유는 0이라는 값을 전송이 끝났음을 알려주는 기호로 사용하는 소프트웨어들이 간혹 있기 때문이다(예를 들면 플래시의 XMLSocket). 큰 문제가 없다면 0값을 사용하는 것은 피하는 편이 좋다.

8. LED를 사용해서 테스트하기

전기적으로 볼 때 시리얼 통신은 한 컴퓨터의 TX선에서 나오는 전압 펄스들이 다른 컴퓨터의 RX 선으로 계속해서 보내어지는 것이다. 따라서 마이크로컨트롤러가 시리얼 데이터를 보내고 있는지를 알아볼 수 있는 가장 간단한 방법은, TX선과 그라운드 사이에 LED를 하나 붙여 보는 것이다. LED의 불빛이 계속해서 희미하게 깜박거린다면 시리얼 데이터가 출력되고 있다는 것을 알 수 있다. 깜박거리는 속도가 매우 빠르기 때문에 불빛은 아주 희미하다. LED는 1초에 9600번을 켜졌다 꺼졌다 하고 있는 것이다. 테스트가 끝나면 다음 단계를 계속하기 전에 LED를 뽑아내는 것을 잊지 말자.

9. 터미널 소프트웨어로 테스트하기

시리얼 통신은 지금까지 우리들이 해온 다른 어떤 것보다도 디버깅하기가 어려운데, 그 이유는 문제의 원인일 수 있는 부분이 많기 때문이다. 마이크로컨트롤러의 소프트웨어나 회로가 문제일 수도 있고, 멀티미디어 컴퓨터의 소프트웨어나 하드웨어가 문제일 수도 있으며, 또는 두 컴퓨터 간의 연결이 문제일 수도 있다. 멀티미디어 컴퓨터를 위한 소프트웨어를 짜기 전에, 이 시점에서 잠시 멈추고 두 컴퓨터 간의 물리적 연결과 마이크로컨트롤러의 소프트웨어를 테스트 해보는 편이 좋겠다.

이를 위해서는 멀티미디어 컴퓨터의 터미널 소프트웨어를 사용하면 된다. 터미널 소프트웨어는 시리얼 포트로 들어오는 것은 무엇이든 스크린에 보여주고, 키보드로 타이핑하는 것은 무엇이든 시리얼 출력으로 내보내 준다. 많은 프리웨어 또는 셰어웨어 터미널 소프트웨어가 나와 있다. 우리들은 매킨토시에서는 지텀ZTerm을 주로 사용한다. 인터넷에서 다운로드 받을 수 있는 웹사이트들이 여러 곳 있다(이를테면 http://www.shareware.com). 윈도우즈에는 운영체계와 같이 배포되는 하이퍼터미널이 있다. 일반적으로 시작-보조 프로그램-통신-하이퍼터미널의 순서로 선택하면 열린다. 아니면 시작-실행을 선택하고 hypertrm이라고 쳐서 실행시킬 수도 있다. 모든 터미널 프로그램은 설정, 속성, 사용자 지정 등의 메뉴를 통해 사용할 시리얼 포트와(예를 들어 하이퍼터미널에서는 COM1) 시리얼 통신의 파라미터를(9600, 정지 비트 1, 패리티 없음, 데이터 비트 8, 흐름 제어 없음) 설정할 수 있다.

NOTE

시리얼 포트에 대해 꼭 기억해 두어야 할 사항이 있다. 멀티미디어 컴퓨터의 시리얼 포트는 한번에 하나의 프로그램만이 사용할 수 있다. 만일 시리얼 포트가 하나뿐인데 마이크로컨트롤러의 프로그램이 실행되고 있는 중이라면, 터미널 프로그램은 시리얼 포트를 사용할 수 없으므로 에러 메시지를 내게 될 수도 있다. 이럴 경우에는 두 프로그램을 모두 중단한 후 터미널 프로그램을 다시 열면 시리얼 포트를 사용할 수 있게 될 것이다. 이밖에도 모뎀 소프트웨어나 PDA 연결 소프트웨어(이를테면 팜파일럿의 핫싱크) 등의 다른 프로그램이 시리얼 포트를 사용하고 있지는 않은지도 점검해 보아야 한다.

앞의 예제를 마이크로컨트롤러에서 실행시키자. 마이크로컨트롤러의 시리얼 출력을 멀티미디어 컴퓨터의 시리얼 포트에 연결하자. 이제 터미널 프로그램을 열면, 출력되는 메시지가 화면을 가득 메우는 것이 보여야 한다. 시리얼 입력으로 넘어가기 전에 한바탕 괴성을 지르며 자축하기에 적당한 시점이라 하겠다.

터미널 프로그램의 단점은 바이트를 아스키 문자로만 해석할 수 있다는 점이다. 만일에 메시지가 숫자로 받아들여지도록 할 생각이었다면 — 이를테면 빛 센서에서 들어오는 0~255 범위의 값을 보내고 있다면 — 화면에는 뒤죽박죽 알 수 없는 문자들만 나타날 것이다. 0부터 31까지의 값들은 아스키 코드에서 화면을 제어하는 데 사용하는 문자들이므로 화면에 아예 나타나지도 않을 것이다. 하지만 뒤죽박죽이라고 하더라도 무언가가 계속 쓰여지기만 한다면 현재 시점에서는 일단 만족할 만하다. 어떻든 무언가가 계속 쓰여진다는 것은 보낸 데이터가 잘 도착하고 있다는 뜻이며, 단지 터미널 프로그램이 이를 우리가 원하는 방식으로 보여 주지 못하고 있을 뿐이다. 이 문제는 멀티미디어 컴퓨터에서 실행되는 프로그램을 터미널 프로그램이 아니라 우리들이 직접 만든 프로그램으로 대체해 주면 해결될 것이다.

10. 마이크로컨트롤러로 시리얼 입력 받기

p베이직, m베이직, 그리고 픽베이직 프로가 다른 컴퓨터로부터 시리얼 데이터를 받아들이기 위해 사용하는 명령어는 serin(픽베이직 프로에서는 serin2)이다. 아래 예제에서 보게 되겠지만, 그 사용방법이 serout과 매우 비슷하다. 필요한 파라미터는 RX핀의 번호, 통신속도 모드, 그리고 데이터를 저장할 변수이다.

다음 프로그램을 마이크로컨트롤러에서 실행하자. 터미널 프로그램을 실행시키고 키보드를 누를 때마다 마이크로컨트롤러의 디버그 창에 그 글자가 나타나는 것을 볼 수 있을 것이다. 한편 터미널 소프트웨어에는 마이크로컨트롤러가 보내고 있는 'A' 가 나타나야 한다.

NOTE

이 예제에서는 프로그래밍을 위한 포트와 시리얼 케이블을 위한 포트가 각각 하나씩 필요하므로 모두 두 개의 시리얼 포트가 있어야 한다. 만일 시리얼 포트가 하나뿐이라면 프로그래밍을 마친 후에 프로그래밍 소프트웨어를 닫고 시리얼 커넥터를 프로그래밍을 위한 핀들에서 시리얼 통신을 위한 핀들로 옮겨야 한다. 이때 디버그 메시지는 볼 수 없겠지만 'A'는 볼 수 있을 것이다.

NOTE

PIC 사용자 여러분 : serout2 명령어가 매우 간단하고, 또 마이크로컨트롤러가 하나의 핀을 serout2와 debug에 동시에 사용할 수 없으므로, 이제부터는 디버그 메시지를 나타낼 때도 debug 명령어를 사용하지 않고 언제나 serout2를 사용하도록 하겠다.

PBASIC

```
' TX는 6번 핀에 연결하고 RX는 7번 핀에 연결한다

inFromSerialVar var byte

main:
   SEROUT 6, 16468, [ "A"]
   SERIN 7, 16468, [ inFromSerialVar]
   DEBUG ? inFromSerialVar
GOTO main
```

MBasic

```
' TX는 6번 핀에 연결하고 RX는 7번 핀에 연결한다

inFromSerialVar var byte

main:
   SEROUT 6, I9600, [ "A"]
   SERIN 7, N9600, [ inFromSerialVar]
   DEBUG [ inFromSerialVar]
GOTO main
```

PicBasic Pro

```
' TX는 C6  핀에 연결하고 RX는 C7  핀에 연결한다

inFromSerialVar var byte

main:

   SEROUT2 portc.6, 16468, [ "A"]
   SERIN2 portc.7, 16468, [ inFromSerialVar]
   SEROUT2 portc.6, 16468, [ "I got: ", inFromSerialVar, 10, 13]
GOTO main
```

BX-베이직에서는 시리얼 버퍼 때문에 시리얼 입력이 약간 복잡해진다. 입력 큐를 만들고 그로부터 데이터를 받아들인다는 것은 시리얼 출력에서와 비슷하다. 시리얼 입력을 위한 명령어는 statusQueue()와 getQueue()이다. statusQueue()는 입력 큐의 이름 하나만을 파라미터로 가진다. 이 명령어는 입력 큐에 바이트가 있으면 참이라는 값을 돌려준다. getQueue()는 두 개의 파라미터를 가진다. 입력 큐의 이름과 읽어들이고자 하는 바이트의 갯수가 그것이다. 이 명령어는 큐의 맨 앞에 있는 바이트들을 끄집어내어서 돌려준다. getQueue()는 큐에 들어 있는 바이트가 없으면 작동하지 않으므로, 이 명령어를 사용할 때에는 이를 statusQueue()를 확인하는 if문 안에 두도록 하자.

다음 예제 프로그램이 하는 일은 바로 앞의 예제가 했던 것과 같다. 멀티미디어 컴퓨터의 키보드로 문자를 칠 때마다 마이크로컨트롤러의 디버그 창에 그 문자가 나타나야 한다. 또한 터미널 소프트웨어 창에는 'A' 가 나타나야 한다.

BX-Basic

```
' TX는 11번 핀에 연결하고 RX는 12번 핀에 연결한다

Dim InputVar(1 To 10) As Byte
Dim OutputVar(1 To 40) As Byte
dim inData As byte

Sub main()
    Call openQueue(InputVar, 10)
    Call openQueue(OutputVar, 40)
    Call defineCom3(12, 11, bx1000_1000)
    Call openCom(3, 9600, InputVar, OutputVar)
    outData = 65

    do
        Call putQueue(OutputVar, outData, 1)
        Call getQueue(InputVar, inData, 1)
        ' 입력 버퍼에 바이트가 있는지를 확인한다.
        ' 만일 있으면 getQueue()로 그것을 읽어들인다.
        If statusQueue(inputBuffer) = true then
            call getQueue(inputBuffer, inData, 1)
            Call putQueue(outputBuffer, inData, 1)
            Debug.print cstr(inData)
        End if
    Loop
End Sub
```

만일 이 테스트가 제대로 된다면, 이는 케이블에도 문제가 없고 마이크로컨트롤러의 소프트웨어도 잘 실행되고 있음을 보여 주는 것이다. 또 한번의 자축 파티가 필요한 시점이다. 멀티미디어 컴퓨터에서 우리들이 직접 작성한 소프트웨어를 실행하기 전에 언제나 이런 간단한 테스트를 먼저 해 보아야 한다. 만일 이 예제가 잘 되지 않는다면 다음과 같은 것들이 원인일 수 있다.

- ▶ 소프트웨어에서 TX와 RX 핀의 번호를 잘못 적었다.
- ▶ 시리얼 커넥터를 만들 때 엉뚱한 핀에 납땜했다.

- ▶ 시리얼 커넥터를 만들 때 납땜이 잘 되지 않아서 연결이 불량하다.
- ▶ 한쪽의 TX가 (RX에 연결되어야 하는데) 다시 다른 쪽의 TX에 연결되었다.
- ▶ 멀티미디어 컴퓨터에 포트를 꽂을 때 잘못된 포트에 꽂았다.
- ▶ 멀티미디어 컴퓨터의 시리얼 통신 설정이 잘못되었다.

11. 정지기능 : 시리얼 통신을 하면 왜 프로그램이 멈춰 버리는 걸까?

우리들은 비동기asynchronous 시리얼 통신을 하고 있기 때문에(즉, 두 디바이스 중 어느 쪽이든 자신이 원할 때에 데이터를 보낼 수 있으므로), 언제 데이터가 도착할지를 미리 예측할 수 없다. 들어오는 메시지를 놓치지 않기 위해서는 마이크로컨트롤러가 입력 핀에 완전히 주의를 집중해야 한다. 그래서, 시리얼 데이터를 입력받으라는 명령을 받으면 마이크로컨트롤러는 다른 모든 일을 중단하고 데이터 바이트가 도착할 때까지 기다리도록 되어 있는 경우가 많다. 입력값이 들어올 때까지 다른 모든 일이 중단된다는 의미에서 이를 *정지기능blocking function*이라고 한다.

이 기능은 마이크로컨트롤러와 멀티미디어 컴퓨터의 손발을 맞추는 데 매우 유용하게 사용될 수 있다. 이를테면 센서값을 멀티미디어 컴퓨터에게 보낼 때 이전에 보낸 값이 다 처리된 것을 확인한 후에 새로운 값을 보내고 싶다면, 멀티미디어 컴퓨터가 데이터를 받을 준비가 되었다는 신호로 바이트 하나를 보내오기 전까지는 정지기능을 이용해서 기다리고 있으면 된다(아래의 '부르고 답하기call and response' 절을 참조하라).

한편, 데이터가 들어오지 않아도 마이크로컨트롤러가 계속 실행되도록 해야 하는 경우에는 정지기능이 골칫거리일 수도 있다. 시리얼 입력 명령을 내릴 때 timeout 옵션을 사용하면 이 문제를 해결할 수 있다. 이 옵션을 사용하면 "일정 시간 동안 데이터가 들어오지 않으면 다음 일로 넘어가라."라고 명령할 수 있다.

시리얼 통신을 테스트하기 위한 코드를 timeout을 사용해서 약간 수정해 보았다. 이 예제는 마이크로컨트롤러에 데이터가 들어오지 않으면 마침표('.')를 돌려보내고 데이터가 들어오면 'A'를 돌려보낸다.

아래 예제에서 serin 명령어에 10, noData라는 추가적인 파라미터가 붙은 것을 눈여겨 보자. 이는 10ms 동안 시리얼 데이터가 들어오지 않으면 마이크로컨트롤러가 noData라는 레이블로 가도록 한다. 그 레이블로 가면 마침표를 보내고 나서 다시 메인 레이블로 돌아가게 된다. A자를 보내는 serout 명령은 serin에 데이터가 들어와야만 실행된다.

PBASIC

```
'TX는 6번 핀에 연결하고 RX는 7번 핀에 연결한다
inFromSerialVar var byte

main:
    serin 7, 16468, 10, noData, [ inFromSerialVar]
    serout 6, 16468, [ "A"]
    debug ? inFromSerialVar
goto main

NoData:
    Serout 6, 16468, [ "."]
Goto main
```

MBasic

```
'TX는 6번 핀에 연결하고 RX는 7번 핀에 연결한다
inFromSerialVar var byte

main:
    serin 7, N9600, 10, noData, [ inFromSerialVar]
    serout 6, N9600, [ "A"]
    debug [ inFromSerialVar]
goto main

NoData:
    Serout 6, N9600, [ "."]
Goto main
```

PicBasic Pro

```
'TX는 C6 핀에 연결하고 RX는 C7 핀에 연결한다
inFromSerialVar var byte

main:
    serin portc.7, 16468, 10, noData, [ inFromSerialVar]
    serout2 portc.6, 16468, [ "A"]
    serout2 portc.6, 16468, [ "I got: ", inFromSerialVar, 10, 13]
goto main

NoData:
    serout2 portc.6, 16468, [ "."]
Goto main
```

BX-Basic

```
Dim InputVar(1 To 10) As Byte
Dim OutputVar(1 To 40) As Byte
dim outData As byte
dim inData As byte

Sub main()
    Call openQueue(InputVar, 10)
    Call openQueue(OutputVar, 40)
    Call defineCom3(12, 11, bx1000_1000)
    Call openCom(3, 9600, InputVar, OutputVar)

    do
        If statusQueue(inputVar) = true then
            Call getQueue(InputVar, inData, 1)
            OutData = 65 "A"의 아스키 코드값
            Debug.print cstr(inData)
        Else
            OutData = 46 "."의 아스키 코드값
        End if
        Call putQueue(OutputVar, outData, 1)
    Loop
End Sub
```

timeout은 마이크로컨트롤러가 시간에 구애받는 작업을 여러 가지 해야 할 경우에 특히 유용하다. 이를테면 마이크로컨트롤러를 가지고 창문의 블라인드를 조정하는 서보모터를 제어하고 싶다고 하자. 마이크로컨트롤러는 멀티미디어 컴퓨터로부터 시리얼 명령을 받아서 블라인드의 위치를 조절한다. 이때 6장에서도 공부했듯이, 서보모터에는 위치를 움직이지 않을 때에도 20ms마다 펄스를 보내 주어야 한다는 점을 기억해야 한다. 이럴 때는 마이크로컨트롤러로 하여금 18ms 동안 시리얼 데이터가 오는지를 기다리고 있다가, 그 동안 데이터가 오지 않으면 서보모터에 펄스를 보내고 나서 다시 시리얼 입력을 기다리도록 하면 되겠다.

12. 나만의 프로토콜 만들기

RS-232 프로토콜이 여러 규약을 제공하지만, 메시지의 내용과 그 내용을 정리하는 방법에 대해서는 정해 주는 바가 없다. 이제 우리가 한 바이트 이상의 정보를 보내고자 한다면, 이 바이트들을 어떻게 정리할 것인지에 대한 계획이 필요해진다. 만일 정보를 받는 상대방이 우리가 어떻게 손댈 수 없는 장비인 경우에는(이를테면 모터 컨트롤용 보드에 신호를 보내는 경우) 그 장비의 설명서를 참조하여 상대방이 원하는 형식으로 메시지를 보내 주어야 한다. 만일 통신의 쌍방 모두를 우리들이 제어할 수 있는 경우에는(이를테면 우리의 마이크로컨트롤러로부터 멀티미디어 컴퓨터에서 실행되는 우리가 작성한 소프트웨어로 신호를 보내는 경우) 우리가 원하는 어떤 형식으로든 메시지를 정리해 보내도 된다. 이를 위한 두 가지 기법으로 *마침표 찍기*punctuation와 *부르고 답하기*call and response를 소개하겠다.

■ 마침표 찍기

마이크로컨트롤러에 연결된 센서 세 개의 값을 읽어서 이를 멀티미디어 컴퓨터에 보낸다고 하자. 세 센서의 이름이 A, B, C라고 할 때, 다음과 같이 하면 이 세 바이트의 데이터를 계속해서 보낼 수 있겠다.

```
루프
    센서 A를 읽는다
    센서 B를 읽는다
    센서 C를 읽는다
    A, B, C 센서값을 나타내는 바이트들을 줄줄이 이어 보낸다
루프의 끝
```

멀티미디어 컴퓨터에는 시리얼 버퍼가 있어서 모든 바이트들을 그곳에 임시로 보관한다. 멀티미디어 컴퓨터의 입장에서 보면 입력되는 데이터는 다음과 같다.

```
ABCABCABCABCABCABCABCABCABC
```

하지만, 만일 멀티미디어 컴퓨터가 들을 준비를 채 갖추기 전에 마이크로컨트롤러가 데이터를 보내기 시작했다면 이것이 다음과 같이 입력될 수도 있다.

```
CABCABCABCABCABCABCABCAB
```

이렇게 되면 멀티미디어 컴퓨터로서는 어떤 바이트가 어떤 센서의 값인지를 알 방도가 없다. 이럴 경우에는 새 값이 시작될 때마다 어떤 글자를 넣어서 구분해 주면 좋을 것이다. 이를테면 다음과 같이 말이다.

```
C.ABC.ABC.ABC.ABC.ABC.ABC.ABC.AB
```

이렇게 하면 마침표가 들어올 때마다 그 다음에 들어오는 세 개의 바이트가 각각 세 센서의 값을 나타낸다는 것을 알 수 있을 것이다.

이 기법을 사용하려면 메시지 자체에는 나오지 않는 문자를 사용해서 메시지를 끊어 주어야 한다. 아스키 문자열로 메시지를 보낼 때에는 이것이 별로 어렵지 않다. 가능한 문자들 중 일부분만이 주로 사용되므로(32~127) 남아 있는 문자들 가운데에서 쉽게 메시지 구분문자를 선택할 수 있기 때문이다. 캐리지리턴(아스키코드 13), 쉼표, 스페이스 등이 흔히 사용된다. 이를테면 각 센서의 값은 스페이스로 떼고, 새로운 값 한 세트를 보내기 전에는 쉼표로 끊어 보낼 수 있다. 이렇게 할 때 상대편에서는 일를테면 210 200 44, 200 20 44, 150 30 44와 같은 데이터를 받게 된다. 44는 쉼표를 나타내는 아스키 코드이다.

읽어들인 값을 그 값 자체로 보내고자 할 때는 마침표를 선택하기가 조금 어려워질 수 있다. 만일 A, B, C 바이트들이 모두 0에서 255 사이에 있다면, 어떤 값을 마침표로 사용할 것인가? 이럴 경우에는 세 바이트의 범위를 0~254로 한정하고 255를 마침표로 사용하는 방법을 택할 수 있다.

아래는 마침표를 찍어 가며 통신하기 위한 코딩 기법을 보여 준다. 이 코드는 스위치나 아날로그 센서로부터 읽어들인 값을 세 개의 변수에 저장한 상황을 가정하고 있다.

PBASIC

```
' 255를 끝에 붙여서 세 값 자체를 보낸다
serout 6, 16468, [ AVar, BVar, CVar, 255]

또는
' 스페이스로 각 값을 떼어놓은 문자열을 만든 후 쉼표를 끝에 붙여 보낸다
serout 6, 16468, [ DEC AVar,32,DEC BVar,32,DEC CVar, 44]
```

MBasic

```
' 255를 끝에 붙여서 세 값 자체를 보낸다
serout 6, N9600, [ AVar, BVar, CVar, 255]

또는
' 스페이스로 각 값을 떼어놓은 문자열을 만든 후 쉼표를 끝에 붙여 보낸다
serout 6, N9600, [ DEC AVar,32,DEC BVar,32,DEC CVar, 44]
```

PicBasic Pro

```
' 255를 끝에 붙여서 세 값 자체를 보낸다
Serout2 portc.6, 16468, [ AVar, BVar, CVar, 255]

또는
' 스페이스로 각 값을 떼어놓은 문자열을 만든 후 쉼표를 끝에 붙여 보낸다
Serout2 portc.6, 16468, [ DEC AVar,32,DEC BVar,32,DEC CVar, 44]
```

BX-Basic

```
' 255를 끝에 붙여서 세 값 자체를 보낸다
punctuationVar = 255
Call putQueue(outputVar, AVar, 1)
Call putQueue(outputVar, BVar, 1)
Call putQueue(outputVar, CVar, 1)
Call putQueue(outputVar, punctuationVar, 1)

또는
' 스페이스로 각 값을 떼어놓은 문자열을 만든 후 쉼표를 끝에 붙여 보낸다
' 보낼 메시지를 만든다
OutputString
=cstr(AVar)&chr(32)&cstr(BVar)&chr(32)&cstr(CVar)&chr(44)
Call putQueueStr(outputVar, outputString)
```


■ 부르고 답하기

좀 더 정교한 기법으로, 멀티미디어 컴퓨터로부터 요청이 있을 때에만 마이크로컨트롤러가 한 세트의 데이터를 만들어 보내는 방법이 일반적으로 더 낫다고 할 수 있다. 이 경우에는 버퍼에 한 세트의 값들만이 있으므로, 마침표가 없어도 값들의 순서를 통해 어느 값이 어느 센서의 것인지를 알 수 있다. 먼저 보낸 값이 먼저 도착한 값이 되기 때문이다. 이 방법의 절차는 다음과 같다.

1. 마이크로컨트롤러는 바이트가 도착할 때까지 기다린다(이때 보통 정지 기능을 사용한다).
2. 멀티미디어 컴퓨터가 바이트를 보낸다(신호 목적으로만 사용되는 것이니 임의의 바이트이면 족하다).
3. 마이크로컨트롤러가 바이트들을 보낸다.
4. 멀티미디어 컴퓨터가 차례로 바이트들을 읽어들인다.

이 과정이 두 컴퓨터가 통신하는 동안 무한히 반복된다. 이러한 방식을 *부르고 답하기*라고 한다. 멀티미디어 컴퓨터는 부르고, 마이크로컨트롤러는 답하는 것이다. 이때 마이크로컨트롤러의 정지기능(앞에서 설명했던)이 진가를 발휘한다. 이 방식을 *악수하기* *handshaking*라 부르기도 한다. 이렇게 손발을 맞추면, 언제나 최신의 데이터를 사용함이 보장된다는 것도 장점이다. 다른 기법에서는 멀티미디어 컴퓨터가 받아들일 수 있는 것보다 빠른 속도로 마이크로컨트롤러가 값들을 쏟아내면 버퍼에 오래된 값들이 쌓일 수도 있고, 또 버퍼가 가득 차 있을 경우에는 새로운 값이 이전의 값을 밀어내 버릴 수도 있다.

부르고 답하기는 한 디바이스에서 다른 디바이스로 많은 양의 일련의 데이터들을 전송하는 데 있어 좋은 관리 방법이 된다.

때로 이 기법은 양쪽 컴퓨터가 모두 상대방을 기다리는 상태에 빠지면 멎어 버리기도 한다. 이런 일을 방지하기 위해서는 멀티미디어 소프트웨어가 시작할 때 요청신호가 보내지도록 하고, 또 그 이후에도 정기적으로 보내지도록 하는 것이 좋다. 아니면 앞서 설명한 바와 같이 마이크로컨트롤러의 시리얼 입력 명령에 timeout을 넣어 정지기능에서 빠져나갈 수 있도록 할 수도 있다. 마이크로컨트롤러를 위한 코드가 다음과 같다(멀티미디어 컴퓨터를 위한 코드는 뒤에서 설명하겠다).

PBASIC

```
' TX는 6번 핀에 연결하고 RX는 7번 핀에 연결한다
' 스위치는 0, 1, 2번 핀에 연결한다
SwitchAvar var byte
SwitchBvar var byte
SwitchCvar var byte
' 입력 데이터를 저장하기 위한 바이트를 선언한다
RXData var byte

input 0
input 1
input 2

main:
    ' 멀티미디어 컴퓨터에서 시리얼 입력이 들어오기를 기다린다
    ' 10ms동안 입력이 없으면 main으로 간다
    serin 7, 16468, 10, main, [ RXData]

    ' 스위치 값을 읽는다
    SwitchAvar = in0
    SwitchBvar = in1
    SwitchCvar = in2

    ' 값들을 보낸다
    serout 6, 16468, [ SwitchAvar, SwitchBvar, SwitchCvar]
goto main
```

MBasic

```
' TX는 6번 핀에 연결하고 RX는 7번 핀에 연결한다
' 스위치는 0, 1, 2번 핀에 연결한다
SwitchAvar var byte
SwitchBvar var byte
SwitchCvar var byte
' 입력 데이터를 저장하기 위한 바이트를 선언한다
RXData var byte

input 0
input 1
input 2

main:
    ' 멀티미디어 컴퓨터에서 시리얼 입력이 들어오기를 기다린다
    ' 10ms동안 입력이 없으면 main으로 간다
    serin 7, N9600, 10, main, [ RXData]

    ' 스위치 값을 읽는다
    SwitchAvar = in0
    SwitchBvar = in1
    SwitchCvar = in2

    ' 값들을 보낸다
    serout 6, N9600, [ SwitchAvar, SwitchBvar, SwitchCvar]
goto main
```

PicBasic Pro

```
' TX는 C6 핀에 연결하고 RX는 C7 핀에 연결한다
' 스위치는 B0, B1, B2 핀에 연결한다
SwitchAvar var byte
SwitchBvar var byte
SwitchCvar var byte
' 입력 데이터를 저장하기 위한 바이트를 선언한다
RXData var byte

input portb.0
input portb.1
input portb.2

main:
    ' 멀티미디어 컴퓨터에서 시리얼 입력이 들어오기를 기다린다
```

```
    ' 10ms동안 입력이 없으면 main으로 간다
    serin2 portc.7, 16468, 10, main, [ RXData]

    ' 스위치 값을 읽는다
    SwitchAvar = portb.0
    SwitchBvar = portb.1
    SwitchCvar = portb.2

    ' 값들을 보낸다
    serout2 portc.6, 16468, [ SwitchAvar, SwitchBvar, SwitchCvar]
goto main
```

BX-Basic

```
' TX는 11번 핀에 연결하고 RX는 12번 핀에 연결한다
' 스위치는 5, 6, 7번 핀에 연결한다

dim SwitchAvar as byte
dim SwitchBvar as byte
dim SwitchCvar as byte
dim inByte as byte
dim gotaByte as boolean
dim inputBuffer(1 To 10) As Byte
dim outputBuffer(1 To 40) As Byte

sub main ()
    ' 시리얼 포트를 설정한다
    call defineCom3(12, 11,bx1000_1000)
    call openQueue(inputBuffer, 10)
    call openQueue(outputBuffer, 40)
    call openCom(3,9600,inputBuffer, outputBuffer)

    do
        ' 스위치 값을 읽는다
        SwitchAvar = getPin(5)
        SwitchBvar = getPin(6)
        SwitchCvar = getPin(7)

        ' 시리얼 데이터를 읽어들인다
        If statusQueue(inputBuffer) = true then
            call getQueue(inputBuffer, inByte, 1)
```

```
                call putQueue(OutputBuffer, SwitchAvar, 1)
                call putQueue(OutputBuffer, SwitchBvar, 1)
                call putQueue(OutputBuffer, SwitchCvar, 1)

            end if
        loop
    end sub
```


13. 큰 숫자 보내기

통신에 있어 기본적인 단위는 바이트이다. 한 바이트는 0부터 255까지의 값을 나타낼 수 있다. 자주 접하게 되는 문제는, 아날로그 입력에서 들어오는 값이 이 범위 안에 잘 들어맞지 않을 때가 많다는 것이다. 이를 해결하기 위한 방법으로는 숫자를 문자화해서 보내는 방법이 있다. 숫자가 몇 자리가 되었든 그 자릿수만큼의 바이트를 사용하면 된다. 또는 한 바이트 안에 들어가도록 숫자를 다듬어 줄이는 방법도 있다. 또는 숫자를 몇 개의 바이트로 나누어 보낸 다음에 받는 쪽에서 바이트들을 다시 하나로 합치는 방법도 있다.

■ 숫자를 문자화해서 보내기

'숫자가 좋을까 문자가 좋을까 : 아스키 코드 사용하기' 와 '마침표 찍기' 절에서 설명했듯이, 때로는 숫자를 잠시 문자열로 바꾸는 것이 전송하기에 편리한 경우가 있다. 이 방법은 숫자의 자릿수마다 한 바이트씩을 사용해야 하며, 보내는 쪽과 받는 쪽이 모두 한 번씩 도합 두 번의 변환을 해야 하므로 그리 효율적이라고는 할 수 없다. 그러나 아무리 큰 숫자라도 얼마든지 보낼 수 있다는 점에서는 장점을 가진다. '마침표 찍기' 절에 있는 코드를 참조하라.

■ 숫자의 범위 다듬기

6장에서 한 범위의 숫자들을 다른 범위의 숫자들로 변환하기 위한 범위함수를 만드는 방법에 대해 설명했었다. 시리얼 통신은 간단한 범위함수를 만들어 볼 기회를 제공해 준다. 예를 들어 마이크로프로세서가 아날로그-디지털 변환기에 연결된 아날로그 센서로부터 변환기의 10비트 숫자가 제공하는 범위 전체에 해당하는 0~1024 범위의 값을 받고 있다고 하자. 이 범위의 숫자는 4로 나누어 주기만 하면 간단히 바이트 크기의 범위로 줄일 수 있다. 하지만 그렇게 간단히 해결되지 않는 경우도 있다. 좀 더 복잡한 경우에는, 이를테면 30~600 범위의 숫자를 받고 있는 경우에는, 6장에서 설명했던 범위 변경의 방법들을 사용해야 한다.

255보다 큰 숫자를 바이트 크기의 범위로 줄이면 언제나 해상도가 떨어지게 된다. 때로는 이것이 이상치異常値를 줄여 주어 바람직할 경우도 있지만, 대개의 경우에는 센서의 감도를 떨어뜨리는 결과를 낳는다.

■ 큰 숫자를 여러 바이트로 나누어 보내기

숫자가 255보다 클 경우, 이를 두 바이트로 나누어 보내는 방법이 있다. 마이크로컨트롤러 입장에서는 별로 어려울 것이 없는 일이다. 이를테면 워드 또는 인티저 크기의 변수를 보내기 위해서는 변수를 두 바이트로 쪼갠 후 serout, serout2, putQueue() 명령어에 담아 보내면 된다. P베이직, M베이직, 그리고 픽베이직 프로에서는 변수를 표시할 때 아래 예제에서처럼 닷 노테이션dot notation을 써서 변수의 일부만을 지정하면 된다. BX-베이직에서는 인티저를 두 바이트에 담아서 보내면 된다.

PBASIC / MBasic / PicBasic Pro

```
WordVar var word
```

이 변수는 다음과 같이 보내면 된다.

PBASIC

```
Serout 6, 16468, [ wordVar.lowbyte, wordVar.highbyte]
```

MBasic

```
Serout 6, N9600, [ wordVar.lowbyte, wordVar.highbyte]
```

PicBasic Pro

```
Serout portc.6, 16468, [ wordVar.lowbyte, wordVar.highbyte]
```

BX-Basic

```
Dim integerVar as integer
```

이 변수는 다음과 같이 보내면 된다.

```
call putQueue(outputVar, integerVar, 2)
```

그러나, 멀티미디어 컴퓨터에서 두 바이트의 값을 하나의 변수로 재결합시키기 위해서는 코드를 작성해야 한다. 이때 다음 공식을 사용하면 된다.

큰 변수 = 첫번째 바이트 + (두번째 바이트 × 256)

14. 멀티미디어 컴퓨터에서의 시리얼 통신

이 책을 읽고 있는 많은 사람들은 이미 멀티미디어 컴퓨터를 사용해 소프트웨어를 만들어 본 경험이 있을 것이며, 이제 비트를 물리적 세계에 연결해 보고자 하는 목표를 가지고 있을 것이다. 이 절에서는 시리얼 통신을 사용해서 멀티미디어 컴퓨터의 저작환경을 마이크로컨트롤러와 연결하는 방법에 대해 설명한다. 혹시 우리들이 설명할 환경들 중 어느 하나에(또는 이와 비슷한 다른 어떤 환경에) 이미 익숙하다면 다행이다. 만일 멀티미디어 컴퓨터를 프로그램해 본 적이 없다면, 언어 하나를 선택해서 이 책 외의 다른 자료들을 찾아보며 프로그래밍을 공부해야 할 것이다.

멀티미디어 저작을 위한 가장 좋은 언어 하나를 추천한다는 것은 불가능하다. 개인적인 취향에 따라 달라지는 문제이기 때문이다. 우리들의 경우 몇 가지 언어를 목적에 따라 사용하고 있다. 모든 프로그래머는 자신있게 잘 알고 있는 도구가 몇 개씩은 있게 마련이며, 또 각 도구는 나름의 장점과 단점을 가지게 마련이다. 여기에서는 다음 언어들을 사용하고자 한다.

우리의 경험에 비추어 볼 때 매크로미디어의 디렉터MX는 배우기 쉬우면서도 강력한 성능을 가지고 있다는 점에서 가장 우수하다고 할 수 있으나, 가격이 좀 비싼 것이 흠이다. 마이크로소프트의 비주얼 베이직은 매우 강력하며 사용자층이 두터우나 멀티미디어 어플리케이션보다는 주로 업무용 어플리케이션에 사용되고 있다. 사이클링 74Cycling74의 Max/MSP는 가장 배우기 쉬우며 미디 · 사운드 · 비디오 컨트롤을 하기에 매우 좋지만 다른 환경에 비해 시각적인 사용자 인터페이스를 만들기가 어렵다. 자바는 무료로 사용할 수 있으며 사용자층이 넓지만 재미있는 프로젝트들을 빨리빨리 만들어 내고 싶은 사람들이 사용하기에는 너무 낮은 레벨의 언어이다. 프로세싱은 우리들이 호감을 갖고 있는 새로운 환경이다. 간단한 환경에서 시각적인 어플리케이션들을 만들어 낼 수 있으며, 좀더 잘 알게 되고 나면 자바와 연동하여 확장할 수도 있다. 또 가격도 무료이다(http://www.processing.org). 매크로미디어의 플래시MX는 주로 웹 그래픽스에 한정되어 있어 시리얼 통신을 할 수 없으나 배우기 쉬우며 매우 많은 사람들이 사용하고 있는 환경이다. 우리는 자바를 통해 플래시가 마이크로컨트롤러와 시리얼 통신을 할 수 있도록 해주는 도구를 개발했다. 앞으로 플래시MX의 버전이 높아지면 자체적으로 시리얼 통신을 지원할지도 모른다. 플래시MX와 시리얼 통신을 하기 위한 다른 방법으로는 12장에서 소개하는 코박스 마이크로Cobox Micro등의 시리얼-이더넷 변환기를 플래시의 XMLSocket 메소드와 연동해 사용하는 방법도 있다.

대부분의 프로그래밍 환경은 기본적으로는 시리얼 포트를 제어할 능력을 가지고 있지 않으며, 확장을 통해서만 이러한 일을 할 수 있다. 운영체계가 시리얼 포트를 제어하기 위해 사용하는 절차는 하드웨어 플랫폼마다 다르며, 이 과정에서 사용하는 도구들도 운영체계마다 다르다. 플래시나 디렉터 MX처럼 여러 플랫폼에서 사용할 수 있는 저작환경은 보통 이렇게 플랫폼에 따라 달라지는 세부적인 사항들은 다루지 않고, 다른 개발자들이 환경에 맞게 내어놓는 확장 프로그램들에 의존한다. 시리얼 포트에 접근하도록 해주는 확장 프로그램을 찾아서 그것을 적절한 폴더 안에 풀어놓기까지가 시리얼 통신에 있어 가장 어려운 장애물이 되는 경우가 많다.

사용할 프로그래밍 환경에 알맞는 확장 프로그램을 설치하고 나면 이제 이 확장 프로그램의 명령어들을 익혀야 한다. 기본적인 단계는 다음과 같다.

1. 확장 프로그램의 명령어들을 사용할 준비를 갖춘다(이렇게 하는 것을 *시리얼 오브젝트를 만든다*라고 한다).
2. 사용할 시리얼 포트를 지정한다.
3. 보레이트를 비롯한 시리얼 통신의 파라미터들을 설정한다.
4. 바이트들을 보낸다.
5. 바이트들을 받는다.

시리얼 프로그래밍에서 일반적으로 주의해야 할 사항으로 다음과 같은 것들이 있다. 자세한 사항은 각 환경에서의 코딩에 대한 설명을 할 때에 예제와 함께 설명하겠다.

사용할 포트는(COM1, COM2 등) 시리얼 오브젝트를 만들 때 지정하는 경우도 있고 따로 명령어를 통해 지정하는 경우도 있다. 포트의 이름은 흔히 COM1과 COM2이지만 때로는 이와 다른 경우도 있다. 특히 USB 어댑터나 시리얼 확장 카드를 사용하는 경우에는 더 그렇다. 때에 따라서는 이를테면 USA19HS1.1처럼 포트의 이름이 상당히 독특해지기도 한다. 일반적으로 시리얼 라이브러리들은 현재 컴퓨터에 있는 모든 사용 가능한 시리얼 포트의 이름들을 나열해 주는 명령어를 제공한다.

통신방법은 보통 간단한 명령으로 설정할 수 있는데, 따로 설정하지 않아도 표준적인 9600-N-8-1로 디폴트가 잡히는 시리얼 인터페이스들도 꽤 있다.

바이트를 보내는 것은 간단하여 보통 명령어 하나면 이루어진다. 바이트를 받아들이기 위해서는 바이트가 언제 도착할지를 미리 알 수 없다는 비동기 통신 특유의 어려움을 극복해 내어야 한다. 멀티미디어 컴퓨터에는 시리얼 버퍼가 있어 마이크로컨트롤러 보다 바이트를 받아들이기가 쉽다. 들어오는 바이트들은 우리의 코드가 접근하기 전에 운영체계에 의해 자동으로 시리얼 버퍼에 저장된다. 시리얼 버퍼에 대기하고 있는 바이트들에 대한 정보를 얻는 데는 크게 두 가지 방법이 있다. 첫번째는 시리얼 버퍼에 몇 개의 바이트가 있는지를 알려주는 명령어를 사용하여 계속해서 버퍼의 상태를 확인하는 것이다. 두번째는 시리얼 버퍼에 무언가가 도착할 때마다 실행되는 함수를 하나 만들어 두는 것이다. 이렇게 하는 것을 *콜백callback* 또는 *리스너listener*를 만든다고 한다.

■ 링고에서의 시리얼 통신

이 절에서는 당신이 매크로미디어의 디렉터MX와 그 스크립트 언어인 링고에 익숙하다는 가정하에 설명한다.

디렉터MX에는 원래 시리얼 프로그래밍을 위한 인터페이스가 없지만, 디렉터 환경은 엑스트라Xtra라고 하는 아키텍처를 통해 쉽게 확장할 수 있도록 되어 있다. 디렉터MX에 엑스트라를 덧붙이기 위한 첫번째 단계는 필요한 엑스트라를 찾고 구입하는 것이다. 우리는 http://www.physicalbits.com의 시리얼 엑스트라SerialXtra를 추천한다. 단연 뛰어난 제품이다. 지금부터 설명할 내용의 대부분은 일반 링고 엑스트라 어디에나 적용되는 것이어서, 만일 이전에 엑스트라를 사용해 본 경험이 있다면 쉽게 알 수 있을 것이다.

엑스트라는 하나의 파일로 되어 있는데, 우리는 이 파일을 실행하고자 하는 디렉터MX 무비와 같은 폴더 안에 두기를 권한다(매크로미디어는 이 파일을 Xtras 폴더나 어플리케이션 폴더 안에 두는 것이 좋다고 한다. 우리의 경험으로는, 우리가 권하는 방법이 더 간편하다. 만일 엑스트라를 사용하면서 문제가 생기면 그들이 권하는 방법으로도 해 보도록 하라). 엑스트라는 플랫폼마다 버전이 따로 존재하므로, 매킨토시용 파일이 따로 있고 윈도우즈용 파일이 따로 있을 것이다. 웹 브라우저의 쇼크웨이브Shockwave에서 엑스트라를 사용하기 위해서는 엑스트라 파일을 shockwave/xtras 폴더 안에 복사해 넣어주어야 한다.

다음 단계는 무비 안에서 아래 명령어를 사용해 엑스트라를 여는 것이다.

```
openxlib "serialXtra.osx"
```

확장자는 사용하고 있는 플랫폼에 맞도록 맞춰 주어야 한다. 매킨토시에서는(OS X) 확장자가 .osx이다. 윈도우즈에서는 .x32이다.

위 작업은 startMovie나 prepareMovie 핸들러에서 해주는 것이 보통이다. 무비가 엑스트라를 인식했는지를 확인해 보려면 메시지 박스에 showxlib이라고 쳐 보면 된다. 이때 나타나는 엑스트라의 목록 가운데 SerialXtra가 있어야 한다.

다음 단계는 오브젝트를 만드는 것이다. 아래와 같이 하면 된다.

```
SerialObj = new( xtra "serialXtra", programmerName, serialnumber,
licenseLength)
```

new 명령은 시리얼 엑스트라로부터 오브젝트를 찍어 내 준다. 나머지 파라미터들은 당신의 이름(엑스트라를 다운로드받을 때 적었던 당신의 e메일 주소), 엑스트라를 다운로드 받을 때 피지컬비츠PhysicalBits가 e메일로 보내준 시리얼 넘버(사용하고 있는 운영체계마다 다르다), 그리고 부여받은 라이센스의 기한이다.

위와 같이 하면 시리얼 오브젝트를 가리키는 레퍼런스reference가 만들어지고 이것이 다시 SerialObj 변수에 저장된다. 객체중심 프로그래밍object-oriented programming에 익숙하지 않다면, 아마도 이것이 문자열이나 숫자가 아닌 무엇을 변수에 저장해 보는 첫번째 경우가 될 것이다. 이 변수는 전역변수로 지정해야 한다. 앞으로 프로그램의 어디에서든 시리얼 명령어를 사용할 때마다 이 변수가 필요하게 될 것이기 때문이다.

시리얼 오브젝트를 만들었으면 이제 시리얼 포트를 열어야 한다. 오브젝트를 만들고 나서 메시지 창에 put findports() 명령을 치면 사용 가능한 모든 시리얼 포트의 이름을 볼 수 있다(이때 무비가 실행되고 있어야 한다). 다음과 같은 목록이 나타날 것이다(다음은 OSX가 실행되고 있는 매킨토시 컴퓨터에서 얻어진 목록이다).

```
[[ #portName: "/dev/cu.IrDA-IrCOMMch-b", #MaxBaudRate: "N/A", #FullName:
"/dev/cu.IrDA-IrCOMMch-b", #InUse: "No"] , [ #portName: "/dev/cu.modem",
#MaxBaudRate: "N/A", #FullName: "/dev/cu.modem", #InUse: "No"] ,
[ #portName: "/dev/cu.USA19HS191P1.1", #MaxBaudRate: "N/A", #FullName:
"/dev/cu.USA19HS191P1.1", #InUse: "No"]]
```

사용하고자 하는 시리얼 포트의 이름을 복사해서 startMovie 또는 prepareMovie 핸들러에 다음과 같은 문장을 추가해 넣는다.

```
serialObj.openPort(포트의 이름)
```

예를 들어 위 목록에서 키스팬Keyspan USA19HS USB-시리얼 어댑터를 위한 포트는 /dev/cu.USA19HS191P1.1 이다.

```
serialObj.openPort("/dev/cu.USA19HS191P1.1")
```

NOTE

닷 노테이션이 뜻하는 바를 정확히 이해할 수 있도록 하자. 위 명령이 뜻하는 것은 SerialObj라는 변수가 가리키는 시리얼 오브젝트가 가지고 있는 openPort()라는 명령어를 사용하고 싶다는 것이다.

다음으로는 setProtocol() 명령어를 써서 시리얼 프로토콜을 설정한다.

```
SerialObj.setProtocol(9600, "n", 8, 1)
```

디폴트가 9600, N-8-1 이므로, 만일 사용하고자 하는 설정이 이와 같다면 이 부분은 생략해도 된다.

시리얼 포트를 사용하기 위해 프로그램의 시작 부분에서 해주어야 하는 일은 이것이 전부다. 이들은 모두 startMovie 또는 prepareMovie 핸들러 안에 들어가야 하는 내용이다. 깔끔한 프로그래밍을 위해 마지막으로 한 가지 기억해 두어야 할 사항은, 프로그램이 끝날 때에 시리얼 오브젝트를 없애 주어야 한다는 것이다. 이를 위해서는 stopMovie 핸들러 안에 다음 코드를 넣어 주면 된다.

```
SerialObj = 0
closeXlib
```

시리얼 오브젝트를 없애 주지 않으면 다음번에 그 무비를 실행시켰을 때에 디렉터 MX가 시리얼 포트를 열지 못하게 된다. 만일 오류가 있어 프로그램이 멈춰 버렸다면, 메시지 박스에 직접 타이핑해 stopmovie를 불러서 시리얼 오브젝트를 없앰으로써 포트를 놓아 주고 메모리를 풀어주어야 할지도 모른다. 만일 이렇게 해도 해결이 되지 않는다면 디렉터 MX를 껐다가 다시 시작해야 할 것이다.

데이터를 보내는 것은 간단하다. 그저 다음과 같이 하거나

```
SerialObject.writeChar("A")
```

또는 다음과 같이 하면

```
SerialObject.sendNumber(65)
```

바이트가 보내어진다.

데이터를 받는 것은 이보다는 약간 복잡하다. 엑스트라는 언제나 시리얼 포트에 귀기울이고 있다가 바이트가 들어올 때마다 그를 시리얼 버퍼에 넣어 준다. 시리얼 버퍼의 존재는 들어오는 정보를 받기 위해 모든 일을 중단하지 않아도 되게끔(마이크로컨트롤러에서는 이렇게 해야만 했다) 우리에게 약간의 숨쉴 여유를 준다. 하지만 그렇다고 하더라도, 마이크로컨트롤러가 내보내고 있는 정보에 프로그램이 신속하게 반응한다는 느낌을 주기 위해서는 시리얼 버퍼를 자주 확인해 보아야만 한다.

시리얼 버퍼를 읽을 때 주로 사용하는 명령어는 readNumber() 이다. 이 명령은 시리얼 버퍼에서 제일 앞에 있는 바이트 하나를 떼어 내 그 값을 0~255 범위의 숫자로 읽어 준다. readChar() 명령을 써서 바이트의 값을 아스키 문자로 해석할 수도 있다. 예를 들면 마이크로컨트롤러가 65라는 값을 보냈을 때 readNumber()는 65를 돌려줄 것이고 readChar()는 A를 돌려줄 것이다. 버퍼의 내용 전체를 문자열로 읽어들이고자 한다면 readString() 명령을 사용하면 된다.

디렉터MX에서 계속 반복되도록 하고 싶은 명령들은 on ExitFrame 핸들러 안에 적어주어야 한다. 이를테면 다음과 같이 한다.

```
On ExitFrame
   MyVar = SerialObject.readNumber()
End
```

이 핸들러는 매 프레임마다 한 번씩 시리얼 버퍼의 바이트를 읽어들이게 된다. 만일 마이크로컨트롤러가 하나의 바이트를(이를테면 어떤 스위치의 상태를) 계속해서 내보내고 있다면, 스위치의 상태를 바꿨을 때 디렉터MX의 반응이 더디다는 것이 쉽게 느껴질 정도로 시간이 걸리는 것을 보게 될 것이다. 이는 디렉터MX가 시리얼 버퍼를 읽어들이는 속

도보다 마이크로컨트롤러가 시리얼 버퍼를 채우는 속도가 더 빠르기 때문이다. 이러한 이유에서, 일반적으로 부르고 답하기 방법을 사용하는 것이 더 바람직하다.

여러 개의 바이트가 도착할 것을 기다리고 있다면, charsAvailable() 함수를 사용해서 그 갯수만큼의 바이트가 도착해 있는지를 확인해 볼 수 있다. 기다리고 있는 갯수만큼의 바이트가 도착하기 전까지는 readNumber()나 readChar() 명령을 내려서는 안 된다. 이러한 명령을 사용하면 버퍼에서 바이트 하나가 지워지면서 다음번 바이트가 첫번째 바이트가 되어 버린다. charsAvailable()이 딱 맞는 만큼의 바이트 갯수를 돌려줄 때까지 기다려야만 비로소 데이터 전체를 읽어들였다는 확신을 가질 수 있다. 바이트들은 도착한 순서대로 시리얼 버퍼에서 줄서서 기다리므로, readNumber()나 readChar() 명령을 내리면 마이크로컨트롤러에서 제일 먼저 보낸 바이트부터 먼저 읽히게 된다.

아래의 코드는 시리얼 버퍼에 세 개 이상의 바이트가 들어올 때까지 기다렸다가 이들을 읽어들여 변수에 저장한다. 버퍼에 들어 있는 내용이 없으면, 데이터를 보내라는 신호로 바이트를 하나 보낸다. 그전에 앞에서 설명한 대로 포트를 옳게 설정하고 또 사용할 포트를 열어두어야 함은 물론이다.

```
global serialObject
On ExitFrame
   -- 포트가 열려 있는지를 확인한다
   If serialObject.isPortOpen() then
   If serialObject.charsavailable() = 0 then
      --데이터를 보내라는 신호로 바이트를 하나 보낸다
      SerialObject.writeChar("A")
   End if

   If SerialObject.charsAvailable() >=3 then
      --마이크로컨트롤러가 보낸 첫번째 바이트
      MyVar = SerialObject.readNumber()
      --마이크로컨트롤러가 보낸 두번째 바이트
      MyVar2 = SerialObject.readNumber()
      --마이크로컨트롤러가 보낸 세번째 바이트
      MyVar3 = SerialObject.readNumber()
   End if
End
```

완전히 다른 접근방법으로는, readString() 명령으로 시리얼 버퍼에 있는 모든 내용을 한번에 읽어들인 다음에 이를 뜯어나가는 방법이 있다. 우리는 보통 이 방법은 그다지 권하지 않는다. 지저분해지기 쉬운 방법이기 때문이다. 하지만 마이크로컨트롤러가 값들을 아스키 문자열로 바꾸어서 구분 문자로 끊어 가면서 보내는 경우에는 이 방법이 좋을 수도 있다. 이 방법을 쓰고자 할 때는 다음과 같이 하면 된다.

```
global serialObject, textSoFar
On ExitFrame
   TextSoFar = textSoFar & SerialObject.readString()
   --읽어들인 값들을 스페이스로 하나하나 뗀 다음 맨 뒤에 쉼표를 붙여 보낸 경우
   If textSoFar.word.count >= 3 then
   -- integer 함수는 아스키 문자열을 숫자로 바꾸어 준다
      MyVar = integer(textSoFar.word[ 1] )
      MyVar2 = integer(textSoFar.word[ 2] )
      MyVar3 = integer(textSoFar.word[ 3] )
      Delete textSoFar.item[ 1] --쉼표로 서로 구분된 덩어리 하나하나를 디렉터에서는 item이라
      고 한다
   End if
End
```

이상을 종합하면 다음과 같이 된다.

```
global serialObject, serialObjectName, serialObjectFilename
global myVar1, myVar2, myVar3
on startMovie
   clearglobals
   -- 엑스트라를 설정하기 위해 필요한 변수들.
   -- 제품을 등록하면 보내 주는 e메일에서 적절한 값들을 옮겨 적으면 된다.

   serialObjectFilename = "SerialXtra"
   serialObjectName = "SerialXtra"
   programmerName = "your.email@someisp.com"
   serialnum = "xxx-xxxx-xxxx-xxxx"
   licenseLength = 90

   -- 엑스트라로부터 새로운 인스턴스를 만든다
   openxlib the pathname & "serialXtra.osx"
   serialObject = new (xtra serialObjectName, programmerName,
serialnum, licenseLength)

   -- 인스턴스가 제대로 만들어졌는지를 확인한다
   if objectP( serialObject ) then
```

```
        put serialObject
    else
        alert("Instance not valid")
    end if

    -- 시리얼 포트의 이름을 아래에 적어 넣는다
    serialObject.openPort("/dev/cu.USA19HS191P1.1")

    -- 전송속도, 시작 비트 등을 설정한다
    serialObject.setProtocol(9600, "n", 8, 1)
end

on stopMovie
    -- 엑스트라를 지운 후 엑스트라 파일을 닫는다
    serialObject.closePort()
    set serialObject to 0
    -- CloseXlib
end

on exitFrame
    doSerial
    go the frame
end

on doSerial
    -- 포트가 열려 있는지를 확인한다
    If serialObject.isPortOpen() then
        If serialObject.charsavailable() = 0 then
            -- 데이터를 보내라는 신호로 바이트를 하나 보낸다
            SerialObject.writeChar("A")
        End if

        If SerialObject.charsAvailable() >=3 then
            -- 마이크로컨트롤러가 보낸 첫번째 바이트
            MyVar = SerialObject.readNumber()
            -- 마이크로컨트롤러가 보낸 두번째 바이트
            MyVar2 = SerialObject.readChar()
            -- 마이크로컨트롤러가 보낸 세번째 바이트
            MyVar3 = SerialObject.readChar()
        End if
    End if
end
```

이상의 코드를 무비 스크립트에 쓰고, 엑스트라 파일을 무비 파일과 같은 폴더에 놓은 다음, 앞에서 부르고 답하기 방식으로 작성했던 마이크로컨트롤러 예제와 같이 실행하면 동작할 것이다. myVar, myVar2, myVar3 변수의 값이 스위치의 상태에 따라 달라질 것이다.

마지막으로, 시리얼 엑스트라의 콜백callback을 사용하는 방법이 있다. 콜백은 exit frame에서 하고 있던 일들을 모두 들어내서 엑스트라에게 넘겨주는 것과도 같다고 생각할 수 있다. 특히 데이터의 끝을 알리는 구분문자를 사용했을 때에 이 방법을 사용하면 문자열을 뒤지면서 구분문자를 찾을 필요가 없어져서 편리하다.

엑스트라가 부를 핸들러의 이름을 startMovie에서 정해 주어야 한다. 다음 문장은 엑스트라로 하여금 10개의 문자가 도착할 때마다 ReceivedChars라는 함수를 부르도록 한다.

```
SerialObject.ReadUsingCallback("ReceivedChars", 10)
```

물론, 이렇게 한 다음에는 그러한 이름의 핸들러를 만들어 주어야 한다.

```
On ReceivedChars data
   Put theData.Buffer
   Put theData.String
   --데이터를 보내라는 신호로 바이트를 하나 보낸다
   SerialObject.writeChar("A")
End
```

이렇게 하면 버퍼의 내용이 프라퍼티 리스트에 담겨서 파라미터 변수로 우리에게 전달된다. theData.Buffer에는 입력 버퍼의 모든 데이터가 값 그 자체로 담겨 있고, theData.String에는 같은 데이터가 문자열 형태로 담겨 있다. 이때 문자열의 내용은 아스키 코드가 나타내는 문자들로 되어 있으며, 아스키 코드 자체를 나타내는 문자들이 아님에 주의하자. 다시 말해, 만일 마이크로컨트롤러가 65, 66, 67의 값을 보냈다면 theData.String에는 656667이 아니라 ABC가 들어 있게 되는 것이다.

또, 어떤 특정 문자가 도착했을 때 핸들러가 호출되도록 할 수도 있다. 다음 문장은 엑스트라로 하여금 쉼표가 도착했을 때 ReceivedChars라는 함수를 부르도록 한다.

```
SerialObject.ReadUsingCallbackOnToken( " ReceivedChars ",
chartoNum(","))
```

이 경우에도, 그러한 이름의 핸들러를 만들어 주어야 함은 물론이다.

```
on ReceivedChars thedata
   put theData
   -- 데이터를 보내라는 신호로 바이트를 하나 보낸다
   SerialObject.writeChar("A")
end
```

■ 프로세싱에서의 시리얼 통신

프로세싱에서의 시리얼 통신은 간단하다. 하지만 코딩을 시작하기에 앞서 설명에 따라 모든 설치를 잘 마쳐 두어야 한다. 특히 (현재 0068 버전의 경우) 자바를 위한 시리얼 포트 익스텐션도 설치해야 한다(프로세싱은 자바에 기반하고 있음을 기억하자). 프로세싱을 성공적으로 설치하여 시리얼 포트를 인식할 수 있다는 가정하에 설명하겠다.

프로세싱에서 시리얼 포트를 초기화하기 위해서는, 먼저 스케치의 시리얼 포트 메뉴에서 사용하고자 하는 포트를 선택한다. 그 다음에 beginSerial() 명령을 사용한다. 괄호 안에 아무런 파라미터도 적지 않으면 디폴트 설정은 9600 보레이트로 잡힌다. 다른 보레이트를 사용하고 싶다면 원하는 보레이트를 괄호 안에 적어 주면 된다. beginSerial() 명령은 주로 setup() 핸들러 안에 적는다. 이 책이 출판되고 나서 곧 프로세싱의 새 버전이 나올 것으로 알고 있는데, 앞으로의 버전에서는 디렉터MX의 엑스트라처럼 시리얼 통신을 위한 별도의 라이브러리가 생기게 될 것이다. 시리얼 통신을 초기화하는 방법에 대해서는 프로세싱 웹사이트에서 최신 버전에 대한 설명을 참조하도록 해야겠다.

시리얼 포트를 닫기 위해서는 endSerial() 핸들러를 부르면 된다. 프로그램이 멈추면 이 핸들러는 자동으로 실행된다.

프로세싱은 시리얼 데이터를 다루는 데 있어 *콜백 핸들러*라는 것을 사용한다. 콜백 핸들러란 앞서 디렉터MX를 위한 예제에서 설명했던 것처럼, 어떤 값을 계속해서 지켜보고 있다가 그 값이 변화하면 프로그램에 메시지를 보내어서 알려주는 핸들러를 말한다. 지금 이 경우에는 시리얼 버퍼에 새로운 바이트가 들어올 때마다 serialEvent() 핸들러가 호출된다. 호출되었을 때 어떤 일을 할 것인지에 대해서는 우리들이 직접 핸들러를 만들어 주어야 한다. 들어온 바이트는 serial 이라는 이름의 특별한 int 타입 변수에 저장된다. serial의 값을 다른 변수에 넣어 주기만 하면 이 바이트의 값을 바로 사용할 수 있다.

```
void serialEvent()  {
   myInt = serial;
}
```

시리얼 출력을 내보내기 위해서는 serialWrite() 명령을 사용한다. serialWrite()는 int 하나, 또는 바이트들의 어레이 하나를 파라미터로 가진다.

자 이렇게 하면 된다. 정말 간단하지 않은가.

농담이다. 사실 프로세싱에서는 부르고 답하기 방법을 사용해서 여러 개의 바이트를 다루기가 약간 까다롭다. 여러 가지 방법을 사용할 수 있지만, 어떤 방법을 사용하든 들어오는 바이트들을 잡아서 이들을 여러 개의 바이트를 다룰 수 있는 변수에 모아 넣어야 한다는 것이 핵심이다. 다음 예제에서는 serial의 바이트들을 char 데이터 타입으로 바꾼 다음에(serial은 int 타입임을 기억하자) String에 붙여 넣는다. String의 길이가 목표와 같아지면, 각 char들을 잘라서 원하는 데이터 타입으로 바꾸어 사용하면 된다.

```
void serialEvent() {
  processString((char)serial);
}

void processString(char inByte) {
  // 시리얼 포트에 새로 들어온 바이트를 String에 붙여 넣는다
  serialString += inByte;
  // String의 길이를 업데이트한다
  serialCount = serialString.length();

  // 세 바이트가 다 차면 String을 자른다
  if (serialCount > 2 ) {
    fgcolor = (int)serialString.charAt(0);
    xpos = (float)serialString.charAt(1);
    ypos = (float)serialString.charAt(2);
    // 끝났으면 String을 지우고 새 데이터를 요청한다
    serialString = "";
    serialWrite(65); // A를 보내 새로운 센서값이 보내지도록 한다
  }
}
```

다음 예제는 마이크로컨트롤러가 아날로그 센서로부터 읽어들인 0~255 범위의 세 바이트를 받은 후 이 값들을 이용해서 화면상의 공을 움직인다.

```
int bgcolor; // 배경색
int fgcolor; // 채워지는 색
String serialString = ""; // 시리얼 통신으로 받은 값을 저장할 장소
int serialCount = 0; // 지금까지 받은 바이트의 갯수
float xpos, ypos; // 공의 시작 위치

void setup() {
   beginSerial(); // 디폴트 설정에 따라 9600 보레이트로 시리얼 통신 시작
   size(200, 200); // 스테이지의 크기
   noStroke(); // 외곽선을 그리지 않음

   // 공의 시작 위치를 정한다 (스테이지의 한가운데)
   xpos = width/2;
   ypos = height/2;
   serialWrite(65); // A를 보내 마이크로컨트롤러가 값을 보내기 시작하도록 한다
}

void loop() {
   background(bgcolor);
   fill(fgcolor);
   // 공을 그린다
   ellipse(xpos, ypos, 20, 20);
}

void serialEvent() {
   processString((char)serial);
}

void processString(char inByte) {
   // 시리얼 포트에 새로 들어온 바이트를 String에 붙여 넣는다
   serialString += inByte;

   // String의 길이를 업데이트한다
   serialCount = serialString.length();

   // 세 바이트가 다 차면 String을 자른다
   if (serialCount > 2 ) {
      fgcolor = (int)serialString.charAt(0);
      xpos = (float)serialString.charAt(1);
      ypos = (float)serialString.charAt(2);
```

```
        // 끝났으면 String을 지우고 새 데이터를 요청한다
        serialString = "";
// A를 보내 새로운 센서값이 보내지도록 한다
        serialWrite(65);
    }
}
```

■ 자바에서의 시리얼 통신

시리얼 통신을 하기 위해 필요한 클래스들은 자바의 표준설치에 포함되어 있지 않다. 사용하고자 하는 하드웨어 플랫폼에 맞는 클래스들을 찾는 것이 우선적으로 필요하다. 윈도우즈의 경우는 썬Sun의 자바 사이트에서 쉽게 찾을 수 있다. http://java.sun.com/products/javacomm/index.html이다. 매킨토시와 그 밖의 플랫폼의 경우는 http://www.serialio.com/에서 해당 클래스를 구입할 수 있다. Mac OS 9용 프리웨어는 http://homepage.mac.com/pcbeard/javax.comm.MRJ/에서 구할 수 있을 것이다. Mac OS X과 리눅스 사용자들은 http://www.rxtx.com을 방문해 보자. 이 곳의 솔루션을 사용하더라도 부분적으로는 썬에서 다운로드해야 할 내용들도 있다. 다른 플랫폼 사용자들은 http://republika.pl/mho/java.comm/을 방문해 보자. 이들은 모두 썬의 통신 API에 따라 만들어지도록 되어 있으므로, 어떤 클래스를 사용하든 코드는 거의 비슷할 것이다.

설치가 가장 어려운 부분이므로, 어떤 클래스를 사용하든 같이 제공되는 설명 파일을 잘 읽어 보아야 할 것이다. PC에서는 세 개의 파일을 복사해 주어야 한다. 'comm.jar' 파일을 <JDK>/jre/lib/ext/에, 'javax.comm.properties' 파일을 <JDK>/jre/lib/에, 그리고 'win32com.dll' 파일을 <JDK>/jre/bin에 복사하자. OSX에서 RXTX를 사용하는 경우에는 'libSerial.jnilib'과 'RXTXcomm.jar' 파일을 /Library/Java/Extensions/에 복사해 주어야 한다. 자바에서 외부 클래스를 사용해 본 경험이 있다면 필요한 모든 파일들을 맞는 디렉토리에 복사해 넣는 것이 전체 작업의 적어도 절반은 된다는 것을 알고 있을 것이다. 특히 컴퓨터에 두 버전 이상의 자바가 설치되어 있는 경우에는 더 그렇다. 이러한 설치가 너무 귀찮다고 생각되면, 필요한 파일들을 설치되어 있는 자바의 폴더마다 그냥 전부 복사해 넣는 것도 한 방법이겠다.

컴퓨터에서 현재 사용 가능한 포트들을 알아보기 위한 코드는 다음과 같다.

```
Enumeration portList = CommPortIdentifier.getPortIdentifiers();
while (portList.hasMoreElements()) {
    CommPortIdentifier portId = (CommPortIdentifier)
```

```
    portList.nextElement();
    if (portId.getPortType() == CommPortIdentifier.PORT_SERIAL) {
        System.out.println(portId.getName() + " "
        +portId.getCurrentOwner());
    }
}
```

적절한 포트를 찾아서 시리얼 오브젝트를 만들기 위한 코드는 다음과 같다.

```
CommPortIdentifier portId=CommPortIdentifier.getPortIdentifier("COM1");
SerialPort mySerialPort = (SerialPort)
                          portId.open("myApplicationName",2000);
```

통신 설정을 위한 코드는 다음과 같다.

```
mySerialPort.setSerialPortParams(9600,
SerialPort.DATABITS_8,
SerialPort.STOPBITS_1,
SerialPort.PARITY_NONE);
```

시리얼 포트를 통해 데이터를 읽어들이고 내보내기 위해서는 자바의 다른 입출력에서와 마찬가지로 InputStream과 OutputStream을 사용한다. 자바로 인터넷 프로그래밍을 해 본 사람이라면 이미 이들을 사용하는 것에 익숙할 것이다. 이들을 만들기 위한 코드는 다음과 같다.

```
InputStream in = mySerialPort.getInputStream();
OutputStream out = mySerialPort.getOutputStream();
```

다른 환경에서와 마찬가지로, 데이터를 보내는 것은 간단하다.

```
out.write(x); //x는 바이트 크기의 변수
out.write("Hello".getBytes()); //"Hello"를 바이트들로 바꾸어 보낸다
```

자바로 바이트들을 읽어들이는 데에는 몇 가지 방법이 있다. 첫번째 방법은 단순히 다음과 같이 하는 것이다.

```
int input = in.read();
```

InputStream을 BufferedReader 같은 다른 스트림으로 다시 포장할 수도 있다. 이렇게 하면 데이터의 끝마다 줄 끝남end of line 문자로 구분문자를 찍어 둔 문자열을 보낼 때에

매우 편리하다. 문자열을 다시 정수로 바꾸기 위해서는 parseInt 메소드를 사용한다.

```
BufferedReader lineIn = new BufferedReader(new InputStreamReader(in));
String newLine = lineIn.readLine(); //13과 10을 기다린다
StringTokenizer st = new StringTokenizer(newLine, “”);
// 자바1.4에서는 StringTokenizer 대신 String.split을 이용할 수도 있다
if (st.hasMoreTokens()) int light = Integer.parseInt(st.nextToken());
if (st.hasMoreTokens()) int head = Integer.parseInt(st.nextToken());
if (st.hasMoreTokens()) int pressure =
   Integer.parseInt(st.nextToken());
```

이 함수들의 한 가지 문제점은, 이들이 정지기능을 가지고 있다는 점이다. 즉 우리의 자바 코드는 시리얼 포트에 무언가가 들어올 때까지 read()나 readLine() 함수에서 정지해 더 이상 진행하지 않는다. 이러한 현상에 대해서는 이미 마이크로컨트롤러에서 본 바 있고, 심지어 부르고 대답하기 기법을 사용할 때는 이 현상에 의존해서 코딩을 하기도 했었다. read() 명령을 별도의 쓰레드thread로 만들면 이러한 현상을 방지할 수 있다. 더 간단한 방법은 시리얼 버퍼에 도착해 있는 바이트가 있는지를 먼저 확인해 보는 것이다.

```
if (inputStream.available() > 0)  {
   int input = in.read();
}
```

이러한 방법을 사용하기 위해서는, 반복 루프를 사용하거나 시리얼 오브젝트를 계속 지켜보는 쓰레드를 이용해서 시리얼 포트에 무언가 도착한 것이 있는지를 계속해서 확인해 보아야 한다. 또는 콜백을 만들어서 SerialPort 오브젝트가 이러한 확인를 하게끔 할 수도 있다. 이를 위해서는 다음과 같이 이벤트 리스너를 만들면 된다.

```
mySerialPort.addEventListener(this);
```

이 방법이 작동하기 위해서는 추가로 두 가지 일이 더 필요하다. 우선, 클래스가 SerialPortEventListener 클래스를 구현implement해야 한다. 이를 위해서는 클래스 선언의 끝에 다음 문장을 추가해 주면 된다.

```
public class YourClass implements SerialPortEventListener  {
```

다음으로는 클래스가 SerialEvent() 메소드를 가지고 있어야 한다. 시리얼 포트에 무언가가 도착할 때마다 실행될 메소드이다.

```
public void serialEvent(SerialPortEvent event) {
    if (event.getEventType()== SerialPortEvent.DATA_AVAILABLE) {
        if (inputStream.available() > 3) {
            int input = in.read();
        }
        System.out.println ("stuff came in" );
    }
}
```

이상을 종합하여, 세 바이트를 읽어들이고 마우스의 수평좌표 하나를 내보내기 위한 클래스를 만들어 보면 다음과 같다.

```
import javax.comm.*;
//import gnu.io.*; //RXTX를 사용하는 경우에는 javax.comm 대신 이 문장을 사용할 것
import java.io.*;
import java.awt.*;
import java.util.*;

public class SerialExample extends Frame implements
SerialPortEventListener {
    static SerialExample myFrame;
    //프레임Frame으로 만들 때, 마우스의 위치를 추적하는 것이 가능해진다
    SerialPort mySerialPort =null;
    InputStream in;
    OutputStream out;
    byte x = 50;

    static public void main(String[] args) {
        //시리얼 포트의 이름을 확인할 수 있도록 목록을 출력해 본다
        Enumeration portList = CommPortIdentifier.getPortIdentifiers();
        while (portList.hasMoreElements()) {
            CommPortIdentifier portId =
            (CommPortIdentifier)portList.nextElement();
            if (portId.getPortType() == CommPortIdentifier.PORT_SERIAL) {
                System.out.println(portId.getName() + " "
                +portId.getCurrentOwner());
            }
        }

        //매킨토시에서는 아래에서 포트의 이름을 적절하게 바꾸어 준다
```

```
        myFrame= new SerialExample("COM1",9600);

        //아래는 모두 윈도우 관리를 위한 코드들이다
        myFrame.setVisible(true);
        myFrame.setLocation(new java.awt.Point(0, 0));
        myFrame.setSize(new java.awt.Dimension(255, 450));
        myFrame.setLayout(null);
        myFrame.setTitle("Serial");
        //윈도우를 닫을 때 windowClosing 메소드가 실행되도록 하기 위해 리스너를 만든다
        myFrame.addWindowListener(new java.awt.event.WindowAdapter()
        {public void windowClosing(java.awt.event.WindowEvent e)
        {myFrame.thisWindowClosing (e); }});
        //마우스가 움직일 때 mouseMoved 메소드가 실행되도록 하기 위해 리스너를 만든다
        myFrame.addMouseMotionListener(new
        java.awt.event.MouseMotionAdapter()
        {public void mouseMoved(java.awt.event.MouseEvent e)
        {myFrame.mouseMoved(e); }});
    }
    public SerialExample (String whichPort, int whichSpeed) {
        //사용하고자 하는 포트, 그리고 통신의 보레이트가 파라미터가 된다

        try {
            //포트를 찾는다
            CommPortIdentifier portId =
            CommPortIdentifier.getPortIdentifier(whichPort);
            //포트를 연다
                mySerialPort = (SerialPort)portId.open("SerialExample" +
whichPort, 2000);
            //포트를 설정한다
            try {
                mySerialPort.setSerialPortParams(whichSpeed,
                mySerialPort.DATABITS_8,
                mySerialPort.STOPBITS_1,
                mySerialPort.PARITY_NONE);
            } catch (UnsupportedCommOperationException e)
{System.out.println("Probably an unsupported Speed"); }
            //포트를 통해 읽고 쓰기 위한 스트림들을 만든다
            try {
                in = mySerialPort.getInputStream();
                out = mySerialPort.getOutputStream();
```

```
        } catch (IOException e) { System.out.println("couldn't get
streams");}
        try {
        mySerialPort.addEventListener(this);
        mySerialPort.notifyOnDataAvailable(true);
        } catch (TooManyListenersException e) { System.out.println
("couldn't add listener"); }
        try {
            //마이크로컨트롤러가 기다리고 있을 경우를 대비해 바이트를 하나 보낸다
            out.write("A".getBytes());
        } catch (IOException e)  {System.out.println("couldn't send
byte");}
      }
      catch (Exception e)  { System.out.println("Port in Use"); }

  }
  public void serialEvent(SerialPortEvent event)  {
      if (event.getEventType()== SerialPortEvent.DATA_AVAILABLE)  {
          try  {
              if (in.available() >= 3)  {
              //세 개의 센서값을 기다린다
                  int heat = in.read();
                  int light = in.read();
                  int pressure = in.read();
                  //이 숫자들을 가지고 필요한 일들을 한다
                  System.out.println(heat + " " + light + " " +
                  pressure);
                  out.write(x); //마우스의 위치를 보낸다
              } //데이터가 있는 경우를 위한 if문의 끝
          } catch (IOException e)  {}
      } //시리얼 포트 이벤트의 끝
  }

  void thisWindowClosing(java.awt.event.WindowEvent e)  {
      myFrame.setVisible(false); //윈도우 닫기 버튼이 클릭되면 윈도우를 닫아준다
      myFrame.dispose();
      System.exit(0);
  }
  public boolean mouseMoved(java.awt.event.MouseEvent evt) {
      x = (byte) evt.getX();
```

```
        // 마우스의 위치를 x라는 변수에 넣어준다
        return(true);
    }
}
```

이론상으로는 이 클래스들이 애플릿의 보안 샌드박스security sandbox 안에서 동작할 수 있지만, 다른 사람들이 사용하기 위해서는 사인sign을 해야 할 것이다. 사인된 애플릿에는 다음 문장들을 덧붙여 주어야 하는데, 이렇게 해야 하는 것은 썬의 코드에 버그가 있기 때문이다.

```
String drivername = "com.sun.comm.Win32Driver";
try {
    CommDriver driver =
    (CommDriver)Class.forName(drivername).newInstance();
    driver.initialize();
} catch (Exception e) {System.out.println (e.getMessage ()); }
```

java.policy 파일을 수정하면 사인을 하지 않고도 애플릿을 테스트해 볼 수 있다. PC에서는 자바를 설치할 때마다 이 파일이 설치되므로 여러 버전들이 설치되어 있을 것이다. OSX에서는 /Library/Java/Home/lib/security/에 이 파일이 있다. 만일 파일이 잠겨 있다면 변경하기 전에 먼저 풀어 주어야 할 것이다.

```
grant codeBase "http://localhost/*" { permission java.security.
AllPermission;
};
grant codeBase "file:///C:/YOURFOLDERS../-" {
permission java.security.AllPermission;
};
```

애플릿을 만들다 보면 잘못될 수 있는 여지가 곳곳에 있으므로, 애플릿을 만들기 전에 먼저 자바 어플리케이션으로 모든 것이 잘 동작하도록 해 둘 것을 권한다.

■ Max/MSP에서의 시리얼 통신

Max/MSP는 사이클링74Cycling'74에서 만든 시각적 프로그래밍 언어이다. 얼마 전까지만 해도 매킨토시에서만 사용할 수 있었는데 버전4.3부터는 윈도우즈 XP에서도 사용할 수 있게 되었다. 원래는 미디MIDI를 기반으로 한 복잡한 제어 시스템을 만드는 데 사용하기 위해 디자인된 제품이다. 최근에는 MSP가 더해지면서 실시간 사운드 합성 및 처리에도 훌륭하게 사용할 수 있게 되었다. 사운드와 미디 어플리케이션을 제어하기에는 좋지만 그래픽 툴이 디렉터MX나 프로세싱이나 플래시에 비해 사용하기가 다소 불편하여, 일반 사용자들을 위한 어플리케이션을 만드는 용도보다는 주로 예술가나 프로그래머들을 위한 프로그램으로 많이 사용된다. 그러한 단점은 있지만 Max/MSP는 퍼포먼스 예술에 활용하기에 아주 훌륭한 도구이며, 특히 최근에 실시간 비디오 처리 도구인 지터Jitter가 더해지면서 뛰어난 멀티미디어 저작도구로 자리잡아 가고 있다.

Max/MSP에서는 프로그램을 *패치*patch라고 부른다. 패치는 텍스트로 써서 만드는 것이 아니라 화면에 제시되는 툴킷*toolkit*에서 오브젝트들을 고르고 짜맞춰서 만들게 된다. 한 오브젝트의 출력이 다른 오브젝트의 입력으로 다시 연결되는데, 때로는 오브젝트와 연결선들이 서로 아주 정교하게 얽혀서 멋진 구조를 만들어 내기도 한다. 처음에는 까다롭게 느껴질 수도 있지만, 일반적인 코딩을 싫어하던 사람에게는 꼭 맞는 도구가 되어 줄지도 모른다. 더 자세한 내용은 http://www.cycling74.com에서 찾아볼 수 있다.

Max/MSP의 시리얼 통신은 serial 오브젝트를 통해 이루어진다. 오브젝트 안에 적어주어야 할 파라미터가 다섯 개 있다.

- ▶ 포트를 나타낼 문자. 두 개의 디폴트 포트는 a와 b로 나타낸다(PC에서는 COM1과 COM2, 매킨토시에서는 modem과 printer). 그 밖의 포트들은 순서대로 c부터 z까지의 문자로 나타낸다. 컴퓨터에 존재하는 포트들을 보기 위해서는 메시지 박스에 print라 적고 패치를 잠근 후에 메시지 박스를 클릭해 보면 된다. Max 창에 포트의 목록이 해당하는 문자들과 함께 나타날 것이다.
- ▶ 보레이트(디폴트는 4800)
- ▶ 데이터 비트(디폴트는 8)
- ▶ 정지 비트(디폴트는 1)
- ▶ 패리티(디폴트는 0)

serial 오브젝트는 하나의 입력을 가진다. 이 입력은 데이터를 보낼 때도 사용되고 데이터를 요청할 때도 사용된다. 보낼 수 있는 문자열에는 길이의 제한이 없으며 하나의 바이트 또는 바이트들의 어레이 형태로 보내진다. 오브젝트에 *뱅bang*(Max/MSP에서 '참true'에 해당하는 값)을 주면 포트로부터 하나의 바이트를 읽어들이게 된다.

serial 오브젝트는 두 개의 출력을 가진다. 왼쪽은 데이터 바이트를, 오른쪽은 통신 상태에 관한 메시지와 에러 메시지를 각각 출력한다.

그림 7-3은 시리얼 통신으로 데이터를 읽어들이기 위한 간단한 패치를 보여 준다. 일종의 간단한 메트로놈과도 같은 metro 오브젝트가 serial 오브젝트에 5ms마다 뱅을 보내어 새로운 데이터를 읽어들이도록 한다. serial 오브젝트의 왼쪽 입력에 연결된 숫자 오브젝트에 뱅을 보내거나 스크롤하면 숫자 오브젝트의 값이 시리얼 통신으로 내보내진다. serial 오브젝트 아래의 sprintf 오브젝트와 print 오브젝트는 들어오는 바이트들을 받아서 아스키코드로 바꾼 후 Max의 디버그 창에 나타내 준다. 어느 오브젝트이든 선택한 후 Help 메뉴에서 'Help'를 선택하면 그 오브젝트를 사용하는 방법을 알려주는 예제 패치가 나타나므로 이를 동작시켜 보면서 공부할 수 있다.

그림 7-4는 앞서 설명했던 마침표 찍기 기법에 따른 패치를 보여 준다. 이 예제는 바이트를 계속 읽다가 255값을 나타내는 바이트가 들어오면(select 오브젝트를 사용한다) 그 다음에 따라오는 세 개의 바이트들을 읽어들인다. 바이트들이 들어오면(zl 오브젝트는 세 개의 바이트를 읽어서 하나의 리스트 안에 넣어준다) 이들을 따로 따로 떼어서 하나씩 숫자 박스에 넣는다. 맨 위에 있는 metro 오브젝트는 30ms마다 메시지를 보내어 새로운 값을 읽어들이도록 한다.

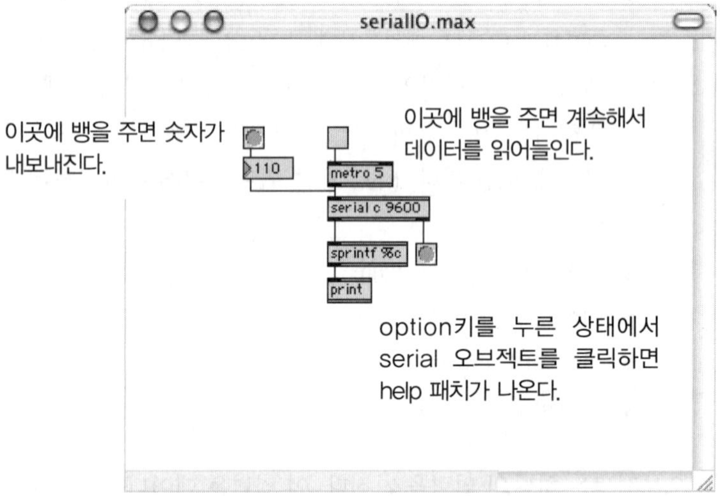

그림 7-3 간단한 Max 시리얼 통신 패치

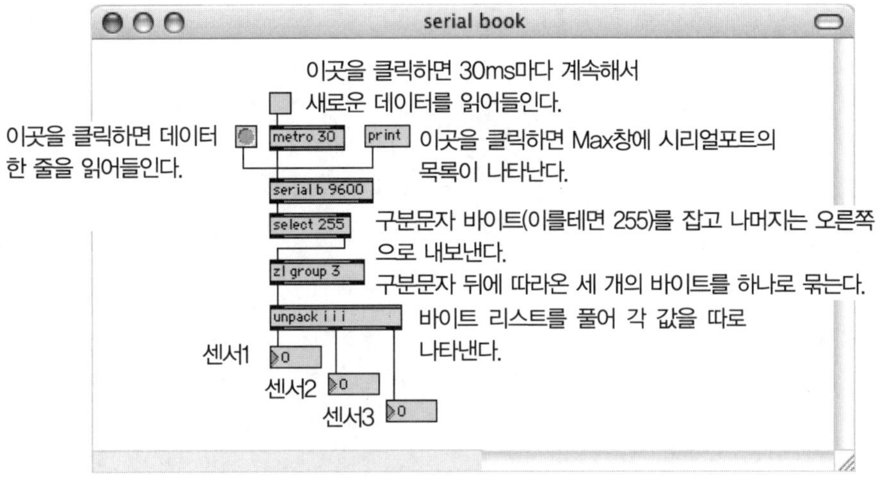

그림 7-4 마침표 찍기 기법을 위한 Max 패치

15. 결론

이 장에서 설명한 원리들은 컴퓨팅의 여러 분야에 적용될 수 있는 것들이다. 두 컴퓨터 간에 대화가 가능하기 위해서는 상호간에 약속을 정하는 것, 즉 프로토콜을 만드는 것이 가장 중요하다. 네트워크화된 현대 사회에서는 통신 프로토콜을 지켜 가며 상생相生할 수 있는 능력이 크고 작은 모든 일에 있어 매우 중요하다고 하겠다. 이는 사랑하는 사람들 사이에도 응용될 수 있는 원리일 것이다.

시리얼 통신은 이 책에서 소개하고자 하는 핵심적인 기술개념들 중에서 마지막에 해당한다. 책의 후반부에서는 발전된 주제들을 다루게 되는데, 이들은 모두 앞에서 소개했던 내용들이 조금씩 다양해지고 깊어지는 것에 다름아니다. 인터액션 디자인, 기본적인 전자공학, 기본적인 프로그래밍, 디지털 입력과 출력, 아날로그 입력과 출력, 그리고 시리얼 입력과 출력. 이 책을 쓰고 있는 우리들이 지금까지 만들어 온 모든 피지컬 컴퓨팅 프로젝트들 역시 이러한 것들의 조합으로 이루어져 있을 뿐이다.

지금쯤이면 여러분도 우리가 설명한 내용에 따라 몇 개의 프로젝트들을 만들어 보았을 것이며, 그 과정에서 이러한 내용들이 실제로 어떻게 구현되는지도 알게 되었을 것이다. 만일 아직 아무 것도 만들어 보지 않았다면, 무엇을 망설이고 있는가? 지금 당장 시작하자. 이 책을 공부하는 제일 좋은 방법은 '읽어' 보는 것이 아니라 '사용해' 보는 것이다.

2부 발전편

Advanced Methods

1부에서는 어떤 프로젝트를 하든 대개 알아야 하는 일반적인 내용들을 다루었다. 2부에서는 좀더 특정한 몇 가지 일들을 하는 데 필요한, 보다 발전된 기법들을 소개한다. 사실 2부에서 소개하는 기법의 대부분은 1부에서 이미 나왔던 내용들의 특수한 경우에 지나지 않는다. 앞에서 나왔던 회로와 코드들을 다시 반복하지는 않겠지만 자주 언급하기는 할 것이다.

예를 들면, 센서를 설명함에 있어 이 센서는 일반 디지털 입력을 위한 회로와 일반 디지털 입력을 위한 베이직 명령어들을 사용한다고만 설명하고, 그 회로도나 샘플코드를 다시 보이지는 않을 것이다. 만일 잘 모르는 내용이 나오면 앞부분으로 돌아가서(주로 6장이 될 것이다) 거기에 있는 예제들을 다시 한번 살펴보도록 하자.

스크램블드 에그도 만들 줄 모르면서 오믈렛에 도전할 수는 없다. 말하자면 1부에서 우리는 스크램블드 에그를 몇 접시 요리해 본 셈이다. 2부에서는 피지컬 컴퓨팅에 있어 오믈렛, 프리타타[1], 후에보스 란체로스[2], 심지어는 에그 플로렌틴[3]에 해당하는 것들을 만드는 법을 배우게 될 것이다.

역주 1) Frittata. 고기, 치즈, 야채 등이 들어 있는 이탈리아식 오믈렛.

역주 2) Huevos rancheros. 스크램블드 에그나 계란후라이에 또띠야, 칠리소스, 콩, 아보카도 등을 곁들인 멕시코 목장식 아침요리.

역주 3) 영국식 머핀 위에 반숙한 달걀과 시금치, 홀랜다이즈 소스를 얹은 아침요리.

Chapter 08

피지컬 인터액션 디자인, 또는 예의바른 대화의 기술

이제 우리는 전자회로와 프로그래밍에 관한 기본적인 지식을 갖추게 되었고, 이를 기반으로 우리의 구상을 실제로 동작하는 프로젝트로 구현해 보려 하고 있다. 이 시점에서 잠시 기술적인 내용을 떠나, 관람하는 이들에게 우리의 프로젝트가 얼마나 좋은 작품이 될 것인지를 생각해 보는 것이 좋겠다. 이 장의 전반부에서는 이러한 문제에 접근하는 방법을 생각해 보고 인터액션 디자인의 기본적인 가이드라인들을 제시하고자 한다. 후반부에서는 이러한 접근방법을 실제로 구현하는 기법들에 대해 다룰 것이다.

1. 대화 : 듣고 말하고 생각하기[1)]

잘 디자인된 피지컬 컴퓨팅 어플리케이션에서는 사람과 컴퓨터가 주고받는 일련의 행위들이 마치 좋은 대화처럼 편안한 흐름을 이루어야 한다. 인터액션 디자인이란 이러한 일이 이루어질 수 있도록 시스템을 디자인하려는 것에 다름아니다. 이러한 일이 가능하기 위해서는 우리가 디자인하는 시스템이 듣고 생각하고 말하는 것이 참여하는 이가 기대하고 행동하는 바와 호흡이 맞고 조화를 이루도록 해야 한다. 이러한 일이 잘 이루어질 때 사람과 컴퓨터의 인터액션은 매우 자연스럽게 흘러가서, 참여하는 사람은 일이 이루어지는 중간 과정을 의식하기보다는 전체적으로 얻어지는 경험에 대해서만 생각하게 될 것이다.

■ 듣기

우리가 서로 이야기를 할 때, 지금 누가 말할 차례인가 라는 것에 대해서는 크게 신경

---

1) 이 장의 내용은 크리스 크로포드Chris Crawford가 컴퓨터와의 상호작용에 대해서 The Art of Interactive Design : A Euphonious and Illuminating Guide to Building Successful Software(No Starch Press, 2002)에서 설명한 내용에 상당부분 기반하고 있다.

쓰지 않아도 보통 대화가 잘 이루어지게 마련이다. 사람은 (어느 정도의 범위 안에서는) 말하는 동시에 들을 수가 있어서, 듣는 이가 말하는 이를 중단시키고 싶을 때는 동작이나 표정으로 살짝만 신호해도 상대방은 말을 멈추고 들어 주어야 함을 안다.

또, 대화를 할 때는 듣는 이가 들은 내용을 생각하고 답할 내용을 준비하는 동안 대화가 중단되는 순간들이 있게 마련이다. 대화에서 정보를 제공할 때는 듣는 이에게 그 정보를 받아들일 수 있는 시간을 주어야 한다는 것을 우리들은 자연스럽게 체득하고 있다. 우리는 화제가 바뀌는 것을 인지하거나 하나의 생각을 듣고 이해하는 데 어느 정도의 시간이 걸리는지를 알고 있으며, 대화를 할 때 이러한 시간을 고려해 넣는다. 우리는 서로에게 이러한 시간들을 허용해 주며, 때로 상대방이 반응을 보여야 한다고 생각되는 시간을 넘기고 있으면 "무슨 말인지 알겠니?"라고 물어서 상대가 우리를 이해하고 있는지를 확인하기도 한다. 우리는 너무나 익숙해져 있기 때문에 미처 느끼지 못하고 있지만, 사실 말을 하면서 그와 동시에 상대방의 반응을 듣고 체크한다는 것은 상당한 숙달을 요하는 기술이다.

하지만 인터액션을 위해 컴퓨터를 프로그램하다 보면 인간의 일상적인 인터액션들이 사실은 그렇게 간단하게 이루어지는 것이 아니라는 것을 알게 된다. 컴퓨터는 사람이 고함을 지르거나 움직여도 제때 반응을 보일 줄을 모른다. 그러한 일이 일어날 때 잘 듣고 있지 않았다면 그만 놓쳐 버리는 것이다. 사실은, 고함이나 움직임에 대해 반응을 보여야 한다는 사실 자체도 사전에 프로그램을 통해 가르쳐 주지 않으면 안 된다. 이는 인터액션에 있어 중요한 정보가 된다. 왜냐하면 인터액션이란 감지하고, 해석하고, 반응을 보여야 하는 물리적인 행위와 현상들로 이루어져 있는 것이기 때문이다.

컴퓨터와 사람(또는 세상 안의 어느 것이든) 사이의 물리적인 인터액션을 계획한다면, 먼저 컴퓨터에게 듣는 법을 가르쳐야 한다. 컴퓨터가 반응을 보여야 하는 일들을 명료하게 규정하고, 이를 컴퓨터가 감지할 수 있는 형태로 재정의하고, 정의한 일들에 의미를 부여하고, 각각의 일들에 대한 적절한 반응을 지정해 주어야 한다. 앞서 어떤 일들이 먼저 일어났었는지에 따라 어떤 일의 의미가 달라진다면, 이에 대해서도 컴퓨터에게 지시를 해 주어야 한다.

센서를 사용해서 어떤 일을 감지하고자 할 때는 두 가지 중요한 사항을 염두에 두어야 한다. 얼마나 큰 신호가 감지되었는지와 얼마나 오랫동안 신호가 지속되었는지가 그것이다. 디지털 센서의 경우, 가능한 신호의 강도란 두 가지뿐이다. 신호가 감지되었든지 감지되지 않았든지 둘 중 하나인 것이다. 아날로그 센서일 경우에는 가장 강한 강도부터 가장 약한 강도까지 범위가 주어지게 된다. 센서는 다른 종류의 에너지를 전기적 신호로 바꾸어 주므로, 우리는 신호의 강도를 전압 형태로 측정하게 된다. 신호가 지속되는 시간은 경우에 맞게 초, 마이크로세컨드, 밀리세컨드 등의 단위로 측정하면 된다. 이제, 하나의 상황은 시간의 흐름에 따른 전압의 변화를 보여 주는 그래프로 도식화될 수 있다. 이를테면 하나의 아날로그 센서로부터는 **그림 8-1**과 같은 그래프가 얻어질 수 있다.

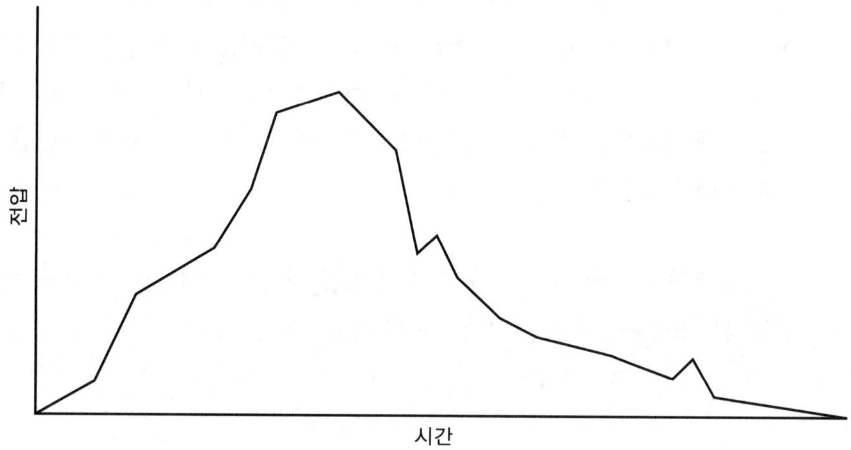

그림 8-1 시간의 흐름에 따른 아날로그 센서의 변화

디지털 센서의 경우는 **그림 8-2**와 같은 그래프로 나타날 것이다.

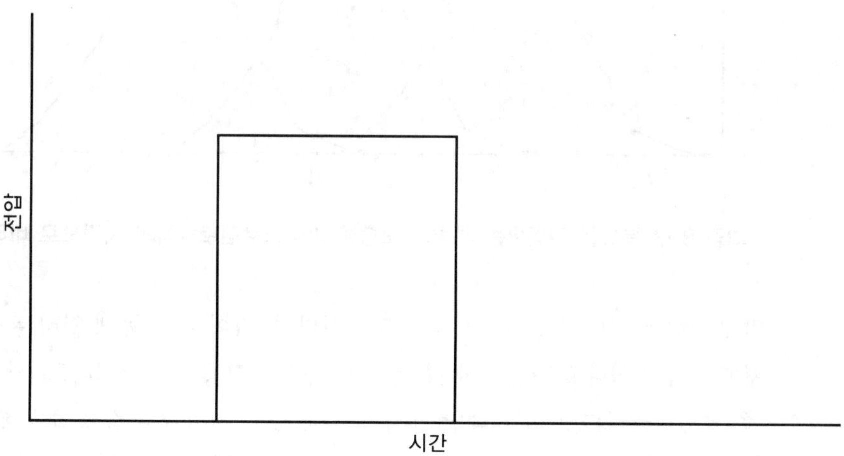

그림 8-2 시간의 흐름에 따른 디지털 센서의 변화

이 그림들을 잘 기억해 두도록 하자. 앞으로 역치threshold 설정하기, 상태 변화 감지하기, 최고값 감지하기 등 센서값을 읽어들이는 방법들에 대해 설명할 때에 도움이 될 것이다.

마이크로컨트롤러가 나타낼 반응들을 설계하기 위해서는, 앞으로 일어나리라고 생각되는 일들을 먼저 상세히 서술해 볼 필요가 있다. 마이크로컨트롤러가 감지하려는 일이 어떤 양상으로 전개될지를 예상해 보면, 센서들을 어떻게 사용해야 그 상황을 가장 잘 읽어들일 수 있을지를 파악할 수 있을 것이다. 감지하려고 하는 일들의 전개를 처음부터 끝까지 차근차근 생각해 보고, 이것이 어떠한 그래프로 나타날지를 대충 그려 보자. 머릿속으로 쉽게 그려볼 수 있을 정도로 간단할 경우도 있지만, 시스템이 조금만 복잡해져도 대부분 종이에 그려 보는 편이 낫다.

예를 들어 복도에 거리 감지 센서 몇 개를 설치해 두었다면, 복도를 걸어오는 사람의 움직임은 **그림 8-3**과 같은 그래프로 나타날 것이다.

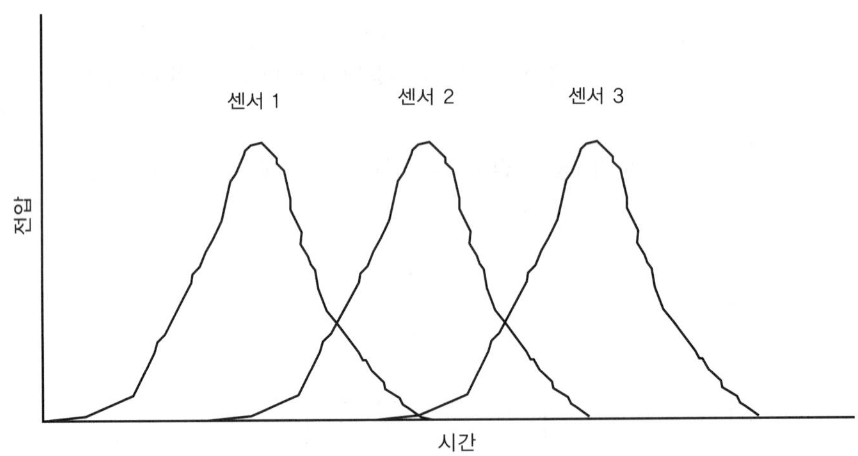

그림 8-3 복도를 걸어오는 사람의 모습을 마이크로컨트롤러의 시각으로 바라본 그래프

만일 사람이 어디에 있는지만을 알고자 한다면, 값이 가장 높게 읽히는 센서를 찾아 그 근처에 사람이 있다고 판단하면 될 것이다. 하지만 그렇다고 하더라도, 사람은 센서의 어느 쪽에 있는 것일까? 이는 해당 센서 양쪽에 있는 센서들의 값을 조사해 보면 좀더 잘 알 수 있게 될 것이다. 사람에서 가까운 센서는 사람에서 멀리 있는 센서보다 그 값이 더 클 것이기 때문이다. 사람이 어느 방향으로 움직이고 있는지를 알고 싶다면 어느 센서가 사람을 감지했으며 어느 센서가 사람을 감지하지 않았는지를 계속해서 체크해 보아야 할 것이다. 사람이 얼마나 빠른 속도로 움직이고 있는지를 알고 싶다면 하나의 센서에 최고값이 들어온 순간부터 다음 센서에 최고값이 들어올 때까지의 시간을 측정해 보아야 할 것이다. 매우 여러 가지 일들이 복잡하게 전개될 수 있으므로, 센서 값의 전체 상황을 미리 머릿속으로 그려 보면 실제로 읽혀서 들어오는 값을 해석할 때 크게 도움이 된다.

■ 말하기

누군가가 하는 말을 들을 때, 그 대화가 어떤 방식으로 흘러갈 것인지에 대해 우리가 갖는 생각은, 말을 하는 상대방이 사람인지 사람이 아닌 다른 무엇인지에는 별 상관이 없이 비슷하게 마련이다. 이를테면 우리는 애완동물들이 우리가 하는 행동에 대해 사람과 거의 비슷한 시간 안에(때로는 더 짧은 시간 안에) 반응을 보이리라는 것을 안다. 우리는 기계에 대해서도 이와 동일한 기대를 갖는다[2]. 우리는 우리가 버튼을 누르거나 스위치를 켜거나 손을 흔들거나 소리를 지르거나 그 밖에 어떤 행동을 하든 그에 대해 기계가 여느 대화에서처럼 신속하게 반응해 줄 것을 기대한다.

소리에 반응하여 켜지고 꺼지는 전등(이를테면 손뼉을 쳐서 전등을 켜고 끌 수 있는)의 예를 생각해 보자. 만일 전등의 반응이 너무 빨라서 두 손을 마주치기가 무섭게 불이 켜진다면 우리는 놀라게 될 것이다. 반면에 반응이 너무 느려서 우리가 손뼉치는 행위가 끝났다고 인식할 때까지도 불이 켜지지 않으면, 우리는 대화에서 그랬던 것과 마찬가지로 다시 손뼉을 쳐서 기계에게 한 번 더 묻고자 하게 될 것이다. 화장실에서 물을 내리고 또 내렸던 경험이나 전등 스위치를 신경질적으로 켰다 껐다 했던 경험, 또 리모트 컨트롤의 전원 버튼을 연거푸 눌러대던 일들을 생각해 보면 무슨 말인지 알 수 있을 것이다.

인터액티브한 기계를 디자인할 때에는 사람들의 이러한 기대가 고려되어야 하는데, 이를 위해서는 사람들의 기대에 맞게끔 반응을 해 주거나, 아니면 사람들로 하여금 기계가 만족시켜 줄 수 있는 만큼만을 기대하도록 유도해야 한다. 우리가 디자인하는 기계는 사람들이 기대하는 방식으로 반응하든지, 아니면 적어도 사람들이 납득하고 익숙해질 수 있는 방식으로 반응해 주어야 한다. 사람들은 어떤 기계가 반응하는 데 걸리는 시간을 일단 알게 되면 다음부터는 그 점을 고려에 넣고 행동해 준다. 차고의 문이 버튼을 누르고 잠시 있다가 열리기 시작한다는 것을 알게 되면 연거푸 버튼을 눌러대어 혼란에 빠지는

2) 〈미디어 방정식〉(커뮤니케이션북스, 2001)에서 바이런 리브스와 클리퍼드 네스는 사람들이 무의식적으로 컴퓨터를 사람처럼 대한다는 아주 재미있는 연구결과들을 보여준다.

일은 없어진다. 형광등이 열을 받아서 켜지는 데에 몇 초의 시간이 필요하다는 것을 알게 되면 그만큼 기다려 주게 된다. 우리는 특히 컴퓨터에 대해 매우 관대하다. 이는 우리가, 컴퓨터는 지금 계산을 하고 있는데, 계산이란 원래 시간이 걸리는 일이니까, 하고 생각하기 때문이다. 사실 컴퓨터 안에서 실제로 일어나고 있는 일들은 이와는 많이 다르다.

사람과는 달리, 컴퓨터는 한 번에 한 가지 일만을 할 수 있다. 하지만 컴퓨터는 사람보다 훨씬 빠른 속도로 일을 할 수 있어서, 컴퓨터와 인터액션하고 있는 사람이 말을 끝내기가 무섭게 이미 자기가 해야 할 일들을 다 마쳐버리는 경우가 흔하다. 이를테면 센서의 값을 읽어들이고, 그 값을 해석하고, 그 판단에 따라 화면상의 이미지를 움직이거나 모터의 각도를 조정하고, 다시 센서값을 읽을 준비를 하는 모든 일들을 말이다.

사실 컴퓨터는 너무나도 빠르기 때문에, 멀티미디어 디자이너들은 지나치게 복잡한 일들을 마구 시켜서 컴퓨터가 실제 실력보다 느림보인 것처럼 느껴지게 만드는 경향이 있다. 윈도우를 드래그할 때 컴퓨터가 잘 따라오지 못하는 것을 경험한 적이 있다면, 그것이 바로 이런 경우이다. 컴퓨터가 센서(마우스의 위치를 나타내는)의 값을 읽을 때마다 해야 할 일이 수백만 가지는 될 것이다. 윈도우의 새로운 위치를 찾고, 그 자리에 원래 어떤 이미지가 보여지고 있었는지를 조사하고, 윈도우 아래에 있는 이미지에 그림자를 드리우는 등의 재미난 효과들도 만들어 주어야 하며, 커서를 새로 그리고, 윈도우의 내용도 새로 그리고, 윈도우가 전에 있던 자리에 새로 나타나야 할 이미지도 그리고, 게다가 귀여운 드래그 효과음까지 내어 주어야 한다. 인터액션 디자이너가 해야 할 일 중의 하나는, 참여자가 지금쯤 반응이 나오겠거니 하고 생각할 시점까지 컴퓨터가 얼마만큼의 일을 할 수 있을지를 파악하여, 적절한 때에 반응이 주어질 수 있도록 하는 것이다.

기대와 오해

인터액션에 있어 적절한 타이밍보다는 기대하는 바를 정확히 알리는 것이 문제가 되는 경우도 있다[3]. 다시 대화의 비유로 돌아가서, 어떤 생각을 설명하기 위해 길고 복잡한 설명을 하느라 당신 혼자서 몇 분 동안 이야기하고 상대방은 가만히 듣고 있어야 하는 경우를 생각해 보자. 이럴 때에는 상대방이 지금 얼마나 흥미를 느끼고 있는지를 파악하기 위해 계속 주의를 기울여야 한다. 이야기를 마치고 나서, 의견을 듣고 싶다는 신호를 보내주어야 할지도 모른다. 말없이 궁금하다는 시선을 보내는 정도이면 될 것이다. 중간에 상

3) 도날드 노먼은 〈디자인과 인간심리〉(학지사, 1996)에서 시스템에 대한 사람들의 인지모델mental model이 사람들이 시스템과 인터액션하는 방식에 미치는 영향에 대해 설명했다. 같은 주제를 다루고 있지만 그의 설명이 좀더 논의의 수준이 깊다.

대방이 끼어들고 싶어 하면 그에 대답해 주어야 할 테니, 말하는 도중에도 상대방에게 주의를 기울여야 할 것이다. 만일 방해받지 않고 말을 끝마치고 싶다면 손가락을 들어올려서, 질문이 있다는 것은 알겠는데 일단 말을 마친 다음에 기회를 주겠다고 알려 줄 수도 있을 것이다.

이처럼 사용자로부터 입력받았다는 것을 알려줌으로써 불필요한 오해를 피할 수 있도록, 어느 시스템에든 피드백feedback을 위한 간단한 신호들을 두는 것이 좋다. 예를 들어 버튼을 누르면 LED를 켜고 버튼에서 손을 떼면 꺼 주는 것은 기술적으로 부담 없는 아주 미미한 처리에 불과하지만, 사용자에게는 컴퓨터가 자신의 입력을 '들었'다는 것을 알려주는 중요한 신호가 된다. 버튼은 사실 LED를 켜고 끄기 위한 것이 아니라 많은 다른 일들을 시작하게 하기도 하고 멈추게 하기도 하는 것이지만, LED에 불을 켜줄 때 비로소 사용자는 이러한 일들이 진행되고 있다는 것을 알 수 있게 된다. 즉시 회답을 받았을 때, 사용자는 다른 작업들이 끝날 때까지 기다려 주어야겠다는 마음의 준비를 할 수 있다. 기다림이 지나칠 정도로 길지만 않다면 말이다. 아무런 신호도 주어지지 않는다면 사용자는 버튼을 한 번 더 누르게 될 것이며, 이제 일은 어떻게 꼬여갈지 알 수 없게 되어 버린다.

일반적으로, 사람들이 피지컬 컴퓨팅 어플리케이션에 대해 느끼는 참여도는 멀티미디어 컴퓨터 어플리케이션에 대해 느끼는 참여도보다 크다고 할 수 있다. 결과적으로, 반응이 늦어지는 데 대한 사람들의 인내심은 피지컬 컴퓨팅에서 그만큼 더 떨어지게 된다. 사람들은 컴퓨터에 대해서는 관대하지만, 컴퓨터가 겉으로 드러나 보이지 않는 기계에 대해서는 그렇지 못한 것이다. 따라서 시스템의 반응시간을 가능한 한 빠르게 하는 것이 매우 중요해진다. 적어도 사람이 사람에게 반응하는 시간과 같거나 그보다 더 빨라야 한다.

거꾸로, 사용자가 입력할 차례임을 신호해 알려주어야 할 경우도 생긴다. 예를 들어 사용자가 발걸음을 옮기는 것에 맞추어 일련의 복잡한 사운드와 비디오가 재생되도록 하였다면, 사용자가 너무 오래 한 곳에 멈추어 서 있는 경우에는 계속 걸음을 옮기도록 시각적인 힌트를 보내줄 수 있겠다. 출력되는 내용이 어디서 끝나는지가 애매하거나 딱히 끝을 갖지 않는 경우에는 특히 더 그렇다.

참여하는 사람이 작품에서 체험하게 되는 것을 이야기 형식으로 정리해 보면 큰 도움이 될 수 있다. 참여하는 사람이 무엇을 보고, 무엇을 듣고, 무엇을 느끼고, 무엇을 만지고, 무엇을 말하고, 무엇을 밟고 올라서게 되는지 등을 순서대로 기술하거나, 또는 여러 갈래의 경험들을 보여 주는 다이어그램으로 나타내 보면, 참여자가 언제 어디에 주의를 기울이도록 해야 하는지를 파악할 수 있을 것이다. 일단 파악이 되고 나면, 참여하는 사람이 필요한 곳에 주의를 돌리도록 하는 방법과 계속해서 주의를 집중하도록 하는 방법들을 마련해 갈 수 있을 것이다. 예를 들어 만일 어떤 경험에서 참여자가 특정한 멜로디와 리듬을 듣고 그에 답해야 한다면, 사용자의 입력에 대해 청각적 피드백을 주는 것은 상충되는 효과만 낳을 것이다. 너무 눈에 띄지 않으면서도 신속한 시각적 피드백이 참여자를 더 잘 이끌어 줄 수 있을 것이다.

이러한 피드백들이 중요한 이유는, 사용자가 그것에 기반하여 시스템에 대한 인지모델을 형성하기 때문이다. 시스템이 반응하지 않으면 사용자는 고장이 났다고 생각하게 될지도 모른다. 우리가 실제로 디자인했던 시스템 하나를 예로 들겠다. 버튼과 모니터들을 나란히 두고, 한 버튼을 누르면 그 버튼 위에 있는 모니터에서 비디오 클립이 플레이되도록 했다. 그런데 비디오 클립이 플레이되고 있는 도중에 버튼을 누르면 클립의 내용이 다른 것으로 바뀌게 되므로, 사용자들이 이렇게 행동하지는 않았으면 좋겠다.

우리는 버튼을 연거푸 누르는 것을 방지하기 위해 버튼 안에 전구를 넣고, 비디오 클립이 플레이되는 동안에는 불빛이 어둡게 켜져 있도록 했다. 플레이가 끝나면 불빛은 다시 밝게 켜지게 된다. 이러한 방식을 통해, 시스템은 현재 제대로 동작하고 있지만 클립이 플레이되고 있으므로 버튼을 눌러서는 안 된다는 것을 알려 줄 수 있었다. 비디오가 플레이되는 동안 버튼을 누르면 버튼의 불빛은 매우 밝게 켜졌다가 다시 어두워지도록 했고, 비디오 클립의 내용은 끊기지 않고 계속 진행되도록 했다. 아마 어떠한 피드백을 고안하더라도, 비디오 클립의 내용을 바꿀 수 없어 불쾌해하는 몇 명의 사용자들까지 완전히 구제해 줄 수는 없을 것 같다. 디자이너는 비디오가 끊기는 것과 사용자의 행동을 제한하는 것 중에서 어느 쪽을 포기할지를 결정해야 한다.

■ 모드mode 사용은 절제하자

소프트웨어 인터액션 디자이너들은 행복한 사람들이다. 디자인에 동원할 수 있는 자원이 무한히 풍부하기 때문이다. 소프트웨어에서는 언제든 또 다른 메뉴나 팝업 리스트를 추가할 수 있고, 한 화면에서 소화하기에 할 일이 너무 많다고 생각되면 다른 화면을 열 수도 있다. 이 가상의virtual 땅덩어리는 무한히 확장될 수 있는 것이다. 피지컬 인터페이스에서는 이러한 자유가 없다. 장비의 크기는 얼마만하고, 방의 너비는 몇 걸음이고, 카메라가 담을 수 있는 각도는 어디에서 어디까지라고 한 번 정해지면 그뿐이지 변화될 수 없으며, 마이크로컨트롤러가 읽어들일 수 있는 스위치의 갯수에도 한도가 있는 것이다(이 문제는 14장 '아주 많이 입력받기, 그리고 아주 많이 출력하기'에 이르러서야 해결된다).

즉, 우리들이 하려는 일은 소프트웨어 제어 시스템에 피지컬 인터페이스를 연결하는 것인데, 프로그램의 메모리가 허용하는 한 새로운 기능들은 얼마든지 만들어 넣을 수 있지만, 여기에 연결할 하드웨어 센서의 수효는 한정될 수밖에 없는 것이다. 하나의 센서가 여러 기능을 담당하도록 하면 되지 않을까라는 생각을 할 수도 있겠다. 하지만 이는 위험천만한 방법으로, 자칫 발을 헛디디면 바닥에 곤두박질치게 된다.

이를테면 거리 센서를 사용하는 악기를 만들고 있다고 생각해 보자. 평소에는 센서가 음의 높낮이를 조절한다. 하지만 사용자가 녹색 버튼을 부르면 기능이 바뀌어서 음의 크기를 조절하게 된다고 하자. 그러면 음의 크기과 높낮이를 동시에 조절하고 싶을 때는 어떻게 하나? 빨간 버튼을 누르면 음악의 조(調, key)가 바뀐다고 하자. 조에는 여러 가지가 있으니 원하는 조로 가기 위해서는 버튼을 여러 번 눌러야 할 것이다. 그러면, 지금 버튼을 누를 때 다음에 어떤 조가 나올지는 어떻게 알 수 있는가? 이전에 어떤 조에 있었는지는? 설령 조의 순서를 다 외운다고 할지라도, 어쩌다 실수로 버튼을 한 번 더 눌러서 원하는 조를 지나치게 되면 어떻게 하나? 뒤로 돌아가는 방법은 없는가?

시스템이 어떤 모드mode에 있는가에 따라 컨트롤이 다르게 행동하도록 하는 이러한 디자인은, 피지컬 인터페이스의 고유한 명료성에 반反하는 것이다. 이러한 시스템을 사용하려면 사용자는 컨트롤 자체를 보고서는 알 수 없는 여러 겹layer의 구성들을 기억해야만 한다. 이 문제를 해결하는 한 가지 방법은, 모드에 따라 전체 환경의 모습이 달라지도록 하는 것이다. 이를테면 센서가 소리의 높낮이를 조절할 때는 악기의 색이 파란색이고, 소리의 크기를 조절할 때는 악기의 색이 초록색이 되도록 하는 것이다. 하지만 이렇게 하더라도 사용자가 각 모드의 색을 기억해야 한다는 문제는 남는다. 다른 방법은, 사용자가 모드변환 컨트롤을 조작하고 있는 동안에만 어떤 모드가 지속되도록 하는 것이다. 피아노의 음을 계속 지속시켜 주는 서스테인 페달이 좋은 예이다. 페달을 밟고 있는 동안에만 서스테인 모드가 지속되기 때문에, 페달을 밟고 있으면서도 지금 서스테인 모드에 있다는 것을 잊어버릴 수는 없는 것이다.

기억하지 않고도 어떤 모드인지를 쉽게 알 수 있도록 해 주는 방안이 마련되지 않는 한, 일반적으로 모드의 사용은 혼란을 주기가 쉽다. 가능하면 모드의 사용을 피하고 하나의 컨트롤이 언제나 일관되게 하나의 반응을 나타내도록 하는 것이 바람직하다.

2. 복잡한 반응들

음악을 연주하는 인스톨레이션이나 시간의 흐름에 따라 서서히 변해 가는 조각작품 같은 것을 구상하고 있다면, 우리가 제안하는 인터액션의 방법들이 단순하고 무미건조하고 딱딱하게 느껴질지도 모르겠다. 하지만, 사실은 우리가 설명하는 바와 같은 계획을 가장 필요로 하는 것이 바로 이런 작품들이다. 사람은 패턴pattern을 좋아한다. 우리는 구름, 녹차 이파리, 금이 간 보도블록 등 무엇을 보든 거기에서 어떤 패턴을 찾고자 한다. 인터액티브한 시스템의 경우, 우리는 입력과 출력의 상관관계에서 어떤 패턴을 발견해내고자 한다. 상관관계가 추상적이고 미묘해질수록 패턴을 찾아내기는 점점 더 어려워질 것이다. 때로는 그 상관관계라는 것이 지나치게 복잡한 경우도 있고, 디자인을 한 장본인이나 그와 유사한 훈련과 경험을 가진 사람들만이 알 수 있는 관습에 기반하고 있는 경우도 있다.

일단 패턴을 찾으려는 노력을 포기하고 나면, 시스템이 제공하는 일들이란 그저 무작위적으로 일어나는 일이나 마찬가지가 되어 버리기 때문에, 참여자는 따분하게 느낄 수도 있다. 심지어는, 아무리 찾아보아도 무엇을 발견할 수 없는 곳에 데려다 놓고 패턴을 찾아보라고 초대한 당신에게 분노를 느끼게 될지도 모른다. 퍼포먼스 예술에 있어서도 마찬가지다. 노트북 컴퓨터를 사용한 음악 콘서트가 전형적인 예이다. 몇 명의 연주자들이 무대에 올라 노트북을 만지작거리고, 청중은 그들이 연주하는 음악을 듣는다. 연주자들이 행하는 동작과 연주되는 음악 사이에 어떠한 패턴을 찾을 수 없다면 사람들은 음악을 그다지 즐기지 못하게 될지도 모른다. 음악 공연이란 연주자의 제스처와 만들어지는 소리 사이의 연결이 잘 드러날 때에 만족스러워지는 법이다.

인터액티브한 시스템을 설계할 때에는 패턴을 찾으려 하는 사람들의 본성을 언제나 염두에 두어야 한다. 아무리 추상적인 시스템이라고 할지라도 마찬가지다. 말하자면 참여자가 입력과 출력 사이의 상관관계에 대해 감을 잡을 수 있도록 해주어야 한다. 만일 좀 더 복잡한 프로젝트라는 인상을 주고 싶다면, 여러 개의 입력을 사용하는 방법을 고려해 보자. 입력 하나하나는 쉽게 예측할 수 있는 결과를 가져오지만 그들이 서로 결합될 때에 시스템 전체는 복잡해지도록 디자인하자. 연못에 돌멩이를 던졌을 때 물결이 생기는 것을 생각해 보자. 돌멩이 하나하나가 만드는 물결은 간단하고 쉽게 예측 가능하다. 그러나 여러 개의 돌을 던졌을 때 만들어지는 물결이란 다채롭고, 층층이 겹쳐 있으며, 예측하기 어려운 무엇이 된다.

분명한 반응을 보여 주는 것도 중요하지만, 분명한 인터페이스를 만들어 주는 것 또한 중요하다. 센서들을 안 보이게 숨기거나 다른 오브젝트로 감추어서, 참여하는 사람이 어떤 동작을 하였기에 지금 이러한 반응이 나타나는 것인지를 알지 못하게 한다고 하자. 이렇게 하면 참여자는 자신이 어떠한 방식으로 시스템의 일부로 참여하고 있는지를 알 방법이 없다. 이렇게 할 바에야, 센서를 둘 필요 없이 그저 미리 만들어 둔 내용들을 틀어 주기만 해도 마찬가지일 것이다. 그렇다고 해서, 위치를 체크할 때는 언제나 빨간 발자국을 커다랗게 그려 놓고 "밟아 주세요."라고 써 놓아야 한다는 뜻은 아니다. 발걸음을 옮겨 놓을 때 시스템이 반응을 보이고, 걷지 않고 서 있을 때는 침묵하도록 하면, 참여하는 이는 걸음걸이와 시스템의 반응 사이에 어떤 관계가 있다는 것을 알 수 있을 것이다. 천 걸음을 걸으면 반응을 나타내는 시스템을 디자인한다고 할 경우, "중요한 건 발걸음이야."라는 점을 참여하는 사람이 일찍이 알 수 있도록 해 주지 않는다면 그는 결코 계속 발걸음을 떼어 놓으려고 하지 않을 것이다. 일반적으로 말해, 간단한 행동에 대한 간단한 반응이라는 것이 언제나 가장 좋은 원칙인 것 같다. 그리고 그러한 간단한 반응들이 얽혀서 복잡미묘한 패턴을 이루도록 하는 것이 좋겠다.

■ 랜덤random한 숫자

지금까지 우리는 무작위적인 결과를 낳는 것처럼 느껴지는 인터액션을 지양하도록 경고해 왔다. 하지만 다른 한편으로는 예측할 수 없는 요소와 무작위적인 변화라는 것은 우리들 삶의 어디에나 있는 것이기도 하다. 로봇 고양이의 코에 붙은 수염이 흔들거리는 모습과 천정에 붙여 놓은 색종이 별들이 반짝거리는 모습에서 만일 랜덤한 변화가 빠져 있다면 우리들이 보기에 어딘가 이상하게 느껴질 것이다. 게임이나 시뮬레이션에서 우리가 원하는 것은 바로 예측할 수 없는 반응들이 주는 당황스러움일 경우가 많다. 주사위를 던지는 것, 룰렛을 돌리는 것, 카드를 섞는 것, 전화번호부를 아무 페이지나 펼치는 것은 모두 물리적인 세계가 갖는 예측 불가능함에 기대어서 놀라움과 흥분을 얻기 위한 행동들에 다름 아니다.

실제의 삶은 이렇듯 랜덤함으로 가득 차 있지만, 컴퓨터에게 있어 랜덤한 일을 만들어 내는 것은 몹시 힘든 일이 된다. 랜덤한 숫자들의 참맛과 효용성은 그들이 랜덤하다는 사실 그 자체에 있는 것이 아니라, 그들이 첫 눈에 보아서는 알기 어려운 복잡다단한 패턴들로부터 자아내진다는 점에 있다. 물리적인 실체와 유리된, 수학적인 알고리듬에서 얻어진 랜덤 숫자들은 그다지 감흥을 주지 못할 때가 많다. 랜덤한 숫자들을 알고리듬으로부터 찍어 내기보다는 일상생활에서 흔히 보는 주변의 흐트러진 패턴들에서 찾아볼 것을 권하고 싶다.

랜덤한 숫자가 필요하다고 생각될 때마다, 지금 만들고 있는 피지컬 시스템에 내재하는 혼돈으로부터 그 숫자를 얻어낼 수 있는 방법은 없을지를 생각해 보도록 하자. 멀티미디어 컴퓨터의 경우, 자주 사용되는 방법은 사용자가 마지막으로 키보드를 누른 이후 경과한 시간을 천분의 1초 단위로 나타내는 것이다. 이러한 방법이 가능한 것은 컴퓨터와는 달리 사람은 예측이 불가능한 존재이며 키보드를 두드리는 간격도 마음 내키는 대로이기 때문이다. 마이크로컨트롤러의 경우에는, 세상에 존재하는 불규칙적인 신호들을 읽어들일 수 있는 더욱 다양한 방법들이 존재한다. 간단한 예를 들자면 사람이나 라디오 전파 등에 의해 발생하는 정전기를 이용하는 방법이 있겠다.

다음과 같이 해 보자. 마이크로프로세서의 아날로그 입력에 일반 전선을 한 가닥 꽂는다. 전선은 30cm 이상이 되도록 한다. 피복은 벗겨 낸다. 원한다면 코일 형태로 말아도 좋다. 다른 한쪽 끝에는 아무 것도 연결하지 않는다. 이제 칩이 해당 아날로그 입력을 읽어들이도록 프로그램하고, 프로그램이 실행되고 있는 동안 전선을 건드려 보자. 읽히는 값들은 랜덤처럼 보일 것이다. 전선을 건드리면 값이 달라지겠지만 여전히 랜덤한 패턴이 읽힐 것이다. 이렇게 되는 이유는, 이와 같이 구성하면 텔레비젼이나 휴대폰 등 현재 방 안에서 전기적 신호를 내고 있는 온갖 것들로 인해 발생되는 마이크로볼트 단위의 전압변화를 측정하고 있는 셈이 되기 때문이다. 길다란 전선은 칩에 대해 안테나와 같은 작용을 한다. 이렇게 읽어들인 값은 랜덤 숫자로 사용할 수 있다. 압력이나 기울기가 변화하는 환경에서라면, 압력 센서와 기울기 센서를 가지고도 마찬가지 일을 할 수 있다.

이는 물질적인 세계에 존재하는 복잡한 현상을 디자인 요소로 활용하는 사례의 하나이다. 즉, 예측할 수 없는 요소를 끌어들이는 것도 가능한 일이고, 그것을 다스려 가며 사용하는 것도 또한 가능한 일인 것이다. 진정한 의미에서 완전히 랜덤한 시스템은 사용하는 사람을 혼란에 빠뜨리는 데 그칠 때가 많은 반면, 복잡하면서도 질서가 있는 시스템은 사람에게 흥미를 더해 준다. 이러한 시스템은 사용하는 사람이 시스템의 동작 원리에 대한 모델을 형성할 수 있도록 생각의 틀을 제공해 준다. 결과적으로 사용자가 시스템을 제대로 이해하고 만족스럽게 사용할 수 있게 될 가능성이 커지게 된다.

프로그래머는 물질적인 세계의 가능성과 제한점들을 작업에 끌어들임으로써 정말로 많은 것을 얻을 수 있다. 피지컬 컴퓨팅이 아닌 작업에서, 사용자는 언제나 추상화된 것들과만 인터액션하게 된다. 프로그래머는 버튼, 핸들, 움직임, 방향에 이르기까지 모든 것을 흉내simulate내어 만들어 내야 한다. 반면에 피지컬 컴퓨팅에서는 인터페이스를 만들 때에 사용자가 물리적 세계에 대해 이미 이해하고 있는 모든 것들을 얻고 들어가게 된다.

버튼이나 스프링, 문 등 온갖 물질적인 것들이 어떻게 동작하는지를 사용자가 이미 잘 알고 있다는 사실을 활용할 수 있는 것이다.

■ 생각하기

컴퓨터는 비록 한 번에 한 가지 일밖에는 하지 못하지만, 한 줄의 코드를 수행하는 데에는 불과 백만 분의 몇 초라는 시간밖에 걸리지 않는다. 잠깐 동안 입력을 받은 후 다시 잠깐 동안 출력을 하는 방식으로 프로그래밍하면 컴퓨터의 이러한 장점을 살릴 수 있다. 만일 이러한 일들을 모두 하는 데 걸리는 시간이 사람의 반응시간보다 짧다면, 우리는 사용자로 하여금 컴퓨터가 한 번에 여러 가지 일을 하는 것처럼, 즉 듣고 말하기를 동시에 하는 것처럼 느껴지게 할 수 있다.

파편적인 시간들 속에서 순간적으로 감지하고 반응하는 방법을 통해 컴퓨터가 사람의 행동을 파악하고 그에 맞는 반응을 보이기 위해서는 아주 많은 작업이 필요하다. 컴퓨터가 사람의 행동을 파악하기 위해서는 순간순간 센서를 읽은 값들을 가지고 사람의 행위를 재구성해 낼 수 있어야 한다. 예를 들어 고함을 질렀을 때 노래가 연주되도록 할 수 있으려면, 먼저 조용한 상황이 감지되었어야 하고, 다음으로는 어느 정도로 큰 소리가 나야 고함을 지른 것인지를 구별할 수 있어야 한다. 고함을 두 번 질렀을 때 음악이 연주되도록 할 수 있으려면, 먼저 두 번의 고함소리와 그 사이에 한 번의 정적이 들렸어야 하고, 다음으로는 두 번이라는 숫자를 셀 수 있어야 한다.

마찬가지로, 컴퓨터가 보여주는 반응도 사람이 이해할 수 있는 행위의 형태를 갖추어야 한다. 실제로는 작은 출력들이 잇달아 일어나는 것에 불과하다 하더라도, 이를 보다 긴 반응의 형태로 재구성해 낼 수 있어야 한다. 예를 들어 신호를 받으면 음악을 처음부터 끝까지 틀어주되, 음악이 나가는 동안에는 신호가 들어와도 반응을 보이지 않을 수 있어야 한다. 이를 위해서는 음악을 틀어줄 수 있어야 함은 물론이고, 음악이 끝났을 때 그 곡이 끝났다는 사실도 알 수 있어야 한다. 또, 음악이 나가는 동안에 '음악을 틀어 달라'는 신호가 들어왔을 때 뭔가 다른 반응을 보여줄 수도 있어야 할 것이다. 이러한 일들이 매우 막막하게 느껴지겠지만, 앞으로 설명할 기법들을 이해하고 나면 그렇게 어려운 것만도 아니다.

3. 효과적인 인터액션을 위한 기법들

다음 예제들은 앞서 설명한 원리들을 구현하기 위한 방법들을 보여 준다. 마이크로컨트롤러로 여러 가지 일을 동시에 처리하기 위한 방법, 그리고 센서값을 읽어 복잡한 행위의 시작과 끝을 알아내기 위한 방법을 소개한다.

■ 멀티태스킹 Multitasking

버튼을 눌렀을 때 LED가 세 번 깜박이게 하고 싶다고 하자. 깜박임은 1초마다 한 번씩으로 하고 싶다. 이를 위한 슈도코드는 다음과 같다.

```
버튼의 값을 읽는다
if 버튼이 눌려 있다면
    세 번 반복하는 루프 :
        LED를 켠다
        1초간 멈춘다
        LED를 끈다
        1초 동안 멈춘다
    루프의 끝
if의 끝
```

이 루틴을 pause 명령(BX-24에서는 delay 명령)을 이용해서 짠다면, 한 번 버튼을 누른 후에 다음번 버튼의 값을 체크하기까지 6초의 공백이 있게 된다. LED가 깜박이고 있는 동안에도 버튼을 눌렀을 때 LED가 반응하도록 하고 싶다면, 이 방법으로는 잘 되지 않을 것이다. 일단 깜박이기 루프에 들어가고 나면 마이크로컨트롤러는 버튼의 값을 전혀 읽지 않기 때문이다.

LED를 깜박이도록 컨트롤해 주는 LED 전용 프로세서도 있다. 이를 구해서 마이크로컨트롤러에 연결하고 센서의 값에 따라 이 프로세서를 켜고 끄는 방법도 있지만, 이렇게 하는 것은 아마 프로젝트의 규모에 비해 너무 거창한 일일 것이다. 6초라는 공백이 없이 센서의 값을 계속 읽어들임으로써 반응성이 좋은 프로그램을 작성해 보도록 하자.

이렇게 하기 위해서는, 계획대로 LED를 제어하는 것과 동시에 사람이 기대하는 반응시간보다 빠른 간격으로 센서를 체크해 줄 수 있어야 한다. 두 개의 루프(또는 쓰레드

thread)가 있다면 이상적일 것이다. 센서의 값을 체크하기 위한, 매우 빨리 돌아가는 메인 루프 하나와, LED를 깜박거리기 위한 느린 루프 하나. 이렇게 하면 LED를 깜박이고 있는 동안 센서의 값이 변했을 때에도 적절한 반응을 보여줄 수 있을 것이다. 이를 구현하는 한 가지 방법은, 메인 루프 안에 시간의 흐름을 셀 수 있는 카운터를 두는 것이다. 메인 루프가 일초에 천 번을 반복한다고 하자(사실 이보다 빠른 경우가 대부분이지만, 계산을 쉽게 하기 위해 이렇게 가정해 보자). 매번의 루프마다 센서의 값을 읽고, 카운터를 사용해서 루프가 천 번 돌 때마다 LED의 상태가 바뀌도록 하면 되겠다. 이를테면 다음과 같이 말이다.

```
counterForLEDs = 1
LEDFlashCounter = 0
flag = down
루프 :
    스위치를 체크한다
    if 스위치가 눌려 있으면
        LED를 깜박여야 한다는 신호로 flag를 up으로 한다
    if의 끝

    if flag가 올려져 있으면
        counterForLEDs에서 1을 뺀다
        if counterForLEDs가 0이 되었으면
            counterForLEDs를 1000으로 리셋한다
            if 세 번을 깜박이지 않았으면
                깜박임 횟수 카운터에 1을 더한다
                LED를 켜거나 끈다
            else
                깜박임을 마쳤으니
                깜박임 횟수 카운터를 리셋한다
                counterForLEDs를 리셋한다
                flag를 리셋한다
            if의 끝
        if의 끝
    if의 끝
루프의 끝
```

flag라는 깃발변수flag의 사용이 혼란스러웠을 수도 있겠다. 이제까지 컴퓨터로 깃발을 올리고 내리는 데 대해 설명한 적이 없었던 것 같다. *깃발변수*란 루프에서 루프로 메시지

를 주고받기 위해 사용하는 변수이다. 수신호를 보낼 때 사용하는 깃발, 또는 보낼 우편물이 들어 있다고 우체부에게 알리기 위해 서양 우체통에서 세워놓는 깃발을 생각하면 되겠다. 이 예제의 경우 LED가 깜박거림을 마치기 전에 사용자가 스위치로부터 손을 뗄 수도 있으므로, 스위치의 상태만 보고서는 LED를 깜박거려야 하는지의 여부를 알 수가 없다. 깃발변수의 값은 LED를 깜박거려야 할 때는 1, 깜박거리지 않아도 될 때는 0이 된다. 루프 카운터와 깃발변수를 이와 같이 사용하면 한 가지 일이 진행되는 동안(LED 깜박이기) 다른 일이 또 다른 속도로 동시에 진행되도록 할 수 있는 것이다(센서 체크하기).

이 예제를 코드화하면 다음과 같이 된다.

PBASIC

MBasic

```
counterVar VAR Word    ' 1000까지 헤아려야 하므로 워드 크기의 변수가 필요하다
needFlashingFlagVar VAR Bit
timesFlashedVar VAR Byte
ledState VAR Bit

INPUT 7    ' 스위치가 연결된 핀
LOW 8    ' LED가 연결된 핀
counterVar = 1    ' 카운터를 0 근처의 값으로 놓는다
Main:
  ' 버튼이 눌렸는지의 여부를 매 루프마다 체크한다
  IF IN7 = 1 THEN
    needFlashingFlagVar = 1 ' 깃발변수를 설정한다
  ENDIF

  IF needFlashingFlagVar THEN
    counterVar = counterVar - 1    ' 다음 변화를 향해 카운터를 하나씩
                                     줄여 간다
    IF counterVar = 0 THEN ' 0까지 다 헤아렸으면
      counterVar = 1000    ' 카운터를 다시 다 채운다
      IF timesFlashedVar < 3 THEN ' 깜박이기를 아직 다 마치지 않았으면
        IF ledState = 0 THEN    ' LED를 켜거나 끈다
          timesFlashedVar = timesFlashedVar + 1
          HIGH 8
          ledState = 1
        ELSE
          LOW 8
          ledState = 0
```

```
                ENDIF
            ELSE
                '깜박이기를 마쳤으면 변수들을 초기값으로 되돌린다
                timesFlashedVar = 0
                needFlashingFlagVar = 0
                ledState = 0
                counterVar = 1
                LOW 8
            ENDIF
        ENDIF
    ENDIF
GOTO main
```

PicBasic Pro

```
counterVar VAR Word '1000까지 헤아려야 하므로 워드 크기의 변수가 필요하다
needFlashingFlagVar VAR Bit
timesFlashedVar VAR Byte
ledState VAR Bit

Input portb.0 '스위치가 연결된 핀
Output portb.1 'LED가 연결된 핀

Low portb.1
counterVar = 1 '카운터를 0 근처의 값으로 놓는다
Main:
    '버튼이 눌렸는지의 여부를 매 루프마다 체크한다
    IF portb.0 = 1 THEN
        needFlashingFlagVar = 1 '깃발변수를 설정한다
    ENDIF

    IF needFlashingFlagVar THEN
        counterVar = counterVar - 1 '다음 변화를 향해 카운터를 하나씩
                                     줄여 간다
        IF counterVar = 0 THEN '0까지 다 헤아렸으면
            counterVar = 1000 '카운터를 다시 다 채운다
            IF timesFlashedVar < 3 THEN
                '깜박이기를 아직 다 마치지 않았으면
                IF ledState = 0 THEN 'LED를 켜거나 끈다
                    timesFlashedVar = timesFlashedVar + 1
                    High portb.1
                    ledState = 1
```

```
                ELSE
                    Low portb.1
                    ledState = 0
                ENDIF
            ELSE
            '깜박이기를 마쳤으면 변수들을 초기값으로 되돌린다
                timesFlashedVar = 0
                needFlashingFlagVar = 0
                ledState = 0
                counterVar = 1
                LOW portb.1
            ENDIF
        ENDIF
    ENDIF
GOTO main
```

BX-Basic

```
DIM counterVar as Integer '1000까지 헤아려야 하므로 인티저 크기의 변수가
                          필요하다
DIM needFlashingFlagVar as Byte
DIM timesFlashedVar as Byte
DIM ledState as Byte

Sub Main()

    Call putPin(13,0)
    counterVar = 1 '카운터를 0 근처의 값으로 놓는다
    Do
    '버튼이 눌렸는지의 여부를 매 루프마다 체크한다
    IF getPin(12) = 1 THEN
        needFlashingFlagVar = 1 '깃발변수를 설정한다
    END IF

    IF (needFlashingFlagVar = 1) THEN
        counterVar = counterVar - 1 '다음 변화를 향해 카운터를 하나씩
                                     줄여 간다
        IF counterVar = 0 THEN '0까지 다 헤아렸으면
            counterVar = 1000 '카운터를 다시 다 채운다
            IF timesFlashedVar < 3 THEN
            '깜박이기를 아직 다 마치지 않았으면
                IF ledState = 0 THEN 'LED를 켜거나 끈다
```

```
                        timesFlashedVar = timesFlashedVar + 1
                        call putPin(13,1)
                        ledState = 1
                    ELSE
                        call putPin(13,0)
                        ledState = 0
                    END IF
                ELSE
                ' 깜박이기를 마쳤으면 변수들을 초기값으로 되돌린다
                    timesFlashedVar = 0
                    needFlashingFlagVar = 0
                    ledState = 0
                    counterVar = 1
                    call putPin(13,0)
                END IF
            END IF
        END IF
    loop
    End Sub
```

하지만 여러 일들의 타이밍을 이런 식으로 관리한다고 하더라도, 일들이 서로 때맞추어 일어나 주지 않는다면 별로 소용이 없다. 이를테면 LED가 깜박이고 있는 동안에 사용자가 버튼을 다시 눌렀다면 어떻게 될까? 현재 상태로는, 아무 일도 일어나지 않는다. 이래서는 앞서 pause를 이용해서 프로그램했을 때와 다를 것이 없다. 스위치를 다시 눌렀을 때 깜박이는 것이 멈추도록 하고 싶다면 좀더 많은 정보가 필요하다. 먼저 해야 할 일은, 스위치 상태의 변화를 감지하는 것이다(아래의 '상태 변화 감지하기' 절을 참조하라). 즉 스위치를 얼마나 오래 누르고 있는지에는 상관없이, 손을 떼고 다시 누를 때마다 오직 하나의 이벤트만 발생하도록 해야 한다. 그 다음에는 스위치가 눌릴 때마다 깃발변수와 카운터의 상태를 전환시켜 주면 된다.

출력 루틴은 비교적 드물게 실행되는 반면(루프 1000번마다 한 번씩), 입력 루틴은 매우 자주 실행된다는 점에 주목하자(매 루프마다 한 번씩). 일반적으로, 자주 말하는 것보다는 자주 듣는 쪽에 비중을 더 높이 두어 적절한 반응을 재빨리 보여 줄 수 있도록 하는 것이 좋다.

프로그램의 루프가 한 번 실행되는 데 걸리는 시간에 따라 pause를 더 짧게 하거나 카운터를 리셋하는 주기를 조절해 주어야 하는 경우도 생긴다. 이를테면 LED가 루프 500번마다 깜박이도록, 또는 루프 100번마다 깜박이도록 바꾸어 주어야 할지도 모른다. 이를 미리 계산하기란 어려운 일이므로, 대충 적당하리라고 생각되는 값으로 시작한 다음 적절할 때까지 프로그램을 고쳐 나가는 수밖에 없다.

프로세서에 내리는 명령들 중 어떤 명령은 다른 명령보다 수행되는 시간이 더 걸린다. 이를테면 시리얼 통신으로 바이트를 내보내는 명령은 내보내고자 하는 바이트들의 갯수만큼 시간이 걸리게 된다(1초에 9600비트씩). 심지어 앞 예제에서 사용된 if문도 프로세서를 약간 느려지게 한다. 한 명령이 프로그램에 어떤 영향을 미치는지를 알아보는 가장 확실한 방법은 그것을 실제로 사용해 보는 것이다. 불필요한 명령이 없으면 없을수록 사용자와의 인터액션 및 출력 디바이스와의 인터액션은 그만큼 좋아지게 마련이다. 따라서, 이를테면 디버그 문을 통해 알고자 하는 바를 모두 알아낸 다음에는 그 디버그 문을 코멘트시키든지 지워 버려야 한다.

입력과 출력의 타이밍을 안배하는 방법으로 이 방법만이 있는 것은 아니다. 프로그래머마다 저마다의 접근방법과 노하우가 있게 마련이다. 요점은, 프로세서가 시간이 걸리는 어떤 일에 매여 있는 동안에는, 이를테면 pause나 print 같은 일을 하는 동안에는, 시스템이 사용자의 행동을 들을 수 없다는 것이다. 언제든 이런 상황이 생기면, 현재는 인터액션이 되지 않으며 언제 다시 가능해진다는 것을 사용자에게 알려 주기 위한 방법을 마련해야 한다.

때로는 운영체계가 발달되어, 여러 가지 일을 동시에 처리하기 위한 타이밍 관리를 우리들 대신 해 주는 프로세서들도 있다. 예를 들면 BX-24는 제한적이기는 하지만 멀티태스킹 기능을 가지고 있다(자세한 것은 BX-24의 매뉴얼을 참고하라). 하지만 작은 마이크로프로세서들이 이런 기능까지 가지고 있는 경우는 드물기 때문에, 대개는 우리들이 스스로 방법을 개발해 내어야 한다. 바로 앞에서 했던 것처럼 말이다.

BX-24의 멀티태스킹은 *타이머 인터럽트**timer interrupts*라는 개념을 사용해서 이루어진다. 인터럽트란, 프로세서의 타이머가 일정한 시간을 넘길 때마다 무조건 실행되도록 만들어져 있는 루틴을 말한다. 다른 마이크로컨트롤러에서는 인터럽트를 사용하기가 어렵게 되어 있다. 이를테면 로우레벨 프로그래밍도 필요하다. 타이머 인터럽트 외에 *하드웨어 인터럽트*라는 것도 있다. 이는 어떤 특수한 핀에 입력이 들어오면, 어떤 코드가 수행되고 있든 상관없이 현재 진행중인 프로그램을 멈추도록 하는 것이다. 인터럽트는 이 책에서 다루고자 하는 범위를 넘는 내용이다. 하지만, 사용하고 있는 마이크로프로세서의 매뉴얼을 살펴보면 해당 제품이 인터럽트를 지원하는지의 여부와 그 사용방법을 알 수 있을 것이다.

멀티태스킹 문제에 대한 또 다른 접근방법은, 각각의 일마다 별도의 프로세서를 두는 것이다. 이를테면 움직이는 조각작품에서 모터 부분을 담당하는 별도의 프로세서를 두거나, 사운드 인스톨레이션에서 미디 샘플러가 음악의 재생 부분을 담당하게 하거나, 마이크로컨트롤러는 센서의 값을 읽고 데스크탑 컴퓨터는 복잡한 영상을 제어하도록 하는 것이다. 즉, 인터액션에 필요한 작업 가운데 일부분만을 담당하는 여러 개의 프로세서들을 두고 전체 일을 병렬적으로 처리하는 셈이다. 프로세서들은 다른 프로세서가 맡아 주어야 할 일이 발생했다든가 해서 꼭 필요할 때에만 서로 연락한다. 평소에는 다른 프로세서에 대해 별로 신경쓰지 않아도 되며, 자기가 담당한 일에만 주의를 기울이면 된다. 일 하나하나는 단순하므로, 프로세서들은 자신의 일을 빠른 속도로 처리할 수 있다. 따라서 전체 시스템의 반응시간이 사람들이 기대하는 범위 안에 머물 수 있다.

여러 프로세서가 일을 나누어 맡도록 하는 것은 골치아픈 프로그래밍을 통해 모든 일을 하나의 프로세서에서 관장하려고 애쓰는 것에 비해 수월한, 말하자면 단수가 높은 방법이다. 그러나 이 방법에 장점만 있는 것은 아니다. 우선 장비 마련에 드는 비용문제가 있다. 장비들을 서로 연결하는 방법을 파악하는 데 시간이 걸린다는 문제도 있다. 또 여러 장비들이 들어오면서 어느새 커져 버리는 전체 시스템을 조화롭게 운영해야 한다는 문제도 있다. 이러한 부담들이 더 큰지, 아니면 스스로 프로그램을 짜고 회로를 만드는 데 따르는 어려움이 더 큰지를 언제나 서로 견주어 보아야 한다. 여러 개의 프로세서를 사용한다고 하더라도, 각 프로세서가 자신의 센서를 읽고 자신의 출력을 제어하는 과정을 관리하는 문제, 그리고 프로세서들이 서로 정보를 주고받는 과정을 관리하는 문제는 여전히 존재한다. 만일 여러 장비를 사용할 때 일이 더 쉬워지고 소요되는 비용도 감당할 만하다면, 그것이 올바른 길이다. 예를 들어 여러 개의 서보모터를 다루어야 하는 프로젝트를 할 때면 우리는 언제나 시리얼 통신으로 제어하는 서보모터 전용 컨트롤러를 사용한다. 스코트 에드워즈 전자Scott Edwards Electronics의 mini-SSC가 대표적인 제품이다. 반면에 돈이 너무 많이 들거나 시스템이 지나치게 복잡해진다면, 하나의 프로세서에서 모든 일을 관장하도록 하는 것이 제일이겠다.

■ 상태 변화 감지하기 Edge Detection

감지할 수 있는 가장 간단한 일을 생각해 보자. 사용자가 버튼을 누르는데, 언제 손을 대고 언제 손을 떼는 지를 알고 싶다. 디지털 입력을 계속해서 읽어들이는 방법에 대해서는 이미 알고 있다. 슈도코드가 다음과 같다.

```
루프 :
    if 입력이 high이면
        "Input is high"를 프린트한다
    Else
        "Input is low"를 프린트한다
    if의 끝
루프의 끝
```

이를 프로그램하면 다음과 같은 결과가 얻어진다는 것을 알고 있을 것이다.

```
Input is low Input is low Input is low Input is low Input is
high Input is high Input is high Input is high Input is high
Input is high Input is high Input is high Input is low Input is
low Input is low Input is low Input is low Input is low Input
is low Input is low Input is low Input is low
```

이제 버튼(디지털 센서)이 눌려질 때마다 세고 있다가, 세 번을 누르면 LED를 켜 주고 싶다고 하자. 어쩌면 다음과 같이 하고 싶을지도 모른다.

```
ButtonCounter를 0으로 한다

루프 :
    if 버튼이 눌렸으면
        ButtonCounter에 1을 더한다
    if의 끝

    if ButtonCounter가 3보다 크면
        LED를 켠다
        ButtonCounter를 0으로 한다
    if의 끝
루프의 끝
```

하지만 이러한 루프를 만들면, 이는 마이크로컨트롤러에서 1초에 몇 천 번씩 실행된다. 손으로 스위치를 한 번 눌렀다 떼는 데 10분의 1초가 걸린다고 하면, 사람이 스위치를 한 번 눌렀다 떼었다고 생각하는 동안 루프는 몇 백 번이 실행되는 것이다. 이렇게 해서는 스위치 누르는 횟수 잘 센다는 말을 듣기 어렵다!

이 문제를 해결하기 위해서는 버튼의 상태뿐만이 아니라, 이전에 버튼이 어떤 상태에 있었는지도 생각해 주어야 한다. 지금 버튼이 high인데 이전 루프에서는 low였다면 사용자가 이제 막 버튼을 누르기 시작했음을 알 수 있다. 지금 버튼이 low인데 이전 루프에서는 high였다면 사용자가 이제 막 버튼에서 손을 떼었음을 알 수 있다. 이러한 일을 *경계찾기edge detection*라고 부르기도 한다. 버튼 누르는 일의 시작과 끝을 찾는 것이기 때문이다(**그림 8-2**를 참조하라). 버튼 누르기가 끝나는 경계점의 수효를 헤아리면 버튼이 몇 번이나 눌렸는지 알 수 있다. 링고나 플래시 등 GUI 환경의 멀티미디어 프로그래밍에 익숙하다면 이것이 mouseUp이나 mouseDown 이벤트에 해당한다는 것을 알 수 있을 것이다.

상태 변화를 감지하기 위한 절차는 다음과 같다.

1. 입력값을 읽어들인다.
2. 읽어들인 값을 이전에 읽었던 값과 비교한다.
3. 비교 결과에 따라 해야 할 일들을 한다.
4. 현재의 값을 과거의 값으로 저장하고, 새로운 값을 읽어들일 준비를 한다.

경계찾기 기법을 사용해서 버튼을 누른 횟수를 제대로 세기 위한 프로그램을 작성해 보면 다음과 같다.

PBASIC

```
ButtonStateVar var byte
LastButtonStateVar var byte
ButtonCountVar var byte
Input 7 ' 버튼은 7번 핀에 연결되어 있다

main:
    ButtonStateVar = in7
    ' 버튼의 상태가 이전 루프에서 읽었던 바와 다르면 어떠한 일들을 하고자 한다

    if buttonStateVar <> lastButtonStateVar then
        if buttonStateVar = 1 then
```

```
            ' 버튼이 떨어져 있다가 눌렸다
            ButtonCountVar = ButtonCountVar + 1
            debug "Button is pressed.", 10, 13
        else
            ' 버튼이 눌려 있다가 떨어졌다
            debug "Button is not pressed", 10, 13
            debug "Button hits: ", DEC buttonCountVar, 10, 13
        endif

        ' 다음 루프를 시작하기 전에 버튼의 상태를 저장한다
        lastButtonStateVar = buttonStateVar
    endif
goto main
```

MBasic

```
ButtonStateVar var byte
LastButtonStateVar var byte
ButtonCountVar var byte
Input 7 ' 버튼은 7번 핀에 연결되어 있다

main:
    ButtonStateVar = in7
    ' 버튼의 상태가 이전 루프에서 읽었던 바와 다르면 어떠한 일들을 하고자 한다

    if buttonStateVar <> lastButtonStateVar then
        if buttonStateVar = 1 then
            ' 버튼이 떨어져 있다가 눌렸다
            ButtonCountVar = ButtonCountVar + 1
            debug [ "Button is pressed.", 10, 13]
        else
            ' 버튼이 눌려 있다가 떨어졌다
            debug [ "Button is not pressed", 10, 13]
            debug [ "Button hits: ", DEC buttonCountVar, 10, 13]
        endif

        ' 다음 루프를 시작하기 전에 버튼의 상태를 저장한다
        lastButtonStateVar = buttonStateVar
    endif
goto main
```

PicBasic Pro

```
ButtonStateVar var byte
LastButtonStateVar var byte
ButtonCountVar var byte
Input portb.7 ' 스위치는 RB7 핀에 연결되어 있다
ButtonStateVar = 0

main:
    ButtonStateVar = portb.7
    ' 버튼의 상태가 이전 루프에서 읽었던 바와 다르면 어떠한 일들을 하고자 한다

    if buttonStateVar <> lastButtonStateVar then
        if buttonStateVar = 1 then
            ' 버튼이 떨어져 있다가 눌렀다
            ButtonCountVar = ButtonCountVar + 1
            serout2 portc.6, 16468, [ "Button is pressed.", 10,
                                      13]
        else
            ' 버튼이 눌려 있다가 떨어졌다
            serout2 portc.6, 16468, [ "Button is not pressed",
                                      10, 13]
            serout2 portc.6, 16468, [ "Button hits: ", DEC
            buttonCountVar, 10, 13]
        endif
' 다음 루프를 시작하기 전에 버튼의 상태를 저장한다
        lastButtonStateVar = buttonStateVar
    endif
goto main
```

BX-Basic

```
Dim ButtonStateVar as byte
Dim LastButtonStateVar as byte
Dim ButtonCountVar as byte
' 버튼은 12번 핀에 연결되어 있다

Sub main()
    do
        ButtonStateVar = getPin(12)
        ' 버튼의 상태가 이전 루프에서 읽었던 바와 다르면 어떠한 일들을 하고자 한다

        if buttonStateVar <> lastButtonStateVar then
            if buttonStateVar = 1 then
```

```
                ' 버튼이 떨어져 있다가 눌렸다
                ButtonCountVar = ButtonCountVar + 1
                Debug.print "Button is pressed."
            else
                ' 버튼이 눌려 있다가 떨어졌다
                debug.print "Button is not pressed"
                debug.print "Button hits: "; Cstr(
                buttonCountVar)
            end if

            ' 다음 루프를 시작하기 전에 버튼의 상태를 저장한다
            lastButtonStateVar = buttonStateVar
        end if
    loop
end sub
```

어떤 인터액티브 시스템을 디자인하든, 상태 변화를 감지하기 위한 이러한 기법은 자주 사용하게 된다. 경계찾기 루틴은 마이크로컨트롤러가 센서값의 변화를 더 높은 레벨의 행위로 번역할 수 있도록 해준다. 디지털 센서를 사용하든 아날로그 센서를 사용하든 이 기법은 언제나 사용하게 된다.

■ 아날로그 센서 사용하기 : 역치threshold, 경계값, 최대값

아날로그 센서를 사용할 때에는 한 행위의 시작과 끝이라는 것이 디지털 센서에서와는 약간 다른 모습으로 나타난다. 행위의 변화를 나타내 주는 세 가지 특성으로 역치, 경계값, 최대값에 대해 설명하고자 한다.

아날로그 신호에서 역치 찾기

때로는 센서의 값이 어떤 한계값을 넘었는지의 여부에만 관심이 있는 경우가 있다. 예를 들어, 포토셀을 사용하는데 방안의 전체적인 밝기에는 관심이 없고 플래시의 불빛이 포토셀을 비추고 있는지의 여부에만 관심이 있다고 하자. 이런 경우에는 어떠한 역치threshold 이하의 값들은 무시해서 넘겨 버리는 루틴을 만들면 될 것이다. 센서의 값이 역치를 넘었는지 그렇지 않은지를 판단하는 것은 본질적으로 아날로그인 센서를 디지털 센서인 것처럼 사용하는 것이다.

역치값을 기준으로 판단하기 위한 루틴은 다음과 같이 만들면 된다.

```
시작할 때 읽어들인 값으로부터 역치를 설정한다
루프 :
    센서를 읽는다
    if 센서값이 역치보다 크면
        반응한다
    if의 끝
    루프의 끝
```

이 코드 자체는 간단하지만, 중요한 점은 역치값을 잘 설정하는 것이다. 만일 작품 주변의 환경이 잘 통제되어 있는 상황이라면 역치를 언제나 고정된 한 가지 값으로 설정할 수 있을 것이다. 그러나 이를테면 포토셀의 경우, 아침에 맞추어 역치값을 설정하면 밤에는 잘 동작하지 않을 가능성이 많다. 따라서 주변 상황에 맞게 역치의 값을 보정calibrate해 주어야 하는 경우가 많다.

이를 위한 한 가지 간단한 방법은, 메인 루프에 들어가기 전에 센서의 값을 읽어서 이것을 역치로 사용하는 것이다. 정상적인 환경하에서 파워를 넣으면 바로 역치값이 설정되며, 재설정을 위해서는 칩을 다시 시작하기만 하면 된다. 다른 방법은, 인터액션이 일어나 센서값이 변화할 장소에서 약간 떨어진 곳에 *기준센서*를 따로 두고 그 값을 계속해서 체크하는 것이다. 기준센서의 값이 현재의 환경조건을 나타내 주므로, 이 값을 역치로 사용하여 변화하는 센서의 값을 해석하면 된다. 시간이 지나도 역치값이 계속해서 자동으로 보정되도록 하기 위해서는 기준센서의 값을 여러 번 읽어서 평균내면 될 것이다. 이에 대해서는 '다듬기, 샘플링하기, 평균내기' 절을 참조하라.

아날로그 신호에서 경계 찾기

역치를 경계값으로 생각해 보면, 센서가 활성화되었는지의 여부를 감지하는 과정은 앞서 보았던 디지털 센서의 경우와 비슷하다. 이전에 읽었던 값이 역치 아래였는데 지금 센서값을 읽어보니 역치보다 컸다면, 센서는 방금 활성화된 것이다. 이전에 읽었던 값이 역치보다 컸는데 지금 센서값을 읽어보니 역치 아래였다면, 센서는 방금 비활성화된 것이다.

이는 매우 간단한 루틴이다. 상태변화 체크를 첨가하기 전의 디지털 입력 루틴과도 같다. 아날로그 버전의 경계찾기 개념을 넣어서 이를 좀더 세련화하면 다음과 같이 된다.

```
루프 :
    센서를 읽는다
```

```
if 센서값이 역치보다 크면
    if 이전의 센서값이 역치보다 작았으면
        반응한다
    if의 끝
if의 끝
현재의 센서값을 저장하고 새로운 값을 읽을 준비를 한다
루프의 끝
```

아날로그에서의 경계찾기는 디지털에서의 경계찾기와 다를 바가 없으므로, 이를 코드화하는 것은 여러분에게 맡기겠다.

때로는 역치 근방에서 값들이 위아래로 흔들릴 경우도 있다. 이렇게 되면, 사실은 가만히 있는데도 경계값이 여러 번 바뀌는 것으로 읽히게 된다. 예를 들어 **그림 8-4**의 포토셀 그래프를 보면 커브의 경계 부분에 많은 출렁임이 있음을 볼 수 있다. 이 출렁거리는 값들로 인해 사실은 한 번만 경계를 넘었더라도 여러 번 경계를 넘나든 것으로 읽힐 수 있다. 이 문제를 해결하기 위해서는 '다듬기, 샘플링하기, 평균내기' 에 나오는 방법들을 사용해야 한다.

아날로그 신호에서 최대값 찾기

아날로그 신호에 대해 역치의 개념을 설정하고 센서의 값이 오르내리면서 이 역치를 넘겼는지 넘기지 않았는지를 판단하는 것은 유용한 일이다. 하지만 때로는 센서가 최대값을 기록하고 다시 떨어지는 순간이 언제인지를 알고 싶을 때도 있다. 이를테면 **그림 8-4**의 아래 그래프가 피아노 건반에 설치된 센서라고 하자. 음이 얼마나 강하게 연주되었는지를 알려면 센서의 최대값을 측정해야 할 것이다. 이를 위해서는 경계찾기에서 사용한 루틴을 약간 수정하면 되겠다. 경계 대신에 최대값을 찾도록 말이다. 최대값을 찾기 위해서는 센서의 값이 역치를 넘어서는 순간을 찾은 후, 그 값이 최고조에 이를 때까지 기다린 다음에 그것을 최대값으로 취하면 된다.

우선 최대값 찾기를 시작하고 끝내는 데 기준이 될 역치를 설정해야 한다. **그림 8-4**는 두 가지 다른 센서로부터 읽어들인 값을 보여주고 있다. 위의 그래프는 손으로 포토셀을 재빨리 가렸을 때에 나타나는 반응을 기록한 것이다. 아래 그래프는 힘 감지 저항(FSR)을 몇 번 가볍게 두드렸을 때에 나타나는 반응을 기록한 것이다. FSR을 두드렸을 때의 반응이 포토셀을 가렸을 때의 반응보다 훨씬 빨리 일어나는 것을 볼 수 있다. FSR은 두드릴 때마다 그 반응에 뚜렷한 최대값이 나타난다. 또한 반응은 0에서 시작해서 0으로 끝난다

(그래서 최대값 찾기에 있어 시작점이자 끝점이 되는 역치를 0으로 설정하게 된다). 위 그래프에 있는 포토셀에서도 최대값은 존재하지만, 반응이 시작하고 끝나는 점이 뚜렷하지 않고 애매하다. 따라서 주의 깊게 보아야 할 값과 넘겨 버려도 될 값을 구분할 역치를 설정할 필요가 생긴다. 포토셀에서는 반응이 매우 완만하므로 값이 역치를 넘어서는지의 여부에만 신경쓰면 될 것이다. 반면에 FSR의 반응은 급격하므로 최대값을 찾으려는 노력이 필요하다.

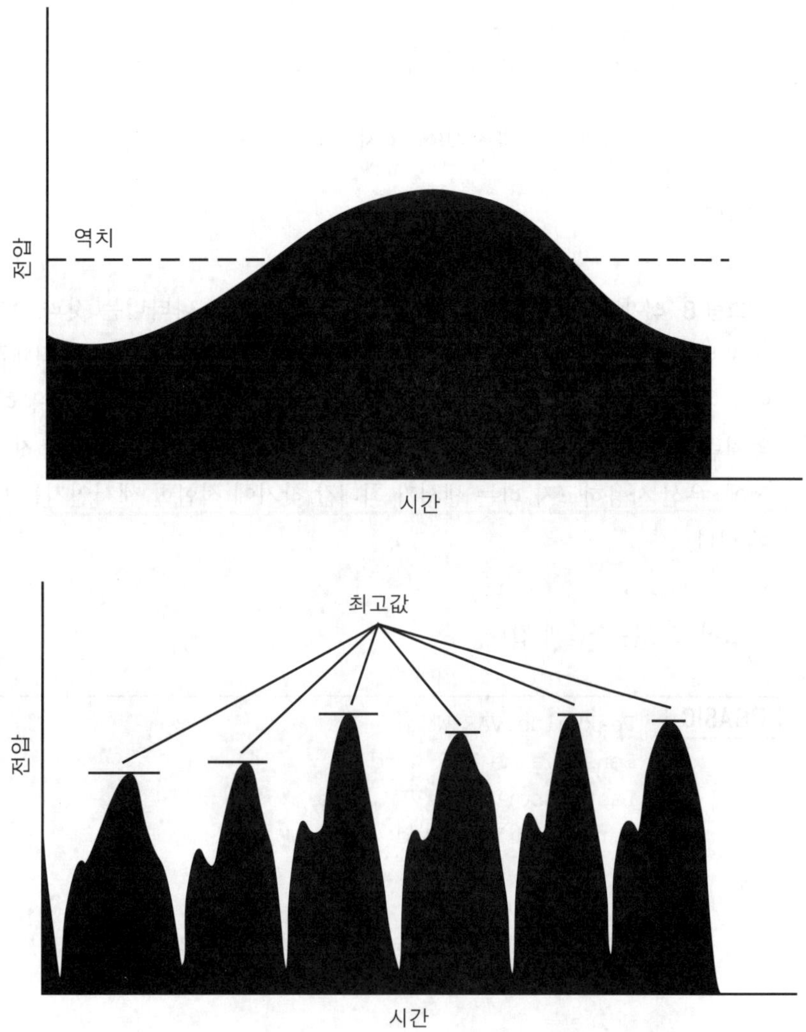

그림 8-4 아날로그 센서를 읽어들인 값.
윗 그림은 포토셀을 재빨리 한 번 가렸다 뗀 것이다.
아래 그림은 힘 감지 저항을 몇 번 가볍게 두드린 것이다.

최대값을 찾기 위한 슈도코드는 다음과 같다.

```
루프 :
    센서를 읽는다
    if sensorValue >= threshold 이면
        if sensorValue >= lastSensorValue 이면
            PeakValue = sensorValue
        if의 끝
    Else
        if peakValue >= threshold 이면
            이것이 최종 최대값이다. 해야 할 일을 한다.
        if의 끝
        최대값을 0으로 놓고 다음 루프에서 다시 찾기 시작한다
    if의 끝
루프의 끝
```

그림 8-4 아래의 그래프에서 각 봉우리의 초입마다 나타나는 것과 같은 거짓 최대값에 속지 않기 위해서는 역치를 상당히 높이 설정해 주어야 할 것이다. 최대값 찾기는 위에서 예로 든 키보드와 같이 값이 매우 빨리 변화하는 센서에 대해서는 유용하지만, 볼륨 다이얼처럼 천천히 변화하는 센서에 대해서는 그리 쓸모가 없다. 최대값 찾기 루틴을 만들기 전에, 우선 사용하고자 하는 센서가 최대값 찾기에 적합한 센서인지를 먼저 생각해 보아야 한다.

실제 코드는 다음과 같다.

PBASIC

```
PeakValue VAR Word
SensorValue VAR Word
LastSensorValue VAR Word
Threshold VAR Word
Noise var word

Threshold = 50 '사용하는 센서에 맞는 값을 설정해 주자
PeakValue = 0 '최대값을 초기화한다
Noise = 5

Main:
    '0번 핀의 센서를 읽어들인다
    HIGH 0
```

```
    PAUSE 1
    RCTIME 0, 1, sensorValue

    ' 센서값이 역치 이상인지를 체크한다
    IF sensorValue >= threshold + noise THEN
        ' 센서값이 이전에 읽었던 값보다 크면, 이 값을 잠정적 최대값으로 놓는다
        IF sensorValue >= lastSensorValue + noise THEN
            PeakValue = sensorValue
        ENDIF
    ELSE
        IF peakValue >= threshold THEN
            ' 이것이 최종 최대값이다. 해야 할 일을 한다.
            DEBUG "peak reading", DEC peakValue, 10, 13
        ENDIF

        ' 이 봉우리에 대해서는 할 일을 다 했으므로 최대값을 리셋한다
        peakValue = 0
    ENDIF

    ' 현재의 센서값을 저장하고 다음 루프를 시작한다
    lastSensorValue = sensorValue
GOTO main
```

MBasic

```
PeakValue var word
SensorValue var word
LastSensorValue var word
Threshold var word
noise var word

Threshold = 50 ' 사용하는 센서에 맞는 값을 설정해 주자
Noise = 7
PeakValue = 0 ' 최대값을 초기화한다
Main:
    ' 0번 핀의 센서를 읽어들인다
    ADin 0, sensorValue

    ' 센서값이 역치 이상인지를 체크한다
    If sensorValue >= threshold + Noise then
        ' 센서값이 이전에 읽었던 값보다 크면, 이 값을 잠정적 최대값으로 놓는다
        If sensorValue >= lastSensorValue + noise then
```

```
            PeakValue = sensorValue
        endif
    Else
        If peakValue >= threshold then
            '이것이 최종 최대값이다. 해야 할 일을 한다.
            debug [ "peak reading", DEC peakValue, 10, 13]
        endif

        '이 봉우리에 대해서는 할 일을 다 했으므로 최대값을 리셋한다
        peakValue = 0
    Endif

    '현재의 센서값을 저장하고 다음 루프를 시작한다
    lastSensorValue = sensorValue
Goto main
```

PicBasic Pro

```
' ADCIN을 위한 파라미터들을 설정한다
DEFINE ADC_BITS 10 '결과값을 저장할 비트의 갯수를 설정한다
DEFINE ADC_CLOCK 3 '클록의 종류를 설정한다 (3=rc)
DEFINE ADC_SAMPLEUS 20 '샘플링 타임을 마이크로세컨드 단위로 설정한다

PeakValue var word
SensorValue var word
LastSensorValue var word
Threshold var word
Noise var word

Threshold = 50 '사용하는 센서에 맞는 값을 설정해 주자
PeakValue = 0 '최대값을 초기화한다
noise = 5

'PORTA를 모두 입력 핀으로 설정한다
TRISA = %11111111
'ADCON1을 설정한다
ADCON1 = %10000010

Main:
    'RA0 핀의 센서를 읽어들인다
    ADCin 0, sensorValue
```

```
    ' 센서값이 역치 이상인지를 체크한다
    If sensorValue >= threshold + noise then
        ' 센서값이 이전에 읽었던 값보다 크면, 이 값을 잠정적 최대값으로 놓는다
        If sensorValue >= lastSensorValue + Noise then
            PeakValue = sensorValue
        endif
Else
        If peakValue >= threshold then
            ' 이것이 최종 최대값이다. 해야 할 일을 한다.
            serout2 portc.6, 16468, [ "peak reading", DEC
            peakValue, 13,10]
        endif

            ' 이 봉우리에 대해서는 할 일을 다 했으므로 최대값을 리셋한다
            peakValue = 0
        Endif

        ' 현재의 센서값을 저장하고 다음 루프를 시작한다
        lastSensorValue = sensorValue
Goto main
```

BX-Basic

```
Dim PeakValue as integer
dim noise as integer
Dim SensorValue as integer
Dim LastSensorValue as integer
Dim Threshold as integer

Sub Main()
Threshold = 300 ' 사용하는 센서에 맞는 값을 설정해 주자
noise = 7
PeakValue = 0 ' 최대값을 초기화한다
    do
        ' 13번 핀의 센서를 읽어들인다
        sensorValue = getADC(13)
        'debug.print cstr(sensorValue)
        ' 센서값이 역치 이상인지를 체크한다
        If sensorValue >= threshold + Noise then
            ' 센서값이 이전에 읽었던 값보다 크면, 이 값을 잠정적 최대값으로 놓는다
            If sensorValue >= lastSensorValue + noise then
                PeakValue = sensorValue
```

```
            End if
        Else
            If peakValue >= threshold then
                '이것이 최종 최대값이다. 해야 할 일을 한다.
                debug.print "peak reading: "; cStr(peakValue)
            end if

            '이 봉우리에 대해서는 할 일을 다 했으므로 최대값을 리셋한다
            peakValue = 0
        End if

        '현재의 센서값을 저장하고 다음 루프를 시작한다
        lastSensorValue = sensorValue
    loop
end sub
```

■ 디바운싱 Debouncing

직접 만든 스위치나 접점이 그리 좋지 못한 스위치를 사용하다 보면 경계찾기 기법을 사용했음에도 불구하고 버튼을 한 번 눌렀는데 여러 번 누른 것으로 체크되는 경우가 간혹 있을 것이다. 왜 그런 것일까?

춥고 건조한 날 문 손잡이를 잡으려다 정전기에 놀랐던 경험은 우리에게 두 도체가 가까이 있고 전하의 양이 충분하면 전기는 공기를 뛰어넘어 통할 수도 있다는 사실을 알려준다. 본질적으로 스위치란 두 접점이 서로 맞닿았다 떨어졌다 할 수 있도록 만들어져 있는 기계적 장치에 불과하다. 따라서 스위치의 두 접점이 아주 가까이 있지만 아직 맞닿지는 않은 상태에서도 같은 현상이 발생될 수 있다. 두 접점이 실제로 맞닿기 직전 1초의 몇 분의 일에 해당하는 아주 짧은 시간 동안, 접점들이 서로 튕겨 내며 같이 떨어버리는 것이다. 이 때 두 전극이 천분의 몇 초 동안 전기적으로 여러 번 붙었다 떨어졌다 하는 일이 가능하다. 전류는 간극을 뛰어 넘어가고 싶어 하는데, 성공할 때도 있고 그러지 못할 때도 있다. 우리의 프로젝트에서 마이크로컨트롤러는 1초에 스위치값을 보통 몇천번씩 읽기 때문에, 마이크로컨트롤러가 이런 부적절한 만남을 읽어들인다 해도 이상할 것이 없다. 마이크로컨트롤러의 눈으로 본 버튼 누르기는 **그림 8-5**와 같을 수 있는 것이다.

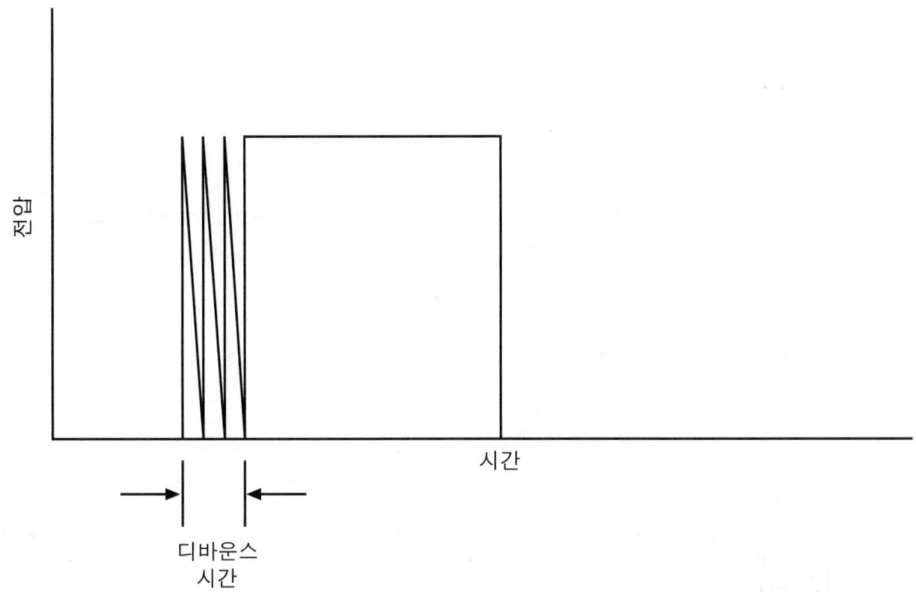

그림 8-5 일천 분의 1초, 또는 백만 분의 1초 단위로 본 스위치 읽어들이기

화살표가 가리키고 있는 시간 동안 스위치는 닫혀지고 있는 것이다. 불과 일천 분의 1초가 못 되는 시간일 수도 있지만 마이크로컨트롤러는 이 동안에도 값을 몇 번 읽어들일 수 있다. 이는 앞서 설명한 바와 같은 경계찾기 기법을 사용해도 때로는 스위치 값을 잘못 읽어들일 수 있음을 뜻하는 것이다. 이를 방지하기 위해서는 디바운스 루틴을 사용할 수 있다. 스위치를 *디바운싱*$_{debouncing}$한다는 것은 아주 짧은 시간 동안(사람이 기대하는 반응시간보다 더 짧은 시간) 스위치의 값을 두 번 또는 그 이상 체크해 봄으로써 스위치 값을 확실하게 읽어들이는 것을 말한다. 다음과 같이 하면 된다.

```
if 스위치가 눌려 있다면
    1초의 몇 분의 일을 기다린다
    if 스위치가 아직도 눌려 있다면
        스위치가 눌려 있을 때에 해야 하는 일들을 한다
    if의 끝
if의 끝
```

다음은 간단하게 만들어 본 디바운스 루틴이다.

PBASIC
MBasic

```
SwitchOnVar var byte
Input 7

Main:
   If in7 = 1 then
      Pause 10 '여기에서는 10ms를 취했다. 필요에 맞게 수정하면 된다.
      If in7 = 1 then
         SwitchOnVar = 1
      Else
         SwitchOnVar = 0
      Endif
   Endif
Goto main
```

PicBasic Pro

```
SwitchOnVar var byte
Input portb.7

Main:
   If portb.7 = 1 then
      Pause 10 '여기에서는 10ms를 취했다. 필요에 맞게 수정하면 된다.
      If portb.7 = 1 then
         SwitchOnVar = 1
      Else
         SwitchOnVar = 0
      Endif
   Endif
Goto main
```

BX-Basic

```
Dim SwitchOnVar as byte

Sub Main()
   do
      If getPin(12) = 1 then
         Call delay(0.01) '여기에서는 10ms를 취했다. 필요에 맞게 수정하면
                           된다.
         If getPin(12) = 1 then
            SwitchOnVar = 1
         Else
            SwitchOnVar = 0
         End if
```

```
        End if
    Loop
End sub
```

아날로그 센서에 대해 디바운스 루틴을 사용하는 경우도 있기는 하지만, 아날로그 값에 대해서는 값이 어떤 역치보다 큰지 작은지, 또는 허용할 수 있는 범위 안에 있는지 그렇지 않은지를 체크하는 것이 일반적이며, 이전에 읽었던 값과 동일한지를 체크해 보는 경우는 흔치 않다. 두 상태(켜짐과 꺼짐)만을 가질 수 있는 디지털 센서와는 달리, 아날로그 센서는 여러 상태를 가질 수 있는 것이다. 때로는 두 아날로그 상태의 차이를 사람은 알 수 없지만 마이크로프로세서는 알 수 있는 경우도 있다.

■ 다듬기, 샘플링하기, 평균내기 Smoothing, Sampling, and Averaging

피지컬 컴퓨팅 프로젝트에서 프로그래밍의 많은 부분은 세계 속에 존재하게 마련인 불규칙한 변화들을 어떻게 다듬어 내는가에 관한 것이다. 예를 들어 포토셀 값을 아날로그-디지털 변환기로 변환했을 때, 값이 변화 없이 일정한 경우는 한 번도 없다. 그 값은 우리의 눈이 걸러내 버리는 빛의 작은 변화들을 따라 언제나 출렁거리게 마련이다. 우리는 이러한 변화를 보지 못하지만 우리의 마이크로컨트롤러들은 보기 때문에[4] 그 자잘한 변화들이 출력값에 반영되는 것이다. 또 우리의 센서와 그에 딸린 회로들은 실제 환경에는 존재하지 않는 잡신호noise들을 덧붙이게 마련이다. 결과적으로, 실제 활용에서는 읽혀진 센서값을 다듬어 주는 것이 필요할 때가 많다.

새로운 센서를 사용할 때는 언제나, 값을 읽어 계속 출력하기만 하는 간단한 프로그램을 만들어서 그 센서가 어떻게 행동하는지 지켜보는 것을 습관화해야 한다. 6장에서 만들었던 디지털 및 아날로그 입력을 위한 프로그램들을 사용하면 되겠다.

값을 다듬는 한 가지 간단한 방법은, 읽어들인 값을 값이 출렁이는 정도fluctuation로 나누어 주는 것이다. 예를 들어 센서를 가만히 놓아 두었을 때 그 값이 5라는 범위 안에서 출렁거린다면, 센서값을 5로 나누어 주면 값들이 안정되어 보일 것이다. 그러나 이렇게 하면 값의 범위가 작아지게 된다. 즉 값을 안정시키면 그만큼 해상도는 잃게 되는 것이다. 애초에 해상도를 꼭 필요한 만큼만으로 낮추면 값이 출렁거려도 문제가 되지 않을 만

4) 이에 대한 더 자세한 내용은 Donald Hoffman의 Visual Intelligence : How We Create What We See(W.W.Norton&Co.,1998)나 Tor Norretrander의 The User Illusion(Viking,1999)을 참조하라.

큼 노이즈의 영향을 줄일 수 있을 것이다. 예를 들어 악기가 연주할 음이 12음뿐이라면 아날로그 센서의 값을 읽자마자 값이 1~12 범위에 있도록 나누어 버리는 것이다. 값의 범위를 조절하는 방법에 대해서는 6장에서 다루었다.

값을 부드럽게 만들어 주는 또 다른 방법은 최근에 읽어들인 몇몇 값들을 뭉뚱그리는 것이다. 이를 위해서는 최근에 읽어들인 값들을 어레이에 차례로 넣어 두는 방법을 사용한다. 값이 출렁이는 범위가 그리 크지 않다면, 최근에 읽어들인 값들을 평균내어 주면 해상도는 높게 유지하면서도 센서값을 부드럽게 만들어 줄 수 있을 것이다.

```
최근에 읽어들인 값들을 저장하기 위한 어레이를 만든다
루프 :
    센서를 읽는다
    어레이에 쓸 자리를 갱신한다
    만일 어레이의 끝에 다다랐다면 첫번째 자리로 간다
    어레이에서 제일 오래된 값을 지우고 방금 읽어들인 값을 넣는다
    반복문을 사용해서 어레이의 값들을 모두 더한다
    어레이 값들의 합을 어레이의 원소 수로 나눈다
루프의 끝
```

만일 알 수 없는 이유로 값들이 간간이 튄다면, 최근 읽은 값들의 평균보다는 중간값 median(크기순으로 정렬했을 때 가운데에 있는 값)을 취하는 것이 기괴한 이상치를 제거하는 데 더욱 효과적이다. 이렇게 하면 미쳐버린 값이 정상적인 값에 영향을 미치는 것을 어느 정도 방지할 수 있다. 이를 위해서는 최근에 읽어들인 값들을 크기 순으로 정렬한 다음, 그 가운데에 있는 값을 취하면 된다.

```
최근에 읽어들인 값들을 저장하기 위한 어레이를 만든다
루프 :
    센서를 읽는다
    어레이에 쓸 자리를 갱신한다
    만일 어레이의 끝에 다다랐다면 첫번째 자리로 간다
    어레이에서 제일 오래된 값을 지우고 방금 읽어들인 값을 넣는다
    어레이의 값들을 다른 어레이에 크기순으로 정렬해 넣는다
    정렬된 어레이의 가운데에 있는 값을 뽑는다
루프의 끝
```

최근에 읽어들인 값들을 뭉뚱그리는 방법을 사용하면 시스템의 반응은 둔해지게 된다. 센서의 값이 새로워지더라도 이전의 값들이 평균값이 움직이는 것을 붙잡기 때문이다.

평균값과 중간값을 이용하는 필터링을 실제 코드화하면 다음과 같이 된다. 이 코드들은 두 개의 큰 어레이를 사용한다는 점을 눈여겨 보자. 특히 베이직 스탬프의 경우에는 이들의 크기가 상대적으로 더 부담될 수 있다.

PBASIC

```
lastPositionInArray CON 2 '이전 3개의 센서값을 기억하고자 한다
temp VAR Word
average VAR Word
median VAR Word
positionInPastArray VAR Byte
past VAR Word(lastPositionInArray)
sortedPast VAR Word(lastPositionInArray)

'서브루틴을 위한 변수들
i VAR Byte
total VAR Word
j VAR Byte
position VAR Byte


positionInPastArray = lastPositionInArray

PAUSE 500 '0.5초 쉬었다가 시작한다

main:
   '센서를 읽는다
   HIGH 8
   PAUSE 1
   RCTIME 8,1,temp

   '읽은 센서값을 이전 값들을 기억한 어레이에 넣고, 가장 오래된 값을 지운다
   positionInPastArray = positionInPastArray + 1
   IF positionInPastArray > lastPositionInArray THEN
      positionInPastArray = 0
   ENDIF
   past(positionInPastArray) = temp

   'averageArray 서브루틴은 어레이를 평균낸다(아래에 있다)
   GOSUB averageArray
```

```
    'medianArray 서브루틴은 어레이의 중간값을 구한다
    GOSUB medianArray

    '결과를 출력한다
    DEBUG " Average = ", DEC average, " Median = ", DEC
    median, 13
GOTO main

averageArray:
    '어레이 안에 있는 값들의 평균을 구한다
    total = 0
    FOR i = 0 TO lastPositionInArray
        total = total + past(i)
    NEXT
    temp = (lastPositionInArray + 1)
    average = total /temp
RETURN

medianArray:
    '가장 간단한 방법으로 만들어 본 정렬 루틴. 더 빠른 방법들도 있다.
    FOR i = 0 TO lastPositionInArray
        position = 255 '바이트 변수에 있어 -1과도 같은 값
        FOR j = 0 TO lastPositionInArray
            IF past(i) >= past(j) THEN
                position = position + 1
            ENDIF
        NEXT
        sortedPast(position) = past(i)
    NEXT

    '중간값을 취한다
    median = sortedPast( (lastPositionInArray / 2))

    '디버깅을 위해, 정렬된 어레이를 출력해 본다
    FOR i = 0 TO lastPositionInArray
        temp = sortedPast(i)
        DEBUG DEC temp, 32 '32는 스페이스를 나타내는 아스키 코드
    NEXT
RETURN
```

MBasic

```
lastPositionInArray CON 4 '이전 5개의 센서값을 기억하고자 한다
temp VAR Word
average VAR Word
median VAR Word
positionInPastArray VAR Byte
past VAR Word(lastPositionInArray)
sortedPast VAR Word(lastPositionInArray)

'서브루틴을 위한 변수들
i VAR Byte
total VAR Word
j VAR Byte
position VAR Byte


positionInPastArray = lastPositionInArray

PAUSE 500 '0.5초 쉬었다가 시작한다

main:
   '센서를 읽는다
   ADIN 0, temp

   '읽은 센서값을 이전 값들을 기억한 어레이에 넣고, 가장 오래된 값을 지운다
   positionInPastArray = positionInPastArray + 1
   IF positionInPastArray > lastPositionInArray THEN
      positionInPastArray = 0
   ENDIF
   past(positionInPastArray) = temp

   'averageArray 서브루틴은 어레이를 평균낸다 (아래에 있다)
   GOSUB averageArray

   'medianArray 서브루틴은 어레이의 중간값을 구한다
   GOSUB medianArray

   '결과를 출력한다
   DEBUG [ " Average = ", DEC average, " Median = ", DEC
   median, 13]
GOTO main
averageArray:
```

```
    '어레이 안에 있는 값들의 평균을 구한다
    total = 0
    FOR i = 0 TO lastPositionInArray
       total = total + past(i)
    NEXT
    temp = (lastPositionInArray + 1)
    average = total /temp
RETURN

medianArray:
    '가장 간단한 방법으로 만들어 본 정렬 루틴. 더 빠른 방법들도 있다.
    FOR i = 0 TO lastPositionInArray
       position = 255 '바이트 변수에 있어 -1과도 같은 값
       FOR j = 0 TO lastPositionInArray
          IF past(i) >= past(j) THEN
             position = position + 1
          ENDIF
       NEXT
       sortedPast(position) = past(i)
    NEXT

    '중간값을 취한다
    median = sortedPast( (lastPositionInArray / 2))

    '디버깅을 위해, 정렬된 어레이를 출력해 본다
    FOR i = 0 TO lastPositionInArray
       temp = sortedPast(i)
       DEBUG [ DEC temp, 32 ] '32는 스페이스를 나타내는 아스키 코드
    NEXT

RETURN
```

PicBasic Pro

```
'ADCIN을 위한 파라미터들을 설정한다
DEFINE ADC_BITS 10 '결과값을 저장할 비트의 갯수를 설정한다
DEFINE ADC_CLOCK 3 '클록의 종류를 설정한다 (3=rc)
DEFINE ADC_SAMPLEUS 50 '샘플링 타임을 마이크로세컨드 단위로 설정한다

TRISA = %11111111 'PORTA를 모두 입력핀으로 설정한다
ADCON1 = %10000010 'PORTA를 아날로그로 설정하고 결과값을 오른쪽 정렬하도록 한다
Pause 500 '0.5초 기다린다
```

```
lastPositionInArray CON 9 '이전 10개의 센서값을 기억하고자 한다
temp VAR Word
average VAR Word
median VAR Word
positionInPastArray VAR Byte

'서브루틴을 위한 변수들
i VAR Byte
j VAR Byte
total VAR Word
position VAR Byte
past VAR Word(lastPositionInArray)
sortedPast VAR Word(lastPositionInArray)
positionInPastArray = lastPositionInArray

PAUSE 500 '0.5초 쉬었다가 시작한다

main:
   '센서를 읽는다
   ADCIN 0, temp

   '읽은 센서값을 이전 값들을 기억한 어레이에 넣고, 가장 오래된 값을 지운다
   positionInPastArray = positionInPastArray + 1
   IF positionInPastArray > lastPositionInArray THEN
      positionInPastArray = 0
   ENDIF
   past(positionInPastArray) = temp
   'medianArray 서브루틴은 어레이의 중간값을 구한다
   GOSUB medianArray
   'averageArray 서브루틴은 어레이를 평균낸다(아래에 있다)
   GOSUB averageArray

   '결과를 출력한다
   serout2 portc.6, 16468, [ " Average = ", DEC average,
   "Median = ", DEC median, 10, 13]
GOTO main

averageArray:
   '어레이 안에 있는 값들의 평균을 구한다
   total = 0
   FOR i = 0 TO lastPositionInArray
```

01
02
03
04
05
06
07
CHAPTER 08
09
10
11
12
13
14

```
        total = total + past(i)
    NEXT
    Temp = (lastPositionInArray + 1)
    average = total /temp
RETURN

medianArray:
    '가장 간단한 방법으로 만들어 본 정렬 루틴. 더 빠른 방법들도 있다.
    FOR i = 0 TO lastPositionInArray
        position = 255 '-1과 같다
        FOR j = 0 TO lastPositionInArray
            IF past(i) >= past(j) THEN
                position = position + 1
            ENDIF
        NEXT
        sortedPast(position) = past(i)
    NEXT

    '중간값을 취한다
    median = sortedPast(lastPositionInArray / 2)

    '디버깅을 위해, 정렬된 어레이를 출력해 본다
    FOR i = 0 TO lastPositionInArray
    temp = sortedPast(i)
    serout2 portc.6, 16468, [ DEC temp, 32] '32는 스페이스를 나타내는
                                             아스키 코드
    NEXT

    serout2 portc.6, 16468, [ 10, 13]
RETURN
```

BX-Basic

```
const lastPositionInArray as byte = 4 '이전 5개의 센서값을 기억하고자 한다
dim past (0 to lastPositionInArray) as integer
dim sortedPast (0 to lastPositionInArray) as integer
dim average as integer
dim median as integer
dim positionInPastArray as byte

Sub Main()
    Debug.Print "start"
```

```
    positionInPastArray = lastPositionInArray
    call delay(0.5) '0.5초 쉬었다가 시작한다

    do

        '읽은 센서값을 이전 값들을 기억한 어레이에 넣고, 가장 오래된 값을 지운다
        positionInPastArray = positionInPastArray + 1
        if positionInPastArray > lastPositionInArray then
            positionInPastArray = 0
        end if
        '가장 오래된 값이 있던 자리에 새로운 값을 넣는다
        past(positionInPastArray) = getADC(13)

        'averageArray() 서브루틴은 어레이를 평균낸다 (아래에 있다)
        call averageArray()

        'medianArray() 서브루틴은 어레이를 정렬하고 그 가운데 값을 취한다
        call medianArray()

        '결과를 출력한다
        debug.print " Average = " ; cstr(average);
        debug.print " Median = " ; cstr(median)

    loop
End Sub

Sub averageArray()
    '어레이 안에 있는 값들의 평균을 구한다
    dim i as byte
    dim total as integer
    total = 0
    for i = 0 to lastPositionInArray
        total = total + past(i)
    next
    average = total\cInt(lastPositionInArray+1)
end sub

sub medianArray()
    dim i as byte
    dim j as byte
    dim position as byte
```

```
        dim arrayElement as integer

    ' 가장 간단한 방법으로 만들어 본 정렬 루틴. 더 빠른 방법들도 있다.
        for i = 0 to lastPositionInArray
            position = 0
            for j = 0 to lastPositionInArray
                if past(i) > past(j) then
                    position = position + 1
                end if
            next
            sortedPast(position) = past(i)
        next

        ' 중간값을 취한다
        median = sortedPast((lastPositionInArray\2))

    ' 디버깅을 위해, 정렬된 어레이를 출력해 본다
        for i = 0 to lastPositionInArray
            arrayElement = sortedPast(i)
            debug.print cstr(arrayElement); ",";
        next
    end sub
```

4. 결론

지금까지 설명한 기법들은 잘 디자인된 인터액션을 실제로 구현하는 데 도움을 줄 것이다. 멀티태스킹은 시스템이 사람과 같은 리듬으로 감지하고 반응할 수 있도록 해준다. 경계 찾기, 역치 설정, 그리고 최대값 찾기는 큰 덩어리의 행위들을 규정할 수 있도록 해준다. 디바운싱과 다듬기는 사람이 감지하지 못하는 잡신호와 출렁임을 부드럽게 누그려뜨려서 시스템이 큰 단위의 변화만을 감지할 수 있도록 해준다. 이 기법들이 인터액션의 모든 문제를 다 해결해 줄 수 있는 것은 아니지만, 사람이 이해할 수 있는 방식으로 인터액션을 구성하기 위한 토대는 마련해 줄 것이다. 이러한 기법들을 사용할 때는 언제나 1장에서 설명했던 인터액션의 원리들을 유념하도록 하자.

연극에서 가장 기본적인 원칙 중 하나는, 배우에게 어떠한 행위를 하라고 말해 주어야지 무엇을 느끼라고 말해서는 안 된다는 것이다. 배우는 행위함을 통해 스토리가 가지는 감정이나 논리를 스스로 깨닫게 된다. 피지컬 인터액션 디자인의 원리도 비슷하다. 즉, 참여자에게는 무언가 할 일을 주어야 한다는 것이다. 작품에서 전달하고자 하는 의미가 있다면 참여자는 행위를 통해 스스로 그 의미를 체득할 것이다. 논리적으로 타당한 일련의 행위들을 마련한 다음, 참여자가 이 행위들을 따라올 수 있도록 제시하거나, 또는 그들이 스스로 발견해 낼 수 있도록 해주어야 한다. 만일 이러한 일이 이루어지지 않는다면 참여자는 작품에 공감하지 못할 것이다. 각 행위는 명백하게 지시되거나 제안되어야 하며, 한 행위는 다음 행위로 계속 이어져 나가야 한다. 행위는 참여자에 의해 행해질 수도 있고 시스템에 의해 행해질 수도 있으며 공동으로 행해질 수도 있다.

프로젝트를 계획할 때는 만들고 있는 작품만을 머릿속에 그려서는 안 되며, 그것을 경험할 사람도 같이 생각해야 한다. 참여자의 행동을 전체 시스템에 통합된 일부분으로 생각해야 한다. 또, 모든 참여자가 전체 시스템에 능동적으로 기여할 수 있도록 경험의 리듬을 조절해야 한다. 그들이 수동적인 관찰자가 되어 미리 만들어져 있는 내용이나 컴퓨팅을 통해 만들어지고 있는 내용들을 가끔씩 켜 보는 역할만 하도록 해서는 안 된다. 그들이 생각할 내용을 말해 주기 보다는 그들에게 해야 할 일을 주도록 하라.

마지막으로, 사람들이 우리의 프로젝트를 어떻게 사용하는지를 지켜보는 것이 중요하다는 점을 기억하자. 사용자가 프로젝트를 제대로 사용하지 못하면 가르쳐 주고 싶은 충동을 느끼거나, 심지어 안달이 나서 말다툼을 벌이게 될지도 모르겠다. 그렇게 해서는 안 된다. 진행되는 상황에 대한 사용자의 해석은 그의 관찰에 기반한 것이다. 만일 사용자가 시스템의 어떤 부분을 잘못 이해했다면, 그것은 사용자가 관찰하도록 우리들이 제공해 준 것들이 부족하여, 사용자가 시스템의 동작원리에 대해 우리와 동일한 인지모델을 형성하도록 하는데 실패했음을 나타내 주는 것이다. 이 시점에서 필요한 것은, 기존에 가지고 있던 생각과 이론들을 버리고 사용자의 행위를 열린 마음으로 바라보는 것이다. 인터액션을 사용자의 기대에 맞추어서 바꾸어 주려면 어떻게 하면 좋을지를 생각해 보거나, 반대로 사용자의 인지모델을 우리의 인지모델과 같도록 고쳐 주려면 어떤 일들이 필요할지를 생각해 보도록 하자.

Chapter 09

움직임 감지하기

우리는 몸을 움직임으로써 자신을 나타낸다는 사실을 스스로 언제나 그렇게 하면서도 잊고 있을 때가 많은데, 피지컬 컴퓨팅에서 가장 인기 있는 인터액션 가운데에는 이러한 인식에서 출발한 것들이 많다. 우리들은 어떤 일을 하는 데 가장 적합한 자세를 취하느라고 몸을 움직이기도 하고, 관심 있는 무엇을 좀더 잘 보기 위해 움직이기도 하고, 음악 등의 자극에 반응해 움직이기도 하고, 아니면 그저 불편해서, 또는 무게중심을 옮기려고 움직이기도 한다.

공중화장실의 자동 물내림 장치, 사람이 움직이면 자동으로 불이 켜지는 사무실 전등 등 우리의 일상생활에는 사람이 움직이는 것을 감지해 동작하는 여러 가지 장치들이 있다. 위치 센서와 움직임 센서는 사람의 위치와 움직임이라는 요소를 프로젝트에 그리 어렵지 않게 도입할 수 있도록 해 준다. 이 센서들은 활용 범위가 넓다. 이를테면 유령의 집을 만들어 놓고 사람이 문지방을 넘어오면 유령이 튀어나오게 한다든가, 댄스 클럽의 조명과 영상이 플로어에서 춤추는 사람들의 움직임에 따라 변화하도록 하는 데 사용할 수 있겠다.

이러한 인터액션들이 가능하기 위해서는, 컴퓨터가 공간 안에서 어떤 물체의 위치를 감지할 수 있어야 한다. 공항 화장실에 있는 소변기조차도 누가 자기 앞에 서 있으면 알아차릴 수 있으니, 이건 별로 어려운 문제가 아니겠구나 하고 생각할 수도 있겠다[1]. 하지만 사실 이 문제는 매우 어려워질 수도 있다. 문제의 쉽고 어려움은 우리가 얼마만한 정보를 필요로 하며, 또 환경을 어느 정도 통제할 수 있는지에 달려 있다. 이 장에서는 위치와 움직임과 방향을 감지하는 기법들에 대해 설명하겠다. 또한 각 센서가 가장 잘 작동할 수 있도록 환경을 통제하는 방법에 대해서도 설명할 것이다.

1) 에일리어스 연구소Alias Research의 최고과학자였던 빌 벅스턴Bill Buxton은 컴퓨터를 적어도 오헤어 공항의 소변기보다는 똑똑하게 만들어야 하는 것 아니냐고 컴퓨터 제조업자들을 비난했던 것으로 유명하다.

1. 문제의 분석

움직이는 물체에 대해 알고자 할 때는, 먼저 그에 대해 얼마만큼을 알아야 하는지를 명확히 할 필요가 있다. 움직임의 기본적인 요소들은 다음과 같다.

- ▶ *위치*. 공간 안에서 물체의 위치가 어디인지를 알아야 하는가?
- ▶ *방향*. 물체가 회전하고 있는지의 여부를 알아야 하는가? 어느 쪽을 바라보고 있는지를 알아야 하는가?
- ▶ 속도. 물체가 얼마나 빨리 움직이고 있는지를 알아야 하는가? 어느 방향으로 움직여가고 있는지를 알아야 하는가?
- ▶ *절대좌표 또는 상대좌표*. 공간 안에서 물체의 절대적인 위치를 알아야 하는가? 아니면 이전에 있던 자리를 기준으로 상대적인 변화량만 알면 되는가?
- ▶ *구별*. 여러 개의 물체가 있는 경우, 각 물체를 서로 구별할 수 있어야 하는가?

위치와 방향에 대해 생각할 때는 물체가 움직임에 있어 얼마만한 *자유도*를 가지는지를 고려해야 한다. 처리해 주어야 하는 자유도가 낮을수록 문제를 다루기가 쉬워진다. 위치에 대해서는 세 방향의 자유도가 존재한다. 좌우(X축), 상하(Y축), 전후(Z축)가 그것이다. 방향과 회전에 대해서는 여기에 세 가지 자유도가 추가된다. X축을 중심으로 한 회전(*틸트*$_{tilt}$ 또는 *피치*$_{pitch}$), Y축을 중심으로 한 회전(*팬*$_{pan}$ 또는 *요*$_{yaw}$), 그리고 Z축을 중심으로 한 회전(*롤*$_{roll}$)이 그것이다.

측정범위는 센서를 선택함에 있어 가장 중요한 판단기준 중 하나가 된다. 앞으로 설명할 센서들은 대부분 범위를 가지는 센서로서, 센서에서 물체가 얼마나 떨어져 있는지, 또는 센서 앞에서 얼마만한 움직임이 있는지 등을 감지하게 된다. 대부분의 센서는 그 측정범위에 상한과 하한이 있다. 대부분의 센서는 유효 측정범위가 9피트 이내이다. 비디오 트래킹은 예외인데, 이유는 렌즈를 줌 인하여 측정범위를 조절할 수 있기 때문이다. 또, 거리 측정 센서는 모든 거리에 대해 고르게 동작하는 것이 아니다. 따라서 센서가 가장 민감하게 동작하는 범위 안에서 일들이 일어나도록 해야 한다. **그림 9-1**은 일반 범위감지 센서에 있어 전형적인 부채꼴 형태의 측정범위를 보여 준다.

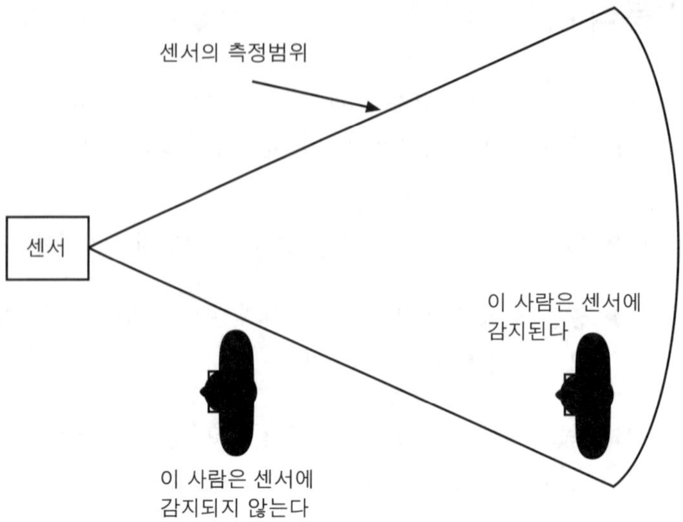

그림 9-1 이 장에서 설명할 대부분의 센서는 부채꼴 모양의 측정범위를 갖는다

위치찾기의 갖가지 어려운 문제들을 해결해 나가는 데 있어 최선의 원칙은, 되도록이면 어려운 기술을 동원하지 않는다는 것이다. 목적하는 바를 이루기에 용이하도록 환경을 통제하는 편이 더 좋은 결과를 가져올 때가 많다. 이를테면, 한 번에 얼마나 많은 사람이 여러분의 프로젝트를 체험해야 하는지 가슴에 손을 얹고 생각해 보자. 여러 사람의 위치를 파악하려고 애쓰지 말고, 공간 자체를 줄이든지 입구나 출구를 작게 만들어서 한 번에 한 사람씩만 작품을 감상할 수 있도록 하는 방법을 고려해 보자. 때로는 이런 방법을 사용할 수 없는 경우도 있고, 사용했을 때 프로젝트를 지나치게 제한하게 되는 경우도 있다. 하지만 이렇게 해도 프로젝트에 별다른 지장이 없거나 오히려 환경을 통제함으로 인해 프로젝트가 더 나아진다고 생각되면, 그렇게 하자. 좋은 마술사들이 그리 하듯이, 사실은 필요해서 만드는 제약이라도 겉으로 보기에는 시스템의 자연스러운 일부분처럼 느껴지게 할 줄 알아야 한다.

2. 거리 센서는 어떻게 작동하는가

목표물까지의 거리를 측정하는 센서는 측정의 기준이 되는 어떤 에너지(빛, 자기장, 소리 등)를 쏘아 보내는 경우가 대부분이다. 그리고는 목표물에 반사되어 돌아오는 에너지의 양을 처음에 쏘아 보낸 양과 비교하는 것이다. 그리고 그 에너지의 차이를 전압이나 디지털 신호로 바꾸어 마이크로컨트롤러가 읽어들일 수 있도록 한다. 예를 들면, 컴퓨터를 공항의 소변기만큼 똑똑하게 하기 위한 값싸고 간단한 방법은 모니터 위에 포토셀과 플래시 전등을 사용자 방향으로 놓아 두는 것이다(**그림 9-2** 참조). 사람이 컴퓨터에 가까이 올수록 전등빛이 사람에 그만큼 더 많이 반사되어 포토셀을 비추게 될 것이다. 이제 포토셀은 컴퓨터 앞에 사람이 앉아 있는지 아닌지를 말해 줄 수 있을 것이고, 만일 사람이 있다면 어느 정도 떨어져 있는지도 대충 알려줄 수 있을 것이다.

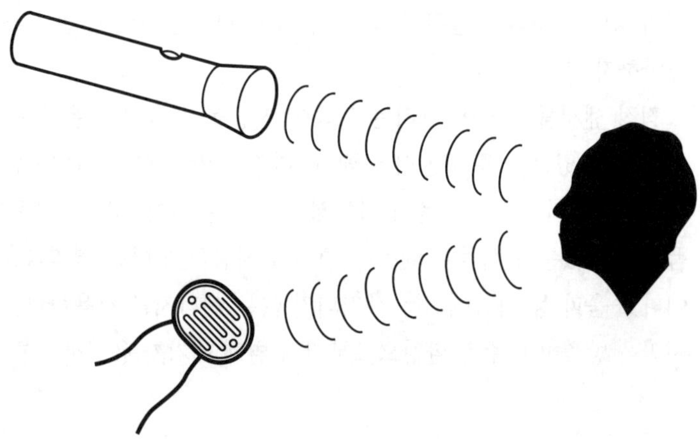

그림 9-2 대부분의 거리 센서는 어떠한 에너지(빛, 소리 등등)를 쏘아 내고 그것이 목표물에 반사되어 되돌아오도록 한다

이러한 원리는 크든 작든 거리를 측정하는 센서라면 대개 공통적으로 해당되는 것이다. 작은 단위 센서로는 가상현실용 장갑에 사용되는 손가락 감지 센서가 있다. 이러한 장갑을 만드는 방식 중 하나는 빛을 비춘 광섬유를 손가락마다 심어 두는 것이다[2]. 광섬유가 접힐 때마다 빛이 조금씩 빠져 나가므로, 결과적으로 손가락을 많이 굽힐수록 광섬유의 끝까지 도달하는 빛의 양이 줄어들게 된다. 손가락 끝 부분에는 포토셀이 있어 빛을 검출하고 그 변화한 양을 아날로그 값으로 나타낸다. 큰 단위 센서로는 비행기의 레이더 시스템이 있다. 이들은 라디오파를 쏘아 보낸 후 전파가 목표물을 치고 되돌아오기까지의 시간을 측정한다.

센서의 원리라는 것이 이렇듯 간단하니, 손전등 센서에서처럼 여러 가지 센서를 직접

1) 기존에 만들어져 있는 제품을 사용하는 경우가 아니라면, 장갑을 사용하는 프로젝트를 할 때 이러한 방법보다는 플렉스 센서를 사용할 것을 권한다. 플렉스 센서를 사용하는 편이 훨씬 만들기 쉽다.

만들어 보아야겠다는 생각이 들지도 모른다. 하지만, 연구실에서만 테스트해 본 프로젝트는 현장에 나가 실제의 조건들을 만나면 처참하게 실패할 수도 있다는 점을 명심해야겠다. 앞서 예로 든 가상현실용 장갑의 경우에는 광원과 센서를 모두 장치 안에 넣음으로써 외부 환경으로부터 영향받지 않도록 차단시킬 수 있었던 것이다. 일반적인 실제 상황에서는 사람들의 옷 색상, 헤어스타일, 피부색 등이 빛에 제각각 영향을 미치게 된다. 포토셀에 렌즈를 붙이지 않았으므로 모든 각도에서 여러 물체들로부터 빛이 쏟아져 들어와서 값에 영향을 미치게 될 것이다. 전체적인 조명조건이 변화하므로 반사되어 돌아오는 빛의 양이 예상과는 달라질 것이다. 마지막으로, 얼굴에 전등불을 비추면 사용자도 그리 좋아하지 않을 것이다.

직접 센서를 만들어 보려는 의욕에 찬물을 끼얹고 싶은 생각은 없다. 특히 상황이 잘 통제될 수 있는 경우라면 더 그렇다. 하지만 만일 사용하려는 센서가 제품으로 나와 있다면, 돈이 들더라도 그것을 구입해서 사용하는 편이 일반적으로 더 낫다고 할 수 있다. 제품화되어 있는 센서들은 렌즈나 필터를 사용하여 반응 영역을 좁혀 준다. 그리고 적외선이나 초음파 등 사람에게는 감지되지 않는 에너지를 사용한다. 또한 특정 주파수의 에너지만을 방출하여 주변 환경으로부터 구별해 내기가 용이하도록 한다.

3. 존재 여부 감지하기

때로는 오직 사람이 존재하는지 존재하지 않는지의 여부에만 관심이 있는 경우가 있다. 이를 위해서는 간단한 디지털 센서 하나만 있으면 된다. 이를테면 사람이 입구에 들어섰을 때에 우리들이 준비한 초특급 유령의 집 멀티미디어 판타지가 시작되도록 하고 싶다고 하자. 이를 위해 필요한 것은 사람이 들어섰음을 알려주는 디지털 센서 하나다.

거리 센서의 대표적인 용도 중 하나는 작품 앞에 있는 사람의 위치를 추적하여 사람이 어느 정도 이상 가까이 왔을 때에 작품이 반응하도록 하는 것이다. 이 작전이 잘 먹혀들 때도 있을 것이다. 하지만, 그저 어느 자리에 있다는 것과 주의를 기울이고 있다는 것은 다른 것이다. 아마 아이를 가진 부모라면, 그리고 학생을 가르치는 선생이라면 누구나 동의할 것이다. 우리의 그림을 감상하는 사람에게 어떤 반응을 보여주고 싶다고 하자. 그림 앞에 거리 센서를 붙이고 사람이 가까이 오기를 기다리는 방법을 생각해 볼 수 있겠다. 하지만 이 센서 하나만으로는 사람이 그림에 등을 돌리고 있다는 것까지는 알 수 없다. 사람이 주의를 기울이고 있는지의 여부를 파악하는 것은 보다 어려운 문제가 된다. 이 절에서 다루는 센서들은 존재 여부만을 감지할 수 있다. 다음 절 '위치 감지하기' 에서 다룰 센서들 역시 존재 여부만을 감지하는 목적으로도 사용될 수 있다.

■ 풋foot 스위치

풋 스위치는 사람이 존재하는지의 여부를 알기 위한 가장 솔직담백한 방법이다. 특히 넓지 않은 영역에 사용하기에 좋다. 가장 일반적인 형태는 길다란 금속 테이프들을 폼foam 테이프로 떨어뜨려 놓은 것이다. 원리는 일반 스위치와 다를 바가 없어, 사람이 센서에 올라서면 폼이 눌려서 금속조각들이 서로 맞닿게 되어 있는 것이다. 이 센서에 있어서 가장 큰 문제점은 사람들이 계속 밟아도 지장이 없을 만큼 튼튼해야 한다는 것이다. 이러한 이유로, 만들기 쉬울 것 같지만 그보다는 제품으로 나와 있는 것을 구입해 사용하는 편이 나을 때가 많다. http://www.tapeswitch.com에서 괜찮은 제품들을 취급한다. 최고급 아날로그 버전으로는 인퓨전시스템즈Infusion Systems의 아이큐브I-Cube(http://www.infusionsystems.com)용으로 나와 있는 탭타일즈TapTiles가 있다. 바닥에 스위치를 놓으면 보기 흉한 경우가 많으니 양탄자 밑에 감추는 편이 좋겠다.

■ 광전(光電, photoelectric) 스위치

광전 스위치에서는 빛이 수광 센서를 때리도록 되어 있다. 사람의 몸이 광원과 센서 사이를 가로막음으로써 빛이 차단되면 스위치가 작동된다. 이 스위치는 자동문 등을 위한 '전자눈' 으로 수십 년 전부터 사용되어 왔다. 이들은 사람이 문을 지나가거나 상자에 뚫린 구멍으로 손을 넣는 경우처럼, 어떤 지점을 무엇이 지나가는 것을 감지하는 데 매우 효과적이다. 이 스위치는 보석 도둑이 나오는 영화에 단골로 등장한다. 언제나 볼 수 있는, 보석을 둘러싸고 빨간 빔들이 방안 가득 둘러쳐져 있는 장면 말이다. 물론 현실은 이와 다르다. 빔이 눈에 보이는 경우는 거의 없고, 보석 도둑들이란 영화에서 처럼 그렇게 멋진 사람들이 아니다.

광전 스위치에는 발광發光부와 수광受光부가 따로 떨어져 있는 제품도 있고, 이들이 한군데에 같이 있고 상대편에는 거울만 있는 제품도 있다. 값싼 레이저포인터를 한쪽에 두고 다른 쪽에 포토셀이나 포토트랜지스터phototransistor를 두어서 직접 이러한 스위치를 만들 수도 있다. 이 센서는 디지털이며, 아날로그가 아니라는 점을 잊지 말자. 이들은 사람이 빛을 끊고 있음을 알려줄 뿐, 사람이 빛으로부터 얼마나 떨어져 있는지는 알려주지 않는다.

광전 스위치를 구하는 또다른 방법은 보안장비를 취급하는 업소를 이용하는 것이다. 보안장비를 취급하는 업소라면 분명히 이들을 가지고 있을 것이다(**그림 9-3** 참조). 방범 경보용 센서는 매우 넓은 장소에서도 사용할 수 있도록 되어 있는 경우가 많다. 또 마이크로컨트롤러가 없이도 사용할 수 있는 제품들도 있다. 이들은 보통 빛이 끊어지면 서로 연결되는 두 개의 단자를 가진다. 이들을 디지털 입력 회로에 스위치로서 연결하는 경우도 있고, 전력소모가 작은 디바이스나 릴레이를 켜도록 직접 연결하는 경우도 있다. 한 번 작동하고 나서 다시 리셋되는 데 얼마간의 시간이 필요한 제품들이 많다. 이럴 경우에는 보통 리셋 시간을 조절할 수 있는 포텐시오미터가 같이 달려 있다. 하지만 리셋 시간을 완전히 0으로 할 수는 없는 경우도 있다. 온라인 업체 중에서는 하일리 일렉트릭Highly Electric(http://www.highly.com)이 전광 스위치를 취급한다.

그림 9-3 전광 스위치와 목표물, 그리고 적외선 센서.
두 센서의 작동 원리는 비슷하지만 전광 스위치는 디지털이고(사람이 빛을 끊었는지의 여부만 감지한다) 거리 센서는 아날로그이다(사람과 센서 간의 거리를 측정한다).

■ 움직임 감지 센서

어디서나 볼 수 있는, 사람이 방 안에서 걸어다니면 LED를 깜박거리는 베이지색 또는 검정색 상자들이 바로 이들이다(**그림 9-4** 참조). 이 센서들은 공간 안의 적외선 상태 변화에 반응한다. 변화에만 반응하므로 움직이는 사람만을 감지하며, 누군가가 방안에 있더라도 움직이지 않고 가만히 서 있으면 알아채지 못한다. 방범용 경보장치에 사용되는 제품의 경우에는 디지털 입력 회로에 스위치로 연결할 수 있는 단자들을 가지고 있다. 움직임 감지 센서는 광전 스위치에 비해 설치하기가 매우 쉽고 측정범위도 보통 훨씬 넓으며 부착된 렌즈를 사용해 측정범위를 조절할 수 있다는 장점을 가진다. 한 번 작동하고 나서 다시 리셋되는 데 얼마간의 시간이 필요하다는 점은 광전 스위치와 마찬가지다. 리셋 시간을 줄일 수 있는 포텐시오미터가 달려 있는 경우가 많기는 하지만, 0으로 만들 수는 없도록 되어 있는 제품들도 있다. 일반 철물점에서 훨씬 값싸게 구할 수 있는, 센서 전등용 움직임 감지 센서를 뜯어서 이용하는 방법도 있다. 이들은 일반적으로 120볼트 AC를 위한 스위치로 사용하도록 만들어져 있으나 5~12볼트 DC에서도 대개 잘 동작하므로, 마이크로컨트롤러와 함께 사용할 수 있을 것이다.

그림 9-4 움직임 감지 센서

■ 자석 스위치

자석 스위치의 내부에는 매우 얇은 금속단자가 두 장 들어 있다. 자석 근처에 가면 이들이 서로 달라붙어 스위치를 연결하게 된다. 스위치 부분만(자석 부분이 없이) *리드 스위치reed switch*라는 이름으로 판매되기도 한다. 자석 스위치는 전선이 전혀 없이도 동작하기 때문에 움직이는 물체의 위치를 감지하고자 할 때에 자주 사용된다(**그림 9-5** 참조). 전선 같은 것에 방해받지 않고 움직여야 하는 물체가 있는데 이를 어떤 받침대 위에 올려 놓았을 때에 감지하고 싶다고 하자. 이런 경우는 그 물체의 바닥에 자석을 붙이고 받침대에 자석 스위치를 두면 간단히 해결할 수 있을 것이다.

그림 9-5 목 부위에 자석 스위치가 장착된 섬뜩한 인형 머리. 자석은 머리 안에 있다.

*홀 효과*Hall-effect *센서*는 자기장의 변화를 감지한다는 점에서 자석 스위치와 비슷하다. 제일 간단한 홀 효과 센서는 디지털 방식으로 동작하는데, 센서 주변의 자기장이 변화하면 출력을 로우에서 하이로 바꾸어 준다. 아날로그 홀 효과 센서는 주변 자기장의 변화에 따라 변화하는 전압을 출력해 준다. 홀 효과 센서는 사용하기가 매우 쉽다. 일반적으로 파워와 그라운드, 그리고 출력을 위한 세 개의 다리가 있다. 사용하기 위해서는 파워와 그라운드를 연결해 준 다음, 그 출력을 마이크로컨트롤러에 연결해서 센서의 종류에 따라 디지털 또는 아날로그 방식으로 읽어들이면 된다. 홀 효과 센서의 감지범위는 매우 짧아서 고작해야 몇 인치에 불과하다. 그래서 실제로는 자성磁性을 띤 물체들 사이의 세밀한 움직임을 측정하는 정도의 용도에 그칠 때가 많다. 제임코Jameco와 디지키Digi-Key(http://www.jameco.com과 http://www.digikey.com) 어디에서나 구입할 수 있다.

4. 위치 감지하기

지금까지 본 센서들은 어떤 장소에 사람이 있는지 없는지, 또 그 사람이 움직이고 있는지 아니면 가만히 있는지를 알려 준다. 하지만 그 사람이 어느 곳에 있는지, 그리고 어느 방향으로 움직이고 있는지는 알려주지 못한다. 이제 소개할 센서들이 이를 알려줄 수 있다. 이 센서들을 사용하여 위치의 변화를 추적하면 사람이나 물체가 움직이는 속도도 알 수 있을 때가 많다.

흔히 디지털 센서는 존재의 유무와 동일시하고 아날로그 센서는 거리의 측정과 동일시하게 된다. 하지만 꼭 그런 것만은 아니다. 측정하는 지점이 많다면 디지털 센서로도 아날로그와 비슷한 느낌을 낼 수 있다. 예를 들어, 만일 바닥에 디지털 스위치를 많이 깔아 둔다면 어느 스위치가 눌려 있는지를 체크해 봄으로써 사람이 대충 어느 지점에 있는지를 알 수 있을 것이다. 반대로, 아날로그 센서도 어떤 역치를 넘었는지 안 넘었는지를 판단하도록 하면 이분법적으로 사용할 수 있다(역치에 대한 설명은 8장을 참조하라). 역치를 소프트웨어를 통해 조절하면 변화하는 상황 하에서도 적응해 가며 사용할 수 있다.

■ 적외선 센서

짧은 거리를 측정하는 데 있어서는 샤프Sharp의 GP2D 시리즈 적외선 센서들(http://www.acroname.com, http://www.digikey.com 등에서 구입할 수 있다)을 능가할 센서가 없다. 값싸고, 정확한 편이며, 사용하기도 쉽다. 이 센서들은 적외선을 쏜 후 목표물에 반사되어 돌아오는 양을 측정한다(**그림 9-2**를 참조하라). 모델마다 측정 범위가 다르다. 가장 멀리까지 측정할 수 있는 모델인 GP2Y0A02YK의 측정 범위는 8~56인치이다. 가장 측정거리가 짧은 모델인 GP2D120의 측정 범위는 1.5~12인치이다.

이 시리즈에는 아날로그 센서도 있고 디지털 센서도 있다. 디지털 센서는 사람이나 물체가 센서의 측정범위 안에서 움직일 때에 반응한다. 아날로그 센서는 거리에 따라 0~5볼트 사이에서 변화하는 전압을 출력해 준다. 역치를 설정하고 그와 비교하기만 하면 언제든지 디지털로도 사용할 수 있으니, 아날로그 센서가 더 유용하다고 할 수 있겠다. 아날로그/디지털 변환기를 가지고 있는 마이크로컨트롤러라면 표준적인 아날로그 입력회로(6장을 참조하라)를 통해 이들을 사용할 수 있다. **그림 9-6**에 회로도와 배선도를 보였다. 마이크로컨트롤러에 아날로그/디지털 변환기가 없다면 **그림 9-7**과 같이 저항-커패시터 회로를 구성하고 rctime 명령어를 사용하면 된다.

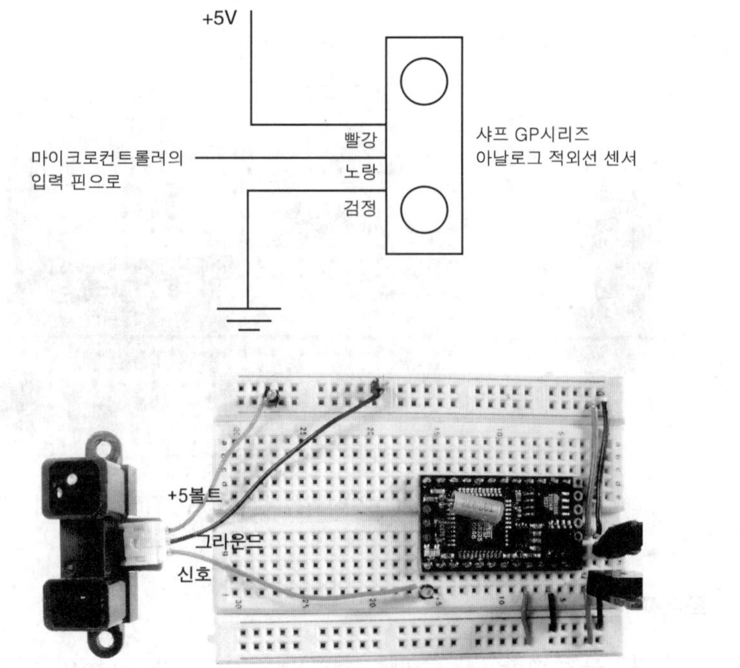

그림 9-6 샤프 GP2D12 적외선 센서를 아날로그-디지털 변환기가 있는 마이크로컨트롤러에 연결하기

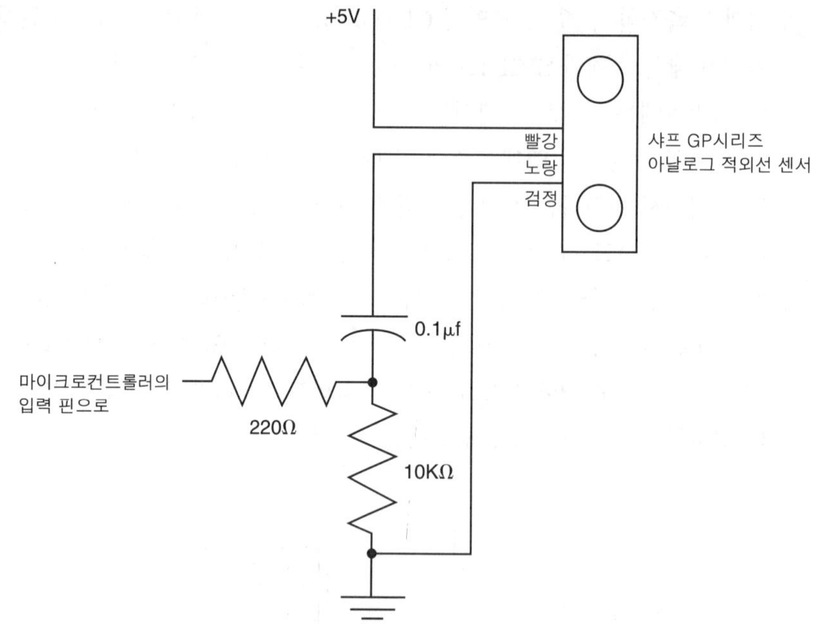

그림 9-7 샤프 GP2D12 적외선 센서를 RCTime 회로에 연결하기

■ 초음파 센서

더 긴 거리를 측정하고자 할 때는 초음파 거리센서가 좋다. 이들은 소나sonar 수중탐지기처럼 초음파를 내보낸 다음, 그것이 반사되어 돌아오기까지의 시간을 측정한다. 돌아오는 데 시간이 오래 걸릴수록 목표물이 멀리 있는 것이다. 몇 가지 제품들이 나와 있다. 센스콤프/폴라로이드SensComp/Polaroid의 초음파 거리측정 모듈은 6인치에서 35피트 사이의 범위를 측정할 수 있다. 이 제품에는 시작 핀과 에코echo 핀이 있다. 센서를 사용하기 위해서는 시작 핀을 하이로 놓은 후 에코 핀에 rctime 명령을 걸어서 신호가 돌아오기까지의 시간을 측정한다. 이 제품은 성능은 좋지만 값이 비싸고, 신호를 발신하는 데 전류 소모가 크다(2A까지 소모할 수도 있다).

데반테크Devantech의 SRF 시리즈는 폴라로이드 제품과 비슷하지만 값이 저렴한 초음파 센서이다. 가장 값싼 모델인 SRF04는 센스콤프/폴라로이드 제품과 사용 방법이 동일하다. 시작 핀을 하이로 놓고 에코 핀에 신호가 돌아오기를 기다린다. 거리를 계산하기 위해서는 마이크로컨트롤러의 소프트웨어를 사용해서 경과한 시간을 초음파의 속도로 나누어 주면 된다. SRF08처럼 좀더 비싼 모델들은 거리값을 계산한 후에 I2C라는 프로토콜을 사용해서 전송해 준다(이 프로토콜에 대해서는 12장 '디바이스간의 여러가지 통신' 에서 좀더 자세히 설명한다).

데반테크의 SRF04나 센스콤프/폴라로이드 제품을 사용하려면 약간의 프로그래밍을 해주어야 한다. 초음파를 내보내기 위해서는 pulsout 명령을 시작 핀에 한 번 보내 주면 된다. 초음파가 반사되어 돌아오기까지의 시간은 pulsin이나 rctime 명령어를 사용해서 알아낸다. 이 명령들을 사용했을 때에 돌아오는 값은 ㎲인데, 이를 인치나 센티미터 단위로 바꾸어 주려면 초음파의 속도를 나타내는 상수가 필요하다(1인치 나아가는 데 73.746㎲, 1cm 나아가는 데 29.033㎲). 회로도와 배선도는 **그림 9-8**과 같다.

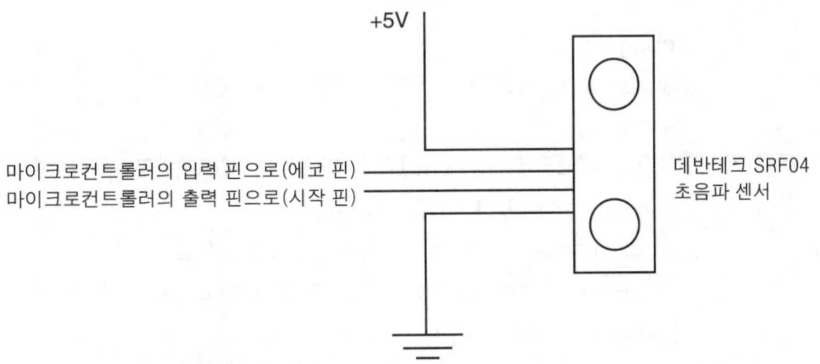

그림 9-8 데반테크 SRF04 초음파 센서

데반테크 SRF04 초음파 센서의 값을 읽어들이기 위한 슈도코드는 다음과 같다.

```
루프 :
    시작 핀에 펄스를 보낸다
    펄스가 돌아오기까지 걸리는 시간을 측정한다
    시간값을 초음파의 속도로 나눈다
    센서를 리셋하기 위해 잠시 멈춘다
루프의 끝
```

pulsout과 pulsin 명령에 사용되는 단위가 마이크로컨트롤러마다 다르므로, 초음파의 속도를 나타내는 상수 역시 마이크로컨트롤러마다 달라진다. 실제 코드는 다음과 같다.

PBASIC

```
distance var word
conversionFactor con 137 '센티미터일 경우에는 54
initPin con 11 '시작 핀의 핀 번호
echoPin con 8 '에코 핀의 핀 번호

debug "start"
pause 500 '프로그램을 시작하기 전에 0.5초 쉰다
main:
   pulsout initPin,10 '시작 핀에 10µs 펄스를 보낸다
   pulsIn echoPin,1, distance
   distance = distance/conversionFactor
   debug "Distance: = ", DEC distance, "inches",13
   pause 100
goto main
```

MBasic

```
distance var word
conversionFactor con 137 '센티미터일 경우에는 54
initPin con 11 '시작 핀의 핀 번호
echoPin con 8 '에코 핀의 핀 번호

'아쉽게도, 아톰에서는 디버그 명령을 사용하면 펄스의 타이밍이 흐트러진다.
'아톰의 경우에는 결과를 확인할 때에 디버그 모드를 사용하지 말고
'프로그램을 통해 터미널 창으로 확인하는 것이 좋겠다.
Serout 6, N9600, [ "start"]
pause 500 '프로그램을 시작하기 전에 0.5초 쉰다
main:
```

```
    pulsout initPin,10 '시작 핀에 10μs 펄스를 보낸다
    pulsIn echoPin,0,distance
    distance = distance/conversionFactor
    Serout 6, N9600, [ "Distance: = ", DEC distance,
"inches",13]
    pause 100
goto main
```

PicBasic Pro

```
DEFINE OSC 4 '이 코드의 상수들은 4MHz 클록에 맞추어져 있다.
'다른 클록을 사용할 때는 조정이 필요하다.
'예를 들어 20MHz 클록에서는 값들을 5로 나누어 주어야 한다.
distance var wordconversionFactor con 14 '센티미터일 경우에는 6
initPin var portb.0 '시작 핀의 핀 번호
echoPin var portb.1 '에코 핀의 핀 번호

serout2 portc.6, 16468, [ "start"]
pause 500 '프로그램을 시작하기 전에 0.5초 쉰다
main:
    pulsout initPin,1 '시작 핀에 10μs 펄스를 보낸다
    pulsIn echoPin,1, distance
    distance = distance/conversionFactor
    serout2 portc.6, 16468, [ "Distance: = ", DEC distance,
"inches"]
    pause 100
goto main
```

BX-Basic

```
dim distance as integer
const conversionFactor as integer = 137 '센티미터일 경우에는 54
const initPin as byte = 16 '시작 핀의 핀 번호
const echoPin as byte = 13 '에코 핀의 핀 번호

sub Main()
    debug.print "start"
    call delay(0.5) '프로그램을 시작하기 전에 0.5초 쉰다
    do
        pulseout initPin,10,1 '시작 핀에 10μs 펄스를 보낸다
        distance = pulseIn(echoPin,1)
        distance = distance \conversionFactor
        debug.print "Distance = " ; cstr(distance); "inches"
        call delay(0.1)
    loop
end sub
```

■ 위치를 감지하기 위한 다른 센서들

적외선 센서와 초음파 센서가 단연 가장 사용하기 간편한 거리 측정 센서들이다. 아마도 대부분의 거리 측정 문제는 이들을 사용하면 해결될 것이다. 아주 가까운 곳에서 일어나는 인터액션일 경우에는(다시 말해 샤프 GP2D120의 측정한도인 1.5인치보다 가까운 경우에는) 아날로그 홀 효과 센서를 사용하는 것을 고려해 보자. 매우 큰 스케일의 위치를 측정해야 할 경우에는 GPS를 사용할 수도 있다. 지구상 어느 곳에 있든지 몇 미터 이내의 오차로 위치를 확인해 준다. 하지만 GPS는 실내에서는 사용할 수 없으며, 하늘이 가려져서 잘 보이지 않는 곳에서도 사용할 수 없다. GPS에 대해서는 12장에서 자세히 다루었다.

사람의 인체 크기 정도의 영역 내에서 매우 정밀한 위치감지가 필요하다면, 자기장을 이용하는 모션 트래커를 사용하는 것을 고려해 보자 (http://www.polhemus.com이나 http://www.ascension-tech.com를 참조하라). 여섯 방향 자유도 모두에 대해 매우 빠르고 정밀한 측정값을 RS-232 시리얼 통신을 통해 제공해 준다. 위치를 추적하고자 하는 물체에는 작은 자석 센서를 붙여야 한다. 가장 정밀한 측정(0.1인치 이하로 측정 가능)이 가능한 범위는 반경 1야드 정도이며 여기에서 벗어나면 정밀도가 떨어지게 된다. 방안에 철鐵이 많아도 정밀도가 떨어지게 된다. 이 센서는 비싸다. 가격이 수백만 원에 이른다. 하지만 집에서 자작自作한 센서들로는 따라갈 수 없는 정밀도를 보여 준다. 이 센서는 사용자가 한 자리에 가만히 서서 몸 또는 어떤 물체를 이리저리 움직이는 상황에 사용하기 적합하다. 가상현실 디자이너들이 이 센서를 총애한다. 이러한 종류의 어플리케이션에 사용할 정밀한 센서가 필요하다면, 이 센서를 구입하도록 하라. 여섯 방향 자유도의 정밀한 위치를 추적하느라고 수백 시간을 허비하는 것보다는 돈을 투자하는 편이 낫다.

수천만 원 단위로 올라가면, 엔터테인먼트 산업에서 특수효과와 애니메이션 용으로 사용하는 여러 가지 모션 캡쳐 센서들이 있다. 매년 ACMAssociation for Computing Machines의 시그래프SIGGRAPH 대회에서 이를 위한 새로운 방법들이 발표되고 있다. 이들 시스템은 특수한 전용 룸에 설치해 주어야 하는 경우가 많다. 예를 들어 비콘Vicon(http://www.vicon.com)의 모션캡쳐 시스템은 실내를 빙 둘러가며 카메라들이 놓인 방에 설치되곤 한다. 위치를 추적하고자 하는 신체부위나 물체에 역반사retroreflective(고속도로의 도로선을 칠하는 데 사용하는 페인트처럼 빛을 매우 잘 반사하는) 테이프나 공을 붙인다. 카메라는 역반사 테이프에서 나오는 적외선만을 볼 수 있도록 조정되어 있다. 카메라들이 수합한 데이터로부터 테이프들이 3차원 공간 안에서 이동한 경로가 얻어진다. 사람의 위치를 추적하기 위해서는 모든 관절마다, 그리고 그 밖에 추적하고 싶은 모든 신체부위에 추적점들을 붙이게 된다. 모션 캡쳐 시스템은 매우 정밀한 측정을 가능하게 하지만 그만큼 가격도 비싸며, 설치하고 관리하는 데 상당히 전문적인 컴퓨터 지식과 많은 노동력을 필요로 한다.

5. 회전 감지하기

지금까지 물체나 사람이 존재하는지의 여부를 알아내고 그것이 공간 안에서 어디에 있는지를 감지할 수 있는 센서들을 소개했다. 이 절에서는 그 사람이나 물체가 어느 방향을 향하고 있는지를 감지하는 방법에 대해 설명하겠다.

■ 포텐시오미터potentiometers

회전을 감지하는 가장 간단한 센서는 다름아닌 일반 포텐시오미터이다. 예를 들어 사용자가 손잡이를 돌려서 어떤 이미지의 방향이나 소리의 높낮이를 조정할 수 있도록 하고 싶다면 그 손잡이의 회전축에 포텐시오미터를 붙이면 된다. 포텐시오미터를 사용하기 위한 회로 구성과 프로그래밍은 매우 간단하며 6장의 '아날로그 입력' 절에서 이미 설명한 바 있다. 일반 포텐시오미터로 360도의 모든 각도를 감지하기 위해서는 두 가지 문제를 해결해야 한다. 첫째, 대부분의 포텐시오미터는 360도를 계속해서 돌아가도록 되어 있지 않다. 둘째, 사용자가 돌릴 손잡이에 포텐시오미터를 붙이는 방법을 찾아내야 한다.

대부분의 포텐시오미터는 360도 한 바퀴를 완전히 돌지 않는다. 몇 바퀴를 회전할 수 있도록 되어 있는 포텐시오미터들도 있으나, 이들도 두 방향 어느쪽으로든지 끝점에서 걸리게끔 되어 있다. 포텐시오미터의 뒷뚜껑을 열고, 한 바퀴를 못 돌도록 막는 금속 부분을 잘라 내 버릴 수는 있다. 하지만 회전이 멈추게 되어 있는 곳에서 포텐시오미터의 저항 띠 자체가 끊어져 있는 것이 문제다. 포텐시오미터의 회전하는 침이 이 끊어진 곳을 지날 때마다 이상한 값이 읽히게 될 것이다. 만일 센서에서 필요한 정밀도가 이 부분에서 비롯하는 오류보다 높지 않다면, 이 문제를 감수하고 그대로 사용할 수도 있겠다.

아니면 회전침이 한 쌍으로 들어 있어서 끝없이 회전할 수 있도록 되어 있는 연속회전 포텐시오미터를 구할 수도 있다. 회전침이 두 개이므로, 저항이 끊어져 있는 부분에 상관없이 연속된 값을 읽어들일 수 있다. 끊긴 부분 위를 지나가고 있는 침으로부터 들어온 값은 버리고 다른 침의 값을 취하도록 되어 있기 때문이다.

포텐시오미터를 다른 회전축에 붙이는 방법은 그때그때 상황마다 다 다르지만, 기억해 두면 좋을 만한 몇 가지 지침은 있다. 일반적으로 포텐시오미터는 큰 바퀴를 연결할 회전축이 되기에는 기계적으로 너무 약할 때가 많다. 바퀴를 연결할 축은 튼튼한 것을 사용하고, 이 축을 고정시킨 부분에 포텐시오미터를 붙이는 방법을 생각하도록 하자. 또는 바퀴에 직접 포텐시오미터를 붙일 수도 있다. 포텐시오미터를 붙일 때는 약간 여유를 두어서, 바퀴의 움직임이 흔들거려도 포텐시오미터가 망가지지 않도록 하자. **그림 9-9**는 바퀴에 포텐시오미터를 붙이는 세 가지 방법을 보여준다.

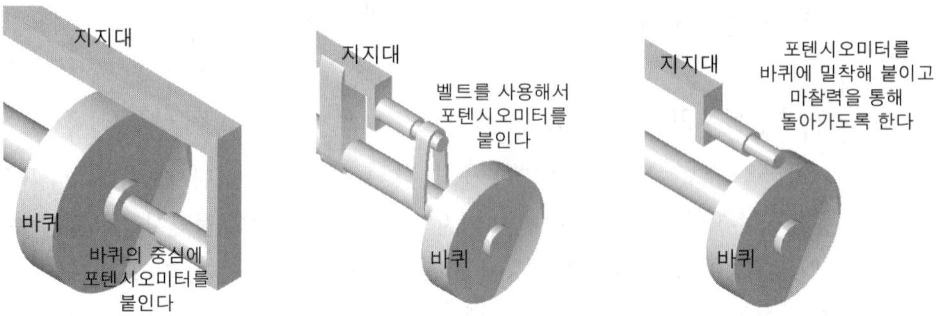

그림 9-9 바퀴에 포텐시오미터를 붙이는 세 가지 방법

■ 가속도 센서 Accelerometers

*가속도 센서*는 움직이는 속도의 변화, 즉 가속도를 측정한다. 일반적으로 두 축(때로는 세 축)에 대해 측정이 이루어진다. 이들 센서는 흔히 자동차에서 가속과 감속을 측정하는 부품으로 사용된다. 차가 지나치게 급감속을 하면 에어백이 터지도록 하는 것이다. 가속도 센서의 두 축이 지표면에 대해 완전히 수직일 때는 외부로부터의 힘으로 인한 변화만을 측정하게 된다. 예를 들어 장난감 자동차에 이런 방식으로 가속도 센서를 부착했다면 사람이 손으로 미는 힘에 기인한 가속도 변화만을 측정하게 되는 것이다. 하지만 센서를 기울이면 중력으로 인한 가속도를 측정하게 된다. 따라서 가속도 센서를 사용하면 사람이나 물체가 기울어진 정도를 대체로 정확하게 측정할 수 있게 된다. 중력을 기준으로 하니 측정하고자 하는 대상에 직접 부착하기만 하면 되며, 앞에서 움직이는 물체에 포텐시오미터를 붙일 때에 생각해야 했던 것과 같은 기계적인 문제들에 대해서는 신경쓰지 않아도 된다. 이런 방식으로 기울기를 측정할 때 가속도 센서가 측정할 수 있는 범위는 보통 90도 정도가 된다. 3축을 가지는 센서를 사용하든지 아니면 2축 센서 두 개를 서로 직각으로 붙여서 사용하지 않는 한, 일반적으로 두 방향의 움직임만을 측정할 수 있다.

아날로그 디바이시즈Analog Devices(http://www.analog.com)는 ADXL202E 등의 좋은 가속도 센서들을 만든다. 아날로그 디바이스의 가속도 센서들은 모두 아주 작은 칩 형태로 되어 있어서, 숙련되지 않은 사람은 납땜해서 사용하기가 참 힘들다. 하지만 ADXL202EB라는 데모보드 형태의 제품은 브레드보드와 연결해 사용하기가 용이하다. ADXL202E에는 X축과 Y축마다 하나씩 총 두 개의 출력 핀이 있다. 각 핀은 해당 축 방향의 가속도에 따라 길이가 달라지는 디지털 펄스를 보내 준다. 펄스의 길이는 rctime이나 pulsin 명령어로 측정할 수 있다. 아날로그 디바이스의 제품 중에는 X축과 Y축 방향의 가속도를 측정하여 RS-232 시리얼 통신으로 보내 주는 ADXL202-EB-232라는 데모보드도 있다. 하

슬립 링 slip rings

회전을 감지하려고 할 때, 자주 등장하는 문제가 하나 있다. 회전하는 물체가 회전하지 않는 물체와 전선으로 연결되어 있으면, 전선이 꼬여서 결국 회전을 못하게 된다는 것이다. 이 문제를 해결하는 가장 간단한 방법은 회전하는 물체의 회로가 어디에도 연결될 필요가 없이 독립할 수 있도록 구성하든지, 아니면 무선통신 기술을 사용하는 것이다. 즉, 회전하는 회로에 건전지를 사용하든지, 아니면 배보다 배꼽이 커지는 식으로 아주 복잡한 기술들을 동원해야 한다는 뜻이다.

이를 피하기 위해서는, 회전하는 회로에 들어가는 전선을 슬립 링이라는 부품으로 연결하는 방법을 생각할 수 있다. *슬립 링*에는 보통 회전축에 띠 형태로 만들어진 금속 단자들이 있어서, 회전하는 회로에 들어가는 전선들을 이곳에 연결하도록 되어 있다. 회전하지 않는 물체에 있는 스프링 달린 단자들이 이 띠 형태의 단자들을 단단히 물고 있는 상태에서 회전이 이루어지므로, 두 물체가 서로 직접 연결되지 않고서도 전기가 통하게 된다.

슬립 링은 구조상 단자들이 서로 쓸리는 과정에서 전기적 잡신호가 발생하게 되어 있으므로, 이를 최소화하기 위해 매우 정교하게 만들어져 있는 경우가 많다. 그러다 보니 가격도 상당히 비싼 편이다. 연결하고자 하는 도체가 3개인 경우에는 0.25인치 스테레오 포노 잭을 슬립 링 대용품으로 사용하는 방법도 있다. **그림 9-10**은 포노 잭을 슬립 링 대용품으로 사용한 모습과 전문적인 슬립 링의 모습을 보여준다.

그림 9-10
포노 잭을 슬립 링 대용품으로 사용한 모습(왼쪽), 그리고 전문적인 슬립 링(오른쪽)

지만 이 제품은 가격이 200달러가 넘으므로 권하고 싶지는 않다. **그림 9-11**은 ADXL202EB를 마이크로컨트롤러에 연결하는 방법을 보여 준다.

마이크로컨트롤러로 ADXL202E의 값을 읽어들이기 위해서는 X핀과 Y핀에서 들어오는 펄스들을 듣기만 하면 된다. 사람의 몸이 관련된 어플리케이션에서는 아마 이렇게 읽어들인 숫자의 변화를 관찰하는 것 만으로도 하고자 하는 일들을 할 수 있을 것이다. 만일 m/s^2 단위의 실제 가속도가 필요하다면, 아날로그 디바이스 회사의 홈페이지(http://www.analog.com)에서 데이터 시트를 다운로드 받아서 그것을 참조하면 되겠다. 아래 예제는 센서로부터 읽어들인 값을 있는 그대로 사용하는 경우이다.

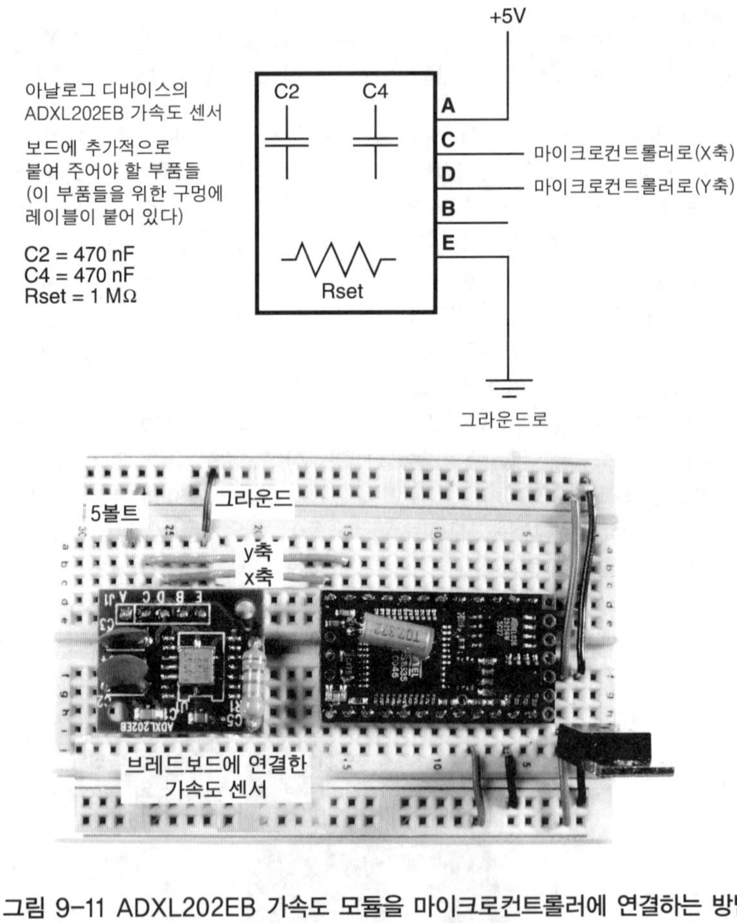

그림 9-11 ADXL202EB 가속도 모듈을 마이크로컨트롤러에 연결하는 방법

PBASIC

```
xTilt var word
yTilt var word
XPin con 6 'X 핀의 핀 번호
yPin con 7 'Y 핀의 핀 번호

debug "start"
pause 500 '프로그램을 시작하기 전에 0.5초 쉰다

main:
   pulsIn XPin,1, xTilt
   pulsIn YPin,1, yTilt
   debug "xTilt = ", DEC xTilt, " yTilt = ", DEC yTilt
   pause 100
goto main
```

MBasic

```
xTilt var word
yTilt var word
XPin con 6 'X 핀의 핀 번호
yPin con 7 'Y 핀의 핀 번호

debug [ "start"]
pause 500 ' 프로그램을 시작하기 전에 0.5초 쉰다

main:
   pulsIn XPin,1, xTilt
   pulsIn YPin,1, yTilt
   debug [ "xTilt = ", DEC xTilt, " yTilt = ", DEC yTilt]
   pause 100
goto main
```

PicBasic Pro

```
DEFINE OSC 4
xTilt var word
yTilt var word
XPin var PORTB.0 'X 핀의 핀 번호
yPin var PORTB.1 'Y 핀의 핀 번호

serout2 portc.6, 16468, [ "start"]
pause 500 '프로그램을 시작하기 전에 0.5초 쉰다
```

```
main:
    pulsIn XPin,1, xTilt
    pulsIn YPin,1, yTilt
    serout2 portc.6, 16468, [ "xTilt = ", DEC xTilt,
    " yTilt = ", DEC yTilt]
    pause 100
goto main
```

BX-Basic

```
dim xTilt as integer
dim yTilt as integer
const XPin as byte = 11 'X 핀의 핀 번호
const YPin as byte = 12 'Y 핀의 핀 번호
sub Main()
    debug.print "start"
call delay(0.5) '프로그램을 시작하기 전에 0.5초 쉰다
    do
        xTilt = pulseIn(XPin,1)
        yTilt = pulseIn(YPin,1)
        debug.print "xTilt = " ; cstr(xTilt); " yTilt = "
        ;cstr(yTilt)
        call delay(0.1)
    loop
end sub
```

■ 나침반

가속도 센서는 *팬* pan, 즉 지표면에 수직인 축을 중심으로 한 회전은 측정하지 못한다. 이를 측정하기 위해서는 전자 나침반을 이용할 수 있다. 전자 나침반도 일반 나침반과 마찬가지로 지구의 자기장을 이용해 회전량을 측정한다. 나침반의 측정값은 아주 정확하다고는 할 수 없고(오차가 ±5도) 반응도 그리 빠르지 못하지만 사용하기 쉬운 편이니, 그다지 정밀하지 않아도 괜찮은 용도라면 알맞을 것이다. 데반테크Devantech의 CMPS03(http://www.acroname.com 등에서 구입할 수 있다) 등 가격대가 괜찮으면서 측정값을 동기synchronous 시리얼 통신으로 마이크로컨트롤러에 보내 주는 제품들이 나와 있다 (이 통신의 자세한 사항에 대해서는 12장을 참조하라).

■ 인코더 Encoders

*인코더*는 회전하는 바퀴에 빛을 감지하는 센서를 붙여 회전량을 감지할 수 있도록 한

것이다. 일반형 인코더의 핵심은 가는 틈새들이 뚫려 있는 바퀴에 있다. 바퀴의 양 쪽에는 포토트랜지스터와 LED가 틈새를 통해 서로 마주보고 있다. 틈새가 있는 곳에서는 LED의 빛이 포토트랜지스터를 비추지만 틈새가 없는 곳에서는 막히게 되어 있다. 이제 마이크로컨트롤러로 포토트랜지스터의 펄스를 세어 보면 빛이 틈새를 몇 번 통과했는지를 통해 바퀴가 얼마나 회전했는지를 알 수 있다.

포텐시오미터의 측정값이 절대적인 값인 반면에 인코더가 주는 값은 상대적인 값이다. 어쩌다 마이크로컨트롤러가 펄스를 한 번 놓치면 회전값 계산이 그만큼 틀어지게 되어 바퀴의 위치를 잘못 알게 된다. 일반적으로 인코더는 위치보다는 속도를 측정하는 데에 더 적합하다. 인코더는 예전에 마우스를 만들 때 많이 사용되었다. 하나의 공에 두 개의 인코더가 서로 다른 방향으로 붙어 있어 공이 회전함에 따라 동시에 회전한다. 인코더 하나는 세로 방향 움직임을, 다른 하나는 가로 방향 움직임을 측정한다. 마우스를 잠깐 들었다가 다시 움직여도 화면에서 마우스 포인터가 연속해서 움직인다는 것을 알고 있을 것이다. 인코더는 절대값이 아니라 상대값을 측정하는 것이다. 즉, 마우스패드 위에서 마우스의 위치를 측정하는 것이 아니라 마우스가 패드 위에서 미끌어져 가는 속도를 측정하는 것이다. 그래서 마우스를 들어올렸을 때는 마우스 포인터가 그다지 움직이지 않지만 마우스를 패드 위에서 끌면 움직이게 되는 것이다. **그림 9-12**는 일반적인 마우스에 달려 있는 인코더를 보여 준다.

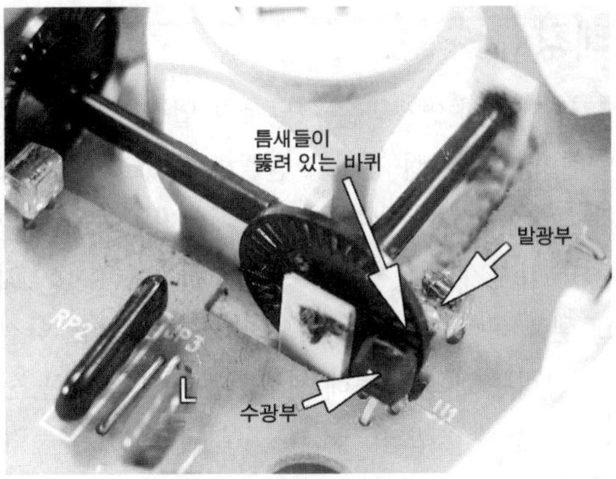

그림 9-12 마우스에 달려 있는 회전 인코더

이와 종류가 다른 것으로 *절대값 인코더absolute encoder*라는 것도 있다. 이 인코더는 스스로 펄스 값을 센 후에 우리들에게 절대적인 위치값을 알려 준다. 멋지게 들리지만, 이들은 사실 대부분의 경우에 포텐시오미터보다 측정의 정밀도가 떨어진다. 인코더는 두 종류 모두 몇 번이고 끝없이 회전할 수 있다.

6. 회전의 속도

얼마나 많이 회전했는지보다는 얼마나 빨리 회전했는지를 알고 싶을 때가 많다. 회전속도를 측정하기 위한 대표적인 디바이스는 타코미터tachometer이다. 타코미터를 만들기 위해서는 바퀴의 한 쪽에 디지털 센서를 놓기만 하면 된다. 바퀴에 직접 연결할 필요가 없으므로 이럴 때는 자석 스위치가 편리하다. 바퀴에 자석을 붙이고 바퀴 옆에 자석 스위치를 고정시킨다. 한 번 회전할 때마다 자석이 스위치를 한 번씩 켜게 된다. 1분 동안 스위치의 상태가 몇 번 바뀌는지를 세어 보면 그것이 1분당 회전수(Revolutions Per Minute, RPM)이다. 빠른 회전을 측정하기 위해서는 경계찾기와 디바운싱을 사용해야 할 것이다(8장을 참조하라). 자전거용 타코미터가 대개 이런 방식으로 되어 있다. 한 바퀴 안에서의 회전속도를 측정하기 위해서는 자석들을 일정한 간격으로 더 붙이거나, 포텐시오미터 또는 인코더를 사용해야 할 것이다.

■ 자이로스코프 Gyroscopes

자이로스코프는 각角 가속도를 측정하는 센서이다. 직선운동의 가속도가 아니라 회전각이 변화하는 속도를 측정한다는 점을 제외하고는 가속도 센서와 비슷하다. 어떤 축을 중심으로 한 회전량이나 회전속도를 측정하는 데 유용할 경우도 있다.

7. 비디오 트래킹 Video Tracking

마이크로컨트롤러에 연결되는 아날로그 입력으로 포토셀을 처음 사용해 보면 거기에 매혹되게 마련이다. 아무런 전선도 연결하지 않고 손을 흔드는 것만으로도 그렇게 멋진 일련의 숫자들을 얻을 수 있다는 것이 신기하기만 하다. 하지만 이들을 실제 설치에 활용해 보려고 하면 갑자기 골칫거리로 전락해 버리는 경우가 자주 있다. 비디오 카메라란 수천 개의 포토셀을 빽빽이 모아 놓았으면서도 포토셀의 약점은 없앤 것으로 생각할 수 있다. 비디오 카메라는 렌즈를 통해 관심있는 빛의 영역을 선택할 수 있고, 조리개를 통해 조명상황에 적응할 수 있으며, 색色을 구분할 수 있는 능력이 있다. 매혹적인 컴퓨터 시각의 세계에 오신 것을 환영합니다.

최근에는 멀티미디어 컴퓨터의 속도가 빨라져서 비디오를 프레임 단위가 아니라 픽셀 단위로 다루는 것이 가능해졌다. 사람이 방안 어디에 있는지를 알고 싶다면 천정에 카메라를 달고 소프트웨어로 마룻바닥과 다른 색을 가진 픽셀의 X와 Y 좌표를 찾으면 된다. 넓은 공간 안에서 사람의 움직임에 대해 자세히 알고 싶다면 이 방법이 최선일 때가 많다.

비디오 트래킹을 하다 보면, 무엇을 보고 그것이 무엇인가를 알 수 있는 우리들 자신의 능력에 새삼 감탄하게 된다. 컴퓨터를 통해 무엇을 본다는 것이 그토록 어려워지는 이유 중 하나는, 카메라와 컴퓨터가 우리의 눈과 두뇌와는 달리 변화하는 조건을 감안하지 못한다는 데 있다. 예를 들어, 소방차를 낮에 보는 경우와 저녁에 보는 경우를 생각해 보자. 우리의 눈은 빛의 변화를 감안해서 소방차를 본다. 실제로는 소방차가 반사해 비치는 빛이 매우 다름에도 불구하고 우리는 낮에 보는 소방차의 색과 저녁에 보는 소방차의 색이 동일하다고 느낀다. 하지만 컴퓨터는 그저, 소방차의 색이란 하루 중 어느 때 보느냐에 따라 달라지는 것이로구나 라고 생각해버리고 말 것이다. 더욱이 아날로그 비디오 표준(NTSC, PAL 등)을 사용하게 되면 상당한 잡신호가 섞이게 됨으로써 실제로는 대상의 색이 변화하지 않는 경우에도 대상을 촬영한 픽셀들의 색은 계속 변하게 된다.

더 좋은 장비들을 사용해서 색 보정 문제를 해결한다고 하더라도, 아직 가장 어려운 문제가 기다리고 있다. 물체$_{\text{object}}$를 인식하는 문제이다. 어떤 장면을 볼 때, 우리의 두뇌는 그 안에 들어 있는 물체들을 힘들이지 않고 가려낼 수 있다. 예를 들어 우리는 어느 각도에서 보더라도 머리나 손, 또는 뱀을 인식하는 데 어려움을 느끼지 않는다. 하지만 이러한 인식을 할 수 있는 소프트웨어를 만들어 보려고 컴퓨터 앞에 앉으면, 도대체 어디서부터 시작해야 좋을지도 알 수 없는 것이다.

컴퓨터 시각 분야의 전문가들은 이 문제를 해결하기 위해 수년에 걸쳐서 도전과 실패를 되풀이한다. 그렇다고 우리들이 프로젝트 하나를 하기 위해 컴퓨터 시각 분야의 박사 학위까지 받으려고 애쓸 필요는 없다. 문제의 80%는 어렵지 않게 해결할 수가 있다. 그리고 나머지 20%는 주변 환경을 통제하는 방법으로 해결하도록 하자. 이를테면 예측할 수 없이 변화하는 배경 안에서 한 사람을 찾아내기란 매우 어렵다(컴퓨터공학 학위논문감). 하지만 한 가지 색상의 배경이라면 문제는 훨씬 쉬워진다(예술학교 프로젝트감). 또, 사람의 얼굴을 인식하는 것은 매우 어렵지만 빨간 모자 하나를 찾아내는 것은 간단하다. 편안하고 즐거운 삶을 원한다면, 사용자에게 빨간 모자를 씌워서 빨간색이 아닌 색상이 고르게 칠해진 배경 앞에 세우도록 하자. 어쩌면 이 예는 좀 지나치게 단순화한 것일 수도 있지만, 우리들이 말하고자 하는 바가 어떤 것인지는 알 수 있으리라고 생각한다.

비디오 트래킹을 사용하는 프로젝트에서 첫번째로 생각해야 할 것은 조명이다. 공간 전체가 환하고 고른 조명을 받고 있을 때, 카메라에 잡히는 영상이 선명하고 대비가 뚜렷해져서 배경과 다른 변화를 찾아내기가 수월해진다. 어두운 환경에서는 카메라가 억지로라도 화면을 더 밝게 하려고 하는 과정에서 잡신호가 섞이게 될 때가 많다. 사실 아무리 노력해도 비디오 신호에는 대개 잡신호가 섞이게 마련이다. 소프트웨어를 통해(렌즈가 아

색色공간 color spaces

물체의 색보다는 우리들이 물체를 비추는 조명의 빛이 더 많이 변화한다. 카메라 소프트웨어로 이미지를 분석할 때는 밝기와 색을 분리하는 색공간을 사용하는 편이 낫다. 색공간이란 이미지의 빛과 색을 기술記述하는 방법이다. 이를테면 하나의 이미지는 색조(色調, hue, 무슨 색을 가지고 있는가)와 채도(彩度, saturation, 그 색이 얼마나 강한가), 그리고 명도(明度, brightness, 빛이 얼마나 밝은가)로 기술될 수 있다. 애석하게도 대부분의 카메라 디지타이저는 이미지를 RGB 색공간으로 바꾸어서 나타내 준다. 즉, 이미지의 각 픽셀은 빨강 성분, 녹색 성분, 파랑 성분으로 기술된다. RGB값을 HSB로 바꾸어서 사용할 수도 있고, 정규화된normalized RGB값을 이용할 수도 있다. 정규화된 RGB값은 다음 공식으로 얻을 수 있다.

$$nR = r/(r+b+g)$$
$$nG = g/(r+g+b)$$
$$nB = b/(r+g+b)$$

RGB값을 정규화해서 사용하면 뒤에서 설명할 프로세싱과 자바 코드의 성능이 향상될 때도 있다.

니라) 비디오에 블러blur 효과를 주면 잡신호와 나쁜 조명의 영향들을 많이 줄일 수 있으나 반면에 해상도를 잃게 되며, 컴퓨터가 상당히 느려지게 된다.

비디오 트래킹에 있어서는 적외선이 유용한 경우가 많다. 우리의 눈에는 적외선이 안 보이지만 비디오 카메라에는 보인다. 텔레비전의 리모트 컨트롤을 비디오 카메라 앞에서 눌러 보면 알 수 있다. 형광등이 켜진 방 안에서 카메라에 적외선 필터[3]를 씌우면, 캄캄한 화면 안에 리모트 컨트롤의 불빛만 보일 것이다.

백열등 불빛과 햇빛에는 적외선이 들어 있지만 형광등 불빛에는 들어 있지 않다. 추적하고자 하는 목표물에만 적외선을 발하는 물체를 부착하게 되면, 다른 모든 것은 캄캄한 가운데 목표물만 도드라짐으로써 매우 안정된 트래킹이 가능해진다. 이를테면 적외선 LED가 들어 있는 봉이나 뱃지를 사용하거나, 플래시 전등 같은 백열등 타입의 전구를 적외선 필터로 감싸서 사용하면 잘 될 것이다. 역반사 테이프(자전거 선수의 헬멧이나 발목에 붙이는 띠에서 볼 수 있는)도 적외선을 통해 잘 보인다. 이 테이프는 3M에서 구입할 수 있다(http://www.3M.com). 목표하는 사람이나 물체에 전원을 가진 적외선 광원光源을 부착

3) 적외선 필터는 사실 가시광선 필터라고 불리워야 맞다. 실제로 이들이 걸러내는 것은 가시광선이기 때문이다. 사진 장비를 취급하는 곳이라면 어디서든 이 필터를 구입할 수 있을 것이다. 아니면, 노출하지 않은 채로 현상된 일반 사진 필름으로 값싸게 대체하는 방법도 있다. 집에 있는 일반 필름의 끝자락(보통 잘라내 버리는 검은 부분)으로도 되는 경우가 있다.

시킬 수 없을 경우, 대신 이 테이프를 부착하면 좀더 잘 보이게 될 때도 있다. 목표물에 적외선 광원을 붙이는 것 자체가 어렵거나 불가능하다면, 장면 전체를 적외선 조명으로 채운 뒤에 움직이는 그림자를 찾는 방법을 사용할 수도 있다.

조명상황을 잘 통제하기 위해서는 카메라의 자동노출 및 자동초점 기능을 사용하지 않는 것이 좋다. 요즘은 값이 비싸지 않으면서 매뉴얼 조작을 지원하는 비디오 카메라를 찾기가 쉽지 않다. 대부분 자동 조리개 방식으로 빛의 양을 조절하도록 되어 있는 것이다. 그러니 카메라를 선택할 때에 이 점을 확인해 보는 것이 좋겠다. 자동 기능을 끄고 매뉴얼로 조정할 수 있는 카메라를 선택하자.

카메라의 위치는 천정에 매다는 것이 가장 유리한 경우가 많다. 평면상의 움직임을 추적할 수 있으며, 사람들이 위아래로 움직이는 경우는 드물기 때문이다. 이렇게 설치할 경우에는 광각廣角을 커버할 수 있는 줌 렌즈를 사용하는 것이 가장 바람직하다. 사람의 머리 높이에 해당하는 영역은 마루바닥 높이의 영역보다 좁기 때문이다. 예를 들어 카메라가 10피트 높이에 매달려 있고 45도의 화각畫角을 가진다면, 마루바닥 높이에서는 8피트 4인치 영역을 비추게 되지만 사람의 머리 높이에서는 3피트 8인치밖에는 비추지 못하게 된다. **그림 9-13**을 참조하라.

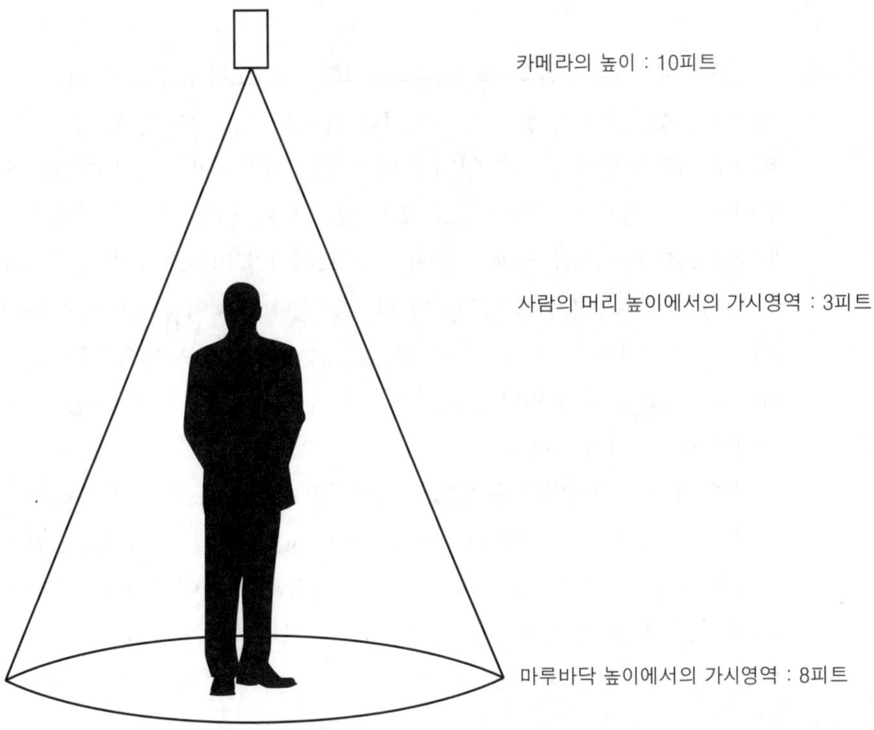

그림 9-13 평면상의 움직임을 추적하기 위해 카메라를 천정에 설치할 때에는 카메라를 되도록이면 높이 설치하고 광각 렌즈를 사용하도록 하자.

비디오 카메라 안으로 픽셀들이 들어올 때마다 낱낱이 살펴보려면 프로세서가 빨라야 한다(1초에 천이백만 픽셀까지도 들어올 수 있다). 이런 일을 하기에는 우리들이 사용하고 있는 마이크로컨트롤러들은 모두 부족하다. 이러한 일을 할 수 있을 만큼 빠른, 또 다른 마이크로컨트롤러(CMUcam의 SX칩. http://www.acroname.com에서 구입할 수 있다)에 연결하는 방법을 뒤에서 소개할 것이다. 하지만, 다양한 종류의 기능이 우수한 카메라들을 사용하려면 비디오 카메라를 멀티미디어 컴퓨터에 연결하는 것이 가장 좋겠다. 비디오에 픽셀 단위로 접근할 수 있는 확장성을 제공하는 소프트웨어 환경이 점점 늘어나고 있다. 여기에서는 디렉터MX, Max/MSP, 프로세싱, 자바, 그리고 CMUcam으로 비디오 트래킹을 하는 방법에 대해 설명할 것이다. 각 환경에서 비디오 픽셀들을 어떻게 다루는지를 짐작할 수 있는 최소한의 설명밖에는 하지 않았다. 나머지는 여러분의 몫이다.

먼저 소개하는 디렉터와 Max/MSP를 사용하는 방법이 뒤에 나오는 프로세싱과 자바를 사용하는 방법보다 한결 쉽다. 이는 디렉터와 Max/MSP의 경우에 픽셀 단위 작업의 대부분을 다른 사람이 C로 작성한 확장 소프트웨어에 맡기고 있기 때문이다. 프로세싱과 자바의 경우에는 픽셀들을 다루는 작업 모두를 우리들이 직접 코드를 짜서 해야 한다. 언제나 그렇지만, 더 많은 일을 해야 하는 대신에 더 많은 것을 우리가 원하는 대로 할 수 있다는 장점은 있다.

소프트웨어가 비디오의 픽셀들을 인식할 수 있도록 컴퓨터에 여러 가지 드라이버들을 설치하는 것이 코드를 쓰는 것 자체보다 더 까다로울 수도 있다. 우리가 원하는 방식으로 비디오 입력을 받아들일 수 있게끔 되어 있는 기계들이 점점 늘어나고 있으므로, 어쩌면 운이 좋아서 설치 같은 것이 별로 필요 없을 수도 있다. 하지만 비디오 신호가 단번에 잡히지 않는다고 해도 놀라지는 말자. 소프트웨어가 비디오 입력 장치 하나하나를 받아들일 방법을 갖추기에는 그 가짓수가 너무도 많다(USB 웹캠, 파이어와이어 웹캠, DV 캠코더, NTSC 비디오 카메라). 따라서 퀵타임QuickTime, 비디오 포 윈도우즈Video for Windows, 다이렉트쇼DirectShow 등의 비디오 표준을 사용해서 여러 가지 비디오를 한 가지 형식으로 통일하여 읽어들이게 된다.

이 책에서는 퀵타임을 표준으로 사용하고 있으므로 우선 사용하고자 하는 컴퓨터에 이것이 설치되어 있어야겠다(퀵타임은 http://www.apple.com/quicktime/에서 무료로 다운로드 받을 수 있다). 다음으로는 사용하려는 비디오 하드웨어가 퀵타임과 이야기할 수 있도록 해야 한다. 이를 위해서는 VDIG이라는 드라이버가 필요하다. 매킨토시를 위한 비디오 하드웨어에는 이것이 대개 딸려 온다. 하지만 PC를 위한 비디오 하드웨어에는

WDM(DirectShow)이나 좀더 오래된 비디오 포 윈도우즈 드라이버만 딸려 오는 경우가 대부분이다. 이럴 경우에는 PC를 위해 WDM을 VDIG으로 변환시켜 주는 소프트웨어 어댑터가 필요하다(http://www.vdig.com이나 http://www.abstractplane.com.au에서 다운로드 받을 수 있다). 코드를 쓰기 시작하기 전에, 먼저 두가지 유틸리티 프로그램 중 하나를 사용해서 컴퓨터의 설치상태를 체크해 보아야 한다. AmCap(PC에서 WDM 드라이버를 테스트할 때)이나 HackTV(매킨토시와 PC에서 VDIG 드라이버나 어댑터를 테스트할 때)가 그것이다. 이들 유틸리티는 인터넷에서 무료로 구할 수 있으며, 비디오 장비에 딸려 오기도 한다.

■ 디렉터MX에서의 비디오 트래킹

매크로미디어 디렉터에서 비디오 트래킹을 하기 위한 가장 빠르고 강력한 방법은 TTC-Pro라는 엑스트라를 사용하는 것이다(http://www.smoothware.com에서 구입하고 다운로드할 수 있다). 사실 디렉터는 일반적 해상도의 비디오를 픽셀 단위로 들여다볼 수 있을 만큼 빠르지 못하지만, 이 엑스트라(C로 작성되어 있다)에게 필요한 작업을 맡기는 방법을 사용할 수 있다. 이를테면 지정한 RGB값과 가장 비슷한 픽셀을 찾아 그 X와 Y 좌표를 돌려주도록 엑스트라에게 지시할 수 있는 것이다. 아래에 있는 코드가 바로 이것을 하기 위한 코드이다. 이 엑스트라는 이것 말고도 아주 많은 일을 할 수 있다. 예를 들면, 이전 프레임과 달라진 모든 영역의 X와 Y 좌표를 찾아서 움직임을 추적할 수도 있다. 한 프레임을 기억한 다음에 이 프레임과 달라진 영역의 X와 Y 좌표를 찾아서 변화를 추적할 수도 있다. 해상도가 낮을 경우에는 픽셀 전부를 디렉터로 읽어들여 링고로 분석하는 것도 가능하다.

TTC-Pro에 딸려 오는 샘플무비가 복잡하다고 겁먹을 필요는 없다. 보통 샘플무비의 exitFrame 스크립트에서 한 줄 정도만 바꾸고 나머지는 대개 그대로 사용하게 된다. 엑스트라의 데모버전을 다운로드 받은 다음, 아래 코드를 무비에 복사해 넣고 퀵드로우로 캐스트멤버를 하나 그려서 스프라이트 1번에 놓는다. 그러면 비디오가 나타나면서 스프라이트가 비디오에서 가장 빨간 부분을 따라다니는 것을 볼 수 있을 것이다. 다른 색을 클릭하면 프로그램은 클릭한 그 색을 찾아다니게 된다. 스무드웨어Smoothware에서 나온 엑스트라들 중 원조元祖격이며 값도 더 저렴한 트랙뎀컬러스TrackThemColors로도 같은 일을 할 수 있지만, 기능이 훨씬 많고 다양한 플랫폼을 지원하는 Pro 버전을 추천하고 싶다.

```
global TrackObj, targetRed, targetGreen, targetBlue,
   videoWidth,videoHeight
on startmovie
```

```
    set videoWidth = 320
    set videoHeight = 240
    -- 같은 폴더 안에 TTC 엑스트라가 있다면 어떤 버전이든 열고자 한다
    OpenXlib "TTC-Pro Xtra (Carbon)"
    OpenXlib "TTC-Pro Xtra (Classic)"
    OpenXlib "TTC-Pro Xtra (windows)"
    OpenXlib "TTC-ProDemo Xtra (Carbon)"
    OpenXlib "TTC-ProDemo Xtra (Classic)"
    OpenXlib "TTC-ProDemo Xtra (windows)"

    -- 새로운 오브젝트를 만든다
    TrackObj = new(xtra "TTCPro")
    -- 원하는 크기로 오브젝트를 초기화한다
    put InitVideo(TrackObj,1,rect(0,0,VideoWidth,VideoHeight),1)
    targetRed = 255 -- 트래킹할 색의 초기값으로 빨강을 지정한다
    targetGreen = 0
    tagetBlue = 0
end

on exitframe
    -- 트래킹하여 화면에 나타낼 프레임을 잡는다
    TrackObj.GrabOneFrame()

    -- 비디오를 화면에 나타낸다. 나중에는 필요 없을 수도 있다.
    TrackObj.ShowVideo([ rect(0,0,videoWidth, videoHeight), rect(0,0,
    videoWidth, videoHeight)])

    -- 프레임 안에서 지정한 색과 가장 비슷한 픽셀을 오브젝트에게 묻는다
    location = TrackObj.TrackColors(1,[[ targetRed,targetGreen,
    targetBlue, rect(0,0,videoWidth, videoHeight)]])

    -- 다른 일을 할 때는 아마도 다음 문장을 바꾸게 될 것이다 --

    -- 돌려주는 리스트에서 첫번째 항목이 우리가 원하는 좌표이다
    sprite(1).loc = location[1][1]
    go the frame
end

on mouseDown
    -- 비디오 안의 어떤 점을 클릭하면, 그 점을 새로운 트래킹 목표물로 삼는다
    if inside(point(mouseH(),mouseV()),
```

```
    rect(0,0,videoWidth,videoHeight)) then
    -- 클릭한 픽셀의 색을 오브젝트에게 묻는다
    pickedPixel = TrackObj.GetColors([ point(mouseh(),mousev())])
    -- 오브젝트는[ red, green, blue] 의 리스트를 돌려준다
    targetRed = pickedPixel[ 1]
    targetGreen = pickedPixel[ 2]
    targetBlue = pickedPixel[ 3]
    put "New Target: " , targetRed, targetGreen, targetBlue
    end if
end

on keydown
    if the key = "s" then
        -- "s"키를 누르면 비디오 설정을 위한 대화상자가 나타난다
        trackObj.videoSettings()
    end if
end

on stopmovie
    -- 엑스트라를 사용하고 나면 사용한 오브젝트를 지워 주어야 한다
    TrackObj.CleanUp()
    set TrackObj = 0
    closeXlib
end
```

■ Max/MSP에서의 비디오 트래킹

Max/MSP에서 비디오 트래킹을 하는 데에는 몇 가지 방법이 있다. 지터Jitter는 Max/MSP에서 비디오 입출력을 하기 위한 확장 소프트웨어로 그 기능이 다양하다. 지터에서 jit.findbounds 오브젝트를 사용하면 어느 정도의 트래킹이 가능하다. cv.jit라는 것을 사용하면 보다 강력한 기계시각 기능을 갖도록 지터를 확장할 수도 있다. http://www.iamas.ac.jp/~jovan02/cv/index.html에서 다운로드 받을 수 있다.

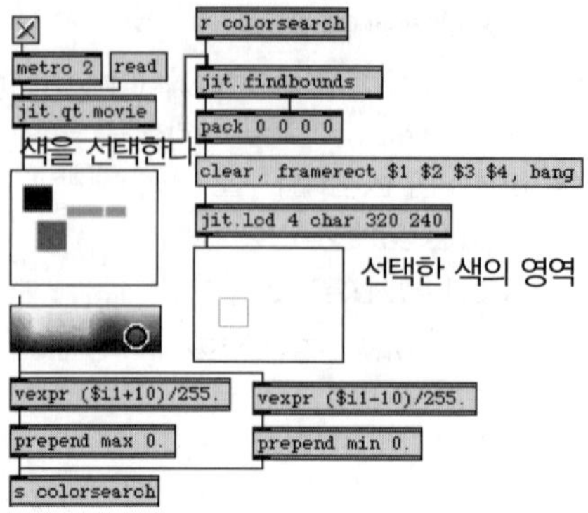

그림 9-14 jit.findbounds 오브젝트를 사용한 Max/MSP 샘플 패치

지터에서는 findbounds 오브젝트에 트래킹하고자 하는 색의 최소값과 최대값을 정해줄 수 있다. findbounds는 비디오 안에서 주어진 조건에 맞는 오브젝트들의 영역을 직사각형 형태로 돌려준다. **그림 9-14**에 있는 예제의 경우는 재생되는 퀵타임 무비 안에서 트래킹하고 싶은 색을 클릭하면 된다. findbounds는 선택한 색과 값 차이가 10 이내인 색들의 영역을 직사각형 형태로 돌려줄 것이다.

Max/MSP에는 이밖에도 비디오 입력을 위한 솔루션이 두 가지 더 있다. 두 가지 모두 나온 지가 꽤 되었다. 베리 너버스 시스템Very Nervous System(http://www.interlog.com/~drokeby/softVNS.html에서 구할 수 있다)과 사이클롭스Cyclops(http://www.ericsinger.com에서 구할 수 있다)가 그것이다. 이들을 사용하면 비디오 안에 핫스팟hotspot을 설정하고 그곳의 픽셀들이 우리가 지정한 값만큼 달라지면 알려주도록 할 수 있다. 이렇게 하면 핫스팟 지점에서 어떤 동작을 취할 때에 가상의 버튼을 누른 것과 같은 효과를 얻을 수 있다. 이는 다른 예제들이 스크린 안에서 동작이 일어난 위치를 트래킹하여 그 픽셀 영역을 알려주는 것과 반대되는 접근 방법이다. **그림 9-15**는 사이클롭스의 도움말 패치를 보여 준다.

사이클롭스 패치를 열거나 기존의 패치에 사이클롭스 오브젝트를 추가할 때에는 비디오 창이 열리는데, 여기에서 그리드로 나누어져 있는 사각형들 중 어디에든지 민감도(영역)를 지정할 수 있다. 이렇게 그리드에 숫자 붙은 영역을 지정하면, 그리드의 그 네모 영역 안에 있는 픽셀들은 마치 하나의 픽셀인 것처럼 다루어진다. 영역은 색과 밝기, 그리고 변화에 반응할 수 있다. **그림 9-15**에 있는 패치에서는 마지막에 있는 route 오브젝트가 영역의 결과값들을 따로따로 상자에 담아 주는 것을 볼 수 있다.

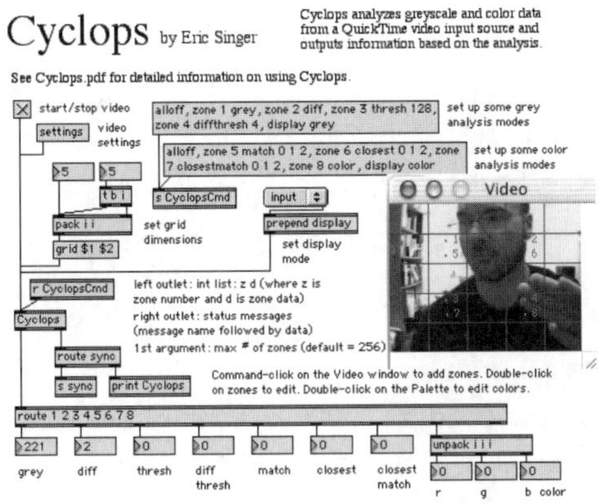

그림 9-15 사이클롭스 오브젝트를 사용한 Max/MSP 패치

■ 프로세싱에서의 비디오 트래킹

7장에서 설명한 것처럼, 프로세싱Processing은 시각적인 어플리케이션을 만들 수 있는 간단한 프로그래밍 환경이다. 어느 정도 익숙해진 다음에는 자바와 연동하여 확장하는 것도 가능하다. 프로세싱은 자바의 어려움을 크게 감해 주면서도 그 강력한 기능을 상당 부분 사용할 수 있도록 해준다. 이를테면 아래의 예제 코드를 뒤에 나오는 자바 예제코드와 비교해 보기 바란다. 먼저, 앞서 '비디오 트래킹' 절에서 설명했던 설정들 외에도 퀵타임을 자바에 연결하기 위한 자바 클래스들이 추가로 필요하다. 퀵타임 포 자바QuickTime for Java 클래스들은 퀵타임 설치에서 선택사항으로 되어 있지만, 프로세싱이 알아서 설치해 줄 것이다.

아래의 코드가 성공적으로 실행되면, 비디오 안에서 가장 붉은 점을 빨간 점 하나가 따라다니게 될 것이다. 다른 색을 클릭하면 프로그램은 클릭한 그 색을 찾아다니게 된다. 메인루프를 보면, 픽셀의 행row들을 살펴보기 위한 반복문 안에 다시 그 행에서 열column들을 따라가며 살펴보기 위한 반복문이 하나 더 있음을 볼 수 있다.

```
boolean newFrame = false;
float targetRed = 255.0; //트래킹할 목표물의 값을 설정한다
float targetGreen = 0.0;
float targetBlue = 0.0;

void setup(){
```

```
    beginVideo(320,240, 30); //비디오의 해상도와 1초당 프레임 수를 초기화한다
    size(320, 240); //윈도우의 크기를 정한다
}
void videoEvent(){
    newFrame = true;
}

void loop(){
    if(newFrame) {
    float worldRecord = 1000.0; //worldRecord 변수를 초기화한다
    int xFound = 0; //빨간 점의 위치를 초기화한다
    int yFound = 0;
    if (mousePressed) { //사용자가 트래킹 목표물을 지정할 수 있도록 한다
        color pix = video.pixels[ mouseY*video.width+mouseX] ;
        targetRed = red(pix); //사용자가 클릭한 픽셀의 색을 뽑는다
        targetGreen = green(pix);
        targetBlue = blue(pix);
    }
    for(int j=0; j<video.height; j=j+1) { //행을 따라간다
        for(int i=0; i<video.width; i=i+1) { //열을 따라간다
            //픽셀의 색을 뽑는다
            //한줄짜리 어레이에서 픽셀의 위치를 찾기 위한 공식
            pos = row*rowWidth+column
            color pix = video.pixels[ j*video.width+i] ;
            //차이값을 계산한다
            float diff = abs(targetRed - red(pix)) + abs(targeGreen -
            green(pix)) + abs(targetBlue - blue(pix));
            if (diff< worldRecord){ // 현재의 픽셀이 트래킹 목표물과 가장 비슷하다면
                worldRecord = diff;
                yFound = j; //나중에 표시해주기 위해 위치를 기억해 둔다
                xFound = i;
            }
        }
    }
        image(video,0,0); //비디오를 나타낸다. 생략할 수도 있다
        //모든 픽셀을 테스트한 후, 최후의 승자를 그려준다
        fill(255,0.0);
        ellipse(xFound, yFound, 10, 10);
    newFrame = false;
}
}
```

■ 자바에서의 비디오 트래킹

자바는 C에 비해 처리속도가 느리므로 비디오 트래킹처럼 계산량이 많은 일에는 적합하지 못할 것이라고 생각할 수도 있다. 하지만 하드웨어의 처리속도가 빨라지고 JIT(Just-In-Time) 컴파일러 기술이 등장하면서 자바에서도 충분한 수효의 비디오 프레임들을 실시간으로 처리할 수 있게 되었다. 이식성portability이 좋다, 확장성이 좋다, 네트워크 능력이 우수하다, 상대적으로 배우기 쉽다, 폭넓은 사용자층이 존재한다 등의 자바의 매력에 한 가지가 추가된 셈이다.

먼저, 이 절의 첫머리에 설명했던 설정들 외에도 퀵타임을 자바에 연결하기 위한 클래스들이 추가로 필요하다. 퀵타임 포 자바 클래스는 퀵타임 설치에 있어 선택사항으로 되어 있다. 그래서 어쩌면 자바를 업데이트해야 할 수도 있고, 심지어는 사용자 지정 설치로 퀵타임 포 자바를 설치하기 위해 처음부터 다시 설치해야 할지도 모른다. 우리는 이 클래스와 관련된 복잡한 문제들을 다루기 위해 퀵타임 포 자바와 함께 vpb.jar(http://stage.itp.tsoa.nyu.edu/~dano/vbp/에서 다운로드 받을 수 있다)라는 것을 보조적으로 같이 이용하고 있다. 아래의 예제 코드를 사용하려면 vpb.jar 파일을 클래스 경로에 넣어 주어야 한다. 당신의 클래스 이름과 같은 폴더가 클래스 경로 안에 있어야 한다. 좀더 확실하게 하기 위해서는 /jre/lib/ext/(PC)와 /Library/Java/Extensions/(매킨토시 OSX)에 넣어 주면 된다.

아래의 코드가 성공적으로 실행되면, 비디오 안에서 가장 붉은 점을 빨간 점 하나가 따라다니게 될 것이다. 다른 색을 클릭하면 프로그램은 클릭한 그 색을 찾아다니게 된다. 이 코드에서 핵심이 되는 것은 LookAtFrame 메소드이다. 여기에는 픽셀의 행들을 살펴보기 위한 반복문이 있고, 그 안에 다시 그 행의 열들을 하나하나 살펴보기 위한 반복문이 중첩되어 있다. 세심하게 다듬어지지 않은 간단한 프로그램이지만, 이 짤막한 코드만으로도 만족스런 결과를 얻을 수 있는 프로젝트들도 있을 것이다. 픽셀들을 손 안에 쥐고 나니 뭔가 더 많은 일을 해보고 싶다는 생각이 든다면, 닉 이포드Nick Efford의 Digital Image Processing : A Practical Introduction Using Java(Addison-Wesley, 2000)나 폴 F. 훼란Paul F. Whelan과 데릭 몰로이Derek Molloy의 Machine Vision Algorithms in Java : Techniques and Implementation(Springer Verlag, 2000) 책을 추천한다.

```
import java.awt.*;
import java.util.*;
import java.awt.event.*;
import java.awt.image.*;
```

```
public class PickNTrack extends Frame {
    static int kWidth ; // 비디오의 크기
    static int kHeight ;
    static long elapsedTime; // 프로그램의 수행도를 평가하는 데 사용한다
    static long now;
    static int x = 0; // 표시할 점의 x, y 좌표
    static int y = 0;
    static int redGoal = 210; // 트래킹할 색을 나타내는 숫자들
    static int greenGoal = 20; // 255, 255, 255로 한다면 흰색이 될 것이다
    static int blueGoal = 20;
    static PixelSource ps; // vbp.jar의 오브젝트. 픽셀들에 접근할 수 있도록 해준다.
    static ImageWrangler iw; // vbp.jar의 오브젝트. 어레이를 이미지로 바꾸어 준다.
    static PickNTrack myWindow;
    static Image myImage; // 비디오 프레임을 나타내기 위한 이미지
    static boolean scanning = true;

    PickNTrack() { // 디렉터의 startMovie와 같은 것이다
        kWidth =320;
        kHeight =240;
    }
    public static void main(String args[ ] ) { //언제나 이 메소드가 가장 먼저 실행된다
        myWindow = new PickNTrack();
        myWindow.setSize(kWidth,kHeight);
        myWindow.show();
        myWindow.toFront();
        myWindow.setLayout (null);

        // vbp.jar의 오브젝트
        ps = new PixelSource(kWidth,kHeight);
        iw = new ImageWrangler(ps.vidWidth,kHeight,ps.getMasks());

        //윈도우를 닫을 때 thisWindowClosing 메소드가 실행되도록 하는 리스너를 만든다
        myWindow.addWindowListener(new java.awt.event.WindowAdapter() {
            public void windowClosing(java.awt.event.WindowEvent e) {
                myWindow.thisWindowClosing(e);
            }
        });
        // 마우스를 클릭할 때 MouseClicked 메소드가 실행되도록 하는 리스너를 만든다
        myWindow.addMouseListener(new java.awt.event.MouseAdapter() {
            public void mouseClicked(java.awt.event.MouseEvent e) {
```

```
            myWindow.MouseClicked(e);
        }
    });
    // 키를 눌렀을 때 KeyPressed 메소드가 실행되도록 하는 리스너를 만든다
    myWindow.addKeyListener(new java.awt.event.KeyAdapter() {
        public void keyPressed(java.awt.event.KeyEvent e) {
            myWindow.KeyPressed(e);
        }
    });

        //////////이것이 메인루프이다//////////
        while (scanning) // 이 부분을 쓰레드로 돌릴 수도 있다
            {
            LookAtAFrame(); // 모든 픽셀들을 살펴본다
            myWindow.repaint(); // 최종 승자를 표시해 준다
            }

    }
    static void LookAtAFrame() { // 이곳에서 비디오의 픽셀들을 돌아보는 실제 행동이
                                    취해진다
        int[] rgb;
        int worldRecord = 60000; // 대충 큰 어떤 숫자
        ps.grabFrame(); // 한 프레임을 잡는다
        for (int row = 0; row < kHeight; row++) {
        // 픽셀의 행마다 반복한다
        for (int column = 0; column < kWidth; column++) {
            // 각 행의 픽셀들마다 반복한다
            rgb = ps.getPixel(column,row);
            int diff = Math.abs(rgb[0] - redGoal) +Math.abs(rgb[2] -
blueGoal) + Math.abs(rgb[1] - greenGoal);
                if (diff < worldRecord) {
                    // 차이가 현재의 픽셀에 대해 가장 작다면
                    x = column; // 현재의 위치를 기억한다
                    y = row;
                    worldRecord = diff ;
                    // 기록을 갱신한다
                }
        } // 각 행의 픽셀들을 위한 반복의 끝
    } // 픽셀의 행들을 위한 반복의 끝
    try {Thread.sleep(1);} catch(InterruptedException e) { }
    myImage = iw.imageFromArray(ps.getPixelArray()); // 이미지를 만든다
```

```
    elapsedTime = System.currentTimeMillis()-now; // 프로그램의 수행도를
                                                    평가하는 데 사용한다
    now = System.currentTimeMillis();
}       // LookAtAFrame의 끝

public void update(Graphics g) { // 깜빡거리는 현상이 나타나지 않도록,
                                    스크린을 지우지 않는다
    paint(g);
}
public void paint(Graphics g)  { // 여기에서 이미지를 그려 준다
    if (myImage != null) {
        g.drawImage(myImage,0,0,this);// 배경이 되는 비디오
        g.setColor(Color.black);// 검정색
        g.fillOval( x-5,y-5,10,10);//트래킹한 점
        g.setColor(new Color(redGoal, greenGoal, blueGoal));//트래킹한 색
        g.fillOval( x-4,y-4,8,8);//트래킹한 점
    }
}
public boolean MouseClicked(java.awt.event.MouseEvent evt) {
    //트래킹할 색을 다시 뽑는다
    int[] rgb;
    int x = evt.getX();
    int y = evt.getY();
    rgb = ps.getPixel(x,y);
    redGoal = rgb[0];
    greenGoal =rgb[1];
    blueGoal = rgb[2];
    System.out.println ("clicked x" + x + " y" + y + " R" + redGoal +
    " G" + greenGoal + " B" + blueGoal);
    return(true);
}
public boolean KeyPressed(java.awt.event.KeyEvent e) { // 팝업 대화창
    String whichKey =e.getKeyText(e.getKeyCode());
    if (whichKey.equals("S")) { //"s"키를 누르면 비디오 설정을 위한 대화상자가 나타난다
        ps.videoSettings();
    }else if (whichKey.equals("T")) { //"t"키를 누르면 프로그램의 수행도를 볼 수 있다
        System.out.println ("Time: " + elapsedTime + " ms/frame ");
    }
    return(true);
}
void thisWindowClosing(java.awt.event.WindowEvent e) {
```

```
            scanning = false;
            System.out.println ("quit");
            dispose();
            ps.killSession();
            System.exit(5);
        }
    }
```

■ CMUcam

멀티미디어 컴퓨터를 사용할 수 없는 프로젝트라면, 예를 들어서 뒤통수에 카메라를 붙여 자동차 전조등 불빛을 감지하고 싶다거나, 또는 비디오 패턴에 따라 음악소리가 달라지는 바톤을 만들고 싶다면, CMUcam을 사용하는 것이 한 가지 방법이 될 수 있다(http://www-2.cs.cmu.edu/~cmucam/에서 구할 수 있다). CMUcam은 SX 마이크로컨트롤러를 사용해서 픽셀들을 돌아가며 살펴본다. SX는 1초에 1억개의 명령을 수행할 수 있다(100 MIPS, Million Instructions Per Second). 이 정도의 속도면 들어오는 비디오의 모든 픽셀들을 살펴볼 수 있다. PIC 마이크로컨트롤러에 20MHz 크리스탈을 사용한다고 해도 그 속도는 5MIPS에 불과한데, 이 정도로는 그런 일을 할 수 없다. 우리가 사용하는 마이크로컨트롤러들은 TTL이나 RS-232 시리얼 통신으로 CMUcam과 통신할 수 있다. **그림 9-16**이 CMUcam이다.

CMUcam을 마이크로컨트롤러에 연결하기 전에, 멀티미디어 컴퓨터의 터미널 프로그램이나 CMUcam과 함께 제공되는 자바 어플리케이션을 통해 반드시 CMUcam의 시리얼 명령어들을 먼저 공부해 둘 것을 권한다. 하이퍼터미널이나 지텀Zterm의 보레이트를 115200으로 설정하고 TC 130 255 0 10 0 30 다음에 캐리지 리턴을 붙여서 CMUcam에 보내 보자. red가 130~255, green이 0~10, blue가 0~30인 모든 영역을 찾아서 그 좌표들을 보내 줄 것이다.

그림 9-16 CMUcam

CMUcam에 보내는 명령어들은 디렉터의 트랙템컬러스 엑스트라나 Max/MSP의 사이클롭스에서 사용하는 명령어들과 비슷하다. 한 가지 중요한 차이점은, CMUcam에는 배경을 지우거나 움직임을 감지하는 데 필요한 기준 프레임을 기억할 만큼의 메모리가 없다는 것이다. 멀티미디어 컴퓨터를 사용하지 않아도 된다는 점에서 CMUcam이 매력적인 대안으로 보일 수도 있겠지만, 우리는 (언제나 그렇지만) 가장 높은 레벨에서 시작할 것을 권하고 싶다. CMUcam이나 다른 낮은 레벨 솔루션을 구입하기 전에, 꼭 낮은 레벨로 해야 할 필요가 있는지를 스스로에게 먼저 물어보도록 하자. 최종적으로는 멀티미디어 컴퓨터가 없이 해야 할 프로젝트라고 하더라도, 우선 가장 사용하기 편리한 환경에서 비디오 트래킹의 기초를 공부하고 컨셉을 프로토타입화해 볼 것을 권한다.

8. 여러 개의 물체 구별하기

위치를 추적하려는 물체가 여럿이면 트래킹은 더 어려워진다. 물체들이 어디에 있다는 것 뿐만 아니라 어느 물체가 어디에 있는지도 알아야 하니 말이다. 우리가 다룬 대부분의 센서들은 여러 개의 목표물 추적을 지원하지 않는다. 이를테면 우리들이 총애해 마지않는 적외선 센서나 초음파 센서는 가장 가까이에 있는 물체에 반사되어 튕겨 나오며, 그 뒤에 있는 물체들에는 미치지 못한다. 여러 목표물을 서로 구별하기 위한 기법의 핵심은 목표물마다 그들의 고유한 서명이 될 수 있는 무언가를 부여해 준다는 것이다.

상업적으로 가장 많이 사용되는 식별기술 중 세 가지인 바코드 스캐너, RFID 태그, 그리고 마그네틱 카드 리더는 마이크로컨트롤러나 멀티미디어 컴퓨터와 비교적 쉽게 연결할 수 있다. *RFID*(Radio Frequency IDentification) *태그*는 ID 번호를 가지고 있는 스티커나 토큰의 형태로 되어 있다. 전파가 RFID 태그에 부딛히면 태그는 전파를 튕겨 내면서 자신의 ID 번호를 같이 실어 보낸다. *수동식 RFID 태그*는 전파 자체로부터 전원을 얻어 작동하므로 건전지 등 별도의 전원 공급을 필요로 하지 않는다. 이들은 단거리에서만 작동한다. 책이나 CD를 구입하면서 소용돌이 문양의 금속 스티커가 붙어 있는 것을 보았다면 그것이 바로 수동식 RFID 태그이다. *능동식 RFID 태그*는 스스로의 전원 공급원을 가지고 있으며 먼 거리에서도 작동한다. 이들은 수동식보다 가격이 훨씬 비싸다. 고속도로 톨게이트에서 통행료 납부에 사용하는 하이패스가 능동식 RFID이다. RFID 판독기의 가격은 100달러 이상이다. 스카이텍SkyeTek(http://www.skyetek.com)에서는 RS-232 시리얼 통신으로 마이크로컨트롤러와 연결할 수 있어서 여러 가지 프로젝트에 사용하기 편리한 작은 판독기를 100달러 정도의 가격에 판매하고 있다. 수동식 RFID 태그의 가격은 개당 대개 1달러 미만이다.

*바코드 스캐너*는 밝은 띠와 검은 띠로 표시된 세계상품코드(Universal Product Code, UPC)를 레이저 광선으로 읽어서 문자로 바꾼다. 요즘은 어느 상점에서든지 이들을 볼 수 있다. RS-232 시리얼 포트를 가진 바코드 스캐너는 그리 어렵지 않게 찾아볼 수 있다. 심벌 테크놀로지Symbol Technologies(http://www.symbol.com)는 가장 큰 바코드 스캐너 제조업체로서 다양한 제품들을 생산하고 있다. 중고 바코드 스캐너도 이베이eBay에서 쉽게 구할 수 있다. 바코드 스티커를 인쇄할 수 있는 소프트웨어도 같이 딸려오는 것이 보통이다.

마그네틱 카드 리더는 마그네틱 테이프 레코더의 헤드로 신용카드나 ID카드를 읽어서 문자로 바꾼다. 이 역시 이베이 또는 이 책에서 소개하고 있는 여러 전자부품 취급상점에서 쉽게 구할 수 있다. 이들을 마이크로컨트롤러에 연결하는 것은 약간 어렵다. 동기

synchronous 시리얼 통신을 사용해야 하는 경우가 많다(이에 대해서는 12장을 참조하라).

상품화되어 있는 식별 시스템들을 사용한다는 것이 어려운 일만은 아니지만, 이들은 먼 거리(1미터 이상)에서는 잘 작동하지 않는다. 뿐만 아니라 구입하는 데 드는 비용과 프로토콜을 공부해야 하는 부담에 배보다 배꼽이 더 큰 격이 될 수도 있다. 물체를 식별하기 위한 방법으로는 이밖에도 여러 가지를 생각해 볼 수 있다. 일반적으로, 우리가 감지할 수 있는 어떤 성질을 추적하고자 하는 물체마다 정도를 달리해서 부여해 주면 그것을 각 물체를 구별하기 위한 서명처럼 사용할 수 있다. 다음은 보드게임(이를테면 체스, 체커스checkers 등)에서 판 위에 놓인 조각들의 위치를 파악하기 위한 세 가지 접근방법이다.

▶ *색.* 각 조각마다 고유한 색을 부여하고 판 위에 카메라를 둔다. 그러면 이 장에서 다룬 비디오 트래킹 기법 가운데 어느 것이든 사용하여 모든 조각의 위치를 파악할 수 있다. 이것이 가능하려면 조명이 매우 잘 통제되어야 하고, 또한 사용자들의 손이 판을 지나치게 가리는 일도 없어야 한다. 또는 색의 차이를 감지하는 TCS230 컬러센서(http://www.parallaxinc.com에서 구할 수 있다)를 사용할 수도 있다. 이 센서는 기본적으로 해상도가 낮은 카메라와도 같다. 색의 차이만을 출력해 주며, 촬영된 이미지의 형태에 대한 정보는 제공해 주지 않는다.

▶ *깜빡임의 형태.* 조각마다 마이크로컨트롤러를 달고(가격이 보다 저렴한 PIC이 적당할 것이다), 조각들이 각기 다른 시리얼 출력을 내보내도록 한 후, 이 출력에 적외선 LED를 연결한다. 그리고 시리얼 입력 핀에 적외선 포토트랜지스터를 연결하여 이것이 시리얼 데이터를 읽어들이도록 한다. 조각마다 시리얼 통신의 내용이 다르므로, 데이터를 읽어들이는 마이크로컨트롤러는 각 조각을 식별할 수 있을 것이다. 이 방법을 사용하기 위해서는 각 조각의 윗면에 적외선 LED를 부착해야 한다. 또, 조각들이 계속해서 신호를 내보내도록 해서는 안 되겠다. 신호가 서로 엉켜 버려서는 안 되기 때문이다. 이 문제를 해결하는 한 가지 방법은, 신호를 읽어들이는 마이크로컨트롤러가 오케스트라의 지휘자와 같은 역할을 하도록 하는 것이다. 즉, 지휘자 마이크로컨트롤러가 한 조각에 신호를 보내고 그 조각이 응답할 때까지 기다렸다가, 응답이 오면 다시 다음 조각에 신호를 보내어 위치를 갱신하도록 하는 방식으로 운영하는 것이다.

▶ *저항*. 조각들을 놓는 판이 위치를 파악하는 장치가 되도록 한다. 판에서 조각을 놓을 수 있는 위치마다 두 개의 단자를 만들고 하나는 아날로그 입력 핀에, 다른 하나는 5볼트에 연결한다. 그리고 조각마다 값이 다른 저항을 심되, 조각을 판에 놓았을 때 저항의 두 다리가 판의 두 단자와 맞닿도록 배치한다. 이렇게 하면 조각마다 다른 아날로그 값을 출력하게 되므로, 판의 모든 위치로부터 값을 읽어들이면 어느 조각이 어느 위치에 있는지를 알 수 있게 된다.

식별을 위해 흔히 사용하는 또 다른 방법은 연속성에 의존하는 것이다. 센서가 물체들을 처음으로 발견했을 때 물체마다 고유한 ID를 매긴다. 그리고 이후에 센서값을 읽을 때는, 물체들이 갑작스럽게 많이 움직이는 일은 없다고 가정하여, 지금 발견된 물체는 바로 전에 센서값을 읽었을 때 가장 가까웠던 물체와 동일하다고 보는 것이다.

9. 결론

손으로 키보드와 마우스를 조작해 컴퓨터에 입력하는 것은 이미 너무나 잘 확립되어 있는 방법이다. 이 장에서는 소프트웨어가 더 넓은 세상과 그 안에 있는 여러 가지 것들에 눈을 뜨게 해 주는 방법에 대해 이야기해 보았다. 공간 안에서 여러 물체와 사람들을 서로 구별하는 데 있어서 위치와 움직임은 가장 기본적인 요소에 해당하며, 이를 위한 여러 가지 좋은 센서들이 있다. 많은 센서들은 사용하기가 아주 쉬운 것처럼 보인다. 특히 작업실 안에서는 더 그렇다. 하지만 현장에 나가 보면 생각처럼 잘 되지 않기가 일쑤이다. 사용자들을 대상으로 작품을 일찍, 그리고 자주 테스트해 보도록 하자. 목표로 하는 실제 환경에서 작업하는 시간을 가능한한 늘이도록 해야 한다. 움직임을 감지하는 데 따르는 문제들은, 사용하는 기술보다는 환경 조건들을 개선함으로써 해결되는 경우가 더 많다는 것을 명심하자. 이제 움직임을 감지하는 방법들은 어느 정도 익혔으니, 움직임을 직접 만들어 볼 때가 되었다.

Chapter 10

움직임 만들기

지금까지 우리는 사람이 표현하는 바를 컴퓨터가 잘 알아들을 수 있도록 하는 방법에 대해 많은 것을 공부했고, 마이크로컨트롤러와 멀티미디어 컴퓨터로 빛과 소리를 통해 반응을 보이는 몇 가지 방법에 대해서도 알아보았다. 다음 단계는 피지컬 미디어를 실제로 움직이는 것이다. 이는 늘 보아 오던 멀티미디어의 반응에 비해 보다 놀랍고 흥미롭고 어쩌면 마술같기까지 한 반응을 가능하게 할 것이다. 예를 들면, 유령의 집에서 아주 사실적이고 소름끼치는 비명소리를 틀어 주거나 어마어마하게 큰 유령 영상을 프로젝션시키는 것도 좋겠다. 하지만 아주 간단한 동작인형만 사용해도(이를테면 사람들의 어깨를 톡톡 두드리는 해골인간이라든가) 사람들은 아마 더 많이 비명을 지르지 않을까.

이 장에서는 움직임을 만들기 위한 기법들을 소개한다. 모터의 여러 종류와 일반적 특징에 대해 설명하고, 모터의 사용에 따르는 전기적 특이사항들에 대해 이야기할 것이다. 모터를 종류별로 하나하나 자세히 설명하고, 마이크로컨트롤러로 그들을 제어하는 방법을 알아볼 것이다. 마지막으로, 모터의 움직임을 우리의 시스템에서 실제로 필요한 움직임으로 변환시키기 위해 필요한 기본적인 기계적 원리들에 대해 이야기할 것이다.

1. 움직임의 종류, 모터의 종류

이 장에서 다룰 움직임은 크게 두 가지로 나눌 수 있다. 직선상에서 움직이는 *직선운동*과 원을 그리며 움직이는 *원운동*이 그것이다. 우리들이 다룰 대부분의 디바이스는 원운동을 만들어 낸다. 그래서 일단 움직임을 만들어 내는 데 성공하고 나면 원운동을 직선운동으로 바꾸는 것이 다음 과제가 될 때가 많다.

우리들이 사용할 가장 간단한 모터는 *DC 모터*이다. DC 모터에는 두 개의 단자가 있다. 적절한 전압에서 충분한 전류를 공급해 주면 모터는 계속해서 회전한다. 전류의 방향이 반대로 바뀌면 반대 방향으로 회전한다. 전압이 낮아지면 더 느리게 회전한다. 전압이 높아지면 더 빨리 회전한다.

대부분의 DC 모터는 상당히 빠른 속도로 회전하지만 *토오크*torque, 즉 물체를 끌어 주는 힘은 그다지 크지 않다. 토오크를 높이고 속도를 낮추기 위해서는 여기에 여러 가지 기어를 덧붙여 주어야 한다. 두 번째로 간단한 모터는 *기어헤드*gearhead *모터*로서, 이는 단순히 DC모터의 머리에 기어박스를 붙인 것이다. 기어헤드 모터는 그리 빨리 움직이지는 않지만 그 대신 기어박스가 달려 있지 않은 일반 DC모터보다 힘이 훨씬 강하다. 기어박스는 모터의 속도를 줄여 주고 물체를 회전시키는 힘, 즉 토오크를 높여 주는 역할을 한다.

이미 이 책에서 기어헤드 모터 한가지를 접해 본 적이 있다. *RC 서보모터*servo motor가 그것이다. 서보모터는 현재의 위치를 피드백해 알려주는(일반적으로 포텐시오미터를 사용한다) 특수한 모터이다. RC 서보모터는 기어헤드 모터의 장점에 자체적 피드백 시스템이 더해짐으로써 펄스를 보내는 것만으로도 180도 범위 안에서 어느 위치로든 지정해 보낼 수 있으므로, 피지컬 컴퓨팅을 하는 사람들에게 특히 사랑받는 모터이다. RC 서보모터는 다른 모터들처럼 360도 한 바퀴를 회전할 수는 없지만 그 대신에 자신의 운동 범위 안에서는 위치를 정밀하게 제어할 수 있다.

*스테퍼 모터*stepper motor는 정밀한 위치 제어와 360도 회전을 결합한 것이라고 할 수 있다. 스테퍼 모터는 한 바퀴를 작은 단계들로 나누어서 움직인다. 이를테면 200스텝 모터는 360도를 200단계(1단계에 1.8도)로 나누어 움직인다. 이들은 어느 방향으로든 끊임없이

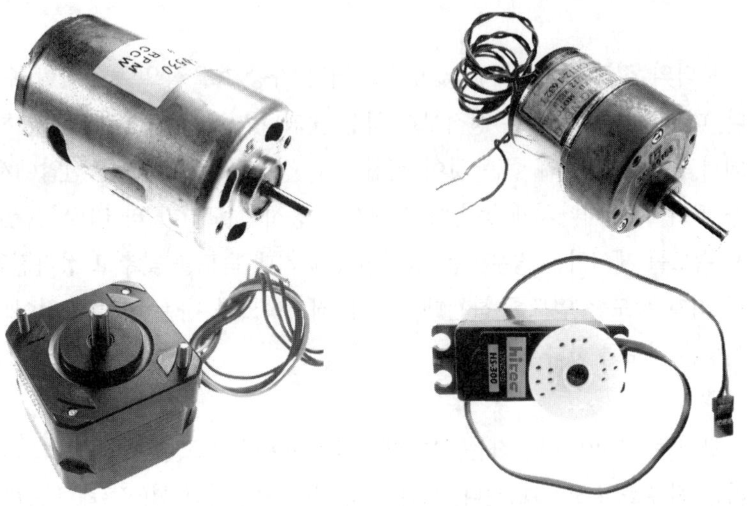

그림 10-1 모터의 종류(왼쪽 위에서부터 시계 방향으로)
: DC모터, 기어헤드 모터, RC서보, 스테퍼 모터

계속 회전할 수 있다. 단계를 한 방향으로 계속해서 밟아 가든가, 또는 방향을 바꾸어서 거꾸로 계속 밟아 가면 되는 것이다. 토오크도 상대적으로 좋은 편이다. 하지만 다른 모터에 비해 연결하여 사용하기가 복잡하다.

그림 10-1에 있는 모터들은 모두 원운동을 만들어 내며, 이를 다른 움직임으로 전환하려면 이 장 뒷부분에서 설명할 기계장치들을 덧붙여야 한다. 부가적 장치 없이 직접 직선운동을 만드는 디바이스로는 *솔레노이드*solenoid를 소개할 것이다. 전류를 받으면 막대기가 튀어나오거나 들어가도록 되어 있는 디바이스이다. 모터가 아니면서도 움직임을 만들어 내는 장치들도 만나게 될 것이다. 특히 니켈-티타늄(니티놀nitinol) 철사는 전원을 걸면 마치 근육처럼 줄어들기 때문에(그래서 *머슬 와이어*muscle wire, 즉 근육철사라 불리기도 한다) 처음에 접하면 매우 흥미로워 보일 것이다. 하지만 반응이 느리고, 드는 노력에 비해 움직이는 정도가 적으며, 전원에 대해 아주 까다롭다. 머슬 와이어를 이용한 제품들은 에스아이 이미지SI Images(http://www.imagesco.com)에서 구할 수 있다. 같은 회사에서 성격이 비슷한 *에어 머슬*air muscle이라는 제품도 취급한다. 하지만 우리의 생각으로는, 모터와 솔레노이드를 사용하는 편이 보통 더 좋은 결과를 가져올 것 같다.

2. 모터의 특성

프로젝트에 사용할 모터를 찾을 때는 모든 모터에 공통되는 다음 특성들을 기억하도록 하자.

모터의 *정격전압*rated voltage이란 모터가 가장 효율적으로 동작할 수 있는 전압을 말한다. 대부분의 DC모터는 정격보다 약간 높거나 낮은 전압에서도 동작하지만, 정격전압 하에서 동작하도록 해 주는 것이 최선이다. 정격전압보다 낮은 전압에서 구동하면 토오크가 떨어지고, 지나치게 높은 전압에서 구동하면 모터가 타 버릴 수 있다. 전압을 조절해서 속도를 제어하는 경우에는 정격전압에 최대 속도를 맞추고 정격전압보다 낮은 전압에서 최저 속도를 얻도록 하는데, 이 때 최저속도를 내는 전압이 적어도 정격전압의 50% 이상은 되도록 한다.

모터는 그것이 구동하는 부하에 따라 *전류*를 소모한다. 일반적으로 부하가 커질수록 많은 전류를 소모하게 된다. 모든 모터에는 외부적인 힘(이를테면 모터의 회전축에 붙어 있는 무게)에 의해 회전이 멈추어진 상태에서 모터가 소비하는 전류량을 뜻하는 *정지전류*

*stall current*라는 것이 있다. 이 전류는 부하가 걸리지 않은 상태에서 모터가 회전할 때 소비하는 *회전전류running current*보다 훨씬 크다. 모터를 위한 파워 서플라이는 정지전류에 비해서도 여유가 있는 용량의 것을 사용해야 한다. 예를 들자면, 모터의 정지전류가 2A일 경우에 파워 서플라이는 적어도 3A를 공급할 수 있는 것을 사용해야 안전하다. 또 모터의 전류와 관련된 모든 부품들도 3A의 전류를 감당할 수 있어야 한다. 모터는 처음에 움직이기 시작할 때 관성을 극복하기 위해 짧은 동안이지만 정지전류와 거의 맞먹는 전류를 소모하게 된다.

모터의 등급이 옴으로 매겨진 경우도 보게 될 것이다. 이는 모터의 *저항*을 나타낸 것이다. 정격전압과 저항을 알고 있다면, 옴의 법칙(전류=전압/저항)을 사용해서 모터가 부하 없이 회전할 때에 소모하는 전류를 알 수 있다.

모터의 속도는 1분당 회전수(Revolutions Per Minute, RPM)나 1초당 회전수(Revolutions Per Second, RPS) 단위로 나타낸다. 아주 드물게는 헤르쯔(Hz) 단위로 나타낸 것을 보게 될 수도 있는데, 이는 1초당 회전수와 같은 것이다. 속도는 특히 DC모터와 기어헤드 모터를 선택하는 데 있어 중요하다. 이들이 연속적인 움직임을 목적으로 사용되기 때문이다. RC 서보와 스테퍼 모터에 있어서는 일반적으로 속도보다는 정확한 위치제어가 더 중요하다. 하지만 빠른 위치제어가 관건이라면 스테퍼의 속도도 고려하게 된다. 예를 들어 하드디스크를 움직이는 모터는 위치제어의 정확도는 물론이고 그 속도에 따라 등급이 매겨진다. 음악이나 영화 파일을 실시간 재생할 때는 디스크에서 데이터를 재빨리 읽어 내는 능력이 중요하기 때문이다.

*위치제어의 정밀도*는 RC 서보와 스테퍼 모터에만 국한된 내용이다. 이는 일반적으로 각도 또는 1회전 안의 단계의 수로 나타낸다. 정밀도가 높아질수록 모터가 제어하는 물체의 움직임이 부드러워지고 정교한 제어가 가능해진다.

*토오크*는 모터가 물체를 움직일 수 있는 힘의 척도이다. 한 모터의 토오크는 그 모터가 회전축에서 얼마나 떨어진 지점에서 얼마만한 힘을 낼 수 있는가를 나타낸 것이다. 예를 들어 어떤 모터가 회전축에서 1피트 떨어진 지점에 매달린 1파운드의 무게를 들어올릴 수 있다면 그 모터의 토오크는 1파운드-피트이다. 모터 제조회사들 간에 토오크의 단위가 표준화되어 있지 않으므로, 파운드-피트, 온스-인치, 그램-센티미터 등 생각할 수 있는 온갖 무게-길이의 조합으로 된 단위들을 보게 될 것이다.

01
02
03
04
05
06
07
08
09
CHAPTER 10
11
12
13
14

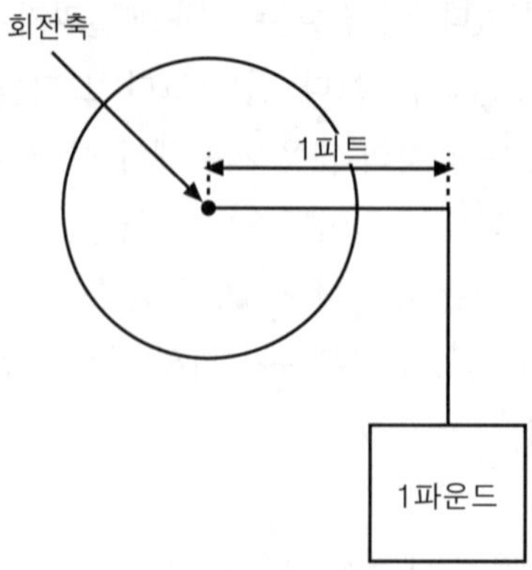

그림 10-2 모터의 토오크.
이 모터는 1파운드-피트의 토오크를 제공할 수 있다.

3. 모터의 전기적 특성

모터는 *인덕턴스inductance*라는 전기적 원리에 따라 움직인다. 전선에 전류를 흘리면 그 전선 주위에는 자기장이 형성된다. 전선을 코일 형태로 만들어 어떤 자기장 안에 놓고(이를테면 두 개의 자석 사이에 놓고) 전류를 흘리면 코일은 한 자석에 끌리고 다른 자석으로부터는 밀쳐지게 된다. 코일이 어떤 자석에 끌리고 어떤 자석에 밀쳐지는지는 전류의 방향에 따라 결정된다. 흐르는 전류가 클수록 자기장이 강해져서, 밀리고 당겨지는 전선의 움직임도 그만큼 더 커지게 된다.

■ 유도부하와 역전압

DC 모터의 핵심을 이루는 것은 회전축에 꽂혀 있는 전선 코일 다발이다. 코일은 두 개의 자석 사이에 놓여 있다. 코일이 하나의 자석에 당겨지고 다른 자석으로부터는 밀쳐지는 현상이 번갈아 가면서 계속되기 때문에 코일이 회전하게 되는 것이다. 모든 *유도부하 inductive loads*는 (모터, 전자석, 솔레노이드 등) 같은 원리로 동작한다. 즉 전선에 전류를 흘려서 자기장을 유도하고, 다시 이 자기장을 이용하여 자성을 가진 물체를 밀거나 당기는 것이다.

하지만 이 원리는 역으로도 성립한다. 코일이나 전선을 자기장 안에서 움직이면 자기장이 전선에 전류를 유도하게 되는 것이다. 따라서, 자석 가까이에서 회전하고 있는 모터를 멈추게 되면, 자석의 자기장에 유도되어 잠깐 동안이지만 전선에 전류가 흐르게 된다. 이 전류는 모터를 움직이기 위해 우리들이 흘려 주었던 전류와는 반대 방향으로 흐르게 된다. 이를 *역전압*$_{back\ voltage}$이라고 하는데, 역전압은 우리의 전자회로에 해를 끼칠 수 있다.

역전압을 막기 위해서는 보호하고자 하는 전자회로와 병렬이 되도록 다이오드를 붙이면 된다. 이 때 다이오드의 방향이 우리들이 흘리는 전류의 흐름과 거꾸로 되도록 해야 한다. 이러한 목적으로 사용하는 다이오드를 *스너버*$_{snubber}$ *다이오드*라고 한다. 이 다이오드는 모터의 정지전류를 감당할 수 있어야 한다. 유도부하를 사용할 때는 언제나 스너버 다이오드를 사용해서 회로의 나머지 부분을 보호해 주어야 한다. 그러지 않으면 마이크로컨트롤러가 자꾸만 멈췄다가 다시 시작되다가, 결국은 마이크로컨트롤러나 모터를 제어하는 트랜지스터나 또는 회로의 다른 부품 무언가가 망가져 버리기가 쉽다. **그림 10-3**은 모터를 제어하는 트랜지스터를 보호하기 위해 스너버 다이오드를 사용한 예를 보여준다. 또는 스너버 다이오드가 모터와 병렬이 되도록 붙여도 된다. 방향이 전류의 흐름과 반대가 되도록 해야 하는 것은 마찬가지다. 트랜지스터를 사용하든 사용하지 않든, 모터를 사용하는 경우에는 언제나 이와 같은 스너버 다이오드를 사용해 주는 것이 좋다.

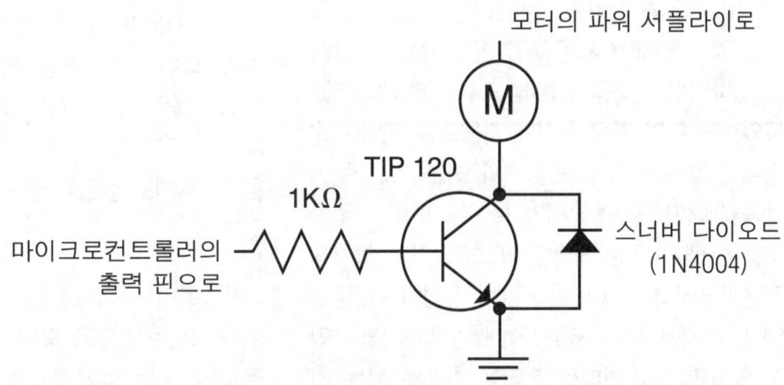

그림 10-3 모터를 제어하는 트랜지스터를 보호하기 위해 사용한 스너버 다이오드

파워 서플라이 구입하기

대부분의 모터는 우리들이 지금까지 사용해 왔던 파워 서플라이가 제공할 수 있는 것보다 더 큰 전력을 필요로 한다. 따라서, 사용하고자 하는 모터의 전기적 특성에 맞는 파워 서플라이를 찾아야 한다. 파워 서플라이는 값이 비싼 경우도 있지만, 한 번 구입하면 모터를 사용하는 다른 어플리케이션에 두고두고 활용할 수 있다. 파워 서플라이는 다른 어플리케이션의 것을 재활용해도 무방한 경우가 많다.

파워 서플라이를 구입하기 전에 알아두어야 할 용어 몇 가지가 있다. 파워 서플라이가 *안정화*regulated되어 있다는 말을 사용하는 경우가 많은데, 이는 사용하는 전류량이 늘어나도 전압이 떨어지지 않는다는 것을 뜻하는 것이다. 이는 전자회로에 사용할 경우 필수적으로 요구되는 특성이다. 물론 모터를 사용하는 어플리케이션에도 도움이 된다. 또한 *스위칭*switching 서플라이와 *리니어*linear 서플라이라는 용어도 듣게 될 것이다. 둘 가운데 스위칭 서플라이가 일반적으로 리니어 서플라이보다 효율이 좋지만 더 비싸다. 경제적인 여유가 있다면 스위칭 서플라이를 구입하는 것이 좋다.

컴퓨터용 파워 서플라이가 특히 유용할 때가 많다. 필요한 만큼의 용량을 갖추고 있으면서도 가격이 저렴하고, 때로는 공짜로 구할 수도 있기 때문이다(주변에 버려진 컴퓨터를 활용하는 경우). 몇 볼트의 전압들을 제공할 수 있는지, 그리고 각 전압에서 제공할 수 있는 전류의 용량은 얼마인지가 보통 옆면에 표시되어 있다. 5볼트와 12볼트가 가장 흔하게 사용되는 전압이며, 전류 용량은 작지만 –5볼트와 –12볼트도 함께 제공될 때가 많다. 우리가 보아온 파워 서플라이들은 대개 검은색 전선이 그라운드, 빨간색 전선이 +5볼트, 그리고 노란색 전선이 +12볼트였다. 하지만 파워 서플라이에 설명이 붙어 있지 않다면, 멀티미터로 전압을 측정해 보는 것이 확실한 방법이다.

모터를 사용하는 어플리케이션과 그 밖의 일반 전자회로를 위한 이상적인 파워 서플라이는 탁상용 가변 파워 서플라이이다. 이것을 사용하면 전압과 전류를 조정하면서 어플리케이션을 테스트할 수 있다. 이렇게 해서 어떤 전압과 전류가 필요한지를 파악한 다음에 그에 해당하는 파워 서플라이를 구입하면 된다. 탁상용 가변 파워 서플라이는 값이 만만치 않지만, 모터와 전자회로를 많이 다룬다면 아주 편리하게 사용하게 된다. 마린 P. 존스Marlin P.Jones & Associates(http://www.mpja.com)에서는 0~20V, 0~10A 범위의 모델 7036PS를 내놓고 있는데, 이 정도면 훌륭하게 사용할 만하다. 탁상용 가변 파워 서플라이로 필요한 전압과 전류를 파악하고 나서, 실제 프로젝트에 사용할 파워 서플라이는 고정형으로 구입하면 된다.

파워 서플라이를 다룰 때는 언제나 조심해야 한다. 파워 서플라이는 위험할 수도 있다. 특히 파워 서플라이 내부에 들어 있는 대용량 커패시터에 주의하자. 이들은 파워 서플라이의 전원을 끈 후에도 상당한 양의 전하를 갖고 있을 수 있다.

가능하면 마이크로컨트롤러를 위한 파워 서플라이와는 별도로 모터를 위한 파워 서플라이를 따로 두는 것이 좋다.

■ 전류 안정화를 위한 디커플링 커패시터의 사용

모터는 멈춰 있다가 움직이기 시작할 때에 아주 큰 전류를 끌어당기기 때문에, 자신을 제어하는 회로로 흘러가는 전류의 흐름에 영향을 미치게 된다. 이를테면, 마이크로컨트롤러에 연결된 모터가 움직이기 시작할 때 너무 큰 전류를 끌어당기는 바람에 회로의 전압이 떨어져서 마이크로컨트롤러가 처음부터 다시 시작되는 경우가 많은 것이다. 이런 문제가 발생할 경우에 알 수 있도록, 메인 루프에 들어가기 전에 프로그램의 첫머리에 디버그 문을 하나 두는 것이 좋겠다. 이런 문제가 생기는 것을 방지하기 위해서는, 커패시터로 마이크로컨트롤러의 전압 레귤레이터를 *디커플*decouple시켜서 마이크로컨트롤러를 보호해야 한다(디커플링 커패시터에 대한 좀더 자세한 설명은 6장의 '디커플링 커패시터 : 전압 레귤레이터 안정시키기'를 참조하라). 커패시터들은 전류가 골짜기처럼 툭 떨어지는 것을 메워서 평평하게 해 준다.

사실 유도부하를 사용할 경우에는 회로 안에 있는 모든 IC칩의 파워와 그라운드 사이에 항상 디커플링 커패시터를 붙여 주는 것이 좋다(유도부하를 사용하지 않는 경우에도 이들이 있어서 해로울 것은 없다). **그림 10-4**는 전압 레귤레이터를 디커플링하는 방법을 보여 준다. 모터의 파워 서플라이가 마이크로컨트롤러의 파워 서플라이와 분리되어 있는 경우에도 그라운드를 공유하면 모터가 마이크로컨트롤러에 영향을 미치게 된다. 따라서 모터를 사용할 때는 언제나 마이크로컨트롤러를 디커플시켜 주어야 한다. 모터와 마이크로컨트롤러의 전압 레귤레이터를 서로 분리해 주는 것도 도움이 되니 가능하면 그렇게 하도록 하자.

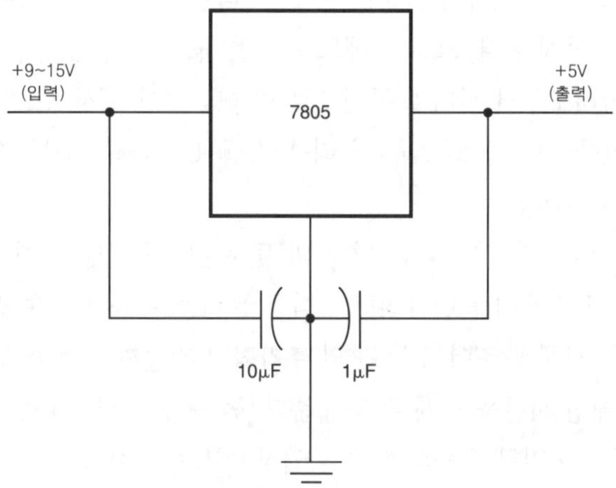

그림 10-4 유도부하를 사용할 때는 주저하지 말고 디커플링 커패시터를 사용하도록 하자

4. 모터 제어하기

모터는 마이크로컨트롤러의 출력 핀이 제공할 수 있는 것보다 큰 전류를 필요로 하므로 트랜지스터와 릴레이를 사용해서 제어해야 한다. 앞서 소개했던 모터들은 종류별로 제어하는 방법이 다르다.

모터를 제어하는 데 있어 가장 간단한 방법은 마이크로컨트롤러와 연결할 수 있는 모터 전용 컨트롤 모듈을 사용하는 것이다. 이를테면 솔루션즈큐브드SolutionsCubed의 모터마인드BMotorMind B는 마이크로컨트롤러로부터 시리얼 통신으로 명령을 받아서 DC모터를 제어한다. 이보다 저렴하면서 마이크로컨트롤러로 직접 제어할 수 있는 모듈로 솔라보틱스Solarbotics의 L293D 시크릿 모터 드라이버Secret Motor Driver가 있다. 마이크로컨트롤러의 두 출력 핀으로 회전 방향을 지정하고 또 다른 출력 핀 하나로 펄스길이변조PWM를 통해 속도를 제어하게 된다. 스코트 에드워즈 전자Scott Edwards Electronics의 Mini-SSC Ⅱ는 마이크로컨트롤러로부터 시리얼 통신으로 명령을 받아서 서보모터를 동시에 여덟 개까지 제어할 수 있다. 패러랙스Parallax의 리틀 스텝-ULittle Step-U는 스테퍼 모터를 역시 비슷한 방식으로 제어해 준다.

이러한 모듈들을 사용하면 이 장의 뒷부분에서 설명할 회로들을 직접 만드는 것보다 훨씬 빨리 모터 제어를 마무리하고 다른 문제들로 옮겨갈 수 있다. 때로는 속도를 서서히 올리거나 서서히 낮추어 주는 등의 추가적인 기능까지 제공해 주는 모듈들도 있는데, 이는 프로그래밍 시간을 크게 절약해 준다. 높은 레벨 접근방법을 선호하는 이 책의 원칙에 따라, 우리는 이러한 모듈의 사용을 권장한다. 이러한 모듈을 사용하는 방법의 단점은 주로 비용과 관련된 것이다. 이들이 특별히 비싼 것은 아니지만 제어하고자 하는 모터가 많을 경우에는 부담이 커지게 된다. 또, 제어하려는 모터의 전압이나 전류가 모듈이 다룰

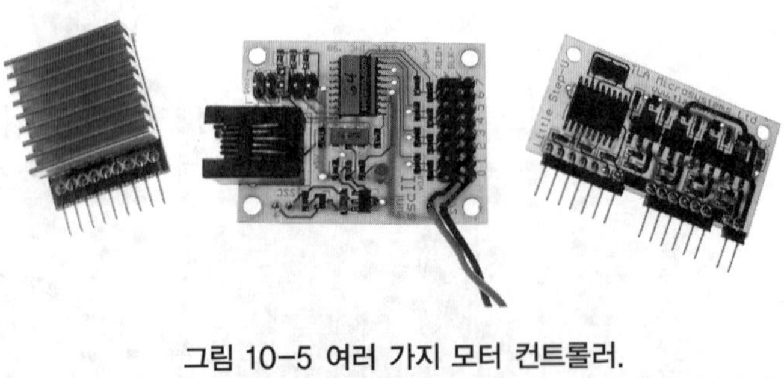

그림 10-5 여러 가지 모터 컨트롤러.
솔루션즈큐브드의 모터마인드B(DC모터 컨트롤러), 스코트 에드워즈 전자의 Mini-SSC II(서보모터 컨트롤러), 그리고 TLA마이크로시스템즈의 리틀 스텝-U(스테퍼 모터 컨트롤러)

수 있는 범위를 넘어가는 경우에도 모듈을 사용할 수 없으니 모터에 맞는 회로를 직접 만들어 주어야 할 것이다. 이러한 모듈들을 사용하는 방법에 대해서는 각 제품을 구입하면 자세한 설명서가 따라오므로 여기에서 따로 다루지 않겠다. 그 대신에 이 절에서는 모터를 제어하기 위한 낮은 레벨 방법들을 소개하고자 한다. 이 방법들을 알아두면 높은 레벨 컨트롤러를 사용하는 경우에도 내용을 이해하는 데 도움이 될 것이다.

■ DC모터와 기어헤드 모터 제어하기

DC모터와 대부분의 기어헤드 모터는 두 개의 단자를 가진다는 점에서 기능적으로 동일하다. DC모터에서는 방향과 속도라는 두 가지 속성을 쉽게 제어할 수 있다. 방향을 제어하기 위해서는 양극이 음극이 되고 음극이 양극이 되도록 전류의 방향을 거꾸로 해 주면 된다. 이를 모터의 *극성을 바꾼다*라고 하기도 한다. 속도를 제어하기 위해서는 6장에서 설명한 펄스길이변조(PWM)로 입력 전압을 달리해 주면 된다.

DC모터를 제어하기 위한 회로 구성

DC모터를 마이크로컨트롤러로 제어하기 위해서는 *H-브리지*라고 하는 스위치 구성을 사용한다(**그림 10-6** 참조).

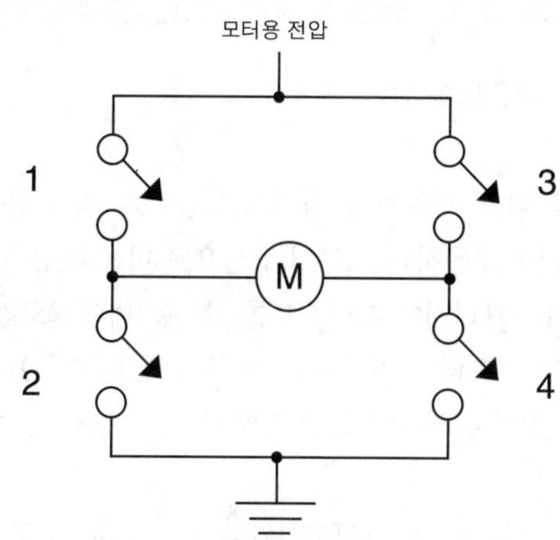

그림 10-6 H-브리지로 배열된 스위치들

1번과 4번 스위치가 닫기고 2번과 3번 스위치가 열리면 전압은 모터의 왼쪽 단자로 들어와서 오른쪽 단자로 나가게 된다. 2번과 3번 스위치가 닫히고 1번과 4번 스위치가 열리면 극성이 바뀌어 전압이 오른쪽 단자로 들어와서 왼쪽 단자로 나가게 된다.

H-브리지를 트랜지스터로 구성하면 마이크로컨트롤러로 모터를 제어할 수 있다. 직접 H-브리지를 만들 수도 있지만, 전문적으로 만들어져 나오는 H-브리지 컨트롤러를 사용하는 것이 더 편리하다. 공장에서 제조되어 나오는 H-브리지 칩에는 역전압으로부터 트랜지스터를 보호하기 위한 다이오드들도 들어 있고, 모터가 소비하고 있는 전류를 측정하기 위한 전류 감지 핀이 있는 경우도 있으며, 그 밖에도 여러 가지 좋은 기능들이 갖추어져 있다. 여러 회사에서 여러 가지 모터 드라이버가 나와 있다. 필요에 맞고 가격대가 적당한 것을 선택하면 되겠다.

H-브리지 칩이라면 어느 것이든지 공통적으로 다음 요소들을 가진다.

▶ 논리 입력을 위한 핀 (마이크로컨트롤러로부터 제어신호를 받아들인다)

▶ 전원 공급을 위한 핀 (모터를 위한 전원을 받아들인다)

▶ 논리 전압을 위한 핀 (H-브리지 안의 트랜지스터들을 위한 전원을 받아들인다. 이 트랜지스터들이 마이크로컨트롤러로부터 신호를 읽어들이게 된다)

▶ 전원 출력을 위한 핀 (모터에 전원을 공급해 준다)

▶ 그라운드를 위한 핀

논리 전압을 위한 핀은 보통 마이크로컨트롤러와 같은 전압과 전류를 사용한다. 전원 공급을 위한 핀은 구동하려는 모터가 필요로 하는 전압과 전류를 받아들인다. 논리 입력을 위한 핀은 H-브리지에 제어신호를 보내는 마이크로컨트롤러의 핀에 연결하고, 전원 출력을 위한 핀은 모터에 연결한다. 이들 핀의 배열은 H-브리지를 만드는 회사마다 조금씩 다를 수 있다. 핀의 이름도 조금씩 다를 수 있지만, 하는 일은 같다.

다음 예제는 텍사스 인스트루먼트Texas Instruments 등의 회사에서 나오는 SN754410 H-브리지 IC칩을 사용한다. 어디서나 구하기 쉬운 칩이다. 아크로네임Acroname이나 디지키Digi-key 등에서 구할 수 있다. 이 칩에는 H-브리지가 두 개 있어 두 개의 모터를 제어할 수 있다. 4.5~36V의 전압에서 1A의 전류까지 사용할 수 있다. 또 다른 모터 드라이버로 L293이 있다. 핀 배열도 동일하다. SN754410을 구할 수 없다면, 대신에 이것을 사용해도 된다. 사용하고자 하는 모터가 더 높은 전압이나 전류를 필요로 한다면 다른 H-브리지를 찾아보아야 한다. 사용 원리는 이 예제와 비슷할 것이다.

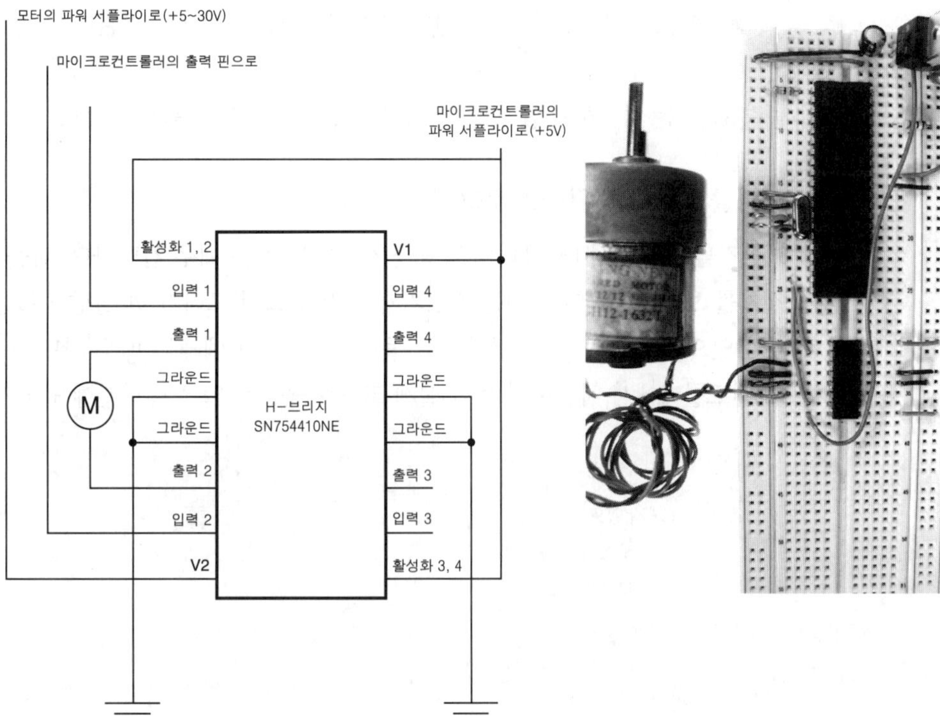

그림 10-7 마이크로컨트롤러에 SN754410 H-브리지 칩 연결하기

이 H-브리지의 핀 배열은 다음과 같다(핀을 하이로 만든다는 것은 핀을 5볼트에 연결한다는 뜻이다)

- ▶ *활성화 1, 2*. 이 핀이 5V에 있으면 입력 1, 2가 각각 출력 1, 2를 제어하게 된다.
- ▶ *활성화 3, 4*. 출력 3, 4에 대해 활성화 1, 2와 같은 일을 한다.
- ▶ *V1*. 논리 전압을 받아들인다.
- ▶ *V2*. 모터 전압을 받아들인다.
- ▶ *입력 1*. 컨트롤러로부터 입력받는다.

- *출력 1*. 입력 1이 하이이면 전류가 V2에서 이 핀으로 흐른다.
- *히트 싱크heat sink/그라운드*. 이 네 개의 핀들은 모두 그라운드에 연결한다.
- *입력 2*. 컨트롤러로부터 입력받는다.
- *출력 2*. 입력 2가 하이이면 전류가 V2에서 이 핀으로 흐른다.

입/출력 3과 4는 사용하지 않으니, 활성화 3, 4를 하이에 둘 필요가 없다.

DC모터를 제어하기 위한 프로그래밍

H-브리지를 이용해서 DC모터의 방향을 제어하는 것은 매우 간단하다. 다음 슈도코드가 그 절차를 보여 준다. 이 예제는 스위치가 꺼져 있으면 모터가 한 방향으로 돌고, 스위치가 켜져 있으면 모터가 다른 방향으로 돌도록 한다. 이 예제는 매우 간단하므로, 이를 마이크로컨트롤러에서 사용하기 위한 실제 코드로 옮기는 일은 여러분에게 맡기겠다.

```
루프
    if 스위치가 꺼져 있으면
        핀1을 하이로 한다
        핀2를 로우로 한다
    else
        핀2를 하이로 한다
        핀1을 로우로 한다
    if의 끝
루프의 끝
```

H-브리지로 모터의 속도를 제어하기 위해서는 펄스길이변조를 사용한다. 여기에는 두 가지 방법이 있다. 하이가 되어야 할 모터 핀에 그저 5볼트를 주는 것이 아니라 펄스길이 변조(PWM) 신호를 주는 것이 한 가지 방법이다. 하지만 이보다 간단한 방법이 있다. H-브리지의 활성화 핀에 펄스를 주면 된다. 이 핀은 기본적으로 H-브리지를 켜고 끄는 전원 스위치와도 같으므로, 이 핀에 펄스를 보내면 활성화되어 있는 모든 출력 핀에 펄스를 보내는 것과 같은 효과를 얻을 수 있다. 이렇게 하면 방향과 속도를 각각 다른 핀에서 다른 루틴으로 분리해 제어할 수 있다는 이점도 있다. 이를 위해서는 **그림 10-8**처럼 H-브리지와 마이크로컨트롤러 사이에 연결 하나를 추가해야 한다.

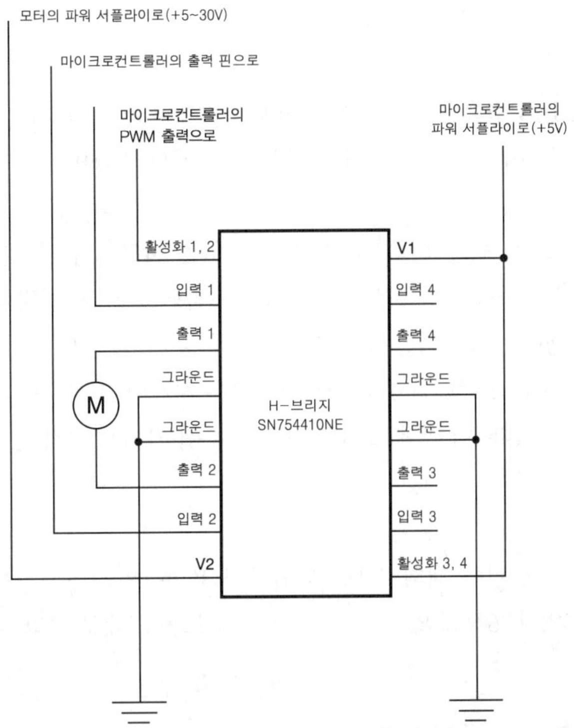

그림 10-8 속도를 제어하기 위해서는 H-브리지의 활성화 핀을 마이크로컨트롤러에 연결한다

■ RC 서보 제어하기

6장에서 설명했듯이 RC 서보모터는 제어하기가 매우 쉽다. 서보모터는 180도 반원 안에서라면 어디든 원하는 위치에 정확히 가져다 놓을 수 있다. 예를 들어, 웹캠에 RC 서보를 붙였다면 방 안에서 보고 싶은 지점을 비추도록 웹캠을 회전시킬 수 있는 것이다.

하드웨어 PWM

다른 일들을 하면서 그와 동시에 안정적인 PWM 신호를 보내는 것은 쉽지 않다. 핀에 펄스를 보내지 않는 동안에는 모터가 움직이지 않을 것이기 때문이다. 베이직 스탬프를 제외한 다른 마이크로컨트롤러에서는 이 문제를 해결하기 위한 다른 방법이 있다. *하드웨어 펄스길이변조*(Hardware Pulse Width Modulation, HPWM)를 사용하면 다른 일들이 수행되고 있는 동안에도 특정 핀에서 안정적인 PWM 신호가 나가도록 할 수 있다. 하드웨어 PWM에 대한 좀더 자세한 내용은 사용하고 있는 프로세서와 프로그래밍 환경의 매뉴얼과 예제를 참조하도록 하자.

RC 서보를 제어하려면 서보모터의 제어신호 전선으로 20ms마다 펄스를 보내 주어야 한다. 펄스의 길이(펄스가 지속되는 시간)에 따라 모터는 180도 범위 안에서 해당 위치로 움직인다. 1ms 펄스는 모터를 0도 위치에 보내고 2ms 펄스는 180도 위치에 보낸다. 1ms와 2ms 사이에서는 펄스의 길이에 비례하여 0도에서 180도 사이에서 모터가 움직인다.

마이크로컨트롤러와 쉽게 연결할 수 있는 서보모터 컨트롤러가 여러 가지 나와 있다. 서보모터를 하나 이상 사용하는 프로젝트라면, 제어 타이밍에 맞추어 프로그래밍을 하느라고 고생하는 것보다는 컨트롤러에 돈을 투자하는 편이 현명하다. 스코트 에드워즈 전자(http://www.seetron.com)의 Mini-SSC2는 시리얼 통신으로 8개의 서보모터까지 한 번에 제어할 수 있다. 이 밖에도 다른 제품이 수십 가지는 나와 있다. 제어할 수 있는 서보모터의 수도 가지가지이다.

만일 오직 한두 개의 서보모터만을 사용한다면, 마이크로컨트롤러로도 매우 쉽게 제어할 수 있다. 6장에 있는 두 개의 예제 코드를 그대로 따라 하면 될 것이다.

5. 스테퍼 모터 제어하기

스테퍼 모터는 연속적으로 회전하지 않으며 정교한 계단들을 밟고 올라가듯이 단계별로 움직인다는 점에서 일반 DC 모터와 다르다. 또, 몇 바퀴이든 연속적으로 회전할 수 있으며 자신의 절대적인 위치에 대한 정보를 피드백해 주지 않는다는 점에서 RC서보와도 다르다. 이들은 한 바퀴의 범위 안에서 정확히 어떠한 각도만큼을 움직이고자 할 때, 또는 그 각도를 그에 해당하는 만큼의 직선운동으로 변환하고자 할 때에 유용하게 사용할 수 있다. 이를테면 다이얼을 돌려서 그림을 그리는 장난감에 스테퍼 모터를 붙이면 사람의 인내심과 조정력으로는 그려 내기 어려울 정도로 세밀한 그림들을 얻을 수 있을 것이다. 또, 초음파 거리 측정 장치에 스테퍼 모터를 붙여서 방 한가운데에 두고 회전시키면서 일정한 간격으로 거리를 측정하면 방 안의 생김새를 알 수 있을 것이다.

스테퍼 모터에는 코일이 여러 가닥 들어 있다. 중심축에 여러 개의 자석이 둥글게 붙어 있고 이 중심축을 둘러싸고 코일들이 배치되어 있다. 코일에 전류가 흘렀다 끊어졌다 할 때마다 자기장이 중심축의 자석들을 밀고 당기면서 모터가 회전하게 된다. **그림 10-9**에서 스테퍼 모터의 내부를 볼 수 있다.

그림 10-9 스테퍼 모터의 내부.
이 모터의 경우 둥글게 배치된 코일들 중 여러 개가 서로 연결되어 있어, 실제로는 4개의 코일 회로만이 존재한다.

이러한 디자인은 매우 정교한 제어를 가능하게 한다. 적절히 펄스를 보내어 주면 모터마다 정해져 있는 단계별 각도(예를 들어 1.8도, 0.5도 등)를 이동 단위로 하여 단계별로 모터를 움직일 수 있다. 그래서 이 모터는 프린터나 디스크 드라이브 등 정교한 움직임이 필요한 장치에 이용된다. 사실 오래된 프린터나 스캐너는 피지컬 컴퓨팅 프로젝트에 사용할 스테퍼 모터를 얻을 수 있는 훌륭한 원천이 된다. 버려진 프린터를 보거든 그냥 지나치지 말자. 스테퍼 모터가 적어도 두 개는 들어 있다.

스테퍼 모터는 일반적으로 DC 모터보다 훨씬 느리게 움직이며, 움직일 수 있는 속도에 상한선이 있다. 하지만 움직일 수 있는 토오크는 DC 모터보다 더 크다. 스테퍼 모터는 일정한 거리만큼을 움직이고자 할 때나 일정한 횟수만큼을 회전하고자 할 때에 매우 적합하다. 또, 이들은 멈추어 있을 때 매우 큰 토오크를 제공한다. 코일들이 형성하는 자기장이 모터를 브레이크처럼 잡아 주기 때문이다.

무거운 것을 움직일 경우에는 스테퍼 모터의 움직임이 헝클어질 수도 있으므로, 모터의 절대적인 위치를 파악할 수 있는 장치를 고안해 두면 좋다. 9장에서 설명했던, 회전을 감지하기 위한 방법들을 사용하면 되겠다. 가장 간단한 방법은 타코미터를 만들어서 사용하는 것이다. 만드는 방법은 9장에서 설명했던 바와 같다. 스테퍼 모터가 회전시키고 있는 원반에 자석을 붙이고 홀 효과 센서나 리드 스위치를 모터가 고정되어 있는 부분에 붙인다. 자석이 스위치를 지날 때마다 한 바퀴 회전했음을 알 수 있으며, 이 때 0부터 다시 단계를 세어 나가면 된다.

스테퍼 모터를 제어할 때는 코일을 정해진 순서대로 가동해 주어야 모터가 앞으로 전진하게 된다. 이를 위해서는 모터 안의 배선이 어떻게 되어 있는지를 이해해야 한다. 스테퍼 모터는 크게 유니폴라$_{\text{unipolar}}$ 스테퍼 모터와 바이폴라$_{\text{bipolar}}$ 스테퍼 모터의 두 가지로 나뉜다. 물론, 패러랙스의 리틀 스텝-U를 비롯해서 여러 가지 스테퍼 모터 컨트롤러 모듈들이 제품으로 나와 있다. 만일에 경제적인 여유가 있다면 이들 모듈을 사용하는 편이 시간을 절약할 수 있다. 그렇지 않을 경우에는 다음 방법으로 직접 스테퍼 모터를 제어할 수 있다.

■ 유니폴라 스테퍼 모터

*유니폴라 스테퍼 모터*에는 다섯 개 또는 여섯 개의 전선이 나와 있고 코일이 네 개 들어 있다(사실 코일은 두 개인데, 중간지점에서 전선으로 이들이 다시 한 번씩 나뉘어 있다). 코일들의 중간지점에 연결된 두 전선은 다시 하나로 이어서 파워를 공급하는 데 사용한다. 이들이 유니폴라 스테퍼 모터라 불리는 것은 파워가 언제나 이 하나의 전선을 통해 들어오기 때문이다. **그림 10-10**은 전형적인 유니폴라 스테퍼 모터의 배선을 보여 준다.

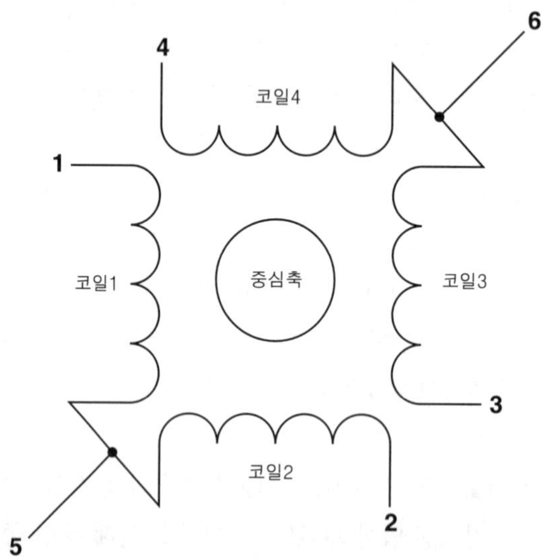

그림 10-10 전선이 6개 있는 유니폴라 스테퍼 모터의 코일 배선도
(전선이 5개 있는 경우에는 5번과 6번 전선이 서로 연결되어 있는 것이다)

운이 좋으면 구입한 스테퍼 모터에 설명서가 동봉되어 있어서 어느 전선이 어떤 역할을 하는지를 설명해 줄 때도 있다. 이럴 경우에는 설명을 그대로 따라서 연결하면 되므로 간단하다. 하지만 이렇게 설명서가 제공되는 경우는 드물기 때문에(버려진 물건에서 뜯어낸 모터일 경우에는 말할 필요도 없겠다), 어느 전선이 어느 코일에 연결되어 있는지를 스스로 알아내야 할 때도 많다.

이렇게 하기 위해서는 멀티미터를 저항 측정 모드로 맞추어서 전선들 간의 저항을 측정해 본다. 각 코일의 양 끝단 사이의 저항은 중간지점에 연결된 전선과 끝단 전선 사이 저항의 2배가 된다. 예를 들어 1번과 5번 전선 간의 저항이 $x\Omega$이라면 1번과 2번 전선간의 저항은 $2x\Omega$이 될 것이다. 한편 서로 연결되어 있지 않은 전선(이를테면 1번 전선과 3, 4, 6 전선) 간의 저항은 무한대가 되어 멀티미터에서 에러로 표시될 것이다. 코일의 양 끝단에 전압을 걸면(이를테면 1번과 2번 사이, 또는 3번과 4번 사이) 모터에 힘이 걸려 손으로 움직이기가 매우 힘들어지므로, 전선을 맞게 찾았는지를 확인할 수 있다(이때 모터를 억지로 돌리려고 하지 말자. 모터에 좋지 않다).

다른 모터들과 마찬가지로 스테퍼 모터도 마이크로컨트롤러가 줄 수 있는 것보다 큰 전원을 필요로 하므로, 스테퍼 모터를 위해 별도의 파워 서플라이를 마련해 주어야 할 것이다. 제조사가 지정한 전압을 알 수 있다면 이상적이겠지만, 만일 그렇지 않다면 가변 DC 파워 서플라이를 최소 전압으로 맞추어 놓고(5볼트 정도) 코일의 양 끝단에 전압을 걸어 보자(이를테면 1번과 2번 사이, 또는 3번과 4번 사이). 그리고 모터를 손으로 움직이기가 어려울 때까지 천천히 전압을 올려 보면 된다. 자칫하면 모터를 망가뜨릴 수도 있으니, 전압을 지나치게 올리지는 말자. 스테퍼 모터에 흔히 사용되는 전압은 5볼트, 9볼트, 12볼트, 또는 24볼트이다. 작은 스테퍼 모터에 24볼트 이상의 전압이 사용되는 경우는 드물다. 솔직히 말하자면 그 이상의 전압은 생각하지 않아도 될 것 같다.

스테퍼 모터를 제어하기 위해서는 일정한 순서에 따라 코일에 전압을 걸어 준다. **표 10-1**의 순서에 따르면 된다.

표 10-1 유니폴라 스테퍼 모터의 제어순서

단계	코일1	코일2	코일3	코일4
1	하이	로우	하이	로우
2	로우	하이	하이	로우
3	로우	하이	로우	하이
4	하이	로우	로우	하이

* 5번과 6번 전선은 파워에 연결한다

스테퍼 모터를 구동하기 위해서는 **그림 10-11**처럼 네 개의 코일 각각을 트랜지스터에 연결하고 두 개의 공통 전선을 파워에 연결한다.

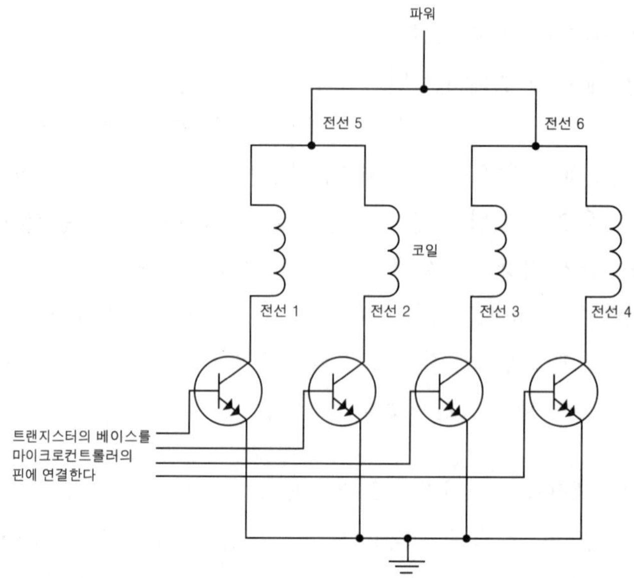

그림 10-11 전선이 4개인 유니폴라 스테퍼 모터를 트랜지스터로 제어하기 위한 구성

그림 10-11에서 트랜지스터는 TIP120 달링턴$_{\text{Darlington}}$ 트랜지스터를 사용하면 된다. ULN2004와 같은 달링턴 트랜지스터 어레이를 사용하면 여러 트랜지스터들을 한번에 연결할 수 있으므로 편리하다. 달링턴 어레이는 대부분의 온라인 전자부품 상점에서 구할 수 있고 값도 싸다. **그림 10-12**는 유니폴라 스테퍼 모터를 달링턴 어레이에 연결하는 방법을 보여 준다.

표 10-1의 제어순서대로 했을 때에 모터가 제대로 동작하지 않는다면, **표 10-2**처럼 한 번에 코일 하나씩만 구동해 보자.

모터를 한 방향으로 돌리는 데 성공하면, 모터를 반대 방향으로 돌리는 것은 같은 단계를 거꾸로 밟기만 하면 된다. 또, 모터가 어느 위치에 있는지를 알기 위해서는 모터가 몇 단계를 전진했는지를 센 다음, 거기에 한 단계당 회전각도를 곱해 주면 된다. 예를 들어 1.8도 스테퍼 모터가 200단계를 전진했다면 1.8×200도, 즉 360도를 회전한 셈이니 꼭 한 바퀴를 돈 것이다.

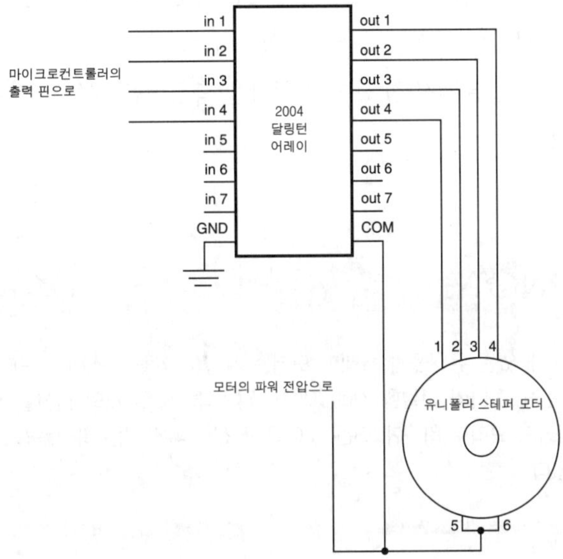

그림 10-12 유니폴라 스테퍼 모터를 달링턴 트랜지스터 어레이에 연결하는 방법.
스테퍼 모터에서 코일의 배선은 다음과 같은 경우가 많다. 코일 1 : 오렌지, 코일 2 : 노랑, 코일 3 : 검정, 코일 4 : 갈색, 파워 : 빨강. 하지만 언제나 그런 것은 아니다.

표 10-2 유니폴라 스테퍼 모터의 또 다른 제어순서

단계	코일1	코일2	코일3	코일4
1	하이	로우	로우	로우
2	로우	하이	로우	로우
3	로우	로우	하이	로우
4	로우	로우	로우	하이

* 5번과 6번 전선은 파워에 연결한다

■ 바이폴라 스테퍼 모터

*바이폴라 스테퍼 모터*에는 일반적으로 전선이 네 개 나와 있다. 유니폴라 스테퍼 모터와는 달리, 바이폴라 스테퍼 모터에는 코일 간에 공통된 연결부분이 없다. 실제로 우리가 사용하는 데 있어서는 유니폴라 모터와 바이폴라 모터 간에 별 차이가 없다. 하지만 어떤 것을 사용하 게 될지 모르니 두 가지 모터 모두에 대해 알아두는 편이 좋다. 버려진 물건에서 모터를 재활용한다면 특히 그렇다. 바이폴라 모터에는 서로 떨어져 있는 두 개의 코일이 들어 있다. 전선간의 저항을 측정해 보면 유니폴라 모터와 구별할 수 있다. 즉, 동일한 저항이 걸리는 전선들이 두 쌍 있어야 한다. 서로 연결되어 있지 않은 전선들(즉 서로 다른 코일에 연결된 전선들) 사이의 저항을 측정했을 때는 무한대(또는 연결되어 있지 않음)가 나올 것이다.

NOTE

전선이 6개 있는 유니폴라 스테퍼 모터는 사실 바이폴라 스테퍼 모터에서 두 코일의 가운데 지점마다 전선을 하나씩 연결한 것에 지나지 않는다. 이 두 개의 전선을 서로 연결하면 바이폴라 모터를 유니폴라 모터로 바꾸게 되는 것이다. 전선이 4개 있는 바이폴라 모터에 대해서는 이러한 일을 할 수 없다.

바이폴라 스테퍼 모터를 제어하기 위해서는 유니폴라 스테퍼 모터와 같은 순서로 코일들에 전류를 통해 주면 된다. 하지만 코일 4개를 사용하는 것이 아니라 코일 2개의 양 끝단에 해당하는 4개의 전선을 사용하는 것이므로, 전류의 극성을 반대로 해주어야 한다. 처음에는 혼란스러울 수도 있겠지만, 스테퍼 모터의 제어순서를 다시 한 번 살펴보면서 이를 바이폴라 모터에 적용하면 어떻게 되는지를 따라가 보기로 하자. **그림 10-13**은 다음 표의 순서대로 전류를 주었을 때에 바이폴라 스테퍼 모터 안에서 코일에 전류가 흘러가는 방향을 보여 준다.

표 10-3 바이폴라 스테퍼 모터의 제어순서

단계	전선1	전선2	전선3	전선4
1	하이	로우	하이	로우
2	로우	하이	하이	로우
3	로우	하이	로우	하이
4	하이	로우	로우	하이

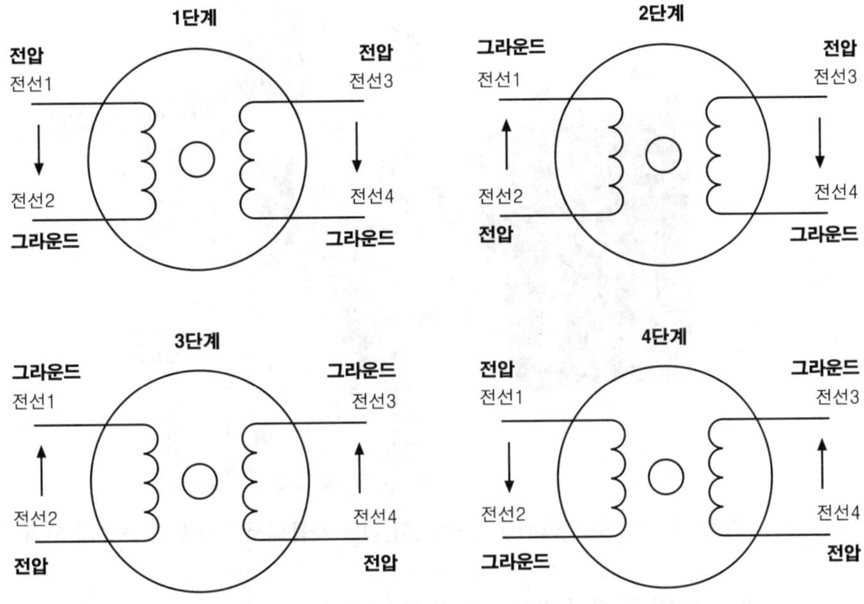

그림 10-13 바이폴라 스테퍼 모터의 제어순서

코일들의 극성을 바꾸어 주기 위한 가장 간편한 방법은 H-브리지 한 쌍을 사용하는 것이다. 앞서 DC모터 예제에서 사용했던 SN754410 칩에 한 쌍의 H-브리지가 들어 있으므로 이러한 용도로 사용하기에 안성맞춤이다. **그림 10-14**와 같이 연결하면 된다.

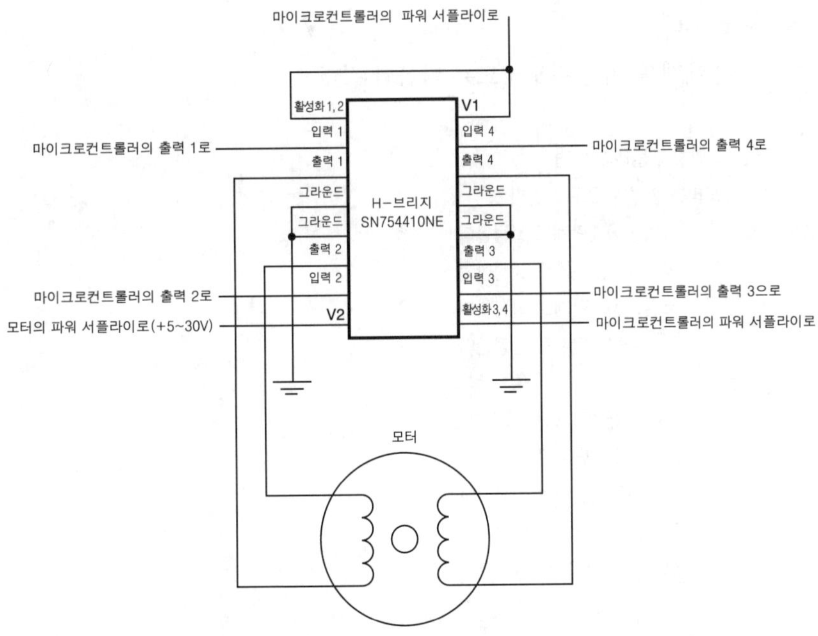

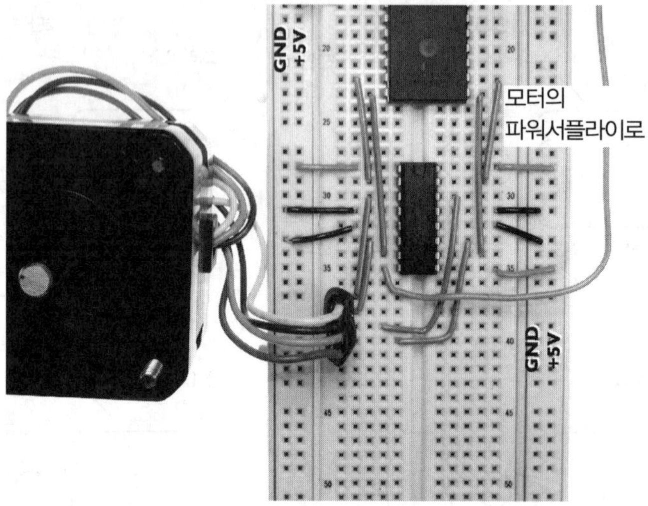

그림 10-14 SN754410 H-브리지 칩을 사용해서 바이폴라 스테퍼 모터 제어하기

스테퍼 모터를 제어하기 위한 프로그래밍

유니폴라와 바이폴라 스테퍼 모터의 제어 순서가 같으므로, 동일한 마이크로컨트롤러 코드로 두 종류의 모터를 모두 제어할 수 있다. 예제 코드에 설명된 바에 따라 달링턴 트랜지스터 어레이(유니폴라 모터의 경우) 또는 H-브리지 한 쌍(바이폴라 모터의 경우)을 마이크로컨트롤러에 연결하면 된다. 마이크로컨트롤러에는 스위치도 하나 연결해 주어야 한다. 스위치가 눌려 있으면 모터가 한 방향으로 돌고, 스위치가 떨어져 있으면 다른 방향으로 돈다.

이 예제를 위한 슈도코드는 다음과 같다.

```
if 스위치가 눌려 있다면
    모터를 한 방향으로 돌린다 :
        코일들을 1단계로 설정한다
        코일들을 2단계로 설정한다
        코일들을 3단계로 설정한다
        코일들을 4단계로 설정한다
Else
    모터를 다른 방향으로 돌린다 :
        코일들을 4단계로 설정한다
        코일들을 3단계로 설정한다
        코일들을 2단계로 설정한다
        코일들을 1단계로 설정한다
End if
```

PBASIC

MBasic

```
' 스위치를 8번 핀에 연결한다
' 스테퍼 모터는 다음과 같이 0~3번 핀에 연결한다 :
' 전선1  :  0번 핀
' 전선2  :  1번 핀
' 전선3  :  2번 핀
' 전선4  :  3번 핀
' 핀을 하나하나 설정하지 않고 0~7번 핀을 한 번에 설정할 것이다

' 변수를 설정한다 :
steps var word ' 현재의 단계 수를 센다
stepArray var byte(4)  ' 제어순서를 저장하기 위한 어레이


' 0~3번 핀을 출력 핀으로 설정한다
DIRL = %00001111

' 0~7번 핀을 모두 하이로 놓는다
OUTL= %11111111
' 8번 핀 (스위치) 을 입력 핀으로 설정한다
input 8
' 제어순서 어레이의 값을 설정한다
stepArray[ 0]  = %00001010
stepArray[ 1]  = %00000110
stepArray[ 2]  = %00000101
stepArray[ 3]  = %00001001

' 0.5초를 쉬고 시작한다
Pause 500

main:
    ' 만일 스위치가 눌려 있으면 한 단계를 전진한다.  눌려 있지 않으면 한 단계를 후퇴한다.
    if IN8 = 1 then
        steps = steps + 1
    else
        steps = steps - 1
    endif
    ' 나머지 연산자 (//) 는 나눈 나머지 값을 돌려준다.
    ' 따라서 x//4는 결코 3을 넘지 않는다.
    ' 4로 나눈 나머지는 3  이하이기 때문이다.
    ' 우선 나머지 연산자를 사용해 단계 변수를 0~3  사이의 숫자로 바꾼다.
    ' 그리고 OUTL을 제어순서 어레이의 네 값 중 하나로 놓음으로써
```

```
    '0~7번 핀을 한번에 설정한다.
    OUTL = stepArray[ steps // 4]

    'pause를 사용해 단계 간의 속도를 설정한다
    pause 3
GoTo main
```

PicBasic Pro

```
'스위치를 portb.4에 연결한다
'스테퍼 모터는 다음과 같이 portD의 0~3번 핀에 연결한다 :
'전선1 : portd.0
'전선2 : portd.1
'전선3 : portd.2
'전선4 : portd.3
'핀을 하나하나 설정하지 않고 portD를 한 번에 설정할 것이다

'변수를 설정한다 :
steps var word '현재의 단계 수를 센다
stepArray var byte(4) '제어순서를 저장하기 위한 어레이

'portD의 아래쪽 네 개 핀을 출력 핀으로 설정한다
TRISD = %11110000

'portD의 핀을 모두 하이로 놓는다
PORTD = %11111111
'portb.4 (스위치) 를 입력 핀으로 설정한다
input portb.4
'제어순서 어레이의 값을 설정한다
stepArray[ 0] = %00001010
stepArray[ 1] = %00000110
stepArray[ 2] = %00000101
stepArray[ 3] = %00001001

'0.5초를 쉬고 시작한다
Pause 500

main:
    '만일 스위치가 눌려 있으면 한 단계를 전진한다. 눌려 있지 않으면 한 단계를 후퇴한다.
    if portb.4 = 1 then
        steps = steps + 1
    else
```

```
        steps = steps - 1
    endif
    ' 나머지 연산자(//)는 나눈 나머지 값을 돌려준다.
    ' 따라서 x//4는 결코 3을 넘지 않는다.
    ' 4로 나눈 나머지는 3 이하이기 때문이다.
    ' 우선 나머지 연산자를 사용해 단계 변수를 0~3 사이의 숫자로 바꾼다.
    ' 그리고 portD를 제어순서 어레이의 네 값 중 하나로 놓음으로써
    ' portD의 모든 핀을 한 번에 설정한다.
    portD = stepArray[ steps // 4

    ' pause를 사용해 단계 간의 속도를 설정한다
    pause 3
GoTo main
```

BX-Basic

```
' 스위치를 13번 핀에 연결한다
' 스테퍼 모터는 다음과 같이 9~12번 핀에 연결한다 :
' 전선1 : 9번 핀
' 전선2 : 10번 핀
' 전선3 : 11번 핀
' 전선4 : 12번 핀
' 핀을 하나하나 설정하지 않고 5~12번 핀을 한 번에 설정할 것이다

dim motorStep(1 to 4) as byte
dim thisStep as integer

Sub main()
    call delay(0.5) ' 0.5초를 쉬고 시작한다

    ' 스테퍼 모터의 제어상황 4개를 값으로 저장하면 4바이트 어레이가 된다.
    ' stepMotor 루틴은 이 네 상태를 순서대로 밟아 가며 모터를 구동하게 된다.
    ' 이 방법을 사용하면 핀 4개를 동시에 설정할 수 있다.
    ' 5~12번 핀은 메모리에서 register.portc라는 바이트로 나타난다.
    ' register.portc를 제어순서 어레이의 값과 같도록 놓음으로써
    ' 9~12번 핀을 동시에 설정하게 된다.

    motorStep(0) = bx0000_1010
    motorStep(1) = bx0000_0110
    motorStep(2) = bx0000_0101
    motorStep(3) = bx0000_1001

    ' portC의 아래쪽 네 개 핀을 출력 핀으로 설정한다
```

```
    register.ddrc = bx0000_1111

    'portC의 핀을 모두 로우로 놓는다
    register.portc = bx0000_0000

    do
        if getPin(13) = 1 then
            thisStep = thisStep + 1
        else
            thisStep = thisStep - 1
        end if

        call stepMotor(thisStep)
    loop
End Sub


sub stepMotor(byref whatStep as integer)
    '나머지 연산자(//)는 나눈 나머지 값을 돌려준다.
    '따라서 x//4는 결코 3을 넘지 않는다.
    '4로 나눈 나머지는 3 이하이기 때문이다.
    '우선 나머지 연산자를 사용해 단계 변수를 0~3 사이의 숫자로 바꾼다.
    '그리고 register.portc를 제어순서 어레이의 네 값 중 하나로 놓음으로써
    '5~12번 핀을 한번에 설정한다.

    'whatStep에 따라 register.portc의 여덟 개 핀을 설정한다
    register.portc = motorStep(whatStep mod 4)

    call delay (0.01) '이 값을 필요에 맞게 조정하여 모터의 속도를 조절한다
end sub
```

모터가 제어순서대로 잘 움직이지 않는다면, 단계 간의 pause나 delay 시간을 1초로 놓은 다음에 모터가 어떻게 움직이는지를 관찰해 보자. 모터가 매 초마다 같은 방향으로 전진해야 한다. 만일 그렇지 않다면, 예를 들어 앞으로 세 걸음 갔다가 뒤로 한 걸음 물러선다면, 배선을 잘못 한 것이다. H-브리지와 트랜지스터 어레이, 그리고 모터의 배선을 모터가 제대로 움직일 때까지 점검해 보자.

6. 솔레노이드 제어하기

지금까지 설명한 모터들은 모두 원운동을 하기 때문에 이를 직선운동으로 전환하기 위해서는 별도의 기계적인 장치가 필요하다. *솔레노이드solenoid*는 이 모터들과는 달리 직선운동을 한다. 솔레노이드는 기본적으로 가운데에 철심이 들어 있는 코일의 형태로 되어 있다(**그림 10-15** 참조). 코일에 전류가 흐르면 코일이 형성하는 자기장으로 인해 철심이 당겨지거나 밀쳐내지게 된다. 전류가 끊기면 자기장이 사라져서 철심은 제자리로 돌아오게 되는데, 중력에 의해 떨어지도록 되어 있는 제품도 있고 스프링의 작용에 의해 되돌아가도록 되어 있는 제품도 있다. 솔레노이드의 작동 방식은 6장에서 설명했던 전자석 릴레이와 거의 흡사하다. 솔레노이드에는 켜져 있거나 꺼져 있는 두 상태만이 존재하며, 두 상태의 중간에서는 위치를 조절할 수 없다. 철심이 끝까지 튀어나와 있거나 끝까지 들어가 있거나 둘 중에 한 가지인 것이다. 철심을 중간 어디에 멈출 수 있는 방법은 없다. 이런 의미에서 솔레노이드는 디지털 출력장치라고 할 수 있다.

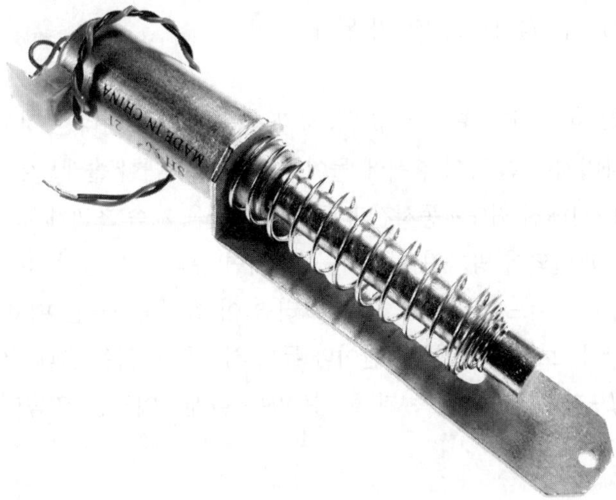

그림 10-15 솔레노이드

자기장을 유도하는 코일로 만들어져 있기 때문에, 솔레노이드는 모터와 많은 성질을 공유한다. 솔레노이드에는 적정 전압과 전류가 있고 코일의 저항값과 그것이 낼 수 있는 힘도 일정하게 정해져 있다. 이 밖에도 이들을 사용하기 위해 알아 두어야 할 추가적인 특성들이 몇 가지 있다.

솔레노이드에는 푸쉬push타입과 풀pull타입이 있다. *푸쉬 타입 솔레노이드*는 코일에 전류가 가해졌을 때 철심이 돌출되어 나온다. *풀 타입 솔레노이드*는 코일에 전류가 가해졌을 때 철심이 안으로 당겨져 들어간다. 철심을 제 자리로 돌려놓기 위해서는 모종의 기계적 장치가 필요하다. 솔레노이드를 부착한 시스템에 의해 원위치로 돌아가는 경우가 아니라면 이 역할은 보통 스프링이 담당해 준다.

솔레노이드의 *이동거리*draw란 철심이 얼마나 많이 이동하는지를 나타내는 것이다. 대부분의 솔레노이드는 이동거리가 그다지 크지 않다. 1인치를 이동한다면 많이 이동하는 것이다. 그래서 솔레노이드는 자동 문 잠금장치나 밸브의 개폐 등 짧은 거리의 직선 운동이 필요한 어플리케이션에서 유용하다. 긴 거리의 직선운동이 필요하다면 모터를 사용하는 편이 나을 것이다.

솔레노이드에는 *듀티 사이클*duty cycle이라는 것이 있다. 이는 '솔레노이드가 켜져 있는 시간과 꺼져 있는 시간을 합한 시간'에 대한 '솔레노이드가 켜져 있는 시간'의 비율이다. 이를테면 솔레노이드가 1초 동안 켜져 있고 3초간 꺼져 있었다면 이 때의 듀티 사이클은 1/(1+3), 즉 1/4이므로 25%가 된다.

솔레노이드에는 또한 *최대가동시간*maximum on time이라는 것도 있다. 이는 듀티 사이클에서 나머지 시간 동안 휴식에 들어가기 전에 최대한 솔레노이드를 켜 둘 수 있는 시간을 뜻한다. 정해진 최대가동시간과 듀티 사이클을 계속 초과해서 가동하면 솔레노이드는 결국에는 과열되어 망가져 버린다. 이를테면 듀티 사이클이 20%이고 최대가동시간이 0.1초인 솔레노이드가 있다고 하자. 그러면 이 솔레노이드는 매 0.5초마다 0.1초씩만 켜 놓아야 한다. 보통 최대가동시간이나 듀티 사이클이 짧은 솔레노이드를 *일시형*momentary *솔레노이드*라고 하고, 계속 켜 둘 수 있는 솔레노이드를 *연속형*continuous *솔레노이드*라고 한다.

양 방향으로 모두 동작하는 솔레노이드도 있기는 하지만 드물다(이들은 자석으로 된 심을 가지고 있다). 대부분의 솔레노이드는 한 방향으로만 작동하기 때문에, 이를테면 푸쉬 타입 솔레노이드의 극성을 바꾼다고 해서 풀 타입 솔레노이드가 되지는 않는다. 그러니 구입할 때 필요에 맞는 것을 잘 선택하도록 하자.

솔레노이드는 여러 용도로 많이 사용되는 부품이기 때문에 대부분의 전자부품과 기계부품 상점, 그리고 중고 부품 상점에서 여러 가지 제품을 취급하고 있다. 우리는 솔레노이드가 필요할 때면 주로 올 일렉트로닉스All Electronics를 이용하는 편이다. 하지만, 이 책에 소개한 다른 업체들에서도 대부분 구할 수 있다.

솔레노이드를 제어하는 것은 매우 간단하다. 솔레노이드가 원하는 전압과 전류를 스위칭해 줄 수 있는 릴레이 또는 트랜지스터, 그리고 역전압을 막아 주기 위한 다이오드만 있으면 된다(솔레노이드는 유도부하임을 기억하자). **그림 10-16**의 회로를 따르면 된다.

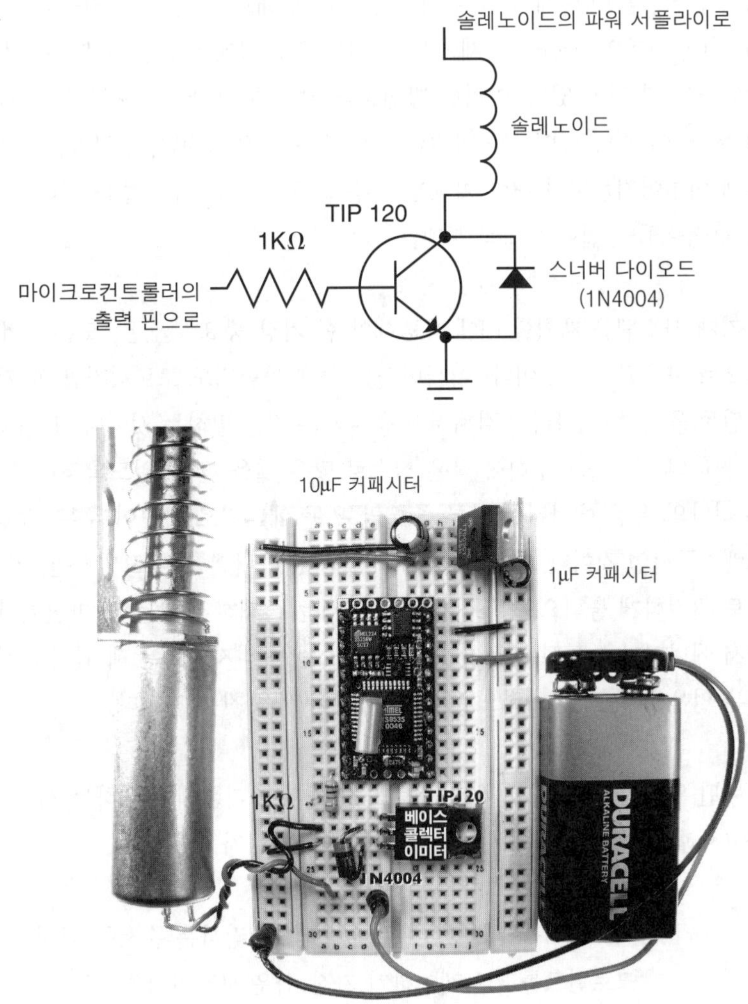

그림 10-16 솔레노이드를 제어하기 위한 회로

솔레노이드를 제어하기 위한 프로그래밍은 디지털 출력을 위한 프로그래밍과 동일하다. 솔레노이드가 연결되어 있는 출력 핀을 하이로 하면 솔레노이드가 켜지고 로우로 하면 솔레노이드가 꺼지는 것이 전부다. 하지만 최대가동시간과 듀티 사이클보다 오랫동안 솔레노이드를 가동하는 일은 없도록 주의해야겠다.

7. 초보자를 위한 기계공학 : 모터의 움직임을 필요에 맞게 바꾸어 쓰기

모터를 사용하는 시스템에서 일단 모터를 움직이는 데 성공하고 나면, 그 다음에는 모터의 움직임을 어떻게 하면 우리가 원하는 형태로 변환할 수 있을까라는 문제와 마주치게 된다. 기계와 관련한 문제에서는, 어느 시스템에서나 공통적으로 사용되는 기본적인 방법들이 몇 가지 있다. 이러한 방법들을 알아 두면 어떤 움직임을 다룰 때나 항상 도움이 된다. 이 절에서 이들을 빠짐없이 다룰 수야 없겠지만, 무언가를 움직인다는 일이 어떻게 이루어지는지에 대한 이해를 갖추고, 또 앞으로 부품들을 구하는 과정에서 필요하게 될 용어들을 알아 두도록 하자.

기계 시스템을 계획할 때에 유념해야 할 가장 중요한 점은, 모든 기계는 일을 하는 목적으로 사용된다는 것이다. 어쩌면 당연하게 들릴지도 모르겠지만, 여기에서 일work이란 어떤 힘을 일정한 거리에 걸쳐서 작용시키는 것을 말하는 것이나(일=힘×거리). 기계는 힘과 거리의 비율을 조정하여 작은 힘으로 많은 일을 할 수 있도록 해 준다. 말하자면 기계는 하나의 운동 에너지를 다른 종류의 운동 에너지로 바꾸어 주는, 운동 에너지에 대한 트랜스듀서인 것이다. 효율이 좋은 기계도 있고 나쁜 기계도 있지만, 입력된 힘을 100 퍼센트 완전하게 출력으로 바꾸어 주는 기계는 존재하지 않는다. 마찰이나 열 등으로 중간에서 에너지가 손실되는 것이다. 기계 시스템을 디자인하는 데 있어 가장 중요한 것은 원하는 일을 가장 작은 노력으로 할 수 있는 구성을 찾는 것이다.

어떤 일을 하기 위해 기계 시스템을 만들거나 기존에 존재하는 시스템을 개조해 사용하고자 할 경우에는 다음 사항들을 고려하도록 하자.

▶ *서보모터를 사용할 수는 없을까?* 생각하는 순서를 잠시 거꾸로 하여, 마이크로컨트롤러로 제어하기 가장 쉬운 모터인 RC 서보모터를 먼저 고려해 보는 것도 한 방법이다. 만일 서보모터를 사용할 수 있다면, 설령 몇 가지 기계장치들을 덧붙여야 한다고 하더라도, 다른 모터를 사용하면서 전원문제, 배선문제, 제어문제 등을 해결하는 데 드는 노력보다는 일이 적을 것이다.

- *필요한 일을 해 낼 수 있을까?* 디자인한 기계 시스템이 모터가 제공하는 힘을 우리에게 필요한 형태로 바꾸어 주지 못한다면 그 디자인은 소용이 없다.

- *사용하려는 모터와 잘 맞을까?* 구상중인 시스템을 모터에 연결할 수 있는 간단한 방법이 존재하는가? 만일 그렇지 않다면, 억지로 맞추려고 애쓰지 말라. 시간만 끝없이 낭비하게 된다. 시스템과 모터 중 어느 쪽을 바꾸는 것이 쉬울지를 판단해 보고 나서 더 쉬운 쪽을 바꾸도록 하자.

- *필요한 공간 안에 들어맞을까?* 사방 1피트짜리 상자 안에 모든 것을 맞추어 넣어야 하는 상황이라면 이 두 배만한 크기의 기어 시스템을 가지고 있다 한들 소용이 없을 것이다. 다른 방법을 찾아야 한다. 아니면, 기계부속들을 그 1피트 크기의 상자 뒤편에 숨길 수는 없겠는지를 생각해 보자.

- *처음부터 새로 만드는 것보다는 기존의 다른 메커니즘을 목적에 맞게 변형해서 사용하는 것이 비용과 시간 측면에서 더 효율적이지는 않을까?* 전자회로도 마찬가지지만, 기계를 다루는 일은 매우 유혹적일 수 있다. 기어 시스템이나 링크 시스템을 스스로 만들어 보는 것은 큰 만족감을 준다. 하지만 그렇게 하는 데 프로젝트를 수행할 시간 대부분이 소모되어 이 책의 다른 부분들이 다루는 내용들을 생각할 시간조차 없게 된다면, 그 일을 직접 해내려고 해서는 안 된다. 장난감이나 가전제품 같은 일상생활의 물건들을 해부해 보면 피지컬 컴퓨팅 시스템에 활용할 수 있는 메커니즘을 얻을 수 있는 경우가 많다. 오래 전에 부서져서 집안에 뒹굴고 있는 낡은 VCR이나 CD 플레이어, 심벌즈를 울리는 원숭이 장난감 등을 뜯어 들여다보라. 쓸모 있는 메커니즘들을 찾을 수 있을 것이다.

■ 기본적 장치들

거의 모든 기계 시스템에서 사용되는 몇 가지 기본적인 장치들이 있다. 움직임을 만들어 내는 기계들은 이 장치들의 조합을 기반으로 이루어지는 것이다. 이러한 장치들이 기계 에너지를 변환하는 과정을 이해하면 우리들이 원하는 움직임을 만들어내는 데 도움이 될 것이다.

지레Lever

*지레*야말로 아마도 가장 간단한 기계일 것이다. 지레는 병따개로부터 자동차를 들어올리는 잭에 이르기까지 일상생활에서 수없이 많이 사용되는 친숙한 기계이다. 지레는

힘의 방향과 이동 거리를 바꾸는 데 사용된다. 모든 지레는 *받침점*을 중심으로 움직인다. 지레의 양 팔은 길이가 다르다. 지레를 사용하면 이 길이의 차이를 이용하여 작은 힘으로 큰 무게를 움직일 수 있다. 긴 팔이 짧은 팔의 두 배 길이인 지레가 있다고 하자. 움직이고자 하는 짐을 짧은 팔에 올려놓고 긴 팔에 힘을 가하면 무게의 절반에 해당하는 힘만으로도 짐을 움직일 수 있다. 하지만 힘을 가해 주어야 하는 거리는 두 배로 늘어난다. **그림 10-17**이 이 과정을 보여 준다. 지레의 긴 팔에서 0.5킬로그램의 무게를 1미터 움직이면 짧은 팔에 놓인 1킬로그램의 무게가 0.5미터 움직이게 된다.

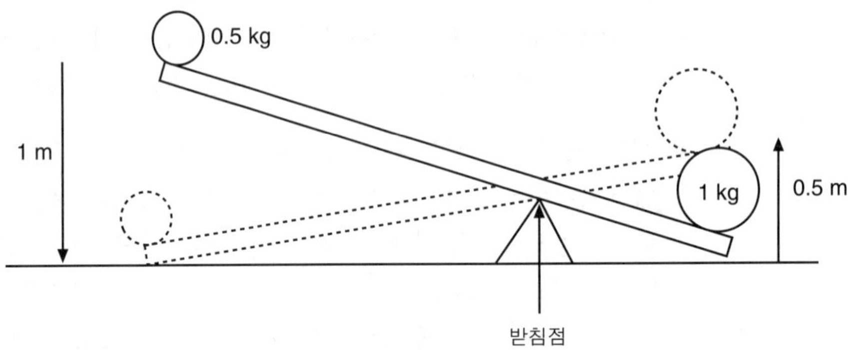

그림 10-17 지레

긴 팔의 길이와 짧은 팔의 길이의 비례가 지레의 *이득률mechanical advantage*인데, 이는 시스템에 가한 일의 양과 시스템에서 얻게 되는 일의 양의 비율과 같다. 긴 팔이 짧은 팔보다 2배 길다면 비율은 2:1이며 이득률은 2이다. 따라서 두 배 떨어진 지점에 힘을 가한다면 무게의 절반에 해당하는 힘으로도 무게를 움직일 수 있는 것이다. 모터의 토오크는 제한되어 있지만 이용할 수 있는 공간은 자유롭다면 이 원리가 유용하게 쓰일 수 있겠다.

도르래 pulley

*도르래*는 바퀴와 로프 및 체인, 또는 철사를 맞물려서 힘의 방향을 바꾸거나 이득을 얻도록 한 것이다. 바퀴 하나로만 구성된 도르래는 힘의 방향만을 바꾸어 주는데, 이는 움직이는 물체에 맞먹는 반대급부를 만들어 주고자 할 때에 매우 유용하게 쓰일 수 있다. 힘의 이득을 얻고자 한다면 여러 개의 바퀴를 사용해야 한다. 하지만 하나의 바퀴로 움직 도르래를 구성하면, 당겨 주어야 하는 거리가 두 배가 되면서 힘이 두 배가 된다. **그림 10-18**에 있는 도르래들을 보자. 왼쪽 시스템의 경우, 도르래가 고정되어 있으며 힘의 이득은 없다. 힘의 방향이 바뀔 뿐이다. 오른쪽 시스템의 경우에는 무게를 1미터 움직이기

위해 로프를 2미터 당겨 주어야 하므로 이득률이 2이다. 거리에서 잃은 효율은 힘에서 보상되어, 로프를 당겨 올릴 때는 중력이 가하는 무게의 절반만큼의 힘만 있으면 된다.

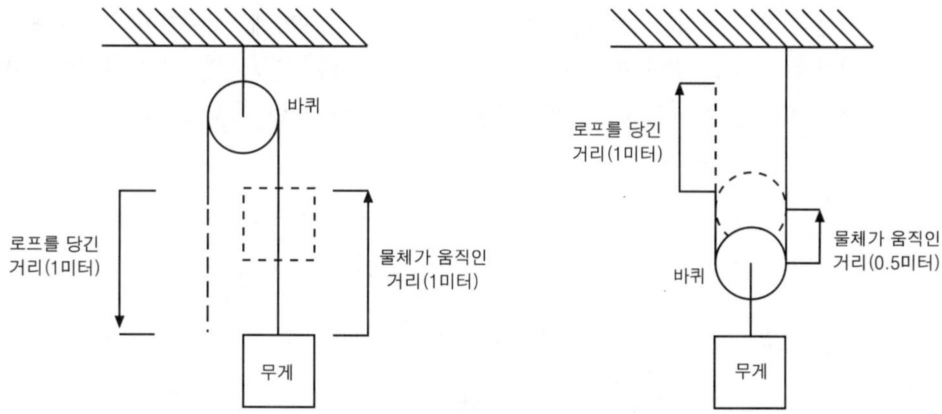

그림 10-18 바퀴 하나짜리 도르래 : 고정 도르래(왼쪽)와 움직 도르래(오른쪽)

움직 도르래를 더할수록 힘의 이득은 커지지만 로프를 당겨 주어야 하는 거리는 늘어난다. 반면에 고정 도르래를 더하는 것은 힘의 방향만을 바꾸어 준다. **그림 10-19**는 여러 가지 도르래와 그 이득률을 보여 준다.

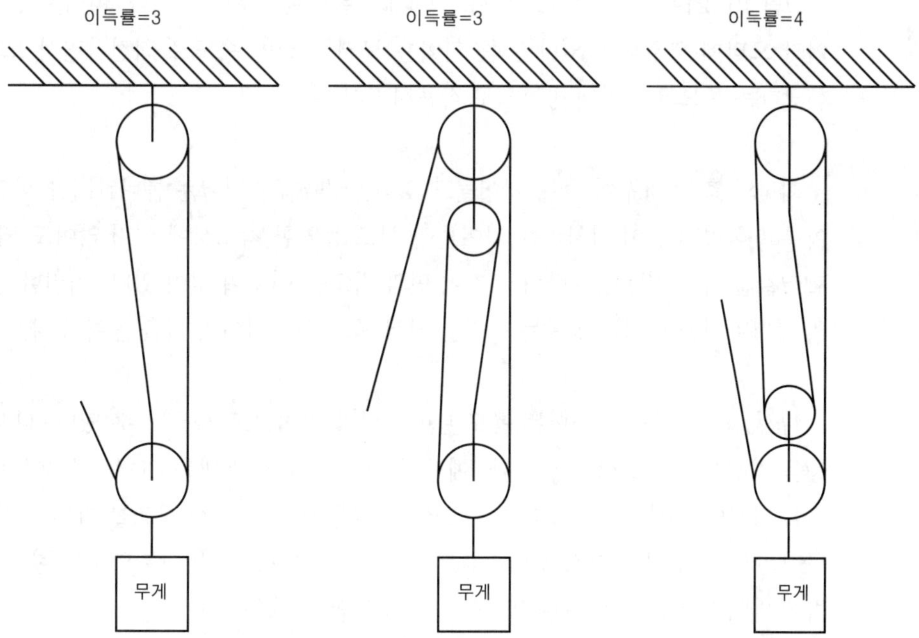

그림 10-19 바퀴가 여러 개인 도르래

01 02 03 04 05 06 07 08 09 CHAPTER 10 11 12 13 14

기어gear

기어는 회전운동을 변환하는 데 사용된다. 운동의 방향이 달라지게 되며, 속도와 토오크는 서로 이득을 다투는 관계가 된다. 기어 시스템의 기계 이득률을 *기어비*라고 하는데, 이는 기어의 반지름들의 비율로 정해진다. **그림 10-20**에 있는 기어의 경우에는 작은 기어가 큰 기어의 절반 크기이므로 기어비가 2:1이다. 큰 기어는 작은 기어의 절반에 해당하는 속도로 움직이지만, 그대신에 토오크는 2배가 된다.

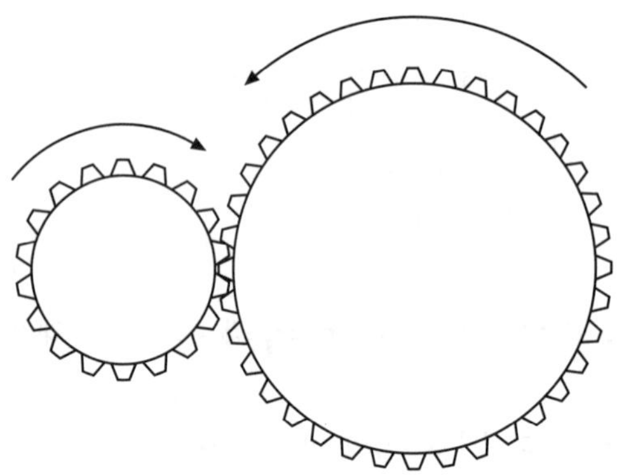

그림 10-20 간단한 기어 시스템

그림 10-21에 있는 기어들은 서로 반대되는 방향으로 움직인다. 따라서, 만일 작은 기어가 모터에 연결되어 있다면 큰 기어는 모터의 절반 속도로 회전하면서 모터의 2배에 해당하는 토오크를 반대 방향으로 작용시키게 된다.

회전의 축을 바꾸어 주는 기어들도 있다. *베벨bevel 기어*는 톱니바퀴가 회전축과 각을 이루고 심어져 있어 맞물리는 기어들이 서로 동일한 각도상에 있지 않아도 되도록 한다. *헬리컬helical 기어*는 톱니바퀴가 기어 면과 각도를 이루며 깎여 있다. 이러한 구조는 기어의 톱니바퀴들이 서로 맞닿는 면적을 넓혀 줌으로써 기어의 힘을 높여 준다.

*나사screw*는 무엇을 조이는 용도뿐만 아니라 기어로도 사용될 수 있다. 나사는 회전운동을 직선운동으로 바꾸어 준다. 예를 들면 대부분의 휴대용 CD 플레이어는 플레이 헤드를 나사에 부착하고 이것을 다시 모터와 맞물려 놓은 핵심 구조를 가지고 있다. 이러한 구성은 레이저 빔이 디스크의 중심부에서 바깥쪽으로 움직일 수 있도록 한다. 나사는 이 밖에 바이스나 클램프 등 여러 공구들에서도 많이 사용된다.

웜worm 기어 메커니즘은 일반 기어 또는 헬리컬 기어와 나사로 이루어져 있다. 이들은 일반적으로 매우 높은 기어비를 가지며 회전축을 90도 회전시켜 준다. **그림 10-21**은 전형적인 웜 기어를 보여 준다.

그림 10-21 웜 기어

랙-피니언rack-and-pinion 기어도 회전운동을 직선운동으로 변환하는 데 사용된다. 랙-피니언 기어에서는 일반 기어(피니언)와 맞물려서 움직이는 직선 궤도(랙)를 따라 톱니바퀴가 심어져 있다. 자동차의 운전방향을 조정하는 스티어링 메커니즘이 보통 랙-피니언 시스템으로 되어 있다. 랙이 차축(車軸, axle)에, 그리고 피니언이 운전 핸들에 연결되어 있는 것이다. **그림 10-22**에 랙-피니언 시스템을 나타내었다.

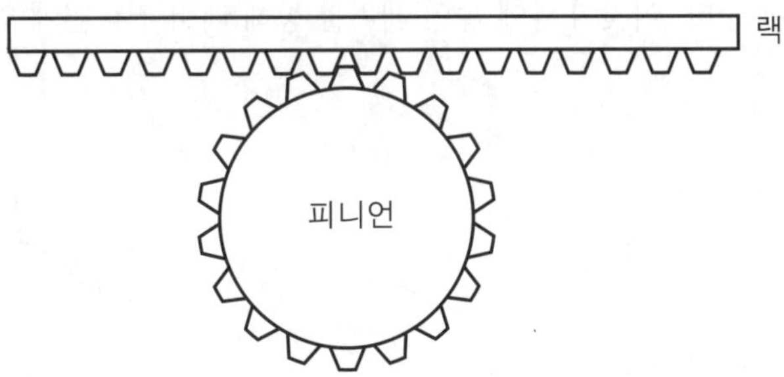

그림 10-22 랙-피니언

기어와 기어 시스템을 구입할 수 있는 곳이 많이 있지만, 기존의 장난감이나 취미용 키트로부터 만들어져 있는 기어 시스템을 찾아내는 것이 더 편리할 때도 많다. 케이넥스K'

NEX, 레고LEGO, 이렉터Erector 등의 키트들은 사용자가 원하는 형태의 모터 시스템을 만들 수 있는 기어, 기어 시스템, 차축, 샤프트 칼라shaft collar 등의 많은 유용한 부품들을 가지고 있다. 이러한 부품들의 외관이 그리 마음에 들지 않는다고 하더라도, 만일 겉부분을 우리가 원하는 재료로 덧씌워 사용할 수 있다면 프로젝트의 내부구조로서는 고려해 볼 수 있을 것이다. 기존의 만들어져 있는 부품을 사용하는 편이 제작시간을 훨씬 절약해 줄 것이기 때문이다.

캠cam

캠은 회전축에 바퀴를 붙이되 바퀴가 그 회전의 중심에서 비껴 있도록 해 놓은 것이다. 이는 아주 간단해 보이는 구조이지만, 여러 가지 용도로 쓰일 수 있다. 가장 간단한 용도는 진동을 만드는 것이다. 모터를 회전시키면 캠의 무게로 인해 모터의 회전축이 흔들리게 된다. 이 모터가 어떤 단단한 물체에, 이를테면 휴대전화나 무선호출기에 부착되어 있다면, 그 물체는 진동하게 된다. 사실 휴대전화용 모터는 매우 흔하고(우리들이 소개한 전자부품 상점 대부분에서 구할 수 있다) 매우 작으며, 진동이 필요한 프로젝트라면 어디서든 매우 유용하게 사용될 수 있다. 직접 만들고 싶은 경우에는 작은 DC모터에 중심축과 어긋나게 너트를 붙이기만 하면 진동하는 모터를 얻을 수 있다.

캠은 또한 회전운동으로부터 반복적이거나 주기적인 움직임을 얻는 데에도 사용된다. 캠의 가장자리에 축을 붙여 놓으면 그 축은 캠이 모터의 움직임에 따라 회전할 때마다 위아래로 움직이게 된다. 마찬가지 방법으로 주기적인 움직임도 만들 수 있다.

이를테면 **그림 10-23**에 있는 캠은 한 번 회전할 때마다 세 번의 툭 튀어오르는 움직임을 만들어 준다. 이것이 옆에 놓인 레버를 통해 레버 건너편에 있는 스위치를 작동시키게 된다.

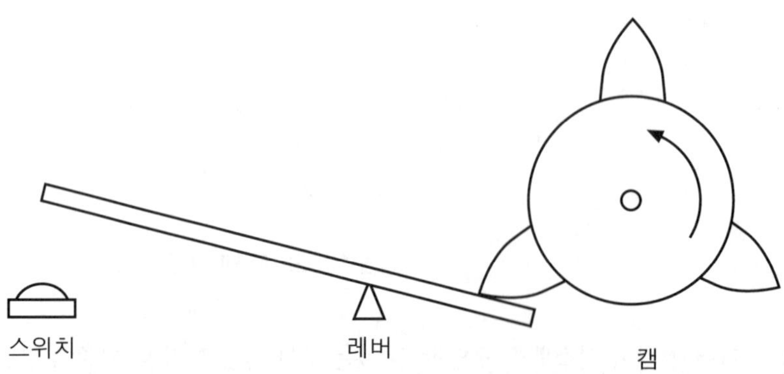

그림 10-23 주기적인 움직임을 만들어 주는 캠

캠의 또 다른 유용한 형태로 *캠샤프트*camshaft가 있는데, 이는 회전축에 굽어진 곳들을 두어 하나의 축이 여러 개의 캠을 움직이도록 한 것이다. 캠샤프트는 자동차 엔진에서 밸브들이 서로 엇갈려 여닫히도록 하는 데 사용된다. **그림 10-24**는 전형적인 캠샤프트의 구조를 보여 준다.

캠샤프트는 축 하나로 여러 개의 춤추는 인형들을 동시에 움직이도록 하는 기계적 오토마타automata에도 사용된다. 하나의 모터로 여러 개의 물체를 규칙적으로 움직여야 할 경우에는 언제든 캠샤프트를 사용하면 될 것이다.

그림 10-24 캠샤프트

래칫ratchet

*래칫*은 톱니가 달려 있는 바퀴라는 점에서 기어와 비슷하지만 그 쓰임새가 다르다. 래칫은 바퀴가 한 방향으로만 회전하고 다른 방향으로는 회전하지 못하도록 한다. 래칫의 톱니는 한 면은 수직으로 깎여 있고 다른 한 면은 비스듬히 깎여 있다. 폴pawl이라고 부르는 별도의 갈고리 달린 레버가 있어서 톱니의 비스듬한 면은 타고 넘어가고 수직 면은 붙잡아 준다. **그림 10-25**에서는 풀 타입 솔레노이드에 전원을 줄 때 그 끌어당기는 힘에 의해 래칫이 시계방향으로 일정한 각도만큼 회전하게 된다. 래칫은 모터 자체가 가 닿을 수 있는 것보다 먼 거리에 지속적으로 힘을 전달해야 하는데 오직 한 방향으로만 힘을 가할 수 있는 경우에 적절히 활용될 수 있다. 래칫은 지레와 결합하여 윈치winch를 만드는 데에도 흔히 쓰인다.

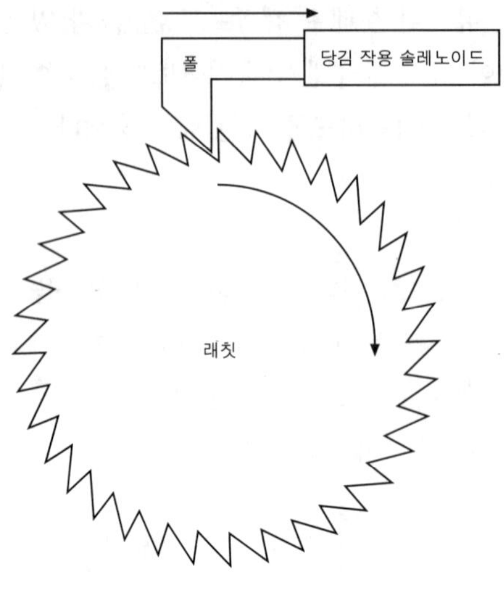

그림 10-25 래칫

■ 조인트joint

움직이는 구조를 이루는 요소들을 서로 연결하는 방법은 무수히 많으며 연결 방법마다 그 움직임이 다 다르다. 하지만 가장 많이 쓰이는 연결 방법은 회전 조인트rotating joint와 슬라이딩 조인트sliding joint, 그리고 굽힘 조인트bending joint의 세 가지이다. 각 유형마다 장점과 단점이 있으며 강도가 가장 약한 지점과 마찰력이 가장 큰 지점도 서로 다르다.

*굽힘 조인트*는 경첩hinge처럼 한 방향으로 제한된 움직임을 가능하게 한다. 굽힘 조인트에서는 최대 180도까지의 움직임이 가능한데, 그 정도는 두 구조물의 어느 부분이 서로 연결되어 있느냐에 따라 달라진다. **그림 10-26**은 두 구조물의 연결 지점에 따라 운동 범위가 달라지는 효과를 보여 준다.

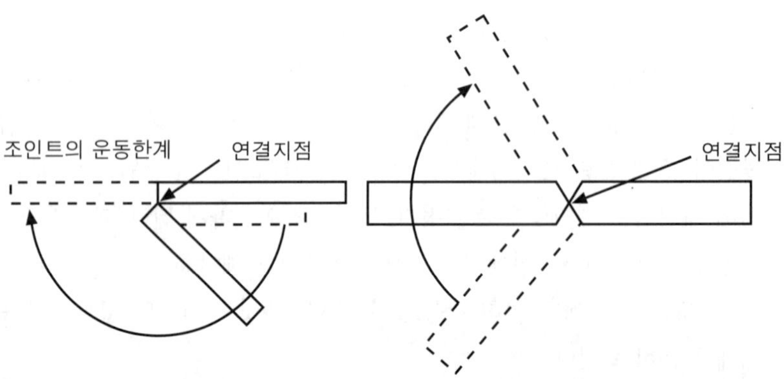

그림 10-26 경첩

*회전 조인트*는 둥근 모양의 구조물들이 공통의 축을 따라 회전하도록 되어 있는 연결이다. 회전 조인트에서는 회전축$_{\text{shaft}}$과 그것을 감싸고 있는 *부싱*$_{bushing}$ 사이에 마찰이 존재한다. **그림 10-27**은 전형적인 축과 부싱을 보여 준다. 이와 같은 구조는 오일이나 그리스$_{\text{grease}}$ 윤활제를 사용하거나, 마찰이 거의 없는 고강도의 플라스틱 부싱을 사용하거나, 기름을 내부에 머금고 있는 부싱을 사용하거나, 또는 베어링을 적절히 사용하여 만들 수 있다. 부싱의 역할은 조인트의 회전이 오로지 한 축 위에서만 일어나도록 하는 것이다. 따라서 회전축과 부싱이 꼭 회전할 만큼의 여유만 두고 서로 단단히 결합되도록 해야 한다. 너무 빡빡하면 회전이 이루어질 수 없을 것이다. 그렇다고 너무 느슨하면 축이 원래 있어야 할 회전 위치를 벗어나 어딘가에 끼어 버릴 것이다. *베어링*은 금속 틀 안에 구슬이나 실린더를 두고 이들이 틀 안에서 자유로이 회전하면서 마찰을 없애 주도록 한 것이다. 베어링은 회전 조인트의 마찰을 줄이는 용도로 자주 사용된다.

회전운동을 다룰 때는 부하나 하중이 시스템의 어느 곳에 걸릴지를 파악하는 것이 중요하다. 회전축과 나란한 방향의 부하를 *축부하*$_{axial\ load}$라고 하며 회전축에 직각인 부하를 *반경부하*$_{radial\ load}$라고 한다. 두 부하는 서로 다른 방식으로 조인트에 부담을 준다. 축부하는 축을 부싱의 끝단 쪽으로 밀어붙이는 부하를 주고, 반경부하는 회전축이 중심에서 벗어나도록 밀거나 당김으로써 가장자리에 부하를 준다. 모든 부하는 축부하와 반경부하의 요소를 동시에 가진다. 두 요소 모두를 최대한 억제해 주는 부하가 균형이 잘 잡힌 부하이다. 모터를 윈치로 사용하는 경우처럼 회전운동을 직선운동으로 바꾸려고 할 때는 거의 언제나 축에 반경부하가 걸리게 된다. 회전하는 바퀴는 차축$_{\text{axle}}$에 반경부하를 준다. 축부하의 밸런스가 잘 맞지 않으면 축과 부싱이 물려 있는 소켓에 압력이 가해져서 조인트가 떨리게 된다. 턴테이블은 자신을 회전시키는 축에 축부하를 가하는데, 만일 밸런스가 맞지 않으면 반경부하도 더해지게 된다.

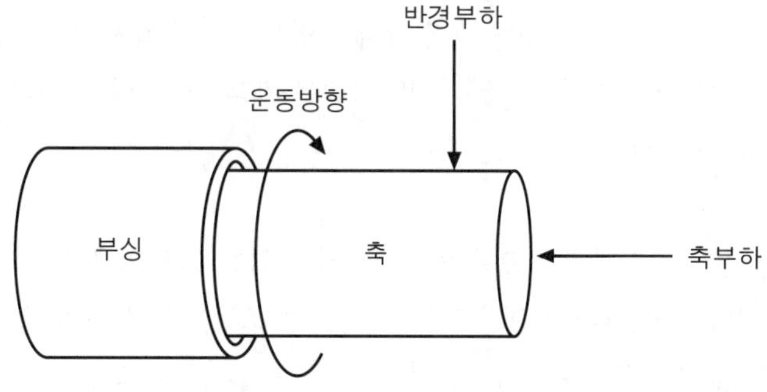

그림 10-27 회전 조인트(축과 부싱)

조인트 중 가장 많이 사용되는 것이 아마도 회전 조인트일 것이다. 다양한 응용이 가능하기 때문이다. 이를테면 경첩을 포함한 많은 굽힘 조인트가 두 개의 반경부하를 가지는 회전 조인트로 만들어진다. 한 방향이 아니라 여러 방향의 움직임이 필요할 경우에는 *볼-소켓 조인트*(우리 몸의 엉덩이에 있는 고관절과 같다)라 불리는 공 형태의 회전 조인트를 사용하면 된다. 볼-소켓 조인트에서는 한 봉의 끝은 공 형태(볼)로 되어 있고 다른 봉의 끝은 컵 형태(소켓)로 되어 있어서 이것이 서로 맞추어져 있다. 볼과 소켓 사이에는 마찰을 줄여 주기 위해 윤활제가 사용된다.

*슬라이딩 조인트*는 두 물체의 표면이 맞닿아 움직이도록 하는 연결 방법이다. 회전 조인트에서와 마찬가지로 마찰은 줄이되 연결은 단단히 유지되도록 주의해야 하며, 부품이 서로 잘 맞지 않아 끼어 버리는 일도 없도록 해야 한다. 슬라이딩 조인트에서는 움직이는 부품의 길이가 파여진 홈 너비의 최소한 두 배 이상이 되는 것이 이상적이다. 이렇게 되어야 부품이 서로 끼어 버릴 염려가 적다. 일반적으로 슬라이딩 조인트도 회전 조인트와 같은 윤활방법을 사용하면 된다. **그림 10-28**에 전형적인 슬라이딩 조인트를 나타내었다.

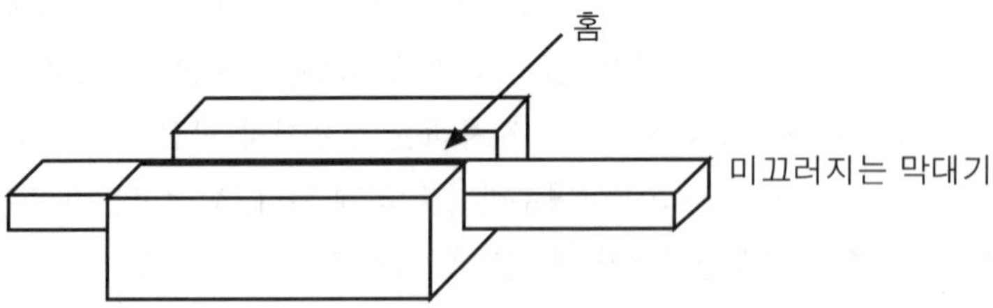

그림 10-28 슬라이딩 조인트

■ 링크Linkages

단단하고 유연한 부품들을 여러 가지 조인트를 사용해서 링크 형태로 연결하면 다양한 움직임과 구조물을 만들 수 있다. 또 링크는 캠과 같이 한 형태의 움직임을 다른 형태로 바꾸어 줄 수도 있다.

*4막대 링크*는 간단한 회전운동으로부터 복잡한 움직임을 얻으려 할 때에 흔히 사용되는 도구이다. 이는 4개의 단단한 막대를 회전 조인트로 서로 연결한 것이다. 막대 하나는 움직이지 않고 고정되어 있는데 이를 *그라운드ground*라고 한다. 이와 마주보는 위치에서 움직이는 막대를 *커플러coupler*라고 한다. 이들을 이어 주는 두 연결막대의 길이는 상황에

맞게 달라질 수 있다. 연결막대가 360도 한 바퀴 전체를 회전할 수 있으면 *크랭크crank*라고 부르며, 다른 부분들과의 간섭으로 한 바퀴의 일부만 회전할 수 있으면 *락커rocker*라고 부른다.

연결막대의 길이를 서로 다르게 구성하면 마치 기어와도 같이 운동의 속도를 바꾸어 주는데, 이 때 운동의 경로도 달라지게 된다. **그림 10-29**와 같은 구성에서 커플러의 끝부분은 크랭크가 한 바퀴를 회전할 때에 자동차 앞유리 와이퍼의 형태와 비슷한, 매우 복잡한 움직임을 보이게 된다(움직임의 경로를 오른쪽에 나타내었다). 더 나아가 전체를 시계 방향으로 90도 돌려서 크랭크를 그라운드로 사용하고 이전에 그라운드였던 막대의 끝을 어떤 바퀴의 가장자리에 붙이면, 마치 걸어갈 때의 다리의 움직임과도 같이 앞뒤로 반복해서 일어나는 움직임을 얻을 수 있다.

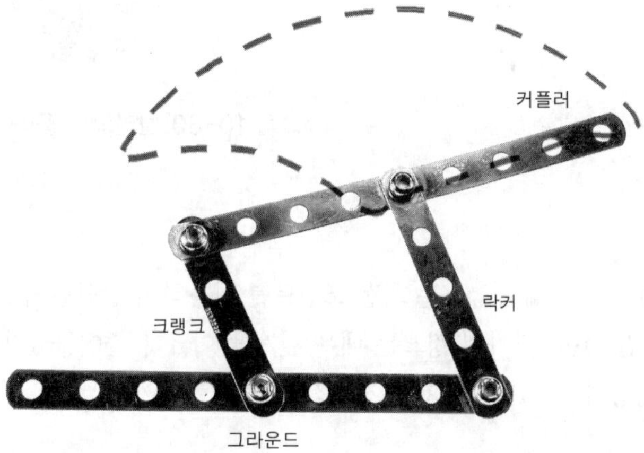

그림 10-29 4막대 링크. 커플러 끝부분의 움직임을 나타내었다.

샤프트 커플러

모터에 무언가를 연결하기 위해서는 언제나 추가적인 부품이 필요하게 마련이다. 주로 *샤프트 커플러shaft coupler* 또는 *칼라collar*라 불리는 부품을 사용하게 된다. 이는 기본적으로 모터의 *회전축shaft*에 덧씌우는 형태의 부품으로서, 모터에 연결하고자 하는 물체를 회전축에 단단히 고정시켜 준다. 커플러의 양 끝단에는 회전축에 맞물리도록 구멍이 나 있는데, 축의 굵기가 다양한 만큼 그 구멍의 크기도 다양하다. 가장 간단한 방식의 샤프트 커플러들은 마찰력만을 통해 기능한다. 하지만 이 방식은 미끄러질 수 있기 때문에, 회전축과 커플러에 홈을 내서 오직 한 방향으로만 서로 맞추어지도록 디자인된 제품들도 있다(**그림 10-1**의 기어헤드 모터를 보면 회전축에 납작한 면이 있는 것을 볼 수 있다). 커플러를 단단히 고정시키기 위해 *고정나사set screw*를 사용하기도 한다. 커플러를 관통하여 회전축에 직각으로 물리는 나사로써 커플러를 고정시키는 것이다. 커플러에는 여러 종류가 있지만 대부분은 여기에서 설명한 것을 기본으로 한다. 모터에 맞는 기어, 도르래, 바퀴 등을 찾거나 반대로 그에 맞는 모터를 고를 때에는 언제나 회전축의 굵기가 얼마나 되며 어떠한 커플링이 가능한지를 알고 있어야 한다. **그림 10-30**은 여러 가지 샤프트 커플링 방법들을 보여 준다.

그림 10-30 칼라와 커플러

*가위 링크*scissor linkages는 회전 조인트를 사용하여 단단한 구조물들을 X자 형태로 서로 결합시킨 것이다. 가위 링크는 매우 길게 늘어났다 줄어들었다 할 수 있으며, 버텨 주는 힘도 상당하다. **그림 10-31**은 전형적인 가위 링크이다.

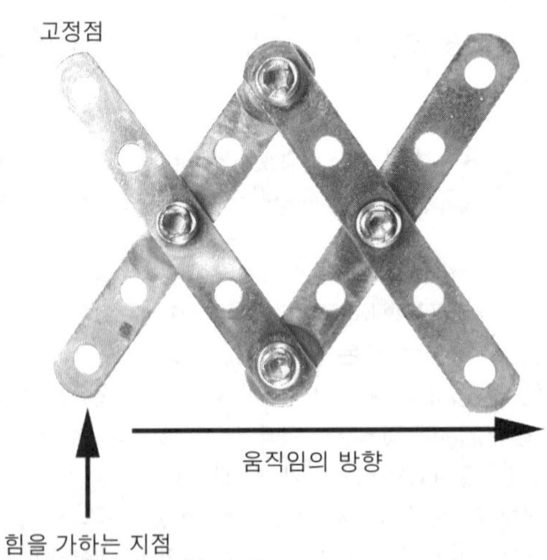

그림 10-31 가위 링크

피스톤 (로드$_{rod}$와 크랭크$_{crank}$)

*피스톤*은 바퀴에 일련의 링크들을 결합시켜 놓은 것이다. 이는 회전운동을 앞뒤로 반복되는 직선운동으로 바꾸어 주는 간단한 방법의 하나이다. 크랭크의 한쪽 끝이 바퀴의 옆면에 회전 링크로 연결되고 다른 끝은 봉(로드)이나 블록(피스톤 헤드)에 연결된다. 로드나 블록은 그 움직임이 직선 형태를 따르도록 제한되어 있으므로 바퀴가 회전할 때 앞뒤로 왕복해서 움직이게 된다(**그림 10-32** 참조). 피스톤은 대부분의 엔진에서 사용되고 있는데, 액체와 기체의 압력을 이용하는 응용분야나 애니마트로닉스$_{animatronics}$ 등에도 사용될 수 있다.

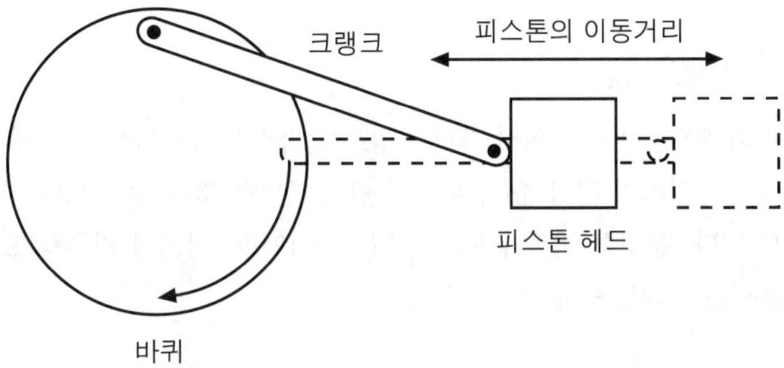

그림 10-32 피스톤

8. 구조물 만들기

움직임을 만들 때에는 언제나 그 움직이는 부분을 앉힐 튼튼한 구조를 함께 갖추어야 한다. 구조물을 만들 때에 사용할 수 있는 재료를 설명하자면 그에 관한 별도의 책이 필요하다고 생각하여 이 책에서는 다루지 않았다. 하지만 프로토타입을 빠르고 쉽게 만들고자 할 때에 우리들이 자주 사용하고 있는 재료 몇 가지는 언급해 두고자 한다.

무엇을 만들 때 일반적으로 필요한 재료들과 기계적인 부품들을 취급하는 상점을 꼭 한군데만 추천해야 한다면 우리의 선택은 맥마스터-카$_{McMaster-Carr}$가 될 것이다. 매우 다양한 하드웨어와 재료를 취급하고 있으며, 카탈로그와 웹사이트도 매우 상세하고 친절하게 되어 있다. 필요한 것을 주변의 상점에서 찾을 수 없을 때는 http://www.mcmaster.com에 가 보도록 하자.

■ 폼코어foamcore

폼코어는 잘라서 형태를 만들기가 매우 쉽고 또 가볍기 때문에, 빠른 시간 안에 완성하고자 하는 프로젝트에 있어서 아주 훌륭한 재료가 된다. 너무 무거운 것을 올려놓거나 지나친 힘을 가하면 부러져 버리는 경향이 있기는 하지만, 이는 폼코어나 나무로 만든 지지대를 덧붙여서 쉽게 보강할 수 있다. 폼코어는 일반 풀이나 목공용 접착제로 잘 붙으며, 매우 빠른 속도로 만들어 나갈 수 있는 재료이다. 이렇듯 사용하기가 아주 편리하기 때문에, 많은 엔지니어와 디자이너, 그리고 건축가들이 초기 모델을 만들 때에 폼코어를 많이 사용한다. 여러 가지 색상과 두께의 제품들을 가까운 미술재료 상점에서 구할 수 있을 것이다.

■ 터퍼웨어tupperware

터퍼웨어를 비롯한 여러 가지 가정용 플라스틱 용기들은 전자 부품들을 공작해 넣기에 알맞은 케이스가 되어 준다. 비교적 쉽게 구멍을 뚫을 수 있으며, 핫 글루로 단단히 봉할 수도 있다. 분명히 전문가용 케이스는 아니지만, 피지컬 컴퓨팅 프로젝트에서는 이들이 사용되는 사례를 쉽게 볼 수 있다.

■ 나무

만일 적절한 톱들을 갖추고 있다면, 물론 나무는 큰 구조물들을 만드는 데 훌륭한 재료가 되어 준다. 하지만 목공이란 그 자체로서 독립된 하나의 세계이므로, 이 책에서 설명하고 있는 전자회로 구성이나 프로그래밍 작업과 맞먹는, 또는 오히려 그 이상의 시간이 걸리게 될 수도 있다. 나무는 전기를 통하지 않으므로 회로를 구성할 때에 편리할 수 있지만, 톱밥은 정전기를 유발할 수도 있다. 그러니 나무로 구조물을 만들었을 때에는 전자 부품들을 더하기 전에 언제나 먼저 먼지를 털어 내는 것을 잊지 말자.

■ 플렉시글래스plexiglas

플렉시글래스(아크릴)는 케이스 재료로 좋으며, 멋있고 가벼운 구조물을 만들 수 있다. 얇은 플렉시글래스 판은 반듯한 면에 대고 날이 짧은 칼로 자국을 낸 후에 부러뜨리면 둘로 자를 수 있다. 산업용 플라스틱을 취급하는 상점에서는 플렉시글래스를 위한 레이저 절단기를 가지고 있어서 요금을 내면 원하는 형태로 잘라 주는 경우가 많다. 코렐 드로우나 어도비 일러스트레이터 파일을 가져오면 그대로 잘라 주는 상점들도 있다. 일반 드릴 날로도 플렉시글래스에 구멍을 뚫을 수 있기는 하지만, 절단면이 깨끗하게 되려면 특별한 날을 사용해야 한다. 플렉시글래스를 붙이는 데는 웰드-온Weld-On이라는 특수 접착제가 좋지만 독성이 매우 강하다. 이는 대부분의 플래스틱 상점에서 구할 수 있다.

■ 접착제 및 관련제품

두 물체를 하나로 붙이는 데 있어 핫 글루는 참으로 멋진 방법이다. 핫 글루는 물체들을 영구적으로 접착시켜 주지는 않지만 그래도 상당히 오래 버텨 준다. 우선 핫 글루로 붙여 두고 나중에 필요하다고 생각되면 더 영구적인 방법으로 접착시켜도 될 것이다. 핫 글루는 빈 틈들을 메워 주며, 또한 훌륭한 절연체이기도 하다. 스스로 구멍을 파들어갈 수 있는 건식벽면drywall용 나사는 나무에 사용해도 아주 빠른 속도의 작업을 가능하게 해준다. 개퍼 테이프gaffer's tape(덕트duct 테이프와 혼동하지 말자)는 천으로 된 테이프의 일종으로, 원하는 길이와 너비만큼 손으로 쉽게 찢어 쓸 수 있다. 위에 펜으로 쓸 수 있고, 이음매를 깨끗이 덮어서 가려주며, 매우 붙이기 쉽고 떼기 쉽다. 접착력도 강력하여 어디에든 잘 붙는다. 케이블 타이cable tie는 지금쯤 이미 여러분의 도구상자 안에 들어 있어야 한다. 전선을 정리하고 바깥에서 당기는 힘으로부터 회로를 보호하는 데 활용할 수 있으며, 그 밖에도 무엇이든 상당히 튼튼하게 서로 붙잡아 맬 수 있어서 편리하다. 호스 클램프hose clamp 역시 매우 유용한데, 특히 묶어야 할 전선이 많거나 두꺼운 전선들을 묶을 때 좋다.

■ 이렉터Erector, 메카노Meccano, 케이넥스K' NEX

장난감 키트들로 프로젝트를 위한 훌륭한 구조물을 만들 수 있는 경우가 많다. 장난감으로 만든 티가 안 나게 하고 싶다면 외관을 따로 만들어 덧씌우면 된다. 키트를 사용하면 지지대와 받침대를 직접 만들지 않아도 모터나 기어 등의 움직이는 부품들을 안전하게 잡아 줄 수 있는 안정된 구조물을 만들 수 있어 좋다.

이 밖에도 물론 셀 수 없이 많은 재료들이 있다. 여기에서는 우리의 경험상 사용하기 편리하고 빨리 만들 수 있는 몇 가지를 소개했을 뿐이다. 만일 이러한 공작을 한 번도 해 본 적이 없다면, 서점의 공작 관련 섹션에서 추가적인 정보를 얻거나, 근처의 대학교나 고등학교 또는 지역사회에 기본적인 공작에 관한 강좌가 있는지를 알아보는 것도 좋겠다.

■ 검은 천

검은 천(캔바스canvas, 벨루어velour, 듀베틴duvetyn 커튼 등등)은 무엇을 만들어 주지는 않지만, 대신 온갖 죄를 덮어 준다. 검은 천은 우리의 심란한 장치와 회로들을 조용히 가려 주며, 또한 훌륭한 배경이 되어 준다. 앞에 놓인 밝고 움직이는 것에 사람들의 시선이 집중되도록 하며, 커튼 뒤에 있는 컴퓨터에는 신경쓰지 말라고 말해 준다. 이는 우리들이 겉모습을 단정하게 다듬는 것보다는 중요한 인터액션 부분에 먼저 역량을 집중할 수 있도록 한다. 우리는 천을 주로 로즈 섬유Rose Brand(http://www.rosebrand.com)에서 구입하는데, 이 업체는 무대용 커튼도 주문 제작해 준다. 하지만 이 업체 아니라 가까운 섬유 상점 어디를 이용해도 상관 없을 것이다.

9. 결론

무언가를 움직이는 것은 피지컬 컴퓨팅이라는 도구상자 안에서 가장 재미있고 표현력이 강한 도구일 수 있다. 이제는 대부분의 사람들이 스크린 위에서 일어나는 움직임을 보는 데에는 무감각해졌다. 그것이 모니터를 통해서든 영화관에서든 마찬가지일 것이다. 우리는 화면에 반응하지만, 그것은 이미 의식으로 한 번 걸러진 반응에 지나지 않는다. 하지만 실제로 몸뚱이를 가진 무엇이 움직이는 것을 보는 것은 보다 육체적인 반응을 불러일으킨다. 우리는 모터의 간단한 움직임이 그것을 보는 학생들에게 짜릿한 감흥을 주는 것을 몇 백번이고 보아 왔다.

하지만 움직임을 만들어 내는 것은 피지컬 컴퓨팅에서 가장 오랜 시간이 소요되는 일 가운데 하나이며, 전체 시스템에서 그것이 차지하는 역할을 생각하면서 접근하지 않으면 센서를 사용한 프로젝트보다 더 혼란스러워질 수 있다. 별다른 이유도 없이 애니메이션 아이콘들로 메워진 스크린이 그저 혼란스러워만 보일 수 있는 것과 마찬가지로, 움직이는 물체들이 가득 들어찬 공간은 그 안에 있는 사람을 질려 버리게 할 수 있다. 필요한 곳에만 아껴가며 신중하게 사용할 경우, 움직임은 어떤 출력방식보다도 보는 사람의 관심을 끌 수 있다. 마이크로컨트롤러로 무언가를 처음 움직여 보는 순간은 최초로 LED를 켜본 이후로 가장 흥분되는 순간이 될 것이다. 이 장에서 설명한 내용들에 대해 성공을 거두게 되면, 마음껏 괴성을 지르며 다시 한번 스스로를 축하하도록 하자.

Chapter 11

신체와 접촉하기

이 장에서는 우리의 몸이 우리가 작성한 소프트웨어와 만나는 물리적인 접점에 대하여 다룬다. 감각을 느낄 수 있는 우리 몸 전신의 피부와 그 아래의 근육들은 매우 폭넓은 입력과 출력의 기회를 제공해 준다. 서로 다른 두 가지 입력을 유기적으로 연결해 사용하면 (이를테면 촉각과 청각, 또는 촉각과 시각을 같이 사용하면) 어느 하나를 단독으로 사용할 때보다 그 효과가 훨씬 커진다. 특히 몰입감을 주는 가상현실 환경을 꾸미려고 할 경우에는 더 그렇다. 이러한 방식의 피지컬 인터페이스를 구현하기 위한 기술과 그 심리적인 효과들을 연구하는 분야를 *햅틱스haptics*라고 한다. 촉각적인 인터페이스를 생각하면 곧 연상되는 신체 부분들이 있다. 즉 손과 발은 우리들이 주로 그것으로 물건들을 조작한다는 점에서 그러하고, 얼굴과 머리는 접촉에 매우 예민한 부위라는 점에서 그러하다. 입력을 위한 방법으로는 힘 감지 저항이나 써미스터나 정전용량 센서 등 사용하기에 매우 쉬운 부품들이 있다. 이외에도 피부에 센서를 붙여 무의식적인 반응까지 읽어 내는 방법도 다룰 것이다. 출력을 위한 방법으로는 진동과 온도를 느끼게 해 주는 간단한 장치들을 다룰 것이다. 이 밖에도 신체 모든 부분이 외부와 맞닿을 수 있는 가능성들을 생각해 보자. 더 큰 근육들에게까지 전달되는 출력은 *포스 피드백force feedback*이라고 불리는 분야에 속하는데, 이는 대부분 10장에서 다룬 바와 같은 큰 모터와 기계적 장치들을 이용해서 만들어진다.

1. 힘 감지 저항

힘 감지 저항(Force Sensitive Resistors, FSR)은 피지컬 컴퓨팅에 있어 최고의 센서 중 하나이다. 이들은 기계적인 힘을 전기적인 저항으로 바꾸어 준다. 여느 가변저항들과 마찬가지로 이들도 일반적으로 두 개의 단자를 가지고 있으며, 6장에서 설명한 아날로그 입력 회로에 아주 쉽게 연결될 수 있다. **그림 11-1**에서 볼 수 있는 것처럼 그 형태가 다양하지만 대체로 작고 납작하다는 점은 공통적이다. 이들은 단단하면서도 약간은 탄력이 있는 받침 위에 놓여야 제대로 동작할 수 있다. 그러니 이를테면 베게처럼 흐물흐물한 물체

안에 넣고자 할 때는 센서를 먼저 평평한 표면 위에 고정시킨 다음에 설치해야 한다는 것을 잊지 말자. 센서에 붙어 있는 연결단자들이 연약할 경우가 많은데, 이들이 움직거리면 센서값 자체가 흔들려 버리게 된다. 이런 일이 없도록 하기 위해서는 단자를 포함해서 모든 것을 단단한 받침 위에 고정시킨 다음, 단자와 연결되는 부위를 열 수축 튜브나 핫 글루로 덮어씌우도록 하자. (그렇다고 센서 전체를 핫 글루로 덮어 버리면 아예 동작 자체가 안 된다!)

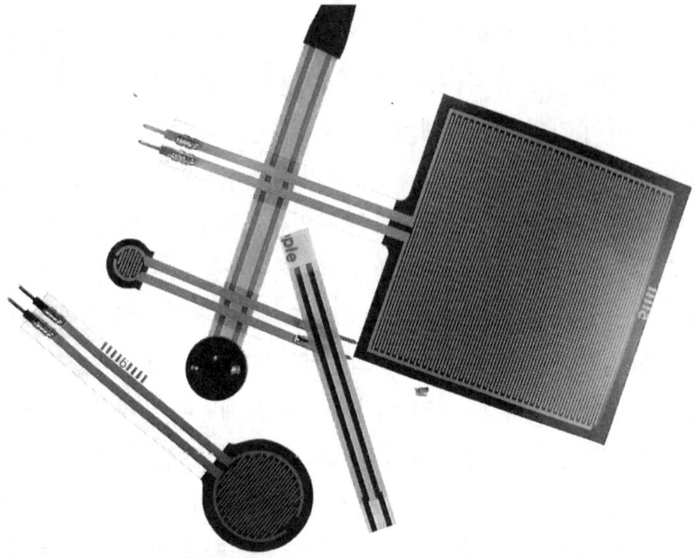

그림 11-1 힘 감지 저항에는 여러 가지 형태와 크기의 제품들이 있다

힘 감지 저항은 보통 손으로 버튼이나 키패드를 누르는 정도의 작은 힘을 감지할 수 있도록 디자인되어 있다. 이러한 센서에 몸 전체의 무게가 실리면 대번에 센서가 측정할 수 있는 최고치에 달하게 된다. 단지 사람이 위에 올라서 있는지 아닌지만을 판별하는 디지털 입력으로 사용하고자 한다면, 이것도 괜찮은 방법이다. 디지키Digi-Key는 CUI사CUI Incorporated에서 나온 우수한 제품들을 취급한다. 디지키의 웹사이트에서 포스 센서라는 항목을 찾아보면 된다. 파트넘버 102-1212-ND에서 102-1227-ND까지를 살펴보라. 텍스캔Tekscan의 플렉시포스FlexiForce 센서도 인기 있는 제품이다. 패러랙스Parallax(http://www.parallax.com)나 이미지즈Images SI(http://www.imagesco.com) 등에서 구할 수 있다. 인터링크 전자Interlink Electronics에서는 길다란 테이프, 작은 동그라미 등 여러 형태의 힘 감지 저항들이 들어 있는 키트를 판매한다(http://www.interlinkelec.com의 파트넘버 50-76247). 이 중에서 한 종류의 저항만을 구입할 수도 있다. 단, 60달러 이상의 대량 주문만

받는다. 센서 하나당 가격을 따져보면 3달러 정도 되니, 힘 감지 저항이 대량으로 필요하다면 나쁘지 않은 가격이다. 또한 인퓨전시스템즈Infusion Systems(http://www.infusionsystems.com)의 슬라이드롱SlideLong이나 슬라이드와이드SlideWide처럼 위치를 감지할 수 있는 힘 감지 패드 제품들도 있다.

■ 힘 감지 저항 자작하기

힘 감지 저항의 내부에는 압력을 받을수록 전기적 저항이 작아지는 일종의 고무가 들어 있다. 같은 방식으로 작용하는 폼foam이나 고무(조플렉스Zoflex)를 사용하면 힘 감지 저항을 직접 만들 수도 있다. 전기를 통하는 폼을 여러분도 이미 조금쯤은 가지고 있을 것이다. 마이크로컨트롤러 등의 칩을 구입하면 그것을 꽂아서 배달해 주는 폼이 바로 이것이니 말이다. 필요하면 대량으로 구입할 수도 있다(라디오 섁 Radio Shack 파트넘버 276-2400, 제임코Jameco 파트넘버 13864). 두 도체 사이에 이 폼을 샌드위치시키듯 끼워 넣고 두 도체 사이의 저항값을 읽기만 하면 된다. 도체로는 얇은 구리 호일foil이나 망mesh을 사용하면 된다. 납땜이 잘 달라붙지 않는 것이 약간 문제되기는 한다. 아니면 일반 금속 방충망도 잘 된다.

힘 감지 센서를 자작하게 되면, 안에 넣는 재료의 양을 조절하여 그 감도를 조정할 수 있다. 또 특이한 장소에, 이를테면 인형의 작은 코 같은 곳에 센서를 맞추어 넣어야 한다면 센서를 직접 만들지 않을 수 없는 경우도 있다. 전기를 통하는 폼은 시간이 흐르면 그 감도가 떨어지는 경향이 있으므로 다시 캘리브레이션해 가며 사용해야 할 것이다. 전기를 통하는 조플렉스 고무는 판 형태로 구입해서(http://www.irmicrolink.com) 그대로 사용하거나 필요에 맞는 형태로 만들어 쓰면 된다. 그 작용은 앞서 설명한 폼과 비슷하다.

힘 감지 센서들은 원래 낡고 해어지게 마련이어서, 그로부터 일정한 값을 읽어들이기란 쉬운 일이 아니다. 공작에 아주 자신 있는 경우가 아니라면 정식으로 만들어져 있는 제품을 구입해서 사용하는 편이 낫겠다.

2. 플렉스 센서Flex Sensors

플렉스 센서는 **그림 11-2**에 있는 것처럼 힘 감지 저항과 생김새도 비슷하고 작동 방식도 비슷하다. 누르는 힘이 아니라 굽혀지는 정도에 따라 저항이 달라진다는 것이 차이점이다. 이 센서는 180도까지 굽혀질 수 있는 납작한 플라스틱 띠처럼 생겼으며 그 저항값은 10킬로옴에서 40킬로옴까지 변화한다. 두 개의 단자가 있으며 아날로그 입력 회로에 쉽게 연결될 수 있다. 이 센서는 물론 손가락이나 경첩처럼 굽혀지는 물체를 감지하는 데 쓰일 수 있다. 여러 가상현실 제어용 글러브들이 이 센서를 채용하고 있다. 사용하기가 워낙 쉽기 때문에, 이 밖에 회전운동이나 직선운동에도 응용해 봄직하다. 이를테면 책상 서랍이 얼마만큼 당겨졌는지, 또는 문이 얼마만큼 열렸는지를 감지하는 데에도 쓰일 수 있다. 플렉스 센서는 인퓨전시스템즈, 제임코, 이미지즈 SI 등에서 구할 수 있다.

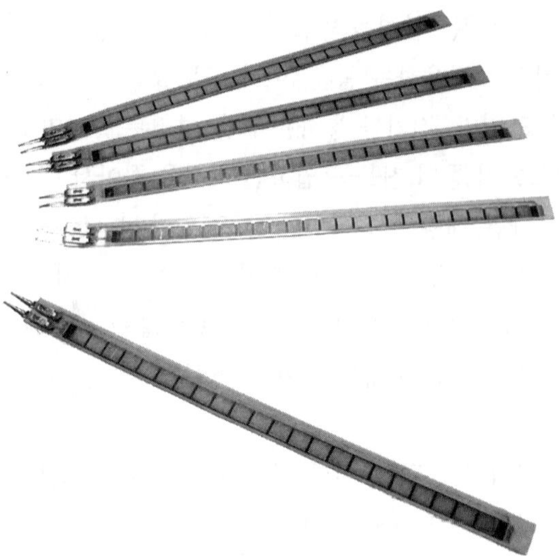

그림 11-2 플렉스 센서

3. 압력센서

힘을 감지하는 센서가 필요할 때, 착각하여 압력센서를 구하는 오류를 범하는 경우가 많다. 압력센서는 가스나 액체에 의해 가해지는 압력을 측정하는 센서이다. 수압이나 기압과 관련된 분야에서 튜브나 밸브를 통해 움직이는 가스와 액체의 압력을 알고자 할 때에 사용하는 경우가 대부분이다. 때로는 대기의 압력을 측정하는 용도(기압계)로 기상 관측에 응용되기도 한다. 이들 센서는 밸브와 연결하기 위한 가는 관을 가지고 있는 경우가 많다. 이들은 또한 사람의 숨결을 감지하는 용도로도 사용될 수 있는데, 이를테면 인퓨전시스템즈의 에어 센서 같은 경우가 그러하다. 디지키와 제임코도 압력 변화에 따라 전압이나 저항값을 달리해 주는 여러 가지 압력 센서를 취급한다. 사용하고 있는 마이크로컨트롤러가 감지할 수 있는 전압과 저항의 범위에서 동작하는 제품을 선택하도록 하자.

4. 정전용량 센서로 접촉 감지하기

아주 가벼운 접촉을 감지하기 위해서는 정전용량capacitance 센서가 필요하다. 우리의 몸은 일종의 커패시터와 같아서 언제나 약간의 전하를 담고 있다. 양탄자 위를 걸어다니다가 그라운드에 접지되어 있는 물체를 만지면 따끔하면서 전기가 오는 것은 몸에 축적된 전하가 방전되기 때문에 생기는 현상이다. 어떤 정전용량 센서들은 일 미터 정도 떨어진 거리에서 인체의 전하량을 측정할 수 있는데, 이들은 거리 측정 센서로 사용된다. 세레민Theremin 악기(http://www.thereminworld.com) 역시 같은 원리로 작동하는 것이다. 정전용량을 사용하는 거리 감지 센서는 대개 상당한 양의 추가적인 회로를 필요로 하며, 9장에서 소개한 적외선 센서나 초음파 센서들만큼 정확하거나 안정적이지 못하다.

정전용량 센서가 가장 유용한 것은 접촉 또는 근접 감지 센서로서이다. 이들을 사용하면 손가락으로 아주 살짝만 건드려도 작동하는 버튼들을 만들 수 있다. 정전용량 센서는 또한 접촉이 실제로 일어나기 직전에(몇 밀리미터 안으로 근접했을 때) 감지되도록 설정할 수도 있는데, 이는 물체에 신기한 느낌을 부여해 줄 것이다. 이 센서는 움직이는 부분도 없고 천이나 판지cardboard 같은 얇은 재질 밑에 숨길 수도 있으므로, 버튼처럼 보이지 않는 여러 가지 버튼들을 만들 수 있다. 정전용량 센서가 사람의 몸이나 손가락만 감지할 수 있는 것은 아니다. 정전하static charge를 가지고 있는 것이면 무엇이든지 감지할 수 있다.

퀀텀 테크놀로지스Quantum Technologies의 큐터치Qtouch 센서는 정전용량 감지에 필요한 모든 회로들을 하나의 IC칩 안에 담고 있다. 디지키는 파트넘버 427-1012-ND의 QT113H 등 여러 모델들을 취급한다. **그림 11-3**에 있는 QT113H는 사람이 센서를 건드리면 5볼트의 디지털 출력을 내보낸다. 마이크로컨트롤러는 이를 디지털 입력으로 쉽게 읽어들일 수 있다.

이를 사용하기 위해서는 별도의 센서를 만들어서 달아 주어야 한다. 구리 망이나 호일을 사용하면 잘 된다. 칩과 센서의 연결부위도 정전용량의 변화에 반응한다. 그래서 두 부분을 잇는 전선을 건드려도 감지가 일어나는 것을 볼 수 있을 것이다. 이는 어느 특정 부분만 한정해서 센서화하고 싶거나, 칩과 센서를 잇는 전선 주변에 전류가 흐르는 다른 전선들이 있을 때는 문제가 될 수 있다. 이 문제를 해결하기 위해서는 칩과 센서를 연결할 때 실드shield가 되어 있는 전선을 사용하면 된다. 전선 또는 전선 다발이 실드가 되어 있다는 것은 그것이 호일이나 망으로 둘러싸여져 있음을 말한다. 비디오 케이블이나 스피커 케이블, 또는 컴퓨터 케이블은 실드가 되어 있는 경우가 많다. 이러한 케이블의 외피를 벗겨 보면 호일이나 망이 내부의 전선을 감싸고 있는 것을 볼 수 있을 것이다. 이것을 잘라내 버려서는 안 된다. 이 실드 부분을 회로의 그라운드에 연결하면 케이블이 정전 용량 변화에 반응하지 않게 될 것이다.

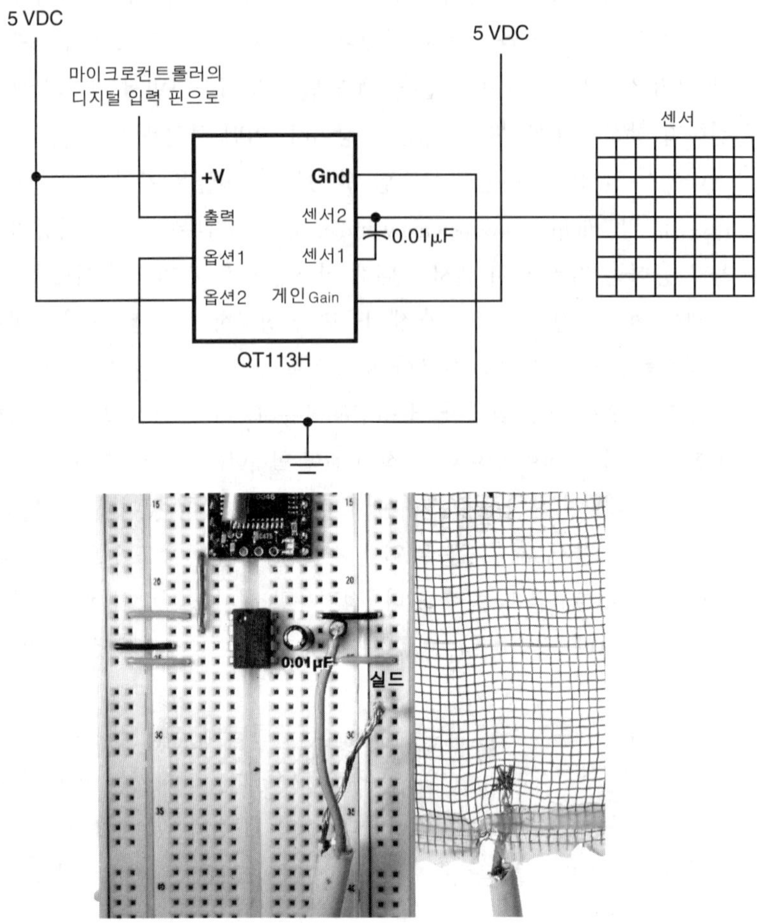

그림 11-3 QT113H 정전용량 센서의 회로도(위)**와 실제 회로**(아래).
연결 케이블의 실드 호일을 그라운드에 연결하는 것을 잊지 말자.

이 칩의 주요 핀으로는 파워와 그라운드, 그리고 센서 핀들과 출력 핀이 있다. 센서 핀은 둘 중 아무 것이나 센서에 연결하고 **그림 11-3**처럼 커패시터를 두 핀 사이에 연결하면 된다. 큐터치 IC에서는 옵션 핀들을 사용해서 감도와 재설정 시간(변화가 감지되지 않을 때 출력이 꺼지기 전에 유지되는 시간) 등을 설정할 수 있다. 옵션 설정에 대한 더 자세한 설명은 데이터 시트를 참조하라.

퀀텀은 스위치가 여러 개 있는 칩을 비롯하여 다양한 옵션을 가지는 칩들을 시리즈로 생산하고 있다(http://www.qprox.com). 이 가운데에는 QT300 같은 아날로그 센서들도 있다. 이들은 센서 주변 일 센티미터 정도의 범위 안에서 감지한 움직임에 따라 변화하는 값을 출력해 준다.

5. 완제품 형태로 판매되는 접촉 감지 인터페이스

터치스크린은 신체 접촉을 컴퓨터 그래픽과 연결시켜 주는 가장 간단한 방법이다. 일반 모니터에 터치스크린을 결합한 제품을 많은 회사들이 내놓고 있으며 그 가격도 점점 낮아지고 있다. 이러한 제품들은 기존의 비디오 케이블 이외에도 시리얼 케이블이나 USB 케이블이 달려 있어 이를 통해 접촉에 관한 정보를 알려 준다. 드라이버 소프트웨어만 설치하고 나면 마우스 좌표가 접촉지점을 알려 주므로 쉽게 사용할 수 있다. 기존의 모니터 위에 덧붙여서 사용할 수 있는 분리형 제품들도 있다. 엘로 터치시스템즈Elo TouchSystems(http://www.elotouch.com)에서는 일체형과 분리형 제품을 모두 생산한다. 중고 시장에서 이들 제품을 아주 괜찮은 가격에 구할 수 있을 때가 많다. 올 일렉트로닉스All Electronics(http://www.allcorp.com)에도 늘 모델 몇 가지 정도는 올라와 있다. 이들 제품을 모니터에 연결하지 않고 터치 패널로만 이용할 수도 있겠다.

터치스크린의 단점은 이들이 일반적으로 한 번에 하나의 접촉지점만을 읽어 준다는 것이다. 즉, 이를테면 스크린에 다섯 손가락을 모두 올려 놓는다고 하더라도 다섯 지점의 위치를 알려 주지는 않는다는 것이다. 그 대신에 여러 지점의 위치들을 한 번에 하나씩 일정하지 않은 순서로 알려줄 것이다. 여러 지점의 위치를 동시에 알려 주는 멀티터치 터치패드를 찾는다면 선택의 폭은 보다 좁아진다. 택텍스 시스템즈Tactex Systems에서 MTCExpress라는 훌륭한 멀티터치 센서 보드를 생산했었는데 지금은 단종되었다. 중고 제품이 이베이eBay에 심심찮게 올라오는데, 음악하는 사람들이 몹시 탐내는 물건이다.

6. 피에조 센서로 진동 감지하기

피에조 센서piezoelectric sensors는 압박 또는 매우 미미한 힘의 변화를 감지하는 데 자주 사용된다. 이 센서는 굽혀짐에 따라 변화하는 전압을 낸다. 이들은 아주 작은 변화에도 반응하며, 그 반응이 매우 빠르다. 마이크가 얇은 피에조 필름으로 만들어진다. 사실, 피에조 센서를 13장 '소리와 빛 제어하기'에 있는 마이크 앰프 회로에 연결하면 훌륭한 노크 감지기를 만들 수 있다. PIC처럼 속도가 빠른 프로세서를 사용하면 테이블에 두 개의 피에조 센서를 두고 그 신호들이 도착하는 시간차를 측정함으로써 노크가 일어난 위치까지도 계산할 수 있다. 피에조는 마이크 이외에도 교량에 걸리는 하중이나 북을 두드리는 동작을 감지하는 데에서부터 아이들의 아장거리는 걸음마에 따라 불빛이 깜박이는 운동화에 이르기까지 온갖 종류의 센서에 사용된다.

피에조 센서에서 나오는 전압의 범위는 마이크로볼트 단위로부터 수천 볼트에까지 걸친다. 이 때문에, 피에조 센서의 감지범위 전체를 읽어들인다는 것은 그리 간단한 일이 아니다. 피에조의 극히 작은 신호들을 읽어들이기 위한 방법으로 많이 쓰이는 것은 *op앰프*(operational amplifier, op amp)를 사용하는 것이다. op앰프는 아주 작은 전압 신호를 받아서 그것을 우리가 읽어들일 수 있는 수준으로 증폭시켜 준다. op앰프는 이 밖에도 다른 여러 가지 용도로 사용될 수 있는데, 이를테면 두 전압의 차이를 구할 수도 있고 합을 구할 수도 있다. op앰프는 피지컬 컴퓨팅을 하는 사람들 사이에서 사용하기 어렵다는 평판을 얻고 있지만, 반드시 그런 것 만도 아니다[1]. **그림 11-4**는 사용하기 매우 간단한 op앰프를 이용해서 피에조의 전압 변화를 읽어들이기 위한 회로를 구성한 것이다.

LM358이라는 이 op앰프는 플러스 전압과 그라운드만을 필요로 하므로 *단전원single-supply* op앰프라고 부른다. 다른 많은 op앰프들은 플러스 전압과 그라운드 외에도 마이너스 전압을 필요로 하는 *양전원dual-supply* 방식이다. 이 회로의 출력은 어떠한 피에조가 물리적으로 어떻게 연결되어 있느냐에 따라 0에서 5볼트 사이에서 변하게 된다. 이 출력은 아날로그-디지털 변환기를 통해 읽을 수 있다. 베이직 스탬프2를 사용하는 경우에는, RCTime 회로가 이 회로의 변화를 모두 다 읽어들이지는 못한다는 것을 알게 될 것이다. 이는 피에조를 통해 일어나는 전압 변화가 매우 빠르기 때문이다. 피에조가 많이 굽혀질수록 출력되는 전압은 커지게 된다.

그림 11-4에 있는 센서는 진동할 수 있는 추가 달려 있는 피에조 필름 센서로서 메져먼트 스페셜티즈Measurement Specialties(http://www.msiusa.com/sensors)사 제품이다. 이 제품은 디지키의 파트넘버 MSP-1007-ND이며 이 밖에도 여러 업체에서 구할 수 있다. 하지만 피에조 소자라면 어느 것을 사용하든 별로 상관이 없다. 아이들 장난감에서 떼어낸 피에

1) op앰프에 대해 공부하자면 그 내용이 참으로 많다. 좀더 상세하고 기술적인 소개를 원한다면 Paul Scherz의 Practical Electronics for Inventors(McGraw-Hill/TAB Electronics, 2000)를 참조하라. 정말로 op앰프의 세계에 깊이 빠져 보고 싶어 몸이 근질근질한다면 Walter C.Jung의 The IC Op Amp Cookbook(Prentice Hall PTR, 1986)을 보라.

조 스피커를 같은 회로에 연결해도 아주 작은 움직임까지, 심지어 입으로 부는 바람 까지도 감지할 수 있다.

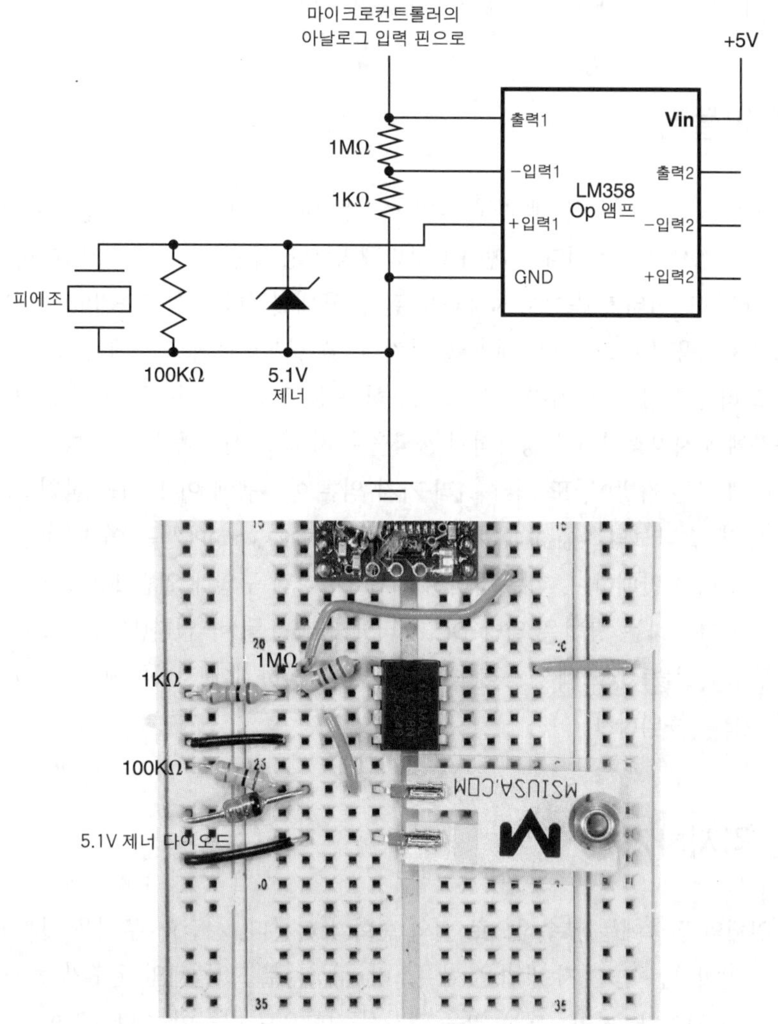

그림 11-4 피에조 센서, 그리고 전압 변화를 증폭하기 위한 LM358 op앰프

op앰프의 마이너스 입력핀에 연결하는 저항의 값들을 바꾸어 주면 앰프의 증폭률을 조절할 수 있다. 이 회로에서는 1KΩ과 1MΩ을 사용하고 있으며 그 증폭률은 1000:1이다.

위 회로에서는 피에조에 *제너*Zener *다이오드*라고 하는 특별한 다이오드가 연결되어 있다. 이 다이오드는 13장에서 전화선에 연결하기 위한 인터페이스를 다룰 때에 다시 만나게 된다. 제너 다이오드는 특정 수준의 전압까지는 통과시키지만 그 이상의 전압은 막아준다. 이 회로에서 사용한 제너 다이오드는 5.1볼트 규격이어서, 피에조에서 나오는 5볼트 이상의 전압은 모두 그라운드로 만들어 준다.

7. 진동 만들기

진동을 만들고자 할 때 가장 흔히 쓰이는 방법은 모터의 축에 중심이 맞지 않는 추를 붙여 회전시키는 것이다. 일반 DC모터에 낚시용 추를 붙여도 되고, 아니면 아예 마사지용 바이브레이터를 뜯어서 사용해도 된다. 휴대전화나 무선호출기에 들어가는 작은 진동모터를 사용할 수도 있다. 제임코, 디지키, 올 일렉트로닉스 등에서 구할 수 있을 것이다. 이 모터는 사람의 몸 가까이 두고 사용하는 용도라면 어디에든 안성맞춤이다. 우리는 사용자에게 시각적이거나 청각적인 자극을 주지 않고 신호를 보내는 방법으로 모자 안이나 허리에 차는 가방에, 또 기타 여러 가지 의류 아이템에 이 모터를 붙인 프로젝트들을 본 바 있다. 솔라보틱스Solarbotics(http://www.solarbotics.com)에서는 이 모터를 추가 달려 있지 않은 상태로 판매하니, 힘은 약하지만 필요하다면 구입해 일반 모터로도 사용할 수 있다. 이들을 제어하는 방법은 일반 DC 모터에서와 다를 바 없다(10장을 보라). 이 모터들은 대부분 1.5볼트 정도에서 동작하니, 이들이 감당하기에 지나치게 큰 파워를 사용하는 일이 없도록 주의하자.

8. 체온 감지하기

인체의 접촉에는 부수적으로 열의 변화가 따른다. 사람이 무엇을 만지고 있는지의 여부를 알아보는 한 가지 방법은 써미스터thermistor로 그 물체의 온도가 높아졌는지를 측정해 보는 것이다. 써미스터는 열을 전기적 저항으로 바꾸어 준다. 구하기 쉽고 값이 싸며 표준 아날로그 입력 회로에 쉽게 연결된다. 측정값의 변화가 대기 온도의 전체적인 변화로 인한 것일 수도 있으니, 현재의 대기 온도를 측정하는 기준 써미스터를 두어 두 써미스터의 값을 비교하며 사용하는 것이 중요하다. 열은 빛과는 달라서 쉽게 가라앉지 않으므로, 측정값이 변화하는 것이 어쩌면 더디게 느껴질 수도 있다. 같은 이유로, 어떤 물체의 온도를 보면 사람이 그것에 얼마 동안이나 접촉해 있었는지를 어느 정도는 짐작해 볼 수 있다. 여기에서 써미스터를 추천하는 것은 체온이 접촉과 연관되어 있기 때문이지만, 써미스터는 이 밖에도 여러 가지로 활용될 수 있다. 이를테면 써미스터를 이용해서 사람이 어떤 물체에 입김을 불고 있는 것인지 아니면 그 앞에서 그저 숨을 쉬고 있는 것인지의 여부를 알아볼 수도 있다. 사람의 숨에 의한 온도 변화를 감지할 수 있는 것이다. 또, 불을 비롯해 화재의 원인이 되는 물체들(이를테면 과열되고 있는 가전제품 따위)이 뜨겁다는 점에 착안하면 안전을 위한 프로젝트에 써미스터를 사용하는 것도 가능하다.

온도의 상대적인 변화만을 알면 되는 경우라면 간단하고 값싼 써미스터로 충분할 것이다. 정밀한 관측이 필요한 경우에는 온도센서들을 사용해야 하는데, 이를테면 http://www.maxim-ic.com에서 구할 수 있는 달라스Dallas DS1820은 0.5°F의 정밀도로 온도를 측정해 준다. DS1820은 12장 '디바이스 간의 여러 가지 통신'에서 설명하는 동기synchronous 시리얼 통신으로 마이크로컨트롤러와 인터페이스한다. 이러한 제품들은 써미스터처럼 사용이 간단하지는 않지만 보다 정밀한 측정을 가능하게 해 준다.

9. 차갑게 식히고 뜨겁게 덥히기

어떤 표면을 뜨겁게 덥히거나 차갑게 식히고자 할 때는 **그림 11-5**에 있는 펠티에 접합Peltier junction을 사용하면 된다. *펠티에 접합*은 전자회로를 이용한 열 펌프이다. 전류를 흘려 주면 한쪽 면은 뜨거워지고 반대쪽 면은 차가워진다. 올 일렉트로닉스(http://www.allcorp.com)나 일렉트로닉 골드마인Electronic Goldmine(http://www.goldmine-elec.com) 등 중고 전자부품을 취급하는 여러 업체에서 구할 수 있을 것이다. 펠티에 접합은 전류를 많이 소비하므로 트랜지스터나 릴레이를 사용해서 제어해야 한다. 6장에서 모터를 제어할 때에 사용했던 달링턴Darlington 트랜지스터 회로는 작은 펠티에 접합들 역시 제어할 수 있다. 펠티에 접합은 보통 아주 작은 영역을 식히는 데 사용되지만, 이를 사용해서 만든 작은 냉장고들이 있기도 하다.

펠티에 접합은 열도 생산해 내지만 실제로는 주로 냉각용으로만 쓰인다. 열은 간단한 코일로도 쉽게 얻을 수 있기 때문이다. 몸에 닿는 부분만을 국지적으로 가열하려고 할 때는 소형 발열장치가 적당할 수도 있다. 민코Minco(http://www.minco.com)에서 여러 가지 제품들을 만든다. 민코 등의 중고 제품을 일렉트로닉 골드마인(http://www.goldmine-elec.com)이나 마린 P. 존스Marlin P.Jones & Associates(http://www.mpja.com) 등에서 자주 볼 수 있다. 펠티에 접합과 마찬가지로 이들도 전류를 많이 소모하므로 트랜지스터나 릴레이를 사용해서 제어해야 한다.

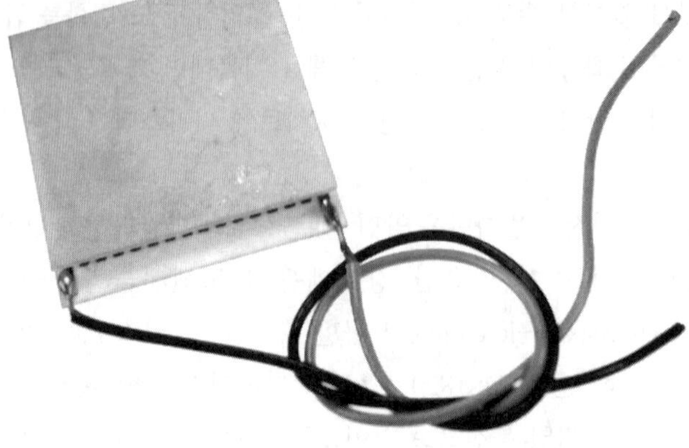

그림 11-5 펠티에 접합

10. 피부 아래로

피부에 전극을 붙여서 신체의 무의식적인 반응을 측정하는 방법들이 참으로 많다. 심박률이나 피부반응, 뇌파처럼 뜻대로 할 수 없는 반응들은 마음대로 조절할 수 없다는 측면에서 흥미로울 수도 있지만, 같은 이유에서 그들을 이용한 상호작용은 만족스럽지 못한 것이 되기도 한다. 생체정보 센서들의 가격은 많이 떨어지고 더 안정적으로 되었지만 아직 사용하기에 그리 쉬운 편은 아니다. 대부분이 아직도 제조사들 나름의 고유한 방식으로 만들어지고 있으며, 마이크로컨트롤러에 바로 연결해 사용할 수 있는 제품은 별로 없다.

피부 전기반응Galvanic skin response은 신체로부터 측정할 수 있는 무의식적인 반응의 하나이다. 이는 폴리그래프polygraph 또는 거짓말 탐지기의 기본이 되는 기술로 잘 알려져 있다. 거짓말 탐지기의 이론은 간단히 말하자면 사람은 스트레스를 받을수록 땀을 많이 흘리게 되며, 거짓말을 하는 것은 스트레스를 주는 일이라는 것이다. 두 도체를 피부 위에 가까이 놓는다. 거짓말을 하면 두 도체 사이에 땀의 양이 늘어서 저항이 적게 걸리게 된다. 몸이 일종의 가변저항처럼 되는 것이다. 하지만 전압의 변화가 워낙 작아서, 그 값을 읽으려면 op앰프가 필요하다.

우리의 뇌와 근육(심장도 포함해서)에서는 작은 전기적 신호들이 나오는데, 몸에 전극을 붙이면 이를 읽어 낼 수 있다. 몸에 전극을 붙이는 데 따르는 위험은 차치하더라도, 그 전극에서 나오는 신호를 마이크로컨트롤러가 쓸 수 있도록 증폭하고 걸러내는 회로를 구성하는 것은 쉬운 일이 아니다. 우선 op앰프를 사용해서 생체신호를 마이크로볼트 이상으로 증폭해 주어야 한다. 다음에는 각 주파수 대역을 걸러내어야 한다. 예를 들면 뇌파는 0~60Hz 사이에서 움직이는데, 각각의 주파수 대역을 보기 위해서는 고속 푸리에 변환(FFT. 이에 대한 보다 자세한 설명은 13장을 참조하라)으로 그들을 가려내야 한다. 이는 마이크로컨트롤러가 해내기에 버거운 계산이지만 멀티미디어 컴퓨터로는 가능한 작업이다.

비전문가용 뇌파(EEG, electroencephalograph) 센서와 근전도(EMG, electromyograph) 센서를 만드는 회사들이 몇 있기는 하지만 그 가격이 만만치 않다. 인퓨전시스템즈Infusion Systems에서는 그들의 컨트롤러 박스와 연결해 사용할 수 있는 Curl이라는 근전도 센서를 만든다. IBVA 테크놀로지스(http://www.ibva.com)에서는 매킨토시 또는 PC와 인터페이스할 수 있는 EEG와 EMG 센서를 만드는데, 가격은 1000달러 정도이다. 브레인 액츄에이티드 테크놀로지스Brain Actuated Technologies(http://www.brainfingers.com)에도 비슷한 제품이 있는데, 가격은 2000달러 정도이다.

심박률heart rate은 빛을 이용하여 좀더 쉽게 읽어들일 수 있다. 많은 상업용 심박계는 손가락 한 쪽에 고휘도 LED나 레이저를 대고 다른 쪽에는 포토다이오드를 대도록 한다. 손가락에 맥박이 뛰면 그 혈류의 양이 포토다이오드에 다다르는 빛의 양에 영향을 미치게 된다. 포토다이오드의 신호를 op앰프로 받아서 빛의 강도를 그래프로 그리면 그것이 곧 사용자의 심박을 나타내게 된다. op앰프 회로를 구성하기 싫다면, 일반 가정용 심박계를 해킹해서 사용하는 방법도 있다. 즉, 대부분의 심박계에는 심장 박동에 맞추어 깜박이는 LED가 달려 있는데 이것을 이용하는 것이다. LED를 떼어내고(이 때 납땜에 조심해야겠다) 그 단자들을 마이크로컨트롤러에 디지털 입력으로 연결하자. 그러면 LED를 동작시켰던 펄스가 사용자의 맥박을 나타내게 된다. Count 명령(BX-24에서는 CountTransitions())이나 Pulsin 명령을 이용해서 펄스를 읽어들이면 된다.

11. 포스 피드백

지금까지 이 장에서 다룬 출력들은 대부분 가벼운 접촉만을 사용하고 있다. 근육의 힘에 맞서 힘을 되먹일 수 있는 보다 흥미로운 햅틱haptic 피드백을 위해서는 보통 이보다 큰 힘과 더 전문적인 기계적 지식이 필요하다. 이를 궁극으로 가져간 것이 우주 비행사 훈련용 시뮬레이터나 놀이공원의 놀이기구에 사용되는 기계 시스템들일 것이다. 10장의 내용을 되짚어 보면 이를 위해 어떠한 기계 구조들이 필요할지를 짐작할 수 있을 것이다.

01 02 03 04 05 06 07 08 09 10 CHAPTER 11 12 13 14

포스 피드백을 위해서는 센서와 움직이는 부분 간에 보다 정교한 피드백 시스템이 필요하다. 예를 들어, 사용자와 손바닥을 마주 밀치는 기계손을 사실적으로 시뮬레이션하기 위해서는 사용자와 기계손이 지금 각각 얼마만한 힘으로 서로를 밀고 있는지를 알아야 하며, 그 밖에도 기계손을 얼마나 내밀어야 좋을지, 그리고 사용자의 손은 현재 어디에 있는지 등을 알 수 있어야 한다.

자체적으로 어느 정도의 피드백을 내장하고 있는 우리의 믿음직한 RC 서보모터가 여기에서 다시 한 번 힘을 발휘한다. 한 위치를 지시하는 펄스를 계속해서 보내 주면, 이 모터는 설령 더 큰 힘이 중간에 가로막더라도 그 위치로 가고자 계속해서 노력한다. 한편 모터에 흐르는 전류의 양을 통해 외부에서 힘이 가해졌는지의 여부를 알려 주고 그에 적절히 대처할 수 있도록 해주는, 보다 향상된 기능을 가진 DC모터 컨트롤 드라이버들도 있으니 조사해 보자. 알레그로 마이크로Allegro Micro(http://www.allegromicro.com)의 3959 H-브리지가 그러한 드라이버 중 하나다.

지금까지 출시된 포스 피드백 장비 가운데 매우 인상적인 것들 중 하나로 센서블 테크놀로지스Sensable Technologies(http://www.sensable.com)의 팬텀Phantom을 들 수 있다. 여섯 방향의 자유도를 가지는 모델링 도구인 이 제품은 움직이는 축에 펜이 달려 있는 형태를 가지고 있는데, 마치 찰흙clay으로 모델링하듯이 가상의 3D 오브젝트를 디자인할 수 있도록 해준다. 펜으로 3D 표면을 짚어나가는데, 깊이 누를수록 펜이 강한 힘으로 반응하게 된다. 아직 일반 가정에서 사용되기에는 가격이 너무 비싸지만, 앞으로 포스 피드백이 일상생활에서 어떻게 활용될 수 있을지를 보여 주는 제품이라고 하겠다.

12. 결론

출력하기보다는 입력받기가 쉽다는 피지컬 컴퓨팅의 속설은, 특히 몸과 맞닿는 부분들에서 더욱 들어맞는 것 같다. 접촉을 감지하는 센서 중 몇 가지는 우리가 사용하는 센서들 가운데에서도 가장 우수하고 사용하기 쉬운 것들 안에 든다. 이들은 대개 손을 염두에 두고 만들어져 있지만, 반드시 그렇게만 사용해야 하는 것은 아니다. 손에 맞추어 만들어져 있는 센서의 대부분은 다른 신체 부위에 맞게끔 변용할 수 있다. 한편 출력에 있어서는, 언제나와 같은 전원 공급과 기계 구성의 어려움은 그대로 있고, 거기에 그 대상이 사람의 몸이라는 까다롭고 조심스러운 조건이 더해지게 된다. 물론 시간은 우리 편이다. 신체 장애인을 위한 자동화 시스템이나 생체정보를 이용한 보안시스템, 더 나아가 멀리 떨어져 있는 상대와의 원격 섹스teledildonics 등의 분야들이 우리들을 위해 재미있는 장난감을 계속해서 생산해 주고 있는 중이니까 말이다.

Chapter 12

디바이스 간의 여러 가지 통신

7장 '컴퓨터 간의 통신' 에서는 마이크로컨트롤러와 멀티미디어 컴퓨터가 시리얼 통신으로 서로 정보를 주고받기 위한 방법들을 소개했다. 두 디바이스가 데이터를 주고받을 수 있도록 우리들 나름대로의 프로토콜을 구성하는 방법에 대해 이야기했다. 이 장의 내용은 7장이 끝난 지점에서 이어진다. 프로젝트를 하다 보면 마이크로컨트롤러로는 할 수 없거나 또는 하고 싶지 않은 어떤 일을 시리얼 포트가 있는 다른 전용 디바이스가 대신해 줄 수 있을 때가 있다. 피지컬 컴퓨팅 프로젝트에서 흔히 등장하는 예를 들면 비디오 채널 전환장치, 비디오 믹서, 자동 팬$_{pan}$/틸트$_{tilt}$ 받침대가 달린 카메라, 모뎀, 3D 센서, 그리고 심박계 등의 의료장비들이 있다. 이러한 장비들을 사용하면 일이 훨씬 쉬워질 수 있다. 이들 디바이스를 이용하기 위해서는 그들이 사용하는 통신 프로토콜을 공부해야 한다. 이 장에서는 시리얼 포트를 사용해서 대부분의 프로토콜을 다루는 방법을 설명하고 GPS 수신기로 구체적인 예를 들 것이다. 또한 미디(MIDI)도 소개할 것이다. 미디를 이해하면 사운드 신디사이저, 오디오 믹서, 조명 컨트롤러 등의 여러 가지 장비와 각종 입력 장치들을 사용할 수 있게 된다.

때로는 별도의 시리얼 장비까지는 필요하지 않은 경우들도 있다. 예를 들어 칩이 제공하는 것보다 좀더 많은 갯수의 입력이 필요하거나 마이크로컨트롤러로 제어할 수 있는 사운드 볼륨 컨트롤러가 필요하다면, 이러한 일들은 좀더 간단한 방법으로도 해결될 수 있다. 이러한 일들을 해주는 특수 용도의 IC칩과 모듈들 가운데에는 *동기 시리얼 통신*이라고 하는, 또 다른 방식의 시리얼 통신을 사용하는 것들이 많다. 이 시리얼 통신의 원리를 구체적인 예와 함께 설명하여 동기 시리얼 인터페이스 방식의 IC칩과 모듈들을 만났을 때에 어떻게 접근하면 좋을지를 알 수 있도록 하겠다.

컴퓨터 간의 통신에 대해 이야기하면서 네트워크와 인터넷에 관한 이야기를 안 할 수는 없다. 마이크로컨트롤러를 인터넷에 연결하는 방법에는 여러 가지가 있다. 이 장에서는 이를 위한 디바이스를 하나 소개할 것이다. 또 모뎀을 사용해서 전화선으로 통신하는 방법도 소개할 것이다. 이는 인터넷에 연결될 수도 있고 그렇지 않을 수도 있다.

마이크로컨트롤러는 작고 값이 저렴해서 모바일 컴퓨팅의 많은 가능성들을 열어 준다. 이 장에서는 RF 통신과 적외선 통신의 작동 원리를 간단히 설명하고 디바이스들이 서로 무선으로 통신하기 위한 높은레벨의 방법 몇 가지를 간략히 소개하고자 한다.

1. 동기 통신과 비동기 통신

시리얼 통신은 크게 동기 방식과 비동기 방식의 두 가지로 나누어 볼 수 있다. *동기synchronous 시리얼 통신*은 두 가닥의 전선을 사용한다. 전선 하나는 데이터를 위해, 그리고 다른 하나는 데이터가 전송되는 속도를 제어하는 클록clock을 위해 각각 사용된다. 두 디바이스 중 하나가 주인master이 되어서 데이터를 보내거나 받을 준비가 될 때마다 클록선을 통해 타이밍 펄스를 보낸다. 동기 시리얼 통신에서는 시프트한다shifting는 용어를 사용하는데, 이는 매 클록 펄스마다 다음 데이터 비트bit를 넘기는 것을 말한다. 이 책에서 소개한 모든 마이크로컨트롤러들은 동기 시리얼 통신으로 데이터를 주고받기 위한 shiftin과 shiftout 명령어를 가지고 있다. 동기 시리얼 통신에는 여러 가지 스타일이 있다. 여러 디바이스들의 데이터 시트를 보다 보면 I2C, SPI, Microwire 같은 이름들을 보게 될 것이다. 스타일마다 약간씩의 차이는 있지만, 클록 펄스에 맞추어 디바이스들 사이에서 비트들을 시프트한다는 점에서는 모두 같다.

*비동기asynchronous 시리얼 통신*에서는 양쪽 디바이스가 모두 자신의 클록을 가지고 있다. 데이터를 보내는 디바이스는 사전에 정한 전송률로 데이터를 펄스화해 보내고, 데이터를 받는 디바이스 역시 해당 전송률의 펄스를 기다린다. 이 때 펄스의 타이밍을 *데이터 전송률* 또는 *보레이트baud rate*라고 부른다. 비동기 통신의 단점은, 펄스가 언제 들어올지를 미리 알 수 없으므로 언제나 귀를 기울여서 듣고 있어야 한다는 것이다. 이 때 도움이 되는 것이 시리얼 버퍼이다. 이에 대해서는 7장에서 설명한 바 있다. 사실 비동기 시리얼 통신 전반에 대해 그 장에서 이미 들어서 알고 있을 것이다. 미디와 인터넷, 그리고 여러 종류의 컴퓨터 간에 이루어지는 대부분의 통신이 모두 이 방식을 따른다.

2. 비동기 시리얼 프로토콜

두 디바이스 간에 통신이 가능하기 위해서는 상호간에 메시지를 어떻게 보낼 것인지에 대한 약속이 먼저 이루어져야 한다. 이 약속을 *프로토콜protocol*이라고 한다. 이를테면 물리적인 연결 방법, 사용할 전선의 수, 각 전선의 역할, 연결에 사용할 커넥터의 종류 등이 정해져야 한다. 또 펄스의 전기적 특성(몇 볼트의 전압을 사용할 것인지), 펄스의 타이밍, 펄스를 묶고 정리하는 방법, 그리고 펄스가 나타내는 의미에 관한 약속 등이 모두 필요하다. 통신 프로토콜은 보통 이와 같이 그 약속들이 층위layer 구조로 조직되어 있다. 따라서 기존 프로토콜의 특정 층위들은 그대로 이용하고 필요한 층위들만 변형해 사용하는 것도 가능하다. 이 책에서는 기존 프로토콜의 낮은 층위들은 되도록 그대로 사용하면서, 전송되는 비트에 의미를 부여하는 높은 층위들에 논의를 집중하고자 한다.

지금까지 우리가 다루었던 프로토콜들은 주로 그 물리적인 측면과 전기적인 측면에서 서로 차이가 있었다. 이를테면 RS-232와 TTL은 다른 점은 모두 같고 펄스의 전압 수준만 서로 다른 시리얼 프로토콜들이다. 이들은 그리 멀리 떨어져 있지 않은 두 디바이스 간의 통신에 아주 좋다. RS-232는 일대일 통신만을 지원하므로 *점대점point-to-point* 프로토콜이라고 부른다.

한편 네트워크 측면에서, 즉 디바이스들이 서로 연결되는 방식에서 이와 다른 프로토콜들도 있다. 예를 들면 RS-232의 사촌격인 RS-485는 여러 디바이스들이 하나의 시리얼 신호를 쪼개어 씀으로써 다수의 수신자와 송신자가 같은 시리얼 라인을 공유할 수 있도록 하는 *다지점multidrop* 프로토콜이다. RS-485는 조명기기나 오락기기 제어 시스템에 많이 사용되는 프로토콜인 DMX-512를 비롯한 몇몇 통신 표준의 기본을 이룬다. 가장 인기 있는 네트워크 통신 프로토콜인 이더넷Ethernet과 미디MIDI 역시 다지점 시리얼 프로토콜이다. 다지점 프로토콜들은 RS-232와는 다른 전기적 특성들을 요구하지만, 두 프로토콜을 서로 변환시켜 주는 박스 타입 디바이스와 IC칩 제품들이 나와 있으니 이를 사용해 연동하면 된다.

프로젝트에 사용할 디바이스를 고를 때는 가능하면 기존에 알고 있는 프로토콜과 호환되는 것을 선택해야 한다. 특히 물리적인 수준과 전기적인 수준의 호환성이 더 중요하다. 조사하는 시간을 조금만 투자하면 개발하는 시간을 크게 절약할 수 있는 것이다.

3. 프로토콜 익히기

기존 프로토콜의 모든 층위들을 그대로 따른다고 하더라도, 메시지의 내용과 그것을 기술하는 방법은 프로젝트에 따라 달라질 수밖에 없을 것이다. 메시지란 도막도막 끊어서 해석해야 하는 하나의 문장과도 같은 것이다. 7장에서 우리는 데이터를 정리하여 나만의 프로토콜을 만드는 경험을 어느 정도 해볼 수 있었는데, 이는 통신 케이블의 양단에서 사용되는 소프트웨어를 우리가 모두 직접 만들었기 때문에 가능한 일이었다. 하지만 언제나 그러한 호사가 허용되는 것은 아니어서, 원래 존재하는 다른 디바이스와 작업할 경우에는 해당 디바이스의 프로토콜에 우리들이 맞춰 주어야만 한다.

*특정 제조회사만 사용하는*proprietary 표준보다는 업계에서 널리 쓰이며 *공개되어 있는* open 표준[1]을 사용하는 디바이스를 찾는 것이 좋다. 프로토콜은 어떤 전문적인 조직에 의해 관리되는 경우도 있고(뒤에서 설명할 GPS의 예를 참조하라), 업계를 주도하는 회사의 표준이 다른 업체들에 의해 모방되는 경우도 있다(예를 들면, 헤이스Hayes 프로토콜은 원래 헤이스 사에서 만든 것이지만 모뎀 등의 장비를 생산하는 많은 다른 회사들도 이를 채택하였다). 공개된 프로토콜의 경우에는 코드를 바꾸지 않아도 여러 회사에서 만든 여러 모델의 디바이스들을 사용할 수 있다. 독점적 프로토콜을 사용하려면, 적어도 사용하려는 디바이스의 매뉴얼은 반드시 있어야 한다. 터미널 프로그램을 켜 놓고 키보드를 두드려 가면서 디바이스가 되돌려 주는 값들을 보고 프로토콜을 거꾸로 찾아가는 것도 가능한 일이기는 하나 시간이 오래 걸린다. 매뉴얼이 없거나, 매뉴얼은 있지만 시리얼 제어에 관한 설명이 되어 있지 않을 때에는, 인터넷으로 찾아보면 오래된 매뉴얼들이 많이 있을 것이다. 심지어는 아지 못할 프로토콜의 신비를 우리보다 먼저 파헤쳐 간 이름 모를 선배들의 자랑스러운 보고서도 대개는 찾을 수 있다.

우선 메시지들이 서로 단락지어지는 방법부터 파악해야 한다. 길이를 기준으로 메시지들을 자르는 경우도 있다. 이를테면 세 바이트가 메시지 하나를 이루도록 정하는 경우도 있는 것이다. 또, 특정 문자로 메시지의 끝을 나타내는 프로토콜들도 있다. 메시지의 끝을 나타내는 문자로 가장 많이 사용되는 것은 캐리지 리턴carriage return을 나타내는 아스키 문자이다(아스키 코드 13). 그 앞에 아스키의 라인 피드line feed 문자를 먼저 쓰는 경우도

1) 존 헌팅턴John Huntington의 책 Control Systems for Live Entertainment(Focal Press, 2000)은 엔터테인먼트 산업에서 쓰이는 여러 통신 프로토콜에 대해 설명한다. 이 책은 피지컬 컴퓨팅에서 마주칠 수 있는 거의 모든 비동기 통신 프로토콜에 대해 훌륭한 정보들을 제공해 준다. 존의 회사 지르콘 디자인즈Zircon Designs의 웹사이트인 http://www.zircondesigns.com에도 엔터테인먼트 시스템의 제어에 관한 유익한 정보들이 많다.

있다(아스키 코드 10). 널null 문자(아스키 코드 0) 역시 자주 사용되는데, 특히 인터넷 소켓 커넥션에서 많이 쓰인다. 메시지의 끝을 나타내는 이 문자들은 디바이스로부터 정보를 받을 때는 물론이고 정보를 보낼 때에도 매우 중요하다. 명령어를 맞게 보냈더라도 뒤에 맺음문자를 붙이지 않으면 아무 일도 일어나지 않을 때가 많은 것이다. 때로는 하나의 메시지 안에서 여러 파라미터들을 서로 구분하기 위해 구별문자를 사용하는 경우도 있다. 공백문자(아스키 32), 쉼표(아스키 44), 탭(아스키 9) 등이 이 용도로 가장 많이 사용된다. 만일 모든 파라미터의 길이가 같다면, 이를테면 모두 한 바이트씩이라면, 별도의 구별문자 같은 것은 사용할 필요가 없겠다.

메시지가 시작할 때 머리표header를 붙이는 경우도 많다. 여러 디바이스가 하나의 시리얼 라인을 공유할 때에는 정보를 받을 디바이스의 주소를 머리표 안에 적어 보내는 경우도 있다. 또, 뒤따라오는 메시지의 크기를 바이트 하나에 적어서 딸려보내는 경우도 있다.

다음으로는 바이트들이 아스키 문자로 보내지는지 아니면 날 값 이진수 그대로 보내지는지를 알아야 할 것이다(이들의 차이에 대해서는 7장을 참조하라). 아스키 모드와 이진수(날 값) 모드를 모두 가지는 디바이스도 있는데, 이럴 때에는 어떤 모드를 사용할지를 정해야 할 것이다. 아스키 코드로 적힌 값은 사람이 읽을 수 있으므로 스크린으로 보면서 디버깅하기가 좋다. 하지만 바이트들을 받아서 이용할 때에는 결국 이들을 날 값으로 되바꾸어야 하게 마련이다. 대부분의 프로그래밍 환경은 이러한 변환을 위한 내장함수를 가지고 있다.

전송되는 값을 사람은 볼 필요가 없고 컴퓨터만 보면 되는 상황이라면(이를테면 스크린 위의 오브젝트를 움직이기 위해 아날로그 센서의 값을 보낸다든가, 비디오 믹서에 채널 값을 보내는 경우에는) 날 값을 이용하는 것이 보다 타당한 방법일 수 있다. 255를 넘는 값은 한 바이트에 담아 보낼 수 없으며, 받는 쪽에서 값을 변환해 쓰도록 해야 한다(7장을 참조하라). 0보다 작은 값도 날 값 그대로 보내기에 까다로울 때가 많은데, 값을 받는 쪽에서 바이트를 해석하는 방법이 보내는 쪽과 다를 수 있기 때문이다. 예를 들면, 어떤 디바이스는 한 바이트의 여덟 비트로 0에서 255까지를 나타내지만 다른 디바이스는 −127에서 128까지를 나타낼 수도 있는 것이다.

마지막으로, 7장에서 소개했던 '부르고 답하기call and response'와 같은 기법이 사용되고 있지는 않은지를 알아야 할 것이다. 어떤 센서 디바이스들은 우리가 요청신호를 보낼 때까지 기다리고 있다가 신호를 받으면 응답을 보내 준다. 이를 *응답 모드polled mode* 라고 부르기도 한다. *연속 모드continuous mode*로 작동하는 디바이스들도 있는데, 이는 자신이 아는 모든 것을 가능한 한 빠른 속도로 끊임없이 뱉어 내는 방식을 말한다. 선택할 수 있는 여지가 있다면, 일반적으로 응답 모드 프로토콜이 활용하기에 더 좋다.

사용하고자 하는 디바이스와 통신하는 소프트웨어를 작성하기 전에, 언제나 텔넷Telnet(인터넷의 경우), 하이퍼터미널HyperTerminal(PC에서의 시리얼 통신의 경우), 지텀Zterm(매킨토시에서의 시리얼 통신의 경우) 등의 터미널 프로그램으로 메시지를 보내고 받는 연습을 먼저 해보아야 한다. 이렇게 해야만 소프트웨어를 작성하기 전에 해당 프로토콜에 대한 감을 가질 수 있다. 터미널 프로그램들은 모든 것을 아스키 문자로 해석한다. 그래서 날값 그대로의 이진수에 대해서는 상대적으로 쓸모가 적지만, 알 수 없는 문자들이 오고가는 것을 보는 것만으로도 물리적인 연결이 제대로 동작하고 있다는 것을 아는 데는 도움이 된다. 드디어 소프트웨어를 작성하기 시작할 때에도, 텍스트 윈도우에 입력한 메시지를 전송해 주고 되돌아오는 메시지를 출력해 주는 간단한 프로그램부터 시작하도록 하자. 어차피 이러한 기능은 필요하게 될 것이며, 또 가지고 있으면 디버깅 도구로서도 사용할 수 있는 유용한 프로그램이니 말이다.

4. RS-232 박스들

시중에서 일반적으로 판매되고 있는, 또 산업용으로 사용되고 있는 많은 디바이스들이 RS-232를 사용하는데, 그 기본 설정은 9600 보레이트, 8 데이터 비트, 1 정지비트, 패리티 사용 안함으로 하드웨어적으로 고정되어 있는 경우가 대부분이다. 점퍼jumpers나 딥DIP스위치 같은 하드웨어 스위치로 이 설정을 변경할 수 있도록 되어 있는 디바이스들도 있다.

이러한 RS-232 디바이스에 연결하려고 보면, 아마도 그들은 7장에서 보았던 것과 같은 DB9 커넥터를 가지고 있는 경우가 많을 것이다. 암수가 다르거나 커넥터 타입이 다를 경우에는 그에 맞는 어댑터를 구입해 써야 할 것이다. 한편, 같은 DB9 커넥터라도 그 연결이 일반 표준과는 거꾸로 되어 있는 경우도 있다. 이럴 경우 자칫하면 한 디바이스의 TX 핀을 다시 다른 디바이스의 TX핀에 연결하게 되는데, 이렇게 되어서는 좋은 대화가 이루어지기 어렵겠다. 마이크로컨트롤러에서 송신하는 경우에는 브레드보드에서 전선을 바꾸어 꽂는 것만으로 이 문제를 간단히 해결할 수 있다. 멀티미디어 컴퓨터에 연결하는 경우에는 케이블에 널모뎀null modem 어댑터를 꽂아서 사용해야 한다. 이 어댑터는 TX와 RX 선을 엇갈려서 연결해 준다.

5. GPS 데이터

이제 RS-232 디바이스와 연결하기 위해 필요한 일반적인 사항들을 알았으니 구체적인 예를 하나 다루어 보기로 하자. 인공위성 위치 확인 시스템(Global Positioning System, GPS)은 나의 위도와 경도, 그리고 고도를 알려 주는 시스템이다. GPS는 주로 내비게이션이나 지리학적 조사에, 그리고 사용자의 위치를 기반으로 하는 각종 상업적 응용에 활용된다. 최근 몇 년 사이에 일반인을 대상으로 하는 수신기의 가격이 내려가면서 하이킹이나 암벽등반 등의 야외 스포츠를 즐기는 사람들에게도 인기를 모으고 있다. 현재 시중에 나와 있는 거의 모든 수신기들은 RS-232 시리얼 포트를 가지고 있다.

GPS 수신기는 지구 상공에 떠 있는 미군 소속의 인공위성들로부터 신호를 받아 위치를 계산한다. 신호가 수신기에 도달하는 데 걸린 시간과 수신된 신호의 강도가 있으면 삼각법에 따른 계산을 통해 수신기가 인공위성으로부터 얼마나 떨어져 있는지를 알 수 있다. GPS 인공위성들은 정지궤도를 따르기 때문에(즉, 지구에서 보았을 때 언제나 같은 위치에 있으므로), 수신기가 3개의 위성으로부터의 거리를 알면 지구상에서 자신의 위치를 계산해 내는 것이 가능하다. 6개 위성으로부터의 거리가 있으면 해수면을 기준으로 한 고도도 알 수 있다. GPS는 건물 안이나 나무가 우거진 곳, 또 높은 빌딩들이 많은 곳에서는 작동이 그리 잘 되지 않지만 트여 있는 바깥에서는 꽤 정확한 편이다. 정확도는 주변 환경과 수신기의 성능, 그리고 신호의 감도에 따라 다르지만 제조업체들에 따르면 오차범위가 15미터 이내라고 한다.

■ GPS 수신기 쇼핑하기

GPS 수신기를 구입하고자 하면, 선택할 수 있는 제품에는 몇 가지가 있다. http://www.sparkfun.com의 TF10이나 http://www.acroname.com의 R217-TR-GPM은 브레드보드나 회로 기판에 꽂을 수 있는 GPS 모듈들이다. 두 제품 모두 외장형 안테나를 필요로 한다. 아니면 스크린과 키패드 인터페이스, 그리고 시리얼 포트가 달려 있는 휴대용 GPS 수신기를 구입할 수도 있다. 기능이 간단한 모델들은 모듈형 제품과 가격대가 비슷하거나 오히려 저렴한 경우도 있다. 우리는 휴대용 제품들을 추천한다. 사용자 인터페이스를 갖추고 있어서 디버깅하기가 훨씬 편하기 때문이다. 우리가 다음 예제에서 사용한 제품은 Garmin 12XL인데, 이 제품은 시뮬레이터 모드도 제공한다. 시뮬레이터 모드는 위성으로부터 데이터가 수신되지 않는 상황에서도 사용자가 어느 한 방향으로 걸어가고 있는 경우를 상정하여 그 GPS 데이터를 출력해 준다. 이는 프로그래밍과 디버깅을 할 때에 없어서는 안 될 기능이다. 탁 트인 실외에서 프로그래밍을 할 수 있는 호사를 누릴 수 있다면야 별문제겠지만 말이다. 요즘에는 시뮬레이터 모드를 지원하는 제품들이 많아졌다. 쇼핑할 때는 꼭 이들 제품을 선택하도록 하자.

■ GPS 프로토콜 익히기

GPS 디바이스들은 모두 NMEA(http://www.nmea.org)라는 공개된 프로토콜을 사용하기 때문에 우리에게 좋은 예가 되어 준다. 앞서 설명한 것처럼, 프로토콜이 공개되어 있다는 것은 같은 코드 하나를 여러 회사의 제품에서 모두 사용할 수 있음을 뜻한다. 사실 이 프로토콜과 병행하여 자신만의 독자적인 프로토콜을 같이 사용하는 수신기들도 있다. 이럴 경우에는 시작하기 전에 먼저 수신기의 프로토콜을 NMEA로 맞추어 두는 것을 잊지 말자. 우리는 예제에서 NMEA 0183 프로토콜 2.0을 사용할 것이다. NMEA 프로토콜

체크섬은 무엇인가? 패리티는 무엇일까?

체크섬checksum은 메시지를 전송할 때 데이터가 옳게 전달되었는지를 체크하기 위한 방법의 하나이다. 어떤 문자열의 체크섬을 구하기 위해서는 그 문자열의 비트들을 모두 더한 값을 한 바이트 또는 두 바이트에 담아서 메시지의 끝에 붙여 보낸다. 메시지를 받는 쪽에서도 똑같은 과정을 밟아서 비트들을 더한다. 더한 값이 끝에 있는 합과 다르다면 전송 과정에서 무언가 잘못 되었으며 메시지가 틀려 있음을 알 수 있다.

패리티parity 체크도 이와 매우 비슷하다. 패리티는 전송하는 바이트 하나하나의 온전성을 체크하기 위한 시스템이다. 바이트 앞쪽의 일곱 비트들을 더한 값이 짝수인지 홀수인지를 여덟 번째 비트에 표시한다. 패리티는 모든 바이트마다 한 비트씩을 손실시킬 뿐더러 오류가 짝수 번 반복되면 어차피 잡아낼 수 없기 때문에, 이제는 거의 사용되지 않는다. 체크섬 사용의 아주 간단한 예를 들어 보자.

세 바이트로 되어 있는 문자열을 전송한다고 하자. 각 바이트는 0에서 255 사이의 숫자로 되어 있다. 문자열의 세 바이트가 십진수로 다음과 같다고 하면

```
235, 127, 65
```

이는 이진수로는 다음과 같다.

```
11101101, 01111111, 01000001
```

이 메시지에는 값이 1인 비트가 15개 있다. 따라서 체크섬은 15이다. 체크섬을 문자열의 네번째 바이트로 해서 보낸다고 하면 다음과 같이 될 것이다.

```
235, 127, 65, 15
```

이는 체크섬의 매우 간단한 경우이다. 보다 많은 계산을 요구하는 체크섬들도 있다. 예를 들면, NMEA 체크섬은 문자열 안의 모든 바이트에 대한 XOR(배타적 논리합exclusive or)을 요구한다. XOR은 논리연산 또는 비트연산이라 부르는 연산의 하나인데 이에 대해서는 14장 '아주 많이 입력받기, 그리고 아주 많이 출력하기'에서 자세히 설명할 것이다. 이에 대해 좀더 알고 싶다면 논리연산 또는 비트연산에 관해 설명하고 있는 아무 책이나 웹사이트든 참조하면 된다. 찰스 펫촐드Charles Petzold의 책 "CODE(하드웨어와 소프트웨어)(이태용 옮김, 정보문화사, 2001)"와 베이직스탬프 매뉴얼에도 이 연산들을 설명하는 예제들이 실려 있다.

에 대해 좀더 알고 싶다면 웹에서 NMEA FAQ를 검색해 보라. 이 사이트는 자원봉사자들에 의해 세계 여러 곳의 서버에서 서비스되고 있으며 정기적으로 업데이트되고 있다.

NMEA 0183 프로토콜은 7장에서 사용했던 것과 같은 4800 또는 9600 bps, 8 데이터 비트, 패리티 사용 안함, 1 정지비트, 역inverted 논리 설정을 사용한다. 이 프로토콜은 아스키 코드를 기반으로 하며 연속모드로 동작하므로, 하이퍼터미널이나 지텀 같은 터미널 프로그램에 연결하고 설정을 맞추면 바로 글자들이 날아다니는 것을 볼 수 있다.

우리에게 보내지는 문장들은 저마다 여러 가지 내용들을 담고 있다. 속도와 방향에 관한 문장도 있고 궤도 수정 데이터에 관한 문장도 있으며 인공위성에 관한 정보를 담고 있는 문장도 있다. 가장 간단한 경우에는 위도, 경도, 고도, 관측한 시간, 그리고 데이터가 온전한지의 여부만을 알려 준다. 각 문장은 '$' 문자로 시작해서 송신하는 디바이스를 나타내는 문자 2개와 문장의 종류를 나타내는 문자 3개가 이어진다. 그 다음에는 데이터들이 서로 쉼표로 구분되면서 따라온다. 문장의 끝에는 '*' 문자가 있으며 그 뒤에는 오류를 체크하기 위한 두 바이트의 체크섬이 붙는다(앞 페이지의 '체크섬은 무엇인가? 패리티는 무엇일까?'를 보라). 체크섬은 선택사항이며 이를 사용하지 않는 디바이스들도 있다. 각 문장은 캐리지 리턴과 라인 피드로 끝을 맺는다(아스키 문자 10과 13. 디버그 메시지에서 사용했던 것과 같다).

GPS 수신기를 하이퍼터미널이나 지텀 같은 터미널 프로그램에 연결하면 다음과 같은 문장들을 보게 될 것이다.

```
$GPRMC,185310,V,4032.2945,N,07359.7921,W,0.0,0.0,180204,13.3,W,S*24
$GPRMB,V,,,,,,,,,,,,A,S*0E
$GPGGA,185310,4032.2945,N,07359.7921,W,8,10,2.0,89.9,M,-34.1,M,,*4D
$GPGSA,A,3,01,04,07,09,10,13,17,20,24,28,,,3.6,2.0,3.0*36
$GPGSV,3,3,10,24,44,258,46,28,18,166,41*74
$GPGLL,4032.2945,N,07359.7921,W,185310,V,S*54
$GPBOD,,T,,M,,*47
$GPBWC,185310,,,,,,T,,M,,N,,S*67
$GPVTG,0.0,T,13.3,M,0.0,N,0.0,K*7F
$GPXTE,V,V,,,N,S*43
```

이는 수신기가 전송해 오는 여러 가지 NMEA 문장들이다. NMEA FAQ를 보면 그 내용이 자세히 설명되어 있다. 위치 정보를 알려 주는 가장 간단한 문장은 GLL 문장이다

($GPGLL). 이 문장은 위도와 경도, 그리고 관측이 이루어진 시간을 알려 준다. 위에서 볼 수 있듯이 문장 안에서 파라미터들은 서로 쉼표로 구분되어 있다. 이 덕분에 마이크로컨트롤러로 문장을 읽어들이기가 쉬워진다. 들어오는 바이트들을 보고 있다가, 쉼표(아스키 코드 44)가 들어오면 그 다음에 따라오는 값을 새로운 파라미터로 읽어들이면 된다. GLL 문장의 파라미터들은 다음과 같다.

- ▶ 위도. 단위는 도度와 분分.
- ▶ 위도의 방향
- ▶ 경도. 단위는 도와 분.
- ▶ 경도의 방향
- ▶ 관측이 이루어진 시간. 단위는 그리니치 평균시의 시, 분, 초.
- ▶ 데이터가 온전한지의 여부
- ▶ 체크섬

위의 예에 있는 GLL 문장을 뜯어보면 위도는 북위 40도 32.2945분, 경도는 서경 73도 59.7921분, 관측시간은 18:53:10 GMT이며[2] 데이터는 온전함valid(V)을 알 수 있다. *와 그 뒤의 두 문자는 체크섬이다. 이를 마이크로컨트롤러로 읽어들이기 위한 슈도코드는 다음과 같다.

```
루프 :
    문장의 시작을 나타내는 $를 기다린다
    뒤따르는 두 바이트는 건너뛴다
    if 다음의 세 바이트가 "GLL"이면
        캐리지리턴이나 라인피드가 나올 때까지 반복 :
            들어오는 바이트를 문장 어레이에 넣는다
        반복의 끝
        문장해석
    if의 끝
루프의 끝

문장해석 :
    항목 카운터를 0으로 놓는다 (읽어들여야 할 항목이 7개임은 알고 있다)
```

2) GPS 매니아라면, 이미 지금쯤 위 관측은 어느 맑은 날 오후에 맨해튼의 워싱턴 스퀘어 파크에서 점심때쯤(12:53:10 EST) 이루어진 것임을 알아냈을 것이다. NMEA 데이터가 그날 날씨가 맑았다는 것까지는 알려주지 않을 테니 그것만 빼고.

```
    더 이상 읽어들일 바이트가 없을 때까지 반복 :
        쉼표가 나올 때까지 문장 어레이에서 바이트를 읽어들인다
        바이트들을 아스키 코드에서 숫자값으로 바꾼다
        숫자값을 해당 항목의 변수에 넣는다 :
            항목 1 = 위도
            항목 2 = 위도의 방향
            항목 3 = 경도
            항목 4 = 경도의 방향
            항목 5 = 관측시간
            항목 6 = 데이터의 온전성 여부
            항목 7 = 체크섬
        항목 카운터를 하나 늘여서 현재의 항목을 가리키도록 한다
    반복의 끝
문장해석의 끝
```

이를 실제로 동작하는 프로그램으로 코딩하면 분량이 몇 페이지에 이를 수 있으니 실제 코딩은 여러분에게 맡기도록 하겠다. 인터넷을 검색하면 이 책에서 사용한 마이크로 컨트롤러들을 위해 작성된 많은 샘플코드들을 찾아볼 수 있다.

6. 미디

미디(MIDI, Musical Instrument Digital Interface)는 디지털 신디사이저를 비롯한 디지털 음악 디바이스들 간의 통신을 위해 개발된 프로토콜이다. 음악을 하는 사람이라면 키보드 컨트롤러나 신디사이저 같은 미디 장비를 하나쯤은 가지고 있을 것이다. 미디를 통해 신디사이저나 샘플러를 마이크로컨트롤러와 연결하면 참신한 인터페이스를 가지는 수많은 새로운 악기들을 개발할 수 있는 기회들이 열리게 된다. 또는 기존 악기의 친숙하며 고도로 진화된 인터페이스를 사용해서 비디오나 모터 시스템을 제어하는 방향으로 갈 수도 있다. 음악가가 아닌 사람이 마이크로컨트롤러가 낼 수 있는 것보다 좋은 소리들을 얻고자 하는 경우에도 미디 신디사이저와 샘플러는 쉬운 길을 제시해 줄 것이다. 이 밖에 조도照度 컨트롤러, 사운드 믹서, 비디오 믹서 등 음악과 무관한 디바이스가 미디 프로토콜을 사용하는 경우도 많다.

미디는 소리를 만들어 냄에 있어 그 소리의 특성이나 음색을 정의하는 것이 아니라 이미 존재하고 있는 소리를 어떻게 연주할 것인지만을 기술記述한다. 미디와 디지털 오디오 파일의 관계는 워드 프로세서와 팩스의 관계와도 같다. 전자가 음악을 어떤 원칙에 따라

기술한 것인 반면에 후자는 한 특정 음악을 그대로 복사한 것이어서 다른 활용의 여지가 적다. 워드 프로세서로 작성한 문서를 다른 친구에게 보낼 때 상대편에 완전히 똑같은 폰트가 존재할지를 장담할 수는 없을지 몰라도, 문서가 도착하고 나서 그 구성을 다듬어 쓰기란 팩스보다 훨씬 수월한 것이다. 이처럼 미디는 음악을 연주하는 행위를 어떤 일반원칙에 따라 기술한 것이므로, 나아가 조명 시스템의 제어나 영화용 사운드트랙 편집 등 사람의 실시간 행위와 관련된 다른 분야들로도 확장될 수 있는 것이다.

■ 미디의 물리적 · 전기적 연결방식

미디 장비의 뒤편을 보면 **그림 12-1**에 있는 것과 같은 미디 특유의 구멍 다섯 개짜리 커넥터가 보일 것이다. 미디 케이블은 양쪽 끝이 모두 핀 다섯 개짜리 플러그로 되어 있는데, 여러 가지 예쁜 색의 제품들이 나와 있다. 미디는 여러 디바이스들이 하나의 선을 공유할 수 있는 다지점 프로토콜이다. 이 때 각 디바이스는 자신에게 보내어진 메시지에만 반응하게 된다. 일반적인 미디 디바이스에는 미디 아웃out과 미디 인in, 그리고 미디 쓰루thru 단자가 있다. 미디 인 단자로 들어온 모든 신호는 그 디바이스에서 받아들여지는 동시에 미디 쓰루 단자로도 내보내진다. 디바이스 자체적으로도 미디 신호를 만든다면 그 신호는 미디 아웃 단자로 내보내진다. 이는 RS-232와 같은 점대점 프로토콜에는 없는 미디의 장점 중 하나이다. 미디에서는 여러 장비가 네트워크를 이루어 메시지를 공유할 수 있는 것이다.

멀티미디어 컴퓨터에도 마이크로컨트롤러에도 미디 커넥터는 없다. 멀티미디어 컴퓨터로 미디 신호를 보내거나 받기 위해서는 미디 인터페이스가 필요하다. 최근의 미디 인터페이스는 대부분 USB로 멀티미디어 컴퓨터와 연결된다. 가격이 저렴한 제품으로 마크 오브 더 유니콘Mark of the Unicorn의 패스트레인FastLane USB(http://www.motu.com)나 미디맨Midiman의 미디스포트MIDISport 2×2 등이 있다.

마이크로컨트롤러를 위한 미디 인터페이스는 우리들이 직접 만들 수 있다. 마이크로컨트롤러로 미디 신호를 출력하기 위한 회로도가 **그림 12-1**과 같다. 입력을 위한 회로도는 **그림 12-2**와 같다. 미디 신호를 입력받기 위한 회로의 구체적인 배선은 생략했는데, 보통 출력 회로만 필요한 경우가 많기 때문이다. 이를테면 어떤 식으로든 미디 데이터를 생성하여 그것을 신디사이저로 연주하는 것을 목적으로 하는 모든 경우, 미디 신호를 입력받기 위한 회로는 필요 없을 것이다.

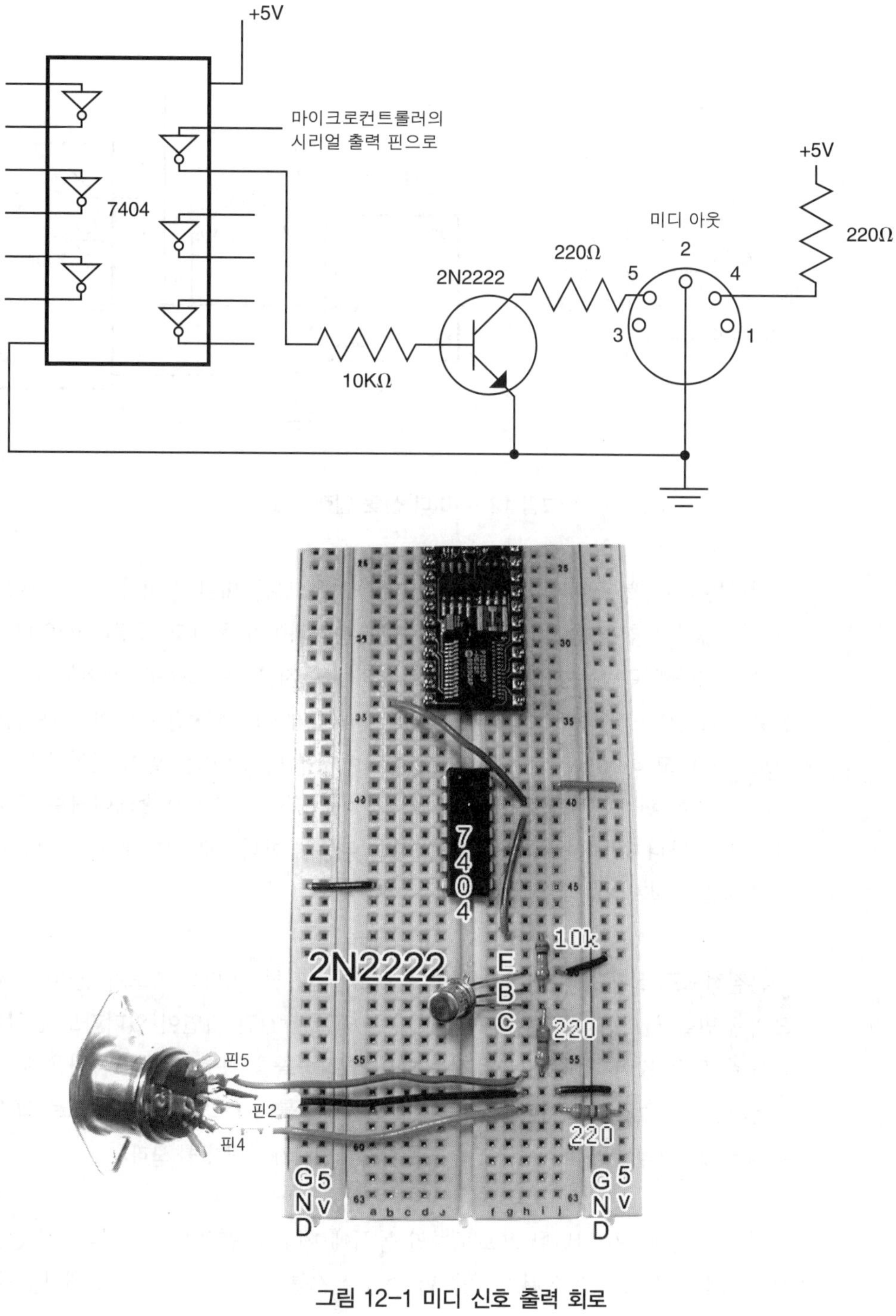

그림 12-1 미디 신호 출력 회로

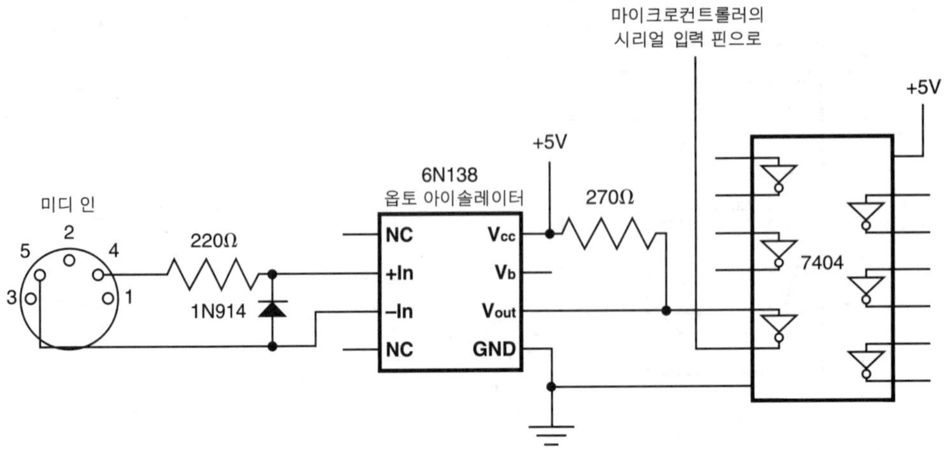

그림 12-2 미디 신호 입력 회로

미디는 DC 5볼트에서 작동한다. 미디 규격은 모든 미디 장비가 *옵토 아이솔레이터* *opto-isolator*라는 칩을 통해 서로 전기적으로 분리되어야 한다고 규정하고 있다. 이 칩은 미디 신호를 입력받는 회로를 신디사이저의 나머지 부분으로부터 떼어놓아 준다. 이는 설령 미디 컨트롤러의 제조회사가 신디사이저의 제소회사와 같지 않아 사용하는 전압이 서로 다르다고 하더라도 컨트롤러가 신디사이저를 망가뜨리는 일이 일어나지 않도록 해 준다. 시중에 판매할 제품을 만드는 경우가 아니라면 옵토 아이솔레이터를 꼭 사용해야 하는 것은 아니지만, 사용하기 그리 어려운 부품이 아니므로 여기에서는 미디 규격에 맞게끔 이를 포함시켰다.

본질적으로 실황 음악 연주를 위한 프로토콜인만큼, 미디는 속도가 빨라야 한다. 키보드의 건반을 눌러서 소리가 나기까지 아주 조금만 시간 지연이 있더라도 음악가로서는 참을 수 없을 것이다. RS-232에서는 데이터 전송률을 비롯한 여러 속성을 우리들 뜻대로 설정할 수 있었지만 미디 프로토콜에서는 전송률이 1초당 31250 비트로 고정되어 있다(다음 페이지의 '미디의 데이터 전송률로 시리얼 메시지 보내기'를 보라).

미디는 이해하기 간단한 프로토콜인 동시에 매우 다면적이기도 하다. 이것이 미디를 강력하게 한다. 미디가 어떤 일들을 할 수 있는지를 우리들도 간단히 소개하겠지만, 보다 깊이 알기 위해서는 다른 자료들을 더 공부해야 할 것이다[3].

3) 미디에 관해서는 웹 등 여러 곳에서 좋은 정보를 찾아볼 수 있다. 폴 레어만Paul Lehrman과 팀 털리Tim Tully의 책 MIDI For The Professional(Music Sales Corp, 1993)은 미디에 관한 한 필수적인 문헌이다.

미디 장비는 크게 두 가지로 나누어 볼 수 있다. 컨트롤러(미디 메시지를 보내는 디바이스)와 리시버(미디 메시지를 받아 그것으로 무엇인가를 행하는 디바이스)가 그것이다. 많은 미디 신디사이저는 컨트롤러(키보드 부분)와 리시버(신디사이저 부분)를 겸하고 있다. 하지만 두 부분이 나뉘어져 있는 경우도 드문 것은 아니다. 키보드의 건반들은 자체에 내장된 신디사이저 외에 다른 신디사이저나 샘플러 모듈들도 컨트롤할 수 있다. 그 뿐만 아니라 미디 조명 컨트롤러, 미디 모터 컨트롤러 등의 장비들도 컨트롤할 수 있다. 마이크로컨트롤러와 센서 몇 개만 있으면 미디 컨트롤러를 직접 만드는 것도 매우 간단한 일이다.

다양한 악기소리를 합성해 주는 작은 신디사이저 모듈들이 시중에 몇 가지 나와 있다. 랙$_{\text{rack}}$의 3분의 1이나 2분의 1 크기인 모듈은 랩탑 컴퓨터보다도 작아서, 휴대용 기기는 좀 어렵겠지만 그 밖에는 어떤 기기 안에든지 쉽게 넣어서 숨길 수 있다. 중고 모듈도 e베이나 가까운 악기상에서 쉽게 구할 수 있다. 멀티미디어 컴퓨터의 경우에는 미디 메시지를 통해 사용할 수 있는 소프트웨어 신디사이저가 있다. 인터넷을 검색해 보면 많이 찾을 수 있을 것이다.

■ 미디 메시지 보내기

물리적인 연결과 전기적인 연결을 마쳤다면 이제 미디 메시지의 내용을 다룰 수 있겠다. 이 시점에서 미디 프로토콜이 RS-232나 TTL 프로토콜보다 한 걸음 더 나가게 된다. 미디는 내용을 기술하는 문법은 물론이고 내용이 뜻하는 의미까지도 규정하기 때문이다. 코드를 전혀 손보지 않고도 마이크로컨트롤러를 어떤 미디 신디사이저에나 연결할 수 있는 것도 이렇게 메시지의 문법까지가 미리 정의되어 있기 때문에 가능한 일이다.

모든 미디 명령은 *상태*$_{\textit{status}}$ *바이트*와 *데이터 바이트*를 최소한 하나씩은 가져, 가장 짧을 경우 총 두 바이트가 된다. 상태 바이트는 프로그래밍 언어의 명령어에 해당하고 데이터 바이트는 명령어에 뒤따르는 파라미터에 해당한다. 미디에서 상태 바이트는 언제나 127보다 큰 값을 가지며 데이터 바이트는 언제나 0에서 127 사이의 값을 가진다. 이는 상태 바이트와 데이터 바이트를 한 눈에 쉽게 구별할 수 있도록 해준다. 미디 메시지는 상태 바이트 하나와 그를 뒤따르는 데이터 바이트 둘로 해서 총 세 바이트로 되어 있는 경우가 가장 많다. 가끔 예외적인 경우도 있다. 예를 들면 피치 벤드$_{\text{pitch bend}}$ 명령은 정밀도를 높이기 위해(마이크로컨트롤러의 워드나 인티저 변수처럼) 데이터 바이트 두 개로 값 하나를 나타낸다.

일반적으로 미디 메시지는 네 종류의 정보를 보내게 된다. 하고자 하는 연주 행위(예를 들면 노트 온$_{\text{note on}}$, 노트 오프$_{\text{note off}}$, 피치 벤드 등), 연주하고자 하는 채널, 연주하고자 하는

미디의 데이터 전송률로 시리얼 메시지 보내기

멀티미디어 컴퓨터의 일반 시리얼 라이브러리는 31,250의 데이터 전송률을 지원하지 않는다. 특히 윈도우즈 기반의 컴퓨터는 더욱 그렇다. 이 문제를 해결하려면 미디 통신 전용으로 개발된 소프트웨어를 사용해야 할 것이다. 때로는 이 전송률을 비슷하게 맞춰 주면 동작하는 경우도 있다. 예를 들면, BX-24의 미디 예제들은 실제로는 30,270 bps에서 동작하고 있다. 한편 BX-24의 경우에 COM3로는 필요한 전송률을 얻을 수 없으며, PIC은 4MHz 크리스탈로는 필요한 전송률을 얻을 수 없다. 따라서 이 마이크로컨트롤러들을 사용할 때는 적절한 환경을 구성해 주어야 한다.

BX-24에서 미디 신호를 보내기 위해서는 COM1을 사용해야 한다. 이 시리얼 포트는 내부적으로 1번과 2번 핀에 고정되어 있다. 1번 핀이 시리얼 출력(TX)이며 2번 핀이 시리얼 입력(RX)이다. 지금까지 이들 핀은 새로운 프로그램을 칩으로 다운로드할 때와 디버그 메시지를 보낼 때에만 사용했다. COM1은 원래 데이터를 역inverted 논리로 보내므로(즉 1이 0볼트이고 0이 5볼트이므로) 앞의 회로도에 있는 헥스 인버터는 사용할 필요가 없어진다. 1번 핀에 10KΩ 저항을 바로 연결하면 된다. COM1을 미디에 사용하면 디버그 메시지는 사용할 수 없게 되며, 대신 미디 메시지가 나갈 때마다 모니터 윈도우에 이상한 글자들이 나타날 것이다. 이는 모니터 윈도우가 다른 데이터 전송률에 맞추어져 있으며, 미디 바이트가 가지는 값들이 우리가 읽을 수 있는 아스키 문자 영역에 속하지 않기 때문에 나타나는 현상이다. COM1으로 미디 신호를 보내기 위한 샘플 코드들을 뒤에서 보일 것이다.

PIC에서 픽베이직 프로를 사용해서 미디 신호를 보내거나 받을 때에는 HSERIN과 HSEROUT이라는 특수한 시리얼 명령어들을 사용하는 편이 결과가 좋다. 이들은 범용 비동기 송수신기(Universal Asynchronous Receiver-Transmitter, UART)를 제어하기 위한 명령어들이다. 18F452를 비롯한 몇몇 PIC들이 UART를 가지고 있다. UART는 18F452의 경우에 RC6(출력, TX)과 RC7(입력, RX)에 내부적으로 고정되어 있으므로 우리는 이들 핀을 사용해야만 한다. 미디 출력과 입력을 위한 회로 구성은 **그림 12-1**과 **그림 12-2**(이번에는 헥스 인버터도 사용해야 한다)를 따르면 되며, 미디 출력을 위한 샘플코드는 뒤에서 보일 것이다.

그리고 크리스탈도 속도가 빠른 것을 사용해야 한다. 우리들은 미디를 다룰 때는 보통 20MHz 클록을 사용하고 있다. 20MHz 크리스탈 자체만을 구입해 사용할 수도 있으나, 우리의 경험으로는 이것은 브레드보드 상에서 그리 잘 동작하지 않는다. 20MHz 오실레이터를 사용하는 편이 좋다. 이는 크리스탈과 그 크리스탈을 위한 전원을 함께 갖추어 놓은 부품으로서, 일반 크리스탈보다 우수한 클록 신호를 내어 준다. 자체 전원을 갖는 오실레이터를 PIC에 연결할 때는 **그림 12-3**의 회로도와 배선 방법을 따르면 된다.

PIC을 20MHz로 프로그램할 때는 프로그램의 맨 앞에 다음 코드를 반드시 써 주어야 한다.

```
DEFINE OSC 20 ' 대문자로 작성할 것
```

그리고 EPICWIN으로 코드를 다운로드할 때는 설정 메뉴에서 오실레이터를 HS로 놓아 고속High Speed으로 동작하도록 설정해 주어야 한다. 이렇게 하지 않으면 프로그램이 실행되지 않는다.

음, 그리고 원하는 변화의 정도(예를 들면 음을 얼마나 크게 연주할 것인지, 음을 얼마나 비틀 것인지 등)가 그것이다. 이를테면 아래의 첫 번째 메시지는 가온 C 음이 중간 크기로 처음 채널에서 연주되도록 한다(아마도 피아노로 연주될 것이다). 여기에서 값들은 읽기 쉽도록 16진수로 표시되었다. 예를 들어, 0x90은 '노트 온, 채널 0'을 뜻하며 0x80은 '노트 오프, 채널 0'을 뜻한다. 만일에 불편하다면 이 값들을 16진수로 쓰지 않아도 문제되지는 않는다. 어차피 미디의 값들은 아스키로 코딩해서 보낼 것이 아니라 날 값 이진수 그대로 보낼 것이기 때문이다.

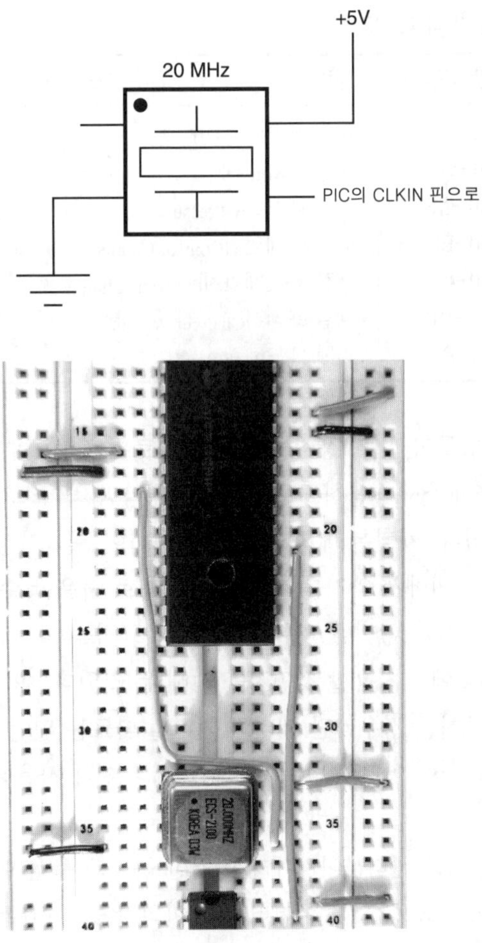

그림 12-3 PIC 18F452에 자체 전원을 갖는 외부 오실레이터 연결하기

```
0x90 0x45 0x45, 십진수로는 144 60 60
```

다음 메시지는 가온 C 음이 두번째 미디 채널에서 중간 크기로 연주되도록 할 것이다.

```
0x91 0x45 0x45, 십진수로는 145 60 60
```

우리들이 네 가지 정보를 세 바이트 안에 담고 있다는 점에 주의하자. 메시지를 짧게 (결과적으로 빠르게) 하기 위해서 연주 명령과 채널을 하나의 상태 바이트 안에 끼워 넣었다. 상태 바이트의 앞의 절반은 명령을 전달하고 뒤의 절반은 채널을 전달하게 된다.

가장 많이 사용되는 미디 메시지들을 **표 12-1**에 정리하였다.

표 12-1 대표적인 미디 메시지들

값(십진수)	값(16진수)	명령	데이터 바이트
128–143	80–8F	노트 오프Note Off	2(음note, 강도velocity)
144–159	90–9F	노트 온Note On	2(음, 강도)
160–175	A0–AF	키 프레셔Key Pressure	2(음, 키 프레셔)
176–191	B0–BF	컨트롤 체인지Control Change	2(컨트롤러 번호, 값)
192–207	C0–CF	프로그램 체인지Program Change	1(프로그램 번호)
208–223	D0–DF	채널 프레셔Channel Pressure	1(프레셔)
224–239	E0–EF	피치 벤드Pitch Bend	2(뒷자리 바이트, 앞자리 바이트)

앞서 설명했듯이, 미디 장비들은 서로 네트워크를 이루어 연결될 수 있다. 미디는 데이터 채널을 16개까지 허용하므로, 최다 16개의 디바이스가 하나의 케이블을 통해 메시지를 받을 수 있다. 채널은 메시지를 받을 디바이스를 지정하는 용도로 사용할 수도 있고 특정 디바이스 안에서 악기를 지정하는 용도로 사용할 수도 있다. 많은 신디사이저 제조회사들이 *제너럴general 미디*라는 미디 확장 규격을 따르고 있다. 제너럴 미디는 어떤 악기를 어떤 채널에서 사용할 것인지를 정해 두고 있다. 여러 가지 신디사이저로 여러 가지 악기들을 합주하는 경우라면 제너럴 미디를 따르는 편이 좋을 것이다. 이러한 경우가 아니라면 디바이스에 어떤 채널이든 자유롭게 부여해 사용해도 되겠다.

*노트 온note on*은 신디사이저에게 어떠한 높이의 음을 어떠한 강도velocity로 연주하라고 지시한다. *노트 오프note off*는 어떠한 높이의 음을 어떠한 강도로 중지하라고 지시한다. 모든 노트 온 명령에는 노트 오프 명령이 따라야 한다. 그래야만 그 연주를 멈출 수 있다. 또는 강도 0인 노트 온 명령을 보내도 노트 오프와 효과가 같다(연주가 멈춘다). 어떠한 음을 지정한 시간 동안만 연주하도록 하는 명령어는 존재하지 않는다. 이 두 가지가 미디에서 가장 많이 사용되는 메시지들인데, 마이크로컨트롤러에서도 아마 대부분의 경우에 이들 두 메시지만을 사용하게 될 것이다.

십육진법

시리얼 프로토콜에서는 바이트의 값을 적을 때 십육진법을 자주 사용한다. 보통 앞에 '0x'를 붙이거나 뒤에 'H'를 붙여서 나타내기 때문에 쉽게 알아볼 수 있다. 하지만 표기할 때 십육진법을 써서 나타내더라도 실제로 값을 보낼 때는 날 값 그대로를 보내는 경우가 대부분이다. 이진수와 십진수, 그리고 십육진수에 대한 설명은 7장을 참조하라.

십육진법을 사용하면 한 바이트의 앞부분과 뒷부분을 따로 떼어 보기가 좋다. 예를 들어 미디 프로토콜에서 연주 명령과 채널 번호는 하나의 상태 바이트 안에 채워진다. 이를 십진법으로 나타내면 미디 메시지는 그저 뒤죽박죽인 것처럼 보인다. 이를테면 노트 온 메시지는 채널 0에서 144이고 채널 1에서 145이며, 같은 방식으로 계속되어 채널 15에서 159가 된다. 같은 미디 메시지를 십육진법으로 나타내면 십육진수의 첫째 자리가 바이트의 앞 절반을(연주 명령), 둘째 자리가 바이트의 뒷 절반을(채널 번호) 각각 나타내게 되기 때문에 읽기도 쉽고 기억하기도 쉬워진다. 이를테면 노트 온 메시지는 언제나 9로 시작해서 해당 채널 번호로 끝나게 된다. 90은 채널 1이고 91은 채널 2이며 같은 방식으로 계속되어 9F가 채널 16이 된다. 이렇게 되는 이유는 미디에 16개 채널이 있고 십육진법에는 16개의 숫자가 있으며 네 비트(바이트의 절반)가 16개의 조합을 만들기 때문이다.

다행히도, 십육진수를 십진수로 바꾸는 마이크로컨트롤러 코드는 작성하지 않아도 된다. 이 책에서 소개한 마이크로컨트롤러들은 두 가지 진법을 모두 지원하고 있다. p베이직, M베이직, 그리고 픽베이직 프로에서는 십육진수의 앞에 $를 붙여 나타낸다. BX-베이직에서는 &H를 붙이면 된다. 예를 들어 십진수 255는 십육진수로 $FF(p베이직, M베이직, 픽베이직 프로), 또는 &HFF(BX-베이직)가 된다.

*키 프레셔*key pressure는 건반을 누르는 압력을 뜻한다. 이는 연주되고 있는 음에 비브라토vibrato 같은 효과들을 줄 수 있다. *채널 프레셔*channel pressure도 키 프레셔와 비슷하지만 한 채널 안의 모든 음에 영향을 미친다는 점이 다르다.

*피치 벤드*pitch bend는 연주되고 있는 음의 높낮이를 조절한다. 피치 벤드는 그 정밀도가 두 바이트로 표현되므로 값의 범위가 0~16,383이 된다(128×128. 미디의 데이터 바이트는 0~255가 아니라 0~127의 범위를 갖는다는 점을 기억하자). 피치 벤드는 보통 휠wheel이나 조이스틱을 통해 얻게 되는데, 이 때 휠의 가운데 부분이 원래의 음 높이에 해당하게 된다. 피치 벤드 0은 최대한 음을 끌어 내리는 것을, 16,383은 최대한 음을 끌어 올리는 것을 뜻한다.

*컨트롤 체인지*control change는 연주되고 있는 음에 가해질 수 있는 변화들을 나타낸다.

컨트롤러는 음량을 조절하거나(강도velocity가 한 음에만 영향을 미치는 반면, 음량volume은 연주되고 있는 모든 음에 영향을 미친다) 음에 서스테인sustain을 주는 등의 일을 할 수 있다. 또 사용하는 사운드 뱅크bank를 바꾸어서 연주되는 소리가 달라지도록 할 수도 있다. 컨트롤 체인지는 음악 이외의 미디 장비에서도 자주 사용된다. 예를 들면, 토파즈Topaz 미디 조도照度 조절장치는 컨트롤 체인지 메시지로 조명 여섯 채널의 밝기를 조절한다.

알아 두면 유용한 컨트롤러 메시지로 0x7B가 있다. 이는 지정한 채널에 '모든 음 노트 오프' 메시지를 보내 준다. 꺼지지 않는 음들이 있는데 그 원인을 알 수 없을 때는 이 명령이 유용할 것이다. 미디 컨트롤러를 처음 만들 때는 음이 꺼지지 않는 일이 심심찮게 생긴다. 보통 어떤 음을 켜는 노트 온 메시지를 보낸 다음에 음 높이를 결정짓는 센서의 값이 바뀌어서 이전의 음을 끌 수 있는 노트 오프 메시지를 보내지 않았기 때문인 경우가 많다. 심지어는 시중에 판매되고 있는 미디 디바이스에서도 음이 안 꺼지는 경우가 생기고는 한다. 1번 채널의 모든 음을 끄기 위해서는 0xB0 0x7B를 보내면 된다. 데이터 바이트는 하나뿐으로, 두번째 데이터 바이트는 필요치 않다.

일단 **그림 12-1**과 같이 마이크로컨트롤러로 미디를 출력하기 위한 회로를 갖추고 나면 미디 신호를 보내는 것은 간단하다. 아래의 예제는 6장에서 스피커로 소리를 내기 위해 만들었던 프로그램을 미디 신디사이저에 맞도록 변형시킨 것이다. 이 프로그램을 실행하기 위해서는 마이크로컨트롤러에 신디사이저를 연결해 두어야 한다. 이 프로그램은 아날로그 센서로부터 읽은 값에 따라 음의 높이를 정해서 4분의 1초마다 소리가 나도록 한다. 슈도코드가 다음과 같다.

```
루프 :
    센서를 읽는다
    센서의 값을 음의 높이로 바꾼다
    미디 음을 연주한다
    4분의 1초 동안 멈춘다
    미디 음을 끈다
루프의 끝
```

실제 코드는 다음과 같다.

PBASIC

```
' 센서는 8번 핀에 있다
' 미디 출력은 7번 핀이다
' 워드 변수 12개짜리 어레이를 선언한다
pitch var byte(12)

' 다른 변수들을 선언한다
note var byte
RCTimeVar var word

'pitch 어레이의 12개 원소는 서양 음계의 12음을 나타낸다
pitch(0) = 60 '가온 C
pitch(1) = 61 'C#
pitch(2) = 62 'D
pitch(3) = 63 'D#
pitch(4) = 64 'E
pitch(5) = 65 'F
pitch(6) = 66 'F#
pitch(7) = 67 'G
pitch(8) = 68 'G#
pitch(9) = 69 'A
pitch(10) = 70 'A#
pitch(11) = 71 'B


main:
    ' 센서를 읽는다. 우리가 사용한 플렉스 센서의 경우, 그 범위가 0~750이었다.
    HIGH 8
    PAUSE 1
    RCTime 8, 1, RCTimeVar
    ' 범위를 0~11 범위로 변환한다
    note = RCTimeVar / 65
    ' 해당 높이의 음을 중간 크기로 노트 온.
    Serout 7, 12, [ $90, pitch(note), $40]
    Pause 250
    ' 노트 오프
    Serout 7, 12, [ $80, pitch(note), $00]
goto main
```

NOTE

베이직 아톰 프로24의 미디 코드는 데이터 전송률이 0x401B(M베이직 표기로는 $401B)가 되어야 한다는 점만 제외하고는 P베이직과 똑같다. 지금까지 우리의 경험으로는 베이직 아톰 프로24의 미디 출력은 불안정해서, 다른 플랫폼으로 옮기는 편이 나았다. 하지만 이미 베이직 아톰을 가지고 있다면 시도해 보아서 나쁠 것은 없겠다.

PicBasic Pro

```
'센서는 RA0 핀에 있다. 미디 출력은 RC6 핀이다.
'EPICWIN의 설정 메뉴에서 오실레이터를 HS로 설정하는 것을 잊지 말자
DEFINE OSC 20
DEFINE ADC_BITS 10 '결과값을 저장할 비트의 갯수를 설정한다
DEFINE ADC_CLOCK 3 '클록의 종류를 설정한다 (3=rc)
DEFINE ADC_SAMPLEUS 15 '샘플링 타임을 마이크로세컨드 단위로 설정한다

'시리얼 UART 레지스터를 설정한다
define HSER_RCSTA 90h '수신 레지스터를 활성화한다
define HSER_TXSTA 20h '송신 레지스터를 활성화한다
define HSER_BAUD 31250 '보레이트를 설정한다

TRISA = %11111111 'PORTA를 모두 입력 핀으로 설정한다
'ADCON1을 설정한다
ADCON1 = %10000010

'워드 변수 12개 짜리 어레이를 선언한다
pitch var byte(12)

'다른 변수들을 선언한다
note var byte
ADCVar var word

'pitch 어레이의 12개 원소는 서양 음계의 12음을 나타낸다
pitch(0) = 60 '가온 C
pitch(1) = 61 'C#
pitch(2) = 62 'D
pitch(3) = 63 'D#
pitch(4) = 64 'E
pitch(5) = 65 'F
```

```
pitch(6) = 66 'F#
pitch(7) = 67 'G
pitch(8) = 68 'G#
pitch(9) = 69 'A
pitch(10) = 70 'A#
pitch(11) = 71 'B

main:
    '우리가 사용한 포텐시오미터는 범위가 0~1023이었다
    ADCin 0, ADCVar
    '범위를 0~11 범위로 변환한다
    Note = ADCVar / 100
    '음을 연주한다
    hserout [ $90, pitch(note),$40]
    pause 250
    '노트 오프
    hserout [ $80, pitch(note), $00]
goto main
```


BX-Basic

```
'BX-24를 사용할 경우에는 회로에 헥스 인버터가 없어도 된다는 점을 잊지 말자.

'시리얼 버퍼들을 설정한다
dim inputBuffer(1 To 13) As Byte '4바이트 입력 버퍼
dim outputBuffer(1 To 10) As Byte '1바이트 출력 버퍼

'바이트 변수 12개짜리 어레이를 선언한다
dim pitch (0 to 11) as byte

'다른 변수들을 선언한다
dim note as byte
dim ADCVar as integer
dim midiCmd as byte
dim velocity as byte

Sub Main()
    'pitch 어레이의 12개 원소는 서양 음계의 12음을 나타낸다
    pitch(0) = 60 '가온 C
    pitch(1) = 61 'C#
    pitch(2) = 62 'D
```

```
        pitch(3) = 63 'D#
        pitch(4) = 64 'E
        pitch(5) = 65 'F
        pitch(6) = 66 'F#
        pitch(7) = 67 'G
        pitch(8) = 68 'G#
        pitch(9) = 69 'A
        pitch(10) = 70 'A#
        pitch(11) = 71 'B

    '시리얼 큐를 연다
    Call OpenQueue(inputBuffer, 13)
    Call OpenQueue(outputBuffer, 10)

        'COM1에 시리얼 포트를 연다
        call openCom(1, 9600, inputBuffer, outputBuffer)

        '보레이트를 30,270으로 설정한다
        register.ubrr = 14

        do
            '우리가 사용한 거리 센서는 범위가 0~1024였다
            call getADC(13, ADCVar)
            '범위를 0~11  범위로 변환한다
            note = cByte(ADCVar\ 98)

            '1번 채널에 강도 64로 노트 온 메시지를 보낸다
            midiCmd = &H90
            velocity = &H40
            call putQueue(OutputBuffer, midiCmd, 1)
            call putQueue(OutputBuffer, pitch[ note] , 1)
            call putQueue(OutputBuffer, velocity, 1)
            call delay(0.25)

            '노트 오프
            midiCmd = &H80
            velocity = 0
            call putQueue(OutputBuffer, midiCmd, 1)
            call putQueue(OutputBuffer, pitch[ note] , 1)
            call putQueue(OutputBuffer, velocity, 1)
        loop
    End Sub
```

미디는 멀티미디어 컴퓨터에서 Max/MSP를 사용하는 경우에도 매우 유용하다. Max/MSP를 가지고 있다면 이미 알고 있는 사실이겠지만 말이다. Max/MSP에서는 미디 메시지를 사용해서 기존의 사운드를 연주하거나 새로운 소리를 만들어 낼 수 있고, 또 비디오나 다른 멀티미디어 이벤트들을 제어할 수도 있다. 미디 프로토콜을 사용하면 Max에 데이터를 보내기가 쉬워지기 때문에, 많은 Max 프로그래머들은 아주 간단한 센서 프로젝트에도 미디를 사용한다.

미디는 유서 깊은 공개 프로토콜이다. 미디는 매우 널리 채택되고 있으며, 미디 장비 간에는 일관성이 튼튼하게 유지되고 있다. 미디는 그 구조가 유연하여 악기와는 아무런 관계가 없는 용도에도 활용되고 있다. 여기에서 소개한 것들은 미디로 할 수 있는 일 중에서 빙산의 일각에 불과하다. 이만큼을 접하고도 마음 설레는 당신이라면, 앞에는 아직 드넓은 미지의 세계가 펼쳐져 있는 것이다.

7. 인터넷에 연결하기

웹 페이지에서 가상의 공을 던져서 실제의 사람을 실제의 물통 안에 빠뜨리고 싶은가. 온 세상 사람들이 인터넷을 통해 당신이 만든 위대한 새로운 전자 악기로 같이 잼jam 연주를 즐기도록 하고 싶은가. 기존의 네트워크를 이용해서(심지어는 무선으로) 빌딩 로비에 있는 마이크로컨트롤러로부터 사무실에 있는 컴퓨터로 데이터를 받아오고 싶은가. 또는 인터넷 프로그래밍을 통해 플래시 액션스크립트처럼 시리얼 포트를 지원하지 않는 언어로도 마이크로컨트롤러에서 컴퓨터로 데이터를 가져오고 싶은가. 이처럼 마이크로컨트롤러를 인터넷에 연결하려면, 중간에서 이들을 연결해 주는 디바이스가 필요하다(적어도 현재로서는 그렇다).

인터넷에 연결하기 위한 중간 디바이스로 멀티미디어 컴퓨터를 사용할 수도 있다. 이를 위해서는 멀티미디어 컴퓨터에서 실행되는 소프트웨어와 마이크로컨트롤러가 7장에서 했던 것처럼 시리얼 통신으로 모든 정보를 서로 주고받아야 한다. 그 다음부터는 멀티미디어 컴퓨터에서 실행되는 소프트웨어가 인터넷과의 모든 연결을 수행해 주게 된다. 이것이 가능하기 위해서는 우선 사용하고 있는 멀티미디어 프로그램을 인터넷과 연결할 수 있어야 할 것이다. 소프트웨어가 웹 페이지 상에서 동작하는 경우에는 시리얼 포트나 인터넷과 연결을 함에 있어서 보안상의 제약사항들을 해결해 나가야 할 것이다. 고작 한 프로토콜에서 다른 프로토콜로 바이트들을 옮기는 것처럼 간단한 일에 거창하게 멀티미디어 컴퓨터를 사용한다는 것은 지나치다고 느껴질 수도 있다. 하지만 이미 멀티미디어 컴퓨터를 가지고 있으며 그 사용에 익숙하다면, 프로토타이핑의 세계에서 때로는 빠르고 편리한 방법이 최고일 수도 있다는 점을 상기해 보는 것도 괜찮겠다.

인터넷에서 디바이스 간의 통신은 여러 프로토콜이 층층이 쌓인 결과로 이루어지게 된다. 가장 아랫단에는 물리적인 연결과 전기적인 연결을 정의하는 프로토콜들이 존재하는데, 그 내용은 다른 시리얼 프로토콜들에서 설명한 바와 유사하다. 이를 네트워크 통신 모델[4]의 *물리적 층위*layer라고 부른다. 그 윗단에는 LAN(Local Area Network)에 연결된 컴퓨터들이 서로를 고유하게 식별하기 위한 방법을 정의하는 프로토콜들이 존재한다. 집이나 사무실에서 케이블 모뎀이나 DSL로 LAN에 접속한다면 아마도 *이더넷*Ethernet을 사용하고 있을 가능성이 크다. 모뎀으로 접속하는 경우에는 *점 대 점 프로토콜*(Point-to-Point Protocol, PPP)이 사용된다. 이 프로토콜들은 *데이터링크*datalink 층위라는 곳에 속한다.

한 지역 안의 컴퓨터들이 서로 이야기할 수 있게 되었으면, 다음에는 인터넷의 다른 지역에 있는 컴퓨터들이 그들을 찾아올 수 있는 주소가 필요하다. 이 일을 해주는 것이 *인터넷 프로토콜*(Internet Protocol, IP)이다. 이를 네트워크 층위라고 한다. 다음으로는 많은 양의 데이터를 오랜 시간에 걸쳐 주고받고자 하는 것인지 아니면 작은 양의 데이터를 가능한 한 짧은 시간 안에 주고받고자 하는 것인지를 결정해야 한다. 전자의 경우는 *TCP*(Transmission Control Protocol)를 사용하고 후자의 경우는 *UDP*(Universal Datagram Protocol)를 사용한다. 이를 *트랜스포트*transport 층위라고 한다.

마지막으로, 특정 어플리케이션을 위한 정보의 형식들을 정의하는 프로토콜들의 층위가 있다. 예를 들면, 파일을 전송할 때는 *FTP*(File Transfer Protocol)를 사용하고 웹에서 HTML 문서들을 볼 때는 *HTTP*(Hypertext Transfer Protocol)를 사용하며 e메일을 읽을 때는 *SMTP*(Simple Mail Transfer Protocol)를 사용하는 것이다. 이들은 모두 TCP에 기반한다. TCP는 스스로 오류를 체크하면서 동작하도록 되어 있어 그 속도가 UDP보다 느리지만 더 안정적이다. 한편, 리얼미디어나 윈도우즈 미디어나 퀵타임으로 스트리밍 비디오를 보거나 음악을 들은 적이 있을 것이다. 이들은 *리얼타임 스트리밍 프로토콜*(Realtime Streaming Protocol, RTSP)처럼 UDP에 기반하는 프로토콜들을 이용한다. 비디오 스트리밍 도중에 간혹 영상이 튀는 것을 보게 되는데, 이는 전송 도중에 바이트가 손실되어서 나타나는 현상이다. 이러한 것이 UDP를 통해 빠른 전송속도를 얻는 대가로 생기는 단점이라고 하겠다. 사실 이 마지막 층위 안에는 다시 몇 개의 층위가 결합되어 있지만, 여기에서

4) 이러한 다층위 구조의 개념은 인터넷 네트워크 프로토콜의 근간을 이루는 OSI(Open Systems Interconnection)라는 네트워크 모델을 기반으로 한 것이다. 여기에서는 우리의 목적에 맞도록 하느라고 약간 단순화했다.

는 이를 간단히 어플리케이션 층위라고 통칭하기로 한다. **그림 12-4**는 이 모든 프로토콜들 사이의 상호 관계의 얼개를 보여 준다.

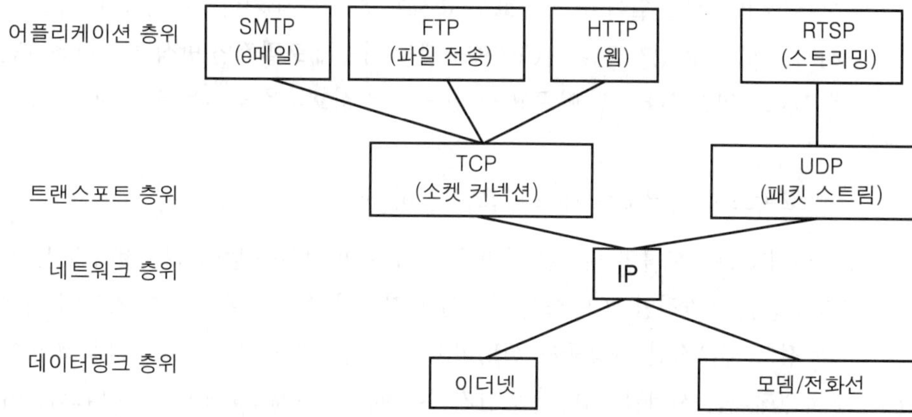

그림 12-4 사용자와 웹 사이에 존재하는 프로토콜들

인터넷과 마이크로컨트롤러 사이를 이어주는 중간다리 역할을 하도록 디자인된 디바이스들로는 여러 가지가 있다. 이 가운데 어느 것을 사용할 것인가 하는 것은 정확히 어떠한 인터넷 연결이 필요한가에 따라 결정될 수 있다. 데이터 전송이 가끔씩만 일어나며 그것도 언제나 어느 한 쪽에 의해서만 시작된다면 HTTP 연결이 적당할 것이다. 이 접속에서는 컴퓨터들이 그저 웹페이지에서 파일들을 다운로드할 수 있을 정도의 짧은 시간 동안만 서로 정보교환을 하게 된다. 웹 프로그래밍을 해본 경험이 있다면 HTTP 연결의 GET과 POST 메소드에 대해 알고 있을 것이다. 넷미디어NetMedia(http://www.siteplayer.com)의 사이트플레이어SitePlayer 모듈은 마이크로컨트롤러에 연결하기 위한 웹 서버이다. 이를 사용하면 마이크로컨트롤러가 인터넷에서 GET 명령을 받아서 정보를 회답해 줄 수 있다. 웹 페이지처럼 언제나 한 쪽에서만 접속을 시도하며 그것도 몇 분에 한 번이나 심지어는 며칠에 한 번 정도로 드문드문 일어나는 경우에는 HTTP 연결이 적합하다. 이를테면 사무실에서 웹 페이지를 통해 집에 있는 고양이 장난감을 가끔 흔들어 주고 싶다면 이 방법이 적당하겠다.

반면에 채팅이나 인스턴트 메시징, 또는 게임처럼 타이밍이 좀더 중요한 경우에는 지속적인 TCP 소켓 커넥션이 필요할 것이다[5]. HTTP 연결은 TCP 소켓을 통해 이루어지는

5) 지속적인 소켓이 타이밍이 중요한 통신을 하기에 더 낫다는 이유에서 이를 *동기*synchronous *커넥션*이라고 부르는 경우도 있다. 시리얼 통신의 관점에서 보면 사실 이들도 비동기asynchronous 커넥션이기는 마찬가지다. 이 경우에 동기라는 말은 커넥션의 양쪽 모두에 사람이 동시에 존재해야 함을 뜻하는 것이다.

데, 이 소켓은 매번 HTTP 요청이 완료될 때마다 닫혀지게 된다. 인터넷으로 채팅을 하거나 집에 있는 고양이와 공놀이를 하려고 할 때, 매번 소켓을 열고 닫는다는 것은 번거로운 일이 된다. 소켓을 열린 채로 두면 이러한 문제를 피할 수 있다. 더 나아가서 양 방향 모두 TCP 소켓을 열어 두면 새로운 요청이 올 때까지 기다리지 않고도 어느 쪽이든지 메시지를 보낼 수 있게 된다. TCP/IP 소켓을 이렇게 포괄적인 방식으로 사용하면 결과적으로 HTTP 연결보다 훨씬 빠르고 더 심도 깊은 상호작용을 얻을 수 있다.

■ 코박스 마이크로로 네트워크 연결하기

인터넷 프로토콜의 세세한 사항들은 이 책의 범위를 넘어가는 것이지만, 앞서 설명한 것과 같은 포괄적인 TCP 소켓 커넥션을 만들어 주는 디바이스 한 가지에 대해서만은 어느 정도 세부적인 사항들을 설명하고자 한다. 랜트로닉스Lantronix의 코박스 마이크로CoBox Micro는 시리얼-이더넷 변환기이다(http://www.lantronix.com). 코박스는 이더넷을 통해 TCP/IP로 인터넷에 연결되며, 다른 컴퓨터와 서로 TCP 소켓 커넥션을 이룰 수 있다. 일단 소켓 커넥션이 이루어지고 나면, 코박스와 다른 컴퓨터 간에 오고 가는 모든 데이터는 시리얼 포트로도 동시에 전송된다. 이제 여기에 익히 알고 있는 시리얼 통신의 방법들을 적용하면 마이크로컨트롤러를 인터넷에 연결할 수 있게 되는 것이다.

NOTE

이후의 내용에서는 IP 주소 부여하기 등 인터넷의 기초적인 사항들에 대해 알고 있다는 가정 하에 설명하고 있다. 만일 너무 어렵게 느껴진다면 먼저 인터넷 프로토콜과 그 설정에 관한 기본적인 책을 한 권 읽어 보는 것이 좋겠다.

코박스 마이크로는 별도로 구매할 수 있는 랜트로닉스의 통합 키트(Embedded Integration Kit, EIK)와 함께 사용할 수도 있고 그 단독으로만 사용할 수도 있다. 코박스 마이크로의 커넥터에는 12개의 핀이 있는데 그들의 역할은 **표 12-2**와 같다.

표 12-2 코박스 마이크로의 핀 구성

핀1	+5VDC
핀2	그라운드
핀3	RX 채널1
핀4	TX 채널2
핀5	CTS 채널1
핀6	DCD 채널1
핀7	RTS 포트1
핀8	DTR 채널1
핀9	비어 있음
핀10	리셋(액티브 로우)
핀11	비어 있음
핀12	비어 있음

우리는 예제에서 TX, RX, 그라운드, 그리고 리셋만 사용할 것이다. **그림 12-5**는 핀들이 실제로 어떻게 배열되어 있는지를 보여 준다.

그림 12-5 코박스 마이크로의 핀 배열

코박스 마이크로를 회로에 연결할 때, 브레드보드를 사용하는 경우에는 **그림 12-6**처럼 IDC 타입 커넥터와 리본ribbon 케이블을 이용하는 것이 가장 쉽다. 이 케이블을 만드는 데는 **표 12-3**과 같은 부품들이 필요하다. 이 부품들은 여러 온라인 상점에서 구할 수 있는데, **표 12-3**에서는 편의상 제임코Jameco의 파트 넘버를 소개했다.

표 12-3 코박스 마이크로를 위한 커넥터 케이블을 만드는 데 필요한 부품들

파트넘버	부품명	설명
42657	IDC 커넥터, DIP 플러그, 14핀*	리본 케이블을 브레드보드에 연결하는 데 사용한다
153947	IDC 커넥터, 14핀 소켓*	코박스 마이크로를 리본 케이블에 연결하는 데 사용한다
105671	28AWG 16선 무지개색 리본 케이블	모든 것을 서로 연결한다
73251	IDC 크림프 툴crimp tool	커넥터를 케이블에 물릴 때 사용하는 도구. 일반 플라이어로도 가능하기는 하나 매우 어렵고, 커넥터를 부러뜨리게 될 확률이 높다.
49040	7404 헥스 인버터	신호의 수준을 적절하게 맞추어 준다

* 처음에는 커넥터를 부러뜨리기 쉬우니 여분으로 몇 개 더 구입해 두도록 하자.

코박스 마이크로가 TTL 시리얼 통신을 사용하기는 하지만, 우리의 경험으로는 헥스 인버터를 사용해서 코박스 마이크로와 마이크로컨트롤러 사이에 신호의 수준을 맞추어 주는 편이 좋다. 사실 초기설정과 디버깅을 위해 코박스 마이크로를 멀티미디어 컴퓨터의 시리얼 포트에 연결하려면 어차피 헥스 인버터가 필요하게 되니, 필요한 회로를 미리 만들어 두는 것이 편리하겠다. **그림 12-6**에 회로도와 배선 방법을 보였다.

코박스 마이크로에 전원을 연결한 다음에 제일 먼저 할 일은 시리얼 포트와 인터넷 연결을 설정하는 것이다. 이를 위해서는 **그림 12-6**처럼 모듈의 시리얼 포트를 헥스 인버터를 통해 멀티미디어 컴퓨터에 연결한 다음에 9600bps, 데이터 비트 8, 패리티 없음, 정지 비트 1로 터미널 프로그램을 열도록 하자(9600, 8-N-1).

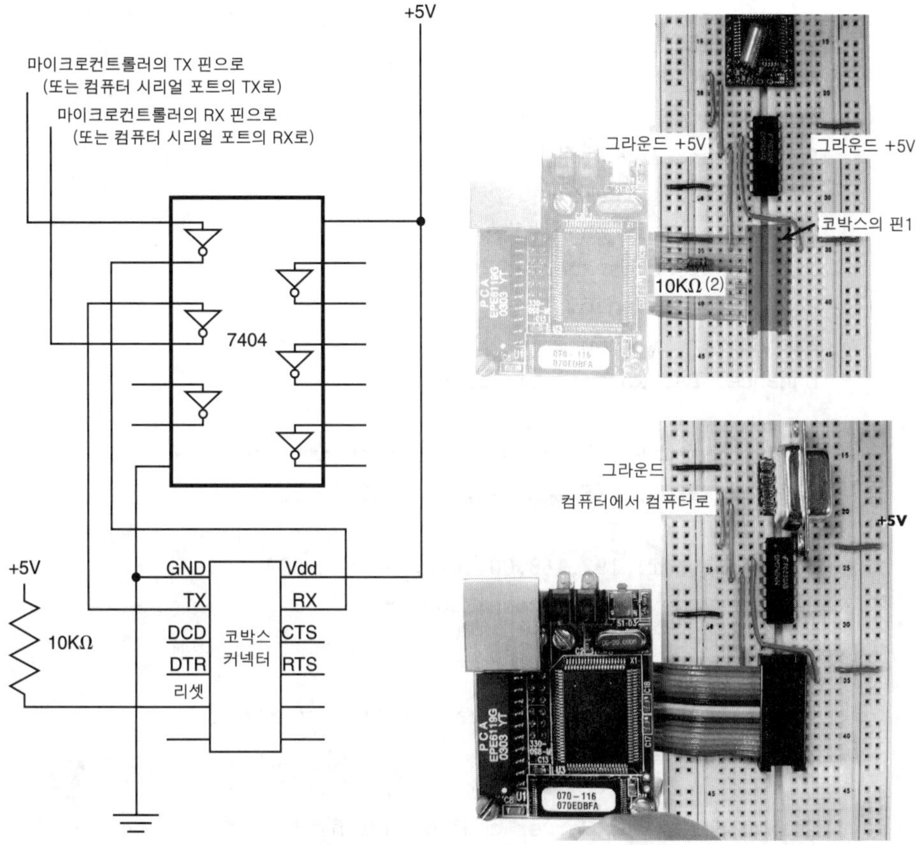

그림 12-6 코박스 마이크로 연결하기.
오른편 위의 사진은 리본 케이블 아래에 있는 연결들을 보여준다.
오른편 아래의 사진은 시리얼 케이블과의 연결을 보여 준다.

시리얼 연결이 되고 나면 컴퓨터의 X키를 누른 상태에서 코박스 마이크로의 리셋 버튼을 누른다. 아래와 같은 메시지가 나올 것이다. 여기에서 엔터 키를 누르면 다음과 같은 설정 메뉴가 나올 것이다.

```
*** Lantronix Universal Device Server ***
Serial Number 6602000 MAC address 00:20:4A:66:07:D3
Software version 04.5 (011025)
Press Enter to go into Setup Mode


*** basic parameters
```

```
Hardware: Ethernet Autodetect
IP addr 192.168.000.010, gateway 192.168.000.001,netmask
255.255.255.000

***************** Security *****************
SNMP is enabled
SNMP Community Name:
Telnet Setup is enabled
TFTP Download is enabled
Port 77FEh is enabled
Web Server is enabled
Enhanced Password is disabled

***************** Channel 1 *****************
Baudrate 9600, I/F Mode 4C, Flow 00
Port 10001
Remote IP Adr: 192.168.001.023, Port 10002
Connect Mode : D4 Disconn Mode: 80
Flush Mode : 77

***************** Expert *****************
TCP Keepalive : 0s

Change Setup : 0 Server configuration
1 Channel 1 configuration
5 Expert settings
6 Security
7 Factory defaults
8 Exit without save
9 Save and exit Your choice ?
```

먼저 0을 선택해 인터넷 프로토콜을 설정한다. 다음과 같이 설정하도록 하자.

- ▶ IP 주소 : 네트워크 관리자가 지정해 주는 대로 사용한다
- ▶ 게이트웨이 주소 : 네트워크 관리자가 지정해 주는 대로 사용한다
- ▶ 넷마스크(호스트의 수효를 지정하기 위한 비트의 갯수) : 8 (255.255.255.0과 같다)

다음에는 1을 선택해 시리얼 포트를 설정한다. 다음과 같이 설정하자.

- 보레이트 : 9600
- I/F 모드 : 4C (전송 모드의 비트 수. 자세한 것은 매뉴얼을 참조하라)
- 플로우 : 00
- 포트 넘버 : 10001 (또는 사용하고자 하는 임의의 포트 번호)
- 커넥트 모드 : D4
- 리모트 IP어드레스 : 시작할 때 자동으로 연결하고자 하는 컴퓨터의 주소 (지금 사용하고 있는 멀티미디어 컴퓨터의 네트워크 IP 주소를 적으면 된다)
- 리모트 포트 넘버 : 10002 (다른 숫자를 사용해도 상관은 없다. 아래의 예제에서는 10002를 사용했다)
- 디스커넥트 모드 : 80
- 플러시flush 모드 : 77
- 디스커넥트 타임 : 00:00
- SendChar1 : 00
- SendChar2 : 00

코박스에 인터넷 주소 부여하기

TCP 소켓이 사용하는 주소는 두 부분으로 구성되어 있다. 접속하고자 하는 물리적인 기계 자체를 나타내는 *IP주소*와 해당 기계 안의 소프트웨어 프로세스를 나타내는 *포트*가 그것이다. 포트는 숫자 하나로 정해지는데, 임의로 선택할 수 있다. 하지만 다른 소프트웨어들이 예약해 놓은 포트들과 충돌을 일으키지 않으려면(예를 들면 텔넷은 23, e메일은 25, HTTP는 80을 사용한다) 8000 이상의 숫자를 사용하는 것이 좋다. 우리가 예제에서 10001과 10002를 사용한 것도 이러한 이유에서이다.

IP주소는 약간 더 복잡한데, 일반적으로 네트워크 안에 있는 모든 디바이스에 고유한 주소를 부여하는 것이 원칙이기 때문이다. 마이크로컨트롤러마다 일일이 고유한 IP주소를 부여해 주다 보니 사용 가능한 번호들이 빠른 속도로 고갈되어 가고 있어서, 차세대 인터넷 프로토콜(IPv6)은 지금보다 훨씬 많은 주소들을 제공하도록 계획되어 있다. 하지만 지금으로서는 네트워크 시스템 관리자가 보수적인 사람이 아니기를 바라면서 코박스에 사용할 IP주소를 하나 배정해 달라고 부탁해 보는 수밖에 없다. 게이트웨이 주소 또한 부탁해야 할 것이다.

이 방법이 아니면, 스스로 네트워크를 구성해서 운영하는 방법을 택해야 한다. 코박스를 가정용 라우터router 상에서 설정하고 있다면 스스로가 네트워크 관리자인 셈이다. 라우터의 주소를 게이트웨이 주소로 사용하면 되고, 코박스 마이크로의 IP주소는 그 주소와 같은 범위 안에서 하나를 선택하면 된다. 예를 들어, 라우터의 주소가 192.168.1.1이라면(많은 가정용 라우터의 디폴트가 이렇게 되어 있다) 코박스 마이크로의 주소는 192.168.1.x 범위 안에만 있으면 된다. 가정용 라우터에서는 대개 관리자용 화면을 통해 현재 배정되어 있는 모든 주소들을 볼 수 있다. 네트워크에 있는 컴퓨터들이 사용하고 있지 않은 주소 가운데 하나를 선택하면 된다.

커넥트 모드를 D4 대신에 D5로 설정하면 코박스 마이크로는 앞서 설정한 리모트 어드레스에 자동으로 접속하게 된다. 이 기능은 유용할 수도 있지만, 아래 예제에서는 이를 사용하지 않았다. 환경설정에 대한 더 자세한 내용은 코박스 마이크로의 사용자 매뉴얼을 참조하라.

시리얼 포트의 설정을 마쳤으면 메뉴에서 9를 선택하여 설정을 저장하고 코박스 마이크로를 리셋하자.

시리얼 통신에서와 마찬가지로, 네트워크 통신에서도 통신이 이루어지기 위해서는 두 컴퓨터가 서로 호흡을 맞춰서 대화하는 과정이 필요하다. 현재의 경우, 마이크로컨트롤러에는 코박스 마이크로를 제어하기 위한 코드가 필요하고, 멀티미디어 컴퓨터에는 코박스 마이크로와 연결하기 위한 코드가 필요하다. 하지만 그 전에 우선 터미널 프로그램으로 시리얼-이더넷 연결을 시험해 보아야 한다. **그림 12-6**의 오른쪽 아래 사진처럼 구성해 두었다면 이미 코박스 마이크로와 멀티미디어 컴퓨터의 시리얼 포트 사이의 연결은 되어 있는 것이다. 조금 전에 했던 것처럼 지텀이나 하이퍼터미널을 다시 한 번 여는데, 이번에는 X키를 누르지 않는다. 인터넷에 연결하기 위해서는 텔넷Telnet이라는 프로그램을 사용한다. 텔넷은 그 역사가 메인프레임 컴퓨터 시대까지 거슬러 올라가는 터미널 프로그램으로서, 지텀과 하이퍼터미널도 이를 기반으로 하고 있다. 텔넷은 도스의 명령 프롬프트에서만 사용할 수 있다. 윈도우즈에서 이를 실행하려면 시작 메뉴에서 실행을 선택한 다음에 'telnet'이라 타이핑하고, 뒤이어서 코박스 마이크로의 IP주소와 시리얼 포트에 배정한 포트 번호를 입력한다. 이를테면 다음과 같다.

```
telnet 192.168.1.3 10001
```

매킨토시의 OSX를 사용하고 있는 경우에는, 응용 프로그램 폴더 안의 유틸리티 폴더를 보라. 터미널Terminal이라는 응용 프로그램이 있을 것이다. 이를 실행하고 같은 명령어를 입력하면 된다. 피드백되는 정보는 그리 많지 않다. 윈도우즈에서는 성공하면 비어 있는 창이 열릴 것이고 실패하면 아무 일도 일어나지 않을 것이다. 매킨토시의 터미널 프로그램은 조금 더 친절해서, 연결을 시도하고 있다는 메시지가 나온 후에 성공 여부를 알려 줄 것이다. 연결이 되고 나면 텔넷 윈도우에 'Hello World!'라고 타이핑하고 리턴 키를 쳐 보자. 하이퍼터미널 또는 지텀 윈도우에 타이핑한 내용이 나타나야 한다. 잘 나타난다면, 이번에는 하이퍼터미널이나 지텀 윈도우로 가서 'Hello yourself, you big fat hairy CoBox!'라고 타이핑하고 리턴 키를 쳐 보자. 이번에는 텔넷 윈도우에 그 내용이 나타나야 한다. 마음껏 여러 가지 메시지를 보내고 받으며 즐겨 보자. 다시 한 번 자축파티를 열어 마땅한 시점이다. 다시 계속할 준비가 되었다면, 아래에 멀티미디어 프로그램과 연결하는 방법을 보여 주는 예제가 있다.

이 예제에서 마이크로컨트롤러는 코박스 마이크로로부터 바이트들이 들어오기를 기다린다. 코박스 마이크로는 새로 연결이 이루어지면 아스키 문자 'C'를 보낸다. 연결이 끊어지면 아스키 문자 'D'를 보낸다. 연결이 되어 있지 않으면 매 1초마다 아스키 문자 'N'을 보낸다. 연결이 되어 있는 동안 코박스 마이크로는 원격지에 있는 컴퓨터로부터 들어오고 있는 바이트들을 그대로 전달해 준다. 원격지에 있는 컴퓨터는 코박스에 접속한 후 여러 가지 메시지를 보내어 마이크로컨트롤러의 행동을 제어하게 된다. 숫자 1~8(아스키 코드 49~56)을 받으면 마이크로컨트롤러는 8개 LED 가운데 해당하는 것을 켠다. 숫자 9(아스키 코드 57)를 받으면 마이크로컨트롤러는 아날로그 센서의 값을 전송한다.

마이크로컨트롤러를 위한 슈도코드가 다음과 같다.

```
루프 :
아날로그 센서를 읽는다
    코박스 마이크로에서 바이트가 들어오기를 기다린다
    if 바이트가 "C"이면 다른 컴퓨터가 인터넷으로 코박스에 접속한 것이다
    if 바이트가 "D"나 "N"이면 코박스에 접속한 컴퓨터와 연결이 끊긴 것이다
    if 바이트가 "1"부터 "8" 사이면 LED를 켠다
    if 바이트가 "9"이면
        아날로그 센서의 값을 전송한다
    if의 끝
루프의 끝
```

실제 코드는 다음과 같다.

PBASIC

```
' 시리얼 출력은 6번 핀이다
' 시리얼 입력은 7번 핀이다
' 아날로그 센서는 0번 핀에 있다
' 8번~15번 핀에는 LED가 달려 있다

' 시리얼 포트를 위한 변수와 상수
dataByte var byte
```

```
tx con 6
rx con 7
inv9600 con 16468 'serin2와 serout2의 통신 모드. 9600 8-N-1 역논리.

'카운터로 사용할 변수
i var byte

'아날로그 센서를 위한 변수들
RCvar var word '결과값을 저장할 변수를 만든다
DIRH = %11111111 '핀 8~15를 모두 출력으로 설정한다

Pause 1000 '1초 동안 멈추었다가 시작한다

main:
    'ADC 값을 읽는다
    high 0
    pause 1
    RCtime 0, 1, RCvar

    '들어오는 시리얼 데이터가 있는지를 확인한다
    serin rx, inv9600, [ dataByte]
    gosub checkByte
goto main

checkByte:
    if (dataByte > 48) then
        '1~9의 아스키 코드를 숫자값으로 변환한다
        '이를테면 아스키 "0"은 48이다
        dataByte = dataByte - 48

        '숫자값이 1~8 사이에 있으면 LED를 켠다
        if (dataByte > 0) & (dataByte <= 8) then
            'dcd 명령은 숫자를 받아 한 바이트 안에서 그 자리의 비트만을 1로 만든다
            outH = dcd (databyte - 1)
        endif

        '"9"가 들어오면 ADC 메시지를 보낸다
        if dataByte = 9 then
            serout tx, inv9600, [ "ADC: ", DEC Rcvar, 10, 13]
        endif
    endif
return
```

MBasic

```
' 시리얼 출력은 6번 핀이다
' 시리얼 입력은 7번 핀이다
' 아날로그 센서는 0번 핀에 있다
' 8번~15번 핀에는 LED가 달려 있다

' 시리얼 포트를 위한 변수와 상수
dataByte var byte
tx con 6
rx con 7

' 카운터로 사용할 변수
i var byte

' 아날로그 센서를 위한 변수들
ADCVar var word ' 결과값을 저장할 변수를 만든다
DIRH = %11111111 ' 핀 8~15를 모두 출력으로 설정한다

Pause 1000 ' 1초 동안 멈추었다가 시작한다

main:
    ' ADC 값을 읽는다
    Adin 0, ADCVar
    ' 들어오는 시리얼 데이터가 있는지를 확인한다
    serin rx, N9600, [ dataByte]
    gosub checkByte
goto main

checkByte:
    if (dataByte > 48) then
        ' 1~9의 아스키 코드를 숫자값으로 변환한다
        ' 이를테면 아스키 "0"은 48이다
        dataByte = dataByte - 48

        ' 숫자값이 1~8 사이에 있으면 LED를 켠다
        if (dataByte > 0) & (dataByte <= 8) then
            ' dcd 명령은 숫자를 받아 한 바이트 안에서 그 자리의 비트만을 1로 만든다
            outH = dcd (databyte )
        endif

        ' "9"가 들어오면 ADC 메시지를 보낸다
        if dataByte = 9 then
```

```
            serout tx, N9600, [ "ADC: ", DEC ADCVar, 10, 13]
        endif
    endif
return
```

PicBasic Pro

```
' 시리얼 출력은 RC6 핀이다
' 시리얼 입력은 RC7 핀이다
' 아날로그 센서는 RA0 핀에 있다
' RB0~RB7번 핀에는 LED가 달려 있다

' ADCIN을 위한 파라미터들을 설정한다.
DEFINE ADC_BITS 10 ' 결과값을 저장할 비트의 갯수를 설정한다
DEFINE ADC_CLOCK 3 ' 클록의 종류를 설정한다 (3=rc)
DEFINE ADC_SAMPLEUS 50 ' 샘플링 타임을 마이크로세컨드 단위로 설정한다

' 시리얼 포트를 위한 변수와 상수
dataByte var byte
tx var portc.6
rx var portc.7
inv9600 con 16468 ' serin2와 serout2의 통신 모드. 9600 8-N-1 역논리.

' 카운터로 사용할 변수
i var byte

' ADC를 위한 변수들
ADCvar var word ' 결과값을 저장할 변수를 만든다
TRISA = %11111111 ' PORTA를 모두 입력으로 설정한다
ADCON1 = %10000010 ' PORTA를 아날로그로 설정하고 결과값을 오른쪽 정렬하도록 한다
TRISB = %00000000 ' PORTB의 모든 핀을 출력으로 설정한다

Pause 1000 ' 1초 동안 멈추었다가 시작한다

main:
    ' ADC 값을 읽는다
    adcin 0, ADCvar
    ' 들어오는 시리얼 데이터가 있는지를 확인한다
    serin2 rx, inv9600, [ dataByte]
    gosub checkByte
goto main
```

```
checkByte:
    if dataByte > 48 then
        ' 1~9의 아스키 코드를 숫자값으로 변환한다
        ' 이를테면 아스키 "0"은 48이다
        dataByte = dataByte - 48

        ' 숫자값이 1~8 사이에 있으면 LED를 켠다
        if dataByte > 0 && dataByte <= 8 then
            ' dcd 명령은 숫자를 받아 한 바이트 안에서 그 자리의 비트만을 1로 만든다
            portb = dcd (databyte - 1)
        endif

        ' "9"가 들어오면 ADC 메시지를 보낸다
        if dataByte = 9 then
            serout2 tx, inv9600, [ "ADC: ", DEC ADCVar, 10, 13]
        endif
    endif
return
```

BX-Basic

```
' 시리얼 출력은 11번 핀이다
' 시리얼 입력은 12번 핀이다
' 13번~19번 핀에는 LED가 달려 있다 (BX-24에서는 8개가 아니라 7개만 사용한다)
' ADC는 20번 핀에 있다
' ADC가 8번째 LED가 들어갈 자리를 차지했다
' 메모리 안에 입력 버퍼와 출력 버퍼를 설정한다
dim outputBuffer(1 To 50) as byte
dim inputBuffer(1 To 20) as byte

' 들어오는 시리얼 데이터를 다루는 데 사용할 변수들
dim gotaByte as boolean
dim dataByte as byte
dim dataValue as byte

' 코박스를 통해 출력하는 데 사용할 문자열들
dim sendString as String
dim connectString as String

' ADC를 다루는 데 사용할 변수들
dim adcval as integer
dim byteval as byte
```

```
' 시리얼 포트와 ADC를 위한 상수들
const serOutPin as byte = 11
const serInPin as byte = 12

Sub main()
    call delay(1.0) ' 0.5초간 멈추었다가 시작한다

    ' 시리얼 포트를 설정한다
    call defineCom3(serInPin, serOutPin, bx1000_1000)

    ' 입력 버퍼와 출력 버퍼를 연다
    call openQueue(outputBuffer, 50)
    call openQueue(inputBuffer, 20)
    call openCom(3, 9600, inputBuffer, outputBuffer)

        ' 메인 루프
        do
            ' 20번 핀으로부터 ADC의 값을 읽어서 바이트로 변환한다
            adcval = getADC(20)
            byteval = cByte(adcVal  \ 4)

            ' 들어오는 시리얼 데이터가 있는지를 확인한다
            call serialCheck()
        loop
End Sub

sub serialCheck()
    ' 큐에 무언가 내용이 있는지를 확인한다
    gotaByte = statusQueue(inputBuffer)

    ' 입력 버퍼에 데이터가 있다면 그 첫번째 바이트를 가져온다
    if (gotaByte = true) then
    ' 데이터가 있다. 읽어들인다.
    call getQueue(inputBuffer, dataByte, 1)

    ' 시리얼 데이터에 대응하는 일들을 한다
    call checkByte()
    end If
end sub

sub checkByte()
```

```
        dim i as byte ' for-next 카운터로 사용할 지역변수

        ' 0~9의 아스키 코드를 숫자값으로 변환한다
        ' 이를테면 아스키 "0"은 48이다
        dataValue = dataByte - 48

        ' 핀들을 따라 반복하면서 켤 것은 켜고 끌 것은 끈다
        for i = 13 to 19
            if dataValue + 12 = i then
                call putPin(i,1)
            else
                call putPin(i,0)
            end if
        next

        ' "9"가 들어오면 ADC 메시지를 보낸다
        if dataValue = 9 then
            call sendADCVal()
        end if

    end sub

    sub sendADCval()
        ' 끝에 ADC 값이 붙어 있는 메시지를 만든다
        sendString = "ADC" & cstr(byteVal) & chr(10) & chr(13)
        call putQueueStr(outputBuffer, sendString)
    end sub
```

한편 멀티미디어 컴퓨터에서는, 우선 프로그램을 시작할 때 인터넷을 통해 코박스 마이크로와 연결한다. 그 다음에는 키보드에서 1~9의 키가 눌려질 때마다 그 값을 코박스 마이크로를 통해 마이크로컨트롤러로 보낸다. 수신되는 내용이 있으면 스크린에 나타낸다. 아래에 멀티유저 엑스트라를 이용한 디렉터MX 코드와 프로세싱 코드를 실었다. 자바 코드는 생략하지만, 자바에 익숙한 사람이라면 프로세싱 코드가 자바와 거의 똑같음을 알 수 있을 것이다. 사실 이 예제는 프로세싱의 네트워크 라이브러리가 아니라 자바의 네트워크 클래스들을 이용하고 있다. Max/MSP에도 인터넷 연결을 위한 오브젝트들이 많이 있는데, 여기에서 다 설명하기에는 분량이 넘친다.

■ 링고를 사용한 네트워크 연결

이 예제에서는 디렉터의 멀티유저 엑스트라를 사용한다. 최근에는 매크로미디어가 인터넷 통신을 하려는 사람들에게 플래시 통신 엑스트라를 권장하는 경향이 있지만, 이 엑스트라는 지금 우리들이 하려고 하는 P2P(Peer–to–Peer) 연결에 사용하기에는 좀 불편하다. 멀티유저 엑스트라는 디렉터 설치 CD의 goodies 디렉토리 안에서 찾을 수 있다. 디렉터를 실행하기 전에 이를 Xtras 폴더 안에 복사해 넣도록 하자.

이 예제에서는 4개의 텍스트 필드를 사용한다. server, status, infield, outfield라 이름 붙였다. server와 outfield는 편집할 수 있는 필드들이고 나머지는 그렇지 않다. 그리고 두 개의 버튼이 있다. 소켓 시작/정지 버튼과 메시지 송신 버튼이다. 코드를 가지고 있는 캐스트 멤버의 이름은 'Main Movie Script' 이다. 모든 버튼과 필드들은 하나의 프레임 안에 있으며, **그림 12-7**처럼 배치된다.

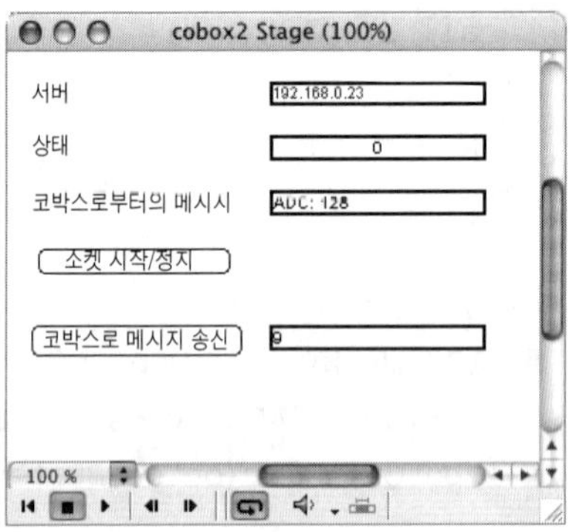

그림 12-7 소켓 커넥션을 위한 디렉터 무비의 인터페이스

이 무비는 시작과 함께 server 필드에 있는 IP주소로 접속을 시도한다. 무비를 실행하기 전에 코박스 마이크로의 주소를 입력해 두자. 무비가 실행되고 있는 동안 1~9 사이의 숫자를 outfield에 타이핑하고 송신 버튼을 클릭한 다음, 코박스 마이크로에 어떤 일이 생기는지 보자.

main movie script에는 다음 코드가 들어간다.

```
-- 멀티유저 엑스트라를 이용한 코박스 마이크로의 소켓 커넥션
-- (주의 : 멀티유저 엑스트라는 이용하지만, 멀티유저 서버 그 자체는 이용하지 않는다)

global socketObj -- 엑스트라의 인스턴스를 저장할 변수

on startmovie
   startSocket
end

on startSocket
   -- "server" 필드에서 IP주소를 읽어서 가져온다
   coboxAddress = member("server").text

   -- 멀티유저 엑스트라를 연다
   socketObj = new(xtra "Multiuser")

   -- 수신되는 메시지를 처리할 핸들러의 이름과 그 핸들러를 가지고 있는 스크립트의 이름을 엑스트라에게
      알려 준다
   socketObj.setNetMessageHandler(#MessageFromXtra, script "main movie
   script")

   -- 소켓 커넥션을 연다
   err = socketObj.connectToNetServer("Blank",
   "Blank",coboxAddress,10001,"Blank",1)

   -- 엑스트라가 돌려주는 메시지를 보여 준다
   member("status").text = string(err)
end

on stopSocket
   SocketObj = 0
end

on MessageFromXtra
   -- 소켓으로부터 들어오는 메시지가 있다면 이 핸들러가 실행된다

   netMsg = socketObj.getNetMessage()
   errCode = netMsg.errorCode

   if (errCode = 0) then
   senderID = netMsg.senderID
```

```
    subject = netMsg.subject
    messageList = netMsg.content

    -- 메시지가 비어 있지 않다면 그 메시지를 처리한다

    if not voidp(messageList) then

        member("infield").text = messagelist
    end if
    else
        -- 에러를 처리할 것이 있으면 이 자리에서 처리하도록 하자
    end if

end

on exitFrame
    go the frame
end

on sendSomething someString
        -- 문자열을 소켓으로 내보낸다
        themsg = someString
        socketObj.SendNetMessage( "Blank", "Blank", themsg)
end
```

송신 버튼의 스프라이트 스크립트에는 다음 코드가 들어간다.

```
on mouseUp me
    -- "outfield" 필드의 내용을 소켓으로 내보낸다
    sendSomething member("outfield").text
end
```

접속 버튼의 스프라이트 스크립트에는 다음 코드가 들어간다.

```
global socketObj
on mouseUp me
    if objectP(socketObj) then
    stopsocket
    else
    startsocket
    end if
end
```

■ 프로세싱을 사용한 네트워크 연결

프로세싱 예제는 디렉터 예제와 비슷하다. 프로그램을 실행하면 코박스 마이크로와 접속을 시도한다. 접속이 이루어지면 키보드를 누를 때마다 그것을 코박스 마이크로에 전송하고 스크린에 아스키 코드값을 나타내 준다. 코박스 마이크로로부터 들어오는 내용이 있으면 스크린에 보여 준다. 프로그램을 시작할 때 현재의 연결 상태도 표시해 준다.

```
/*
socket_to_Cobox
코박스 마이크로와 연결한 다음 키보드로 타이핑할 때마다 그 아스키 값을 전송한다. 또한 코박스 마이크로로부터 들
어오는 모든 메시지들을 표시해 준다.
*/

// 소켓 커넥션을 위한 변수들
Socket coboxSocket = null;
BufferedReaderr netInput = null; // 코박스로부터 텍스트를 읽어들이는 데 사용한다
String netString = “”; // netInput을 문자열로 변환한다
String coboxAddress = “192.168.1.23”; // 코박스의 IP주소를 적어 넣자
PrintWriter remote = null; // 코박스로 텍스트를 전송하는 데 사용한다
int remotePort = 10001; // 코박스의 수신 포트를 적어 넣자
boolean isConnected = false; // 연결이 잘 이루어 졌는지의 여부를 나타낸다

//키보드 입력과 화면 출력에 사용할 변수들:
String inputString = “Hello”; // 키보드의 입력 내용
String displayString = “”;
BFont metaBold; // 사용할 폰트

void setup()
{
    // “Meta-Bold.vlw.gz” 폰트가 이 스케치의 데이터 디렉토리 안에 있어야 한다
    size(400, 300);
    background(0,0,64);
    metaBold = loadFont(“Meta-Bold.vlw.gz”);
    textFont(metaBold, 18);
    text(inputString, 20, 50);
    displayString = “Trying to connect to ” + coboxAddress;
    text(displayString, 20, 100);
}
```

```
void loop ()
{
    // 코박스에 접속한다. 성공할 때까지 매초 한 번씩 계속해서 시도한다.
    while (isConnected == false) {
        isConnected = connectToCobox();
        try { Thread.sleep(1000); } catch (InterruptedException
        interrupted) { }
    }
    try {
        // 스크린을 업데이트한다
        background(0,0,64);

        // 키보드에서 입력되는 내용을 업데이트한다
        text(inputString, 20, 50);

        // 접속이 되었으면 인터넷으로 수신한 내용을 업데이트한다
        if (isConnected == true) {
            if (netInput.ready() == true) {
                netString = netInput.readLine();
            }
        }

        // netString이 두 바이트를 넘으면 화면에 나타낸다
            if (netString.length() > 2 ) {
                displayString = netString;
        }
        text(displayString, 20, 100);
    } catch (IOException e) { println(e);}
}

boolean connectToCobox()
{
    // 접속 여부를 나타내기 위한 깃발flag변수.
    // 접속 시도가 실패하면 false를 돌려 준다.
    boolean gotConnected = flase;
    try {
        // 코박스 마이크로로 소켓을 연다
        coboxCocket = new Socket(coboxAddress, remotePort);
        // 접속이 이루어지면 사용자에게 그 사실을 알린다
        netString = "Connection accepted";
```

```
        // 코박스로부터 데이터를 받을 때 사용할 bufferedReader를 설정한다
        netInput = new BufferedReader(new InputStreamReader(coboxSocket.
        getInputStream()));

        // 코박스로 데이터를 보낼 때 사용할 printWriter를 설정한다
        remote = new PrintWriter(coboxSocket.getOutputStream()));
        remote.flush();

        // 현재의 연결 상태를 업데이트한다:
        gotConnected = true;
    } catch(IOException e) { netString = "Status: " + e;}
    return gotConnected;
}

void keyPressed()
{
    int keyValue = Integer.parseInt("" + key);
    // 화면에 나타나는 메시지를 업데이트한다
    inputString = "ASCII value entered: " + key;

    // 코박스에 연결 되었다면 키보드로 입력한 내용을 코박스로 전송한다
    if (isConnected == true) {
        remote.write(keyValue);
        remote.flush();
    }
}
```


8. 모뎀을 통해 전화선으로 연결하기

모뎀은 전화선을 통해 데이터 통신을 할 수 있도록 해준다. 모뎀에는 시리얼 포트가 있어서 마이크로컨트롤러와 연결할 수 있다. 마이크로컨트롤러는 이렇게 연결된 모뎀을 통해서 전화선 저편에 있는 다른 컴퓨터의 모뎀과 연결하게 된다. 모뎀은 디지털 데이터를 오디오 톤tone으로 변환하고 그것을 다시 데이터로 재변환하는 과정을 모두 처리해 준다. 데이터를 전화선에 실을 수 있도록 *변조modulate*하고 나중에 이를 다시 *복조demodulate*해 주는 것이다. 모뎀은 또한 전화를 걸고 끊는 일도 대신해 준다. 전화를 걸 때 필요한 톤을 만드는 기능도 가지고 있다. 회로 기판에 연결할 수 있는 모뎀 모듈들이 시중에 나와 있는데, 예를 들면 패러랙스에서 판매하는 서미텍Cermetek 모뎀이 있다

(http://www.cermetek.com을 통해 제조회사로부터 직접 구입할 수도 있다). 하지만 굳이 이러한 제품이 아니라도 모뎀이기만 하면 대부분 잘 될 것이다. 마이크로컨트롤러는 보통 그리 많은 양의 데이터를 보내지 않으므로, 심지어 사양이 낡아서 더이상 사용하지 않는 저속도 모뎀으로도 충분할 것이다. 모뎀은 터치 톤을 만들 수는 있지만 역으로 그것을 데이터화하지는 못하며, 또한 한 전화선상에서 음성 통신과 데이터 통신을 동시에 지원하지 않는 경우가 대부분이다. 이러한 문제를 해결해야 한다면 전화선 인터페이스를 스스로 만들어야 할 것이다. 그 방법은 13장 '소리와 빛 제어하기' 에서 설명한다.

모뎀과 연결하는 방법은 여타 시리얼 디바이스에서와 다를 바 없다. 마이크로컨트롤러의 시리얼 수신 핀을 모뎀의 송신 핀에 연결하고 그 반대도 같은 방식으로 연결하면 된다. 모뎀에서의 통신은 데이터 모드와 명령어 모드의 두 가지로 나뉜다. 데이터 모드에서는 모뎀으로 보낸 바이트들이 모뎀을 통해 전화선을 거쳐서 상대편으로 전달된다. 명령어 모드에서는 모뎀으로 보낸 바이트들이 모뎀을 설정하거나 전화를 걸거나 끊도록 하는 등의 명령어로 사용된다. 모뎀을 제어하는 명령어들은 헤이스$_{\text{Hayes}}$ AT 프로토콜을 사용한다. 모든 명령어는 아스키 값으로 코딩되어야 한다. 즉, 이를테면 새로운 연결을 할 때에 접속하고자 하는 주소를 날 값 그대로 보내는 것이 아니라 아스키 문자열로 만들어서 보내 주어야 한다는 것이다. 모든 명령은 AT(아스키 값 65와 84)로 시작해서 캐리지리턴(아스키 값 13)으로 끝난다.

전화를 걸기 위해서는 ATDT 뒤에 상대방 전화번호를 아스키 값으로 코딩해서 보낸다. 이를테면 다음과 같다.

```
ATDT12125551212, CR
```

전화를 끊을 때는 다음과 같이 하며

```
ATH0, CR
```

전화가 왔을 때 벨소리가 1번 울리고 자동 응답 모드로 넘어가게 하려면 다음과 같이 한다.

```
ATS0=1, CR
```

표 12-4 자주 쓰이는 AT 명령어들

명령어	하는 일
+++	데이터 모드에서 명령어 모드로 전환하기 위한 이스케이프 시퀀스escape sequence.
,	이를테면 번호를 누른 다음에 신호음이 나올 때까지 기다릴 때처럼, 때로는 잠시 기다릴 필요가 생긴다. 이럴 때 쉼표를 사용하면 2초 동안 멈추어 기다릴 수 있다. 예를 들어 ATDT9,12125551212〈CR〉과 같이 하면 9를 누르고 2초 동안 기다린 다음에 나머지 번호들을 다이얼하게 된다. 사무실에서 외부로 전화를 걸 때에 먼저 9를 눌러야 한다면 이 방법을 사용하면 되겠다.
A/	바로 이전의 명령을 되풀이한다. 앞에 AT가 붙거나 뒤에 〈CR〉이 붙으면 작동하지 않는다.
ATA	모뎀을 응답 모드로 설정한다. 즉, 걸려오는 전화를 모뎀이 받도록 한다.
ATDL	마지막으로 전화했던 번호로 재다이얼한다.
ATDP	펄스 방식으로 전화를 건다(사용하는 전화선이 터치톤 서비스를 지원하지 않는 경우에 사용한다. 이제는 그다지 사용되지 않는다).
ATDT	톤 방식으로 전화를 건다.
ATDW	다이얼 톤이 있을 때까지 대기했다가 전화를 건다.
ATD,	전화를 걸기 전에 기다린다.
ATH0	전화를 끊는다.
ATH1	연결을 열지만 전화를 걸지는 않는다(수화기를 집어 드는 동작과 같다).
ATI0	모뎀의 모델명과 속도를 알려 준다. 모뎀을 고물창고에서 발굴해 왔을 경우에 유용하다.
ATI6	현재의 데이터 연결 상황에 관한 상세한 정보를 준다.
ATI7	모뎀의 제조회사와 해당 모델에 관한 정보를 준다. 모뎀을 고물창고에서 발굴해 왔을 경우에 유용하다.
ATL0	스피커의 음량을 0으로 한다.
ATL1	스피커의 음량을 작게 한다.
ATL2	스피커의 음량을 중간으로 한다.
ATL3	스피커의 음량을 크게 한다.
ATM0	스피커를 사용하지 않는다.
ATM1	연결이 이루어질 때까지만 스피커를 켠다.
ATM2	언제나 스피커를 켠다.
ATM3	전화를 건 다음에 스피커를 켜고, 연결이 이루어지면 다시 끈다.
ATSn	특수 용도의 레지스터를 설정한다. 예를 들면 S0는 자동 응답시의 전화벨 횟수를 설정한다.
ATZ	모뎀의 디폴트 설정으로 되돌아간다.

모뎀이 벨소리를 들으면 자동으로 연결한 다음 사용자에게 "?" 문자를 보내게 된다. 데이터 모드에서 명령어 모드로 전환하려면 +++ 문자열을 보내면 된다. 일단 기본 연결이 이루어지고 나면 그 다음부터는 별다른 명령어를 내리지 않아도 여느 시리얼 방식에 따라 컴퓨터 간에 통신이 이루어지게 된다.

가장 많이 쓰이는 AT 명령어들을 **표 12-4**에 정리하였다.

9. 특수 용도의 IC와 모듈들

지금까지 이 장에서는 마이크로컨트롤러를 내장하고 있어서 다른 디바이스에 연결되지 않고도 독립적으로 기능할 수 있는 디바이스들을 다루어 왔다. 이보다 간단한 디바이스로서 독립적으로 작동하지 못하는 IC칩과 모듈들 또한 존재한다. 이들 가운데는 간단하게 IC칩 하나로 되어 있는 제품도 있고 필요한 회로와 함께 인쇄 기판에 장착되어 있는 모듈 형태의 제품도 있다. 시중에는 피지컬 컴퓨팅의 문제들을 해결해 줄 수 있는 모듈과 IC가 그야말로 무수히 많이 나와 있다. 센서나 모터에 쉽게 연결할 수 있도록 도와주는 제품도 있고, 하나의 칩으로 아주 많은 입력이나 아주 많은 출력을 해결할 수 있도록 해주는 제품도 있다. 타이밍 문제를 해결할 수 있는 방법이 있고, 신호를 증폭시키기 위한 방법도 있으며, 특정한 신호를 만들어 내기 위한 방법들도 존재한다.

어떤 모듈이나 IC를 사용하든, 그것이 자신에게 적합한 제품인지를 판단하기 위해서는 확인해 보아야 할 사항들이 있게 마련이다. 필요한 대부분의 정보는 디바이스의 *데이터시트*datasheet를 통해 얻을 수 있다. 데이터시트에는 칩의 모든 사양specification이 실려 있고 동작 방식과 사용하는 방법도 설명되어 있다. 데이터시트는 보통 디바이스의 제조회사나 판매회사로부터 PDF 형태로 구해 볼 수 있다. 언제나 먼저 데이터시트를 참고해 사전 지식을 가진 상태에서 구매 결정을 내리도록 하자. 데이터시트는 인터넷에서 부품번호를 검색해 보면 대체로 쉽게 찾을 수 있는 편이다.

데이터시트에는 보통 우리가 필요로 하는 것보다 훨씬 많은 정보들이 들어 있다. 어떤 부분들은 매우 전문적인 기술 용어로 쓰여 있어서 엔지니어가 아닌 사람들을 당혹스럽게 한다. 하지만 이에 겁먹지 말자. 데이터시트의 내용을 모두 이해해야만 디바이스를 사용할 수 있는 것은 아니다. 먼저 제품에 대한 전반적인 설명부터 읽어 보자. 그것이 아무리 암호처럼 쓰여 있다고 하더라도 두세 번 읽어 보면 디바이스가 어떤 일을 하는지는 짐작할 수 있을 것이다. 알고 있는 용어에 매달려서 거기서부터 거꾸로 추론해 보자.

운이 좋으면, 해당 디바이스로 특정한 일들을 하는 방법에 대해 설명한 *응용사례* *application notes*가 함께 실려 있는 경우도 있다. 더욱이 이는 좀더 알기 쉽게 쓰여 있는 경우가 많다. 꼭 우리가 원하는 용도에 대한 설명이 아니더라도, 다른 응용사례를 보면 해당 디바이스를 사용하는 방법에 대해 많은 것을 알 수 있다. 마지막으로, 웹이나 뉴스그룹이나 메일링 리스트에 그 디바이스를 사용해 본 사람들이 도움 되는 정보를 올려놓은 것이 없는지를 찾아보자.

제품의 물리적인 형태를 뜻하는 *패키지package*의 종류에도 신경을 쓸 필요가 있다. 브레드보드에 사용할 목적이라면 핀 사이의 간격이 0.1인치인 SIP나 DIP 패키지의 IC를 선택해야 한다. 패키지의 유형으로 이 두 가지 외에도 SOIC, PLCC, TQFP, BGA 등 여러 이름들을 보게 될 것이다. 이들은 피해야 할 이름들이다. 이 밖에도 우리가 사용할 수 없는 방식으로 핀이 배열되어 있는 패키지들은 피하도록 하자.

데이터시트에서 보통 가장 많이 사용하게 되는 부분은 *핀 다이어그램*이다. 이는 해당 칩 또는 모듈의 지도와도 같은 것으로서, 어떤 핀이 어디에 배치되어 있는지를 알려 준다. 아마 각 핀이 하는 일에 대한 설명도 다이어그램 근처에서 찾아볼 수 있을 것이다. 파워나 그라운드처럼 분명히 필요하게 될 핀들의 위치를 확인해 두자. 나머지 핀들은 입력과 출력에, 그리고 디바이스의 옵션 사항들을 선택하는 데 사용하게 될 것이다.

또, 데이터시트에는 '전기적 특성Electrical Characteristics' 이라는 부분이 있을 것이다. 이 부분은 디바이스가 동작하는 전압과 전류를 알려 준다. 이는 최소값과 최대값, 그리고 대표적인 값을 통해 범위의 형태로 제공되는 경우가 대부분이다. 모든 디바이스는 파워가 있어야 동작할 수 있다. 대부분의 디바이스는 마이크로컨트롤러가 사용하는 5볼트 파워를 같이 사용할 수 있다. 3.3볼트 등 다른 파워 서플라이를 필요로 하는 칩들도 있는데, 이럴 경우에는 별도의 레귤레이터regulator를 통해 전원을 공급해 주어야 할 것이다. 이때 두 디바이스의 그라운드를 서로 연결해 주어야 하는 경우가 많다는 점에 유의하자. 데이터시트에는 이 밖에 다른 전기적 특성들도 명시되어 있는 경우가 많다. 이를테면 모터 컨트롤러에는 컨트롤러가 제어할 수 있는 모터의 최대 전압과 전류가 명시되어 있을 것이다. 이러한 요구사항들이 시스템의 다른 부품들과 서로 충돌하지 않도록 신경써야 하겠다.

다음으로는, 마이크로컨트롤러와 우리가 공히 알아듣거나 말할 수 있는 출력의 형태를 찾아야 한다. 단순히 하이와 로우의 디지털 출력을 내보내는 디바이스도 있고(이를테면 11장에서 보았던 정전용량 센서가 그렇다), 변화하는 전압으로 아날로그 출력을 내보내는 디바이스도 있다(이를테면 9장에서 보았던 GP2Dxx 적외선 센서들이 그렇다). 또 센서의 값에 따라 길이가 변화하는 펄스를 출력하는 디바이스도 있는데(이를테면 9장에서 보았던 ADXL202E 가속도 센서가 그렇다), 이러한 출력은 pulsin이나 count 명령으로 읽어들일 수 있다. 출력의 빈도수를 통해 정보를 전달하는 디바이스의 출력은 count 명령 등을 사용해서 읽어들일 수 있다(이를테면 13장에서 보게 될 포토다이오드 어레이가 그렇다). 여러 핀으로 동시에 이진수 값들을 출력하는 패러랠 인터페이스를 사용하는 디바이스의 출력은 그룹 단위로 읽어들이게 된다(14장 '아주 많이 입력받기, 그리고 아주 많이 출력하기'를 참조하라). 이 밖에 동기 시리얼 통신을 사용하는 IC와 모듈들도 많다. 이에 대해서는 다음 절에서 자세히 설명할 것이다.

디바이스에는 입력과 출력에 사용되는 핀들 이외에도 기능을 설정하기 위한 핀들이 있는 경우가 있다. 이 핀들을 연결하는 것은 소프트웨어에서 옵션을 설정하는 것과도 같은 것이다. 한번 설정해 놓으면 그 다음에는 보통 별로 신경쓰지 않아도 된다. 핀들은 *액티브 하이active high*인 경우도 있고 *액티브 로우active low*인 경우도 있다. 액티브 하이는 양의 전압에 연결할 때 기능이 활성화되는 것을 말하고, 액티브 로우는 그라운드에 연결할 때 기능이 활성화되는 것을 말한다. 액티브 로우 핀은 핀 다이어그램에서 기호의 위에 줄을 그어서 표시한다. 옵션 선택 핀을 파워나 그라운드에 연결할 때 저항을 달아 주어야 하는 경우가 종종 있다. 이 때 파워에 연결하는 저항을 *풀업pullup 저항*이라고 하며 그라운드에 연결하는 저항을 *풀다운pulldown 저항*이라고 한다. 그 값이 따로 명시되어 있지 않을 때에는 대개 4.7KΩ에서 10KΩ 사이의 저항을 사용하면 된다. 그 밖에도 핀들 사이에 커패시터나 크리스탈을 붙이는 등 보조적인 부품들을 연결해 주어야 하는 경우도 있다. 운이 좋으면 디바이스를 연결하는 방법을 설명해 주는 예제 회로도들이 데이터시트에 실려 있을 수도 있다. 실제로는 예제에 있는 회로도보다 간단한 회로만으로도 충분한 경우도 있다. 아예 연결하지 않아도 상관없는 핀들도 있다.

10. 동기 시리얼 프로토콜

지금까지 이 장에서는 마이크로컨트롤러를 내장하고 있어서 다른 디바이스에 연결되지 않고도 독립적으로 작동할 수 있는 디바이스들을 다루어 왔다. 이보다 간단한 유형에는 독립적으로 작동하지 못하지만 시리얼 방식으로 통신할 수 있는 디바이스들이 있는데, 이들은 주로 작은 모듈이나 IC칩의 형태로 되어 있다. 이러한 디바이스들은 *동기 시리얼 통신*을 사용한다. 앞으로 I2C, SPI, 마이크로와이어Microwire 등 많은 동기 시리얼 프로토콜들을 접하게 될 것이다. 세부적으로는 조금씩 차이가 있지만 그 기본 원리는 모두 같다.

동기 시리얼 디바이스에는 데이터 전송률을 제어하는 펄스를 보내기 위한 전선이 따로 한 가닥 더 있다. 즉, 동기 시리얼 통신을 위해서는 적어도 세 개의 연결이 있어야 한다. 시리얼 데이터 연결과 클록 연결, 그리고 그라운드가 그것이다. 때로는 비동기 시리얼 통신에서처럼 송수신을 겸하는 연결이 있을 때도 있는데, 이럴 경우에 연결은 총 4개가 된다. 통신의 두 디바이스 중에서 클록 연결을 통해 타이밍 펄스를 보내는 쪽을 주인 역할을 한다 하여 *마스터master*라고 부른다. 동기 시리얼의 연결들은 보통 Master In, Slave Out을 줄여서 MISO(데이터의 흐름이 종 노릇을 하는 슬레이브slave로부터 마스터로 간다는 뜻이다), Master Out, Slave In을 줄여서 MOSI(마스터에서 슬레이브로 간다)로 부른다. 때로는 SDI(Serial Data In)나 SDO(Serial Data Out)라는 용어도 보게 된다. 클록은 줄여서 SCK, SCLK, CLK 등으로 쓰기도 한다.

데이터 선들 외에 보통 *칩 실렉트chip select* 연결도 존재한다. 동기 시리얼 디바이스는 여러 디바이스가 하나의 버스bus에 연결될 수 있다. 하나의 마스터 컨트롤러로부터 여러 개의 슬레이브로 데이터 선이 병렬적으로 연결될 수 있는 것이다. 이러한 다지점 연결은 앞에서 이미 본 적이 있다. 데이터를 송신할 때, 미디에서는 그 첫번째 바이트에 채널을 표시하는 방법을 사용했다. 인터넷에서는 디바이스마다 고유한 IP주소를 부여하는 방법을 사용했다. 동기 시리얼에서는 마스터와 각 슬레이브 사이에 칩 실렉트 연결을 두어서 데이터의 흐름을 제어한다. 마스터는 실렉트 핀 설정을 통해 목표하는 슬레이브 칩만 데이터에 귀 기울이고 다른 칩들은 이를 무시하도록 제어할 수 있다. 오른쪽의 **그림 12-8**은 하나의 마스터에 여러 개의 동기 시리얼 디바이스를 연결하는 전형적인 형태를 보여준다. 일반적으로 칩 실렉트 핀은 로우(0볼트)에 놓았을 때에 해당 칩을 선택하게 되고, 하이(5볼트)에 놓았을 때에 데이터를 무시하게 된다. 이러한 핀을 *액티브 로우* 핀이라고 하며, 회로도에서 위에 선을 그어서 표시한다.

마스터 디바이스는 데이터가 계속해서 움직이도록 하기 위해 클록 펄스들을 연달아 내보낸다. 하나의 클록 펄스 안에는 두 번의 중요한 순간이 있다. 클록이 로우에서 하이로

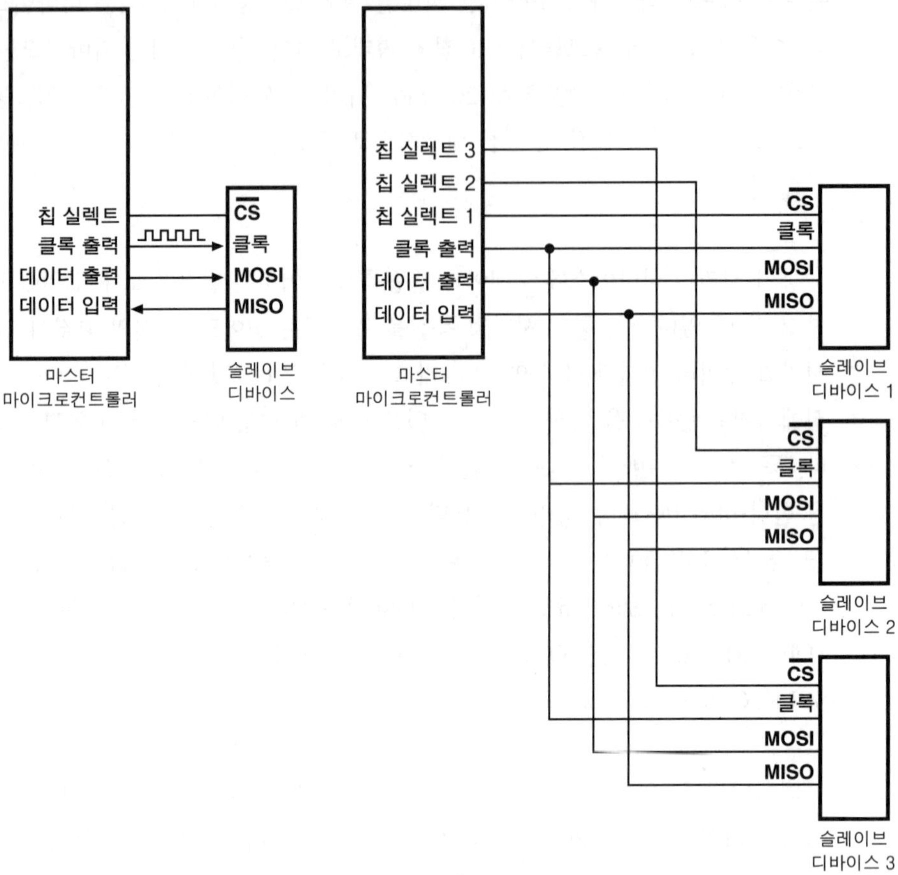

그림 12-8 동기 시리얼 통신.

하나의 칩과의 통신(왼쪽)과 여러 칩과의 통신(오른쪽).
오른쪽 그림에서 슬레이브들이 칩 실렉트 핀은 저마다 따로 가지지만 데이터 선은 함께 공유하는 방식을 눈여겨 보자.

변하는 순간(0볼트에서 5볼트로)과 하이에서 로우로 변하는 순간(5볼트에서 0볼트로)이 그것이다. 앞의 것을 클록의 *상승 에지rising edge*라고 하며 뒤의 것을 *하강 에지falling edge*라고 한다. 데이터의 전달이 실제로 이루어지는 것은 이 두 순간을 통해서이다. 보통 마스터에서 들어오는 데이터는 상승 에지를 타고, 슬레이브에서 들어오는 데이터는 하강 에지를 탄다. 이는 하나의 클록 펄스 안에서 양 방향의 데이터를 모두 읽어들이는 것이 가능함을 의미한다. 다음과 같이 하면 된다.

```
8번 반복
    데이터 출력 연결에 정보 한 비트를 놓는다
```

    클록 연결을 하이로 한다
    클록 연결을 로우로 한다
    데이터 입력 연결로부터 정보 한 비트를 읽어들인다
반복의 끝

읽고 쓰기를 동시에 하지 않는다면, 네 단계를 모두 행할 필요는 없다. 데이터를 보낼 때는 처음 세 단계만을, 데이터를 받을 때는 나중 세 단계만을 행하면 된다.

마이크로컨트롤러의 입력과 출력을 통해 한 번에 데이터 한 비트씩 이 모든 과정을 일일이 밟아 가는 것도 가능한 일이다. 하지만 프로그래밍 환경이 제공하는 명령어들을 사용하면 일의 양을 줄일 수 있다. 동기 시리얼 통신에서 가장 유용하게 사용할 수 있는 명령어는 동기 시리얼 디바이스로부터 데이터를 읽어들이는 shiftin과 동기 시리얼 디바이스로 데이터를 내보내는 shiftout이다. 컨트롤러마다 그 문법이 조금씩 다르지만 하는 일은 모두 같다. 즉, 클록 핀으로 펄스를 보내면서 그와 동시에 데이터 입력 핀으로부터 데이터를 읽어들이거나(shiftin) 출력 핀으로 데이터를 내보내는 것이다(shiftout). 이들 명령어는 한 번에 한 비트씩 변수에 데이터를 차근차근 넣거나 꺼낸다. 마치 일렬로 늘어서서 물을 담은 양동이를 차례로 전달해 나르는 것과도 같다. 이 밖에도 동기 시리얼 디바이스마다 나름의 명령어가 있게 마련인데 이에 대해서는 데이터시트에 자세히 설명되어 있을 것이다.

이번 예제에서는 동기 시리얼 통신으로 제어하는 6채널 디지털 포텐시오미터를 사용해서 6개 LED의 밝기를 조절한다. 포텐시오미터가 얼마나 중요한 입력 센서인지는 이미 알고 있을 것이다. 이들은 출력 제어 디바이스로도 요긴하게 사용할 수 있다. 이를테면 소리의 크기를 조절하거나 LED의 밝기를 조절하는 데 포텐시오미터를 사용할 수 있다. 하지만 마이크로컨트롤러가 직접 손을 뻗어서 포텐시오미터의 다이얼을 돌린다는 것은 그리 만만한 일이 아니겠다.

아날로그 디바이시즈Analog Devices (http://www.analog.com)의 AD5206 디지털 포텐시오미터에는 하나의 칩 안에 여섯 개의 포텐시오미터가 들어 있다. 일반 포텐시오미터와 마찬가지로 각 포텐시오미터에는 핀이 세 개씩 달려 있다. 즉, 와이퍼(**그림 12-9**에는 W로 표시)와 그라운드(B로 표시), 그리고 파워(A로 표시)가 달려 있는 것이다. 이 칩에는 포텐시오미터가 아주 많기 때문에 회로도가 상당히 험악해 보일 수도 있겠다. 하지만 실제로는 그리 무서울 것이 없으며, 포텐시오미터마다 들어가는 부품이 모두 같으니 걱정할 것 없다.

시프트 출력을 위해 비트 정렬하기

BX-24에서 시프트 출력을 하기 위해서는 약간의 추가적인 작업이 필요하다. 시프트 출력에서는 바이트의 가장 앞 자리에 있는 비트부터 차례로 보내게 된다. 따라서 BX-24에서 포텐시오미터의 주소를 나타내는 비트 세 개를 보내기 위해서는 이들 비트를 바이트의 맨 앞 세 자리로 옮겨 놓아야 한다. 다음과 같이 하면 된다.

마지막 채널에 5라는 값을 보내고자 하는 경우를 생각해 보자. 5를 이진수로 나타내면 00000111이 된다. 이 값을 보내기 위해서는 비트 세 개를 시프트 출력하면 된다. 하지만 먼저 이 세 개의 비트가 전송하는 바이트의 제일 앞에(즉 가장 큰 수를 나타내는 자리들에) 있도록 해야 한다. 즉, 전송할 바이트는 11100000의 모양이 되어야 하는 것이다. 이를 위해서는 값들을 다섯 자리 올려 주는 일이 필요하다. 바이트에 32(즉 2^5)를 곱해 주면 비트들이 우리가 원하는 자리에 놓이게 된다. 바이트 안에서 값들의 위치를 올리거나 내리려면 이러한 연산을 종종 행하게 된다. 지금처럼 BX-24에서 여덟 개 미만의 비트들을 시프트 출력하고자 하는 경우에는 언제나 그 비트들을 바이트의 맨 앞자리(이를 최상위 비트most significant bits라 한다)에 옮겨 놓아야 하는 것이다. 어떤 숫자에 2의 제곱수를 곱하면 바이트 안의 숫자들이 그 제곱한 자릿수만큼 옮겨 가게 된다. 따라서 4비트를 시프트 출력하기 위해서는 2^4을 곱하면 된다. 2비트를 시프트 출력하기 위해서는 2^6을 곱하면 된다. 일반적으로, 숫자 x개를 바이트의 맨 앞으로 옮기기 위해서는 2^{8-x}을 곱하면 되는 것이다.

A를 5볼트에, B를 그라운드에, 그리고 W를 220Ω 저항을 통해 LED의 애노우드에 각각 연결하면 LED의 밝기를 조절할 수 있는 회로가 만들어진다. AD5206의 디지털 포텐시오미터들은 256 단계를 가진다. 즉, 각 포텐시오미터는 0부터 255까지의 값을 가질 수 있다. 따라서, 만일 어떤 포텐시오미터를 127로 설정했다면(전체의 절반) 그 와이퍼 단자에는 2.5볼트가 걸리게 된다. 한 단계는 5/255, 즉 0.02볼트 정도에 해당한다. 이를 사용하면 LED의 밝기를 세밀하게 조절할 수 있다.

포텐시오미터를 어떤 특정 저항값으로 설정하기 위해서는 시리얼 통신으로 AD5206에 명령을 내리면 된다. 명령어는 11비트 길이로 되어 있다. 처음 세 비트는 설정하고자 하는 포텐시오미터의 번호를 이진수로 나타낸다. 이를테면 1번 포텐시오미터는 주소가 0이므로 첫 세 비트가 000이다. 2번 포텐시오미터는 주소가 1이므로 001이다. 3번 포텐시오미터는 주소가 2이므로 010이고 같은 원리로 4번 포텐시오미터는 011이며 이하도 마찬가지다. 명령어 메시지 뒷부분의 여덟 비트는 포텐시오미터를 설정하고자 하는 값을 나타낸다.

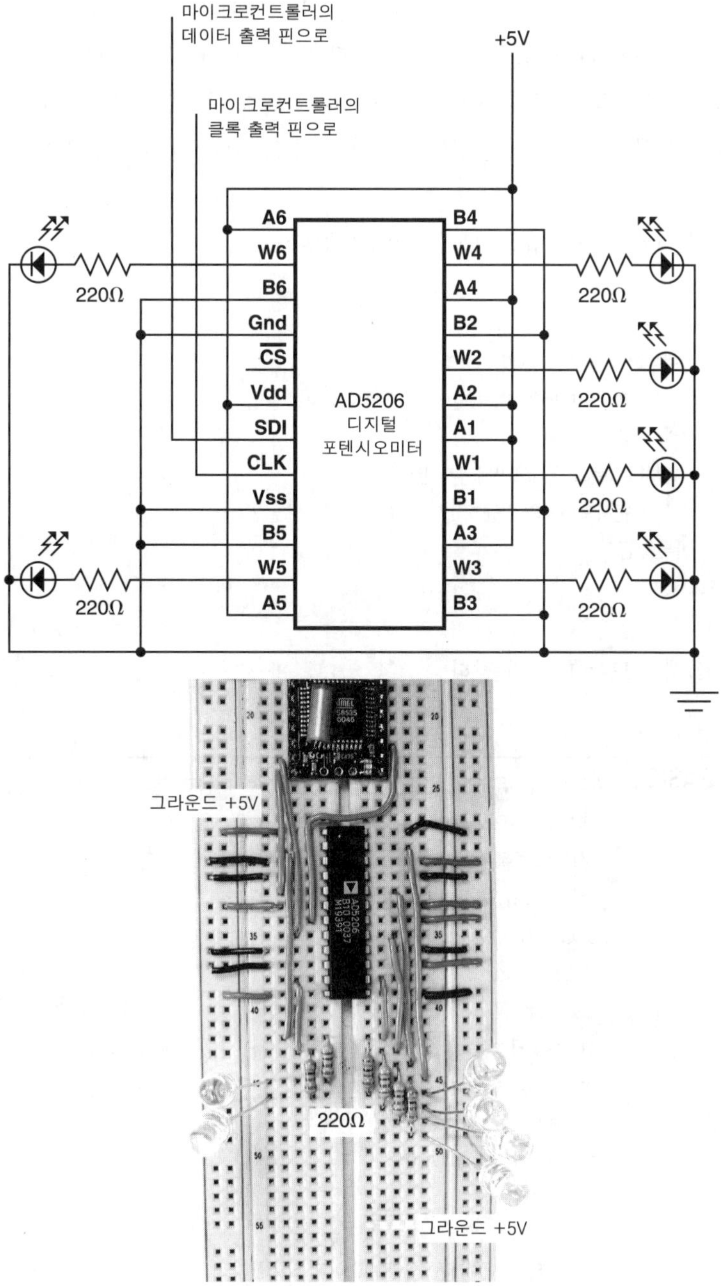

그림 12-9 AD5206 디지털 포텐시오미터로 LED 6개의 밝기를 제어하기 위한 회로 구성

동기 시리얼 디바이스에서는 이처럼 명령어가 홀수 개의 비트로 되어 있는 경우가 드물지 않다. 새로운 디바이스를 사용할 때는 데이터시트를 자세히 살펴보아야 하겠다. 다행히도, shiftout 명령으로 이러한 상황을 다루기란 그리 어렵지 않다. 두 바이트를 준 다음, 그 중에 몇 비트를 시프트해 보내라고 말해 주기만 하면 된다. 우리가 사용하고 있는 모든 플랫폼에서 이러한 방법을 사용할 수 있는데, 단 BX-24만은 예외이다.

이 예제를 위한 슈도코드는 다음과 같다.

```
루프
    0번부터 5번 포텐시오미터까지 반복
        포텐시오미터의 값을 0에서 255까지 점차로 늘임
    반복의 끝
    5번부터 0번 포텐시오미터까지 반복
        포텐시오미터의 값을 255에서 0까지 점차로 줄임
    반복의 끝
루프의 끝
```

실제 코드는 다음과 같다.

PBASIC

```
'AD5206은 6번, 7번, 그리고 9번 핀에 다음과 같이 연결되어 있다.
'AD5206으로 들어가는 데이터 입력 9번 핀
'시프트 클록 6번 핀
'칩 실렉트 7번 핀
SDO con 9
SCLK con 6
CS con 7
channel var byte
brightness var byte(6)
level var byte
dataOut var word

main:
    'LED가 차례로 서서히 밝아지도록 한다
    for channel = 0 to 5
        for level = 0 to 255
            gosub fadeChannel
            pause 3
```

```
        next
    next

    ' LED가 차례로 서서히 어두워지도록 한다
    for channel = 5 to 0
        for level = 255 to 0
            gosub fadeChannel
            pause 5
        next
    next
goto main

fadeChannel:
    brightness(channel) = level
    ' 칩 실렉트를 로우로 하여 AD5206을 활성화한다
    low CS
    ' 시프트 출력할 첫번째 바이트에 채널 번호를 담는다
    dataout.highbyte = channel
    ' 시프트 출력할 두번째 바이트에 밝기의 정도를 담는다
    dataOut.lowbyte = brightness(channel)
    ' dataout에서 11개 비트를 시프트 출력한다
    shiftout SDO, SCLK, MSBFIRST, [ dataOut\11]
    high CS
return
```

MBasic

```
' AD5206은 6번, 7번, 그리고 10번 핀에 다음과 같이 연결되어 있다.
' AD5206으로 들어가는 데이터 입력 10번 핀
' 시프트 클록 6번 핀
' 칩 실렉트 7번 핀
SDO CON 10
SCLK CON 6
CS CON 7
channel VAR Byte
level VAR Byte
dataOut VAR Word

main:
' LED가 차례로 서서히 밝아지도록 한다
    FOR channel = 0 TO 5
```

```
      FOR level = 0 TO 255
         GOSUB fadeChannel
         PAUSE 3
      NEXT
   NEXT

   ' LED가 차례로 서서히 어두워지도록 한다
   FOR channel = 5 TO 0 step -1
      FOR level = 255 TO 0 step -1
         GOSUB fadeChannel
         PAUSE 5
      NEXT
   NEXT
GOTO main

fadeChannel:
   ' 칩 실렉트를 로우로 하여 AD5206을 활성화한다
   LOW CS
   ' dataout에서 11개 비트를 시프트 출력한다
   SHIFTOUT SDO, SCLK, MSBFIRST, [ channel\ 3]
   SHIFTOUT SDO, SCLK, MSBFIRST, [ level\ 8]
   HIGH CS
RETURN
```

PicBasic Pro

```
' AD5206은 다음과 같이 연결되어 있다.
' AD5206으로 들어가는 데이터 입력 RC5 핀
' 시프트 클록 RC3 핀
' 칩 실렉트 RD0 핀

' 시프트 출력 명령의 파라미터들이 정의되어 있는 파일을 포함시킨다.
include "modedefs.bas"

SDO var portc.5
SCLK var portc.3
CS var portd.0
channel var byte
brightness var byte(6)
level var byte
dataOut var word
```

```
main:
    ' LED가 차례로 서서히 밝아지도록 한다
    for channel = 0 to 5
        for level = 0 to 255
            gosub fadeChannel
            pause 3
        next
    next
    ' LED가 차례로 서서히 어두워지도록 한다
    for channel = 5 to 0 step -1
        for level = 255 to 0 step -1
            gosub fadeChannel
            pause 5
        next
    next
goto main

fadeChannel:
    brightness(channel) = level
    ' 칩 실렉트를 로우로 하여 AD5206을 활성화한다
    low CS
    ' 시프트 출력할 첫번째 바이트에 채널 번호를 담는다
    dataout.highbyte = channel
    ' 시프트 출력할 두번째 바이트에 밝기의 정도를 담는다
    dataOut.lowbyte = brightness(channel)
    ' dataout에서 11개 비트를 시프트 출력한다
    shiftout SDO, SCLK, MSBFIRST, [ dataOut\11]
    high CS
return
```

BX-Basic

```
' AD5206은 다음과 같이 연결되어 있다.
' AD5206으로 들어가는 데이터 입력 15번 핀
' 시프트 클록 11번 핀
' 칩 실렉트 12번 핀

const SDO as byte = 15
const SCLK as byte = 11
const CS as byte = 12
dim brightness(0 to 5) as byte
```

```
sub main()
    dim channel as byte
    dim level as byte
    dim thisChannel as byte

    do
        ' LED가 차례로 서서히 밝아지도록 한다
        ' (주의. BX베이직에는 버그가 있어서 for-next 루프에서 0을 향해 세어 오면 에러가 난다. 여기에서는 이를 피하기 위해 1부터 6까지 세어 가고 fadeChannel에서도 마찬가지로 빼어나갈 것이다)

        for channel = 1 to 6
            for level = 1 to 254
                call fadeChannel(channel - 1, level)
                call delay(0.003)
            next
        next

        ' LED가 차례로 서서히 어두워지도록 한다.
        for channel = 6 to 1 step -1
            for level = 254 to 1 step -1
                call fadeChannel(channel - 1, level)
                call delay(0.005)
            next
        next
    loop
end sub

sub fadeChannel(byval thisChannel as byte, byVal thisLevel
as byte)
    ' 바이트 안에서 값을 옮겨 가는 데 사용할 지역 변수
    dim outChannel as byte
    brightness(thisChannel ) = thisLevel

    ' 시작할 때 클록이 로우에 있도록 한다.
    call putPin(SCLK, 0)

    ' 칩 실렉트를 로우로 하여 칩을 활성화한다.
    call putPin(CS, 0)

    ' 채널 번호를 바이트의 맨 앞 세 자리로 옮긴다.
```

```
        outChannel = thisChannel * 32

        ' 채널 번호를 시프트 출력한다.
        call shiftout(SDO, SCLK, 3, outChannel )
        ' 다음 출력을 위해 클록을 로우로 한다.
        call putPin(SCLK, 0)
        ' 밝기의 정도를 시프트 출력한다..
        call shiftout(SDO, SCLK, 8, brightness(thisChannel ))
        call putPin(CS, 1)
    end sub
```


11. 무선 시리얼 통신

피지컬 컴퓨팅은 움직임을 동반하는 경우가 많기 때문에 무선통신은 아주 매력적인 선택이 된다. 가장 간단한 형태의 무선통신에서는 보통 TTL 시리얼이나 RS-232와 같은 기존의 시리얼 프로토콜이 출력하는 결과를 받아서 그것을 무선 연결을 통해 보낸다. 이럴 경우, 이론상으로는 물리적인 연결의 형태만 바뀌고(선이 없어지고) 프로그래밍 코드는 익숙한 시리얼 명령어들을 그대로 사용할 수 있겠다.

무선 시리얼 통신에는 크게 적외선을 사용하는 방법(이를테면 텔레비전의 리모트 컨트롤)과 라디오파(RF)를 사용하는 방법(이를테면 서양 차고의 문)의 두 종류가 있다. 적외선 송신기는 적외선 빛의 펄스를 사용해서 비트를 송신하므로 송신기와 수신기가 서로 바라보이는 위치에 있어야 작동할 수 있다. RF 송신기는 라디오파의 펄스에 비트를 실어 보낸다. RF 통신의 경우에는 송수신기가 같은 선상에 위치할 필요는 없지만 큰 금속 구조물이 있으면 작동에 방해를 받을 수 있다. RF 통신은 그 신호를 일반 라디오파나 빛과 구분하기 위해 데이터를 *반송파carrier wave*에 실어 보낸다. 반송파의 주파수대에서 에너지가 감지되면 수신기는 데이터를 읽어들여야 한다는 것을 알 수 있다. 해당 주파수대의 에너지가 감지되지 않으면 현재 송신되는 바가 없는 것이다. 반송파에 데이터를 기록할 때는 반송파의 주파수를 조절하거나(주파수 변조Frequency Modulation, FM) 신호의 강도를 조절해서(진폭변조Amplitude Modulation, AM) 0과 1을 나타내게 된다.

12. 적외선 시리얼 통신

*적외선InfraRed, IR 시리얼 통신*은 리모트 컨트롤에서, 그리고 PDA나 휴대전화 등 휴대

용 정보기기의 빔beam 메시지에서 가장 많이 사용된다. 이를 마이크로컨트롤러에서 사용하려면 안정적인 결과를 얻기까지 다소 해야 할 일이 많지만, 상대적으로 저렴한 비용으로 구현할 수 있으며 주변의 무선 환경에 영향을 덜 받는 솔루션이라고 할 수 있다. IR 통신에서는 송신기와 수신기가 서로를 볼 수 있는 범위 안에 있어야 한다. 따라서 IR 통신은 사용자가 몸으로 가리켰을 때 동작하는 프로젝트에, 그리고 컨트롤러가 자신이 제어하는 모든 물체들을 조망할 수 있는 경우에 매우 적합하게 사용될 수 있다. IR 통신에서는 적외선 LED로부터 포토트랜지스터를 향해 펄스를 보내서 비트들을 전송한다. 포토트랜지스터에는 IR 필터를 씌워서 가시광선을 차단한다. 우리는 천정에 달린 IR 송신기의 '안무'에 맞춰서 토스터들이 춤을 추도록 한 프로젝트도 본 적이 있다.[6] 지금까지 본 IR 프로젝트 가운데 가장 독창적이고 재미있었던 것들 중 하나라고 생각한다.

시중에 나와 있는 적외선 송/수신기들은 보통 40KHz 주파수에 시리얼 데이터를 실어 보내는 방식을 사용한다. 시간이 많지 않고 자금에 여유가 있다면 패러랙스(http://www.parallax.com)의 IR Buddy나 가격이 그보다 한결 저렴한 렌트론Rentron(http://www.rentron.com)의 TX-IRHS 같은 제품을 사용하면 보다 안정적인 결과를 얻을 수 있다. 팜 파일럿이나 포켓 PC 등의 많은 기기들은 IrDA라는 프로토콜로 데이터를 전송하는 IR 포트를 가지고 있다. 때로는 멀티미디어 컴퓨터에 이 포트가 있는 경우도 있다. 플렉시패널FlexiPanel 모듈(http://www.hoptroff.com)을 사용하면 마이크로컨트롤러를 이 프로토콜과 인터페이스할 수 있다.

시리얼 디바이스 2대(이를테면 마이크로컨트롤러와 멀티미디어 컴퓨터)를 연결하는 IR 송/수신기를 직접 만들어 보기로 마음 먹었다면, GP1U52X IR 복조기demodulator로 신호를 받고 555 타이머 칩으로 신호를 보내는 방법이 가장 쉽다. 두 부품 모두 제임코나 디지키 등의 상점에서 구할 수 있을 것이다. 송신 회로는 **그림 12-10**과 같고 수신 회로는 **그림 12-11**과 같다. 이 회로를 사용할 때에는 전송하고자 하는 비동기 시리얼 데이터를 555 회로의 송신 핀에 보내고 수신부의 수신 핀에서 같은 데이터 전송률로 그것을 받으면 된다. 전송 속도가 빠르면 오류가 발생할 수 있으니 가급적이면 1200bps나 그 이하의 낮은 데이터 전송률을 사용하는 것이 좋다. 햇빛에는 적외선이 듬뿍 들어 있으니, IR 시리얼 통신을 실외나 빛이 들어오는 창가에서 시도해서는 좋은 결과를 기대하기 어려울 것이다.

6) 라니아 호Rania Ho의 춤추는 토스터들은 http://www.dancingtoasters.com에서 볼 수 있다.

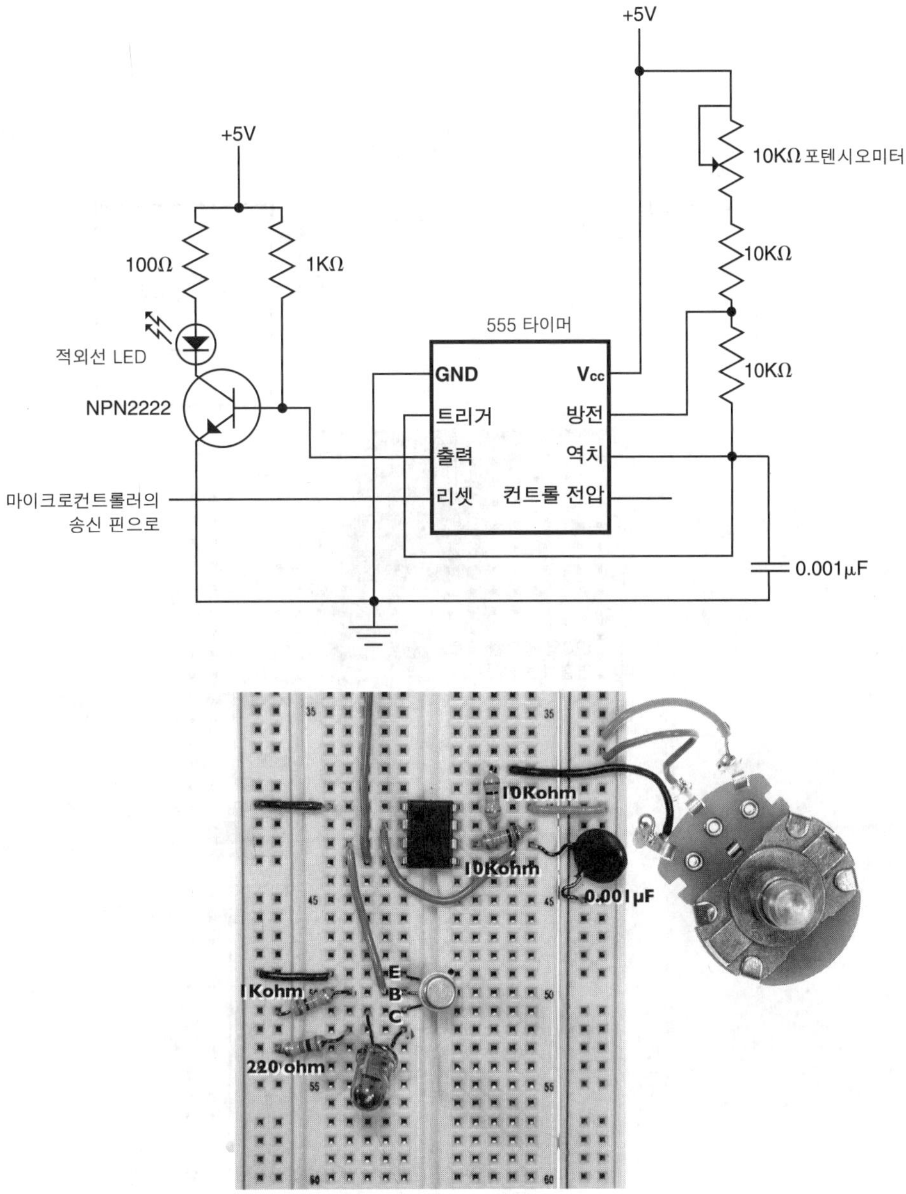

그림 12-10 적외선 시리얼 통신의 송신 회로

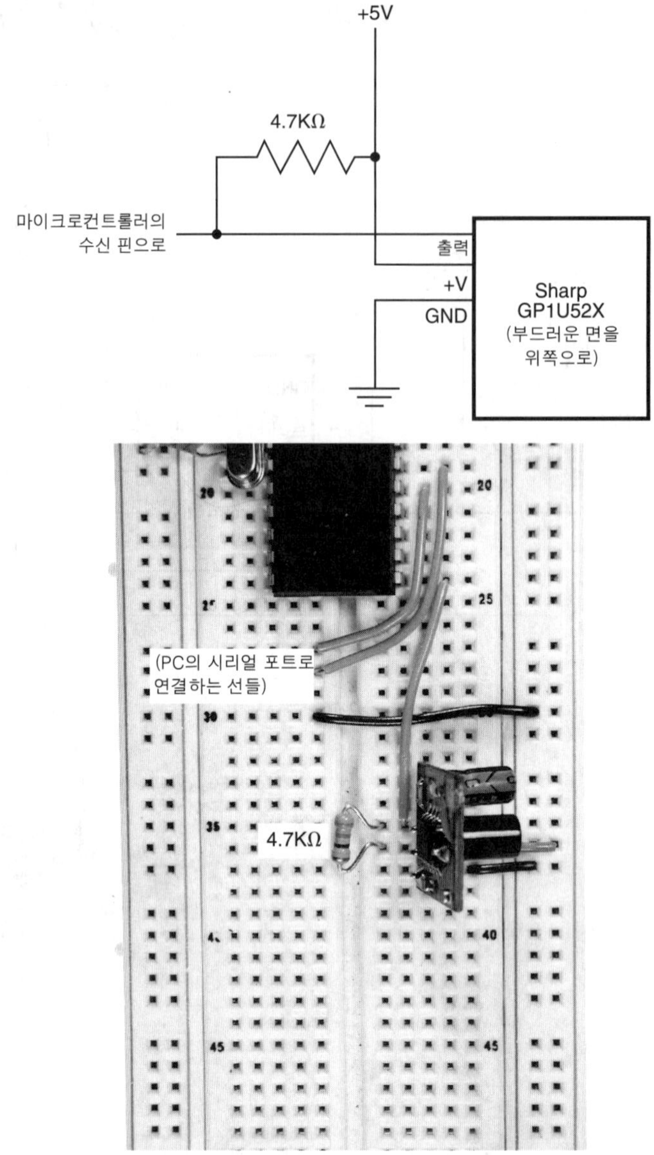

그림 12-11 적외선 시리얼 통신의 수신 회로.
여기에서는 회로가 잘 보이게 하느라고 덮개를 떼어 냈지만, 실제로는 덮개를 그대로 두어야 주변의 원하지 않는 적외선들을 차단할 수 있다.

13. RF 시리얼 통신

*라디오파*radio frequency 시리얼 통신은 IR 시리얼과 달리 방향을 타지 않으며 더 멀리까지 갈 수 있다. 심지어 벽도 어느 정도는 통과할 수 있다. 그래서 서커스에서 곡예하는 사람의 몸놀림을 부위별로 추적한다거나 지구를 정복하기 위해 수백만 대의 작은 로봇들에게 지령을 내리려고 할 때에는, 이 방법이 제격이다. 잡신호가 끼어들거나 다른 송신장치로부터 간섭받는 경우가 없는 것은 아니지만, 대체로 안정적으로 동작하며 사용하기도 쉬운 방법이라고 할 수 있다.

RF 송/수신기를 직접 만들려면 이 책에 다 담을 수 없을 정도의 공학 지식이 있어야 한다. 다행히도 비교적 저렴한 가격의 RF 시리얼 송/수신기가 시중에 여럿 나와 있다. 로봇에 관한 괜찮은 웹사이트라면 어디든지 몇 가지는 취급하고 있을 것이다. 우리들이 좋아하는 것은 글로랩Glolab(http://www.glolab.com)의 TM1V 송신기와 RM1V 수신기 커플이다. 가격이 저렴하고 간단해서 좋다. 통신범위는 30~60 미터 정도이고 통신품질도 썩 괜찮은 편이다. 글로랩에서는 이 제품을 위한 전용 안테나도 판매하지만 전선을 적당한 길이로 잘라서 직접 만들어 써도 지장은 없다. 전용 안테나가 좀더 안정적이기는 하겠지만, 우리들은 자작한 안테나로도 지금까지는 비교적 성공을 거둬 온 편이다. 이 밖에도 아바콤Abacom(http://www.abacom-tech.com)이나 렌트론Rentron(http://www.rentron.com) 등 여러 온라인 상점에서 성능 좋고 값싼 송/수신기들을 구할 수 있다.

RF 송/수신기를 마이크로컨트롤러와 연결하는 방법은 적외선 통신에서와 매우 비슷하다. 송신기로 시리얼 데이터를 보내고 수신기에서 그것을 받으면 된다. RF 모듈들은 전송률이 낮을 때에 잘 동작하며 4800bps 이상의 전송률에서는 작동하지 않는다(2400bps 이면 적당하다).

RF 통신을 사용함에 있어서 가장 어려운 일은 데이터의 흐름을 제어하는 것이다. 앞서 소개한 송/수신기 커플들을 사용할 때, 데이터는 오직 한 방향으로만 흐르게 된다. 즉, 보내는 쪽에서는 받는 쪽이 메시지를 받았는지의 여부를 확인할 방법이 없으며, 받는 쪽에서는 보내는 쪽에 메시지를 다시 보내 달라고 요청할 방법이 없는 것이다. 이 문제에 대한 한 가지 해결 방법은 사이를 두고 메시지를 규칙적으로 반복해서 보내는 것이다. 메시지에 달라진 내용이 없이 이전과 같다고 하더라도 마찬가지로 반복한다. 이렇게 하면 메시지를 받는 쪽에서 데이터가 폭주하는 현상을 방지할 수 있다(7장의 시리얼 통신 예제에서 '부르고 답하기' 방법을 소개하기 전에 부딪혔던 문제). 같은 메시지가 여러 번 보내지기 때문에 수신하는 입장에서는 놓친 메시지를 다시 수신할 수 있는 기회를 얻게 된다.

좀더 돈이 드는 두번째 방법은 트랜시버tranceiver를 사용하는 것이다. *트랜시버*는 수신기와 송신기를 함께 가지고 있는 모듈이다. 트랜시버는 양방향 통신을 할 수 있다. 따라서 부르고 답하기call-and-response 방법을 사용해서 메시지를 보낼 때마다 그 수신 여부를 확인하는 것이 가능해진다. RF 잡신호가 많은 상황에서 안정적인 통신을 하기 위해서는 트랜시버의 사용이 필요하다.

라디오파를 간섭할 수 있는 요소는 곳곳에 있다. 전자렌지로부터 컴퓨터와 철제 캐비넷에 이르기까지 모든 것이 간섭을 일으킬 수 있다. RF 통신의 잡신호를 걸러내는 데는 체크섬이 요긴하게 쓰일 수 있다(앞서 설명한 '체크섬은 무엇인가? 패리티는 무엇일까?'를 참조하라). 때때로 하나 또는 그 이상의 바이트가 깨어지는 경우가 있기 때문에, 데이터를 사용하기 전에 체크섬을 확인해 보고 잘못된 데이터는 버리는 것이 좋다. RF 통신의 오류 개선 문제는 많은 공학도들의 연구 주제가 되어 왔으며, 만일 관심이 있다면 책과 인터넷을 통해 많은 자료를 얻을 수 있다.

RF 통신에서는 각 바이트 안에 타이밍 데이터를 기록해 넣는 *맨체스터 인코딩* *Manchester encoding*이라는 방법도 자주 사용된다. 이 방법에서는 한 바이트를 둘로 나누어서 그 중간으로 클록 펄스가 지나가도록 한다. 맨체스터 인코딩을 위해서는 코드를 직접 짤 수도 있고, 아니면 글로랩의 GL-104와 같은 전용 IC칩을 사용할 수도 있다. GL-104는 데이터를 RF 송신기로 보내기 전에 맨체스터 인코딩으로 암호화를 해 주고, RF 수신기로 받은 다음에 다시 그 암호를 풀어 준다. 맨체스터 인코딩을 사용하면 RF 통신의 안정성을 크게 높일 수 있다. 고급 RF 송신기와 수신기, 그리고 트랜시버는 맨체스터 인코딩 기능을 내장하고 있는 경우가 많다.

무선 미디

미디가 원래 연주무대를 위한 것이다 보니, 자연히 미디 데이터를 무선으로 전송하고 싶은 경우들이 생기게 된다. 이를테면 댄서의 동작에 따라 음악을 연주하거나, 연주자의 즉흥연주에 따라 비디오를 제어하고 싶은 것이다. RF 모듈의 낮은 시리얼 전송률로는 이런 일들을 할 수 없다. 앞서 소개한 바 있는 링스Linx 모듈을 사용하면 이론적으로는 가능하지만 이 때에도 쉽지 않기는 마찬가지다. 이 문제를 무난하게 해결하는 방법은 먼저 배우의 몸에 연결된 센서의 데이터를 저속도 무선 연결을 통해 마이크로컨트롤러로 보낸 다음, 마이크로컨트롤러에서 미디 신호를 만들어서 일반 미디 연결을 통해 송신하는 것이다.

주변 환경 자체에는 잡신호가 없더라도 같은 주파수를 사용하는 다른 송신기가 있으면 간섭이 생길 수 있으니 주의해야 한다. 연습할 때는 아무 문제 없이 잘 되다가도, 실제로 설치했을 때 주변에 같은 무선 모듈을 사용하는 작품이 있으면 간섭을 받게 되는 것이다. 우리 소유의 데이터를 구별하기 위해 데이터를 전송할 때마다 앞에 헤더 바이트를 붙이는 방법도 고려해 볼 만하다.

돈이 좀더 들더라도 RF 통신은 안정적이고 든든하게 되도록 해 두는 편이 신경 쓸 일을 줄일 수 있다. 데이터 오류 처리를 맡아 줌으로써 프로젝트의 알맹이에 집중할 수 있도록 해주는 고급 RF 모듈들이 여럿 있다. 예를 들어, 링스 테크놀로지스Linx Technologies(http://www.linxtechnologies.com)는 오류 관리 기능과 양 방향 통신 기능을 갖춘 고가형 트랜시버들을 내놓고 있다. 이 회사의 전송기 가운데에는 33kbps 이상의 전송률을 지원하는 것들도 있는데 이런 제품을 사용하면 미디 신호도 RF로 보낼 수 있어서 편리하다.

■ 블루투스Bluetooth

블루투스는 PDA, 휴대전화, 휴대용 게임기 등의 휴대용 정보기기간의 통신을 위해 설계된 고속도 RF 데이터 프로토콜이다. 고속도로 동작하기 때문에 디지털 오디오 같은 대용량 데이터도 전송할 수 있다. 심지어 디지털 비디오도 어느 정도는 전송 가능하다. 블루투스는 비교적 새로운 프로토콜로서 많은 가능성을 가지고 있다. 특히 일단 두 디바이스가 연결되고 나면 자체적으로 모든 데이터 오류 관리를 맡아 처리해 준다는 점에서 편리한 시리얼 데이터 프로토콜이다. 잡신호나 타 기기와의 혼선을 자체적으로 관리하도록 고려가 되어 있다.

블루투스는 근거리 프로토콜로서(규격에는 10미터로 명시되어 있지만 우리의 경험으로는 9미터 정도라고 보는 편이 낫겠다), 장거리 무선통신용으로는 다른 저속도 시리얼 모듈들만큼 적합하지 않다. 하지만 다른 RF 통신보다 오류가 적다는 것은 장점이다. 또, 기본적으로 일대일 연결을 위해 디자인되어 있다는 점도 한계라고 할 수 있다. 두 블루투스 디바이스가 서로 연결되는 데는 3초 정도가 걸리는데, 일단 연결되고 나면 그 연결이 끊길 때까지 근처에 있는 다른 블루투스 디바이스들은 모두 무시하게 된다. 따라서 여러 디바이스를 대상으로 방송하듯 사용하기에는 그리 적합한 프로토콜이라고 할 수 없다. 이를테면 앞서 언급했던 춤추는 토스터들 같은 프로젝트에는 어울리지 않는다.

피지컬 컴퓨팅에서 블루투스를 사용하기 위해서는 이니티움Initium이 만들고 레모스Lemos(http://www.lemosint.com) 등에서 판매하는 Promi-SD 102(**그림 12-12** 참조)나 패러랙스(http://www.parallax.com)의 임베디드블루EmbeddedBlue 같은 블루투스 시리얼 모듈이 필요하다. 두 제품 모두 TTL 시리얼을 통해 마이크로컨트롤러에서 입출력 받은 데이터를 RF를 통해 수신기로 보내 준다. Promi-SD 모듈은 표준 DB-9 커넥터를 사용한다는 점이 편리하다. 패러랙스 제품에서는 패러랙스의 개발자용 키트를 사용하거나, 아니면 코박스 마이크로 예제에서 했던 것처럼 IDE 커넥터로 직접 케이블을 만들어 써야 한다. 매일 새로운 모듈들이 나오고 있으니, 이들의 생김생김이 그리 마음에 들지 않는다면 다른 제품을 찾아보아도 되겠다.

그림 12-12 블루투스 모듈들.
패러랙스의 임베디드블루 모듈(왼쪽)과 이니티움의 Promi-SD 102(오른쪽)

한 마이크로컨트롤러에서 다시 다른 마이크로컨트롤러로 통신하려고 한다면 두 개의 블루투스 모듈이 필요하다. 또는 블루투스 수신기가 장착된 멀티미디어 컴퓨터를 사용해야 한다. 요즘은 랩탑 컴퓨터들이 대부분 블루투스 기능을 갖추고 있는데, 만일 없다면 별도로 구입할 수 있는 블루투스 어댑터도 괜찮은 제품들이 있다. D-Link(http://www.dlink.com)에서는 DBT-120이라는 USB-블루투스 어댑터를 판매하는데, 간단하고 안정적이다.

블루투스는 한 가지 프로토콜만 전송할 수 있는 것이 아니기 때문에, 우리가 시리얼 연결을 하고자 한다는 점을 컴퓨터에게 알려 줄 필요가 있다. 윈도우즈에서는 블루투스 어댑터용 소프트웨어가 COM 포트 중 하나를 블루투스와 짝지어 주므로, 블루투스로 통신하는 것이 여느 시리얼 포트로 통신하는 것과 다를 바가 없게 된다. 매킨토시에서도 사정은 마찬가지다. 블루투스 기능을 내장한 매킨토시를 사용하는 경우에는 블루투스 시리얼 유틸리티 프로그램을 실행하면 새로운 시리얼 포트가 만들어진다. 외장 어댑터를 사용하는 경우에는 어댑터에 딸려 온 소프트웨어가 새로운 시리얼 포트를 만들어 줄 것이다.

블루투스 디바이스들은 각기 고유한 주소를 가지고 있으므로 서로를 식별할 수 있다. 블루투스 디바이스에서는 주변에 다른 디바이스가 존재하는지를 스캔해 보는 것으로 통신이 시작된다. 만일 디바이스가 존재하면 연결을 요청한 뒤에 통신을 시작하게 된다. 블루투스 디바이스를 '잠수undiscoverable' 모드로 설정하면 다른 디바이스들로부터 숨을 수도 있다. 다른 디바이스들의 스캔에 응답하지 않기만 하면 되는 것이다.

블루투스 규격에서 정의하고 있는 블루투스 시리얼 명령어들은 앞에서 모뎀에 관해 이야기할 때 보았던 헤이스 AT 명령어 시스템에 기초를 두고 있다. 하지만 제조회사마다 나름대로의 명령어를 만들어 사용하고 있으므로, 구입한 모듈의 매뉴얼을 읽어 볼 필요가 있을 것이다. 어느 모듈이나 공통적으로 제공하고 있는 기능들도 있다. 예를 들면 다음 기능들이 그러하다.

- ▶ 내 디바이스의 주소 확인하기
- ▶ 다른 디바이스들이 존재하는지를 스캔하기(이 때 주소들의 리스트가 돌아오게 된다)
- ▶ 특정 주소에 접속하기
- ▶ 특정 주소와 접속 끊기
- ▶ 명령어 모드 시작/종료

모뎀과 마찬가지로 블루투스 시리얼 디바이스도 명령어 모드와 데이터 모드의 두 가지 모드를 가진다. 명령어 모드에서는 바로 위에서 설명한 것과 같은 명령들을 내리게 된다. 데이터 모드에서는 디바이스로 보내는 모든 바이트들이 일반 시리얼 데이터와 똑같은 방식으로 전송되어 나가게 된다. 연결이 되어 있는 상태에서도 명령어 모드와 데이터 모드를 전환해 가며 사용할 수 있다.

블루투스는 전화기와 프린터에서 휴대용 게임기에 이르기까지 매우 다양한 제품에서 사용되고 있으며 시리얼 데이터를 빠르고 안정적으로 전송할 수 있으므로, 피지컬 컴퓨팅에 활용될 수 있는 바가 많다고 하겠다. 휴대전화 같은 일상 생활 속의 간단한 기기들로 멋진 인터액티브 조각작품들을 움직여 보는 것은 어떨까.

■ 무선 이더넷

무선 이더넷은 원래 거의 완전히 무명에 가까웠던 것이 하룻밤 사이에 이제는 누구에게나 없어서는 안 될 존재로 성장했다. 컴퓨터를 조금이라도 사용하는 사람이라면 '와이파이Wi-Fi' 나 '802.11' 같은 용어를 여기저기에서 자주 들어 보았을 것이다. 이들은 모두 같은 것이다. 앞서 설명한 바 있는 이더넷 프로토콜은 미국 전기전자기술자협회(Institute of Electrical and Electroics Engineers, IEEE)에서 정의한 것으로서, IEEE 802.3이라는 수수께끼 같은 규격명이 붙어 있다. RF를 통해 이더넷 데이터를 안정적으로 전송하는 방법이 개발되자 이더넷 프로토콜의 확장이라는 의미에서 그 명칭이 802.11로 정해졌다. 무선 이더넷에는 여러 변종이 존재한다. 현재 802.11a, 802.11b, 그리고 802.11g가 나와 있는데, 아마 앞으로도 더 나올 것이다. 이들 변종들은 사용하는 주파수나 데이터 전송률 중 어느 하나가, 또는 두 가지 모두가 서로 다르다. 무선 이더넷 트랜시버는 대개 이들 세 가지 모두를 지원해 준다. 하지만 모든 제품이 그런 것은 아니므로, 디바이스의 네트워크를 구성할 때에는 사용하는 모든 디바이스들이 같은 프로토콜로 통신할 수 있는지를 확인해 보아야 한다.

무선 이더넷으로 마이크로컨트롤러들을 서로 연결한다는 것은 솔깃한 생각이지만, 현재로서는 구현하는 데 돈이 많이 든다. 먼저, 접속할 수 있는 무선 이더넷 네트워크가 있어야 한다. 이는 여러 공공장소에 빠른 속도로 확산되고 있으며, 최근에는 가정용 라우터도 무선통신을 지원하는 경우가 많다.

무선 이더넷 연결을 위한 모듈로 최근 랜트로닉스에서 나온 와이포트Wiport 같은 제품이 있기는 하지만, 아직 코박스 마이크로에서처럼 간편하게 사용할 수 있는 제품은 없는 것 같다. 와이포트는 사용하는 명령어와 설정 파라미터가 코박스 마이크로와 비슷한 무선 이더넷 모듈이다. 신제품이기 때문에 아직 브레드보드에 연결할 수 있는 커넥터도 갖추어지지 않은 실정이다. 하지만 당신이 이 글을 읽고 있을 때쯤이면 분명히 어댑터들이 여럿 개발되어 나와 있을 것이다.

코박스 마이크로나 사이트플레이어Siteplayer 같은 유선 모듈을 가지고 있는 경우에는, 이를 D-Link의 DWL-810이나 링크시스Linksys의 WET-11과 같은 무선 이더넷 브리지와 함께 사용하는 방법도 있다. 이들 디바이스는 일반 유선 이더넷과 연결될 수 있는 한편으로 무선 이더넷 카드도 가지고 있어, 유선 이더넷 신호를 기존의 무선 이더넷 네트워크로 재전송해 준다. 기존의 네트워크에 연결하기 위해서는 브리지도 있어야 하지만 네트워크에 접속할 수 있는 권한도 있어야 한다.

아이오소프트Iosoft(http://www.iosoft.co.uk)에서는 PIC 18F452와 무선 이더넷 카드가 같이 장착되어 있는 ER-22라는 보드를 판매한다. PIC으로 이더넷 카드를 제어하기 위한 소프트웨어도 함께 판매한다. 하지만 이 소프트웨어는 C로 되어 있으므로 이를 사용하기 위해서는 C 언어를 알아야 하며 PIC을 위한 C 컴파일러도 구해야 한다. 아이오소프트의 코드는 커스텀 컴퓨터 서비시즈Custom Computer Services(http://www.ccsinfo.com)의 CCS C로 작성되어 있다. ER-22와 그에 딸린 소프트웨어, 그리고 CCS C 컴파일러를 구입하려면 400달러 이상이 들게 되니 그리 가격이 저렴한 솔루션이라고는 할 수 없겠다.

마이크로컨트롤러를 네트워크에 연결하는 가장 간단한 방법은 그것을 멀티미디어 컴퓨터에 시리얼로 연결하는 것이라고 앞에서 설명한 바 있다. 마이크로컨트롤러를 무선 인터넷에 연결하고자 할 때도 마찬가지다. 일단 시리얼 통신으로 랩탑이나 싱글보드single-board 컴퓨터에 연결하고 나면 네트워크 연결능력을 비롯한 많은 것을 큰 컴퓨터로부터 빌릴 수 있는 것이다.

싱글보드 컴퓨터는 PC의 심장부만 있고 다른 것은 거의 달려 있지 않은 컴퓨터이다. 스크린, 키보드, 하드디스크 드라이브가 없는 랩탑이라고 생각하면 된다. 가격대는 보통 150~300달러 정도이다. 대부분의 싱글보드 컴퓨터는 간략화된 윈도우즈나 리눅스, 또는 유닉스를 실행할 수 있다(아쉽지만 우리가 아는 한 매킨토시 싱글보드 컴퓨터는 없다). 싱글보드 컴퓨터에는 시리얼 포트와 유선 이더넷 포트가 있으며, 때로는 컴팩트플래시CompactFlash나 PCMCIA 어댑터가 있어서 무선 이더넷 카드를 연결해서 사용할 수 있는 경우도 있다. 이 때 윈도우즈나 리눅스 같은 운영체제를 사용할 수 있으므로, 카드와 통신하기 위한 코드를 우리가 직접 작성하지 않아도 된다. 멀티미디어 PC나 서버를 사용할 때처럼 높은 레벨의 통신 소프트웨어를 만드는 데에만 집중할 수 있는 것이다.

■ 무선 이더넷의 보안문제

무선 네트워크를 직접 관리하는 경우에는 피지컬 컴퓨팅 프로젝트를 네트워크에 연결하는 것이 일반 컴퓨터를 한 대 추가하는 것보다 별로 더 어려울 것이 없다. 하지만 네트워크 관리자가 따로 있는 경우라면 우리의 디바이스를 네트워크에 붙여서 쓰기 위해 그의 협력을 얻어야 한다. 무선 이더넷은 와이파이 카드를 가진 사람이면 누구나 접속해 들어올 수 있기 때문에 네트워크 관리자들에게는 골칫거리다. 그러다 보니 관리자들은 네트워크에서 디바이스가 할 수 있는 일에 제한을 두고 싶어하는 경향이 있다. 특히 회사 환경에서는 더 그렇다. 관리자들은 누군가가 길모퉁이에 붙어서서 회사의 인트라넷에 접속해 서버를 운영하거나 회사의 데이터베이스에 들어오는 것을 원하지 않는 것이다. 그러니 와이파이라는 연못에 뛰어들기 전에는 반드시 네트워크 관리자와 상의를 하도록 하자. 만일에 잘 받아들여지지 않아서 문제가 된다면, 인터넷에 유선으로 접속한 다음에 앞서 설명했던 RF 통신의 방법들을 사용해서 다시 그 유선 연결에 연결하는 방법을 고려해 보자.

14. 결론

하드웨어를 직접 만드는 것보다는 기존의 것을 이용하는 편이 훨씬 쉽다. 만일 이렇게 할 수 있다면 원하는 결과를 훨씬 빨리 얻을 수 있는데, 이 과정에서 어떤 식으로든 디바이스 간의 통신에 숙달할 필요가 생기게 되는 것이 보통이다. 통신 프로토콜의 종류는 세상에 존재하는 디바이스의 종류만큼이나 다양하다. 이들 모두를 다 알 수는 없겠지만, 프로토콜에 관해 어느 정도의 일반적인 지식을 가지고 있으면 대부분의 프로토콜은 공부해 이해할 수 있다. 관심 가는 디바이스가 있을 때는, 먼저 물리적인 레벨과 전기적인 레벨에서 그것이 연결 가능한 디바이스인지를 살펴보자. 다음으로는 데이터 전송률을 비롯한 통신 설정들을 옳게 맞추었는지를 확인하자. 마지막으로 프로토콜의 문법과 메시지의 교환이 이루어지는 순서를 살펴보자. 첫 테스트로는 터미널 프로그램과 연결해 보는 것이 보통 가장 편리하다는 것을 기억해 두자. 무선통신을 할 때는, 데이터를 주고받을 수 있다는 것을 먼저 유선상에서 반드시 확인한 후에 무선 하드웨어로 넘어가도록 하자. 7장과 이 장에서 설명한 원리들을 익히면, 어떤 프로토콜이든지 대부분 실마리를 풀어나갈 수 있을 것이다.

Chapter 13

소리와 빛 제어하기

우리는 피지컬 컴퓨팅을 통해 언젠가는 멀티미디어의 개념이 나무 · 금속 · 섬유 같은 피지컬 미디어와 움직임 · 열 · 접촉 같은 피지컬 인터액션까지 포함할 수 있도록 확장되었으면 한다. 그렇다고 해서 전통적으로 멀티미디어라고 할 때 떠오르는 오디오-비디오의 영역들을 포기하고 싶은 마음은 조금도 없다. 이 책에서 우리들이 사용하고 있는 마이크로컨트롤러들은 품질 높은 오디오와 영상을 재생할 수 있을 만한 처리속도와 데이터 저장능력을 갖추고 있지 못하다. 그러나 7장에서 보았듯이, 마이크로컨트롤러를 멀티미디어 컴퓨터에 연결하여 전통적인 멀티미디어의 능력들을 덧붙이는 것은 어려운 일이 아니다.

마이크로컨트롤러가 마음을 뒤흔드는 사운드와 영상의 로망을 펼쳐 주지는 못하지만, 녹음된 사운드를 재생할 수 있는 능력도 어느 정도는 가지고 있고, 그래픽 표현 능력도 인터페이스 사용자에게 피드백을 줄 수 있을 정도는 된다. 하지만 멀티미디어에 있어서 마이크로컨트롤러의 진가는 보다 근원적인 수준에서 빛과 소리를 제어할 수 있는 능력에 있다. 이를테면 마이크로컨트롤러는 음의 높낮이는 잘 가려내지 못할지 몰라도 무언가가 쿵 하고 떨어지는 소리는 잘 인식할 수 있다. 마찬가지로, 마이크로컨트롤러가 비디오는 재생하지 못할지 몰라도 조명을 제어하거나 조도의 변화를 감지하기에는 멀티미디어 컴퓨터보다 편리하다.

이 장에서는 마이크로컨트롤러로 빛과 소리를 제어하는 방법들에 대해 이야기하고자 한다. 멀티미디어 컴퓨터를 같은 용도로 사용하는 방법에 대해서도 조금은 이야기하겠지만, 비디오와 사운드의 제작 기법에 대해서는 이미 많은 책들이 나와 있으니 여기서는 줄이도록 하겠다. 끝부분에서는 싱글보드 컴퓨터에 대해서도 간단히 설명하겠다. 싱글보드 컴퓨터는 마이크로컨트롤러와 멀티미디어 컴퓨터의 중간지점에 해당하는 것이라고 할 수 있는데, 최근 들어 피지컬 컴퓨팅에 입문하는 사람들에게 빠른 속도로 사용자층을 넓혀 가고 있는 플랫폼이다.

1. 소리

소리를 사용하면 시각 중심적인 데스크탑 컴퓨터의 방향성과 물리적인 제약들에서 벗어날 수 있기 때문에 전형적이고 딱딱한 인터페이스에서 탈피하는 데 도움이 된다. 먼저 입력에 있어서는, 들어오는 소리 신호를 목적에 따라 여러 가지 방법으로 분석해 사용할 수 있다. 우선 소리의 크기를 알아볼 수 있다. 마이크를 이용해서 사람이 마루에 발 구르는 동작을 감지할 수도 있고, CD에서 재생되는 음악의 드럼 비트 패턴을 분석할 수도 있다.

또 소리의 높낮이를 분석해 볼 수도 있다. 이를테면 노랫소리의 높낮이에 맞추어 자동으로 반주를 해 주는 악기를 만들 수도 있고, 휘파람 소리의 높낮이에 따라 밝기가 달라지는 조명을 만들 수도 있다. 하지만 소리라는 것은 가장 간단한 경우에도 여러 음높이의 성분들이 합쳐져서 만들어지는 것이어서, 어떤 소리의 높낮이를 결정하기 위해서는 그 소리를 음높이별로 걸러낸 다음, 각 음높이의 상대적인 크기를 분석해 보아야 한다. 이는 소리의 크기를 감지하는 것보다 어려운 일이며, 그만큼 컴퓨팅 파워도 더 필요하다.

이 장에서는 소리의 크기와 높낮이를 측정함에 있어서 멀티미디어 컴퓨터를 사용하는 방법과 마이크로컨트롤러를 사용하는 방법을 모두 설명할 것이다. 높낮이 측정 같은 경우, 멀티미디어 컴퓨터를 사용하는 편이 더 잘 되기는 하지만, 마이크로컨트롤러로도 음의 높낮이와 크기를 어느 정도는 측정할 수 있다.

다음으로 출력에 관해서는, 실시간으로 소리를 만들어 내기 위한 기법들과 사전에 녹음되어 있는 소리를 재생하기 위한 기법들을 설명할 것이다. 소리 자체만 놓고 보면 미리 녹음해 둔 소리가 일반적으로 더 우수하지만, 인터액션에 활용할 수 있는 가능성은 실시간으로 생성해 내는 소리가 오히려 더 낫다고 할 수 있다. 이미 6장에서 freqout 명령을 사용해 본 바 있다. freqout 명령이 지속되는 시간을 조정하면 마이크로컨트롤러로부터 빠른 반응은 얻을 수 있었지만, 소리 자체는 그리 신통하지 않았음을 기억할 것이다. 그 반면에 미리 녹음해 둔 소리를 사용하면 고품질의 소리는 얻을 수 있지만 반응 시간은 더 더지게 된다. 이들의 중간 정도에 위치하는 방법인 미디MIDI와 문자음성변환(Text-To-Speech, TTS)에 대해서도 다룰 것이다. 이들은 녹음되어 있는 고품질 소리의 작은 조각들을 사용해서 실시간으로 소리를 생성하거나, 또는 마이크로컨트롤러의 영역을 넘어서는 고도의 컴퓨팅 파워를 사용해서 보다 복잡한 소리들을 실시간으로 합성해 낸다.

음악가들은 피지컬 컴퓨팅의 선구자들이다. 음악가들은 사람의 동작을 전기적인 형태로 변환하는 문제를 여러 가지 방법으로 해결해 왔다. 그들의 솔루션이 보통 높은 레벨이며 가격이 비싸기는 하지만, 테크놀로지를 통한 예술적 표현의 방법들을 순례하고 싶을 때는 언제든 큰 악기상이나 온라인 음악 상점을 둘러보면 많은 아이디어를 얻을 수 있을 것이다. 미디를 비롯한 음악 분야의 표준화 덕분에, 음악 컨트롤러로 디자인된 디바이스들은 다른 용도로도 사용할 수 있는 경우가 많다.

■ 소리의 입력

소리로 무엇을 하고자 하든지, 가장 우선되어야 할 작업은 소리 에너지를 전기 에너지로 변환하는 것이다. 마이크는 소리에 관한 트랜스듀서transducer 가운데 가장 기본적인 것이다. 사실 트랜스듀서가 무엇인지를 처음 배울 때, 제일 먼저 머리에 떠오르는 디바이스 중 하나가 바로 마이크일 것이다. 아쉽게도, 마이크를 아날로그 입력으로 사용하는 것은 6장에서 공부했던 가변저항의 경우처럼 쉽지 않다. 몇 가지 난관을 극복해야 마이크를 사용할 수 있다.

마이크는 기압의 변화를 전압의 변화로 바꾸어 준다. 소리는 전기적으로 AC 신호로 나타나게 된다. 즉, 그 신호가 0볼트를 중심으로 양과 음의 두 방향으로 움직인다는 것이다. 신호는 다시 *마이크 레벨microphone-level* 신호와 *라인 레벨line-level* 신호의 두 가지로 나누어진다. 마이크 레벨의 신호는 마이크로볼트에서 밀리볼트 범위에 있다. 라인 레벨의 신호는 −1~1 볼트 범위에 있다. CD 플레이어와 MP3 플레이어 및 턴테이블 등 앰프를 가지고 있는 디바이스들은 모두 라인 레벨의 신호를 낸다. 마이크의 신호를 라인 레벨로 올리려면 앰프를 사용해야 한다.

소리를 입력받으면 그 전압은 언제나 AC 파형을 따라 오르내리게 된다. **그림 13-1**은 음파sound wave의 전압을 시간의 흐름에 따라 그래프로 나타낸 것이다. 소리 에너지가 전기 에너지로 변환되었을 때, 소리의 크기는 수평축으로부터 그래프의 위아래 높이로 나타나게 된다. 이 높이를 소리의 *진폭amplitude*이라고 한다. 우리 입장에서는 진폭과 음량volume과 크기loudness는 모두 같은 것이라 할 수 있다.

그림 13-1 전형적인 음파의 그래프

소리 신호는 변화하는 속도가 매우 빠르다. 예를 들어, 주진동수 440Hz로서 중간 A음을 내는 소리굽쇠의 소리를 녹음한 라인 레벨 신호는 −1볼트에서 1볼트가 되었다가 다시 −1볼트로 돌아가기를 1초에 440번 하게 된다. 따라서 음파의 진동수를 측정할 때에는 빠른 프로세서를 사용해야 한다. 측정이 충분히 자주 이루어지지 않으면 신호의 최대점을 놓쳐서 진폭을 잘못 추정할 수 있기 때문이다. 오실로스코프의 사용이 어울리는 상황이다[1].

일반적으로 소리의 크기와 진동수를 자주 *샘플*할수록, 즉 측정할수록 그 소리에 대해서 더 정확하게 알 수 있게 된다. 이 문제를 해결하기 위해서는 필터 회로를 이용해서 다른 변화들을 걸러내고 일반적인 진폭 변화만을 남기는 방법을 사용할 수 있다. 이렇게 하는 것을 소리의 *인벨로프*envelope를 따라간다고 한다. **그림 13-2**는 소리의 인벨로프가 전기적으로 어떻게 나타나는지를 보여 준다. 이는 소리의 진동수에는 관심이 없고 진폭에만 관심이 있을 때에 행하게 되는 방법이다. 음량을 측정하는 것은 오늘날의 속도 빠른 컴퓨터에게 있어서 그리 어려운 일이 아니며, 심지어는 마이크로컨트롤러로도 가능한 일이다.

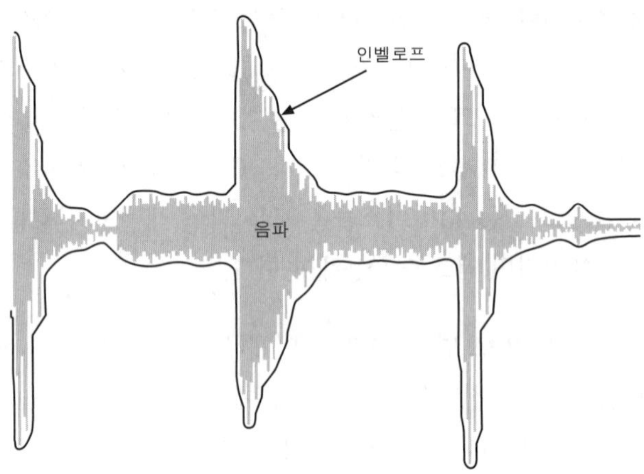

그림 13-2 소리의 진동수와 인벨로프

소리의 높낮이는 *진동수*frequency라고도 부른다. 진동수를 알기 위해서는 음량의 경우와 마찬가지로 소리 신호를 가능한 한 높은 해상도로 들여다보아야 하는데, 단지 이번에는 신호가 변화하는 빈도까지도 관찰해야 한다는 점이 다르다. 간단한 소리의 경우에는 이것이 그렇게 어렵지 않을 수도 있다.

1) *오실로스코프*oscilloscope는 멀티미터와 같은 측정 장비의 하나로서, 전압의 변화를 매우 빠른 속도로 측정해 준다. 음파나 데이터 신호 같은 전기 신호를 실시간으로 그래프화하여 눈으로 볼 수 있도록 해 준다. 일반인이 구입하기에는 부담스러운 가격일 때가 많은데, 주변에 오실로스코프를 사용할 수 있는 곳이 있으면 꼭 알아 두도록 하자. 소리 신호를 다룰 때 오실로스코프가 있으면 매우 편리하다.

하지만 사람의 말소리처럼 복잡한 소리는 여러 진동수들이 동시에 울림으로써 이루어진다. 복잡한 소리도 어떤 한 음을 연주하는 트럼펫의 소리처럼 주진동수dominant frequency를 가지는 경우가 있고, 사람의 말소리처럼 그렇지 않은 경우도 있다. 주진동수를 가지는 소리라고 하더라도 소리가 날 때 부산물로 딸려 나는 진동수들이 *배음*(倍音, overtone)을 만들게 된다. 주진동수를 정확하게 알기 위해서는 음높이 하나만을 측정하는 것이 아니라 몇몇 음높이를 함께 측정해야 한다. 여러 음높이를 가려낸 후, 가장 크게 소리나고 있는 것을 찾는 것이다. 이는 단순히 소리의 크기만을 측정하는 것보다 어려우며, 더 높은 컴퓨팅 파워를 필요로 하는 작업이다.

고속 푸리에 변환(Fast Fourier Transformation, FFT)이라는 수학 기법을 사용하면 소리를 그 구성 진동수들로 분해할 수 있다. 이 기법의 원리에 대해 설명하자면 이 책의 수준을 넘어가고, 이를 구현하려면 마이크로컨트롤러의 컴퓨팅 파워로는 부족하다. 하지만 우리가 다루어 온 멀티미디어 환경에도 FFT를 위한 도구들이 있는데, 여기에서는 이에 대해 설명하도록 하겠다.

멀티미디어 컴퓨터로 소리 입력받기

마이크의 신호를 컴퓨터로 받아들이는 가장 간단한 방법은 멀티미디어 컴퓨터에서 마이크나 오디오 입력 단자를 사용하는 것이다. 이 때 추가적인 회로 같은 것은 필요치 않다. 멀티미디어 컴퓨터는 음파를 매우 자주 샘플링할 수 있으며, 추출한 데이터를 분석하기 위한 소프트웨어도 여럿 나와 있는 것이다.

이 분야에는 Max/MSP가 특히 강하다. 음량을 측정하고자 할 때에는 MSP의 adc~ 오브젝트를 float~ 박스에 연결하기만 하면 지금 들어오고 있는 소리의 진폭을 실시간으로 볼 수 있다. 보다 완전한 분석이 필요하다면 밀러 퍼켓Miller Puckette의 fiddle~이라는 뛰어난 오브젝트가 있다. http://www-crca.uscd.edu/~tapel/software.html에서 구할 수 있다. fiddle~은 Max/MSP와 PD에서 모두 동작한다. PD는 Max와 비슷한 프로그램으로서 윈도우즈 환경에서 동작한다.

디렉터MX의 GetSoundLevel 엑스트라(http://www.physicalbits.com)를 사용해도 소리의 크기를 쉽게 알 수 있다. 이 엑스트라를 사용하면 소리의 전체적인 크기를 알 수 있는데, 스테레오 마이크를 사용하면 왼쪽과 오른쪽의 소리 크기를 구분할 수도 있다. 두 마이크를 서로 떼어 놓으면 같은 소리를 계속해서 내고 있는 물체가 있을 때에 그 위치도 어느 정도는 계산해 낼 수 있다. FFT를 통해 소리의 높낮이를 감지할 수 있는 엑스트라들도 있다. 우리는 ASCI의 asFFT 엑스트라를 즐겨 사용하고 있다(http://www.asci.net/asFFTXtra/).

자바로 소리를 받아들이는 방법에는 여러 가지가 있지만 가장 강력한 방법은 JSyn 클래스들을 사용하는 것이다(http://www.softsynth.com/jsyn/). JSyn에는 자바로 소리를 분석하고 합성할 수 있는 도구들이 모두 들어 있다. 아미트 피타루Amit Pitaru는 JSyn을 사용해서 소니아Sonia라는 프로세싱용 확장 툴킷을 개발했다(http://www.pitaru.com/sonia/). 소니아로는 여러 가지 일들을 할 수 있는데, 실시간으로 소리를 입력받고 분석하는 것도 그 중 하나이다.

마이크로컨트롤러로 소리 입력받기

마이크로컨트롤러로 소리의 크기를 파악하기 위해서는 먼저 마이크에서 들어오는 신호를 증폭시켜야 한다. 벨레만Velleman K1803(제임코에서 구할 수 있다) 같은 키트를 이용할 수도 있고, 증폭 기능이 달려 있는 스피커(이를테면 라디오 섁 277-1008 등)를 이용하면 더욱 간단하며, 부품들을 가지고 직접 앰프를 만들 수도 있다. 어떤 방법을 사용하든, 마이크로컨트롤러와 전압 수준을 맞춰 주는 것이 중요하다. **그림 13-3**은 마이크로컨트롤러로 소리를 입력받기 위한 두 가지 회로를 보여 준다. 위에 있는 회로는 라인 레벨용 전압 변환기이다. 라디오 섁의 앰프나 벨레만 키트를 사용하는 경우에는 이 회로를 이용하면 된다. 이러한 앰프들은 *라인 레벨line-level*의 소리 신호를 출력해 주기 때문이나. 좀더 모험심이 있는 사람이라면 이레에 있는 회로를 따라 직접 앰프를 만들어 보는 것도 좋다.

그림 13-3의 위에 있는 회로에서 저항들은 같은 값을 가지는 것을 사용하여 전체에 걸리는 전압이 가운데에서 정확히 절반으로 나누어짐으로써 2.5V가 되도록 해야 한다. 입력되어 들어오는 소리 신호는 라인 레벨이므로 -1~1V 사이에서 변화한다. 여기에 2.5V가 더해지면 마이크로컨트롤러로 들어오는 전압은 1.5~3.5V 사이에 있게 된다. 이는 마이크로컨트롤러에서 ADC를 사용한 아날로그 입력으로 잘 읽어들일 수 있는 범위이다. 소리 신호와 저항 사이에 있는 커패시터는 로우패스low-pass 필터의 역할을 하여 자잘한 진동수 변화는 걸러내고 소리의 인벨로프 진폭만을 측정할 수 있도록 해준다.

포노 미니 잭을 사용해서 이 회로에 연결할 때는 심 끝부분의 팁tip이 신호이고 슬리브sleeve(손잡이에 가까운 부분)가 그라운드가 되는 것이 보통이다. 도체가 세 개 있는 스테레오 잭에서는 가운데 단자(링ring)가 왼쪽 채널이고 끝부분이 오른쪽 채널이다.

그림 13-3
소리를 입력받기 위한 라인 레벨 변환회로와 마이크 증폭 회로.
라인 레벨 회로에서는 구입한 앰프와 간편하게 연결할 수 있도록 포노 미니 잭을 사용했다. 연결이 잘 보이도록 피복은 제거했다.

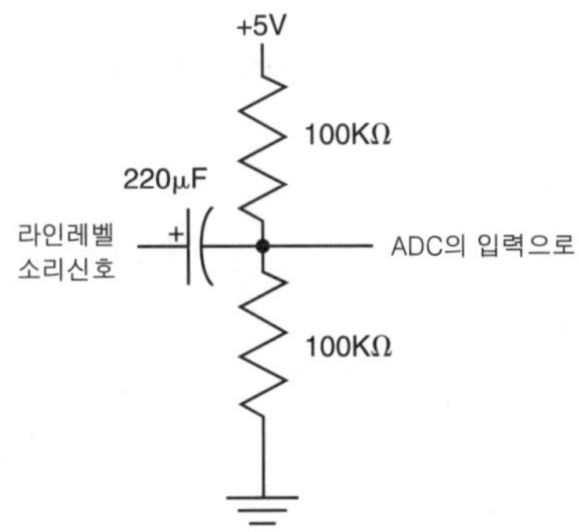

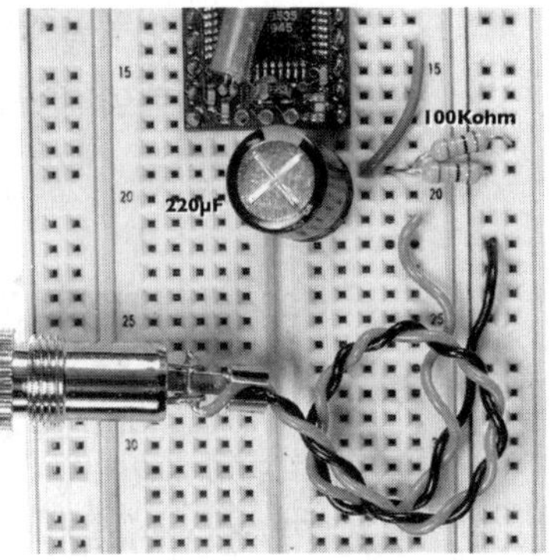

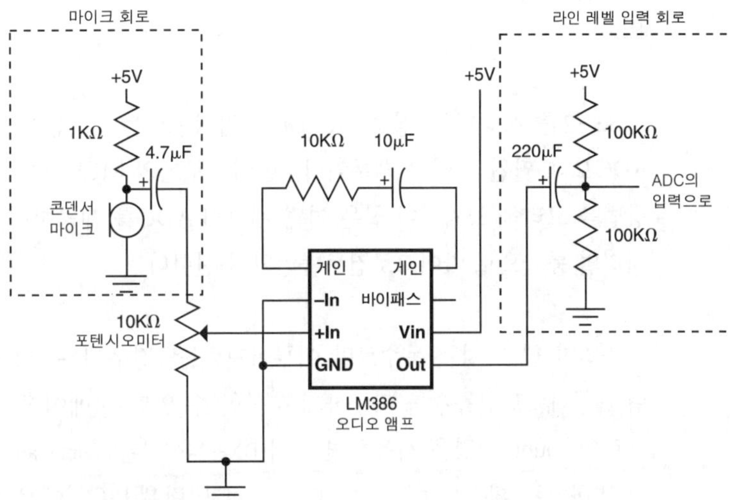

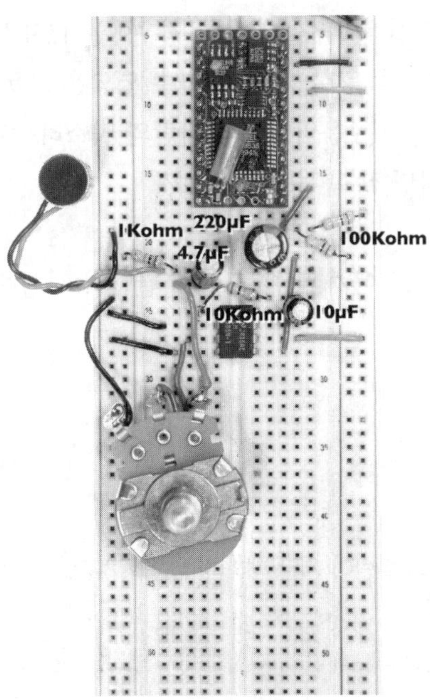

소리의 진폭을 읽어들이기 위한 코드를 간단히 작성해 보면 다음과 같이 된다. M베이직과 픽베이직 프로에서는 워드 변수를, BX-베이직에서는 인티저 변수를 사용하면 된다.

```
' ADC의 값을 ADCVar 변수로 읽어들인 후에 다음을 실행한다
if adcVar >=512 then
   AmplitudeVar = adcVar - 512
else
   AmplitudeVar = 512 - adcVar
   ' BX-베이직에서는 'endif' 가 아니라 'end if' 이다
endif
```

BS-2를 사용하는 경우, RCTime 입력으로는 이 신호를 읽을 수 없다. RCTime이 ADC보다 훨씬 느리기 때문이다. 마이크로칩의 MCP3208 같은 외부 ADC를 사용하는 방법을 고려해 보자. 이 칩은 여덟 채널의 ADC를 제공하며, 12장에서 이야기했던 동기 시리얼 통신으로 마이크로컨트롤러와 통신한다.

소리가 한 가지 진동수로만 이루어져 있을 경우에는, 마이크로컨트롤러로 잦은 샘플링을 통해 그 진동수를 비근하게 추산할 수 있다. p베이직, M베이직, 그리고 픽베이직 프로의 count 명령을 사용하면 된다(BX-24에서는 countTransitions). 이 명령은 핀의 상태가 변화하는 횟수를 헤아려 준다. count 명령은 PIC칩에서 4MHz 오실레이터를 사용할 경우에는 25KHz까지, 20MHz 오실레이터를 사용할 경우에는 125KHz까지 진동수를 샘플할 수 있다. 그러니 사람이 귀로 들을 수 있는 주파수 영역은 모두 측정할 수 있는 셈이다. 화음처럼 여러 톤이 겹쳐져 있는 음악소리나 사람의 말소리같이 복잡한 소리는 어렵지만, 단순한 한 높이의 음이라면 잘 측정할 수 있다.

입력되는 소리의 진동수를 읽어들이기 위한 코드를 간단히 작성해 보면 다음과 같이 된다.

NOTE

BX-24의 countTransitions는 음파의 절반이 지날 때마다 상승과 하강을 모두 한 번씩 셈하므로 측정값이 실제 진동수의 두 배가 된다.

PBASIC / MBasic / PicBasic Pro

```
freqVar var word
' 1초(1000ms) 동안 샘플링하면 진동수를 얻는다
COUNT inputPin,1000, freqVar
```

PBASIC

```
dim freqVar as long
' 1초 동안 핀의 상태가 변화하는 횟수를 헤아린다
freqVar = countTransitions (inputPin, 1.0)
' 얻은 값을 2로 나누면 진동수가 된다
freqVar = freqVar \2
```

count 명령은 한 음높이로 되어 있는 간단한 소리는 어느 정도 해결할 수 있지만, 사람의 말처럼 복잡한 소리는 잘 다루지 못한다. 디지털 시그널 프로세싱(Digital Signal Processing, DSP) 프로세서는 이와 같은 신호를 분석하기 위해 특별히 디자인된 칩으로서 빠른 속도와 수학적 연산처리 능력을 갖추고 있다. 모토롤라의 MC56F8300DSK나 마이크로칩의 dsPIC 시리즈 같은 이러한 칩들은 범용 마이크로컨트롤러의 일반 입출력 기능도 어느 정도는 갖추고 있으나 프로그램하기가 더 어렵다. 하지만 프로세서의 속도는 계속 빨라지고 있으니 앞으로는 범용 컨트롤러에서도 DSP의 기본적인 기능들은 사용할 수 있게 될 것이다. dsPIC 시리즈 같은 경우는 이미 범용 PIC 칩들과 상당히 유사하게 디자인되고 있다.

진동수를 분석하는 데 있어 가장 높은 레벨의 솔루션으로는 음 높이를 미디 신호로 바꾸어 주는 장비pitch-to-MIDI boxes나 드럼 트리거trigger 모듈이 있다. 이들은 마이크나 기타의 픽업, 또는 피에조 드럼 패드로부터 받은 입력을 음을 나타내는 미디 신호로 바꾸어서 마이크로컨트롤러나 멀티미디어 컴퓨터로 보내 준다. 값이 싼 모델들은 한 진동수만을 인식할 수 있지만, 좀더 비싼 모델들은 화음도 인식할 수 있다. 음을 쳤을 때 전기적인 신호를 내보내 주기만 한다면, 심지어는 전기 기타를 조율할 때 쓰는 튜너tuner도 같은 용도로 사용할 수 있다.

■ 마이크로컨트롤러로 소리 합성하기

마이크로컨트롤러로 소리를 합성하는 가장 간단한 방법은 스피커에 연결된 핀을 켜고 끄는 비율을 달리해 가면서 스피커의 진동수를 조절하는 것이다. 이에 대해서는 6장의 '아날로그 출력' 절에서 freqout 명령을 가지고 설명한 바 있다. 하지만 freqout 명령으로는 상대적으로 간단한 소리들만 만들 수 있다. 좀더 복잡한 소리를 위해서는 별도의 칩

들을 사용해 볼 수 있다. 이를테면 555 타이머를 스피커에 연결해도 여러 음을 얻을 수 있다. 텍사스 인스트루먼츠Texas Instruments의 74LS628(http://www.digikey.com에서 구할 수 있다)과 같은 가변전압 오실레이터는 입력되는 전압에 따라 변화하는 전압을 출력해 준다. 최근에는 스피크젯SpeakJet(http://www.acroname.com에서 구할 수 있다)처럼 여러 진동수 요소를 가지는 소리를 합성할 수 있는 칩들도 출시되었다. 또한 윈본드Winbond (http://www.winbond-usa.com)의 ISD4002 시리즈처럼 소리를 녹음하고 재생할 수 있도록 해주는 칩들도 있다. 이러한 칩을 이용하면 녹음한 소리를 여기저기서 조금씩 취한 후에 짜깁기하듯 재생하여 새로운 소리들을 만들어 낼 수 있다. 하지만 이러한 칩들이 제공하는 음질은 자동응답 전화기와 같은 수준이어서 고품질의 소리를 기대할 수는 없다.

음파 수준에서 작업한다는 것은 감당하기 버거울 정도로 많은 제어권을 준다. 그래서 오히려 듣기 좋은 소리를 얻기가 힘들어지는 경우가 많다. 그 소리가 작업하는 당사자에게는 어떨지 몰라도 같은 방에 있는 다른 사람들에게는 괴롭기만 할 수도 있는 것이다. 낱낱의 오실레이터들을 가지고 나만의 신디사이저를 만들어 낸다는 것은 무척 공이 많이 드는 일이다. 그 반면에 미디 신디사이저는 제어하기가 쉽고 그 소리도 듣기가 좋다. 이를 위해서는 미디 통신이 필요한데, 이에 대해서는 12장에서 설명했다.

■ 말소리

때로는 사람의 말소리를 자연음이나 음악소리와 구별해 취급하는 것이 도움이 된다. 입력에 있어서는 음성인식 도구들이, 그리고 출력에 있어서는 문자음성변환Text-To-Speech 합성모듈들이 이 일을 해준다. 두 가지 모두 소문은 무성하지만, 실제로 가능한 일들은 그만 못한 것이 사실이기는 하다.

말소리를 합성하기 위해서는 사람의 언어를 미리 녹음되어 있는 분절들로 분해해 내어야 한다. 단어나 문장처럼 큰 덩어리로 분해하면 듣기에는 더 좋지만 합성해 낼 수 있는 문장의 가짓수가 작아지게 된다. 그 반면에 음소音素 단위까지 내려가서 완전하게 분해하면 이론상으로는 어떤 문장이든지 합성해 낼 수 있게 되지만 그 소리는 언제나 인공적으로 들리게 마련이다. 현재 음성합성은 문장의 내용은 전달할 수 있으나 말하는 사람의 개성이나 억양을 표현하기는 어려운 정도의 수준에 있다. 시중에 여러 음성합성 도구들이 출시되어 있다. 앞서 언급했던 스피크젯SpeakJet이 칩 형태의 제품 가운데 기능이 가장 간단하고 가격도 가장 저렴한 편이지만 이 밖에 다른 제품들도 있다. 또한 멀티미디어 컴퓨터에서 실행되는 소프트웨어 기반의 음성합성 도구들도 있다. 이러한 도구들의 가장 큰 약점은 대부분이 영어를 위한 라이브러리는 잘 갖추고 있지만 다른 언어에 대해서는 배려가 거의 없는 것이나 마찬가지라는 점이다.

음성인식은 역사가 길다. 하지만 아직 언어의 이해에 대한 우리의 높은 기대에는 미치지 못하는 부분이 많다. 사람은 문장의 절반만 들어도 문맥에 따라 나머지를 구성해 낼 수 있다. 컴퓨터는 이것이 안 된다. 보통 음성인식은 특정한 한 사람이 시간을 두고 훈련시키면 잘 되고, 배경에 잡음이 없는 상황에서 한정된 단어들만 사용하면 어느 정도 되지만, 그렇지 않으면 주사위 던지기처럼 복불복에 가까워진다. 일반적으로 음성인식은 사람이 말을 시작하기 전에 컴퓨터가 미리 대기하고 있을 수 있으면 쉬워진다. 예를 들면, 초창기의 음성인식 시스템들은 소리가 시작되는 것을 신호로 해서 그때부터 동작하는 방식이었기 때문에 문장의 첫 음절을 놓치는 경우가 많았다.

하드웨어 음성인식 모듈을 찾는다면 센소리Sensory 사의 보이스다이렉트Voice Direct Ⅱ가 있다(http://www.jameco.com에서 구할 수 있다). 화자 종속의 연속 인식 방식으로서, 특정한 사람을 대상으로 훈련시키면 그 사람이 말을 할 때에 연속적으로 15개의 단어까지 인식할 수 있다. 간단한 패러랠 인터페이스를 통해 마이크로컨트롤러와 연결된다. 같은 회사의 제품으로 이보다 고급형 모델로는 모든 종류의 음성인식 IC와 연동해 사용할 수 있는 보이스익스트림Voice Extreme이 있다. 이미지즈Images SI(http://www.imagesco.com/)도 비슷한 키트를 생산하는데, 지원하는 어휘가 더 많고 마이크로컨트롤러가 없이도 사용할 수 있다.

멀티미디어 컴퓨터는 속도가 빠르고 메모리 용량도 크기 때문에 음성합성과 음성인식을 하기에 더 좋은 플랫폼이 된다. 하나의 플랫폼으로 인식과 합성을 모두 할 수 있다는 이점도 있다. 이 책에서 다룬 환경들 중에서는 디렉터가 자체에 내장하고 있는 스피치엑스트라SpeechXtra를 통해 문자음성변환 기능을 제공하고 있다. 다이렉트엑스트라즈DirectXtras(http://www.directXtras.com)의 XtrAgent 엑스트라를 사용하면 음성인식도 가능하다. 자바의 스피치 API는 두 기능을 모두 제공한다. 프로세싱도 자바의 스피치 API를 이용할 수 있다.

■ 전화기

전화기는 너무나 흔해서 오히려 못 보고 지나치는 경향이 있는 사운드 디바이스이다. 하지만 마이크로컨트롤러는 일반 전화기를 통해 데이터를 주고받을 수도 있고 아날로그 사운드로 통신할 수도 있다. 이런 점을 고려해 보면 전화기도 분명 쓸모 있는 도구라고 할 수 있겠다. 디지털 네트워크가 각광 받으면서 전화선으로 아날로그 소리 신호를 보내는 방식의 통신이 뒤로 밀려나기는 했지만, 아직까지는 데이터 통신보다는 전화가 더 일반적인 것이다.

이를테면 우리는 길을 걸으면서 휴대전화로 전화를 걸고 터치톤 키패드를 누를 때 아파트 창문에 걸어놓은 크리스마스 장식의 불빛들이 반짝이는 패턴이 바뀌도록 할 수 있다. 어떤 지역을 지나는 기차에 관한 정보를 인터넷에 바로바로 업데이트해야 하는 경우에도 광대역 인터넷 연결이 없다면 일반 전화 서비스(기술용어로는 POTS라고 한다)를 이용할 수 있다. 또 사람들이 어디서든 전화를 걸어서 음성 메시지를 남길 수 있게끔 디지털 자동응답 시스템을 만들 수도 있다. 만일 전화선의 양쪽에 모두 컴퓨터가 있고 디지털 데이터만을 전송하는 경우라면, 뒤에서 소개할 회로 부분은 건너뛰고 12장에서 설명했던 것처럼 모뎀을 사용하면 된다.

전화선 인터페이스

벽에 있는 전화 잭에는 전선이 여럿 있지만, 표준 전화의 경우에 이 가운데 중요한 것은 두 가닥뿐이다(미국의 경우, 보통 빨간색과 녹색). 빨간 전선은 *링ring*이라 부르고 녹색 전선은 *팁tip*이라 부른다. 전화가 울릴 때, 이 전선들에는 사람에게 충격을 주기에 충분한 전압이 걸린다(보통 90볼트 AC). 감전을 방지하기 위해, 회로가 완성되지 않은 상태에서는 커넥터를 전화선에 연결하는 일이 없도록 하자. 예제에서는 RJ-11 폰 잭 암컷을 커넥터로 사용했다.

전화선을 통해 전화기와 소리 신호를 주고받기 위해서는 **그림 13-4**와 같은 인터페이스 회로가 필요하다. 이 회로에서는 변압기가 핵심적인 부품으로, 우리의 회로를 전화 네트워크로부터 떼어놓아 주며 상호간에 전압을 맞추어 준다. 다른 부품들은 몇 개 빠져도 큰 지장은 없다. 릴레이는 수화기를 들었다 내렸다 하는 훅hook의 역할을 한다. **그림 13-4**에서는 접점 두 개짜리 릴레이를 사용해서 두 전선 모두를 스위칭하고 있는데, 링 전선만 스위칭해도 상관은 없다. 사이댁터sidactor는 번개가 칠 때의 서어지surge로부터 회로를 보호해 주며, 맞은편의 제너 다이오드는 링 전압을 포함한 여타 전압 서어지들로부터 회로를 보호해 준다. 저항과 커패시터들은 통신 연결을 위한 정격전압을 유지할 수 있도록 도와주고 신호를 걸러내어 음질을 좋게 해준다. 빨간 전선과 녹색 전선 사이에 스피커를 연결하면 회로를 위한 간이 디버깅 장치가 된다. 신호 대기음, 신호 가는 소리, 전화를 받는 소리 등 전화를 걸 때에 나는 모든 소리들을 들을 수 있어야 정상이다.

이 회로는 친구들에게 장난치기에 아주 그만이다. 마이크로컨트롤러로 친구집에 전화를 걸어 친구가 전화를 받으면 freqout 명령어로 추억의 히트곡 '펑키 타운'을 불러주는 것은 어떨까?

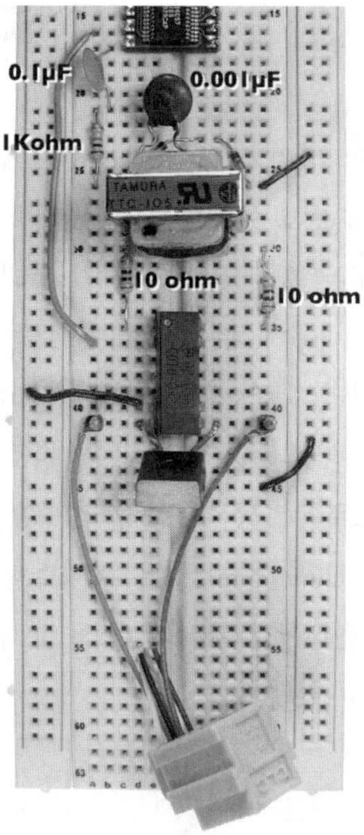

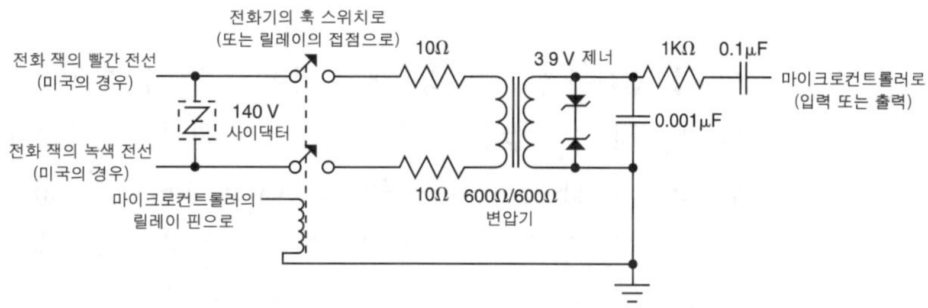

그림 13-4 마이크로컨트롤러가 전화선을 통해 데이터나 소리 신호를 보낼 수 있도록 하는 전화선 인터페이스 회로.
이 인터페이스를 사용하면 마이크로컨트롤러에서 만든 소리나 멀티미디어 컴퓨터의 사운드 포트에서 나오는 소리를 전화선으로 전송할 수 있다.

이 회로에 필요한 부품들은 라디오 색을 비롯해 전화 관련 부품을 판매하는 곳이면 어디서든지 구할 수 있지만, 기준이 될 수 있도록 우리가 예제에서 사용한 부품들의 디지키Digi-Key 파트넘버를 소개하면 다음과 같다.

- ▶ *변압기.* 600Ω 전화기용 커플링 변압기, MT4134-ND
- ▶ *사이댁터.* P3002AB-ND
- ▶ *제너 다이오드.* 3.9V 1N5228BCT-ND
- ▶ *릴레이.* 보호 다이오드가 달려 있는 5V DPDT DIP 릴레이 306-1034-ND

이 회로는 대부분의 일반 전화선에서 잘 동작한다. 만일 변압기가 지나치게 뜨거워진다면 연결된 전화 시스템이 표준형이 아니기 때문일 가능성이 높다. 이런 시스템에서는 위 회로를 사용할 수 없다. 걸려 오는 전화에 마이크로컨트롤러가 응답하도록 하려면, 전화가 걸려 오는 것을 감지할 수 있는 방법이 마련되어야 한다. 칩 형태의 센서들도 있지만, 가장 간단한 방법은 착신알림 신호등을 사용하는 것이다. 이는 라디오 색을 비롯해 전화기를 취급하는 상점 어디에서든지 구할 수 있다. 이 장치는 전화가 울릴 때 마다 릴레이를 작동시켜 신호등에 불을 켠다. 장치를 뜯어서 릴레이에 연결되는 단자를 찾아 그것을 마이크로컨트롤러로 들어오는 스위치 입력으로 사용하면 된다.

연결할 전화가 한 대인 경우에는 이 회로가 만들기에도 그리 어렵지 않고 관리하기에도 적당할 것이다. 만일 좀더 복잡한 통화 관리가 필요하다면 전화선 인터페이스 장치(http://www.blackbox.com)나 모듈(http://www.micromint.com), 또는 회로 일체와 연결 상태의 관리는 물론이고 착신전환 기능과 통화중 신호 감지 등을 제공해 주는 'DAA' 모듈(http://www.xecom.com)을 구입하는 것을 고려해 보자. 만일 여러 사람이 동시에 한 서버에 전화를 걸어야 한다면 전화선이 여러 개 있어야 하고 전화선마다 인터페이스가 따로 있어야 한다. 이는 돈이 많이 들 수 있는 일이다. 다른 대안으로는 모든 통화 관리가 인터넷에 연결된 서버를 통해 이루어지는 텔미Tellme(http://studio.tellme.com) 같은 서비스를 사용하는 것을 고려해 볼 수 있다. 이러한 서비스에서는 일반 인터넷 서버 CGI 프로그래밍과 사람의 목소리만으로 전화 관리 시스템과 인터페이스할 수 있다.

DTMF

전화로 데이터를 주고받기 위해서는 여러 가지 주파수의 소리들을 보낼 수 있어야 하고 각 주파수의 음이 나타내는 의미에 대해 상호간에 약속이 정해져 있어야 한다. freqout 명령을 사용해서 나만의 프로토콜을 만들 수도 있지만, 이미 터치톤 전화기의 버튼들이 내는 소리에 대해 정해진 표준이 있다. 이를 *DTMF* 톤이라고 한다. DTMF를 사용하면 통신의 한 쪽이 전화기나 전화기 관련 시스템일 경우에 편리하다. 전화선의 양쪽이 모두 컴퓨터에 연결될 경우에는 모뎀을 사용하면(12장을 참조하라) 주파수를 통해 암호화하는 과정과 이를 다시 해석하는 과정 전체에 신경을 쓸 필요가 없어진다.

전화선 인터페이스가 일단 갖추어지고 나면 DTMF 톤을 사용해서 전화를 거는 일은 아주 간단하다. 상대편 디바이스가 DTMF 해독기를 가지고 있다면 이를 제어하는 것도 마찬가지로 쉬운 일이다. 터치톤 전화에는 16개의 DTMF 톤이 있는데 대부분의 경우 12개만을 사용한다. 우리들이 사용하는 대부분의 마이크로컨트롤러는 이들을 만들어 내기 위한 DTMFout 명령을 지원한다. 유독 BX-24에는 이 명령이 없는데, **표 13-1**의 주파수들을 따르면 freqout 명령으로도 이 톤들을 만들 수 있다.

표 13-1 DTMF 주파수 조합표

주파수	1209	1336	1477	1633 Hz
697 Hz	1	2	3	A
770 Hz	4	5	6	B
852 Hz	7	8	9	C
941 Hz	*	0	#	D

전화를 걸기 위한 코드를 일부만 작성해 보면 다음과 같다.

PBASIC **MBasic** **PicBasic Pro**

```
' 핀에 연결된 릴레이를 통해 수화기를 훅에서 들어 올린다
low relayPin
pause 500
High relayPin
Pause 500
' 다른 핀을 통해 번호를 누른다
DTMFOUT phonePin, 200,200, [ 1,2,1,2,5,5,5,1,2,1,2]
```

NOTE

PIC의 경우 20MHz 클록을 사용하는 편이 훨씬 좋은 결과를 얻을 수 있다. 베이직 아톰 프로24의 경우에는 DTMF 명령들이 있지만 아직까지는 작동하는 것을 본 적이 없다.

BX-24의 경우는 좀더 복잡하다.

BX-Basic

```
' 핀에 연결된 릴레이를 통해 수화기를 훅에서 들어 올린다
call putPin(relayPin, 0)
call delay(0.5)
call putPin(relayPin, 1)
call delay(0.5)
' 다른 핀을 통해 번호를 누른다
call freqout(phonePin, 697,1209, 0.2)      '1
call freqout(phonePin, 697,1336, 0.2)      '2
call freqout(phonePin, 697,1209, 0.2)      '1
```

```
call freqout(phonePin, 697,1336, 0.2)      '2
call freqout(phonePin, 770,1336, 0.2)      '5
call freqout(phonePin, 770,1336, 0.2)      '5
call freqout(phonePin, 770,1336, 0.2)      '5
call freqout(phonePin, 697,1209, 0.2)      '1
call freqout(phonePin, 697,1336, 0.2)      '2
call freqout(phonePin, 697,1209, 0.2)      '1
call freqout(phonePin, 697,1336, 0.2)      '2
```

DTMF 톤을 해독하기 위해서는 들리는 소리에서 주파수 한 쌍을 모두 감지해 낼 수 있어야 한다(DTMF에서 'D'는 dual쌍雙을 나타낸다). 예상할 수 있듯이, 이는 마이크로컨트롤러로는 하기 어려운 일이다. 동시에 이는 터치톤 전화로 무언가를 제어하기 위해서는 반드시 해결되어야 하는 문제이기도 하다. 이를 위해서는 75T204(http://www.alphamicro.net 등에서 구할 수 있다) 등의 DTMF 디코더 칩을 이용할 수 있다. 이들은 클록 크리스탈만 연결해 주면 인식한 DTMF 톤의 번호를 핀 4개를 통해 마이크로컨트롤러에 알려 준다. 이 밖에도 많은 회사들이 DTMF 톤을 인식하기 위한 키트들을 판매하고 있고(http://www.ramseyelectronics.com, http://www.kitsrus.com 등을 참조하라), 앞서 전화선 인터페이스 절에서 소개했던 통화 관리 도구들 역시 이 문제를 다루어 준다. 앞서 설명했던 FFT 도구들을 사용해서 멀티미디어 컴퓨터로 주파수를 해독하는 방법도 가능하다.

2. 빛

많은 사람들이 마이크로컨트롤러에 제일 먼저 연결해 보고 싶어하는 것이 빛을 감지하는 센서이다. 우리의 감각 시스템이 워낙 눈에 치우쳐 있기 때문일 것이다. 빛을 입력 받기 위한 센서로는 6장에서 이미 사용해 본 바 있는 포토셀과 9장에서 다루었던 비디오 카메라를 비롯하여 여러 가지가 있다. 여기에서는 빛을 입력 받기 위한 몇 가지 다른 센서들도 소개하지만, 주로 빛의 출력을 제어하는 데 따르는 좀더 어려운 문제들을 설명하고자 한다.

■ 빛을 감지하는 센서들

포토셀(좀더 정확하게는 포토레지스터$_{\text{photoresistors}}$, 즉 빛에 반응하는 저항)은 마이크로컨트롤러에 연결하기 가장 쉬운 센서이다. 약간 반응이 느리다는 점이 때로 한계가 되기는 하지만, 빛을 감지함에 있어서는 약방의 감초 같은 부품이라고 하겠다. *포토다이오드*와 *포토트랜지스터*는 빛에 반응한다는 점에서 포토셀과 비슷한 부품들이다. 이들은 디지털 입력 센서로 사용하는 것이 보통이지만, 원한다면 아날로그 신호를 읽어 내는 것도 가능하다. 포토다이오드와 포토트랜지스터가 포토레지스터와 주로 차이나는 점은 빛의 변화에 반응하는 속도가 빠르다는 것이다. 예를 들면, 포토레지스터는 시리얼 통신의 전송률로 데이터를 주고받을 수 있을 만큼 반응이 빠르지 못하다. 그래서 적외선 시리얼 수신기는 들어오는 데이터 펄스를 읽어들이는 데 보통 포토다이오드나 포토트랜지스터를 사용한다.

포토다이오드는 일반적으로 그 출력을 마이크로컨트롤러가 읽어들일 수 있는 전압 수준으로 증폭하기 위해 op앰프 회로를 필요로 한다. 그 반면에 포토트랜지스터는 일반 디지털 스위치와 동일한 방식으로 쉽게 읽어들일 수 있다. 이들은 베이스가 없다는 점을 제외하고는 그 작용이 일반 트랜지스터와 동일하다. 충분한 빛이 포토트랜지스터의 렌즈에 비추면 광원이 베이스로 작용하여 콜렉터에서 이미터로 전류가 흐르도록 하는 것이다. **그림 13-5**는 포토트랜지스터를 디지털 입력으로 사용하기 위한 회로 구성을 보여 준다. 같은 회로를 아날로그-디지털 변환기에 연결하면 광량에 따라 변화하는 훌륭한 아날로그 신호를 얻을 수도 있다. 하지만 BS-2에서 RCTime 회로를 사용해서는 잘 되지 않을 것이다.

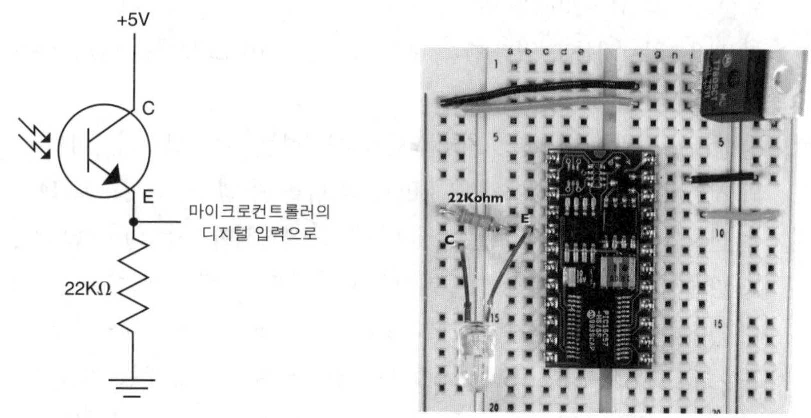

그림 13-5 포토트랜지스터를 입력으로 사용한 회로

TAOS의 빛-전압 변환센서는(http://www.taosinc.com에서 구할 수 있다) 하나의 디바이스 안에 포토다이오드와 op앰프가 같이 갖추어져 있으므로 파워와 그라운드만 연결해 주면

0~5V 범위의 아날로그 전압을 얻을 수 있다. 이 센서가 위 회로보다 감지할 수 있는 범위가 넓다.

일반 포토셀보다 빠르고 정확한 측정이 필요하다면 포토다이오드들을 어레이 형태로 결합시켜 놓은 제품을 사용해 볼 수 있다. TAOS의 TSL230 센서는 포토다이오드의 어레이와 그에 따르는 아날로그 회로들을 한 제품 안에 갖추고 있다. 이 칩은 광량을 읽어들인 수치를 진동수로 바꾸어 보내므로 count 명령어를 통해 값을 읽어들일 수 있다(BX-24에서는 countTransitions 명령). 이와 비슷한 칩으로, 서로 다른 색을 걸러내는 필터가 붙은 여러 개의 어레이들을 가지고 있는 제품도 있다(TCS230. http://www. parallax.com에서 모듈 형태로 구할 수 있다). 이 칩을 사용하면 전체적인 광량은 물론이고 특정 색들의 강도까지도 알 수 있다.

■ DC를 이용한 빛의 제어

예전에는 전원이 들어와 있음을 알려 주는 용도로나 사용되던 LED가 최근에는 대형 스크린이나 빛을 이용한 조형물에 쓰이고 있으며, 심지어는 가정용 전구로도 사용되고 있다. 요즘은 그 불빛에 책을 읽을 수 있을 정도로 밝은 고휘도 LED도 흔하다. 디지키나 수퍼브라이트 LED(http://www.superbrightleds.com) 및 LED 이펙츠(http://www.ledeffects.com) 등 여러 업체에서 구할 수 있다. 1000 밀리칸델라를 넘으면 고휘도라고 할 수 있는데, 요즘은 이의 10~20배를 발하는 LED들도 있다. 고휘도 LED 가운데에는 RGB의 세 가지 색을 내는 것들도 있다(빨강, 초록, 파랑). RGB LED에는 다리가 두 개 더 있다(색마다 다리 하나씩).

출력이 늘기는 했지만, 전류를 통해 제어하는 다이오드라는 점에서는 이들 역시 이 책의 첫머리부터 계속 사용해 온 LED들과 다를 바 없다. 고휘도 LED는 일반 LED보다 많은 전류를 소비하여, 때로는 트랜지스터로 제어해야 하는 LED들도 있다. 이들의 밝기를 조절하기 위해서는 일반 LED에서와 마찬가지로 펄스길이변조를 사용하면 된다. 또는 12장에서 설명했던 디지털 포텐시오미터를 사용할 수도 있다. PIC 18F452와 베이직 아톰, 그리고 BX-24는 PWM 신호만을 전담하여 내보내 주는 핀을 가지고 있다(이를 하드웨어 PWM이나 HPWM이라고 하기도 한다). 이 신호는 마이크로컨트롤러가 다른 일을 하는 동안에도 안정적으로 지속된다. PWM 신호가 두 채널 이상 필요할 경우에는 이를 위한 별도의 칩을 구입하여 해결할 수 있다. 마이크로엔지니어링 랩스(http://www.melabs.com)의 PAK-Vb PWM 코프로세서coprocessor는 여덟 채널의 하드웨어 PWM을 제공해 준다. 이 칩은 비동기 시리얼 명령어들을 통해 제어할 수 있다.

결국에는 LED가 너무 재미있어서 대량의 LED들을 하나하나 제어하고 싶어지게 될지도 모른다. 이를 위한 방법들은 14장 '아주 많이 입력받기, 그리고 아주 많이 출력하기'에서 다루겠지만, 결국 높은 레벨에서 이를 해결하는 방법은 마이크로컨트롤러로 제어할 수 있는 LED 조명기구를 구입해서 사용하는 것이다. 예를 들면, 컬러 키네틱스(http://www.colorkinetics.com)에서는 DMX512 시리얼 프로토콜로 제어할 수 있는 다양한 조명기구들을 판매하고 있다.

LED가 흥미로운 소재이기는 하지만 물리적으로 유연한 소재는 아니다. 변형 가능한 조명 소재가 필요하다면 전자발광(electroluminescent, EL) 종이나 전자발광 전선을 고려해 볼 수 있다. 이는 전류를 통했을 때 여러 색의 빛을 발하는 소재이다. 여러 가지 모양으로 오려 내거나 자를 수도 있다. 이들은 매우 높은 전압에서 매우 낮은 전류로 동작하는 AC 디바이스이다. 이들을 제어하기 위해서는 DC를 AC로 바꾸어 주고 그 전류와 전압을 EL-전선이나 EL-종이에 맞는 범위로 변환해 주는 인버터inverter가 필요하다. 시중에 수없이 많은 전자발광 키트가 나와 있는데, 많은 경우에 인버터가 딸려 있다. 전자발광은 때때로 사용하는 전력에 대해 까다로울 수 있으니, 파워 서플라이까지 같이 들어 있는 키트라면 시작하기에 더욱 좋겠다. 엘와이어 닷컴(http://www.elwire.com)에 가 보면 전자발광 전선을 제어하는 방법에 관한 많은 정보를 얻을 수 있다. EL-전선과 키트를 판매하는 업체도 많은데, 이를테면 http://www.thatscoolwire.com이 있다. 올 일렉트로닉스(http://www.allcorp.com)에서는 전자발광 종이 키트도 판매하고 있다.

전자발광체는 AC를 사용하기 때문에 그 제어하는 방법이 LED를 제어하는 방법과는 차이가 있다. 다음 절에서 AC 파워를 제어하는 것이 어떻게 어려운지에 대해 조금은 설명하게 될 것이다. 아니면 DC로 활성화enable할 수 있는 핀을 제공하는 인터버 모듈을 찾아보는 편이 나을 수도 있다. 활성화 핀에 펄스길이변조 신호를 보내는 것은 인버터에서 높은 전압이 걸리는 쪽을 피하고 낮은 전압이 걸리는 쪽만을 다룰 수 있기 때문에 전자발광 전선을 제어하는 쉽고도 안전한 방법이 된다.

■ AC를 이용한 빛의 제어

방안 전체를 비추는 조명을 제어하고자 하는 경우, 고휘도 LED가 분위기를 돋우는 어둑한 조명으로는 적당할지 몰라도 AC 백열조명을 대신할 수는 없다. 아직까지는 말이다. 그런 날이 올 때까지는, AC 조명의 제어에 대해 알아 두는 편이 좋겠다.

6장에서 릴레이를 사용해서 AC 전원을 켜고 끄는 방법에 대해 설명했다. AC 전원을 다룰 때에는 감전사나 화재에 더욱 주의해야 하는 것이 사실이지만, 그렇다고 지나치게 부들부들 떨 것까지는 없다. 어느 정도 경험을 쌓고 조심한다면 AC를 다루는 것이 그리 어려운 일만은 아니다. 그런데 AC 전등을 켜고 끄는 것은 비교적 간단하지만, 밝기를 조절하는 것은 그렇지가 않다.

AC 조도 제어 회로

DC에서는 전원을 켜고 끄는 비율을 달리함으로써 아날로그 전압을 모사할 수 있었다. AC 전압에서도 역시 같은 과정을 따르지만, 타이밍과 관련하여 여러 가지로 신경을 써 주어야 할 문제들이 추가된다. 평균전압을 낮추기 위해서는 AC 사이클이 반복될 때마다 매번 전원을 잠깐씩 꺼 주어야 한다. 예를 들어, 전압을 절반으로 낮추고 싶다면 매 사이클마다 사이클의 절반에 해당하는 시간만큼 전원을 꺼 주는 것이다. **그림 13-6**에 이 개념을 도식화했다.

AC를 켜고 끄는 데는 트라이액triac을 사용할 수 있다. *트라이액*은 AC 전류를 스위칭하는 데 사용하는 일종의 전자적 스위치이다. 트라이액은 릴레이와 비슷한 측면도 있지만 트랜지스터와 같은 속도로 작동한다. 그래서 주파수가 높은 AC 신호를 스위칭할 수 있는 것이다. 트라이액과 트랜지스터의 차이가 무엇인가를 설명하자면 이 책의 범위를 넘어간다.

고전압 고전류의 AC 조도 조절은 내용을 잘 모르면서 어설프게 했다가는 생명이 위험할 수도 있는 일이다. 많은 노력과 경험을 쌓아야 제대로 해낼 수 있는 일이니, AC 조명 장치의 밝기를 제어하는 문제에 관한 한 반드시 높은레벨 접근방법을 택할 것을 강력히 추천한다.

주의

AC 조도 조절장치dimmer를 처음 배울 때 흔히 저지르게 되는 실수 중 하나는 이 장치를 선풍기나 윈치 모터 같은 AC 모터의 속도를 제어하는 용도로 사용하는 것이다. AC 모터를 비롯한 유도부하들은 절대로 AC 조도 조절장치로 제어해서는 안 된다. 모터가 발생시키는 역전압이 조도 조절장치와 모터를 망가뜨릴 수 있다. AC 모터의 속도를 제어할 때 절대로 AC 조도 조절장치를 사용하지 말자.

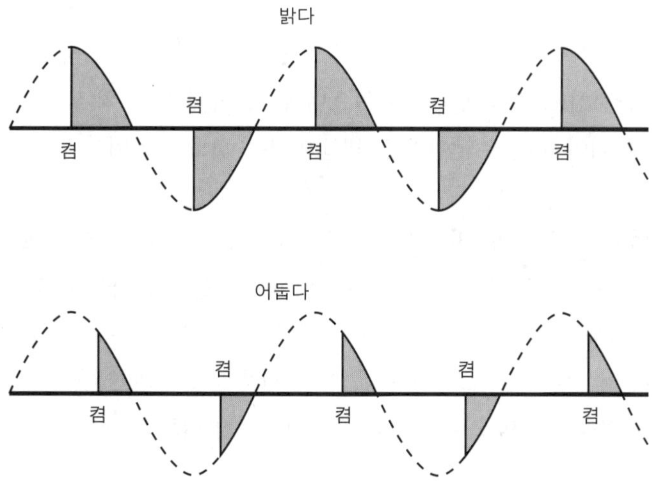

그림 13-6
AC 전류를 약하게 하기 위해서는 AC파 사이클의 절반마다 전류를 조금씩 끊어 주어야 한다. 위의 그림은 AC 전류를 50%로 줄인 것이다. 아래 그림은 25%로 줄인 것이다.

미디 조도 조절장치

돈은 있는데 시간이 없는 경우에는, 작은 미디 조도 조절장치가 아주 훌륭한 해결책이 될 수 있다(예를 들면, 토파즈Topaz의 라이트 마스터Light Master 같은 것. http://www.tpz.com에서 구할 수 있다). 가격이 저렴한 모델의 경우, 이들은 마치 끝에 미디 입력 단자가 달려 있는 파워 케이블처럼 생겼다. 미디 명령어로 소켓 하나하나를 따로따로 제어할 수 있다. 일반적으로 채널당 300와트 정도를 다룰 수 있다. 대부분의 사운드와 라이팅 장비 렌탈업체들이 이러한 방식의 간단한 조도 조절장치들을 취급한다. 음악을 틀어 주는 DJ들이 사용하는 장비를 제공하는 업체에서도 취급하는 경우가 있다.

좀더 고가의 장비로 올라가면, 와트 수 높은 조명에 사용하는 전문적 조도 조절장치들은 대부분 DMX-512 시리얼 프로토콜로 통신한다. DMX-512는 250Kbps에서 동작하는, 미디보다 훨씬 빠른 프로토콜이다. 우리가 사용하고 있는 마이크로컨트롤러들 가운데서는 PIC만이 DMX의 속도로 직접 통신할 수 있다. 하지만 미디-DMX 변환기나 RS-232-DMX 변환기들도 나와 있으니 이들을 이용할 수도 있겠다. 가정용 조명보다 전력 소모가 큰 조명들을 사용하는 전문적인 공연 이벤트를 위해서는 이러한 조도 조절장치가 필수적이다.

조도 조절장치 해킹하기

시간은 있는데 돈은 그만큼 없으며, 조도 조절장치를 직접 만들어 쓸 만큼 전자회로에 깊숙이 들어가고 싶지는 않다면, 가정용 조도 조절장치를 고쳐서 쓰는 방법이 있다. 가장 간단하고 빠른 방법은 RC 서보모터를 일반 조도 조절기의 로터리 손잡이에 붙여서 쓰는 것이다. 조도 조절기들은 180도 이상 회전하는 경우가 많은데, 서보모터로 회전 범위가 충분하지 않다면 스테퍼 모터를 사용할 수도 있다. 이것이 가장 세련된 방법은 아니겠지만, 비교적 안전하고 빨리 만들 수 있으며 돈도 적게 드는 해결책이 되어 준다. AC 전류를 직접 다루어야 하는 부담이 없는 방법이라는 것도 장점이다.

이와 비슷한 방법으로, 주변의 빛을 감지하여 자동으로 조절되는 조도 조절기를 사용하는 방법도 있다. 이는 실내와 정원을 장식하기 위한 용품을 취급하는 여러 상점에서 실외등 조절용으로 판매하고 있다. 많은 제품들이 저녁이면 불을 켜는 스위치 기능만 가지고 있어서 적당하지 않지만, 조도 조절기능을 가진 제품들도 나와 있다. 센서 앞에 LED를 붙이고 LED의 불빛을 조절함으로써 전등을 제어하는 방법도 있다.

리모트 컨트롤의 적외선 시리얼 신호를 통해 제어할 수 있는 조도 조절장치들도 있다. 마이크로컨트롤러를 프로그램하여 리모트 컨트롤의 신호를 흉내내는 것 또한 가능한 일이다. 우선 IR 수신 회로를 덧붙이고 마이크로컨트롤러가 리모트 컨트롤의 프로토콜을 '배울' 수 있도록 프로그램한 다음(12장 참조), 리모트 컨트롤의 버튼들을 눌러 가면서 그 코드들을 기록해 두자. 그 다음에 마이크로컨트롤러를 다시 프로그램하여 IR 송신기가 해당 프로토콜에 따라 송신하도록 히면 된다.

이러한 방법들이 투박해 보일지도 모르겠지만, 좀더 우아한 방법을 사용할 만한 충분한 자금이 없을 때는 세련됨은 잠시 잊고 독창성을 발휘해 보는 것도 나쁘지 않겠다.

X10을 사용한 AC 조도 조절

인터액션이 느리게 이루어지는 경우라면 X10이 매력적인 선택이 될 수 있다. X10은 AC 전원 케이블로 가전제품을 제어하기 위해 개발된 시리얼 프로토콜이다. 이를 사용하기 위해서는 RS-232/TTL 시리얼을 X10으로 변환시켜 주는 인터페이스 장비가 필요하다. 스마트홈(http://www.smarthome.com)을 비롯한 여러 홈 오토메이션 상점들이 TW523 인터페이스 모듈을 판매하고 있다. 이 모듈은 기본적으로 X10을 위한 모뎀이라고 할 수 있다.

X10 컨트롤 모듈에는 여러 가지가 있지만 크게 조도 조절장치와 스위치의 두 카테고리로 나누어 볼 수 있다. X10 조도 조절장치는 백열전등과 같은 저항부하resistive loads들을 다룰 수 있다. 이들은 'AC 조도 제어 회로'에서 설명했던 것과 같은 방법을 사용해서 부하로 가는 전압을 제어한다. 반면에 X10 스위치는 전압을 변화시키지는 않고 단지 전압을 켜고 끄기만 한다. X10 스위치는 모터 등의 유도부하inductive loads를 가지는 가전제

품에 사용하며, X10 조도 조절장치는 백열전등과 같은 저항부하의 강도를 제어하는 데 사용한다. 모터를 비롯한 유도부하들은 X10 조도 조절장치에 연결해 사용하는 일이 없도록 하자. 조도 조절장치는 물론이고 모터까지 망가질 공산이 크다.

이 책에서 사용하고 있는 마이크로컨트롤러들은 베이직 아톰 프로24만 제외하고는 모두 X10 디바이스와 통신할 수 있는 명령어들을 가지고 있다. X10의 한 가지 큰 장점은 인터페이스 장치를 가정의 일반 AC 콘센트에 연결하기만 하면 그 AC 시스템 안에 꽂혀 있는 어떤 조도 조절장치든지 제어할 수 있다는 것이다. 즉, 별도의 길다란 케이블 같은 것은 필요치 않다. 그 반면에 X10의 한 가지 큰 단점은 속도가 매우 느리다는 것이다. 간단한 조도 조절 명령 하나가 수행되는 데에 몇 초씩 걸리는 경우도 있다. X10 조도 조절장치의 정밀도는 매우 낮다. 밝은 정도를 제어할 수 있는 단계가 고작해야 10단계 정도밖에는 되지 않는다.

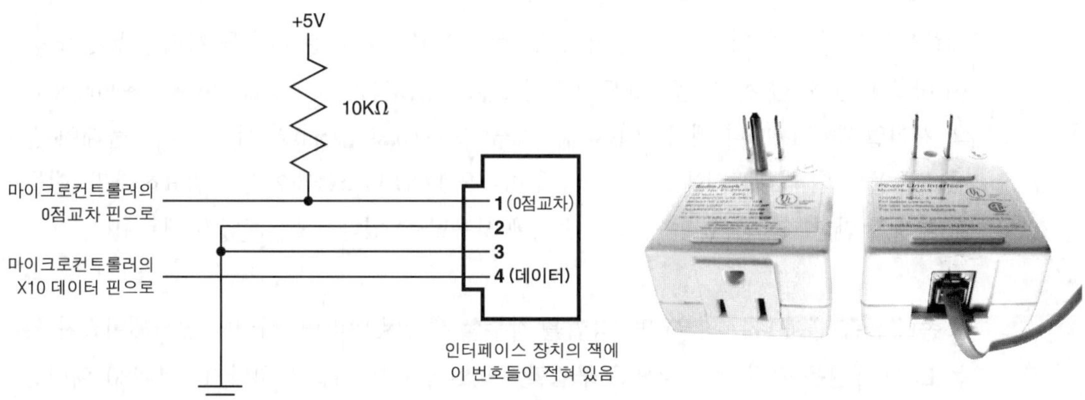

그림 13-7 TW523 X10 모뎀의 핀 배선도.
사진에는 컨트롤 모듈(오른쪽)과 조도 조절 모듈(왼쪽)이 모두 나와 있다.

X10은 AC 전력선에 걸린 전압이 0일 때에 비트들을 전송한다. 이를 위해 X10 디바이스는 전압이 0점을 지나는 순간들을 감지할 수 있어야 한다. 따라서 TW523과 같은 X10 모뎀들은 두 개의 제어 핀을 갖게 된다. 데이터 핀(데이터가 AC파를 따라 변조modulation된다는 이유에서 이를 변조 핀이라 부르기도 한다)과 0점 교차zero-crossing 감지 핀이 그것이다. TW523에는 RJ-11 전화기 잭 스타일의 전선 네 가닥짜리 커넥터가 있다. **그림 13-7**에 핀들을 연결하는 방법이 나와 있다. 코드를 작성하는 구체적인 방법에 관해서는 사용하고 있는 마이크로컨트롤러와 구입한 X10 디바이스의 사용 설명서들을 참조하도록 하자. p베이직과 픽베이직 프로에는 Xin과 Xout이라는 X10 명령들이 있다. BX-베이직에는 X10Cmd()라는 출력 명령 하나뿐이다.

3. 스크린 그래픽스

피지컬 컴퓨팅이 컴퓨팅을 스크린 너머로 확장하기 위해 노력할 때가 많은 것은 사실이지만, 그렇다고 해서 피지컬 컴퓨팅이 스크린을 부정하는 것은 아니다. 마이크로컨트롤러로 그래픽을 만들어 내기 위한 방법들과 멀티미디어 컴퓨터에서 만들어진 그래픽을 피지컬한 방식으로 나타내는 방법들에 대해 이야기해 보자.

■ 문자 디스플레이의 제어

작은 글자들이 나오는 LCD 패널을 시계나 가전제품 등에서 흔히 볼 수 있다. 이들은 마이크로컨트롤러로 쉽게 제어할 수 있으며, 짧은 메시지를 보여주거나 간단한 그래픽을 나타내는 용도로 쓸모 있게 사용할 수 있다. 언제나 그랬지만, 이번에도 사용하기 쉬운 제품들은 가격이 좀 비싸다. 이들 제품에서는 나타내고자 하는 내용을 시리얼 통신을 통해 바로 보낼 수 있다. 스코트 에드워즈 전자Scott Edwards Electronics(http://www.seetron.com)의 시리얼 백팩 LCD나 넷미디어NetMedia(http://www.basicx.com)의 시리얼 디스플레이 같은 모듈들이 이 카테고리에 든다. 만일에 하나의 LCD 디스플레이만이 필요하다면, 이들은 투자할 만한 가치가 있다. 구입과 동시에 사용할 수 있다고 볼 수 있기 때문이다.

좀더 금속 냄새 나는 낮은레벨 작업을 감수할 생각이 있다면, 시리얼 인터페이스가 없는 LCD 패널은 훨씬 싼 가격으로 구입할 수 있다. 이들 패널은 히타치의 44780 패러렐 인터페이스를 사용하는 경우가 많다. 픽베이직 프로에는 LCDin과 LCDout이라는 명령어들이 있어서 이들 모듈도 시리얼 모듈들과 마찬가지로 쉽게 사용할 수 있다. 스탬프류 컨트롤러에서는 패러랠 인터페이스를 통해 글자를 하나 하나 전송해 보내야 하므로 좀더 수고가 든다. 보통 한 번에 네 비트씩 끊어서 보내게 된다.

문자를 나타내기 위한 디스플레이 가운데 가장 간단한 것은 일곱 가닥으로 나뉘어 있는seven segment LED 숫자 표시판이다. 전자렌지나 VCR 등의 가전제품에서 여러 형태로 활용되는 것을 볼 수 있다. 이들은 보통 일곱 개의 LED가 모두 켜졌을 때 8자를 나타내도록 배열되어 있다. 숫자 하나를 나타내는 데 7개의 핀이 필요하므로, 숫자 여러 개를 직접 제어하려고 하면 마이크로컨트롤러의 핀이 금세 동나게 될 것이다. 다행히도 LED 드라이버 IC들이 나와 있어서 필요한 핀의 수를 줄일 수 있다. BCD를 7분할 숫자판으로 연결하는 드라이버로 CD4543B 등이 있는데(디지키나 라디오 색 등에서 구할 수 있다), 4개의 입력이면 디스플레이 하나를 제어하는 데 필요한 7개의 출력을 얻을 수 있다[2]. 또는 14장에서 소개하는, 여러 개의 출력을 다루기 위한 기법들을 사용할 수도 있다.

■ 비디오 디스플레이의 제어

비디오 신호는 품고 있는 정보량이 많고 변화하는 속도가 빨라 인체 감각 시스템의 역량에 도전해 온다. 피지컬 인스톨레이션에 비디오를 끌어들이는 데에는 여러 가지 재미있는 방법들이 있을 수 있다.

비디오의 종류

우리들이 사용하게 되는 비디오 신호에는 크게 두 가지가 있다. 컴포지트composite 비디오는 주로 VCR이나 DVD 플레이어에서 출력되어 텔레비전 화면으로 보이게 되는 것이다. 컴포지트 비디오에도 다시 몇 가지 종류가 있지만(NTSC, PAL, SECAM) 모두 두 가닥의 전선이 들어 있는 케이블을 사용하며 일반적으로 RCA나 BNC 커넥터로 연결한다[3]. 두 번째 종류의 비디오는 *컴퓨터 비디오*라고 부르고자 한다. 컴퓨터 비디오에서 주로 사용되는 것은(현재로서는) SVGA인데, 보통 15개의 핀을 가진 커넥터를 사용한다. 화질은 컴퓨터 비디오가 훨씬 우수하지만, 컴포지트 비디오는 신호가 더 간단하기 때문에 신호를 생성하고 처리하고 전송하기가 쉬우며 가격이 저렴한 모니터에서도 볼 수 있다. 이러한 이점을 이용할 수 있게끔 멀티미디어 컴퓨터의 SVGA를 컴포지트(NTSC, PAL, SECAM)로 바꾸어 주는 변환기들이 시중에 많이 나와 있다.

비디오 신호 생성하기

컴포지트 비디오 신호를 만들기 위해서는 매우 속도가 빠른 마이크로컨트롤러가 필요하다. 이 책에서 소개한 제품 가운데에는 PIC 칩이 이 일을 할 수 있고, SX칩을 사용하면 더 낫다(http://www.parallax.com에서 구할 수 있다). 마이크로컨트롤러를 가지고 이만한 정밀도의 제어를 한다는 것이 굉장한 일이기는 하지만, 가장 간단한 그래픽스를 뽑아 내는 데에도 많은 노력이 든다. 그 반면에 데케이드 엔지니어링Decade Engineering(http://www.decadenet.com)의 BOB-Ⅱ나 BOB-3 같은 비디오 오버레이 보드 모듈들은 시리얼 통신

2) BCD란 십진수를 이진수로 나타낸 것Binary-Coded Decimal을 말한다. 이 디스플레이들은 어떤 수를 이진수로 나타내어 입력핀에 넣어 주면 그에 해당하는 십진수 숫자(0~9)를 출력해 준다. 이를테면 십진수 9는 이진수로 1001이고 8은 1000인 식이다. 하나의 디스플레이가 나타낼 수 있는 가장 큰 수가 9인데 이는 이진수로 4비트가 채 못 되는 값이므로, 결국 BCD를 7분할 숫자판으로 연결하는 드라이버에는 입력핀이 4개 이상 있을 필요가 없다.

3) S-비디오는 컴포지트 비디오를 약간 변형한 것으로서, 색상과 밝기 정보를 각기 다른 전선에 나누어 전달한다. 화질이 약간 더 나으며, 사용하는 커넥터가 다르다.

으로 받은 아스키 텍스트를 바로 NTSC 모니터로 출력해 준다. BOB 보드들은 NTSC 비디오 입력 단자도 가지고 있으므로, 카메라나 VCR의 비디오 이미지 위에 텍스트를 오버레이시킬 수도 있다. 텍스트를 스크린에 나타내는 방식이 제한적이기는 하지만, BOB 보드들은 LCD보다 큰 디스플레이들을 사용할 수 있도록 해준다는 장점을 가진다. 하지만 이 모든 것들도 멀티미디어 컴퓨터가 쉽게 할 수 있는 일들과 비교하면 금세 빛을 잃고 초라해지는 것은 물론이다.

비디오 신호 가공하기

비디오 신호를 직접 만들어 내기보다는 다른 비디오 장비를 제어하기 위한 용도의 디바이스로 여러 가지가 있다. 예를 들면, 넥서스 컨트롤즈의 (http://www. nexuscontrols.com)의 AutoSwitch4 Lite는 가격도 저렴하고 시리얼 통신으로 제어 가능한 NTSC 비디오 전환 장치switcher이다. 시리얼 메시지를 통해 네 개의 비디오 입력 가운데 하나를 선택하여 출력할 수 있다. SVGA를 전환할 수 있는 모델도 있다. 때로는 같은 비디오 신호를 둘 이상 여러 디스플레이에 동시에 보내야 할 경우도 생긴다. 아쉽지만 이런 경우 Y형 어댑터 같은 것으로 신호를 그저 분리하는 것만으로는 되지 않는다. 신호 분배용 앰프가 필요하다. 출력이 여럿 필요하다면 그만큼 신호를 반복시키고 또 증폭시켜 주어야 하는 것이다.

비디오 전환장치는 하나의 비디오 입력을 다른 비디오 입력으로 전환할 수 있도록 해준다. 때로는 이보다 복잡한 제어가 필요하거나, 한 화면 안에 둘 이상의 비디오 이미지를 함께 나타내야 하는 경우도 있을 것이다. 이러한 처리를 위해서는 비디오 믹서를 사용할 수 있다. 이 장비를 이용하면 한 비디오 소스를 다른 소스로 페이드fade 하거나 밀어내면서wipe 바꿀 수도 있고, 크로마chroma 키와 루미넌스luminance 키를 이용해서 한 이미지의 일부를 다른 이미지 안에 섞어 넣는 등 여러 가지 효과를 낼 수도 있다. 비디오 믹서는 값이 싼 장비가 아니다. 우리들이 사용해 본 제품들 중 가장 저렴한 에디롤Edirol V4(http://www.edirol.com)나 비디오닉스Videonics MXPro(http://www.focusinfo.com)도 그 가격이 900달러 정도부터 시작한다. 전문가용 모델인 파나소닉 WJ-MX50 같은 것은 가격이 4000달러 정도 된다.

이러한 디바이스들은 속도와 해상도 측면에서 다른 어떤 방법보다도 우수한 비디오 믹싱을 제공한다. 대부분의 제품이 시리얼 통신으로 제어가 가능하다(V4는 미디로 제어되고 다른 제품들은 RS-232와 RS-485로 제어된다). 또, 손에 만져지는 피지컬한 인터페이스를 제공한다는 것도 장점이다. 실시간 비디오 믹싱에 있어서 이는 큰 차이를 가져올 수 있다. 멀티미디어 컴퓨터도 전용 비디오 믹서와 비슷한 기능들을 제공하기는 하지만, 실제로 손에 잡히는 핸들과 버튼들을 원한다면 전용 믹서를 사용하거나 직접 인터페이스를 만들어 사용하는 방법밖에 없을 것이다. 공연을 할 때에는 이러한 핸들이 있고 없음에 따라 박자를 놓치느냐 맞추느냐가 좌우될 수 있는 것이다.

멀티미디어 컴퓨터로 비디오를 믹스하고자 할 때에는, 우리들이 소개한 환경들 모두 어느 정도는 가능하지만, Max/MSP의 지터Jitter가 단연 가장 우수하다. 지터를 사용하면 비디오를 믹스하고 화면에 나타내는 과정을 매우 세밀히 제어할 수 있다. 트로이카 트로닉스TroikaTronix(http://www.troikatronix.com)의 이사도라Isadora도 매우 훌륭한 비디오 믹싱 환경이다. Max/MSP와 비슷한 시각적 프로그래밍 환경인데 비디오 제어만을 위해 특화되어 있으며, 특히 퍼포먼스 작업에 맞추어진 인터페이스를 가지고 있다. 미디를 통해 마이크로컨트롤러로부터 입력을 받을 수 있고, 입력되는 소리의 크기에 따라 비디오를 제어할 수도 있다.

컴포지트 비디오는 보통 플러그 앤드 플레이 방식으로 쉽게 다룰 수 있으므로, 어떤 장비들을 어떻게 연결할지를 그저 머릿속으로 그려 보는 것이 습관처럼 되기 마련이다. 하지만 인터액티브한 시스템을 만드는 경우에는 일이 생각보다 복잡해질 수 있으니, 첫 단계에서 시스템을 종이 위에 그려 보도록 하자. 결정적인 순간에 꼭 필요한 어떤 한 가지가 없어서 낭패당하는 일을 예방할 수 있을 것이다.

비디오 신호 전송하기

플러그 앤드 플레이 방식의 간단한 컴포지트 비디오 전송장치를 여러 업체에서 구입할 수 있다(x10.com, Supercircuits.com 등). 화질이 그리 좋지 못하고 전송거리는 언제나 실제보다 다소 과장되어 있으며, 전력소모도 커서 배터리가 금방 닳는다. 어떤 무선 어플리케이션이든 마찬가지지만, 우선 선을 연결한 상태에서 사용해 보는 것이 좋겠다.

컴포지트 비디오 신호를 전송할 때는 *주파수 변조*를 시키는 경우가 많다(RF 시리얼 통신에서의 라디오파와 마찬가지다. 12장을 참조하라). 이렇게 할 때, 전선에 더 많은 신호를 담을 수 있고 더 멀리 전송할 수 있다. 변조한 신호의 끝단에는 꽂아 쓰는 RCA나 BNC 커넥터가 아니라 드라이버로 고정시키는 F형 커넥터를 사용한다. 변조된 신호는 모니터의 라인 입력에 연결하는 것이 아니라 튜너(보통 채널 3에 맞춘다)에 연결해 사용한다. 비디오 신호를 변조하고 복조하는 컨버터 제품들은 시중에서 구할 수 있다.

더 먼 거리를 전송하고 싶다면 인터넷의 스트리밍 비디오 기법을 사용할 수 있다. 전송받는 쪽은 멀티미디어 컴퓨터가 필요하다. 전송하는 쪽은 카메라가 연결된 멀티미디어 컴퓨터를 사용할 수도 있고 D-Link의 DCS2100+ 무선 인터넷 카메라처럼 홀로 동작 가능한 카메라를 사용할 수도 있다.

LCD

아날로그 소스로부터든 멀티미디어 컴퓨터로부터든 일단 비디오를 얻고 나면, 다음으로 관건이 되는 것은 그것을 프로젝트의 피지컬한 환경 안에 어떤 식으로 끼워넣느냐 하는 것이다. 하나의 오브젝트가 가상의 스크린과 실제의 피지컬한 공간을 넘나들며 나타나는 데에는 뭔가 마술적인 것이 있다. 보다 실용적인 프로젝트의 경우에도, 피지컬한 인터페이스와 스크린의 그래픽들을 번갈아 보지 않아도 되도록 사용자의 시선을 집중시켜 주는 것은 좋은 일이다.

이 때 CRT 텔레비전이나 컴퓨터 모니터는 인스톨레이션 조소彫塑작품 안에 두면 대번 눈에 띄어서 거슬릴 수 있으며, 또 휴대용 디바이스에 사용하기에는 지나치게 크다. 벽이나 마루에 비디오를 설치하려고 할 때에도 이들로는 잘 되지 않을 것이다. 반면에 LCD 디스플레이는 눈을 가져다 대고 보아야 하는 작은 것부터 벽면 전체를 차지하는 텔레비전에 이르기까지 여러 가지 형태가 있다. 케이스가 없는 상태로 구입할 수도 있는데, 이렇게 하면 테두리 처리 문제로 애먹을 필요가 없어지며 보통 값도 더 싸다.

프로젝트의 한 부분으로 자연스럽게 끌어들여서 사용하기에는 평면 스크린이 좋은데, 이를 얻는 가장 간단한 방법은 타블렛 컴퓨터의 디스플레이를 뒤로 접거나 랩탑 컴퓨터의 모니터를 떼어 내거나 데스크탑용 LCD 모니터의 케이스를 벗겨 낸 후(감전되지 않도록 조심하자) 길다란 VGA 케이블을 연결해서 사용하는 것이다. 인터넷 상점들을 통해서는 보다 값싼 중고 제품이나 특수한 스크린들(이를테면 터치스크린)을 구할 수도 있다. 어스LCD(http://store.earthlcd.com)는 2.7인치 이상의 LCD 패널들을 취급한다. AEI 컴포넌트(http://www.aeicomp.com)는 1.8~22인치의 LCD를 취급한다. 코핀Kopin의 사이버디스플레이CyberDisplay는 그 대각선 너비가 1인치도 채 되지 않는다(http://www.kopin.com). 이 밖에도 디스플레이 업체는 수천 곳이 있다. 어떤 디스플레이를 구입하든, 드라이버 회로도 있어야 한다는 점을 잊지 말자. 앞서 소개한 업체들은 모두 디스플레이에 맞는 NTSC와 PAL, 또는 SVGA 드라이버 회로를 같이 판매한다.

비디오 프로젝터

피지컬 컴퓨팅을 하는 사람들이 비디오 프로젝터를 사랑해 마지않는 것을 우리는 오래 전부터 익히 보아 왔다. 이미지의 크기는 사용자로부터 감정적인 반응을 이끌어 내는 데 있어 참으로 중요한 역할을 한다[4]. 비디오 프로젝터를 사용하면 이미지의 크기를 자유자재로 조절할 수 있으며, 어느 지점의 어떤 재질 위에 이미지가 나타나게 할 것인지도 쉽게 다룰 수 있다. 프로젝터의 단점이라면 언제나 그 가격이었는데, 그것도 전에는 꿈에서

4) 바이런 리브스와 클리퍼드 네스의 〈미디어 방정식〉(김정현 외 옮김, 커뮤니케이션북스, 2001)에는 사람들이 큰 이미지에 대해 더 강하게 반응하며 기억도 더 잘 한다는 것을 보여주는 실험 결과들이 소개되어 있다.

나 그려 볼 수 있었던 물건의 수준이었던 것이 이제는 비싼 돈을 들이면 구입해 볼 수도 있는 물건의 수준으로 떨어지기는 했다(램프를 교체해 주어야 한다는 문제도 잊어서는 안 되겠지만 말이다). 요즘 시중에 나와 있는 LCD 프로젝터들은 대부분 아날로그 비디오와 SVGA 입력단자를 모두 가지고 있어서 사용할 수 있는 이미지 디바이스 선택의 폭을 넓혀 준다.

프로젝터를 사용해서 작업하는 아티스트와 디자이너들이 그토록 많은 데 비해 그것을 잘 사용하는 방법에 관해 설명한 책은 놀라울 정도로 적다. 이 주제에 대해 여기서 모든 것을 다룰 수는 없겠지만, 프로젝터를 처음 사용한다면 앞으로 두고두고 도움이 될 유용한 방법 몇 가지를 소개하고자 한다.

프로젝션을 설명하는 용어 몇 가지를 알아 두면 작업을 계획할 때에 도움이 된다. **그림 13-8**에 이들을 그림으로 나타냈다. *투사거리throw distance*는 프로젝터로부터 영상이 떨어지는 면까지의 거리를 말한다. 프로젝터의 *투사각beam angle*이란 프로젝터에서 출력되는 빔이 이루는 각도를 말한다. 투사각이 클수록 이미지가 커지며, 투사거리를 짧게 할 수 있다. 프로젝터를 놓을 때에는 빔이 투사면과 직각이 되도록 할 수 있으면 이상적이다. 그렇지 못할 때에는 키스톤을 조정해야 한다.

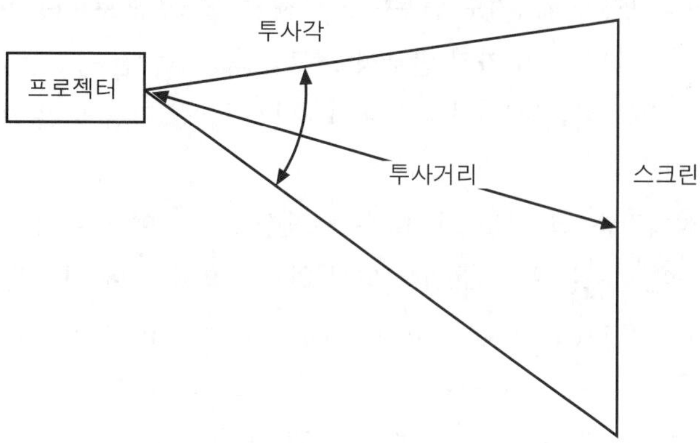

그림 13-8 프로젝션의 기초. 이 프로젝터의 빔은 프로젝터에서 직각으로 출력되지 않으며, 그것은 스크린에 대해서도 마찬가지다. 많은 프로젝터들이 천정에 매달거나 테이블에 놓고 쓸 수 있도록 디자인되어 있는데, 이들은 이 그림의 프로젝터처럼 키스톤과 빔 조정기능을 가지고 있으므로 프로젝터가 스크린의 중앙에 있지 않더라도 이미지가 네모 반듯하게 비치도록 할 수 있다.

*키스톤 조정keystoning*은 이미지가 직사각형이 아니라 사다리꼴이 되게끔 비트는 것을 말한다. 키스톤 조정기능이 있는 프로젝터는 이미지를 보정해 쓸 수 있으므로 프로젝터를 놓는 위치를 좀더 자유롭게 선택할 수 있다.

이미지의 밝기는 거리의 제곱에 비례해 감소한다. 즉, 프로젝터가 스크린에서 2피트 떨어져 있을 때의 밝기는 스크린에서 1피트 떨어져 있을 때에 비해 4분의 1밖에 되지 않는다는 것이다. 3피트가 되면 그 밝기는 1피트일 때의 9분의 1로 떨어진다. 프로젝터를 가까이 가져가면 이미지가 더 밝아지지만, 그만큼 크기는 작아진다. 프로젝터의 밝기는 루멘*lumen*으로 측정한다. 한 프로젝터의 루멘 출력은 투사거리나 프로젝션되는 면의 재질과 무관한 고유값이지만, 면의 재질이나 투사거리, 또는 주변 조명을 조절함으로써 나타나는 이미지의 밝기를 달리하는 것은 물론 가능한 일이다.

프로젝터에서 출력되는 이미지를 볼 수 있으려면 그것을 받아 줄 표면이 있어야 한다. 스타워즈 영화에 나오는 것처럼 프로젝션을 받아 줄 표면이 없어도 공중에 영상을 나타낼 수 있는 프로젝터는 아직 누구도 완성하지 못했는데, 이유는 그것이 물리학의 법칙에 위배되기 때문이다(당신이 이 글을 읽고 있을 때쯤이면 우리가 틀렸다는 것을 누군가가 증명했을지도 모르지만). 그러므로, 만일 손에 잡히지 않는 영상을 원한다면 연기로 구름을 만들거나 물이나 기름 방울로 안개를 만들어서 빛을 반사하도록 하는 방법을 생각해야 한다.

보다 일반적인 영상의 경우에는 프로젝션 용도로 만들어진 특수 소재들을 구입해 사용할 수 있다. 이를테면 로즈 섬유Rose Brand Fabrics(http://www.rosebrand.com)는 여러 색상의 후면rear 프로젝션용 재료들을 취급하는데, 특히 검정색 스크린은 놀라울 정도로 밝은 영상을 보여 준다. 검정색 스크린은 이미지의 어두운 부분을 더 어둡게 나타내어 밝은 부분과 대비를 높여 주기 때문에, 예상과는 달리 우수한 프로젝션 스크린이 되어 준다. 급할 때는 트레이싱 페이퍼나 벨럼vellum지도 번듯한 프로젝션 스크린으로 사용할 수 있다. 좀 더 투명한 이미지를 원한다면 여러 가지 반투명 스크림scrim이나 천 종류를 사용할 수 있다. 스크린이 투명해질수록 이미지는 더 어두워지지만, 필요한 만큼 밝은 프로젝터는 대개 구할 수 있을 것이다.

토시오 이와이의 설치작품 <피아노>에서는 프로젝션 스크린이 보이지 않도록 함으로써 애니메이션이 공중에 떠도는 듯한 효과를 얻기 위해 거의 암흑에 가까운 공간에서 검은색 스크림을 사용하고 있다(http://www.iamas.ac.jp/~iwai/ artworks/piano.html). 이처럼 스크린을 의식하지 못하게 하려는 경우에는, 반투명한 스크린 너머에 있는 오브젝트에 조명을 비춰 주는 것이 중요하다. 관객의 시선이 스크린 너머에 있는 오브젝트에 촛점이 맞추어짐으로써 스크린 위의 이미지들만 보게 되며, 스크린 자체는 느끼지 못하게 된다.

인터액티브 프로젝션 시스템에서는 흔히 관객이 스크린에 매우 가까이 서게 된다. 이런 경우에는 관객의 그림자가 지지 않도록 후면 프로젝션을 많이 사용하는데, 영사면 뒤의 공간이 충분하지 않아서 큰 이미지를 비출 수 있는 투사거리를 얻기 힘들 때가 많다. 큰 이미지를 얻기 위해서는 광각렌즈나 어댑터가 달려 있는 프로젝터를 사용하거나 거울을 이용해야 할지도 모른다.

꼭 평평한 면에만 프로젝션해야 한다는 법은 없다. 프로젝션은 오브젝트에 영상을 비추어서 거기에 질감이나 움직임을 더해 주는 목적으로 사용되기도 한다. 조각가 토니 아워슬러Tony Oursler 같은 사람은 아무것도 그려져 있지 않은 가면 위에 비디오를 영사하여 비디오에 3차원의 느낌을 주면서 가면에 애니메이션을 일으키는 작업을 한다. 또, 프로젝션되는 이미지 영역 전체를 꼭 다 사용해야 하는 것도 아니다. 검은 배경 위에서 움직이는 작은 애니메이션을 만들어서 검정색 표면 위에 영사하면 그것이 틀에 갇히지 않고 자유롭게 떠다니는 것처럼 보이게 할 수 있다. 벨벳이나 듀베틴duvetyn같이 부드러운 검은 천을 사용하면 영상의 경계선을 없애는 데 특히 효과가 좋다.

대부분의 프로젝터들은 후면 프로젝션을 위해 이미지를 가로 방향으로 뒤집거나 프로젝터를 천정에 매달 수 있도록 세로 방향으로 뒤집어 주는 기능을 가지고 있다. 디지털 줌 기능을 가진 프로젝터들도 있는데, 이 기능이 있으면 컴퓨터의 프로세싱 능력을 사용하지 않아도 어떤 이미지이든 화면을 가득 채우도록 확대할 수 있어서 편리하다. 프로젝터를 스크린에 정면으로 비추면 눈이 부시거나 이미지가 약간 비뚤어지는 현상이 생기는 경우가 많은데, 이는 프로젝터들이 원래 약간 올려다보거나 내려다보는 각도로 설치되게끔 만들어져 있기 때문이다. **그림 13-8**은 프로젝터와 스크린의 전형적인 배치를 보여준다. 프로젝터의 램프를 보호하기 위해서는 뜨거울 때는 가급적이면 프로젝터를 움직이지 않는 것이 좋다. 프로젝터의 위치를 잡고 고정시키는 작업에는 시간을 넉넉히 할애해 두고 혼자보다는 두 사람이 같이 하는 것이 좋다.

피지컬한 비디오 디스플레이

비디오 입력을 피지컬한 출력과 연결하면 재미있는 결과들을 얻을 수 있다. 픽셀이라는 개념을 깊이 천착하고 있는 아티스트인 다니엘 로진Daniel Rozin은 움직이는 오브젝트로 픽셀을 나타낸 일련의 피지컬한 디스플레이들을 만들어 오고 있다. **그림 13-9**는 그의 나무거울Wooden Mirror이다. 로진은 비디오 이미지를 디지털화한 다음, 각 픽셀의 밝기를 서보모터의 각도로 바꾸어 나타낸다. 800개가 넘는 서보모터들이 나무 픽셀을 움직여서 비디오를 나무로 빚어낸다. 카메라 렌즈는 거울의 중앙에 숨겨져 있다. 로진은 금속 구슬들로도 비슷한 방식의 비디오 거울을 만든 바 있고, 일상 생활의 잡동사니 부스러기들을 이용해서 만들기도 했다.

짐 캠벨Jim Campbell도 격자 형식으로 배치한 LED와 전구들로 비디오를 나타내는 유사한 작업을 통해 경이로운 결과들을 보여주고 있다(http://www.jimcampbell.tv/). 캠벨의 이미지들은 크기가 크면서 해상도가 낮은 이미지들이다. 가까이에서 보면 그저 깜박이는 불빛들일 따름이지만, 떨어져서 보면 전체가 하나의 이미지가 되어 나타난다. 레오 빌래리얼Leo Villareal도 비슷한 작업을 통해 좀더 추상적인 이미지들을 보여주는데, 그 크기가 때로는 건축물 수준에 이른다(http://www.villareal.net).

피지컬한 비디오를 만드는 기법으로 픽셀을 쌓아 올리는 방법만 있는 것은 아니다. TV에서처럼 픽셀을 흩뿌리는 방법도 사용할 수 있다. 밥 블릭Bob Blick의 흔들이 디스플레이와 바람개비 시계(http://www.bobblick.com/techref/projects/propclock/propclock.html) 같은 경우는 일렬로 늘어선 불빛을 직선(또는 원)으로 빠르게 움직여서 허공에 이미지를 나타낸다. 전구나 LED를 움직이면서 불빛을 특정한 패턴으로 켜고 꺼서 깜박이는 불빛들이 관객의 눈에 고정된 어떤 이미지를 나타내도록 하는 것이다.

이밖에도, 컴퓨터 드로잉에 사용되는 각종 계산기법들은 피지컬한 컴퓨터 조각작품의 여러 가능성들을 시사해 준다. 이를테면 어도비 일러스트레이터나 매크로미디어 플래시 MX 같은 프로그램들은 벡터화된 드로잉 기법에 따라 만들어져 있다. 즉, 둘레를 따라 찍힌 일련의 점들과 그들을 잇는 곡선을 통해 어떤 형태를 기술하는 것이다. 그렇다면, 피지컬 비디오를 벡터화하면 과연 어떤 모습이 될까?

그림 13-9 다니엘 로진의 나무거울(사진 요시 글라란티Yossi Glalanti, 제공 이스라엘 미술관)

4. 멀티미디어 컴퓨터로 선형적linear 미디어 재생하기

관객의 행동에 반응하여 고품질 고용량의 사운드나 비디오 파일을 재생해야 한다면, 우선적으로 멀티미디어 컴퓨터를 생각하는 것이 좋겠다. DVD 플레이어나 샘플러 및 비디오 서버 등의 미디어 재생 전용장치들을 시리얼 통신으로 제어하는 방법이 더 매력적으로 느껴질지도 모르겠다. 한 가지 일을 위해서만 특화되어 있으니 멀티미디어 컴퓨터보다 고장도 적고 말이다. 산업체의 경우라면 이것도 일리 있는 생각이다. 하지만 이러한 장비들은 전체 시스템의 비용을 올리면서 시스템의 융통성은 오히려 현저히 떨어뜨리는 경향이 있다.

미디어를 재생하는 것은 대부분의 멀티미디어 프로그래밍 환경이 기본적으로 지원하는 일이다. 적어도 어떤 한 포맷의 파일을 재생하는 명령어 하나 정도는 있는 것이 보통이다. 일반적으로 비디오 포맷으로 알려져 있지만 퀵타임은 사운드에도 효과적으로 사용될 수 있다. 일반적인 반복제어와 음량제어, 그리고 속도제어(사운드의 경우에는 음의 높낮이에 영향을 미치게 된다)는 물론이고, 여러 트랙을 레이어로 겹칠 수도 있고 그 중에서 특정 트랙만을 활성화할 수도 있기 때문이다. 당신이 사용하는 저작환경이 어떤 파일 포맷들을 지원하는지를 알아 두자. 멀티미디어 컴퓨터에서 당신이 사용하는 프로그래밍 환경으로 사운드를 재생할 수 있게 되면, 다음에는 7장을 참조하여 마이크로컨트롤러를 통해 시리얼 통신으로 재생명령을 보내는 방법을 고안하면 된다.

컴퓨터의 재생 능력을 이용하면, 준비된 미디어 가운데에서 사용자에게 하나를 선택하도록 하는 주크박스류의 프로젝트를 만들 수 있다. 스티커 사진 부스처럼 사용자가 인터액션의 결과로 무언가 흔적을 남길 수 있도록 하려면 이에 덧붙여서 자료를 기록할 수 있는 능력도 있어야 한다. 이렇게 하면 프로젝트를 거쳐 간 사용자들이 쌓이면서 미디어 데이터베이스가 커짐에 따라 프로젝트가 점차 성장하게 된다. 사운드나 비디오를 실시간으로 기록하는 것이 저작환경에서 일반적으로 지원되는 일은 아니지만, 여러 가지 플러그인이나 엑스트라들을 사용하면 방법이 있을 것이다.

실시간으로 기록을 남기는 프로젝트에 있어서 염두에 두어야 할 사항 하나는, 생성되는 파일이 매우 많아져서 결국에는 저장공간이 가득 차 버릴 수 있다는 점이다. 또, 사용자가 남긴 파일들을 나중에 일일이 직접 손보지 않으려면 사용자가 알맞은 때에 기록을 시작하고 마칠 수 있도록 적절히 도와주어야 한다. 따라서 이러한 프로젝트는 인터페이스 디자인 측면에서도 만만치 않은 과제가 된다. 마지막으로 잊지 말아야 할 점은, 이러한 종류의 프로젝트는 사람들이 스스로를 표현하고 싶어한다는 가정에 기반한다는 것이다. 이 가정이 언제나 옳은 것은 아니다.

5. 마이크로컨트롤러로 선형적 미디어 재생하기

마이크로컨트롤러는 메모리가 작아서, 사이즈가 큰 비디오나 사운드 파일을 저장하거나 재생할 수는 없다. 따라서 이렇게 하기보다는 앞서 설명했듯이 마이크로컨트롤러의 센서를 멀티미디어 컴퓨터와 연결해 사용하는 경우가 대부분이다. 이때 컴퓨터의 성능은 그리 뛰어나지 않아도 대개 상관이 없다. 하지만 예를 들어 마이크로컨트롤러를 작은 장난감 안에 심어 두고자embedded 하는 경우 같으면 멀티미디어 컴퓨터를 사용할 수는 없을 것이다. 이럴 경우에는 마이크로컨트롤러로 제어 가능하며 선형적 미디어를 저장할 수 있는, 보다 크기가 작은 디바이스들을 사용할 수 있다.

전자 칩에 녹음된 사운드는 생일 카드와 장난감에서 디지털 자동응답장치에 이르기까지 온갖 곳에 다 쓰인다. 음질은 그리 훌륭하지 못하며 그리 긴 시간을 녹음하지도 못한다. 라디오 섁에서는 사용이 간편하며 설명서가 첨부되어 있는 모듈을 판매한다(파트넘버 276-1323). 녹음 버튼과 재생 버튼을 찾아서 그 자리에 릴레이를 연결하자. 이제 마이크로컨트롤러로 릴레이를 켜고 끄면 재생과 녹음을 할 수 있다. **그림 13-10**에 이 방법을 나타내었다. 기본적인 제어를 위한 슈도코드를 만들어 보면 다음과 같이 된다.

```
녹음 스위치 릴레이를 닫는다 (녹음 핀을 하이로 한다)
20초 동안 멈춘다
녹음 스위치 릴레이를 연다 (녹음 핀을 로우로 한다)
1초 동안 멈춘다
메시지를 반복해서 재생하기 위한 루프 :
    재생 스위치 릴레이를 닫는다 (재생 핀을 하이로 한다)
    20초 동안 멈춘다
    재생 스위치 릴레이를 연다 (재생 핀을 로우로 한다)
    0.5초 동안 멈춘다
루프의 끝
```

패러랙스는 재생방법을 여러 가지로 제어할 수 있는 고급형 모듈(QV306M4P)과 .wav 파일로부터 소리를 프로그래밍할 수 있는 모듈(QV430P)의 두 가지 제품을 판매한다. 윈본드(http://www.winbond-usa.com)는 녹음시간과 재생제어 방법이 다양한 여러 가지 녹음-재생 칩들을 ISD 시리즈로 내어놓고 있다. 이들 제품은 모두 비동기 시리얼 통신으로 마이크로컨트롤러와 인터페이스할 수 있다. 일반적으로 ISD 칩들이 다른 제품들보다 가격이 저렴하며 제어기능도 더 다양하지만, 사용할 수 있도록 구성하는 데 시간이 더 걸린다.

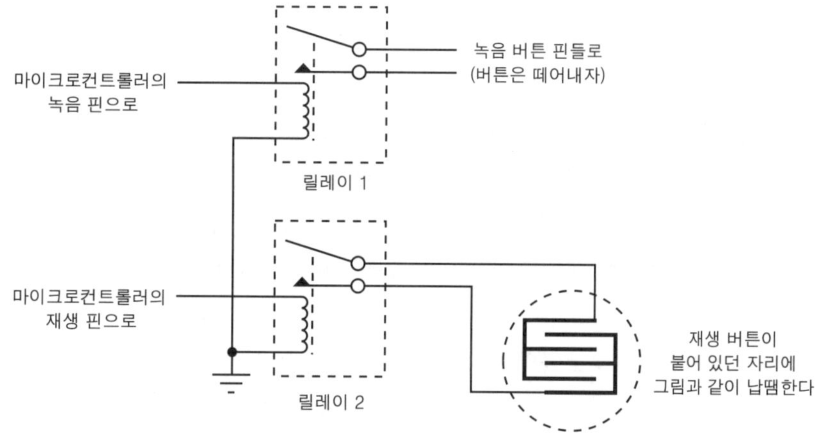

그림 13-10 라디오 섁의 간단한 사운드 녹음/재생 모듈.
버튼을 릴레이로 대체하면 마이크로컨트롤러로 제어할 수 있는 사운드 재생장치가 된다.

보다 시간이 길고 음질 좋은 사운드가 필요하다면 돈을 좀 많이 들여야 한다. 시리얼 통신으로 제어할 수 있는 MP3 플레이어 모듈 몇 가지를 시중에서 구할 수 있을 것이다. 예를 들면, 쿼드라복스Quadravox(http://www.tetraphon.com/의 'Audio Products'를 보라)의 QV502나 제루Jelu(http://www.jelu.se/shop.php)의 얨프yampp MP3 모듈 같은 제품들이 있다. 이 밖에도 새로운 MP3 모듈들이 전문업체와 아마추어 업체들을 통해 계속해서 출시된다. 하지만 이들을 선택하면 사용할 준비를 완전히 갖출 때까지 몇 백 달러는 들게 되는 것이 보통이니, 잘 생각해 보고 진행해야 하겠다.

눈여겨 보지 않았겠지만, 가정용 비디오 카메라와 비디오 데크에는 미니 잭 형태의 제어용 포트가 달려 있는 경우가 많다. **그림 13-11**과 같은 것이 대표적이다. 이 포트는 소니가 개발한 '컨트롤-L' 또는 'LANC' 라는 프로토콜을 사용해서 장비의 몇몇 기능들을 제어할 수 있도록 해준다. 소니 장비들은 대부분 컨트롤-L이나 LANC 포트를 지원하며, 소니 제품이 아닌 장비들도 지원하는 경우가 있다. 특이한 프로토콜이지만, 이를 위한 엘름 일렉트로닉스(http://www.elmelectronics.com)의 624P칩 같은 프로토콜 컨버터들도 나와 있다.

컨트롤-L 프로토콜의 바이트들은 십육진수 아스키 코드값으로 보내지는데, 이를 사용하기 위해서는 사용하고자 하는 특정 디바이스를 위한 명령어들을 익혀야 한다. 하지만 624P의 데이터시트를 한 번 훑어보면 대략 윤곽을 파악할 수 있을 것이다. 카메라와 데크에 따라 다르지만 일반적으로 재생, 녹화, 타임코드 읽기, 빨리 감기, 되감기, 스톱프레임 애니메이션 등을 할 수 있다. 일반적으로 비디오 테이프는 작동속도가 느려서 클립들을 인터액티브하게 재생하기가 쉽지 않지만, 컨트롤-L 입력기능이 있는 DVD 플레이어에는 새로운 가능성들이 많다고 하겠다.

그림 13-11 소니 TRV-18 디지털 비디오 카메라의 컨트롤-L 커넥터

하고자 하는 일이 간단할 경우에는, CD 플레이어 · DVD 플레이어 · MP3 플레이어 · VCR 등을 뜯어서 해킹하는 방법이 유구한 역사와 전통을 자랑하며 이어져 오고 있다. 즉, 제품의 사용자 인터페이스 스위치들을 릴레이로 바꾸어서 사용하는 것이다. 이렇게 하면 그 제품은 더 이상 애프터서비스를 받을 수 없게 되겠지만, 사실 이는 가장 신나는 방법이기도 하다. 제품에 달려 있는 버튼들이 제공하는 기능이라면 무엇이든지 마이크로컨트롤러를 통해 사용할 수 있는 것이다.

스위치 뒷면의 커넥터들은 보통 기판에 붙어 있는데, 그 연결부위가 아주 미세하고 약할 때가 많다. 또 회로를 보호하기 위해 기판에 코팅이 되어 있는 경우도 많다. 이럴 경우에는 코팅을 벗겨 내야만 납땜이 제대로 될지도 모른다. 이런 식으로 디바이스를 해킹한다는 것은 세밀한 작업이 되므로, 디바이스 자체는 건드리지 말고 리모트 컨트롤을 먼저 뜯어서 그 스위치들에 작업하는 방법을 고려해 보는 것도 좋다. 좀더 빠르고도 점잖은 해킹 방법으로는, 사용하고자 하는 장비에 서보모터를 붙인 다음에 마이크로컨트롤러를 사용해서 모터를 손가락 대용으로 움직여서 버튼을 누르는 방법이 있다. 이때 반응시간이 릴레이를 사용할 때보다는 못하겠지만 대체로 손가락보다는 빠르고, 물론 장비도 고스란히 계속해서 사용할 수 있다.

6. 싱글보드 컴퓨터

이 장에서는 마이크로컨트롤러보다는 멀티미디어 컴퓨터에서 더 쉽게 되는 작업들을 소개해 왔다. 프로젝트에서 눈에 띄지 않게 사용하기에는 커다란 타워형 데스크탑 컴퓨터보다는 작은 랩탑 컴퓨터가 편리하다. 싱글보드 컴퓨터는 심지어 랩탑 컴퓨터보다도 더 작다. 싱글보드 컴퓨터란 일반 PC에서 부수적인 것들을 빼고 알맹이만 남긴 컴퓨터라고 할 수 있다. **그림 13-12**는 전형적인 싱글보드 컴퓨터를 보여 준다. PC의 기본적인 기

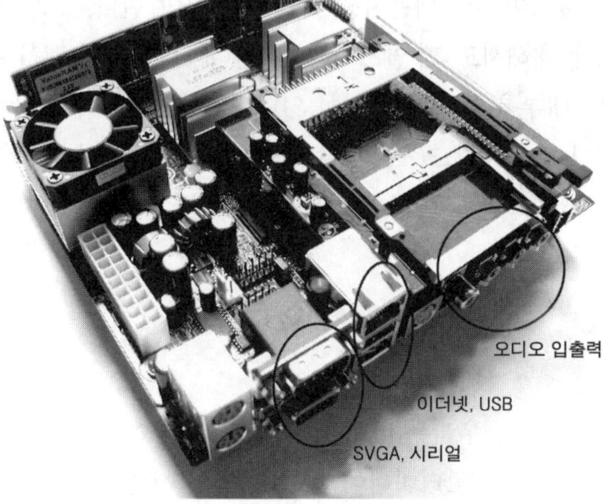

그림 13-12 VIA의 EPIA Mini-ITX 싱글보드 컴퓨터

능들을 제공하면서도 크기가 훨씬 작다. 너비가 6~8인치에 높이가 2~3인치 정도인 제품이 대부분이고, 이보다 작은 제품들도 많다. 가격은 보통 150달러에서 300달러 정도인데, 한 프로젝트만을 위해 전용으로 사용할 컴퓨터를 구입하려는 경우라면 상당히 괜찮은 가격이라고 하겠다. 이들은 특정 프로그램 하나만 실행시키면서 시리얼 포트나 이더넷 포트를 통해 다른 장비들과 연결하려는 경우에 퍽 유용한데, 사실 피지컬 컴퓨팅 프로젝트에서는 이런 경우가 대부분이다.

요즘은 가정에서도 셋탑박스에서 게임기에 이르기까지 여러 곳에 싱글보드 컴퓨터가 쓰이고 있다. 싱글보드 컴퓨터를 사용할 때에는 하드디스크 드라이브, 파워 서플라이, 키보드, 마우스, 스크린 등이 필요하다면 스스로 구해 붙여야 한다. 오퍼레이팅 시스템도 직접 설치해야 한다. 대부분의 제품은 윈도우즈, 리눅스, 또는 유닉스를 지원한다. 매킨토시 OS는 지원되지 않는다. 싱글보드 컴퓨터 가운데에는 RAM을 꽂을 소켓과 비디오 포트 등을 조립해 가면서 마더보드를 직접 만들어야 하는, 극단적으로 간단한 구성의 제품들도 있다. 하지만 VIA의 EPIA Mini-ITX 보드나(http://www.via.com.tw/en/VInternet/mini_itx.jsp) 소크리스 엔지니어링(http://www.soekris.com/)의 net4xxx 보드 같은 제품들은 사용하기가 그리 어렵지 않다. 비디오 · 마우스 · 하드디스크 드라이브 · USB · RAM · 파워를 연결할 커넥터 등이 이미 모두 구성되어 있으므로, 디바이스들을 연결하고 오퍼레이팅 시스템을 설치하기만 하면 된다.

싱글보드 컴퓨터에도 물론 한계들이 있다. 비디오 프로세서의 처리속도가 그리 빠르지 못한 제품들도 있고, 사운드 출력이 안 되는 제품들도 있다. 그러니 보드를 구입할 때는 필요한 출력이 제공되는지를 확인해 보아야 한다. 또, 이들을 사용하려면 컴퓨터의 내부 구성에 대해서도 꽤 알고 있어야 한다. 컴퓨터에 램을 추가해 본 적이 없다거나 아예 한 번도 내부를 들여다본 적이 없다면 이들 컴퓨터는 당신에게 어울리지 않는다. 하지만 램이나 하드 디스크 드라이브를 바꿔 끼는 데 익숙하며 오퍼레이팅 시스템을 설치할 수 있는 정도의 수준이라면 이들을 사용하는 데에 별 무리가 없을 것이다.

7. 결론

이 책을 쓰면서, 우리는 마이크로컨트롤러가 아닌 컴퓨터들을 부를 이름을 정해야 했다. 결국 우리들은 '멀티미디어 컴퓨터'라는 이름을 사용했는데, 이는 이들이 마이크로컨트롤러와 차별되는 점이 오디오와 비디오를 다룰 수 있는 능력에 있다고 보았기 때문이다. 하지만 사실 마이크로컨트롤러로도 많은 멀티미디어 디바이스와 조명 시스템 및 사운드 시스템을 제어할 수 있다. 즉 마이크로컨트롤러도 멀티미디어 컴퓨터로서 사용할 수 있는 것이다. 사실, 마이크로컨트롤러로 이런 것도 가능하구나 라는 경험을 한 번 맛보고 나면, 모든 일을 마이크로컨트롤러를 사용해서 해 보고 싶은 마음까지도 들게 된다. 이 유혹에 빠지지 말자. 자칫하면 전자공학이라는 먼 길에 필요 이상으로 말려 들어가게 된다. 이런 측면에서, 가격이 저렴해지면서도 사용하기가 쉬워지고 있는 싱글보드 컴퓨터의 트렌드는 주목할 만하다. 양 쪽의 장점을 동시에 취할 수 있기 때문이다. 중요한 것은 둘 중 어느 컴퓨터를 사용하든지 각 종류의 강점을 살려서 사용하는 것이다. 하지만 조명과 사운드 인터페이스에 대해 폭넓게 생각해 보고자 한다면, 결국 두 가지 모두에 대한 지식이 필요하게 될 것이다.

Chapter **14**

아주 많이 입력받기, 그리고 아주 많이 출력하기

지금까지의 예제에서는 설명을 쉽게 하기 위해 LED 하나를 켜는 방법이나 스위치 하나를 읽어들이는 방법들을 다루어 왔다. 하지만 실제 작업에서는 많은 입력과 출력을 원하게 될 때가 많다. 이제까지 소개한 예제들을 여러 번 반복해 적용하는 방법으로는 코드가 길어질 뿐더러, 틀림없이 마이크로컨트롤러의 핀이 모자라게 될 것이다. 이 장에서는 여러 입출력 핀들을 그룹으로 묶어서 관리하고 한 바이트 안의 여러 비트를 동시에 설정하기 위한 코딩 기법들을 다룰 것이다. 또, 마이크로컨트롤러의 핀 수 제한을 극복하기 위한 하드웨어적 기법들도 소개할 것이다. 언제나 마찬가지지만, 많은 입력과 출력을 다루는 데 있어서도 디지털이 아날로그보다 처리하기 쉽다는 것을 알게 될 것이다.

1. 여러 핀을 동시에 설정하기

5장에서 변수를 소개할 때, 변수와 딥DIP스위치(비트 하나하나의 상태를 스위치로 나타낸 것)를 연관지어 설명한 바 있다. 마이크로컨트롤러가 입력과 출력을 관리하는 방법은 실제로 이와 크게 다르지 않다. 마이크로컨트롤러에는 입출력 핀들이 8의 배수만큼씩 있다는 것을 눈치챘는지 모르겠다. 이 8개 핀의 그룹을 *I/O 포트*라 부르는데, 이를 사용하면 여러 핀들을 동시에 설정할 수 있다. 마이크로컨트롤러의 I/O 포트들은 *특수기능 레지스터special function register*라고 하는 메모리 안의 특별한 장소에 연결되어 있다. 이것이 바로 여러 입출력 핀들을 한 번에 제어할 때 사용할 수 있는 변수이다.

디지털 입출력 핀 한 그룹마다 어떤 핀이 입력 핀인지 출력 핀인지 그 방향을 기억하는 특수기능 레지스터와 핀들의 상태 자체를 기억하는 특수기능 레지스터가 각각 하나씩 있다. 한 포트의 모든 핀을 동시에 설정하고 싶다면, 이를테면 먼저 모든 핀을 출력으로 놓은 다음에 모든 핀들을 하이로 놓으면 된다. 이 기법은 10장에서 스테퍼 모터를 다룰 때에 이미 사용한 바 있지만, 내용을 좀더 알기 쉽게 보여 주는 다음 예제를 실행해 보도록 하자. 먼저 여덟 개의 LED를 마이크로컨트롤러의 다음 핀들에 연결한다. 고휘도 LED를 여덟 개 사용하면 칩의 최대 출력능력 이상을 소비할 수 있으니, 고휘도 LED가 아닌 일반 LED를 사용하도록 하자.

BS-2나 베이직 아톰 프로24 : 8~15번 핀
BX-24 : 13~20번 핀
PIC 18F452 : RB0~RB7 핀

그리고 다음 코드를 실행시키자.

PBASIC **MBasic**

```
' 8~15번 핀을 모두 출력 핀으로 놓는다
DIRH = %11111111
Main:
    OUTH = %11111111
    Pause 1000
    OUTH = %10101010
    Pause 1000
    OUTH = %00000000
    Pause 1000
Goto main
```

PicBasic Pro

```
' RB0~RB7 핀을 모두 출력 핀으로 놓는다

TRISB = %00000000
Main:
    PORTB = %11111111
    Pause 1000
    PORTB = %10101010
    Pause 1000
    PORTB = %00000000
    Pause 1000
Goto main
```

BX-Basic

```
sub Main( )
    ' 13~20번 핀을 모두 출력 핀으로 놓는다
    register.ddra = bx11111111
    do
        register.porta = bx11111111
```

```
        call delay(1.0)
        register.porta = bx10101010
        call delay(1.0)
        register.porta = bx00000000
        call delay(1.0)
    loop
end sub
```

이 방법을 사용하면 핀을 하나씩 설정할 때보다 훨씬 간편하게 모든 출력값들을 지정할 수 있음을 알 수 있다. 마찬가지로, 포트의 핀들마다 연결된 스위치들도 한 번에 모두 읽어들일 수 있다. 이번 예제에서는 LED를 연결했던 다음 핀들에 스위치(디지털 입력)들을 연결하자.

BS-2나 베이직 아톰 프로24 : 8~15번 핀
BX-24 : 13~20번 핀
PIC 18F452 : RB0~RB7 핀

그리고 다음 코드를 실행시키자.

PBASIC

```
' 8~15번 핀을 모두 입력 핀으로 놓는다
DIRH = %00000000
Main:
    Debug BIN8 INH, 10, 13
Goto main
```

MBASIC

```
' 8~15번 핀을 모두 입력 핀으로 놓는다
DIRH = %00000000
Main:
    ' 베이직 아톰 프로24에서 이 코드를 실행시키면
    ' 16개의 입출력 핀을 나타내는 16개의 숫자들을 보게 될 것이다
    Debug [ BIN INH, 10, 13]
Goto main
```

PicBasic Pro

```
' RB0~RB7  핀을 모두 입력 핀으로 놓는다

TRISB = %11111111
Main:
    Serout2 portc.6, 16468, [ BIN8 PORTB, 10, 13]
Goto main
```

BX-Basic

```
sub Main()
    ' 13~20번 핀을 모두 입력 핀으로 놓는다
    register.ddra = bx11111111
    do
        ' 주의 : BX-24의 debug.print에는 다른 마이크로컨트롤러의 BIN 옵션처럼
        ' 숫자를 이진수로 출력하도록 지정하는 옵션이 없다. 아쉬움!
        debug.print cstr(register.pina)
    loop
End sub
```

이와 같이 특수기능 레지스터란 변수나 마찬가지이기 때문에, 일반 변수를 읽고 쓰듯이 출력을 바꾸고 입력을 읽어들일 수 있는 것이다. 예를 들면, 출력 레지스터(마이크로컨트롤러에 따라 OUTH, PORTB, 또는 register.porta)에 적어 넣은 숫자는 그대로 이진수로 표현되어 LED로 나타나게 된다. 마찬가지로, I/O포트에 연결한 스위치들이 닫히고 열려 있는 상태 하나하나는 입력 레지스터에 고유한 숫자값으로 나타나게 된다. 이 때 우리는 I/O를 병렬적으로 제어하고 있는 것이다. 앞서 보인 예제에서는 코드 몇 줄이 절약되는 데 그쳤지만, 앞으로 보일 예제들에서는 이 기법이 더욱 요긴하게 쓰일 것이다.

표 14-1에서 14-3에 자주 쓰이는 레지스터의 이름들을 정리했다.

표 14-1 BS-2와 베이직 아톰 프로24

핀	기능	레지스터	설명
0-7	입력 또는 출력으로 설정(데이터 방향 레지스터)	DIRL	
0-7	하이 또는 로우로 설정(출력 레지스터)	OUTL	DIRL을 먼저 적절히 설정할 것
0-7	모든 값을 한 번에 읽어들임(입력 레지스터)	INL	DIRL을 먼저 적절히 설정할 것
8-15	입력 또는 출력으로 설정(데이터 방향 레지스터)	DIRH	
8-15	하이 또는 로우로 설정(출력 레지스터)	OUTH	DIRH를 먼저 적절히 설정할 것
8-15	모든 값을 한 번에 읽어들임(입력 레지스터)	INH	DIRH를 먼저 적절히 설정할 것
0-15	입력 또는 출력으로 설정(데이터 방향 레지스터)	DIRS	워드 변수, 16비트
0-15	하이 또는 로우로 설정(출력 레지스터)	OUTS	워드 변수(16비트). DIRS를 먼저 적절히 설정할 것
0-15	모든 값을 한 번에 읽어들임(입력 레지스터)	INS	워드 변수(16비트). DIRS를 먼저 적절히 설정할 것

표 14-2 PIC 18F452

핀	기능	레지스터	설명
RA0-RA5	입력 또는 출력으로 설정(데이터 방향 레지스터)	TRISA	디지털 I/O로 사용할 때는 먼저 ADCON1 레지스터를 %10000110으로 설정할 것
RA0-RA5	하이 또는 로우로 설정(출력 레지스터)	PORTA	TRISA를 먼저 적절히 설정할 것
RA0-RA5	모든 값을 한 번에 읽어들임(입력 레지스터)	PORTA	TRISA를 먼저 적절히 설정할 것
RB0-RB7	입력 또는 출력으로 설정(데이터 방향 레지스터)	TRISB	
RB0-RB7	하이 또는 로우로 설정(출력 레지스터)	PORTB	TRISB를 먼저 적절히 설정할 것
RB0-RB7	모든 값을 한 번에 읽어들임(입력 레지스터)	PORTB	TRISB를 먼저 적절히 설정할 것
RC0-RC7	입력 또는 출력으로 설정(데이터 방향 레지스터)	TRISC	
RC0-RC7	하이 또는 로우로 설정(출력 레지스터)	PORTC	TRISC를 먼저 적절히 설정할 것
RC0-RC7	모든 값을 한 번에 읽어들임(입력 레지스터)	PORTC	TRISC를 먼저 적절히 설정할 것
RD0-RD7	입력 또는 출력으로 설정(데이터 방향 레지스터)	TRISD	
RD0-RD7	하이 또는 로우로 설정(출력 레지스터)	PORTD	TRISD를 먼저 적절히 설정할 것
RD0-RD7	모든 값을 한 번에 읽어들임(입력 레지스터)	PORTD	TRISD를 먼저 적절히 설정할 것
RE0-RE2	입력 또는 출력으로 설정(데이터 방향 레지스터)	TRISE	디지털 I/O로 사용할 때는 먼저 ADCON1 레지스터를 %10000110으로 설정할 것
RE0-RE2	하이 또는 로우로 설정(출력 레지스터)	PORTE	TRISE를 먼저 적절히 설정할 것
RE0-RE2	모든 값을 한 번에 읽어들임(입력 레지스터)	PORTE	TRISE를 먼저 적절히 설정할 것

표 14-3 BX-24

핀	기능	레지스터	설명
5-12	입력 또는 출력으로 설정(데이터 방향 레지스터)	register.ddrc	
5-12	하이 또는 로우로 설정(출력 레지스터)	register.portc	register.ddrc를 먼저 적절히 설정할 것
5-12	모든 값을 한 번에 읽어들임(입력 레지스터)	register.pinc	register.ddrc를 먼저 적절히 설정할 것
13-20	입력 또는 출력으로 설정(데이터 방향 레지스터)	register.ddra	
13-20	하이 또는 로우로 설정(출력 레지스터)	register.porta	register.ddra를 먼저 적절히 설정할 것
13-20	모든 값을 한 번에 읽어들임(입력 레지스터)	register.pina	register.ddra를 먼저 적절히 설정할 것

* BX-24의 핀과 비트간 관계는 좀 혼란스럽다. register.portc의 bit 0은 pin 12이고, bit 1은 pin 11이며, 같은 방식으로 계속되어 bit 7은 pin 5가 된다. 마찬가지로 porta에서는 bit 0이 pin 20이고, bit 1이 pin 19이며, 같은 방식으로 계속되어 bit 7은 pin 13이 된다.

레지스터와 그 이름에 관한 더 자세한 정보는 프로세서의 매뉴얼을 참조하도록 하자.

2. 비트 연산

프로그램에서 데이터를 저장하는 최소의 단위는 보통 바이트가 된다. 앞서 보았듯이, 바이트는 I/O포트 안의 8개 핀의 상태를 나타내는 용도로 사용될 수 있다. 이제 핀들을 그룹지어 다루기 위해서는 바이트 안의 비트들을 들여다볼 수 있는 *비트 표기법bitwise notation*이 필요해진다.

먼저, 바이트 안의 비트들을 0과 1의 이진수로 나타내 볼 수 있다면 편리할 것이다. p베이직, M베이직, 그리고 픽베이직 프로에서는 숫자 앞에 '%'를 붙여서 이진수를 나타낼 수 있다. 이를테면 255(십진수)는 %11111111(이진수)와 같다(BX-24에서는 앞에 'bx'를 붙인다). debug 명령에서 값을 이진수로 나타내기 위해서는 BIN 옵션을 사용한다(BX-24에는 이런 기능이 없다).

p베이직, M베이직, 그리고 픽베이직 프로에서는 비트를 다룰 때에 닷 노테이션dot notation을 사용한다. 이를테면 6번 핀(BS-2나 베이직 아톰 프로24에서는 OUTL 레지스터의 5번째 비트)을 켜기 위해서는 다음과 같이 한다.

```
OUTL.BIT5 = 1        'BS-2와 베이직아톰 프로24의 경우
```

또는

```
PORTB.5 = 1       '픽베이직 프로의 경우
```

픽베이직 프로를 사용하고 있다면 이미 이 방법을 사용해 보았을 것이다.

모든 핀을 한 바이트 안에 담으면 통신문제도 간단해진다. 예를 들어 마이크로컨트롤러에 연결된 여덟 개 스위치의 상태를 멀티미디어 컴퓨터로 보내고자 할 경우(흔히 하게 되는 일이다), 앞서 보인 입력받는 예제들에서 debug 명령 대신에 serout 명령을 사용할 수 있다. 이 때 프로그램은 단 네 줄로 끝나게 된다. 단, 멀티미디어 컴퓨터의 소프트웨어가 입력받은 바이트 안의 비트들에 접근할 수 있어야 한다. 만일 사용하는 소프트웨어에 이를 위한 명령어가 따로 없다면, 다음 슈도코드와 같이 하면 된다.

```
들어오는 바이트를 decimal이라는 변수에 넣는다
bits라는 어레이를 만든다 : bits=[ 0,0,0,0,0,0,0,0]
weights라는 어레이를 만든다 : weights=[ 128,64,32,16,8,4,2,1]
for i = 1 to 8
    weight = weights[ i]
    if decimal/weight = 1 then
        bits[ i] = 1
        decimal = decimal - weight
    else
        bits[ i] = 0
    end if
next

'bits 어레이는 decimal 변수 안의 8개 비트들의 값을 나타내게 된다
```

논리 연산, 또는 *비트 연산*이라 하는 것은 두 수를 비트 단위로 비교하여 또 다른 값을 얻는 연산이다. 주요 논리연산으로 AND, OR, NOT, 그리고 XOR(배타적 논리합exclusive or)이 있다. 이들은 다음과 같이 연산한다.

- ▶ AND는 두 값이 모두 1이면 1을 돌려준다. 그렇지 않으면 0을 돌려준다.
- ▶ OR은 두 값 중에 1이 있는지를 체크한다. 둘 중 한 값이라도 1이면 1을 돌

려준다.

▶ NOT은 현재 값의 반대값을 돌려준다.

▶ XOR은 두 값이 서로 다른지를 체크한다. 두 값이 서로 다르면 1을 돌려준다. 두 값이 같으면 0을 돌려준다.

다음 표를 보면 정리가 될 것이다. 표를 보는 방법은, 왼쪽 줄의 값을 먼저 본 다음에 연산명을 읽고 윗 줄의 값을 읽으면 된다. 이 연산의 결과가 표 안에 적혀 있는 것이다. 예를 들면, AND 표의 첫번째 줄은 0 AND 1이 0이며 0 AND 0이 0임을 보여 준다. 둘째 줄은 1 AND 1이 1이며 1 AND 0이 0임을 보여 준다. 이러한 표를 *진리표truth tables*라고 한다. 행렬 형태의 입력 또는 출력들을 비교해서 값을 얻는 경우에 이런 표를 자주 접하게 된다.

AND	1	0
0	0	0
1	1	0

OR	1	0
0	1	0
1	1	1

XOR	1	0
0	1	0
1	0	1

여러 비트로 되어 있는 숫자들의 경우에는, 일반 사칙연산에서와 마찬가지로, 같은 자리에 있는 비트들을 서로 비교하게 된다. 이를테면 다음과 같다.

```
      10110100
AND   01010100
=     00010100
```

비트 연산은 바이트 안에서 특정 비트들의 값을 확인하려고 할 때 매우 유용하다. 예를 들어, 입력 포트로 들어오는 값들을 체크하는데 오직 마지막 핀의 상태에만 관심이 있다면 다음과 같이 하면 된다.

inputPort AND 10000000

이 연산의 결과는 inputPort의 7번 비트가 0이면 00000000이 되고 1이면 10000000이 된다. 이와 같이 한 비트의 값을 확인하기 위해 나머지 비트들을 지우는 것을 *비트마스킹bitmasking*이라고 하며 이를 위해 사용하는 수를 *비트마스크*라고 한다(이 예제에서는 10000000).

BX 베이직에서는 논리연산자를 이름으로 나타내고, 다른 베이직에서는 다음 기호들로 나타낸다.

연산자	p베이직, M베이직, 픽베이직 프로
AND	&
OR	|
NOT	~
XOR	^

바이트 안에서 비트를 좌우로 이동시키는 연산도 유용하게 쓰일 수 있다. 이를테면 다음과 같은 비트들이 있는데(십진수 5)

```
00000101
```

이를 다음과 같이 바꾸고 싶다고 하자.

```
01010000
```

이는 본래의 숫자를 왼쪽으로 네 비트만 이동시킬 수 있다면 간단할 것이다. 이러한 연산이 왜 필요한지에 대해서는 앞에서 스테퍼 모터(10장)와 동기 시리얼 통신(12장)에 대해 설명하면서 언급한 바 있다. p베이직, M베이직, 픽베이직 프로에서는 시프트 연산자를 사용해서 이 연산을 할 수 있다.

```
SomeVar << x
```

와 같이 하면 SomeVar 변수의 모든 비트들을 왼쪽으로 x비트만큼 이동시키며,

```
SomeVar >> x
```

와 같이 하면 SomeVar 변수의 모든 비트들을 오른쪽으로 x비트만큼 이동시킨다. BX-베이직에는 시프트 연산자가 없으므로 2의 제곱만큼씩 곱하는 방법을 써야 한다. 2의 x 제곱수를 곱하면 x비트만큼 왼쪽으로 이동시키는 것과 같으며, 2의 x제곱수로 나누면 오른쪽으로 x비트만큼 이동시키는 것과 같다. 앞으로 나올 예제들에서 비트 연산을 많이 보게 될 것이다.

여러 값을 하나의 변수에 담고자 할 때 시프트와 비트마스크를 자주 사용하게 된다. 다음 코드는 여러 입력값들을 한 바이트 안에 묶어 넣기 위한 것이다.

```
' 바이트의 아랫쪽만 남긴다.
' 결과는 0~16 사이의 수가 될 것이다(4비트).
Value1 = inputPort AND 00001111

' 바이트의 아랫쪽은 지우고 윗쪽만 남긴다.
Value2 = inputPort AND 11110000

' 바이트의 윗쪽 네 자리에 있는 비트들을 시프트시켜
' 0~16 사이의 수가 되도록 한다.
Value2 >> 4
```

3. 핀이 모자랄 때

피지컬 컴퓨팅 작업을 하다 보면, 언젠가는 마이크로컨트롤러의 핀이 모자라는 날이 오게 된다. 입출력을 많이 얻기 위한 가장 간단한 방법은 여러 개의 마이크로컨트롤러들을 네트워크처럼 연결해 사용하는 것이다. 대형 전자 디스플레이와 입력 어레이들은 점점 이러한 방향으로 가고 있다. 이제는 마이크로컨트롤러의 가격이 많이 떨어져서, PIC이나 그와 유사한 칩들을 한 프로젝트에 여러 개 사용해도 그 비용이 앞으로 소개할 복잡한 회로들을 연구하고 구성하느라 투자하게 되는 시간과 견주어 볼 때에 크게 나쁘지 않게 되었다. 중간레벨 마이크로컨트롤러를 사용하는 경우에는 문제가 다르지만, 값싼 칩들로 옮겨가게 되면 마이크로컨트롤러 역시 피지컬 컴퓨팅 세계의 중심이라기보다는 전체를 구성하는 요소들 중 하나에 지나지 않는다고 생각할 수 있을 것이다. 다만, 마이크로컨트롤러를 여러 개 쓰게 되면 여러 칩들을 모두 프로그램해야 하며 나름대로의 통신 프로토콜을 개발해야 한다는 문제가 따른다는 점은 기억해야 하겠다. 다음 절부터는 하나의 마이크로컨트롤러로 더 많은 입력과 출력을 얻을 수 있는 방법들을 소개하고자 한다.

4. 저항연쇄를 사용해 아날로그 입력 받기

핀 하나로 많은 스위치의 값들을 읽어들이기 위해 이 책에서 소개하는 방법들 중 가장 간단한 것은 아날로그 입력 하나를 이용하는 것이다. 각 스위치는 5볼트와 아날로그 입력 사이에 연결하되 저항을 줄줄이 거치도록 구성한다. 첫번째 스위치는 저항 하나를 거쳐서 연결하고 두번째 스위치는 두 개, 세번째 스위치는 세 개, 이런 식으로 계속한다. 회로도는 **그림 14-1**과 같다. 이렇게 하면 버튼마다 다른 아날로그 입력값이 읽히게 된다. 이 기법을 *저항연쇄resistor ladder*라고 하는데, 각 스위치가 마치 사다리의 한 칸씩을 차지하고 있는 것처럼 보인다 해서 붙은 이름이다.

이 방법은 한 번에 오직 하나의 스위치만이 눌리는 경우에만 사용할 수 있다. 뒤에서 설명할 멀티플렉스 기법의 일종이라 할 수 있는 방법이다. 둘 이상의 스위치가 동시에 눌릴 때에는 그들 가운데 가장 높은 위치에 있는 스위치만이 읽히게 된다. 하나의 독립된 부품으로 만들어져 있는 저항연쇄를 구입해 사용할 수도 있는데, 회로구성은 여기에서 설명한 것과 거의 같다. 스위치만 연결하면 바로 사용할 수 있도록 되어 있다.

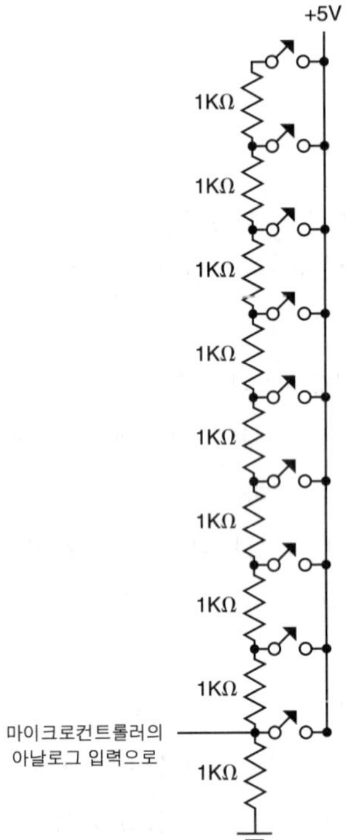

그림 14-1 저항연쇄를 사용해 여덟 개의 딥스위치를 아날로그로 입력받기

NOTE

이 장에서 설명하는 예제들은 모두 대량의 입력 또는 출력을 다루고 있는데, 대량의 입출력이란 대량의 전선을 수반하게 마련이다. 이는 브레드보드를 사진으로 보아서는 알아보기 어렵다는 것을 뜻하는 것이기도 하다. 그래서 이 장에서는 회로도만 가지고 설명하는 것이 이해하기에 더 좋을 듯하다. 실제 배선을 간략화하기 위해서는, 여러 전선이 브레드보드의 같은 자리로 가는 경우를 눈여겨 보는 것이 좋겠다. 예를 들어 16개의 스위치가 있다면 한 스위치에 두 개씩 총 32개의 전선이 브레드보드로 연결될 것이다. 그런데 이 때 스위치마다 전선 한 가닥은 늘 +5볼트로 연결되므로, 브레드보드에서 +5V 전선 한 가닥을 뽑아서 스위치들을 차례로 이으면 전선의 수를 줄일 수 있을 것이다.

5. 행렬 스캐닝

레지스터를 사용해서 입출력 핀을 동시에 제어하면 코드가 깔끔해지고 프로그램의 실행속도가 빨라지지만 그렇다고 입출력의 갯수가 늘어나는 것은 아니다. *행렬 스캐닝row-column scanning*이라는 간단한 기법을 사용하면 별도의 하드웨어를 추가하지 않고도 하나의 마이크로컨트롤러로 더 많은 디지털 입출력을 제어할 수 있다. 이 방법을 사용하기 위해서는 입력 또는 출력을 행렬 형태로 배열해야 한다(실제 형태는 그렇지 않더라도 적어도 개념적으로는). 이를테면, 밟았을 때에 조명효과를 켜는 스위치들이 깔려 있는 댄스 플로어를 만든다고 하자. 16개의 스위치를 놓으려 하는데 사용할 수 있는 입출력 핀은 8개 뿐이라고 하자. 이 때 스위치들을 **그림 14-2**처럼 그리드 형태로 배치하는 방법을 생각해 보자.

각 스위치는 하나의 행row을 하나의 열column과 잇고 있다. 한 열 안의 스위치들은 전기적으로 서로 병렬 관계에 있으며, 마찬가지로 한 행 안의 스위치들도 전기적으로 서로 병렬 관계에 있다. 어떤 열에 전압이 걸려 있는데 그 열에 있는 스위치 중 하나가 닫혀 있다면, 그 스위치가 연결되어 있는 행에도 전압이 걸리게 된다. 이는 곧, 전압이 걸리는 열을 바꾸면서 행들을 차례로 체크해 가면 16개 모든 스위치의 상태들을 알 수 있다는 말이 된다. 이 방법의 장점은 $2x$개의 핀이 있으면 x^2개의 스위치를 읽을 수 있다는 것이다. 여덟 개의 핀이 있으면 16개의 입력을 읽을 수 있으며, 16개의 핀이 있으면 64개의 입력을 읽을 수 있는 것이다.

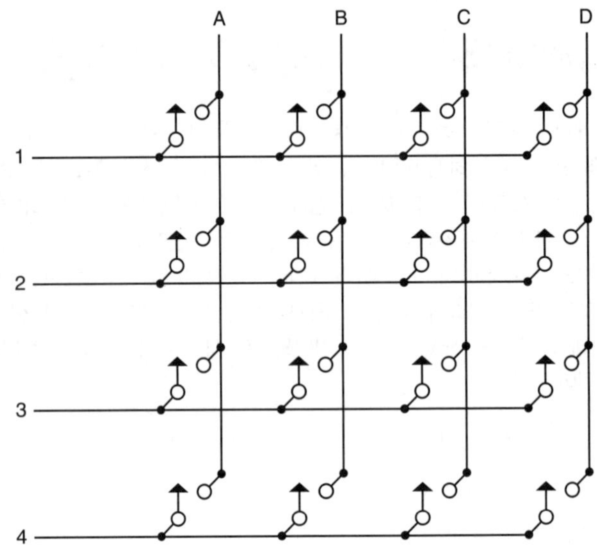

그림 14-2 스위치를 행렬 형태로 배치하기

이를 구현하기 위해서는, 각 열을 출력 핀에 연결하고 각 행을 입력 핀에 연결한 후에 다음과 같이 읽어들이면 된다.

```
16자리를 갖는 어레이를 만든다
루프 :
    1열에서 4열까지 반복
        현재 열을 하이로 한다
        1행에서 4행까지 반복
            if 현재 행이 하이이면
                현재 스위치가 닫혀 있다
                어레이의 현재 위치를 1로 놓는다
            if의 끝
        행 반복의 끝
        현재 열을 로우로 한다
    열 반복의 끝
    이제 어레이에는 16개 모든 스위치의 상태가 저장되어 있다
    어레이의 데이터에 따라 하고자 하는 일을 한다
루프의 끝
```

메인 루프가 한 번 끝날 때마다 16개 스위치들의 상태를 알 수 있다. 이를 실제로 해보려면 16개 스위치들을 다음과 같이 연결하자.

BS-2와 베이직 아톰 프로24 : 행 0~3번 핀, 열 8~11번 핀
BX-24 : 열 5~8번 핀, 행 13~16번 핀
PIC 18F452 : 열 RC0~RC3 핀, 행 RB0~RB3 핀

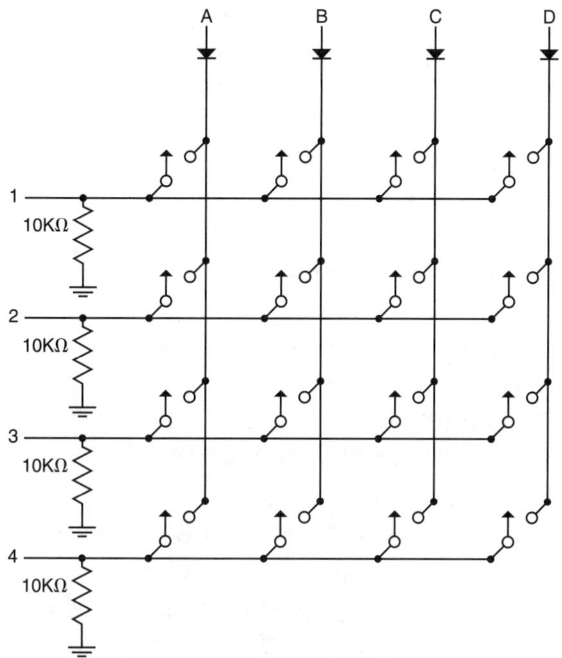

그림 14-3 스위치의 행렬 배치.
역전압을 막기 위한 다이오드와 풀다운 저항을 사용했다.

일반 스위치에서와 마찬가지로 마이크로컨트롤러의 입력 핀(행)에는 풀다운 저항이 필요하다는 점에 주의하자. 각 열에 연결한 다이오드는 하나 이상의 스위치가 동시에 눌렸을 때 같은 행의 다른 스위치를 통해 그라운드로 전류가 흐르는 것을 막아 준다.

행과 열을 배선하는 것은 복잡하고 헷갈리기 쉬운 작업이다. 어느 핀이 어느 행이고 어느 핀이 어느 열인지를 목록으로 만든 다음에 스위치를 하나씩 제자리에 연결하는 편이 가장 좋다는 것이 우리의 경험이다.

다음 코드는 행과 열을 모두 체크한 후에 스위치들의 상태를 어레이에 저장한다. 사이클이 한 번 끝날 때마다 모든 스위치들의 상태를 알 수 있게 된다.

PBASIC

```
' 0~3번 핀을 입력으로 설정한다
DIRL = %11110000
' 8~11번 핀을 출력으로 설정한다
DIRH = %00001111
' 코드에서 사용할 상수들을 설정한다
numRows con 4      ' 행의 갯수
numCols con 4      ' 열의 갯수
colOffset con 8      ' 열에 해당하는 첫번째 핀의 번호
' 변수를 설정한다
rows var byte      ' 행 카운터
cols var byte      ' 열 카운터
switchArray var bit(16)      ' 스위치들의 상태를 나타내는 어레이
thisSwitch var byte      ' 현재 스위치
bitmask var byte      ' 한 번에 한 비트씩 체크하기 위해 사용함

main:
    ' 한 번에 한 열씩 켜면서 열들을 따라 반복
    for cols = 0 to 3
        ' 스위치들을 체크하기 위해 현재의 열을 하이로 함
        high (cols + colOffset)
        ' 한 번에 한 스위치씩 읽으며 행들을 따라 반복
        for rows = 0 to 3
            ' 어레이에서 현재 스위치의 위치를 계산
            thisSwitch = (cols *numCols)+rows
            ' 입력 포트 레지스터에서 현재 스위치만 남김
            bitmask = 1 << rows
            ' 현재 스위치가 하이이면 어레이의 해당 비트도 하이로 함
            if INL & bitmask = bitmask then
                switchArray(thisswitch) = 1
            else
                switchArray(thisSwitch) = 0
            endif
            ' 스위치의 상태를 출력
            debug DEC switchArray(thisSwitch)
        next
        ' 다음 열을 시작하기 전에 현재의 열을 로우로 함
        low (cols + colOffset)
    next
    debug 10, 13, "end of loop", 10, 13
goto main
```

MBASIC

```
' 0~3번 핀을 입력으로 설정한다
DIRL = %11110000
' 8~11번 핀을 출력으로 설정한다
DIRH = %11111111
' 코드에서 사용할 상수들을 설정한다
numRows con 4      ' 행의 갯수
numCols con 4      ' 열의 갯수
colOffset con 8     ' 열에 해당하는 첫번째 핀의 번호
' 변수를 설정한다
rows var byte      ' 행 카운터
cols var byte      ' 열 카운터
switchArray var bit(16)      ' 스위치들의 상태를 나타내는 어레이
thisSwitch var byte      ' 현재 스위치
bitmask var byte      ' 한 번에 한 비트씩 체크하기 위해 사용함
i var byte      ' 루프 카운터

main:
    ' 한 번에 한 열씩 켜면서 열들을 따라 반복
    for cols = 0 to 3
        ' 스위치들을 체크하기 위해 현재의 열을 하이로 함
        high (cols + colOffset)
        ' 한 번에 한 스위치씩 읽으며 행들을 따라 반복
        for rows = 0 to 3
            ' 어레이에서 현재 스위치의 위치를 계산
            thisSwitch = (cols *numCols)+rows
            ' 입력 포트 레지스터에서 현재 스위치만 남김
            ' (m베이직에는 시프트 연산이 없어 직접 만들어 사용함)
            bitmask = 1
            for i = 1 to rows
                bitmask = bitmask * 2
            next

            ' 현재 스위치가 하이이면 어레이의 해당 비트도 하이로 함
            if (INA & bitmask) = bitmask then
                switchArray(thisswitch) = 1
            else
                switchArray(thisswitch) = 0
            endif
            ' 스위치의 상태를 출력
            debug [ DEC switchArray(thisSwitch)]
```

01 02 03 04 05 06 07 08 09 10 11 12 13 CHAPTER 14

```
        next
        ' 다음 열을 시작하기 전에 현재의 열을 로우로 함
        low (cols + colOffset)
    next
    debug [ 10, 13, "end of loop", 10, 13]
goto main
```

PicBasic Pro

```
' RB0~RB3 핀을 입력으로 설정한다
TRISB = %00001111
' RC0~RC3 핀을 출력으로 설정한다 (그리고 시리얼 출력을 위해 RC6 핀을 출력으로 설정한다)
TRISC = %10110000
' 코드에서 사용할 상수들을 설정한다
numRows con 4     ' 행의 갯수
numCols con 4     ' 열의 갯수
colOffset con 0     ' 열에 해당하는 첫번째 핀의 번호
' 변수를 설정한다
rows var byte     ' 행 카운터
cols var byte     ' 열 카운터
switchArray var bit(16)     ' 스위치들의 상태를 나타내는 어레이
thisSwitch var byte     ' 현재 스위치
bitmask var byte     ' 한 번에 한 비트씩 체크하기 위해 사용함

main:
    ' 한 번에 한 열씩 켜면서 열들을 따라 반복
    for cols = 0 to 3
        ' 스위치들을 체크하기 위해 현재의 열을 하이로 함
        PORTC = 1 << cols
        ' 한 번에 한 스위치씩 읽으며 행들을 따라 반복
        for rows = 0 to 3
            ' 어레이에서 현재 스위치의 위치를 계산
            thisSwitch = (cols * numCols) + rows
            ' 입력 포트 레지스터에서 현재 스위치만 남김
            bitmask = 1 << rows
            ' 현재 스위치가 하이이면 어레이의 해당 비트도 하이로 함
            if (PORTB & bitmask) = bitmask then
                switchArray(thisSwitch) = 1
            else
                switchArray(thisSwitch) = 0
            endif
```

```
            ' 스위치의 상태를 출력
            serout2 portc.6, 16468,
            [ DEC switchArray(thisSwitch)]
        next
        ' 다음 열을 시작하기 전에 현재의 열을 로우로 함
        PORTC = 0
    next
    serout2 portc.6, 16468, [ 10, 13, "end of loop", 10, 13]
    pause 750
goto main
```

BX-Basic

```
' 코드에서 사용할 상수들을 설정한다
const numRows as byte = 4     ' 행의 갯수
const numCols as byte = 4     ' 열의 갯수
const colOffset as byte = 13     ' 열에 해당하는 첫번째 핀의 번호
const rowOffset as byte = 5     ' 행에 해당하는 첫번째 핀의 번호
' 변수를 설정한다
dim switchArray(1 to 16) as byte     ' 스위치들의 상태를 나타내는 어레이
dim thisSwitch as byte     ' 현재 스위치

Sub main()
    ' BX베이직에서 카운터는 지역변수이어야 함
    dim rows as byte     ' 행 카운터
    dim cols as byte     ' 열 카운터
    do
        ' 한 번에 한 열씩 켜면서 열들을 따라 반복
        for cols = 0 to 3
            ' 스위치들을 체크하기 위해 현재의 열을 하이로 함
            call putPin(cols + colOffset, 1)
            ' 한 번에 한 스위치씩 읽으며 행들을 따라 반복
            for rows = 0 to 3
                ' 어레이에서 현재 스위치의 위치를 계산
                thisSwitch = (cols * numCols) + rows
                ' 현재 스위치가 하이이면 어레이의 해당 비트도 하이로 함
                ' (BX-베이직의 getPin() 함수를 이용하면 간편하다)
                if getPin(rows + rowOffset) = 1 then
                    switchArray(thisSwitch) = 1
                else
                    switchArray(thisSwitch) = 0
```

```
                    end if
                    ' 스위치의 상태를 출력
                    debug.print cstr(switchArray(thisSwitch));
                next
                ' 다음 열을 시작하기 전에 현재의 열을 로우로 함
                call putPin(cols + colOffset, 0)
            next
            debug.print chr(10); chr(13); "end of loop"
        loop
    end sub
```

■ 행렬 스캐닝으로 아날로그 입력 받기

약간의 제한은 있지만, 행렬 스캐닝으로 아날로그 입력도 받을 수 있다. 이를 위해서는 스위치 대신에 포텐시오미터나 가변저항을 사용해서 아날로그 입력을 받기 위한 전압 나눔 회로voltage divider를 구성하면 된다. 그리고 다음 슈도코드를 사용하면 된다.

```
16자리를 갖는 어레이를 만든다
루프 :
    1열에서 4열까지 반복
        현재 열을 하이로 한다
        1행에서 4행까지 반복
            현재 행의 아날로그 입력값을 읽는다
            읽은 값을 어레이에 저장한다
        행 반복의 끝
        현재 열을 로우로 한다
    열 반복의 끝
    이제 어레이에는 16개의 아날로그 입력값들이 저장되어 있다
    어레이의 데이터에 따라 하고자 하는 일을 한다
루프의 끝
```

이 방법은 마이크로컨트롤러가 가지는 아날로그 입력의 갯수만큼만 적용 가능한 것이지만, 예컨대 8개의 아날로그 입력핀이 있다면 16개의 아날로그 입력을 받을 수 있게 된다. ADC값을 한 번 읽어들이는 데 몇 마이크로세컨드에서 몇 밀리세컨드 정도가 소요되므로, 디지털 행렬 스캐닝보다는 약간 느리게 작동할 것이다.

■ 행렬 스캐닝으로 출력하기

행렬 스캐닝으로는 출력제어도 잘 된다. 스위치들을 출력장치로 바꾸어 주면 된다. LED를 제어하고자 한다면 출력단자마다 LED를 연결하기만 하면 된다. LED보다 전류를 더 많이 소모하는 무언가를 제어하고자 한다면 행렬이 마주치는 자리마다 NPN 트랜지스터의 베이스를 연결하면 된다. **그림 14-4**는 행렬 스캐닝으로 LED를 제어하기 위한 전형적인 배치를 보여 준다.

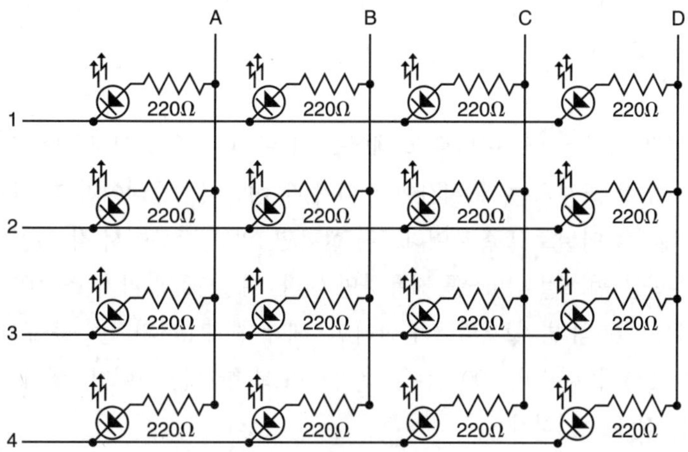

그림 14-4 행렬 형태로 배치한 LED

LED를 제어하기 위한 슈도코드는 입력을 받을 때의 슈도코드와 약간 다르다. LED를 켜기 위해서는 애노우드에 하이가 걸리는 방향으로 양 다리 사이에 전위차를 걸어 주어야 한다. 즉, LED의 양쪽이 모두 하이이거나 모두 로우이면 LED가 꺼진다는 것이다. 같은 원리로, 트랜지스터에서는 베이스와 이미터 사이에 전위차가 있어야 트랜지스터가 켜지게 된다. 슈도코드는 다음과 같이 된다.

```
16자리를 갖는 어레이를 만든다
원하는 LED들의 상태를 어레이에 저장한다
루프 :
    1열에서 4열까지 반복
        현재 열을 하이로 한다
        모든 행을 하이로 한다
        1행에서 4행까지 반복
            현재의 LED를 놓을 상태를 어레이에서 읽는다
            현재의 LED를 켜야 한다면 현재의 행을 로우로 한다
```

```
        행 반복의 끝
        현재 열을 로우로 한다
    열 반복의 끝
루프의 끝
```

프로그램이 충분히 빨리 실행된다면, LED가 사람의 눈이 차이를 감지할 수 있는 것보다 빨리 켜지고 꺼지기 때문에, 계속 켜져 있는 것처럼 보일 것이다. LED, LCD, 플라즈마 스크린 등 대부분의 디지털 디스플레이가 이 원리로 되어 있다. 디지털 LED 디스플레이를 보면서 머리를 좌우로 빨리 흔들면 LED들이 약간 깜박이는 것을 느낄 수 있는 것도 이 때문이다.

행렬 스캐닝으로 아날로그 제어를 하는 것은 좀더 까다롭다. 펄스길이변조로 아날로그 전압을 모사하는 데 시간이 걸리기 때문에 디스플레이가 더 깜박거리게 되는 것이다. 위 예제를 아날로그로 제어하고자 한다면, 안쪽 반복에서 각 행에 원하는 아날로그 값의 보수만큼 펄스길이변조를 적용하면 된다. 예를 들어 밝기 조절의 범위가 0~255일 때에 LED를 100의 밝기로 켜고자 한다면, 해당 행에 155의 펄스를 보내면 된다. 즉 255회 가운데 155회는 하이, 100회는 로우가 되도록 한다는 것이다. 행이 로우일 때 LED가 켜진다는 점에 주의하자.

6. 시프트 레지스터

추가적인 IC를 한두 개 쓸 의향이 있다면, 많은 입출력을 다룰 수 있는 방법은 이 밖에도 더 있다. *시프트 레지스터shift register*는 핀 하나로 줄지어 들어오는 시리얼 값을 받아서 여러 핀으로 동시에 출력할 수 있다. 반대로 많은 입력값을 줄지어 붙여서 하나의 핀으로 입력되도록 할 수도 있다.

시프트 레지스터의 동작은 일렬로 늘어서서 물을 담은 양동이를 차례로 전달하는 것과 비슷하다. 시프트 레지스터에는 보통 여덟 칸이 일렬로 배정되어 있는데, 데이터가 도착하거나 빠져나갈 때는 첫째 칸부터 시작해서 옆으로 차례로 전달된다. 첫 칸에 새로운 비트가 도착하면, 첫 칸은 먼저 원래 가지고 있던 비트를 두번째 칸에 넘겨 준 다음에 새로운 비트를 받아들인다. 두번째 칸은 이전 값을 세번째 칸으로 넘겨준 다음에 첫번째 칸의 값을 넘겨 받으며, 같은 방식이 계속되어 나간다. 시프트 레지스터 안에서 비트들이 옮겨지는 과정을 **그림 14-5**에 나타내었다.

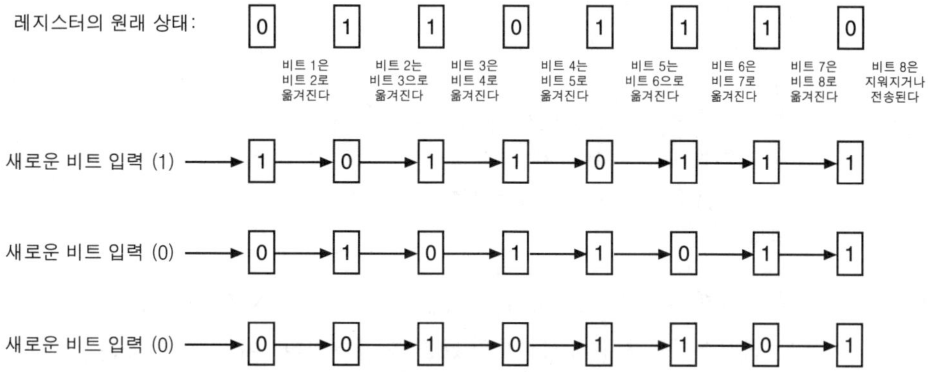

그림 14-5 시프트 레지스터의 동작원리

시프트 레지스터에는 시리얼 입력-패러랠 출력과 시리얼 출력-패러랠 입력의 두 종류가 있다. 앞의 것은 많은 출력을 제어할 때에 사용하고, 뒤의 것은 많은 입력을 읽을 때에 사용한다. 두 가지 모두 12장에서 설명한 디지털 포텐시오미터와 같이 비동기 시리얼 디바이스의 일종이다. 시프트 레지스터에서도 그 장에서 설명했던 shiftin과 shiftout 명령을 사용한다. 이 명령어들은 마스터 디바이스에서 클록 펄스를 받을 때마다 비트들이 움직이도록 한다. 비트들이 움직이는 방향은 레지스터의 종류에 따라 다르다. 시리얼 입력-패러랠 출력 시프트 레지스터는 클록 펄스가 있을 때마다 시리얼 입력으로 비트들을 받아서 출력 핀들에 병렬적으로 전달하여 모든 핀에 동시에 나타나도록 한다. 패러랠 입력-시리얼 출력 시프트 레지스터는 클록 펄스가 있을 때마다 병렬적으로 입력값들을 읽어서 시리얼 출력으로 밀어 보낸다.

두 종류의 시프트 레지스터 모두, 내부 레지스터에 있는 데이터를 출력 핀으로 내보내거나, 또는 거꾸로 입력 핀들의 데이터를 내부 레지스터로 읽어들이도록 지정하는 핀을 가진다. 이 핀의 이름은 시프트 레지스터를 제조하는 회사마다 다르다. *래치latch*라고 하는 경우도 있고 *스트로브strobe*라고 하는 경우도 있다. 여느 동기 시리얼 디바이스와는 달리, 칩 실렉트 핀은 없는 경우도 있다. 시프트 레지스터가 데이터를 무시하게 하려면 스트로브나 래치를 끄면 된다. 시프트 레지스터에는 다른 레지스터로 비트들을 넘겨 보낼 수 있도록 하는 별도의 출력 핀이 있는 경우가 많다. 이 핀을 사용하면 여러 시프트 레지스터를 잇달아 연결하여 하나의 커다란 시프트 레지스터처럼 쓸 수 있다. 시프트 레지스터의 크기 또한 다양하다(8의 배수로 늘어난다). 8비트 시프트 레지스터가 제일 흔하지만, 16비트나 32비트 제품 등도 구할 수 있다.

시리얼 입력-패러랠 출력 시프트 레지스터를 사용하는 절차는 다음과 같다.

```
8자리를 갖는 어레이를 만든다
원하는 출력 핀들의 상태를 어레이에 저장한다
루프 :
    스트로브 핀을 로우로 하여 새로운 데이터를 받을 준비를 한다
    8비트를 레지스터로 시프트 출력한다
    스트로브 핀을 하이로 하여 비트들을 출력 핀으로 내보낸다
루프의 끝
```

다음 예제는 알레그로 마이크로Allegro Micro의 UCN5841 시리얼 입력-패러랠 출력 시프트 레지스터를 사용해서 8개의 LED를 제어한다. 이 제품은 높은 전압과 전류를 다룰 수 있어서 쓰기에 편리하다. 모터도 직접 제어할 수 있다. 이 칩은 소스전류current source보다는 싱크전류current sink로 사용하는 것이 일반적이다('소스, 싱크, 버퍼' 참조). 칩에 LED들을 연결할 때에 그라운드가 아니라 +5V에 연결한 것도 이 때문이다. 6장에서 보았던 트랜지스터 예제와 같다고 생각하면 되겠다. LED는 부하에 해당하고 시프트 레지스터는 트랜지스터에 해당하며, 시프트 레지스터의 이미터 전압 핀은 이미터 핀과 마찬가지로 그라운드에 연결하는 것이다. **그림 14-6**에 회로도를 나타내었다.

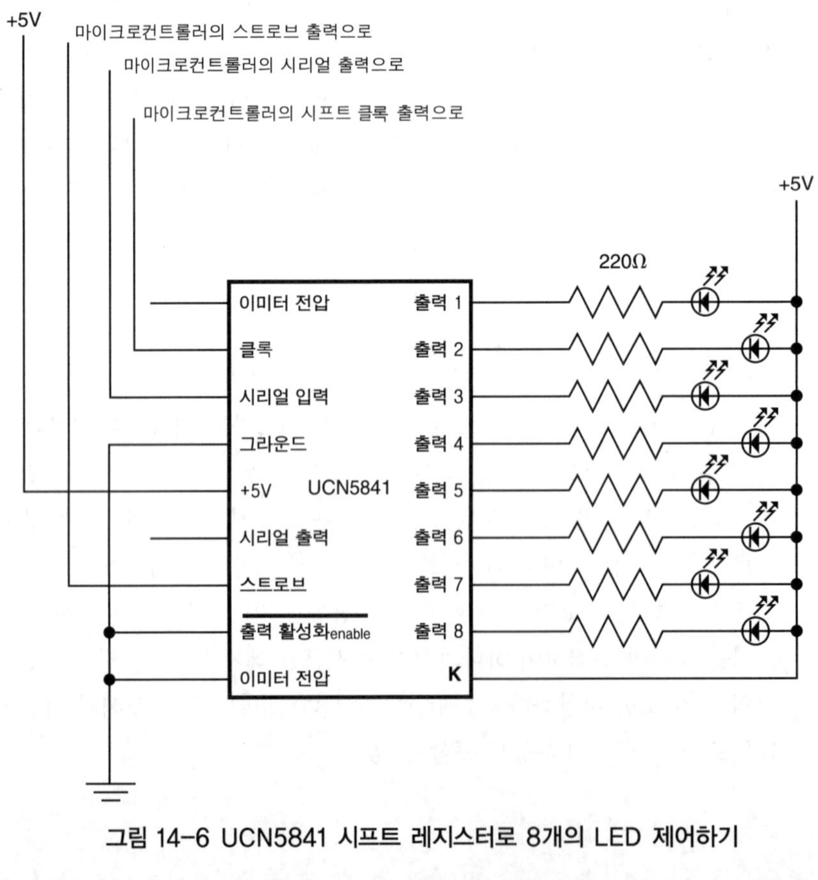

그림 14-6 UCN5841 시프트 레지스터로 8개의 LED 제어하기

이 시프트 레지스터로 +5V 이외의 전압에서 동작하는 디바이스를 제어하고자 할 때에는 디바이스에 입력되는 전압을 바꿔 주어야 하며, 경우에 따라서는 이미터 전압도 바꿔 주어야 한다. 16개의 출력을 제어하고자 할 때에는 시리얼 출력 핀을 두번째 시프트 레지스터의 시리얼 입력 핀에 연결하고, 클록과 스트로브는 원래의 시프트 레지스터와 병렬이 되도록 마이크로컨트롤러에 연결한다. 그 다음에 16비트를 시프트 출력하면 된다.

다음 코드는 이진수로 0부터 255까지를 시프트 레지스터로 차례로 출력한다.

PBASIC
MBasic

```
' 시프트 레지스터의 시리얼 입력 핀은 6번 핀에 연결한다
' 시프트 레지스터의 클록 핀은 7번 핀에 연결한다
' 시프트 레지스터의 스트로브 핀은 4번 핀에 연결한다

serialPin con 6
clockPin con 7
strobePin con 4
outByte var byte

main:
    ' 출력 핀들을 내부 레지스터로부터 떼어 놓는다
    low strobePin
    ' 펄스가 하이로 출력되게끔 클록 핀을 로우로 놓는다
    low clockPin
    ' 8비트를 시프트 출력하여 모든 핀들을 동시에 제어한다
    shiftout serialPin, clockPin, MSBFIRST, [ outByte\ 8]
    ' 출력 핀들을 내부 레지스터에 연결한다
    high strobePin
    ' 다음 번에 시프트 출력될 값에 1을 더한다
    outByte = outByte + 1
    ' 결과를 보여주기 위해 기다린다
    pause 100
goto main
```

PicBasic Pro

```
' 시프트 레지스터의 시리얼 입력 핀은 RC3  핀에 연결한다
' 시프트 레지스터의 클록 핀은 RC2  핀에 연결한다
' 시프트 레지스터의 스트로브 핀은 RC1  핀에 연결한다

include "modedefs.bas"

serialPin var PORTC.3
```

```
clockPin var PORTC.2
strobePin var PORTC.1
outByte var byte

main:
    ' 출력 핀들을 내부 레지스터로부터 떼어 놓는다
    low strobePin
    ' 펄스가 하이로 출력되게끔 클록 핀을 로우로 놓는다
    low clockPin
    ' 8비트를 시프트 출력하여 모든 핀들을 동시에 제어한다
    shiftout seriaPin, clockPin, MSBFIRST, [ outByte\B]
    ' 출력 핀들을 내부 레지스터에 연결한다
    high strobePin
    ' 다음 번에 시프트 출력될 값에 1을 더한다
    outByte = outByte + 1
    ' 결과를 보여 주기 위해 기다린다
    pause 100
goto main
```

BX-Basic

```
' 시프트 레지스터의 시리얼 입력 핀은 11번 핀에 연결한다
' 시프트 레지스터의 클록 핀은 12번 핀에 연결한다
' 시프트 레지스터의 스트로브 핀은 10번 핀에 연결한다

const serialPin as byte = 11
const clockPin as byte = 12
const strobePin as byte = 10
dim outByte as byte

sub main()
    do
        ' 출력 핀들을 내부 레지스터로부터 떼어 놓는다
        call putPin(strobePin, 0)
        ' 펄스가 하이로 출력되게끔 클록 핀을 로우로 놓는다
        call putPin(clockPin, 0)
        ' 8비트를 시프트 출력하여 모든 핀들을 동시에 제어한다
        call shiftOut(serialPin, clockPin, 8, outByte)
        ' 출력 핀들을 내부 레지스터에 연결한다
        call putPin(strobePin, 1)
        ' 다음 번에 시프트 출력될 값에 1을 더한다
        outByte = outByte + 1
```

```
            ' 결과를 보여 주기 위해 기다린다
            call delay(0.1)
        loop
    end sub
```

패러렐 입력-시리얼 출력 시프트 레지스터는 많은 수의 스위치들을 읽어들일 때에 유용하다. 작동하는 방식은 시리얼 입력-패러렐 출력 레지스터와 반대이다. 많은 패러렐 입력들을 레지스터로 읽어들인 다음, 클록 펄스에 따라 레지스터의 내용을 시리얼 방식으로 시프트 출력한다. 입력값을 레지스터와 연결하는 스트로브 또는 래치 핀, 그리고 데이터를 시리얼 방식으로 시프트 출력하는 클록 핀이 있는 것은 패러렐 출력 레지스터와 마찬가지다. 이들은 대부분 별도의 시리얼 입력 핀을 통해 데이지 체인daisy chain을 이룰 수 있다. 제어절차는 대개 다음과 같다.

```
8자리를 갖는 어레이를 만든다
루프 :
    스트로브 핀을 하이로 하여 입력값들을 레지스터로 읽어들인다
    스트로브 핀을 로우로 하여 다음 비트들을 받을 준비를 한다
    레지스터에서 8비트를 시프트 입력받는다
루프의 끝
```

다음 예제는 CD4021 8비트 패러렐 입력-시리얼 출력 시프트 레지스터를 사용해서 8개의 스위치를 읽어들인다. **그림 14-7**에 회로도를 나타내었다. CD4021은 5841과 비슷한 부품이다. 5841의 클록, 시리얼 입력, 패러렐 출력에 해당하는 클록 핀, 시리얼 출력 핀, 그리고 8개의 패러렐 입력 핀이 있다. 스위치들의 상태를 시프트 레지스터 안으로 읽어들이는 래치 핀(데이터시트에는 시리얼/패러렐 컨트롤이라고 되어 있다)도 존재한다. 입력값들을 읽기 위해서는 래치 핀을 하이로 해서 입력 상태들을 레지스터로 읽어들인 다음 다시 로우로 놓아 데이터를 시리얼 핀으로 시프트 출력할 수 있도록 한다. 또 5841의 시리얼 출력 핀에 해당하는 시리얼 입력 핀도 존재하는데, 이 핀을 사용하면 다른 CD4021들과 데이지 체인을 이룰 수 있다. 예를 들어 16개의 스위치를 읽고자 할 때는 첫번째 레지스터의 시리얼 입력 핀을 두번째 레지스터의 시리얼 출력에 연결하고, 클록과 래치 선은 원래의 시프트 레지스터와 병렬이 되도록 마이크로컨트롤러에 연결한다. 그 다음에 16비트를 시프트 입력받으면 된다.

CD4021에서는 시프트 출력이 클록 신호보다 앞서 나간다. 즉 첫번째 스위치의 상태값

이 이미 시리얼 출력되고 있는 상태에서 클록 펄스가 나간다는 것이다. P베이직, M베이직, 픽베이직 프로의 shiftin 명령은 시리얼 데이터를 클록 펄스 앞에서 읽을 수도 있고 뒤에서 읽을 수도 있기 때문에 이것이 문제되지 않는다. 하지만 BX-24에는 이런 옵션이 없어 shiftin() 명령을 사용할 수 없다. 아래 예제처럼 클록 펄스를 주고 비트들을 읽어들이는 과정을 직접 코딩해야 한다.

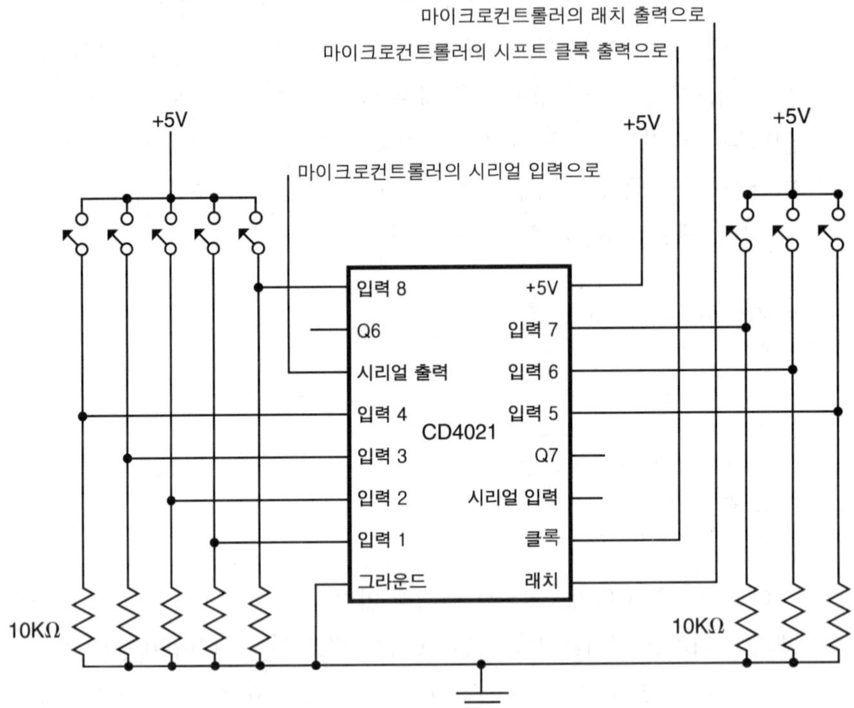

그림 14-7 CD4021 시프트 레지스터로 8개의 스위치 읽어들이기

PBASIC

MBasic

```
' 시프트 레지스터의 시리얼 데이터 핀은 5번 핀에 연결한다
' 클록 핀은 6번 핀에 연결한다
' 시프트 레지스터의 래치 핀은 7번 핀에 연결한다
serialPin con 5
clockPin con 6
latchPin con 7

switchStates var byte

main:
```

```
    '클록 핀을 로우로 놓아 데이터를 시프트할 준비를 한다
    low clockPin
    '래치 핀에 펄스를 주어 스위치들의 상태를 읽어들인다
    high latchPin
    pause 1
    low latchPin
    '데이터를 마이크로컨트롤러로 시프트한다
    shiftin serialPin, clockPin, MSBPRE, [ switchStates\8]
    '스위치들의 상태를 출력한다
    'm베이직에서는 debug의 내용을[ ] 안에 쓴다
    debug BIN switchStates, 10, 13
goto main
```

PicBasic Pro

```
'시프트 레지스터의 시리얼 데이터 핀은 RB0 핀에 연결한다
'클록 핀은 RB1 핀에 연결한다
'시프트 레지스터의 래치 핀은 RB2 핀에 연결한다
INCLUDE "modebefs.bas"

serialPin var PORTB.0
clockPin VAR PORTB.1
latchPin VAR PORTB.2

switchStates var byte

main:
    '클록 핀을 로우로 놓아 데이터를 시프트할 준비를 한다
    low clockPin
    '래치 핀에 펄스를 주어 스위치들의 상태를 읽어들인다
    high latchPin
    pause 1
    low latchPin
    '데이터를 마이크로컨트롤러로 시프트한다
    shiftin serialPin, clockPin, MSBPRE, [ switchStates\8]
    '스위치들의 상태를 출력한다
    serout2 portc.6, 16468, [ BIN8 switchStates, 13,10]
goto main
```

BX-Basic

```
'시프트 레지스터의 시리얼 데이터 핀은 10번 핀에 연결한다
'클록 핀은 11번 핀에 연결한다
'시프트 레지스터의 래치 핀은 12번 핀에 연결한다
```

```
const serialPin as byte = 10
const clockPin as byte = 11
const latchPin as byte = 12

dim switchStates as byte

sub main()
    dim thisbit as byte
    do
        ' 클록 핀을 로우로 놓아 데이터를 시프트할 준비를 한다
        call putPin(clockPin, 0)
        ' 래치 핀에 펄스를 주어 스위치들의 상태를 시프트 레지스터 안으로 읽어들인다
        call putPin(latchPin, 1)
        call delay(0.001)
        call putPin(latchPin,0)
        ' 데이터를 마이크로컨트롤러로 시프트한다
        for thisBit = 0 to 7
            call putPin(clockPin,0)
            call delay(0.0001)
            call putBit(switchStates, thisBit,
            getPin(serialPin))
            call putPin(clockPin, 1)
        next ' 스위치들의 상태를 출력한다
        for thisbit = 0 to 7
            debug.print cstr(getBit(switchStates, thisbit));
        next
        debug.print " "
    loop
end sub
```

여기에서 소개한 시프트 레지스터들은 시중에 나와 있는 많은 제품들 중 두 가지일 뿐이다. 우리의 경험으로는 이들이 쓰기에 편했지만, 다른 제품들에 대해서도 알아 두면 좋을 것이다. 예를 들면, 74F675A는 여러 온라인 상점에서 쉽게 구할 수 있는 16비트 시리얼 입력-패러랠 출력 시프트 레지스터이다. 그 사촌격인 74F676은 16비트 패러랠 입력-시리얼 출력 시프트 레지스터이다. 74ALS164A는 8비트 패러랠 출력-시리얼 입력 시프트 레지스터이며, 그 사촌격인 74ALS165는 8비트 패러랠 입력-시리얼 출력 시프트 레지스터이다. 이 칩들을 사용함에 있어서 세부적인 사항은 여기에 소개한 예제와 조금씩 다르겠지만 일반적 원리는 동일하다. 원하는 칩을 구하지 못할 때를 대비해서 다른 제품들도 몇 가지쯤은 알고 있는 편이 좋겠다.

7. 멀티플렉서

시프트 레지스터는 디지털 입출력용으로는 훌륭하지만 아날로그 출력은 지원하지 않는다. 멀티플렉서는 디지털과 아날로그 입출력을 모두 다룰 수 있다는 장점이 있다. *멀티플렉서*multiplexers는 입력 여러 개와 출력 한 개(또는 출력 여러 개와 입력 한 개)를 가지는 부품이다. 입력 가운데 하나를 출력으로 연결할 수 있는데, 어느 입력을 출력으로 연결할지는 주소지정 핀들을 통해 지정한다. 멀티플렉서는 8개 입력을 한 단위로 해서 생산된다. 8채널 멀티플렉서, 16채널 멀티플렉서 등의 제품이 있는 것이다.

소스, 싱크, 버퍼

추가적인 IC칩들을 사용하다 보면 '소스source'와 '싱크sink'라는 용어를 자주 듣게 될 것이다. 어떤 디바이스가 다른 디바이스에 전류를 공급할 때에 그 디바이스를 *전류소스*current source라고 한다. 예를 들어 LED의 애노우드를 마이크로컨트롤러의 출력핀에 연결하고 캐소우드를 그라운드에 연결하여 LED를 켤 경우, 출력핀을 하이로 할 때 그 핀은 전류소스가 되는 것이다. 이렇게 구성하면 칩이 LED를 켜는 과정을 쉽게 알 수 있기 때문에, 지금까지 출력 회로를 구성할 때는 계속 이 방법을 따라 왔다. 이제 LED의 애노우드를 전원에 연결하고 캐소우드를 마이크로컨트롤러의 출력핀에 연결한 다음에 출력핀을 로우로 하면 그 핀은 전류싱크로 작용하게 된다. 이 때 핀은 LED를 통과하는 전류가 도달할 목적지를 제공하게 된다. 즉 지금까지 구성했던 회로에서 그라운드가 해 온 역할과 같은 것이다.

보통 드라이버 디바이스들은 소스로 공급할 수 있는 전류보다 싱크로 받을 수 있는 전류가 더 큰 경우가 많다. 그래서 사실은 구동하고자 하는 디바이스를 큰 전류 공급원에 연결해 두고 드라이버 IC는 싱크가 되도록 연결하는 것이 더 일반적이다. 6장에서 달링턴 트랜지스터를 모터에 연결할 때 전류 싱크가 되도록 연결한 적이 있다. 앞서 설명한 UCN5841도 좋은 예이다. 입출력장치를 구동하는 시프트 레지스터나 멀티플렉서 등의 디바이스를 구할 때는, 그 디바이스를 전류를 공급하는 소스 드라이버로 써야 하는지 또는 전류를 받는 싱크 드라이버로 써야 하는지 등을 확인해 보는 것이 좋다.

버퍼buffer에 대해서도 알아 두는 것이 좋겠다. *버퍼*는 기본적으로 트랜지스터이거나, 또는 몇 개의 트랜지스터들이 서로 연결되어 있는 것이다. 버퍼는 디바이스로부터 받은 입력을 이용해서 다른 전류를 켜고 끄는 일을 한다. 버퍼는 디바이스가 출력하는 소스전류가 다른 디바이스를 구동하기에 충분하지 못할 때, 또는 신호에 약간의 변환을 거쳐 사용해야 할 때 등에 유용하다. 이 책에서도 버퍼 몇 가지를 사용한 바 있다. 10장에서 스테퍼 모터를 구동할 때 사용한 2004 달링턴 어레이가 버퍼이다. 시리얼 신호를 반대값으로 바꾸는 데 사용한 7404 헥스 인버터는 *인버팅*inverting *버퍼*이다. 인터넷이나 다른 책에서 볼 수 있는 회로들에서는 안전을 위해 버퍼를 사용한 경우가 많을 것이다. 마이크로컨트롤러가 출력하는 신호가 외부 디바이스를 구동하기에 약하다면, 또는 외부 디바이스의 역전압으로 마이크로컨트롤러가 상하지 않을까 염려된다면, 중간에 버퍼를 두도록 하자.

멀티플렉서에서는 출력으로 내보낼 채널을 선택하기 위해 주소지정address 핀들을 사용한다. 앞에서도 보았던 것처럼, 사용하고자 하는 채널의 주소를 핀들을 통해 이진수 형태로 지정하는 것이다. 이렇게 지정한 채널은 출력으로 연결되어 나가게 된다. 대부분의 멀티플렉서는 양방향으로 작동한다. 즉, 전기신호가 입력에서 출력 방향으로도 지나갈 수 있고 출력에서 입력 방향으로도 지나갈 수 있다는 것이다. 따라서 하나의 멀티플렉서를 입력을 제어하는 용도로도 사용할 수 있고 출력을 제어하는 용도로도 사용할 수 있으니, 이는 유용한 특성이라고 하겠다. 회로를 지나는 신호는 디지털이어도 좋고 아날로그여도 상관없다.

시프트 레지스터와는 달리 멀티플렉서는 한 번에 오직 하나의 채널만을 전달할 수 있다. 이는 멀티플렉서를 출력으로 사용할 때 두 핀을 동시에 켤 수 없다는 것을 뜻한다. 그래서 멀티플렉서는 흔히 출력보다는 입력용으로 많이 사용된다.

다음 예제는 CD4067 16비트 멀티플렉서를 사용해서 16개의 아날로그 입력을 받는다. 이를테면 앞서 행렬 스캐닝을 설명할 때에 나왔던 댄스 플로어 예제를 발전시켜서 사람들이 마룻바닥을 얼마나 세게 밟는지까지 감지하려 하는 경우에 쓸 수 있겠다. **그림 14-8**에 회로도를 나타내었다.

전체적인 제어흐름은 다음과 같다.

```
16자리를 갖는 어레이를 만든다
16번 반복 :
    인히비트inhibit 핀을 하이로 놓아서 입력을 끊는다
    주소지정 핀들을 현재의 반복 카운터로 설정한다
    인히비트 핀을 로우로 놓아서 입력을 받는다
    입력값을 어레이의 현재 장소로 읽어들인다
반복의 끝
```

실제 코드는 다음과 같다.

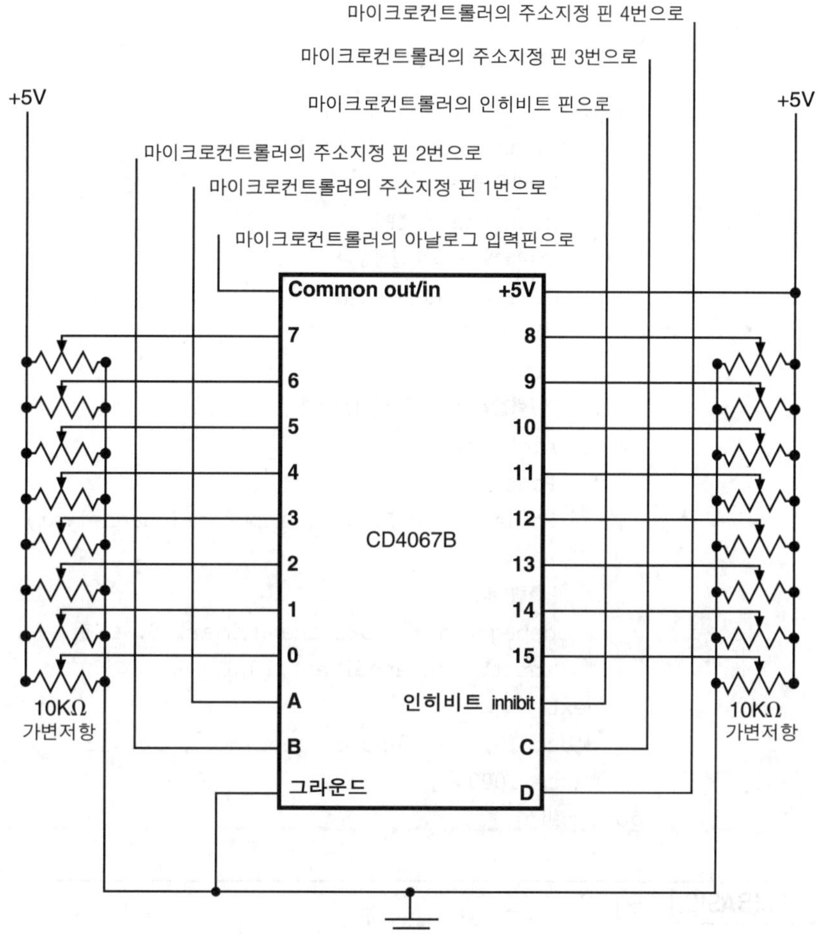

그림 14-8 CD4067 멀티플렉서로 16개의 아날로그 입력 읽어들이기.
베이직스탬프2에서는 포텐시오미터 대신에 저항-커패시터 아날로그 회로를 사용해야 할 것이다.
만일 입력 핀이 남는다면, 남는 핀들에 10KΩ 저항을 달아서 그라운드에 연결하도록 하자.

PBASIC

```
' 입력핀은 7번 핀
' 인히비트 핀은 6번 핀
'A, B, C, D 채널 핀은 각각 0, 1, 2, 3번 핀
inhibitPin con 6
inputPin con 7

channelVar var byte
inputVal var word(12)  ' 베이직스탬프2는 메모리가 부족해 16개짜리 워드 변수를
                         만들 수 없다
```

```
' 0~6번 핀을 출력핀으로 설정하고 7번 핀은 입력핀으로 설정한다
DIRL = %01111111

main:
    for channelVar = 0 to 11
        ' 입력을 끊는다
        high inhibitPin
        ' 읽어들일 주소를 설정한다
        OUTL = channelVar
        ' 입력을 연다
        low inhibitPin
        ' 입력값을 어레이로 읽어들인다
        high inputPin
        Pause 1
        Rctime inputPin, 1, inputVal(channelVar)

        ' 출력한다
        debug "ch: ", DEC channelVar, 9, DEC
        inputVal(channelVar),10,13
    next
    debug 10, 13, "end of sequence", 10, 13
    pause 1000
goto main
```

MBASIC

```
' 입력핀은 0번 핀
' 인히비트 핀은 7번 핀
'A, B, C, D 채널 핀은 각각 8, 9, 10, 11번 핀
inhibitPin con 7
inputPin con 0

channelVar var byte
inputVal var word(16)

' 8~11번 핀을 출력핀으로 설정한다
DIRH = %00001111

main:
    for channelVar = 0 to 16
        ' 입력을 끊는다
        high inhibitPin
```

```
        ' 읽어들일 주소를 설정한다
        OUTH = channelVar
        ' 입력을 연다
        low inhibitPin
        ' 입력값을 어레이로 읽어들인다
        ADin 0, inputVal(channelVar)

        ' 출력한다
        debug [ "ch: ", DEC channelVar, 9, DEC inputVal
        (channelVar),10,13]
    next
    debug [ 10, 13, "end of sequence", 10, 13]
    pause 1000
goto main
```

PicBasic Pro

```
' 입력 핀은 RA0 핀
' 인히비트 핀은 RD1 핀
'A, B, C, D 채널 핀은 각각 RC0, RC1, RC2, RC3번 핀
inhibitPin var PORTD.1
inputPin con 0

' ADCIN을 위한 파라미터들을 설정한다
DEFINE ADC_BITS 10      ' 결과값을 저장할 비트의 갯수를 설정한다
DEFINE ADC_CLOCK 3      ' 클록의 종류를 설정한다 (3=rc)
DEFINE ADC_SAMPLEUS 20 ' 샘플링 타임을 마이크로세컨드 단위로 설정한다
TRISA = %11111111 ' PORTA를 모두 입력 핀으로 설정한다
ADCON1 = %10000010 ' PORTA를 아날로그로 설정하고 결과값을 오른쪽 정렬하도록 한다
TRISC = %10110000 ' RC0~RC3과 RC6을 출력 핀으로 설정한다

channelVar var byte ' 채널 카운터
inputVal var word(16) ' 값들을 저장할 어레이

main:
    for channelVar = 0 to 15
        ' 입력을 끊는다
        high inhibitPin
        ' 읽어들일 주소를 설정한다
        PORTC = channelVar
        ' 입력을 연다
        low inhibitPin
```

```
            ' 입력값을 어레이로 읽어들인다
            ADCin inputPin, inputVal(channelVar)

            ' 출력한다
            serout2 PORTC.6, 16468, [ "ch: ", DEC channelVar, 9]
            serout2 PORTC.6, 16468, [ DEC
            inputVal(channelVar),10,13]
        next
        serout2 PORTC.6, 16468, [ 10, 13, "end of sequence",
        10, 13]
        pause 1000
    goto main
```

BX-Basic

```
' 입력 핀은 20번 핀
' 인히비트 핀은 12번 핀
'A, B, C, D 채널 핀은 각각 13, 14, 15, 16번 핀
const inhibitPin as byte = 12
const inputPin as byte = 20

' 읽어들인 값들을 저장할 어레이
dim inputVal(1 to 16) as integer

Sub main()
    ' 17~20번 핀을 입력 핀으로, porta의 나머지 핀들은 모두 출력 핀으로 설정한다
    Register.ddra = bx11110000
    Dim channelVar as byte
    do
        for channelVar = 0 to 15
            ' 입력을 끊는다
            call putPin(inhibitPin, 1)
            ' 읽어들일 주소를 설정한다
            register.porta = flipbits(channelVar)
            ' 입력을 연다
            call putPin(inhibitPin, 0)
            ' 입력값을 어레이로 읽어들인다
            inputVal(channelVar) = getADC(inputPin)

            ' 출력한다
            debug.print "ch: "; cstr(channelVar); " = ";
            debug.print cstr(inputVal(channelVar))
```

```
            next
            call delay(0.5)
            debug.print "end of sequence"
        loop
    end sub
```

8. 래치

*어드레서블 래치*addressable latch는 많은 출력을 관리할 때에 매우 유용한 부품이다. 주소지정 핀들을 설정하여 하나의 입력을 여러 출력 중 하나로 연결한다는 점에서는 멀티플렉서와 비슷하다. 단지 한 방향으로만 동작한다는 점이 차이가 되겠다. 하지만 래치에는 추가적인 기능이 있다. 즉 출력핀의 상태를 정한 다음에 핀을 그 상태로 잠가 두고, 주소지정 핀 설정을 바꾸어 다시 다른 핀을 가리킬 수 있는 것이다. 따라서 래치에서는 여러 핀을, 심지어는 모든 핀을 동시에 켜는 일이 가능하다. 이런 점에서는 시프트 레지스터와도 비슷하다고 할 수 있지만, 하나의 핀을 설정하기 위해 모든 핀들에 데이터를 보내지 않아도 된다는 점에서 차이가 있다.

래치의 사용방법은 멀티플렉서의 사용방법과 매우 비슷하다. 먼저 인히비트 또는 쓰기방지write disable 핀을 설정하여 입력을 출력으로부터 떼어 놓는다. 다음으로 주소지정 핀들을 설정한다. 그리고 쓰기방지 핀을 풀어 입력이 원하는 출력으로 연결되도록 한다. 한 번 설정된 출력은 다시 주소를 지정받아 재설정되기 전까지는 이전의 값을 그대로 유지한다. 이 때 핀들의 상태를 잠그기 위해서는 먼저 클리어clear 핀을 로우로 놓아야 한다.

래치는 또한 디멀티플렉서demultiplexer로도 사용될 수 있다. 래치의 클리어 핀을 하이로 놓으면 한 번에 하나의 출력 핀만이 활성화된다. 이 모드에서는 입력핀으로 지정한 주소에 해당하는 핀만이 하이가 된다. 이는 마이크로컨트롤러에서 출력되는 시리얼 데이터를 여러 동기 시리얼 칩이 공유하는 경우에 유용하게 쓰일 수 있다. 칩 실렉트 핀을 켜고 끔으로써 어느 칩이 데이터를 받아들여야 할 지를 지정할 수 있는 것이다. 8비트 래치를 사용하면 8개 칩의 칩 실렉트 핀들을 마이크로컨트롤러의 4개의 핀만으로 제어할 수 있다. 다음 예제는 하나의 래치를 래치로, 또 디멀티플렉서로 사용하는 사례를 보여 준다.

래치의 8개 핀을 제어하기 위한 절차는 다음과 같다.

```
8번 반복 :
    쓰기방지 핀을 하이로 놓아서 출력을 끊는다
    주소지정 핀들을 현재의 반복 카운터로 설정한다
    입력핀의 값을 현재의 출력핀을 설정할 상태로 놓는다
    쓰기방지 핀을 로우로 놓아서 출력을 켠다
반복의 끝
```

그림 14-9에 래치의 회로도를 나타내었다.

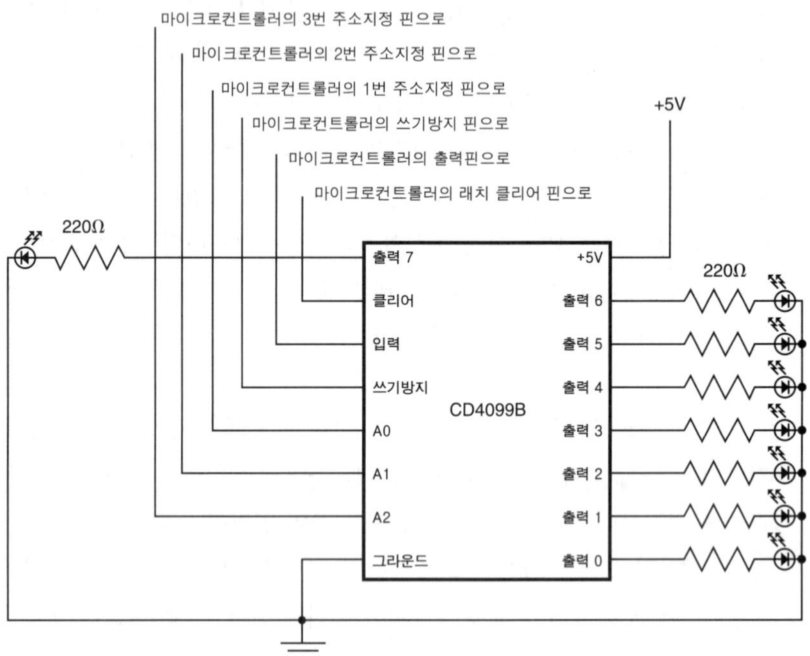

그림 14-9 8비트 어드레서블 래치로 8개의 LED 제어하기

다음 코드는 하나의 래치로 8개 LED를 제어한다. 각 출력을 하이로 하면서 8번을 반복한 다음, 클리어 핀을 활성화한 상태에서 다시 8번을 반복한다. 두번째로 반복할 때에는 한 번에 하나의 LED만 켜지게 된다.

PBASIC

MBasic

```
' 래치의 입력핀은 7번 핀에 연결한다
' 래치의 쓰기방지 핀은 6번 핀에 연결한다
' 래치의 클리어 핀은 5번 핀에 연결한다
' 래치의 주소지정 핀들은 8~10번 핀에 연결한다
clearPin con 5
```

```
writeDisablePin con 6
outputPin con 7

channelVar var byte
' 8~10번 핀을 모두 출력으로 설정한다
DIRH = %00000111

main:
   ' 클리어 핀을 꺼서 래치를 활성화한다
   low clearPin
   ' 채널을 따라 반복하면서 불을 켜 나간다
   for channelVar = 0 to 7
      ' 출력을 끈다
      high writeDisablePin
      ' 주소를 지정한다
      OUTH = channelVar
      ' 원하는 상태를 지정한다
      high outputPin
      ' 출력을 켠다
      low writeDisablePin
      pause 500
   next

   ' 클리어 핀을 켜서 래치를 비활성화한다
   high clearPin
   ' 채널을 따라 반복하면서 불을 켠다
   for channelVar = 0 to 7
      ' 출력을 끈다
      high writeDisablePin
      ' 주소를 지정한다
      OUTH = channelVar
      ' 원하는 상태를 지정한다
      high outputPin
      ' 출력을 켠다
      low writeDisablePin
      pause 500
   next
goto main
```

PicBasic Pro

```
' 래치의 입력핀은 RB0 핀에 연결한다
' 래치의 쓰기방지 핀은 RB1 핀에 연결한다
' 래치의 클리어 핀은 RB2 핀에 연결한다
' 래치의 주소지정 핀들은 RC0~RC2 핀에 연결한다
clearPin var PORTB.2
writeDisablePin var PORTB.1
outputPin var PORTB.0

channelVar var byte
' RC0~RC2와 RC6 핀을 모두 출력으로 설정한다
TRISC = %10111000

main:
    ' 클리어 핀을 꺼서 래치를 활성화한다
    low clearPin
    ' 채널을 따라 반복하면서 불을 켜 나간다
    for channelVar = 0 to 7
        ' 출력을 끈다
        high writeDisablePin
        ' 주소를 지정한다
        PORTC = channelVar
        ' 원하는 상태를 지정한다
        high outputPin
        ' 출력을 켠다
        low writeDisablePin
        pause 500
    next

    ' 클리어 핀을 켜서 래치를 비활성화한다
    high clearPin
    ' 채널을 따라 반복하면서 불을 켠다
    for channelVar = 0 to 7
        ' 출력을 끈다
        high writeDisablePin
        ' 주소를 지정한다
        PORTC = channelVar
        ' 원하는 상태를 지정한다
        high outputPin
        ' 출력을 켠다
        low writeDisablePin
        pause 500
    next
goto main
```

BX-Basic

```
' 래치의 입력핀은 12번 핀에 연결한다
' 래치의 쓰기방지 핀은 11번 핀에 연결한다
' 래치의 클리어 핀은 10번 핀에 연결한다
' 래치의 주소지정 핀들은 13~15번 핀에 연결한다
const clearPin as byte = 10
const writeDisablePin as byte = 11
const outputPin as byte = 12


Sub main()
Dim channelVar as byte

' 13~15번 핀을 모두 출력으로 설정한다
register.ddra = bx11100000

do
    ' 클리어 핀을 꺼서 래치를 활성화한다
    call putPin(clearPin, 0)
    ' 채널을 따라 반복하면서 불을 켜 나간다
    for channelVar = 0 to 7
        ' 출력을 끈다
        call putPin(writeDisablePin, 1)
        ' 주소를 지정한다
        register.porta = flipBits(channelVar)
        ' 원하는 상태를 지정한다
        call putPin(outputPin, 1)
        ' 출력을 켠다
        call putPin(writeDisablePin, 0)
        call delay(0.5)
    next

    ' 클리어 핀을 켜서 래치를 비활성화한다
    call putPin(clearPin, 1)
    ' 채널을 따라 반복하면서 불을 켠다
    for channelVar = 0 to 7
        ' 출력을 끈다
        call putPin(writeDisablePin, 1)
        ' 주소를 지정한다
        register.porta = flipBits(channelVar)
        ' 원하는 상태를 지정한다
```

```
        call putPin(outputPin, 1)
        '출력을 켠다
        call putPin(writeDisablePin, 0)
        call delay(0.5)
    next
loop
end sub
```

9. 결론

이 장에서 소개한 방법들은 많은 입력과 출력을 제어하는 방법들 중 일부에 지나지 않는다. 하지만 이 방법들을 기본으로 해서 서로 적절히 연결해 사용하면, 암산하거나 종이에 적어 관리하기에 버거운 양의 입력과 출력도 거뜬히 제어할 수 있을 것이다.

부록 A

마이크로컨트롤러의 선택

마이크로컨트롤러 시스템에는 몇 단계의 레벨이 존재한다. 칩의 형태로 되어 있어서 크기가 매우 작고 그에 맞는 회로를 직접 구성해 주어야 하는 제품들도 있다. 그 반면에 크기가 크고 여러 가지 부품과 입출력을 위한 포트들을 갖추고 있어서 외부 장치들을 바로 연결할 수 있도록 되어 있는 제품들도 있다. 만일 이 부록에서 쓰이고 있는 용어들이 아직 버겁게 느껴진다면, 이 책에서 다루고 있는 BX-24나 베이직 스탬프나 베이직 아톰과 같은 스탬프류의 중간레벨 마이크로컨트롤러로 시작해 볼 것을 권한다.

높은레벨 마이크로컨트롤러들은 다른 장치들과 연결하기 위한 하드웨어 인터페이스가 간단하며(보통 플러그 하나, 또는 전선 두어 가닥이면 된다), 프로그래밍 언어가 아예 없거나 있더라도 간단한 수준이다. 보통 이 레벨의 마이크로컨트롤러들이 가격도 가장 높은데, 우리가 해야 할 일을 다른 누군가가 대신 해준 데 대한 대가라 보면 되겠다. 낮은레벨 마이크로컨트롤러를 사용하기 위해서는 더 많은 일을 해야만 한다. 하드웨어 연결에 있어서도 그렇고(다른 장치와 연결하기 위한 회로를 우리가 직접 구성해 주어야 한다) 프로그래밍에 있어서도 그렇다(가장 낮은레벨 칩의 경우에는 C나 어셈블러 등의 낮은레벨 프로그래밍 언어를 사용해야 한다). 낮은레벨 프로세서들은 개발환경을 갖추는 데 비용이 많이 들지만 칩 자체의 가격은 매우 저렴하며, 또한 그 기능이 가장 다양하고 응용하기가 자유롭다.

마이크로컨트롤러를 선택할 때는 여러 사항을 고려해야 한다. 경우마다 다르겠지만, 대체로 다음과 같은 점들을 생각해 보아야 한다.

1. 비용

나의 예산은 어느 정도인가? 생각해야 할 비용에는 두 가지가 있다. 즉, 칩 자체의 가격과 개발 환경의 가격이 그것이다. PIC의 경우, 칩 하나는 10달러(많이 구입하면 이보다 훨씬 싼 가격에 구입할 수 있다) 정도에 불과하지만 컴파일러와 프로그래머는 300달러 이상 할 것이다. 중간레벨 칩들은 가격이 더 비싸지만 그 개발환경은 웹에서 무료로 다운로드 할 수 있는 경우가 많으므로 50달러 정도면 첫 번째 프로젝트를 해 볼 수 있을 것이다. 하이레벨의 박스형 제품들은 소프트웨어나 센서 등을 모두 제하고도 가격이 수백 달러에 이른다. 시간적으로 매우 급하고, 하고자 하는 일이 지극히 간단한 것이 분명하며, 당신이 참을성이 매우 부족한 사람이 아니라면, 가급적이면 이들은 선택하지 않을 것을 권한다. 낮은레벨 칩은 장기적인 관점에서 볼 때, 또는 하나의 프로젝트에서 여러 개의 칩을 사용할 때, 또는 개발환경은 단체에서 공동으로 구입하고 개인들은 칩만 구입하면 될 때 경제적이다. 혼자 작업하는 초보자의 경우에는 50달러 정도가 소요되는 중간레벨 스탬프류의 마이크로컨트롤러를 추천한다.

2. 시간

나는 얼마만큼의 작업을 하고자 하는가? 피지컬한 작품을 제작할 때 일반적으로 컨트롤러의 레벨이 높아질수록 필요한 작업량은 적어진다. 낮은레벨 컨트롤러를 사용해서 무언가를 만들어 내기 위해서는 더 많은 작업이 필요하다.

나는 어떤 프로그래밍 언어와 통신 프로토콜을 알고 있으며, 전자회로에 대해서는 무엇을 알고 있는가? 다른 조건들이 같다면, 자신이 조금이라도 더 알고 있는 시스템을 선택하도록 하자.

제품에 관한 정보는 어느 정도나 축적되어 있는가? 대부분의 마이크로컨트롤러들은 사용법과 프로그래밍에 관한 웹사이트와 메일링리스트들을 가지고 있다. 그중 가장 우수한 것들은 제작사나 판매처의 웹사이트에 직접 링크되어 있는 경우가 많다. 이들을 살펴보라. 샘플코드와 개발 노트들을 읽어 보라. 토론 게시판의 토론들도 둘러보라. 웹에서 그 마이크로컨트롤러 환경에 대해 검색해 보라. 당신이 읽어서 알 수 있을 만한 지식들이 많이 축적되어 있는가? 이는 중요한 사항이다. 정말 세계 최고라고 생각되는 프로세서를 발견했다고 하더라도, 만일 당신 말고는 아무도 그 제품을 사용하고 있지 않다면 공부하기가 무척 힘들 것이다.

3. 확장성expandability/범용성compatibility

이 마이크로컨트롤러는 어떤 부품들과 연결해서 쓸 수 있는가? 이 마이크로컨트롤러에 덧붙여 쓸 수 있는 모듈들은 있는가? 이를테면 모터 컨트롤러는 있는가? 디스플레이 컨트롤러는? 센서나 센서 모듈은? 이런 모듈들은 대개 값이 비싸지만 그 대신에 별도의 회로를 만들지 않고도 연결하기만 하면 바로 사용할 수 있다. 만일 시간이 중요한 상황이라면 구입할 가치가 있을 것이다. 낮은레벨 컨트롤러로 이러한 모듈들을 직접 만들 줄 안다고 하더라도, 그것을 만드는 데 걸리는 시간과 이후에 그것을 손보고 신경쓰는 데 소요될 시간을 감안하면 높은레벨 시스템이 돈을 들일 만한 가치가 있을 때도 있다.

나는 이것을 어디에 연결하려고 하나? 미디 신디사이저? DMX-512 조명보드? 데스크탑 컴퓨터? 전화기? 인터넷? 마이크로컨트롤러의 인터페이스 능력은 저마다 다르다. 필요한 모든 것들이 연결될 수 있는지를 꼭 확인해 보아야 하겠다. 컨트롤러 하나로는 필요한 모든 디바이스와 말이 통하지 않는다면, 몇 가지 컨트롤러를 창의적으로 연결해서 사용해야 할지도 모른다.

4. 물리적 특성과 전기적 특성

나는 얼마나 많은 입력과 출력이 필요한가? 모든 시스템에는 정해진 수의 입력과 출력이 있게 마련이다. 마이크로컨트롤러를 선택하기 전에 먼저 몇 가지를 감지하고 제어할 것인지를 결정해 두는 것이 좋겠다.

나는 어떤 종류의 입력과 출력이 필요한가? 변화하는 수치값을 감지하기 위한 아날로그 입력과 출력이 필요한가, 아니면 단지 무엇이 켜져 있는지 꺼져 있는지를 알기 위한 디지털 입력과 출력이면 되는가? 별도로 회로화되어 있는 하드웨어 PWM은 필요한가? (10장 참조)

전원과 관련된 사정은 어떠한가? 건전지를 사용해야만 하는 상황인가? 다른 디바이스와 전압을 맞추어 줄 필요는 없는가? 아주 작은 전력만 소모해야 하는 상황은 아닌가?

데이터 처리속도는 얼마나 빨라야 하는가? 낮은레벨 프로세서들이 보통 더 빠르다.

메모리는 어느 정도나 필요한가? 만일 복잡한 데이터를 처리하거나 기록해야 한다면 메모리가 큰 마이크로프로세서, 또는 외장 메모리와 인터페이스할 수 있는 마이크로프로세서가 필요할 것이다.

크기는 얼마나 작아야 하나? 일반적으로 낮은레벨 컨트롤러들을 사용하면 필요한 회로를 직접 만들기 때문에 하드웨어의 크기를 줄일 수 있다.

5. 이 책에서 사용한 마이크로컨트롤러들

역시 가장 궁금한 점은, 우리가 이 책에서 사용한 네 개의 마이크로컨트롤러를 선택하게 된 이유가 무엇인지, 그리고 독자인 나는 어느 것을 선택하면 좋을지일 것이다. 서론 부분에서도 말했지만, 필요한 일을 해낼 수 있는 가장 높은레벨의 도구를 사용하는 것이 좋다는 것이 우리의 기본적인 생각이다. 그러니 만일 사용 가능한 예산에 제한이 없다면 텔레오Teleo나 인퓨전시스템즈Infusion Systems의 아이큐브I-Cube처럼 프로그래밍이나 전자회로에 대한 지식을 전혀 필요로 하지 않는 높은레벨 시스템을 사용하는 편이 좋을 수도 있겠다.

하지만 현실에서는 예산이 제한되어 있는 것이 보통이다. 또 물리적 한계와 운용상의 제한 때문에 이들을 사용하는 것이 부적절해지기도 한다. 쉽게 몇 가지만 예를 들어 보더라도, 이러한 제품을 원래 정해진 바와 달리 우리가 원하는 방향으로 조금이라도 커스토마이즈 하고자 한다면, 또 정해진 것 이외의 소프트웨어를 사용하고자 한다면, 또는 PC 없이(아이큐브의 경우에는 미디 컨트롤러 없이) 사용하고자 한다면, 아마 잘 되지 않을 것이며 실망하게 될 것이다. 이러한 문제들을 극복할 수 있는 방법을 이 책에서 몇 가지 소개하고 있기는 하지만 말이다. 이러한 이유들 때문에, 한 개의 마이크로컨트롤러를 사용하는 간단한 프로젝트의 경우에는 중간레벨 마이크로컨트롤러를 사용하는 것이 가장 편리하다는 것이 우리들의 경험이다.

■ 패러랙스 베이직스탬프2 Parallax Basic Stamp 2

우리가 선택한 세 가지 중간레벨 모듈 중에 패러랙스의 베이직스탬프2(BS-2)가 출시된 지 가장 오래 되었다. 사용자층도 아마 가장 두터울 것이다. 우리는 여러 해 동안 이 제품을 기반으로 피지컬컴퓨팅 수업을 진행해 왔다. 배우기 쉽고 안정적으로 동작하며 인터넷을 통해 매우 여러 가지 예제들을 얻을 수 있다.

하지만 한계들도 존재한다. 얼마 전까지만 해도 PBASIC은 프로그램의 흐름을 제어하는 방법들이 매우 제한되어 있었다. 하지만 패러랙스가 제어방법을 크게 개선하여 이제는 PBASIC도 기능성이나 사용 편이성에 있어 MBasic이나 PicBasicPro와 대등하다고 할 수 있다. 또, 이 언어들과는 달리 PBASIC은 인터프리터$_{\text{interpreter}}$ 언어이다. 즉, 우리들이 작성한 텍스트 코드 자체가 칩에 저장되어 있다가 프로그램이 실행될 때 한 줄 한 줄 번역된다는 뜻이다. 이 때문에 실행속도가 다른 모듈들에 비해 느리다. 대부분의 피지컬컴퓨팅 프로젝트에서는 이것이 문제가 되지 않지만, 우리는 이따금 복잡한 프로젝트에서 BS-2의 속도 한계에 부딪친 적도 있다.

마지막으로, BS-2에는 아날로그-디지털 변환기가 없다. 따라서 아날로그 입력을 받으려면 저항-커패시터 회로를 구성해서 커패시터가 방전되는 데 걸리는 시간을 측정해야 한다(rctime 명령어를 사용한다). 이 방식은 아날로그-디지털 변환기$_{\text{ADC}}$보다 느리며, 저항-커패시터$_{\text{RC}}$ 회로에 걸맞는 출력을 내어 주는 센서들에만 사용할 수 있다.

스탬프의 프로그래밍 환경은 아마도 이 책에서 소개한 컨트롤러들 가운데 가장 간단할 것이다. 워낙 구성이 간단하여 1분 정도면 곧 사용할 수 있을 것이다. BS-2는 이 책에서 소개한 컨트롤러들 가운데 유일하게 매킨토시를 위한 프로그래밍 환경을 가지고 있다. 패러랙스의 개발환경은 윈도우즈 기반이지만, 영국의 한 사용자가 매킨토시용 컴파일러를 만들었다. 꽤 괜찮은 컴파일러다. 다른 컨트롤러들도 모두 이런 환경을 갖춘다면 정말 좋겠다.

■ 넷미디어$_{\text{NetMedia}}$ BX-24

1998년에서 1999년 즈음, 넷미디어에서 BS-2의 경쟁자가 될 수 있는 제품을 선보였다. 바로 BX-24다. 이 모듈은 보다 발전된 아트멜$_{\text{Atmel}}$의 마이크로컨트롤러에 기반하고 있으며, 인터프리터를 거치지 않고도 실행될 수 있도록 프로그램을 컴파일$_{\text{compile}}$해 주는 프로그래밍 환경을 제공한다. 이로 인해 BS-2보다 실행속도가 빠르다. 그 밖에도 BX-24는 여러 가지 유용한 기능들을 제공한다. 예를 들면 8개의 아날로그-디지털 변환기를 제공하며, 시간을 측정할 수 있는 클록을 내장하고 있으며, BS-2보다 EEPROM 메모리도 크다.

프로그래밍 언어는 마이크로소프트의 비주얼 베이직에 기반하고 있는데, 이 책에서 소개한 다른 어떤 베이직 언어보다도 복잡하여 프로그래밍 초보자들이 배우기에는 좀더 어렵다. 하지만 프로그래밍에 익숙한 사용자들에게는 서브루틴 간의 파라미터 전달, 부동소수점 숫자 계산, 멀티태스킹 등 강력한 기능들을 제공해 준다. 인터넷으로 얻을 수 있는 BX-24에 관한 지식들도 상당히 많은 편이지만, 제품의 연륜이 상대적으로 짧기 때문에 그 양이 BS-2에 미치지는 못한다.

■ 베이직 마이크로 베이직 아톰 프로24 Basic Micro Basic Atom Pro24

베이직 마이크로는 업계에서 새로운 업체에 속한다. 넷미디어나 패러랙스보다 연륜이 짧다. 베이직 아톰 프로24는 경쟁제품 두 가지 모두에 비해 장점들을 가지고 있다. 이를테면 코드를 컴파일해 주므로 실행속도가 한결 빠르다. 또 프로그래밍 언어인 MBasic은 pBasic이나 PicBasicPro와 문법이 비슷하므로 다른 플랫폼을 위한 샘플코드들을 간단하게 MBasic으로 바꾸어 쓸 수 있다. 하지만 단점도 있다. 이를테면 BX-24가 8개의 아날로그-디지털 변환기를 제공하는 데 비해 이 제품은 4개만을 제공한다. 또 새로 등장한 제품이기 때문에 정보를 공유할 수 있는 사용자층도 얇다.

아직 출시되지는 않았지만, 베이직 마이크로에 따르면 매킨토시와 리눅스를 위한 개발환경도 곧 발표될 예정이라고 한다.

■ 마이크로칩Microchip PIC

이제 중간레벨 마이크로컨트롤러보다는 낮은레벨 칩으로 작업할 준비가 되었다고 생각하는 사용자들에게는 마이크로칩의 PIC 마이크로컨트롤러 시리즈를 추천한다. 이 회사는 핀이 몇 개밖에 없는 아주 작은 칩부터 핀이 매우 많은 것까지 다양한 컨트롤러들을 생산한다. PIC시리즈에는 여러 개의 아날로그-디지털 변환기와 하드웨어 PWM 출력, 특화된 동기 시리얼 제어 등 여러 가지 유용한 기능들이 포함되어 있다. 16F819나 18F252, 또는 18F452를 추천한다. 일단 개발환경을 갖추고 나면 가격이 상대적으로 저렴하며, 여러 프로그래밍 언어로 작성된 코드 등 웹을 통해 얻을 수 있는 정보도 풍부하다.

1998년쯤까지는 PIC 시리즈의 대부분이 자외선을 쬐어서 프로그램을 지우는 방식이거나 또는 오직 한 번만 프로그램할 수 있는 방식이었다. 한 번만 프로그램 할 수 있도록 되어 있는 방식에서는 만일 한 번에 정확히 프로그램하지 않으면 그 칩은 다시 프로그램할 수 없었다. 이러한 제품들은 가격이 저렴했지만 업계에 종사하는 사람이 아니고서는 다루기가 어려웠다. 최근 몇 년 동안 마이크로칩은 플래시 프로그램 방식의 PIC들을 많이 내놓았다. 이제 중간레벨 컨트롤러들처럼 PIC도 전자적으로 다시 프로그램할 수 있게 된 것이다.

1장과 3장에서 다룬 전자회로에 대한 지식들과 5장에서 다룬 프로그래밍의 개념들을 알고 있다면 PIC으로 옮겨가는 것이 그리 어렵지 않을 것이다. 하지만 프로그래머와 컴파일러를 구입해야 하므로 중간레벨 마이크로컨트롤러에 비해 초기비용이 많이 들 것이다. 이 책에서 소개한 PIC용 코드들은 마이크로엔지니어링 랩스의 PicBasic Pro 컴파일러(http://www.microengineeringlabs.com)를 위해 작성되었는데, 이 컴파일러의 가격은 249달러이다. 같은 회사의 제품으로 이것보다 가격이 저렴한 PICBasic도 있지만 우리의 경험으로는 이 제품은 여러 가지로 기능이 좀 부족하며 PicBasicPro가 낫다. PicBasicPro는 pBasic에 기반하고 있어 BS-2를 위한 예제코드들과 호환하기가 쉽다.

시중에 나와 있는 PIC용 BASIC 컴파일러로 이 밖에도 몇 가지가 더 있다. 이를테면 베이직 마이크로Basic Micro의 MBasic 컴파일러나 크라운힐Crownhill의 Proton+ 컴파일러 같은 것들이다. Proton+는 우리들이 본 컴파일러들 가운데 부동소수점 숫자 계산을 지원하는 유일한 제품이라는 점이 특기할 만하다. 코드는 문법이 PicBasicPro와 비슷해 보인다. 하지만 우리도 이 컴파일러들을 그리 많이 사용해 보지는 못했다. 그러니 만일 이들 제품을 사용하고자 한다면 여러분 스스로 공부해 나가야 하겠다.

만일 정말 새로운 길을 개척해 나가기를 좋아하고 C로 프로그래밍 하는 것을 선호한다면 커스텀 컴퓨터 서비스Custom Computer Services(http://www.ccsinfo.com)의 PIC을 위한 C 컴파일러들을 검토해 보는 것이 좋겠다. 이 회사는 숙련된 C 프로그래머라면 PIC에서 자주 사용되는 펑션들을 비교적 쉽게 구현할 수 있도록 해주는 좋은 라이브러리들을 제공한다.

하드웨어 프로그래머도 필요한데, 이에 대해서는 선택의 폭이 넓다. 몇 백 달러나 하는 전문가용 프로그래머도 있고 7달러 정도 하는 간이 프로그래머도 있다. 대체로 돈을 들이는 만큼 더 나은 것을 얻을 수 있다. 값이 싼 제품들은 그만큼 기능이 한정되어 있고, 반면 값비싼 제품들은 한 번도 사용하지 않을 여러 기능들까지 가지고 있게 마련이다.

우리는 주로 마이크로엔지니어링 랩스의 EPIC 프로그래머를 사용한다. 컴퓨터의 패러랠 포트에 연결하도록 되어 있는 제품이 60달러 정도 한다. 여러 해 동안 사용해 보았는데 만족스럽다. 최근에는 시리얼 포트용 프로그래머를 출시했는데, 이것도 평판이 좋다. 이 제품들을 사용하기 위해서는 18핀과 40핀용 프로그래밍 어댑터가 필요하다.

괜찮다는 생각이 들었던 다른 프로그래머로는 돈트로닉스(http://www.dontronics.com)의 K-150이 있다. 35달러 정도밖에 안 하는 대신에 부품 일부분을 직접 납땜해서 붙여야 한다. 물론 완전히 초보인 사람들에게는 적합하지 않은 제품이며, EPIC 프로그래머가 지원하는 PIC 모델들을 다 지원하는 것도 아니다. 하지만 그 가격대에서 우리가 보았던 제품들 중에는 이것이 가장 나았다. USB로 연결한다는 점도 괜찮다.

지금까지 소개한 프로그래머들은 모두 프로그램할 때 회로에서 칩을 들어 내야 한다. 칩을 회로 안에 그대로 둔 채로 프로그래밍할 수 있는 *인서킷in-circuit 시리얼 프로그래머*들은 코드를 조금씩 수정해 나갈 때에 시간을 절약해 주어서 편리하다. 프로그래머에서 기판으로 케이블을 이어서 사용하도록 되어 있는 제품들도 있다. 앞서 소개한 EPIC 프로그래머에는 16F819처럼 핀이 16개 있는 칩을 위한 인서킷 시리얼 프로그래밍 어댑터가 있다. 더 큰 칩들을 위한 어댑터는 사용자가 직접 만들 수 있다. K-150 프로그래머에도 다리만 납땜해 붙이면 사용할 수 있는 인서킷 시리얼 프로그래밍 케이블이 들어 있다.

다른 방식으로는, 컴퓨터의 시리얼 통신을 통해 칩을 프로그램할 수 있게끔 *부트로더boot loader* 프로그램을 사용해서 프로그램하는 방법이 있다. 이렇게 하면 일단 부트로더를 로딩하고 난 다음에는 다시 프로그래머를 사용할 필요가 없으므로 레벨이 높은 스탬프류 칩들과 비슷해진다. 이 방법이 단연 가장 매력 있어 보일지도 모르겠지만, 이 방식은 귀찮은 문제들을 야기한다는 것이 우리의 경험이다. 결국에는 다시 프로그래머를 사용하는 방식으로 되돌아오게 되는 경우가 많았다.

어떤 마이크로컨트롤러 환경을 선택하든, 메일링 리스트나 온라인 포럼 등을 통해 그 제품을 사용하는 사용자 그룹과 함께 해야 한다. 이 책이 길잡이는 되어 주겠지만, 결국 다른 사용자들로부터 훨씬 더 많은 것을 배울 수 있다. 그리고 그 과정에서 친구들도 사귈 수 있을 것이다.

6. PIC 프로그래머

PIC 마이크로컨트롤러로 작업하고자 한다면 칩에 코드를 심어 주는 프로그래머가 필요해진다. 시중에는 여러 가지 프로그래머들이 나와 있다. 프로그래머의 다양성을 가늠하는 데 도움이 될 수 있도록, 우리가 사용해 본 프로그래머 중에서 몇 가지를 소개한다. 되도록이면 EPIC을 사용할 것을 추천하고 싶다. 우리들 역시 대부분의 경우에 이 제품을 사용하고 있다.

마이크로엔지니어링 랩스의 EPIC 플러스 프로그래머
http://www.melabs.com
70~100달러

우리가 언제나 사용하는 프로그래머이다. 패러랠 포트에 연결해 사용하는 프로그래머로서, 별다른 부가기능 같은 것은 없는 간단하고 실용적인 제품이다. 마이크로코드 스튜디오Microcode Studio 및 PicBasic Pro와 완벽하게 연결된다. 프로그래밍을 할 때 PIC을 물릴 수 있는 40핀 또는 20핀 짜리 ZIF 소켓이 포함되어 있다. PIC 18F452를 사용하고 있다면 40핀짜리 소켓이 필요할 것이다. 나중에 다른 PIC을 사용하게 되면 20핀짜리 작은 소켓이 필요하게 될 수도 있다. 8~40핀을 위한 ZIF 어댑터를 사용할 수도 있는데, 이 어댑터를 사용하면 DIP 패키지의 PIC칩 대부분을 프로그램할 수 있다. 또, 인서킷 시리얼 케이블을 만들어서 사용할 수도 있다. 만드는 방법은 마이크로엔지니어링 랩스의 웹사이트에 설명되어 있다.

같은 프로그래머의 시리얼 버전도 있는데, 이것도 훌륭하다. 값이 좀더 비싸지만, 패러랠 프로그래머보다 버추얼 PC 상에서 사용하기 편하기 때문에 많은 매킨토시 사용자들이 애용해 마지않는다.

마이크로칩의 MPLAB ICD2
http://www.microchip.com
150~180달러

PIC의 제작사인 마이크로칩에서 나온 전문가용 프로그래머이다. 칩을 회로 안에 놓아둔 채로 코드를 한 줄 한 줄 실행시켜 볼 수 있는 인서킷 디버깅 등 여러 가지 특수 기능들을 가지고 있다. USB로 데스크탑 컴퓨터와 연결된다는 것도 장점이다. 일반 개인이 사용하기에는 고급스러운 제품이지만, 달리 보면 전문가용 프로그래머 중에는 가장 가격이 저렴한 편이다.

키츠 알 어스Kits R Us의 K150 USB 프로그래머
http://www.kitsrus.com
35달러

USB 인터페이스를 가지고 있는 기본형 프로그래머이다. 기판에 직접 일부 부품을 납땜해 붙여야 하며, 모든 PIC을 다 지원하는 것도 아니다. 하지만 유용하게 쓸 수 있는 저렴한 프로그래머이다.

스파크 펀Spark Fun의 PIC-PG1
http://www.sparkfun.com
9달러

우리가 본 것 중에 가장 싼 프로그래머이다. 가격만큼 기능도 최소한이다. 인서킷 모드로만 작동하며, 랩탑 컴퓨터의 시리얼 통신이나 USB-시리얼 어댑터와는 동작 여부가 검증되지 않았다. 초보자들이 사용하기에 적당한 제품은 아니지만, 적절히 사용할 줄 안다면 안정적으로 동작할 것이다.

이 밖에도 스파크 펀에서는 사용이 간편하며 ICD2와 호환 가능한 프로그래머 등 좀더 가격대가 높은 제품들도 나와 있다.

부록 B

추천업체목록

이 장에서는 특수한 부품들, 신기한 부품들, 그리고 특정 어플리케이션용으로 특별히 만들어진 부품들을 소개한다. 이 장은 기본부품과 특수부품의 두 절로 되어 있다. 기본부품 절에서는 마이크로컨트롤러, 소프트웨어, 그리고 기본적 전자부품처럼 어떤 피지컬 컴퓨팅 프로젝트에서든 필요한 것들을 취급하는 업체들을 정리했다. 특수부품 절에서는 센서, 모터 등 기타 모든 전자 장비와 소프트웨어를 취급하는 업체들을 정리했다. 각 절은 하드웨어와 소프트웨어로 나뉘어 있다. 기본부품 절에서는 하드웨어를 다시 마이크로컨트롤러와 전자부품으로 구분했다.

1. 기본부품들

무조건 필요한 부품들이다. 여기 소개한 업체들은 우리들이 정기적으로(때로는 매주) 이용하고 있는 업체들이다.

■ 마이크로컨트롤러

마이크로컨트롤러의 선택에 대해서는 부록A와 2장을 참조하라.

▶ *베이직 마이크로Basic Micro*

베이직아톰 프로24Basic Atom Pro24 마이크로컨트롤러 등의 제품을 만들고 판매한다. 패러랙스Parallax나 마이크로칩Microchip에 비해서는 비교적 최근에 마이크로컨트롤러 시장에 들어왔으나 제품은 눈여겨 볼 만하다.

▶ *마이크로칩Microchip*

픽 마이크로PICmicro 마이크로컨트롤러를 만드는 회사이다. 픽은 모든 종류의 상업용·산업용 어플리케이션에서 찾아볼 수 있으며 우리들이 사용하는 마이크로컨트롤러 중 가격이 가장 저렴하다. 하지만 소프트웨어를 구입하는 비용이 추가적으로 필요하고, 공부하는데에 더 많은 시간이 걸리기는 한다. 그럼에도 불구하고, 픽은 이 책에서 소개하고 있는 제품들 가운데 가장 응용성이 좋은 마이크로컨트롤러이다.

▶ *마이크로엔지니어링 랩스microEngineering Labs*

픽 마이크로컨트롤러를 위한 매우 쓸모 있고 쉬운 프로그래밍 환경인 픽베이직 프로PicBasic Pro를 만드는 회사이다. 이 책에 있는 픽을 위한 모든 코드는 픽베이직 프로로 작성되었다.

▶ *넷미디어NetMedia*

BX-24 마이크로컨트롤러를 만들고 판매한다. BX-24는 패러랙스의 베이직 스탬프2와 좋은 경쟁자로서, 아날로그-디지털 변환기나 멀티태스킹 등의 강력한 추가 기능들을 가지고 있다.

▶ *패러랙스Parallax*

베이직 스탬프2(BS-2)를 비롯한 일련의 마이크로컨트롤러 제품들을 판매한다. 그 밖에도 각종 센서, 센서 모듈, RF 모듈, IR 모듈, 블루투스 모듈, 로봇 관련 부품 등을 취급한다. 웹사이트에 베이직 스탬프에 관한 튜토리얼들이 있는데, 그 내용이 아주 훌륭하다.

■ 전자부품

저항, 커패시터, 트랜지스터, 스위치 등 프로젝트에서 일반적으로 필요한 기본적인 부품들은 언제나 다음 업체들에서 구할 수 있다. 좀더 특수한 부품들은 다음 절에서 정리했다.

▶ *디지키Digi-Key*

저항, 커패시터, 트랜지스터, 커넥터, 브레드보드 등 여러 가지 전자 부품들을 판매한다. 늘 필요한 일반적인 부품들을 구할 때 우리들이 가장 자주 이용하는, 믿을 만한 업체 중 하나이다.

▶ *제임코Jameco*

저항, 커패시터, 트랜지스터, 커넥터, 브레드보드 등 여러 가지 전자 부품들을 판매한다. 늘 필요한 일반적인 부품들을 구할 때 디지키와 함께 우리들이 가장 자주 이용하는, 믿을 만한 업체 중 하나이다. 판매하는 거의 모든 부품의 사진을 웹사이트에서 볼 수 있으므로 초보자들이 사용하기에 편리하다.

■ 소프트웨어

다음은 컴퓨터의 시리얼 포트를 사용해서 피지컬 디바이스와 인터페이스하는 인터액티브 멀티미디어를 개발할 때에 우리가 항상 사용하는 프로그래밍 환경들이다. 이 밖에도 여러 가지 제품들이 나와 있다. 이미 애용하고 있는 제품이 있다면, 그 환경이 시리얼 통신을 지원하는지를 확인해 보도록 하자. 그것만 지원된다면 만사형통이다.

▶ *사이클링74Cycling' 74*

미디와 피지컬 컴퓨팅 프로젝트에 유용하게 활용할 수 있는 시각적 멀티미디어 프로그래밍 환경인 Max/MSP를 만드는 회사이다. 실시간 비디오 제어와 트래킹을 할 수 있는 지터Jitter도 이 회사 제품이다.

▶ *매크로미디어Macromedia*

유명한 멀티미디어 저작환경인 플래시MX와 디렉터MX를 만드는 회사이다. 피지컬 컴퓨팅을 위해서는 엑스트라 확장 소프트웨어가 있는 디렉터가 더 강력하다고 할 수 있다.

▶ *밀러 푸켓Miller Puckette*

Max와 비슷한 프로그래밍 환경인 PD를 만드는 사람이다. PD는 윈도우즈 컴퓨터에서 실행되며 소스코드가 공개되어 있다. 그는 PD와 Max/MSP를 위한 오브젝트들을 만들기도 한다. 테드 아펠Ted Apel의 Max/MSP와 PD를 위한 확장 프로그램들externals도 참조하자. http://crca.ucsd.edu/~tapel/siftware.html에서 볼 수 있다.

▶ *프로세싱Processing*

자바를 기반으로 한 뛰어난 저작환경이다. 가격도 무료이다.

2. 특수부품들

모든 프로젝트에는 나름대로의 특수한 요구사항들이 있게 마련이다. 이 절에서는 여러 가지 프로젝트를 할 때에 사용할 수 있는 좀더 특수하고 전문적인 부품들을 정리했다. 기술적으로 어떤 일들이 가능한지를 훑어보면서 생각하지 못했던 아이디어를 얻어보는 것도 좋겠다.

■ 하드웨어

이 절에서는 센서, 재료, 하드웨어 등 손에 만져지는 것으로서 프로젝트를 만들 때 필요한 여러 가지를 모아 봤다. 이들은 종류별로 분류할 수 없어 알파벳 순으로 정리했다.

▶ *3M*

비닐이나 접착제와 관련된 것이라면 무엇이든 만든다고 할 수 있겠다. 플라스틱과 접착제 분야에서 가장 큰 회사 중 하나이다. 이들의 역반사retroreflective 테이프는 적외선을 아주 잘 반사하며 비디오 카메라로 매우 쉽게 트래킹할 수 있다.

▶ *아바콤ABACOM*

RF-시리얼 모듈을 만든다.

▶ *아크로네임Acroname*

훌륭한 센서와 모터들을 취급한다. 거리측정센서에 관한 한 우리가 아는 업체들 중 가장 좋은 제품들을 가지고 있다.

▶ *AEI 컴포넌트*

작은 크기의 LCD, 카메라, DVD 플레이어 등 비디오 액세서리들을 판매한다.

▶ *알레그로 마이크로Allegro Micro*

모터 드라이버나 시프트 레지스터 등 유용한 IC칩들을 만든다.

▶ *올 일렉트로닉스All Electronics*

중고 전자부품 전문점이다. 폐기처분된 전자제품에서 떼어 냈지만 상태가 우수한 센서나 스위치 등 여러 가지 부품들을 판매한다. 일반 소매점보다 가격이 저렴한 경우가 많다.

▶ *아날로그 디바이시즈Analog Devices*

가속도 센서, 디지털 포텐시오미터, 아날로그-디지털 변환기, 그 밖에도 여러 가지 유용한 특수 용도 IC칩들을 만든다.

▶ *어센션 테크Ascension Tech*

가상현실 시스템을 위한 6방향 자유도의 정밀한 모션 트래커를 만들고 판매한다.

▶ *ASCI*

입력되어 들어오는 소리를 실시간으로 푸리에 변환fast Fourier transformations해 주는 asFFT 엑스트라 등 디렉터MX를 위한 엑스트라들을 만든다.

▶ *블랙박스Black Box*

온갖 종류의 프로토콜 변환 박스들을 만든다.

▶ *서미텍Cermetek*

모뎀 IC를 비롯한 여러 가지 네트워크 인터페이스 IC들을 만든다.

▶ *컬러 키네틱스Color Kinetics*

LED를 기반으로 한 스포트라이트와 건축용 조명들을 만든다.

▶ *D-링크D-Link*

USB, 이더넷, 무선 이더넷, 시리얼, 블루투스 등 온갖 종류의 변환기를 판매한다. 무선 이더넷 카메라와 비디오폰도 취급한다.

▶ *데케이드 엔지니어링Decade Engineering*

아날로그 비디오를 위한 텍스트 오버레이 보드를 판매한다.

▶ *어스Earth LCD*

모든 크기와 형태의 LCD 패널을 판매한다.

▶ *에디롤Edirol*

비디오 믹서 등 비디오 제어를 위한 제품들을 만든다.

▶ *일렉트로닉 골드마인Electronic Goldmine*

중고 전자부품 전문점이다. 센서, 일반 전자부품, 키트, 모터 등 매우 유용한 것들을 매우 싼 가격에 구할 수 있다.

▶ *엘름 일렉트로닉스Elm Electronics*

컨트롤Control-L을 RS-232로 바꾸어 주는 변환기 등 여러 가지 특수한 IC칩들을 만든다.

▶ *엘로 터치시스템Elo TouchSystems*

컴퓨터용 터치 스크린을 만든다.

▶ *엘와이어Elwire*

전압을 걸어 주면 빛을 발하는 전자발광electroluminescent 전선을 판매한다.

▶ *페렛트로닉스FerretTronics*

서보모터 컨트롤러 칩, 스테퍼모터 2개가 들어가는 X-Y 플로터 칩 등 모터제어용 칩들을 판매한다.

▶ *파인드칩스 닷컴Findchips.com*

스스로는 아무 것도 판매하지 않지만 전자부품을 판매하는 몇십 군데의 상점들과 링크를 시켜 주는 곳이다. 부품번호로 검색하면 그 부품을 취급하는 상점들의 목록이 나오고, 링크를 클릭하면 데이터 시트도 볼 수 있다.

▶ *포커스 인핸스먼츠Focus Enhancements*

비디오 컨버터 · 프로젝터 · 비디오 믹서 등 여러 가지 아날로그 및 디지털 비디오 관련 제품들을 만든다.

▶ *합프 컨트롤즈Happ Controls*

푸시버튼 · 조이스틱 · 코인슬롯coin slots 등 여러 가지 자동판매기와 전자오락실 게임기용 부품들을 판매한다. 키오스크에 사용할 푸시버튼을 찾는 디자이너들에게 훌륭한 공급원이 되어준다.

▶ *하일리 일렉트릭Highly Electric*

광전photoelectric 스위치와 여러 가지 방범용 감시 시스템을 판매한다.

▶ *IBVA 테크놀로지*

뇌파 센서를 만든다.

▶ *이미지즈Images SI*

여러 가지 센서와 모터를 판매한다. 플렉스 센서, 힘 감지 저항FSR 등 센서류가 많다.

▶ *인퓨전 시스템즈Infusion Systems*

높은레벨 센서 시스템인 아이큐브I-Cube를 판매한다. 센서의 값을 읽어 미디 메시지 형태로 내보내 준다. 바닥에 놓는 센서 탭타일즈TapTiles는 매우 비싸지만 매우 튼튼하다.

▶ *인터링크 일렉트로닉스Interlink Electronics*

힘 감지 저항FSR을 만들고 대량으로 판매하는 도매상이다. 터치패드 시스템도 취급한다.

▶ *키츠 알 어스Kits R Us*

전화기 버튼음DTMF 디코더나 스트로브 플래시 등 여러 가지 자작DIY 전자 키트를 만든다. 가격이 저렴한 PIC 프로그래머도 몇 가지 있다.

▶ *코핀Kopin*

아주 작은 크기의 LCD들을 만든다.

▶ *랜트로닉스Lantronix*

임베디드 네트워크 컨트롤러를 만든다. 그들의 제품인 코박스 마이크로CoBox Micro와 엑스포트Xport 시리얼-이더넷 변환기는 비교적 사용하기 쉽고 가격도 저렴하다.

▶ *LED 이펙츠LED Effects*

고휘도 LED와 각종 LED 관련제품들을 판매한다.

▶ *리모스 인터내셔널Lemos International*

RF 모듈, GPS 모듈 등 여러 가지 무선 관련 통신부품들을 판매한다. 블루투스 모듈도 몇 가지 취급한다.

▶ *링스 테크놀로지스Linx Technologies*

다양한 RF 모듈들을 생산한다. 다른 회사 제품들보다 비싸지만 오류체크 등 유용한 기능들을 가지고 있다.

▶ *마크 오브 더 유니콘Mark of the Unicorn*

신디사이저나 키보드 등 미디 장비들을 생산한다.

▶ *마린 P. 존스Marlin P.Jones & Associates*

중고 전자부품 전문점으로서 파워 서플라이나 모터 및 작은 스테퍼 모터 등을 파격적인 가격으로 판매한다.

▶ *맥심Maxim*

아날로그-디지털 변환기나 디지털 포텐시오미터 및 TTL-RS-232 변환기 등 매우 다양한 신호 처리 IC칩들을 생산한다.

▶ *맥마스터-카McMaster-Carr*

전자회로를 떠나서 일반적으로 무언가를 만들 때에 필요한 부속이나 기계 관련 부품들을 취급하는 업체를 한 군데만 뽑아야 한다면 맥마스터-카를 추천하겠다. 매우 다양한 하드웨어와 재료를 취급하고 있으며, 카탈로그와 웹사이트도 매우 상세하고 친절하게 되어 있다. 필요한 것을 주변의 상점에서 찾을 수 없을 때는 http://www.mcmaster.com에 가보도록 하자.

▶ *마이크로민트Micromint*

임베디드 컨트롤러, 전화선 인터페이스, 그리고 각종 IC칩을 생산한다.

▶ *넥서스 컨트롤즈Nexus Controls*

시리얼 통신으로 제어하는 아날로그 비디오 스위처switcher를 판매한다.

▶ *온코어Oncore*

GPS와 관련된 모든 제품을 생산하고 판매한다. 모토롤라의 자회사로서, 이 분야에서 가장 큰 회사들 중 하나이다.

▶ *폴헤무스Polhemus*

가상현실 시스템을 위한 6방향 자유도의 정밀한 모션 트래커를 만들고 판매한다.

▶ *쿼드라복스Quadravox*

MP3 모듈 등, 소리를 녹음하고 재생할 수 있는 디바이스들을 생산한다.

▶ *퀀텀 테크놀로지스Quantum Technologies*

커패시터의 원리를 이용한 터치센서 IC칩을 생산한다.

▶ *램시 일렉트로닉스Ramsey Electronics*

앰프, RF 모듈, 전화기 버튼음DTMF 디코더 등 온갖 종류의 전자 키트를 만든다. 추가적인 회로를 만들어 주어야 동작하는 센서나 움직이는 장치를 다룬 키트들이 많으므로, 복잡한 회로를 직접 일일이 만들고 싶지 않을 때에 편리하다.

▶ *렌트론Rentron*

RF 모듈, 적외선 모듈, 가정자동화 관련부품, PIC 프로그래밍 관련장비 등을 판매한다. 웹사이트를 통해 유용한 튜토리얼들도 제공한다.

▶ *로즈 섬유Rose Brand Fabrics*

커튼, 벨루어velour, 모슬린muslin, 프로젝션 스크린, 마일라Mylar 등 무대를 꾸미는 데 필요한 온갖 종류의 천을 판매한다. 옆으로 여는 커튼이나 내려뜨리는 커튼 등 모든 종류의 커튼을 주문제작한다.

▶ *스코트 에드워즈 전자Scott Edwards Electronics*

서보모터, 스테퍼 모터 및 DC모터 등 유용한 제어 모듈들을 만들고 판매한다. 사용하기 간편한 LCD와 VFD 디스플레이 모듈도 취급한다.

▶ *스카이텍SkyeTek*

RFID 리더reader, 라이터writer, 태그 등 RFID 관련제품들을 생산한다.

▶ *스마트홈Smarthome*

X10 인터페이스 등 가정자동화 관련제품들을 판매한다.

▶ *솔라보틱스Solarbotics*

모터, 센서, 태양전지solar cell 등 태양열로 작동하는 작은 크기의 로봇을 만드는 데 유용한 부품들을 판매한다.

▶ *스파크 펀Spark Fun*

GPS 모듈, 센서, PIC 프로그래머, 그리고 공구들을 판매한다. 다른 곳에서 찾을 수 없는 유용한 이것저것을 만들고 비교적 저렴한 가격에 판매하는 작은 회사이다.

▶ *수퍼브라이트 LED Super Bright LEDs*

물론, 고휘도 LED들을 판매하는 곳이다.

▶ *심벌 테크놀로지Symbol Technologies*

판매, 재고, 생산과 관련된 RFID 관련제품이나 바코드 스캐너 등을 생산한다.

▶ *테이프스위치Tapeswitch*

바닥에 깔기 위한 스위치를 롤 단위로 저렴한 가격에 판매한다.

▶ *텍사스 어드밴스드 옵토일렉트로닉 솔루션즈Texas Advanced Optoelectronic Solutions*

색상 감지 센서, 빛을 전압으로 변환해 주는 장치, 빛을 펄스의 주파수로 변환해 주는 장치 등을 만든다.

▶ *VIA 테크놀로지VIA Technologies, Inc.*

Mini-ITX 메인보드 등, 피지컬 컴퓨팅 프로젝트에서 멀티미디어 컴퓨터 대신으로 사용할 수 있는 싱글보드single-board 컴퓨터들을 만든다.

▶ *바이콘Vicon*

극장용 애니메이션을 위한 모션캡처 시스템을 만든다.

▶ *윈본드 일렉트로닉스Winbond Electronics*

사운드 녹음과 재생에 관련된 갖가지 장비와 칩들을 판매한다.

▶ *쎄콤Xecom, Inc.*

전화선 인터페이스 모듈을 만든다.

■ 소프트웨어

비디오와 오디오 신호를 처리하기 위한 소프트웨어와 멀티미디어 저작환경의 기능을 확장하기 위한 소프트웨어들을 정리했다. 이러한 확장 소프트웨어들을 사용하면 더 다양한 하드웨어 입력장치들을 사용할 수 있을 것이다.

▶ *아미트 피타루Amit Pitaru*

아미트는 프로세싱에서 사운드를 재생하고 가공하며 실시간 사운드 입력을 제어할 수 있도록 해주는 확장 소프트웨어인 소니아Sonia를 만든다.

▶ *데이빗 로크비David Rokeby*

데이빗은 Max/MSP를 위한 비디오 트래킹 시스템인 베리 너버스 시스템Very Nervous System을 만든다.

▶ *다이렉트 엑스트라스Direct Xtras*

디렉터MX를 위한 엑스트라들을 만든다.

▶ *에릭 싱어Eric Singer*

에릭은 Max/MSP를 위한 비디오 트래킹 시스템인 사이클롭스Cyclops와 여러 가지 유용한 미디 콤포넌트들을 만든다.

▶ *피지컬 비츠Physical Bits*

디렉터MX를 위한 가장 우수한 시리얼 통신 엑스트라를 비롯하여 여러 가지 유용한 디렉터용 엑스트라들을 만든다. 그들의 '잠자기 전에 침대에서 읽기 좋은 권장도서 목록' 도 재미있다.

▶ *스무드웨어 디자인Smoothware Design*

비디오 트래킹 엑스트라인 트랙뎀컬러스TrackThemColors를 비롯하여 매크로미디어 디렉터MX 프로그래밍 환경을 위한 여러 가지 유용한 엑스트라들을 만든다.

▶ *소프트신스SoftSynth*

실시간으로 소리를 합성할 수 있도록 해주는 JSyn 라이브러리 등, 자바를 위한 확장 소프트웨어들을 만든다.

▶ *텔미 네트웍스Tellme Networks, Inc.*

자동안내 전화 시스템을 위한, 음성으로 작동하는 메뉴 소프트웨어를 만든다.

▶ *트로이카 트로닉스TroikaTronix*

디렉터MX를 위한 실시간 비디오 믹서인 이사도라Isadora와 미디 엑스트라 등, 라이브 퍼포먼스를 위한 소프트웨어들을 만든다.

부록 C

회로도에 사용되는 기호들

이 책에서는 지금까지 많은 회로도를 소개했다. 여기에서는 이 책에서 회로도를 그릴 때에 사용한 기호들을 책에서 소개된 순서대로 모았으며, 그 밖에 다른 곳에서 회로도를 볼 때에 흔히 접할 수 있는 몇 가지 기호들도 추가했다. 보다 상세한 설명을 위해서는 좀 더 심도 있는 전자공학 서적을 참고하기 바란다. 이를테면 Paul Scherz의 Practical Electronics for Inventors(McGraw-Hill/TAB Electronics, 2000) 같은 책이 있다.

■ 전선이 교차할 때

회로도에서 선들이 교차한다고 해서 그것이 꼭 전선들이 서로 연결되어야 함을 뜻하는 것은 아니다. 교차하는 전선들을 서로 연결해야 할 때는 교차하는 부분에 점을 찍어 표시하고 이를 *연결점junction*이라고 부른다. 아래 그림은 연결점을 나타내는 방법과 그저 겹쳐 지나가는 전선을 나타내는 세 가지 방법들을 보여 준다.

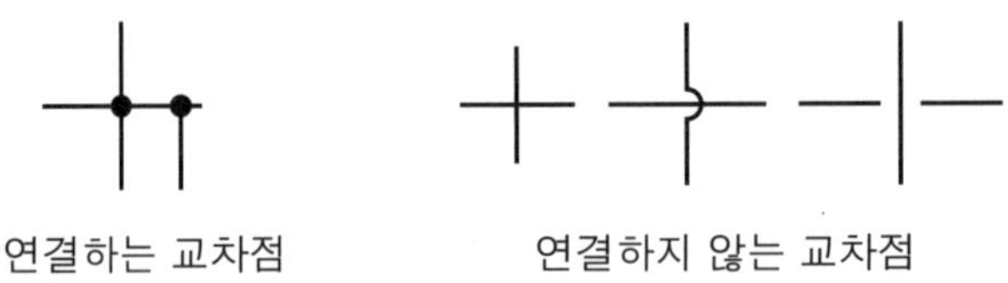

■ 파워와 그라운드

DC전원에는 언제나 양극과 음극이 존재한다. AC전원은 그렇지 않다. 전원의 전압은 언제나 표시해 주어야 한다. 표준 기호들과 함께, 이 책에서 줄곧 사용한 7805 전압 레귤레이터의 기호도 나타냈다.

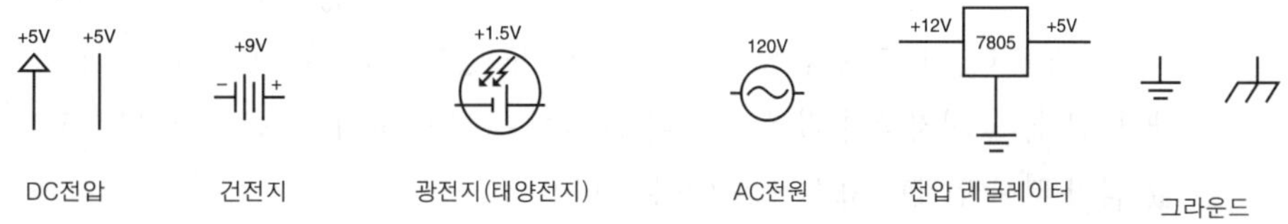

모든 회로에는 그라운드가 있어야 한다. 때로는 그림이 복잡해지지 않도록 하기 위해 한 회로도에서 여러 곳에 그라운드를 표시하기도 한다.

■ 스위치

스위치에는 *평소에 열려 있는(Normally Open, NO)* 타입과 *평소에 닫혀 있는(Normally Closed, NC)* 타입이 있다. 평소에 열려 있는 스위치는 작동시킬 때에만 전기를 통하며, 평소에 닫혀 있는 스위치는 작동시키지 않을 때에만 전기를 통한다.

스위치에는 *일시작동momentary* 방식과 *토글toggle* 방식이 있다. 일시작동 스위치(또는 푸시버튼 스위치)는 손을 떼면 원래의 자리로 돌아간다. 토글 스위치는 마지막으로 설정한 위치에 계속 머물러 있는다. 리모트컨트롤의 버튼들과 키보드의 키들은 일시작동 스위치이며, 가정용 전등의 스위치들은 토글 스위치이다.

스위치에는 일정 개수의 *접점pole*이 있다. 접점 하나는 두 개의 전선을 연결할 수 있다(또는 끊을 수 있다). 즉 하나의 접점이 하나의 회로를 제어할 수 있는 것이다. 스위치에는 또한 *연결throw*이라는 것이 있는데, 이는 스위치에 닫힌 위치가 몇 개나 존재하는지를 뜻한다. 접점과 연결이라는 이들 두 특성은 흔히 함께 표시하며, 줄여서 SPST(Single-Pole, Single-Throw. 가장 많이 사용되며 가장 기본적인 스위치), DPDT(Double-Pole, Double-Throw), DPST(Double-Pole, Single-Throw) 등으로 적는다.

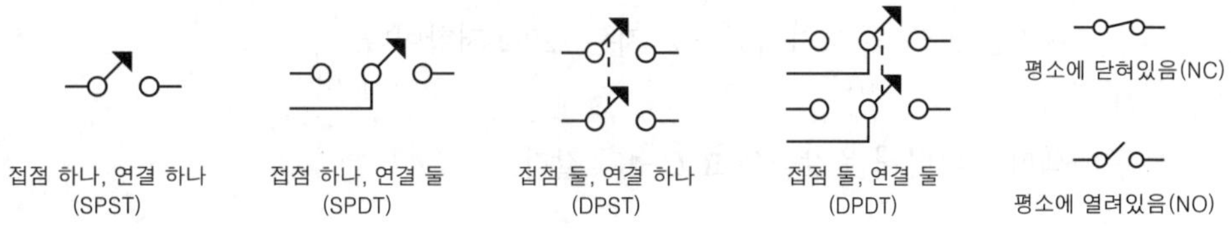

■ 저항

고정저항은 언제나 자신의 정해진 저항값을 유지해야 한다. 가변저항에는 여러 가지 형태가 있다. 써미스터thermistor나 포토레지스터photoresistor처럼 고유의 기호가 있는 가변저항들도 있다. 또 그렇지 않은 가변저항들도 있다. 이들은 일반 가변저항의 기호로 나타내게 된다. 고정저항의 값은 언제나 표시해 주어야 하며, 가변저항 또는 포텐시오미터의 값 범위 역시 언제나 표시해 주어야 한다.

고정저항 가변저항 포텐시오미터 써미스터 포토레지스터

고정저항의 값은 표준화된 색띠 기호로 나타내는데, 그 표시방법은 다음과 같다. 저항에는 네 개의 색띠가 있다. 네번째 띠는 언제나 은색 아니면 금색이다. 이 띠는 저항값의 오차범위를 나타낸다. 저항에서 먼저 이 띠를 찾아 이것이 오른쪽으로 가도록 해서 집어 들어 보자. 이렇게 했을 때 첫번째 띠는 저항값의 첫번째 자리의 수를 나타내게 되며 두번째 띠는 두번째 자리의 수를 나타내게 된다. 세번째 띠는 저항값의 단위수, 즉 앞서 두 띠의 값에 동그라미를 몇 개나 붙여야 하는지를 나타낸다.

예를 들어, 어떤 저항의 색띠가 빨강, 빨강, 갈색, 금색이라면 이 저항의 값은 다음과 같다.

빨강 = 2(첫번째 자리의 수)
빨강 = 2(두번째 자리의 수)
갈색 = $\times 10^1$(즉 10)
금색 = ±5%

이것은 ±5%의 오차범위를 가지는 220Ω 저항이다.

색띠가 나타내는 값들은 **표 C-1**과 같다.

표 C-1 저항 색띠 기호표

색	값	곱해주는 값
검정	0	×1
갈색	1	×10
빨강	2	×100
오렌지	3	×1k
노랑	4	×10k
녹색	5	×100k
파랑	6	×1M
보라	7	×10M
회색	8	×100M
하양	9	×1G
네번째 띠		
금색	±5%	
은색	±10%	

■ 커패시터Capacitors

커패시터에는 극성이 있는 것도 있고 극성이 없는 것도 있다. 극성이 있는 커패시터라면 극성의 방향이 명시되어 있을 것이다. 그 밖에 가변용량 커패시터도 있지만 이 책에서는 사용한 바가 없다. 커패시터에는 용량 또는 용량의 범위가 명시되어 있어야 정상이다.

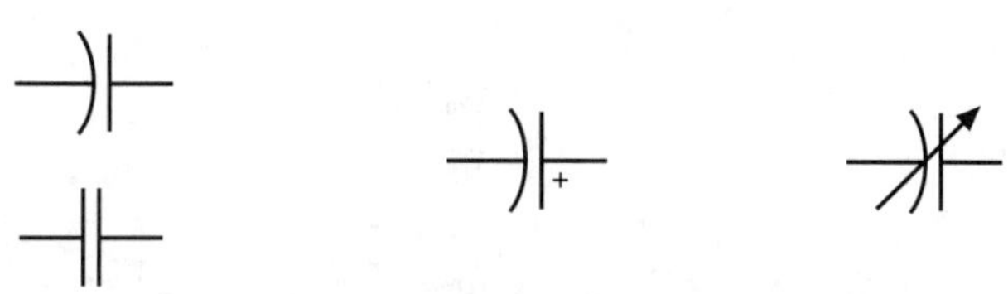

극성이 없는 커패시터 극성이 있는 커패시터 가변용량 커패시터

저항과 마찬가지로 커패시터에도 그 용량을 표시하는 표기법이 정해져 있지만 색을 사용하지는 않으며 숫자를 사용하여 표기한다. 처음 두 숫자는 용량값의 처음 두 자리를 나타내며 세번째 숫자는 여기에 곱해 주는 숫자를 나타낸다. 이렇게 얻어지는 수치의 단위는 피코패럿이다. 이 책에서 사용한 대부분의 커패시터는 마이크로패럿 단위로 나타내었다. 피코패럿을 마이크로패럿으로 변환하기 위해서는 용량값의 소수점을 왼쪽으로 여섯 자리 옮기면 된다. 마이크로패럿 단위는 보통 영어 소문자 'u' 나 그리스문자 μ로 나타낸다. 때로는 'M' 이 사용되기도 하는데, 이는 메가Mega나 밀리Milli로 생각하기 쉽겠지만 커패시터에 관한 수치일 경우에는 마이크로 단위를 뜻할 때가 많다.

예를 들어 104라고 쓰여 있는 커패시터가 있다면 그 용량은 10에 0을 4개 붙인 값, 즉 100,000 피코패럿이다. 이는 0.1 마이크로패럿과도 같다. 자주 사용되는 커패시터의 코드들을 **표 C-2**에 정리하였다.

표 C-2 자주 사용되는 커패시터들의 코드

코드	용량값
102	0.001 마이크로패럿
103	0.01 마이크로패럿
104	0.1 마이크로패럿
105	1 마이크로패럿

숫자 뒤에 붙는 문자는 저항의 네번째 띠처럼 오차범위를 나타내는 것이다. 그 의미는 **표 C-3**과 같다.

표 C-3 커패시터 오차범위 코드

문자	오차범위
B	+/- 0.10%
C	+/- 0.25%
D	+/- 0.5%
E	+/- 0.5%
F	+/- 1%
G	+/- 2%
H	+/- 3%
J	+/- 5%
K	+/- 10%
M	+/- 20%
N	+/- 0.05%
P	+100%, -0%
Z	+80%, -20%

■ 다이오드 및 다이오드 관련부품

다이오드는 한 방향으로의 전류 흐름은 허용하고 반대 방향으로의 흐름은 제한한다.

*LED*Light-Emitting Diodes는 정방향으로 전류를 흘려 주면 빛을 발한다.

*포토다이오드photodiodes*는 충분한 양의 빛을 비추어 주면 애노우드anode에서 캐소우드cathode로 전류가 흐르도록 한다.

제너Zener 다이오드는 일정수준의 전압까지는 막아 주다가 그 이상의 전압이 걸리면 전류의 흐름을 허용한다.

*실리콘 제어 정류기Silicon-Controlled Rectifiers*는 게이트gate에 전압이 걸리면 애노우드에서 캐소우드로 전류가 흐르는 것을 허용한다. 일단 전류가 흐르기 시작하면 애노우드와 캐소우드 사이에 전위차가 없어질 때까지 게이트는 어떤 역할도 하지 않는다. 전기를 통해 제어하는 스위치처럼 동작하는 부품이다.

*트라이액triacs*은 게이트에 전압을 걸어 주면 양쪽 어느 방향으로든 전류가 흐를 수 있도록 한다. 전기를 통해 제어하는 교류AC용 스위치처럼 동작하는 부품이다.

■ 트랜지스터

*바이폴라bipolar NPN 트랜지스터*는 베이스에 전압과 전류가 가해지면 콜렉터에서 이미터로 전류가 흐르는 것을 허용한다. 평상시에 열려 있는 전기적 스위치와 같이 행동하는 부품이다.

*바이폴라 PNP 트랜지스터*는 베이스에 전압과 전류가 가해지면 전류의 흐름을 차단한다. 평상시에 닫혀 있는 전기적 스위치와 같이 행동하는 부품이다.

*포토트랜지스터phototransistor*는 베이스에 충분한 양의 빛이 비추어졌을 때 일반 트랜지스터처럼 작동하는 부품이다.

전계電界효과 트랜지스터Field-Effect Transistor(FET)와 금속산화막 반도체 전계효과 트랜지스터Metal Oxide Semiconductor FET(MOSFET)는 일종의 변형된 트랜지스터라고 할 수 있는

데, 이들을 사용한 회로를 가끔은 보게 될 것이다. 이들은 베이스(FET와 MOSFET에서는 게이트라 불린다)에 전류가 거의 흐르지 않아도 작동한다. 전기적으로 제어되는 스위치로 흔히 사용된다.

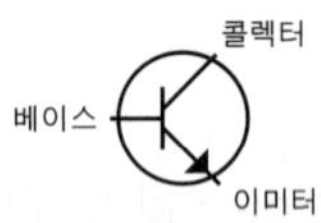

NPN 트랜지스터

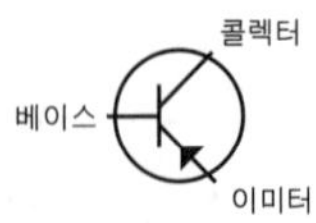

PNP 트랜지스터

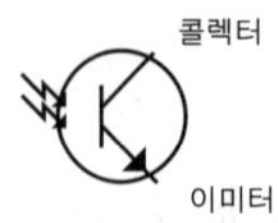

포토트랜지스터

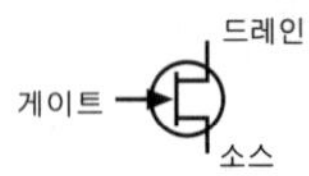

전계효과 트랜지스터 (FET)

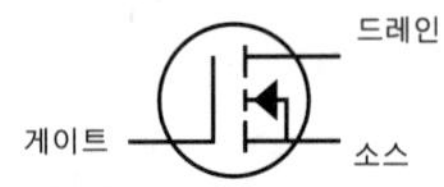

N-채널 인핸스먼트 타입 enhancement type MOSFET

■ 릴레이

릴레이는 전기-기계적으로 작동하는 스위치이다. 이들은 트랜지스터나 SCR이나 트라이액보다 느리지만 그 대신에 교류AC와 직류DC를 모두 제어할 수 있다. 스위치와 마찬가지로 릴레이에는 여러 개의 접점pole과 연결throw이 있을 수 있다.

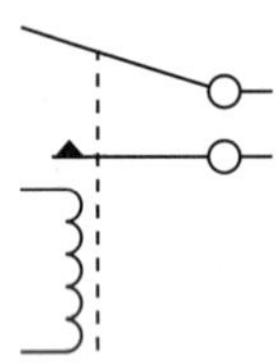
릴레이

■ 옵토 아이솔레이터opto-isolator

옵토 아이솔레이터는 LED와 포토트랜지스터를 결합하여 만든 전기적 스위치이다. 이 부품은 제어회로와 그것이 제어하고 있는 회로를 오직 빛으로만 연결함으로써 두 회로가 전기적으로 서로 분리되어 있을 수 있도록 해준다. 이들은 일반적으로 릴레이보다 작은 전류만을 소모한다.

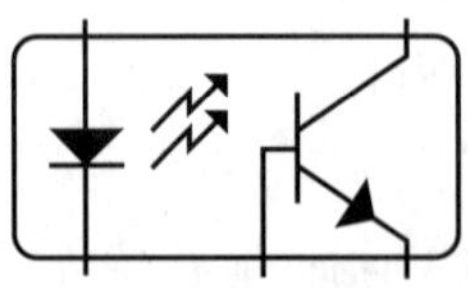
옵토 아이솔레이터

■ 사이댁터sidactor

사이댁sidac(사이댁터라고도 부른다)은 서어지surge를 막아 주는 부품으로서, 주로 전화기와 관련된 장비에서 사용된다. 이 부품은 게이트가 없는 트라이액과도 같다. 전압이 변화하면 켜지고, 전류가 변화하면 꺼진다.

사이댁(사이댁터)

■ 솔레노이드와 인덕터

*솔레노이드*는 릴레이와 같이 유도부하inductive load의 일종이다. 솔레노이드의 코일에 전압이 걸리면 그 축shaft이 움직인다. 릴레이에서 코일에 전압이 걸리면 스위치의 접촉단자가 움직임으로써 스위치가 닫혔던 것과 같은 원리이다. 솔레노이드는 직선 형태의 움직임을 만드는 데 사용된다.

*인덕터inductor*는 전선이 코일 형태로 감겨 있는 것이다. 인덕터에 전류를 흘리면 인덕터는 자신 근처에 있는 전선에 전류가 흐르도록 유도한다. 이 책에서는 사용한 적이 없지만 인덕터는 전기회로에서 흔히 사용되는 기본요소들 가운데 하나이다. 인덕터는 전류가 직류일 경우에는 통과시켜 주지만 교류일 경우에는 그 흐름에 저항한다.

*변압기transformer*는 코일 두 다발이 나란히 놓인 것이다. 하나의 코일에 전류가 흐르면 그것은 다시 옆 코일에 전류가 일어나도록 한다. 이 때에 각 코일에 걸리는 전압의 비율이 코일에 전선이 감긴 횟수의 비율과 같아지므로, 변압기는 주로 한 전압을 다른 전압으로 바꾸어 주는 용도로 사용된다. 인덕터의 기호는 아래와 같다.

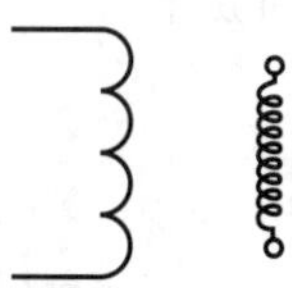

인덕터 코일
(이 책에서는 솔레노이드를
나타내는 기호로도 사용했다)

변압기

■ 크리스탈 오실레이터crystal oscillators

크리스탈은 전압을 걸어 주거나 물리적인 힘을 가해 주면 특정 주파수의 펄스 신호를 낸다. 이들은 마이크로컨트롤러의 동작 타이밍을 정해 주기 위한 오실레이터로 사용되며, 그 밖에도 매우 빠르면서도 정확하게 지속되는 펄스 신호가 필요한 경우에 널리 사용된다.

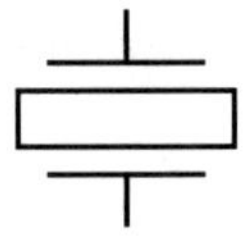

크리스탈

■ 사운드 부품들

*피에조 소자*piezoelectric devices는 물리적으로 굽혀지거나 변형될 때에 전압을 발생시킨다. 역으로, 전압이 가해지면 그 형태가 변화한다. 이들은 여러 가지 진동 감지 센서와 오디오 부품들을 구성하는 기본소자로 사용된다.

*스피커*는 전선 코일에 고깔cone 모양의 종이가 덧붙여져 있는 것이다. 코일 둘레에는 자석이 붙어 있다. 교류 전류가 전선을 흐르면 전류가 생성하는 자기장이 자석으로부터 코일을 밀쳐내어 종이 고깔이 진동하게 된다. 피에조 소자로 만들어진 고깔이 사용될 때도 있는데, 이 때는 코일이 피에조 소자에 전압을 유도하여 그것이 소자를 진동하도록 한다.

*마이크*는 음파音波의 움직임을 전압 형태의 전기 에너지로 바꾸어 주는 장치이다.

아래 그림에 오디오 부품들의 기호를 나타내었다.

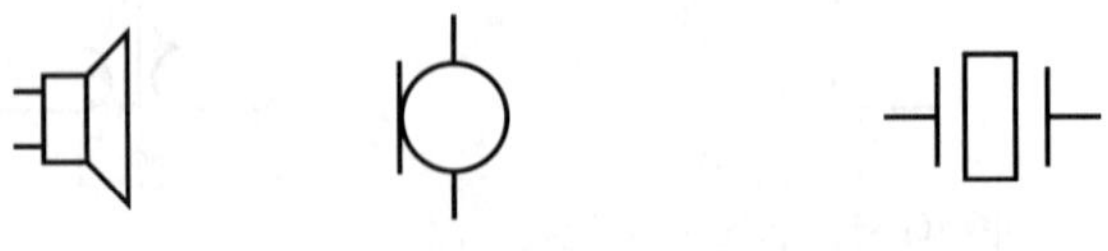

스피커 마이크 피에조 소자

■ 기타 부품들

앞서 설명한 바와 같이, 교류 전압을 전선에 걸면 그 근처의 전선에 전류가 흐르게 된다. *안테나*는 전선에 교류 전압을 걸어 그 전압의 변화가 다른 안테나에 전달되도록 한 장치이다. 안테나는 그 길이에 따라 자신이 잘 전송할 수 있는 주파수 대역이 달라지게 된다. 안테나에서 안테나로 전해지는 신호는 매우 약해서, 앰프를 통해 증폭되어야만 사용할 수 있다.

*백열전등**incandescent lamp*(전구)은 전류의 흐름에 저항하도록 진공상태를 만들거나 가스를 채워 두고 그 안에 가는 전선을 놓은 것이다. 전류에 저항하면서 열과 빛이 나게 된다.

*모터*는 반대되는 두 개의 자기장이 마주 보고 있는 중간에 코일을 둔 것이다. 코일에 전류를 흘리면 형성되는 자기장이 모터를 한 자기장에서 다른 자기장으로 움직여 가도록 한다.

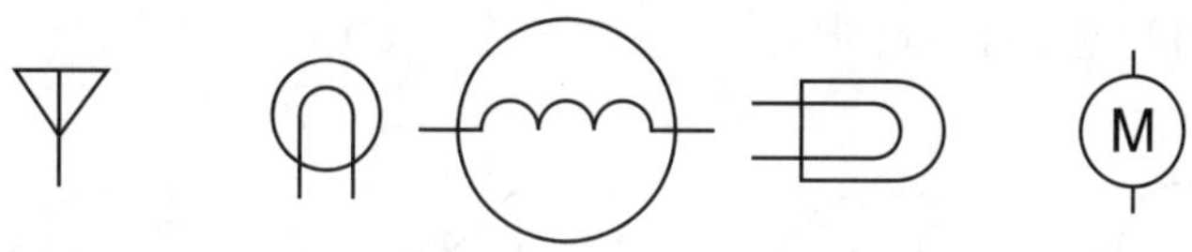

■ 소켓

소켓의 종류는 용도별로 수천 가지다. 가장 자주 사용되는 것 중에서 이 책에서 사용한 세 가지만 소개한다.

*AC 소켓*에는 두 개의 AC 단자와 그라운드가 있다. 아래에 보인 것은 미국 표준 115볼트 15암페어 소켓이다.

*오디오 잭*은 보통 두 개 또는 세 개의 접점을 가진다. 두 개의 접점이 있을 때는 이들을 각각 *팁*tip과 *슬리브*sleeve라고 부른다. 세 개의 단자가 있을 때 가운데 단자는 *링*ring이라고 부른다.

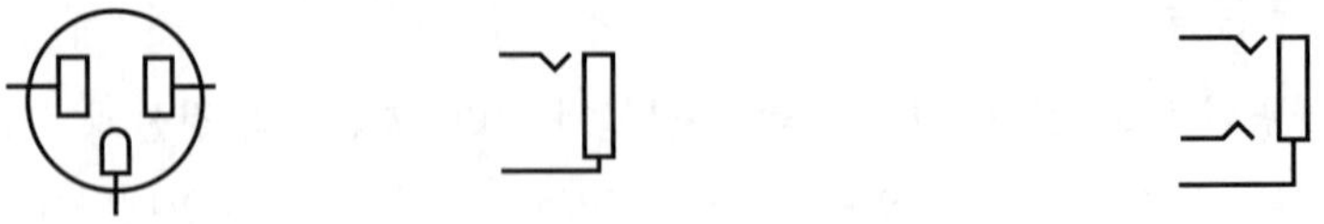

AC 소켓　　2접점 오디오 잭　　3접점 오디오 잭, 또는 파워 잭

■ 논리기호

회로도에서는 어떤 구체적인 부품 자체보다는 그 부품이 하는 역할이 더 중요하다는 것을 나타내기 위해 논리기호를 사용하는 경우가 있다. 이를테면 논리 부정(NOT) 게이트와 같은 역할을 하는 인터버inverter가 필요할 경우에 사용할 수 있는 부품에는 수천 가지가 있는데, 이 가운데 어떤 것을 사용하든 상관없는 경우도 있는 것이다. 보통 논리기호는 어떤 과정을 전기적이 아니라 논리적으로 설명하기 위해 사용되지만, 때로는 두 의미가 혼용되는 경우도 있다. 이를테면 앞서 시리얼 통신을 설명할 때 보았던 7404 헥스hex 인버터의 경우가 그러하다.

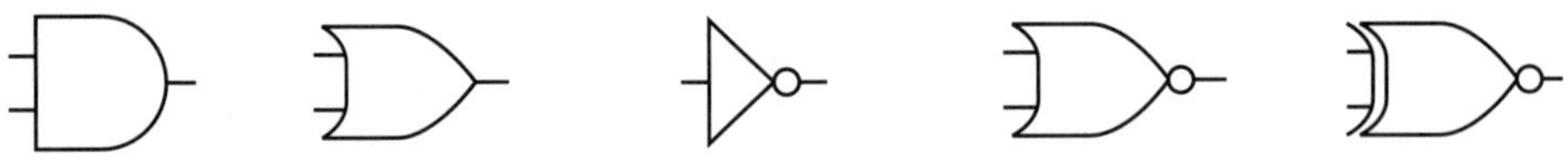

논리곱 (AND)　　논리합 (OR)　　논리부정(NOT) (때로는 7404 헥스 인버터와 같은 인버터 버퍼를 나타내기도 한다)　　부정 논리합 (NOR)　　배타적 논리합 (XOR)

■ 증폭기amplifier

회로도를 그릴 때에 우리는 IC를 주로 그 실제 외관에 따라 나타내었다. 하지만 언제나 이런 방법이 사용되는 것은 아니다. 증폭기가 대표적인 예로서, 기호를 처음 보아서는 읽기가 어렵다. 증폭기에는 입력단자 두 개와(반전inverting과 비반전non-inverting 입력, 또는 음극과 양극이라 부른다) 출력단자 하나, 그리고 전압 공급단자 두 개가 있다. 이중공급dual-supply 증폭기에는 양전압와 음전압(그라운드가 아니다) 공급단자가 있다. 단일공급single-supply 증폭기에는 양전압 공급단자 하나와 그라운드가 있다. 각 단자에는 그 핀 번호를 함께 표시한다.

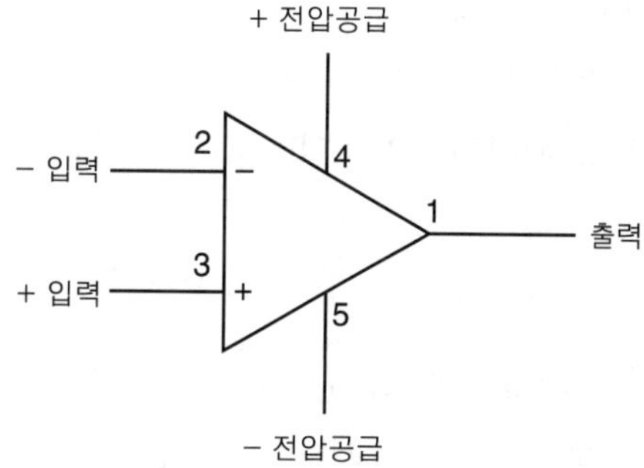

용어와 약어 모음

회로도와 핀 배치도를 보다 보면 처음 보아 알기 힘든 용어와 약어들을 만나게 될 것이다. 아래는 그 중 자주 사용되는 것들이다.

■ 전압

보통 V_{dd}, V_{in}, V_{cc}, 또는 V^{+}로 표시한다. 어떤 IC들은 논리전압 입력logic voltage input과 공급전압 입력supply voltage input을 따로 가지는데, 이럴 경우에 보통 논리전압 입력은 마이크로컨트롤러의 전압과 맞아야 하며, 공급전압 입력은 모터 등 IC가 제어하는 부품의 전압 및 전력소모량과 맞아야 한다.

■ 그라운드

보통 V_{ss}, V_{EE}, 또는 Gnd로 표시한다.

■ RES, MCLR

리셋reset, 또는 PIC 마이크로컨트롤러의 경우에는 마스터 클리어 리셋master clear-reset(MCLR)을 나타낸다. 때로는 리셋 기호 위에 옆으로 선이 그어져 있는 경우가 있는데, 이는 해당 핀을 그라운드에 이었을 때에 리셋이 된다는 의미이다(이를 액티브 로우 인풋active low input이라고 한다).

■ CS

칩 선택Chip Select을 나타낸다. 여러 부품이 하나의 시리얼 선을 공동으로 사용하는 동기 시리얼 슬레이브 칩synchronous serial slave chips 구성에서 흔히 볼 수 있다. 때로는 이 기호 위에 옆으로 선이 그어져 있는 경우가 있는데, 이는 해당 핀을 그라운드에 이었을 때에 칩이 선택된다는 의미이다(이를 액티브 로우 인풋active low input이라고 한다).

■ MOSI

마스터 아웃, 슬레이브 인Master Out, Slave In을 뜻한다. 동기 시리얼 마스터 디바이스가 슬레이브 디바이스에 데이터를 보내는 데 사용하는 선이다.

■ MISO

마스터 인, 슬레이브 아웃Master In, Slave Out을 뜻한다. 동기 시리얼 슬레이브 디바이스가 마스터 디바이스에 데이터를 보내는 데 사용하는 선이다.

■ CLK, SCLK, SCL

클록(또는 시리얼 클록)을 뜻한다. 동기 시리얼 마스터 디바이스에서 슬레이브 디바이스들로 가는 클록 선이다.

■ SDI

시리얼 데이터 인풋Serial Data Input. 동기 시리얼 입력선(마스터일 수도 있고 슬레이브일 수도 있다).

■ SDO

시리얼 데이터 아웃풋Serial Data Output. 동기 시리얼 출력선(마스터일 수도 있고 슬레이브일 수도 있다).

■ SDA

시리얼 데이터serial data. I2C 동기 시리얼 통신에서는 입력과 출력이 같은 하나의 데이터선을 사용한다. 클록의 전압이 뛰어오를 때는 마스터에서 슬레이브로 데이터가 전송되고, 클록의 전압이 떨어질 때는 슬레이브에서 마스터로 전송된다.

■ TX

송신transmit. 비동기asynchronous 시리얼 디바이스가 데이터를 내보내는 선이다.

■ RX

수신receive. 비동기 시리얼 디바이스가 데이터를 받아들이는 선이다.

■ OSC

오실레이터oscillator. IC가 외부 크리스탈 오실레이터를 필요로 하면 그를 연결하기 위한 핀들이 있을 것이다.

찾아보기

A

B

C

D

E

F

G

찾아보기

M

N

O

P

Q

찾아보기

찾아보기

Y

Z

가

나

다

라

찾아보기

마

바

찾아보기

사

아

찾아보기

자

찾아보기

차

카

타

파

찾아보기

하

예술가와 디자이너를 위한 전자공학

피지컬 컴퓨팅 PHYSICAL COMPUTING

2008년 3월 10일 초판 인쇄
2008년 3월 15일 초판 발행

저 자 Dan O'Sullivan · Tom Igoe
역 자 서동수

발행인 주병오

발행처 지구문화사
JIGU PUBLISHING CO.

경기도 파주시 교하읍 문발리
파주출판문화정보산업단지 518-2
영업부 (031) 955-7566 · 7577
편집부 (031) 955-7731~3
FAX (031) 955-7730

등록번호 1979년 7월 13일 제 59 호

ISBN 978-89-7006-440-6 정가 28,000 원